U0862258

中华人民共和国国家统计局贸易外经统计司
中　国　商　业　联　合　会　信　息　部　编

Compiled by
Department of Trade and External Economic Relations Statistics, National Bureau of Statistics of China
China General Chamber of Commerce Information Department

2014

中国零售和餐饮连锁企业统计年鉴

STATISTICAL YEARBOOK OF CHINA CHAIN STORES OF RETAIL TRADES AND CATERING SERVICES

中国统计出版社
China Statistics Press

© 中国统计出版社 2014
版权所有。未经许可，本书的任何部分不得以任何方式在世界任何地区以任何文字翻印、拷贝、仿制或转载。

© 2014 China Statistics Press
All rights reserved. No part of the publication may be reproduced or transmitted in any form or by any means, electronic or mechanical, including photocopying, recording, or any information storage and retrieval system, without written permission from the publisher.

图书在版编目 (CIP) 数据

中国零售和餐饮连锁企业统计年鉴．2014 ／ 中华人民共和国国家统计局贸易外经统计司，中国商业联合会信息部编．-- 北京：中国统计出版社，2014.10
ISBN 978-7-5037-7311-2

Ⅰ．①中… Ⅱ．①中… ②中… Ⅲ．①零售企业－连锁企业－统计资料－中国－2014－年鉴②饮食业－连锁企业－统计资料－中国－2014－年鉴 Ⅳ．① F721.7-66 ② F179.3-66

中国版本图书馆 CIP 数据核字 (2014) 第 226672 号

中国零售和餐饮连锁企业统计年鉴 -2014

作　　者／中华人民共和国国家统计局贸易外经统计司
　　　　　中国商业联合会信息部
责任编辑／马　平
封面设计／李雪燕
出版发行／中国统计出版社
通信地址／北京市丰台区西三环南路甲 6 号　邮政编码／100073
电　　话／邮购（010）63376909　书店（010）68783171
网　　址／http://csp.stats.gov.cn
印　　刷／河北天普润印刷厂
经　　销／新华书店
开　　本／880mm × 1230mm　1/16
字　　数／1580 千字
印　　张／50
版　　别／2014 年 10 月第 1 版
版　　次／2014 年 10 月第 1 次印刷
定　　价／460.00 元

如有印装差错，由本社发行部调换。

《中国零售和餐饮连锁企业统计年鉴—2014》

编辑委员会

顾　　问：马建堂

主　　编：徐一帆

副 主 编：孟庆欣　王　耀

编辑主任：蔺　涛　王克臣　卢　山　曹立生

编辑人员：（以姓氏笔画为序）

王　智　王月香　申俊利　付　媛

付加奇　刘　洋　刘旭玲　刘晓燕

严先溥　杜　燕　李　敏　李　斌

杨　壮　张　敏　陈群林　罗卫华

郑云玉　赵则勇　胡春霖　袁　彦

晏国英

编辑说明 PREFACE

一、《中国零售和餐饮连锁企业统计年鉴—2014》是反映我国零售和餐饮连锁企业情况的资料性工具书。旨在通过大量、丰富、详实、具体和权威的统计数据，全面系统和多角度地反映我国零售和餐饮业连锁企业发展的规模、水平。

二、本年鉴正文内容分为五部分：第一部分，零售企业综合篇；第二部分，零售企业地区篇；第三部分，餐饮企业综合篇；第四部分，餐饮企业地区篇；第五部分，连锁企业情况。同时，还附有主要统计指标解释。

三、本年鉴中涉及的全国性统计资料，均未包括台湾省、香港特别行政区和澳门特别行政区数据。

四、本年鉴中资料来源于2013年零售和餐饮连锁企业统计年报，时期数据为2013年年度数据，时点数据为2013年年末数据。

五、本年鉴中各表中的“空格”表示该项统计指标数据不足本表最小单位数、不详或无该项数据。

目录

CONTENTS

第一部分　零售企业综合篇

第二部分　零售企业地区篇

第三部分　餐饮企业综合篇

第四部分　餐饮企业地区篇

第一部分

零售企业综合篇

1-1 连锁零售企业总体情况

项目	单位	总计		直营店		加盟店	
		2013年	2012年	2013年	2012年	2013年	2012年
连锁总店数	个	2649					
连锁门店总数	个	204090	193685	125986	119815	78104	73870
年末从业人员	人	2559442	2530540	2251945	2227692	307497	302848
年末零售营业面积	平方米	156403484	148493368	147186605	140058911	9216879	8434457
连锁门店商品购进总额	万元	322587222	311105031	307532421	297342818	15054801	13762213
其中：统一配送商品购进额	万元	253418056	242376886	240214113	230114267	13203943	12262619
其中：自有配送中心	万元	145986536	141698774	139577361	135564828	6409175	6133946
非自有配送中心	万元	45539669	36404271	44147738	35026919	1391931	1377352
商品销售总额	万元	380068710	360253180	364334380	346128518	15734330	14124661
其中：零售额	万元	263407749	249094485	250670993	237427380	12736756	11667105

1-2 连锁零售企业基本情况

项目	连锁总店数（个）	门店数（个）		年末从业人员（人）		年末零售营业面积（平方米）	
	2013年	2013年	2012年	2013年	2012年	2013年	2012年
总计	**2649**	**204090**	**193685**	**2559442**	**2530540**	**156403484**	**148493368**
一、按登记注册类型分							
内资企业	2394	184844	175310	2054961	2040774	130285917	124506118
国有企业	190	16330	16034	148190	156677	11465462	10995697
集体企业	32	2609	2470	14684	11162	596497	573337
股份合作企业	7	341	377	4028	4435	53020	55188
联营企业	5	250	253	2499	2229	96793	94320
国有联营企业	2	204	207	2026	1695	87075	85516
集体联营企业							
国有与集体联营企业	1	5	5	43	37	928	928
其他联营企业	2	41	41	430	497	8790	7876
有限责任公司	1001	65664	61796	669760	674509	30484886	28914362
国有独资公司	13	1155	1182	7039	6597	149367	124801
其他有限责任公司	988	64509	60614	662721	667912	30335519	28789561
股份有限公司	287	50040	48578	822024	815011	74336381	71844454
私营企业	845	47289	43578	377699	360775	12813057	11614959
私营独资企业	39	1794	1825	8037	7955	219525	199248
私营合伙企业	7	302	296	3597	3741	285699	249848
私营有限责任公司	758	39123	35901	310055	294984	10425636	9432529
私营股份有限公司	41	6070	5556	56010	54095	1882197	1733334
其他企业	27	2321	2224	16077	15976	439821	413801
港、澳、台商投资企业	111	7773	7262	216019	208682	11548308	10227776
港澳台商合资经营企业	33	2922	2975	39988	38551	1820319	1686118
港澳台商合作经营企业	4	201	191	48548	45554	2428355	2027505
港、澳、台商独资经营企业	69	3955	3699	94636	94287	3828205	3626638
港、澳、台商投资股份有限公司	4	453	193	4432	3315	76147	45480
其他港、澳、台商投资企业	1	242	204	28415	26975	3395282	2842035
外商投资企业	144	11473	11113	288462	281084	14569259	13759474
中外合资经营企业	66	4470	4650	181881	179886	9894878	9802112
中外合作经营企业	10	1490	1419	24845	24086	775873	540450
外资企业	66	5500	5025	81461	76750	3869651	3395836
外商投资股份有限公司	1	9	9	240	240	27949	19276
其他外商投资企业	1	4	10	35	122	908	1800
二、按行业分							
批发业	350	54254	51916	343449	357427	40698335	40239935
农、林、牧产品批发	8	3808	3773	10003	9895	73936	72516
食品、饮料及烟草制品批发	66	6330	5192	35109	34524	666138	616768
纺织、服装及家庭用品批发	21	5324	5102	36575	40179	1863507	1753426
文化、体育用品及器材批发	11	675	659	16223	16719	786730	764318
医药及医疗器材批发	33	2384	2294	9535	9003	240123	223248
矿产品、建材及化工产品批发	178	33678	33135	220771	233341	35828885	35596060
机械设备、五金产品及电子产品批发	17	592	464	6360	5642	112844	108032
贸易经纪与代理							
其他批发业	16	1463	1297	8873	8124	1126172	1105567
零售业	2299	149836	141769	2215993	2173113	115705149	108253433
综合零售	829	65022	62767	1415440	1374872	71786160	65713445
食品、饮料及烟草制品专门零售	150	11865	10448	56951	53596	711474	653372
纺织、服装及日用品专门零售	157	11858	10743	71258	68852	2236516	1520267
文化、体育用品及器材专门零售	83	1651	1751	38843	37023	988976	1069692
医药及医疗器材专门零售	653	39319	36273	228000	218038	4906441	4404483

1-2 续表 1

项目	连锁总店数(个)	门店数(个)		年末从业人员(人)		年末零售营业面积(平方米)	
	2013年	2013年	2012年	2013年	2012年	2013年	2012年
汽车、摩托车、燃料及零配件专门零售	186	12792	12547	135184	139251	19610083	19368995
家用电器及电子产品专门零售	214	6982	6911	262870	273442	14969202	15035723
五金、家具及室内装饰材料专门零售	18	163	152	6044	6745	467511	461195
货摊、无店铺及其他零售业	9	184	177	1403	1294	28786	26261
三、按业态分							
便利店	92	14680	14629	73730	77683	1313541	1250202
折扣店	3	408	432	3027	4403	177325	185354
超市	411	33835	32133	467246	454427	18532925	17069615
大型超市	181	9380	8979	556364	541712	31065188	27675156
仓储会员店	5	107	79	16225	13431	648142	886721
百货店	100	4514	4342	276796	259331	18609070	17379358
专业店	1453	104054	98408	934947	948555	68481980	67385004
其中：加油站	277	31073	30797	286204	298100	40795733	40420271
专卖店	318	26113	24568	160619	158741	4777711	4089952
家居建材商店	15	62	58	3603	4278	449827	445488
厂家直销中心	5	232	11	1161	471	30523	6196
其他	66	10705	10046	65724	67508	12317252	12120322
直营门店合计		**125986**	**119815**	**2251945**	**2227692**	**147186605**	**140058911**
一、按登记注册类型分							
内资企业		114995	108995	1841042	1829194	124810968	119024584
国有企业		12222	12088	143378	150693	11237197	10662680
集体企业		484	489	8377	5147	452175	433747
股份合作企业		341	377	4028	4435	53020	55188
联营企业		213	196	2308	1904	93520	85950
国有联营企业		167	150	1835	1370	83802	77146
集体联营企业							
国有与集体联营企业		5	5	43	37	928	928
其他联营企业		41	41	430	497	8790	7876
有限责任公司		38509	35935	599983	605818	28339201	26818570
国有独资公司		733	756	6068	5618	134707	109441
其他有限责任公司		37776	35179	593915	600200	28204494	26709129
股份有限公司		38159	37048	766796	757798	73254833	70707102
私营企业		24116	21974	305152	292470	11019527	9922288
私营独资企业		898	909	6542	6467	165509	145232
私营合伙企业		302	296	3597	3741	285699	249848
私营有限责任公司		19759	18323	248578	238687	8999431	8135201
私营股份有限公司		3157	2446	46435	43575	1568888	1392007
其他企业		951	888	11020	10929	361495	339059
港、澳、台商投资企业		5502	5518	162438	158495	8837712	7965097
港澳台商合资经营企业		2635	2658	39383	37960	1789791	1648734
港澳台商合作经营企业		84	92	948	1004	43555	43505
港、澳、台商独资经营企业		2088	2371	89260	89241	3532937	3385343
港、澳、台商投资股份有限公司		453	193	4432	3315	76147	45480
其他港、澳、台商投资企业		242	204	28415	26975	3395282	2842035
外商投资企业		5489	5302	248465	240003	13537925	13069230
中外合资经营企业		3695	3551	162920	158458	9399021	9448743
中外合作经营企业		154	120	12240	12272	428088	324529
外资企业		1627	1612	73030	68911	3681959	3274882
外商投资股份有限公司		9	9	240	240	27949	19276
其他外商投资企业		4	10	35	122	908	1800

1-2 续表 2

项　目	连锁总店数（个）	门店数（个）		年末从业人员（人）		年末零售营业面积（平方米）	
	2013年	2013年	2012年	2013年	2012年	2013年	2012年
二、按行业分							
批发业		31275	30778	288735	304815	39396205	39041192
农、林、牧产品批发		120	95	1674	1545	22900	21400
食品、饮料及烟草制品批发		1772	1815	26387	27622	382565	400817
纺织、服装及家庭用品批发		1014	901	19124	21388	1529210	1415279
文化、体育用品及器材批发		561	545	16111	16607	780520	758108
医药及医疗器材批发		945	867	6288	5913	154510	146000
矿产品、建材及化工产品批发		25366	25201	206042	219393	35342765	35129300
机械设备、五金产品及电子产品批发		561	446	5577	5142	96414	94802
贸易经纪与代理							
其他批发业		936	908	7532	7205	1087321	1075486
零售业		94711	89037	1963210	1922877	107790400	101017719
综合零售		33731	32188	1231876	1192011	65271466	59868599
食品、饮料及烟草制品专门零售		7499	6588	47185	44293	545744	502746
纺织、服装及日用品专门零售		4907	4379	49487	48885	1883501	1243626
文化、体育用品及器材专门零售		1419	1554	38081	36255	965378	1045921
医药及医疗器材专门零售		27388	24914	194103	184731	4191939	3715870
汽车、摩托车、燃料及零配件专门零售		12648	12378	134148	137155	19523283	19172342
家用电器及电子产品专门零售		6791	6708	260956	271510	14913992	14981459
五金、家具及室内装饰材料专门零售		163	152	6044	6745	467511	461195
货摊、无店铺及其他零售业		165	176	1330	1292	27586	25961
三、按业态分							
便利店		8444	8687	53971	55239	891756	879044
折扣店		236	262	2934	3693	138428	152012
超市		15900	14628	407333	394532	16721113	15256300
大型超市		4918	4494	472475	463789	27478644	24778495
仓储会员店		89	79	16153	13431	647242	886721
百货店		2700	2526	260519	240245	17995580	16695155
专业店		78114	74462	869426	884138	67061575	65914812
其中：加油站		30808	30543	282738	295270	40673183	40310921
专卖店		11688	11202	113849	113898	3897461	3341158
家居建材商店		62	58	3603	4278	449827	445488
厂家直销中心		232	11	1161	471	30523	6196
其他		3603	3406	50521	53978	11874456	11703530
加盟门店总计		**78104**	**73870**	**307497**	**302848**	**9216879**	**8434457**
一、按登记注册类型分							
内资企业		69849	66315	213919	211580	5474949	5481534
国有企业		4108	3946	4812	5984	228265	333017
集体企业		2125	1981	6307	6015	144322	139590
股份合作企业							
联营企业		37	57	191	325	3273	8370
国有联营企业		37	57	191	325	3273	8370
集体联营企业							
国有与集体联营企业							
其他联营企业							
有限责任公司		27155	25861	69777	68691	2145685	2095792
国有独资公司		422	426	971	979	14660	15360
其他有限责任公司		26733	25435	68806	67712	2131025	2080432
股份有限公司		11881	11530	55228	57213	1081548	1137352
私营企业		23173	21604	72547	68305	1793530	1692671
私营独资企业		896	916	1495	1488	54016	54016
私营合伙企业							
私营有限责任公司		19364	17578	61477	56297	1426205	1297328
私营股份有限公司		2913	3110	9575	10520	313309	341327

1-2 续表 3

项 目	连锁总店数(个)	门店数(个)		年末从业人员(人)		年末零售营业面积(平方米)	
	2013年	2013年	2012年	2013年	2012年	2013年	2012年
其他企业		1370	1336	5057	5047	78326	74742
港、澳、台商投资企业		2271	1744	53581	50187	2710596	2262679
港澳台商合资经营企业		287	317	605	591	30528	37384
港澳台商合作经营企业		117	99	47600	44550	2384800	1984000
港、澳、台商独资经营企业		1867	1328	5376	5046	295268	241295
港、澳、台商投资股份有限公司							
其他港、澳、台商投资企业							
外商投资企业		5984	5811	39997	41081	1031334	690244
中外合资经营企业		775	1099	18961	21428	495857	353369
中外合作经营企业		1336	1299	12605	11814	347785	215921
外资企业		3873	3413	8431	7839	187692	120954
外商投资股份有限公司							
其他外商投资企业							
二、按行业分							
批发业		22979	21138	54714	52612	1302130	1198743
农、林、牧产品批发		3688	3678	8329	8350	51036	51116
食品、饮料及烟草制品批发		4558	3377	8722	6902	283573	215951
纺织、服装及家庭用品批发		4310	4201	17451	18791	334297	338147
文化、体育用品及器材批发		114	114	112	112	6210	6210
医药及医疗器材批发		1439	1427	3247	3090	85613	77248
矿产品、建材及化工产品批发		8312	7934	14729	13948	486120	466760
机械设备、五金产品及电子产品批发		31	18	783	500	16430	13230
贸易经纪与代理							
其他批发业		527	389	1341	919	38851	30081
零售业		55125	52732	252783	250236	7914749	7235714
综合零售		31291	30579	183564	182861	6514694	5844846
食品、饮料及烟草制品专门零售		4366	3860	9766	9303	165730	150626
纺织、服装及日用品专门零售		6951	6364	21771	19967	353015	276641
文化、体育用品及器材专门零售		232	197	762	768	23598	23771
医药及医疗器材专门零售		11931	11359	33897	33307	714502	688613
汽车、摩托车、燃料及零配件专门零售		144	169	1036	2096	86800	196653
家用电器及电子产品专门零售		191	203	1914	1932	55210	54264
五金、家具及室内装饰材料专门零售							
货摊、无店铺及其他零售业		19	1	73	2	1200	300
三、按业态分							
便利店		6236	5942	19759	22444	421785	371158
折扣店		172	170	93	710	38897	33342
超市		17935	17505	59913	59895	1811812	1813315
大型超市		4462	4485	83889	77923	3586544	2896661
仓储会员店		18		72		900	
百货店		1814	1816	16277	19086	613490	684203
专业店		25940	23946	65521	64417	1420405	1470192
其中：加油站		265	254	3466	2830	122550	109350
专卖店		14425	13366	46770	44843	880250	748794
家居建材商店							
厂家直销中心							
其他		7102	6640	15203	13530	442796	416792

1-3 连锁零售

项　　目	商品购进总额		统一配送商品购进额	
	2013年	2012年	2013年	2012年
总　　计	**322587222**	**311105031**	**253418056**	**242376886**
一、按登记注册类型分				
内资企业	278297632	265684272	221272967	208097141
国有企业	50924977	43978460	45815741	38912736
集体企业	721708	542569	275038	252402
股份合作企业	1074978	1060456	1062783	1045158
联营企业	104891	96094	104891	96094
国有联营企业	74202	58685	74202	58685
集体联营企业				
国有与集体联营企业	690	623	690	623
其他联营企业	30000	36785	30000	36785
有限责任公司	51971864	47220341	39405532	36336885
国有独资公司	757352	485831	439522	477629
其他有限责任公司	51214512	46734510	38966011	35859256
股份有限公司	153851301	155653272	117287942	116424446
私营企业	19111216	16672829	16978009	14722397
私营独资企业	241545	245781	162922	142258
私营合伙企业	226828	200943	226328	199456
私营有限责任公司	15197989	13215944	13341437	11529140
私营股份有限公司	3444853	3010161	3247321	2851543
其他企业	536696	460252	343032	307025
港、澳、台商投资企业	17853340	20017279	14299374	16400463
港澳台商合资经营企业	3306552	2908239	3049485	2577648
港澳台商合作经营企业	4065145	7529397	4061751	7526467
港、澳、台商独资经营企业	7636398	7182797	5222078	4671040
港、澳、台商投资股份有限公司	162707	106475	123585	67857
其他港、澳、台商投资企业	2682539	2290371	1842475	1557452
外商投资企业	26436250	25403481	17845715	17879283
中外合资经营企业	17696081	17075420	11791726	11895093
中外合作经营企业	2243661	1928816	1141247	923637
外资企业	6474082	6376648	4892156	5040649
外商投资股份有限公司	20587	19903	20587	19903
其他外商投资企业	1839	2695		
二、按行业分				
批发业	117653578	113870679	104416680	101141742
农、林、牧产品批发	1487352	1586275	1441205	1547416
食品、饮料及烟草制品批发	6368784	6037216	5554348	5260010
纺织、服装及家庭用品批发	2138990	2029666	1347750	1350967
文化、体育用品及器材批发	3166695	2823494	3117560	2783458
医药及医疗器材批发	668513	575475	466502	395590
矿产品、建材及化工产品批发	99950815	97394467	88972486	86596112
机械设备、五金产品及电子产品批发	909626	771668	800188	670165
贸易经纪与代理				
其他批发业	2962803	2652418	2716641	2538024
零售业	204933644	197234353	149001376	141235144
综合零售	105075820	99852429	71287042	69234444
食品、饮料及烟草制品专门零售	2449028	2272614	2301268	2100770
纺织、服装及日用品专门零售	6706279	2964045	5869217	2000653
文化、体育用品及器材专门零售	4396266	2481283	4367766	2459540
医药及医疗器材专门零售	6756845	5612235	6129997	5050445

企业经营情况

单位：万元

自有配送中心配送商品购进额		非自有配送中心配送商品购进额		商品销售额		零售额	
2013年	2012年	2013年	2012年	2013年	2012年	2013年	2012年
145986536	**141698774**	**45539669**	**36404271**	**380068710**	**360253180**	**263407749**	**249094485**
128449846	124512020	41360439	32409655	323680310	307813807	217029498	206179278
19555341	19422852	14727587	9046824	51102501	49727374	24814631	24655615
178095	161562	49337	45382	1057352	837481	770157	755312
1053169	1035564			1149908	1139631	858692	913362
21964	28971			124724	109980	115720	99216
				86525	64493	86525	64493
				918	833	918	833
21964	28971			37282	44654	28278	33890
21220608	18118388	4658785	3835236	58811352	52305875	44569931	40049399
390355	454277	7756	10207	908451	503412	335148	145199
20830253	17664111	4651029	3825030	57902901	51802463	44234783	39904200
75617305	76847518	20610248	18177806	189854245	184811441	127119788	123228411
10696309	8821384	1224261	1210589	21024290	18382180	18231523	15980047
89574	78731	4190	4013	262511	256487	224348	213299
199417	176408			225791	216124	225791	216124
7691684	6279230	1189993	1185715	16796867	14480047	14845494	12808900
2715633	2287016	30079	20860	3739121	3429523	2935890	2741724
107055	75781	90221	93817	555938	499844	549056	497917
7327908	6965470	1269691	1030031	25200120	22250235	19563109	17098899
2057267	2119853	186696	187843	4235732	3878583	3887751	3508940
14319	12884			8022433	6916109	4070461	3299085
3743109	3518915	630148	530698	10333602	9284534	9047171	8145792
123585	67857			216927	120178	166299	94253
1389628	1245962	452847	311490	2391427	2050830	2391427	2050830
10208782	10221284	2909539	2964585	31188280	30189138	26815142	25816308
6169381	5948795	1686993	1894736	21131897	20775659	18156487	17697305
950463	749286	122140	130632	2558747	2164819	1587939	1382214
3068352	3503300	1100407	939217	7474598	7227881	7047679	6716010
20587	19903			20587	19903	20587	19903
				2451	876	2451	876
65092654	63851776	19819688	17932433	135267944	132458784	69972220	66471665
1438150	1544362			1659599	1708386	16053	28225
3696429	3312335	140277	129269	8345571	7910442	427760	322013
1218125	1277133	5864	9645	3357851	3141756	1515083	1429651
3002649	2692102	107573	82772	3000495	2763252	1128270	1080963
376626	354805	748	734	770447	641355	336515	276247
52412382	51985151	19330423	17522762	114235266	112781118	63726041	61054908
470668	390021	230733	183448	960097	798853	568606	212873
2477625	2295867	4070	3804	2938618	2713622	2253892	2066786
80893881	77846998	25719982	18471838	244800766	227794396	193435529	182622819
42830977	39244973	8686654	7564531	125691284	113584583	103511126	94170619
1459750	1261407	175746	269196	2943522	2668047	2704780	2392650
1067098	1007232	4297577	419316	3766699	3617371	3394604	3137088
3542561	1783391	192978	168513	4533887	2742357	1931012	2207489
3914836	3101620	850669	710731	7825316	6537290	7206619	6199318

1-3 续表 1

项　　目	商品购进总额		统一配送商品购进额	
	2013年	2012年	2013年	2012年
汽车、摩托车、燃料及零配件专门零售	51945586	52054086	37906636	37138488
家用电器及电子产品专门零售	27025768	31432798	20628531	22700422
五金、家具及室内装饰材料专门零售	431384	393315	364251	378833
货摊、无店铺及其他零售业	146669	171549	146669	171549
三、按业态分				
便利店	2545314	2390978	1891361	1762992
折扣店	305748	312314	47660	183221
超市	25936916	23384080	21918882	19537976
大型超市	38484427	39353227	28679444	30755956
仓储会员店	2408980	2098793	328786	329725
百货店	30284502	27866502	15482360	13932158
专业店	187220035	186399658	154125252	151947988
其中：加油站	121778413	120096553	100291621	98855230
专卖店	18015419	12430344	16519330	10613626
家居建材商店	383592	372519	316459	358037
厂家直销中心	79045	36050	78267	35298
其他	16923244	16460568	14030255	12919911
直营门店合计	**307532421**	**297342818**	**240214113**	**230114267**
一、按登记注册类型分				
内资企业	268918163	257316755	213498361	201039754
国有企业	49860368	42843204	44756332	37782636
集体企业	458532	401766	208984	193430
股份合作企业	1074978	1060456	1062783	1045158
联营企业	97565	85997	97565	85997
国有联营企业	66876	48589	66876	48589
集体联营企业				
国有与集体联营企业	690	623	690	623
其他联营企业	30000	36785	30000	36785
有限责任公司	50021711	45535954	37883914	35063525
国有独资公司	735582	467691	417772	459490
其他有限责任公司	49286129	45068263	37466142	34604034
股份有限公司	149537287	151817089	113602800	113102940
私营企业	17366943	15146129	15578610	13493047
私营独资企业	226677	228987	153104	134040
私营合伙企业	226828	200943	226328	199456
私营有限责任公司	13881527	12123346	12239783	10619322
私营股份有限公司	3031911	2592853	2959396	2540230
其他企业	500780	426160	307373	273022
港、澳、台商投资企业	13428342	16060243	10069357	12622548
港澳台商合资经营企业	3263771	2860927	3006704	2530336
港澳台商合作经营企业	113173	3930812	109780	3927882
港、澳、台商独资经营企业	7206152	6871659	4986813	4539022
港、澳、台商投资股份有限公司	162707	106475	123585	67857
其他港、澳、台商投资企业	2682539	2290371	1842475	1557452
外商投资企业	25185915	23965821	16646395	16451965
中外合资经营企业	17013530	16239584	11109175	11059257
中外合作经营企业	1749515	1433176	679263	437381
外资企业	6400444	6270462	4837370	4935424
外商投资股份有限公司	20587	19903	20587	19903
其他外商投资企业	1839	2695		

单位：万元

自有配送中心配送商品购进额		非自有配送中心配送商品购进额		商品销售总额		零售额	
2013年	2012年	2013年	2012年	2013年	2012年	2013年	2012年
15197435	16409119	9171824	7244060	65682434	63636984	48543042	46103315
12668910	14799083	2300703	2057421	33526046	34188547	25440341	27754691
119236	126273	36469	32573	679060	644970	628807	594454
93080	113899	7362	5498	152518	174248	75198	63195
878703	803408	334397	317242	3112975	2865158	2852520	2623752
47660	183221			329228	342574	300803	311299
13474065	11659546	3024963	2579088	28892093	26069766	24676512	21918937
16199399	15102597	4075254	3185132	47341516	43147992	38868341	35257537
1711	1642			2346387	2151384	2346387	2151384
11051000	10366997	1108187	1345920	37039725	33347626	30871935	29162342
93522558	94664212	20534438	17455363	224928017	219107684	139646325	134979063
57693828	58533910	14402373	12270609	147917035	145503892	92173388	87961756
9500139	7674227	4958077	870270	15826863	14014850	9715042	9441476
35342	67729	76791	73703	516407	507671	466211	457155
78267	35298			111326	37356	58207	28320
1197692	1139898	11427563	10577553	19624175	18661120	13605467	12763220
139577361	**135564828**	**44147738**	**35026919**	**364334380**	**346128518**	**250670993**	**237427380**
123271441	119825075	40038281	31121742	313967431	298697552	210183088	199457364
19140397	19017831	14486817	8611079	50061623	48607830	24583254	24189668
153832	139832	10257	9890	799663	729072	704155	646903
1053169	1035564			1149908	1139631	858692	913362
21964	28971			115885	97715	106882	86951
				77686	52229	77686	52229
				918	833	918	833
21964	28971			37282	44654	28278	33890
20030997	17098505	4471608	3702660	56443786	50090972	42354033	38066230
369235	436821	7126	9524	882479	480551	334942	145031
19661762	16661684	4464482	3693135	55561307	49610421	42019091	37921199
73193826	74570821	19898357	17615814	186006778	181084734	124548964	120579922
9580438	7867235	1105379	1112128	18873907	16490772	16518111	14519429
86381	75316	4190	4013	248238	242151	210884	203072
199417	176408			225791	216124	225791	216124
6847424	5631509	1082882	1088391	15185527	13140194	13620461	11850659
2447217	1984003	18307	19724	3214351	2892304	2460975	2249574
96818	66316	65863	70171	515879	456827	508998	454900
7254766	6896405	1240091	988818	20671803	18762123	15159814	13658669
2036364	2098635	164819	161750	4160140	3803735	3814553	3434091
14319	12884			4070461	3799314	118490	182290
3690870	3471068	622425	515578	9832848	8988066	8669044	7897205
123585	67857			216927	120178	166299	94253
1389628	1245962	452847	311490	2391427	2050830	2391427	2050830
9051154	8843348	2869367	2916358	29695147	28668843	25328091	24311347
5526678	5162178	1648351	1846512	20419757	19877057	17450429	16804784
488480	263030	122140	130632	1927729	1689728	956921	916376
3015410	3398238	1098876	939214	7324623	7081279	6897704	6569408
20587	19903			20587	19903	20587	19903
				2451	876	2451	876

1-3 续表 2

项　　目	商品购进总额		统一配送商品购进额	
	2013年	2012年	2013年	2012年
二、按行业分				
批发业	114008049	110634505	101191449	98215032
农、林、牧产品批发	1238480	1323912	1225395	1314934
食品、饮料及烟草制品批发	6256517	5980095	5452912	5204603
纺织、服装及家庭用品批发	1672892	1558005	1011601	1052519
文化、体育用品及器材批发	3164762	2821622	3116467	2782340
医药及医疗器材批发	630623	542001	453181	383736
矿产品、建材及化工产品批发	97353361	95022517	86430297	84278318
机械设备、五金产品及电子产品批发	903594	768420	794157	666917
贸易经纪与代理				
其他批发业	2787821	2617934	2707438	2531666
零售业	193524372	186708313	139022664	131899236
综合零售	95734051	91233160	63276400	61723593
食品、饮料及烟草制品专门零售	2088619	1963521	1953682	1799801
纺织、服装及日用品专门零售	6348135	2740960	5532974	1795753
文化、体育用品及器材专门零售	4392488	2477779	4363988	2456036
医药及医疗器材专门零售	6275753	5188029	5713612	4681644
汽车、摩托车、燃料及零配件专门零售	51434610	51348906	37395661	36433308
家用电器及电子产品专门零售	26672917	31191164	20275680	22458788
五金、家具及室内装饰材料专门零售	431384	393315	364251	378833
货摊、无店铺及其他零售业	146416	171481	146416	171481
三、按业态分				
便利店	1805728	1784599	1381928	1328211
折扣店	287867	277634	47660	148542
超市	23705341	21335730	20160576	17993866
大型超市	33287630	34389435	23536709	25825478
仓储会员店	2408796	2098793	328601	329725
百货店	29137684	26912813	14891304	13377734
专业店	183830172	183068329	151075938	148800901
其中：加油站	120361668	118745026	98874876	97503704
专卖店	16302759	11211864	14817076	9405817
家居建材商店	383592	372519	316459	358037
厂家直销中心	79045	36050	78267	35298
其他	16303808	15855052	13579594	12510659
加盟门店总计	**15054801**	**13762213**	**13203943**	**12262619**
一、按登记注册类型分				
内资企业	9379469	8367517	7774606	7057386
国有企业	1064610	1135256	1059408	1130099
集体企业	263176	140803	66055	58972
股份合作企业				
联营企业	7326	10096	7326	10096
国有联营企业	7326	10096	7326	10096
集体联营企业				
国有与集体联营企业				
其他联营企业				
有限责任公司	1950153	1684387	1521619	1273360
国有独资公司	21770	18141	21750	18139
其他有限责任公司	1928384	1666247	1499869	1255222
股份有限公司	4314014	3836182	3685142	3321506
私营企业	1744273	1526700	1399398	1229349
私营独资企业	14868	16794	9819	8218
私营合伙企业				
私营有限责任公司	1316463	1092598	1101654	909818
私营股份有限公司	412943	417308	287925	311313

单位：万元

自有配送中心配送商品购进额		非自有配送中心配送商品购进额		商品销售总额		零售额	
2013年	2012年	2013年	2012年	2013年	2012年	2013年	2012年
62591910	61463139	19567358	17691126	131522876	129331691	68986661	65522830
1225395	1314934			1387621	1547040	13697	25887
3613800	3269005	121733	117405	8244966	7849741	331080	262580
928552	984269	5675	4060	2960204	2761316	1461404	1333619
3001557	2690983	107573	82772	2999002	2761514	1127477	1079846
369333	347912	35		722770	598047	315261	257936
50508694	50173396	19099856	17299638	111518138	110346763	62925049	60288246
466954	386774	228416	183448	952800	795037	561308	209057
2477625	2295867	4070	3804	2737377	2672232	2251384	2065659
76985450	74101689	24580380	17335793	232811504	216796827	181684332	171904550
39966977	36364140	8022455	6942264	116054797	104848118	93979277	85542173
1127838	984171	164717	265098	2545174	2326131	2311746	2063787
752149	814754	4285963	416620	3286486	3253169	2946358	2853977
3538806	1780423	192954	167977	4530151	2739061	1927277	2204193
3755263	2946916	703713	595025	7234373	5946977	6647473	5628394
15007311	16219374	9171824	7044514	65148272	62915500	48073230	45439580
12624859	14751807	1994922	1866224	33180970	33948721	25095265	27514865
119236	126273	36469	32573	679060	644970	628807	594454
93011	113831	7362	5498	152220	174180	74900	63127
624214	568469	239828	218796	2326470	2220151	2092281	1999405
47660	148542			300803	311719	272378	280445
12316873	10656116	2574354	2175821	26653290	23727582	22470423	19579370
15143278	13905147	3986240	3100689	42042656	38638578	33580272	30757059
1711	1642			2346175	2151384	2346175	2151384
10655784	9959023	1086310	1319827	35958909	32276822	29825986	28123235
91123024	92317117	20338401	17091574	221191868	215610724	137664056	132821988
56595902	57496246	14402373	12270609	146383632	144094696	91041119	86918107
8585310	6970067	4627135	667941	13896034	12535768	8564251	8674440
35342	67729	76791	73703	516407	507671	466211	457155
78267	35298			111326	37356	58207	28320
965899	935679	11218679	10378568	18990443	18110765	13330754	12554580
6409175	**6133946**	**1391931**	**1377352**	**15734330**	**14124661**	**12736756**	**11667105**
5178405	4686945	1322158	1287912	9712879	9116254	6846409	6721914
414944	405021	240769	435745	1040878	1119545	231378	465947
24263	21730	39079	35492	257690	108410	66002	108410
				8839	12264	8839	12264
				8839	12264	8839	12264
1189610	1019883	187177	132577	2367566	2214903	2215898	1983169
21120	17457	630	682	25972	22861	206	168
1168491	1002427	186547	131894	2341594	2192042	2215692	1983001
2423479	2276697	711891	561992	3847467	3726707	2570824	2648489
1115870	954149	118883	98460	2150383	1891408	1713412	1460618
3194	3414			14273	14336	13464	10227
844261	647721	107111	97324	1611340	1339853	1225033	958241
268416	303013	11771	1137	524770	537220	474915	492150

1-3 续表 3

项 目	商品购进总额		统一配送商品购进额	
	2013年	2012年	2013年	2012年
其他企业	35916	34092	35658	34003
港、澳、台商投资企业	4424998	3957035	4230017	3777914
港澳台商合资经营企业	42780	47312	42780	47312
港澳台商合作经营企业	3951971	3598585	3951971	3598585
港、澳、台商独资经营企业	430246	311139	235265	132018
港、澳、台商投资股份有限公司				
其他港、澳、台商投资企业				
外商投资企业	1250335	1437661	1199321	1427318
中外合资经营企业	682551	835836	682551	835836
中外合作经营企业	494146	495640	461984	486257
外资企业	73638	106185	54786	105226
外商投资股份有限公司				
其他外商投资企业				
二、按行业分				
批发业	3645529	3236174	3225231	2926710
农、林、牧产品批发	248872	262363	215810	232483
食品、饮料及烟草制品批发	112268	57121	101436	55407
纺织、服装及家庭用品批发	466099	471661	336149	298448
文化、体育用品及器材批发	1933	1873	1093	1119
医药及医疗器材批发	37890	33475	13321	11854
矿产品、建材及化工产品批发	2597454	2371950	2542188	2317794
机械设备、五金产品及电子产品批发	6032	3247	6032	3247
贸易经纪与代理				
其他批发业	174983	34484	9203	6358
零售业	11409272	10526040	9978712	9335908
综合零售	9341769	8619269	8010641	7510851
食品、饮料及烟草制品专门零售	360409	309093	347586	300970
纺织、服装及日用品专门零售	358144	223085	336243	204900
文化、体育用品及器材专门零售	3778	3504	3778	3504
医药及医疗器材专门零售	481093	424206	416385	368801
汽车、摩托车、燃料及零配件专门零售	510976	705180	510976	705180
家用电器及电子产品专门零售	352851	241635	352851	241635
五金、家具及室内装饰材料专门零售				
货摊、无店铺及其他零售业	253	68	253	68
三、按业态分				
便利店	739586	606379	509433	434781
折扣店	17881	34680		34680
超市	2231574	2048350	1758306	1544110
大型超市	5196798	4963792	5142735	4930477
仓储会员店	184		184	
百货店	1146819	953689	591056	554424
专业店	3389863	3331329	3049315	3147087
其中：加油站	1416745	1351527	1416745	1351527
专卖店	1712660	1218481	1702254	1207809
家居建材商店				
厂家直销中心				
其他	619436	605515	450660	409252

单位：万元

自有配送中心配送商品购进额		非自有配送中心配送商品购进额		商品销售总额		零售额	
2013年	2012年	2013年	2012年	2013年	2012年	2013年	2012年
10238	9465	24359	23646	40058	43017	40058	43017
73142	69065	29601	41213	4528318	3488111	4403296	3440230
20903	21219	21878	26093	75592	74849	73197	74849
				3951971	3116795	3951971	3116795
52239	47846	7723	15120	500754	296468	378127	248587
1157628	1377936	40173	48227	1493132	1520296	1487051	1504961
642702	786617	38642	48224	712140	898603	706058	892521
461984	486257			631018	475091	631018	465838
52942	105062	1531	4	149975	146602	149975	146602
2500744	2388637	252330	241307	3745068	3127092	985559	948836
212755	229429			271978	161346	2356	2338
82628	43330	18544	11864	100606	60701	96680	59433
289573	292863	189	5585	397648	380439	53679	96033
1093	1119			1493	1738	793	1117
7294	6893	713	734	47677	43308	21254	18311
1903687	1811755	230567	223124	2717129	2434355	800992	766662
3714	3247	2318		7297	3816	7297	3816
				201241	41390	2508	1127
3908431	3745309	1139602	1136045	11989261	10997569	11751197	10718269
2864000	2880833	664199	622266	9636487	8736465	9531849	8628446
331913	277236	11029	4097	398348	341916	393034	328863
314949	192478	11614	2696	480213	364202	448246	283110
3754	2968	24	536	3736	3296	3736	3296
159572	154704	146956	115706	590942	590313	559146	570924
190124	189745		199546	534162	721484	469812	663736
44051	47276	305780	191197	345076	239826	345076	239826
68	68			298	68	298	68
254489	234939	94569	98446	786505	645007	760239	624347
	34680			28425	30855	28425	30855
1157192	1003430	450609	403267	2238803	2342185	2206089	2339567
1056121	1197450	89013	84443	5298860	4509414	5288069	4500478
				212		212	
395216	407973	21878	26093	1080816	1070804	1045950	1039108
2399535	2347095	196037	363789	3736148	3496960	1982269	2157075
1097927	1037664			1533402	1409196	1132269	1043649
914830	704161	330942	202330	1930828	1479082	1150791	767036
231792	204219	208884	198985	633732	550354	274713	208640

1-4 按行业与登记注册类型分连锁零售企业基本情况

内资企业

项目	连锁总店数(个)	门店数(个)		年末从业人员(人)		年末零售营业面积(平方米)	
	2013年	2013年	2012年	2013年	2012年	2013年	2012年
总 计	**2394**	**184844**	**175310**	**2054961**	**2040774**	**130285917**	**124506118**
批发业	**335**	**53343**	**51243**	**336067**	**350281**	**40602718**	**40173640**
农、林、牧产品批发	8	3808	3773	10003	9895	73936	72516
食品、饮料及烟草制品批发	61	6059	4914	31571	30943	654219	604787
纺织、服装及家庭用品批发	17	4832	4840	35153	38638	1803595	1720096
文化、体育用品及器材批发	10	665	653	16163	16689	786138	764028
医药及医疗器材批发	33	2384	2294	9535	9003	240123	223248
矿产品、建材及化工产品批发	176	33605	33071	219066	231849	35810385	35580060
机械设备、五金产品及电子产品批发	16	590	461	6232	5523	111211	106399
贸易经纪与代理							
其他批发业	14	1400	1237	8344	7741	1123111	1102506
零售业	**2059**	**131501**	**124067**	**1718894**	**1690493**	**89683199**	**84332478**
综合零售	694	56991	54721	998806	971326	50087994	46099500
食品、饮料及烟草制品专门零售	137	11242	9867	52258	48538	667188	615394
纺织、服装及日用品专门零售	113	4951	4480	33179	32775	1324241	729380
文化、体育用品及器材专门零售	82	1642	1743	38519	36728	955981	1038847
医药及医疗器材专门零售	645	38056	34949	221406	211658	4736969	4243111
汽车、摩托车、燃料及零配件专门零售	165	11560	11341	117458	120938	17289031	16977000
家用电器及电子产品专门零售	205	6765	6689	251953	262897	14307959	14324251
五金、家具及室内装饰材料专门零售	10	145	135	4318	4734	290450	284134
货摊、无店铺及其他零售业	8	149	142	997	899	23386	20861
直营门店合计		**114995**	**108995**	**1841042**	**1829194**	**124810968**	**119024584**
批发业		**30818**	**30304**	**282642**	**298828**	**39346833**	**38995059**
农、林、牧产品批发		120	95	1674	1545	22900	21400
食品、饮料及烟草制品批发		1525	1562	22921	24118	372404	390668
纺织、服装及家庭用品批发		923	784	18154	20217	1507285	1394279
文化、体育用品及器材批发		551	539	16051	16577	779928	757818
医药及医疗器材批发		945	867	6288	5913	154510	146000
矿产品、建材及化工产品批发		25322	25166	205102	218613	35330765	35119300
机械设备、五金产品及电子产品批发		559	443	5449	5023	94781	93169
贸易经纪与代理							
其他批发业		873	848	7003	6822	1084260	1072425

1-4 续表 1

内资企业

项目	[illegible]店数 (个)	门店数 (个)		年末从业人员 (人)		年末零售营业面积 (平方米)	
	2013年	2013年	2012年	2013年	2012年	2013年	2012年
零售业		**84177**	**78691**	**1558400**	**1530366**	**85464135**	**80029525**
综合零售		27358	25883	890125	862141	46971790	42953742
食品、饮料及烟草制品专门零售		6991	6099	42720	39466	503772	466638
纺织、服装及日用品专门零售		3284	2804	27606	27752	1218028	630267
文化、体育用品及器材专门零售		1410	1546	37757	35960	932383	1015076
医药及医疗器材专门零售		26869	24425	188489	179609	4070546	3608773
汽车、摩托车、燃料及零配件专门零售		11416	11172	116422	118842	17202231	16780347
家用电器及电子产品专门零售		6574	6486	250039	260965	14252749	14269987
五金、家具及室内装饰材料专门零售		145	135	4318	4734	290450	284134
货摊、无店铺及其他零售业		130	141	924	897	22186	20561
加盟门店合计		**69849**	**66315**	**213919**	**211580**	**5474949**	**5481534**
批发业		**22525**	**20939**	**53425**	**51453**	**1255885**	**1178581**
农、林、牧产品批发		3688	3678	8329	8350	51036	51116
食品、饮料及烟草制品批发		4534	3352	8650	6825	281815	214119
纺织、服装及家庭用品批发		3909	4056	16999	18421	296310	325817
文化、体育用品及器材批发		114	114	112	112	6210	6210
医药及医疗器材批发		1439	1427	3247	3090	85613	77248
矿产品、建材及化工产品批发		8283	7905	13964	13236	479620	460760
机械设备、五金产品及电子产品批发		31	18	783	500	16430	13230
贸易经纪与代理							
其他批发业		527	389	1341	919	38851	30081
零售业		**47324**	**45376**	**160494**	**160127**	**4219064**	**4302953**
综合零售		29633	28838	108681	109185	3116204	3145758
食品、饮料及烟草制品专门零售		4251	3768	9538	9072	163416	148756
纺织、服装及日用品专门零售		1667	1676	5573	5023	106213	99113
文化、体育用品及器材专门零售		232	197	762	768	23598	23771
医药及医疗器材专门零售		11187	10524	32917	32049	666423	634338
汽车、摩托车、燃料及零配件专门零售		144	169	1036	2096	86800	196653
家用电器及电子产品专门零售		191	203	1914	1932	55210	54264
五金、家具及室内装饰材料专门零售							
货摊、无店铺及其他零售业		19	1	73	2	1200	300

1-4 续表 2

国有企业

项目	连锁总店数(个)	门店数(个)		年末从业人员(人)		年末零售营业面积(平方米)	
	2013年	2013年	2012年	2013年	2012年	2013年	2012年
总　计	**190**	**16330**	**16034**	**148190**	**156677**	**11465462**	**10995697**
批发业	**73**	**8774**	**8563**	**71889**	**75963**	**4574993**	**4905678**
农、林、牧产品批发	2	30	3	140	38	1796	296
食品、饮料及烟草制品批发	24	234	234	14372	14959	156003	171218
纺织、服装及家庭用品批发							
文化、体育用品及器材批发	3	355	344	9513	9769	390554	374895
医药及医疗器材批发	3	103	112	401	428	7615	8155
矿产品、建材及化工产品批发	40	8012	7829	47123	50367	3997027	4338918
机械设备、五金产品及电子产品批发							
贸易经纪与代理							
其他批发业	1	40	41	340	402	21998	12196
零售业	**117**	**7556**	**7471**	**76301**	**80714**	**6890469**	**6090019**
综合零售	13	2450	2590	13967	14671	441586	454453
食品、饮料及烟草制品专门零售	10	193	185	1198	1205	14123	12975
纺织、服装及日用品专门零售	2	175	32	3145	3204	604484	57534
文化、体育用品及器材专门零售	25	303	304	6193	6275	232524	248548
医药及医疗器材专门零售	20	1287	1266	8002	11879	275787	277530
汽车、摩托车、燃料及零配件专门零售	47	3148	3094	43796	43480	5321965	5038979
家用电器及电子产品专门零售							
五金、家具及室内装饰材料专门零售							
货摊、无店铺及其他零售业							
直营门店合计		**12222**	**12088**	**143378**	**150693**	**11237197**	**10662680**
批发业		**6121**	**6150**	**70842**	**74968**	**4431879**	**4774275**
农、林、牧产品批发		30	3	140	38	1796	296
食品、饮料及烟草制品批发		234	234	14372	14959	156003	171218
纺织、服装及家庭用品批发							
文化、体育用品及器材批发		355	344	9513	9769	390554	374895
医药及医疗器材批发		10	10	121	122	2035	2035
矿产品、建材及化工产品批发		5452	5518	46356	49678	3859493	4213635
机械设备、五金产品及电子产品批发							
贸易经纪与代理							
其他批发业		40	41	340	402	21998	12196

1-4 续表 3

国有企业

项　　目	连锁总店数（个）	门店数（个）		年末从业人员（人）		年末零售营业面积（平方米）	
	2013年	2013年	2012年	2013年	2012年	2013年	2012年
零售业		**6101**	**5938**	**72536**	**75725**	**6805318**	**5888405**
综合零售		1408	1477	11448	11974	401240	411115
食品、饮料及烟草制品专门零售		193	185	1198	1205	14123	12975
纺织、服装及日用品专门零售		175	32	3145	3204	604484	57534
文化、体育用品及器材专门零售		302	303	6190	6272	232474	248518
医药及医疗器材专门零售		886	880	6889	10766	251032	252787
汽车、摩托车、燃料及零配件专门零售		3137	3061	43666	42304	5301965	4905476
家用电器及电子产品专门零售							
五金、家具及室内装饰材料专门零售							
货摊、无店铺及其他零售业							
加盟门店合计		**4108**	**3946**	**4812**	**5984**	**228265**	**333017**
批发业		**2653**	**2413**	**1047**	**995**	**143114**	**131403**
农、林、牧产品批发							
食品、饮料及烟草制品批发							
纺织、服装及家庭用品批发							
文化、体育用品及器材批发							
医药及医疗器材批发		93	102	280	306	5580	6120
矿产品、建材及化工产品批发		2560	2311	767	689	137534	125283
机械设备、五金产品及电子产品批发							
贸易经纪与代理							
其他批发业							
零售业		**1455**	**1533**	**3765**	**4989**	**85151**	**201614**
综合零售		1042	1113	2519	2697	40346	43338
食品、饮料及烟草制品专门零售							
纺织、服装及日用品专门零售							
文化、体育用品及器材专门零售		1	1	3	3	50	30
医药及医疗器材专门零售		401	386	1113	1113	24755	24743
汽车、摩托车、燃料及零配件专门零售		11	33	130	1176	20000	133503
家用电器及电子产品专门零售							
五金、家具及室内装饰材料专门零售							
货摊、无店铺及其他零售业							

1-4 续表 4

集体企业

项　　目	连锁总店数(个)	门店数(个)		年末从业人员(人)		年末零售营业面积(平方米)	
	2013年	2013年	2012年	2013年	2012年	2013年	2012年
总　　计	**32**	**2609**	**2470**	**14684**	**11162**	**596497**	**573337**
批发业	**8**	**1757**	**1620**	**4244**	**3854**	**93110**	**84315**
农、林、牧产品批发							
食品、饮料及烟草制品批发	1	616	616	993	993	10730	10730
纺织、服装及家庭用品批发	1	101	104	266	280	7866	8526
文化、体育用品及器材批发							
医药及医疗器材批发							
矿产品、建材及化工产品批发	5	919	900	2626	2581	66414	65059
机械设备、五金产品及电子产品批发							
贸易经纪与代理							
其他批发业	1	121		359		8100	
零售业	**24**	**852**	**850**	**10440**	**7308**	**503387**	**489022**
综合零售	15	679	663	9418	6201	489240	474943
食品、饮料及烟草制品专门零售	1	23	22	58	56	688	670
纺织、服装及日用品专门零售							
文化、体育用品及器材专门零售	3	19	19	301	300	3437	3437
医药及医疗器材专门零售	4	107	122	633	721	9662	9612
汽车、摩托车、燃料及零配件专门零售	1	24	24	30	30	360	360
家用电器及电子产品专门零售							
五金、家具及室内装饰材料专门零售							
货摊、无店铺及其他零售业							
直营门店合计		**484**	**489**	**8377**	**5147**	**452175**	**433747**
批发业		**147**	**139**	**634**	**611**	**15275**	**15195**
农、林、牧产品批发							
食品、饮料及烟草制品批发		36	36	253	253	6880	6880
纺织、服装及家庭用品批发		6	9	86	95	2846	3506
文化、体育用品及器材批发							
医药及医疗器材批发							
矿产品、建材及化工产品批发		104	94	290	263	5289	4809
机械设备、五金产品及电子产品批发							
贸易经纪与代理							
其他批发业		1		5		260	

1-4 续表 5

集体企业

项目	连锁总店数（个）	门店数（个）		年末从业人员（人）		年末零售营业面积（平方米）	
	2013年	2013年	2012年	2013年	2012年	2013年	2012年
零售业		**337**	**350**	**7743**	**4536**	**436900**	**418552**
综合零售		177	177	6786	3508	423465	405328
食品、饮料及烟草制品专门零售		23	22	58	56	688	670
纺织、服装及日用品专门零售							
文化、体育用品及器材专门零售		19	18	301	288	3437	3287
医药及医疗器材专门零售		94	109	568	654	8950	8907
汽车、摩托车、燃料及零配件专门零售		24	24	30	30	360	360
家用电器及电子产品专门零售							
五金、家具及室内装饰材料专门零售							
货摊、无店铺及其他零售业							
加盟门店合计		**2125**	**1981**	**6307**	**6015**	**144322**	**139590**
批发业		**1610**	**1481**	**3610**	**3243**	**77835**	**69120**
农、林、牧产品批发							
食品、饮料及烟草制品批发		580	580	740	740	3850	3850
纺织、服装及家庭用品批发		95	95	180	185	5020	5020
文化、体育用品及器材批发							
医药及医疗器材批发							
矿产品、建材及化工产品批发		815	806	2336	2318	61125	60250
机械设备、五金产品及电子产品批发							
贸易经纪与代理							
其他批发业		120		354		7840	
零售业		**515**	**500**	**2697**	**2772**	**66487**	**70470**
综合零售		502	486	2632	2693	65775	69615
食品、饮料及烟草制品专门零售							
纺织、服装及日用品专门零售							
文化、体育用品及器材专门零售			1		12		150
医药及医疗器材专门零售		13	13	65	67	712	705
汽车、摩托车、燃料及零配件专门零售							
家用电器及电子产品专门零售							
五金、家具及室内装饰材料专门零售							
货摊、无店铺及其他零售业							

1-4 续表 6

股份合作企业

项　目	连锁总店数(个)	门店数(个)		年末从业人员(人)		年末零售营业面积(平方米)	
	2013年	2013年	2012年	2013年	2012年	2013年	2012年
总　计	**7**	**341**	**377**	**4028**	**4435**	**53020**	**55188**
批发业	**2**	**15**	**18**	**408**	**429**	**11613**	**13831**
农、林、牧产品批发							
食品、饮料及烟草制品批发	2	15	18	408	429	11613	13831
纺织、服装及家庭用品批发							
文化、体育用品及器材批发							
医药及医疗器材批发							
矿产品、建材及化工产品批发							
机械设备、五金产品及电子产品批发							
贸易经纪与代理							
其他批发业							
零售业	**5**	**326**	**359**	**3620**	**4006**	**41407**	**41357**
综合零售	2	36	33	392	350	13133	12733
食品、饮料及烟草制品专门零售							
纺织、服装及日用品专门零售							
文化、体育用品及器材专门零售							
医药及医疗器材专门零售	1	30	43	410	298	3150	4500
汽车、摩托车、燃料及零配件专门零售	1	231	254	2663	3222	18000	17000
家用电器及电子产品专门零售							
五金、家具及室内装饰材料专门零售							
货摊、无店铺及其他零售业	1	29	29	155	136	7124	7124
直营门店合计		**341**	**377**	**4028**	**4435**	**53020**	**55188**
批发业		**15**	**18**	**408**	**429**	**11613**	**13831**
农、林、牧产品批发							
食品、饮料及烟草制品批发		15	18	408	429	11613	13831
纺织、服装及家庭用品批发							
文化、体育用品及器材批发							
医药及医疗器材批发							
矿产品、建材及化工产品批发							
机械设备、五金产品及电子产品批发							
贸易经纪与代理							
其他批发业							

1-4 续表 7

股份合作企业

项目	连锁总店数(个)	门店数(个)		年末从业人员(人)		年末零售营业面积(平方米)	
	2013年	2013年	2012年	2013年	2012年	2013年	2012年
零售业		**326**	**359**	**3620**	**4006**	**41407**	**41357**
综合零售		36	33	392	350	13133	12733
食品、饮料及烟草制品专门零售							
纺织、服装及日用品专门零售							
文化、体育用品及器材专门零售							
医药及医疗器材专门零售		30	43	410	298	3150	4500
汽车、摩托车、燃料及零配件专门零售		231	254	2663	3222	18000	17000
家用电器及电子产品专门零售							
五金、家具及室内装饰材料专门零售							
货摊、无店铺及其他零售业		29	29	155	136	7124	7124
加盟门店合计							
批发业							
农、林、牧产品批发							
食品、饮料及烟草制品批发							
纺织、服装及家庭用品批发							
文化、体育用品及器材批发							
医药及医疗器材批发							
矿产品、建材及化工产品批发							
机械设备、五金产品及电子产品批发							
贸易经纪与代理							
其他批发业							
零售业							
综合零售							
食品、饮料及烟草制品专门零售							
纺织、服装及日用品专门零售							
文化、体育用品及器材专门零售							
医药及医疗器材专门零售							
汽车、摩托车、燃料及零配件专门零售							
家用电器及电子产品专门零售							
五金、家具及室内装饰材料专门零售							
货摊、无店铺及其他零售业							

1-4 续表 8

联营企业

项目	连锁总店数（个）	门店数（个）		年末从业人员（人）		年末零售营业面积（平方米）	
	2013年	2013年	2012年	2013年	2012年	2013年	2012年
总　计	**5**	**250**	**253**	**2499**	**2229**	**96793**	**94320**
批发业							
农、林、牧产品批发							
食品、饮料及烟草制品批发							
纺织、服装及家庭用品批发							
文化、体育用品及器材批发							
医药及医疗器材批发							
矿产品、建材及化工产品批发							
机械设备、五金产品及电子产品批发							
贸易经纪与代理							
其他批发业							
零售业	**5**	**250**	**253**	**2499**	**2229**	**96793**	**94320**
综合零售	2	38	28	1252	906	71224	70310
食品、饮料及烟草制品专门零售							
纺织、服装及日用品专门零售							
文化、体育用品及器材专门零售							
医药及医疗器材专门零售	3	212	225	1247	1323	25569	24010
汽车、摩托车、燃料及零配件专门零售							
家用电器及电子产品专门零售							
五金、家具及室内装饰材料专门零售							
货摊、无店铺及其他零售业							
直营门店合计		**213**	**196**	**2308**	**1904**	**93520**	**85950**
批发业							
农、林、牧产品批发							
食品、饮料及烟草制品批发							
纺织、服装及家庭用品批发							
文化、体育用品及器材批发							
医药及医疗器材批发							
矿产品、建材及化工产品批发							
机械设备、五金产品及电子产品批发							
贸易经纪与代理							
其他批发业							

1-4 续表 9

联营企业

项　目	连锁总店数(个)	门店数(个)		年末从业人员(人)		年末零售营业面积(平方米)	
	2013年	2013年	2012年	2013年	2012年	2013年	2012年
零售业		**213**	**196**	**2308**	**1904**	**93520**	**85950**
综合零售		38	28	1252	906	71224	70310
食品、饮料及烟草制品专门零售							
纺织、服装及日用品专门零售							
文化、体育用品及器材专门零售							
医药及医疗器材专门零售		175	168	1056	998	22296	15640
汽车、摩托车、燃料及零配件专门零售							
家用电器及电子产品专门零售							
五金、家具及室内装饰材料专门零售							
货摊、无店铺及其他零售业							
加盟门店合计		**37**	**57**	**191**	**325**	**3273**	**8370**
批发业							
农、林、牧产品批发							
食品、饮料及烟草制品批发							
纺织、服装及家庭用品批发							
文化、体育用品及器材批发							
医药及医疗器材批发							
矿产品、建材及化工产品批发							
机械设备、五金产品及电子产品批发							
贸易经纪与代理							
其他批发业							
零售业		**37**	**57**	**191**	**325**	**3273**	**8370**
综合零售							
食品、饮料及烟草制品专门零售							
纺织、服装及日用品专门零售							
文化、体育用品及器材专门零售							
医药及医疗器材专门零售		37	57	191	325	3273	8370
汽车、摩托车、燃料及零配件专门零售							
家用电器及电子产品专门零售							
五金、家具及室内装饰材料专门零售							
货摊、无店铺及其他零售业							

1-4 续表 10

有限责任公司

项　目	连锁总店数(个)	门店数(个)		年末从业人员(人)		年末零售营业面积(平方米)	
	2013年	2013年	2012年	2013年	2012年	2013年	2012年
总　计	**1001**	**65664**	**61796**	**669760**	**674509**	**30484886**	**28914362**
批发业	**84**	**7851**	**6958**	**29226**	**28801**	**1135913**	**1080890**
农、林、牧产品批发	2	6	6	288	282	5500	5500
食品、饮料及烟草制品批发	20	2018	1560	6340	7046	144819	149226
纺织、服装及家庭用品批发	6	515	391	4442	4730	38466	38543
文化、体育用品及器材批发	3	15	16	712	708	17378	11309
医药及医疗器材批发	17	1091	1022	5112	4761	115541	100801
矿产品、建材及化工产品批发	25	3588	3414	10240	9363	741795	707132
机械设备、五金产品及电子产品批发	5	63	36	735	742	18508	15873
贸易经纪与代理							
其他批发业	6	555	513	1357	1169	53906	52506
零售业	**917**	**57813**	**54838**	**640534**	**645708**	**29348973**	**27833472**
综合零售	312	26037	25203	400012	407279	19739720	18376392
食品、饮料及烟草制品专门零售	59	4912	4041	23906	21448	279785	264985
纺织、服装及日用品专门零售	51	2711	2674	16901	17217	332144	342038
文化、体育用品及器材专门零售	30	764	838	17362	15726	455644	507813
医药及医疗器材专门零售	325	21020	19721	114886	110410	2500864	2223075
汽车、摩托车、燃料及零配件专门零售	18	242	232	3060	3083	418566	412834
家用电器及电子产品专门零售	109	1916	1932	60107	65805	5344472	5431018
五金、家具及室内装饰材料专门零售	7	123	114	3704	4120	267316	263000
货摊、无店铺及其他零售业	6	88	83	596	620	10462	12317
直营门店合计		**38509**	**35935**	**599983**	**605818**	**28339201**	**26818570**
批发业		**3468**	**3258**	**21460**	**21130**	**789275**	**751022**
农、林、牧产品批发		6	6	288	282	5500	5500
食品、饮料及烟草制品批发		880	998	5207	5928	112409	118968
纺织、服装及家庭用品批发		503	381	4430	4550	38074	38183
文化、体育用品及器材批发		13	14	702	698	16768	10699
医药及医疗器材批发		484	428	3477	3249	72965	64602
矿产品、建材及化工产品批发		1244	1134	5862	4977	499869	470115
机械设备、五金产品及电子产品批发		53	36	669	742	16138	15873
贸易经纪与代理							
其他批发业		285	261	825	704	27552	27082

1-4 续表 11

有限责任公司

项目	连锁总店数(个)	门店数(个)		年末从业人员(人)		年末零售营业面积(平方米)	
	2013年	2013年	2012年	2013年	2012年	2013年	2012年
零售业		**35041**	**32677**	**578523**	**584688**	**27549926**	**26067548**
综合零售		13401	12699	365088	372900	18476429	17119216
食品、饮料及烟草制品专门零售		2875	2411	18551	16205	200529	194858
纺织、服装及日用品专门零售		1666	1566	13771	14212	281612	290823
文化、体育用品及器材专门零售		562	672	17188	15560	432097	484223
医药及医疗器材专门零售		14198	12986	96652	92356	2135325	1874595
汽车、摩托车、燃料及零配件专门零售		242	232	3060	3083	418566	412834
家用电器及电子产品专门零售		1905	1915	59986	65634	5328790	5415982
五金、家具及室内装饰材料专门零售		123	114	3704	4120	267316	263000
货摊、无店铺及其他零售业		69	82	523	618	9262	12017
加盟门店合计		**27155**	**25861**	**69777**	**68691**	**2145685**	**2095792**
批发业		**4383**	**3700**	**7766**	**7671**	**346638**	**329868**
农、林、牧产品批发							
食品、饮料及烟草制品批发		1138	562	1133	1118	32410	30258
纺织、服装及家庭用品批发		12	10	12	180	392	360
文化、体育用品及器材批发		2	2	10	10	610	610
医药及医疗器材批发		607	594	1635	1512	42576	36199
矿产品、建材及化工产品批发		2344	2280	4378	4386	241926	237017
机械设备、五金产品及电子产品批发		10		66		2370	
贸易经纪与代理							
其他批发业		270	252	532	465	26354	25424
零售业		**22772**	**22161**	**62011**	**61020**	**1799047**	**1765924**
综合零售		12636	12504	34924	34379	1263291	1257176
食品、饮料及烟草制品专门零售		2037	1630	5355	5243	79256	70127
纺织、服装及日用品专门零售		1045	1108	3130	3005	50532	51215
文化、体育用品及器材专门零售		202	166	174	166	23547	23590
医药及医疗器材专门零售		6822	6735	18234	18054	365539	348480
汽车、摩托车、燃料及零配件专门零售							
家用电器及电子产品专门零售		11	17	121	171	15682	15036
五金、家具及室内装饰材料专门零售							
货摊、无店铺及其他零售业		19	1	73	2	1200	300

1-4 续表 12

股份有限公司

项目	连锁总店数(个)	门店数(个)		年末从业人员(人)		年末零售营业面积(平方米)	
	2013年	2013年	2012年	2013年	2012年	2013年	2012年
总计	**287**	**50040**	**48578**	**822024**	**815011**	**74336381**	**71844454**
批发业	**104**	**24740**	**24643**	**195098**	**208285**	**33963779**	**33343389**
农、林、牧产品批发	1	2951	2942	8409	8356		
食品、饮料及烟草制品批发	1	4	4	61	71	196	196
纺织、服装及家庭用品批发	2	590	748	15126	17763	1529782	1446799
文化、体育用品及器材批发	1	82	82	5596	5866	364086	359304
医药及医疗器材批发	1	172	172	1290	1293	50000	55000
矿产品、建材及化工产品批发	96	20124	19994	157241	167755	30977909	30441591
机械设备、五金产品及电子产品批发	1	331	235	2482	2453	37450	37450
贸易经纪与代理							
其他批发业	1	486	466	4893	4728	1004356	1003049
零售业	**183**	**25300**	**23935**	**626926**	**606726**	**40372602**	**38501065**
综合零售	62	9997	9054	369558	345557	21456215	19674371
食品、饮料及烟草制品专门零售	4	1778	1706	3515	3157	60167	54849
纺织、服装及日用品专门零售	4	56	62	776	840	13093	14683
文化、体育用品及器材专门零售	6	373	397	11955	11817	140987	150348
医药及医疗器材专门零售	16	1555	1451	8220	6647	201555	177728
汽车、摩托车、燃料及零配件专门零售	77	7788	7605	66749	69878	11438155	11404452
家用电器及电子产品专门零售	14	3753	3660	166153	168830	7062430	7024634
五金、家具及室内装饰材料专门零售							
货摊、无店铺及其他零售业							
直营门店合计		**38159**	**37048**	**766796**	**757798**	**73254833**	**70707102**
批发业		**19299**	**19077**	**178481**	**191141**	**33837713**	**33188987**
农、林、牧产品批发		78	80	1226	1201		
食品、饮料及烟草制品批发		4	4	61	71	196	196
纺织、服装及家庭用品批发		58	52	11226	12712	1435266	1323147
文化、体育用品及器材批发		82	82	5596	5866	364086	359304
医药及医疗器材批发		172	172	1290	1293	50000	55000
矿产品、建材及化工产品批发		18088	17986	151707	162817	30946359	30410841
机械设备、五金产品及电子产品批发		331	235	2482	2453	37450	37450
贸易经纪与代理							
其他批发业		486	466	4893	4728	1004356	1003049

1-4 续表 13

股份有限公司

项　　目	连锁总店数（个）	门店数（个）		年末从业人员（人）		年末零售营业面积（平方米）	
	2013年	2013年	2012年	2013年	2012年	2013年	2012年
零售业		**18860**	**17971**	**588315**	**566657**	**39417120**	**37518115**
综合零售		6007	5252	337886	311672	20685549	18861123
食品、饮料及烟草制品专门零售		120	107	805	712	6501	6021
纺织、服装及日用品专门零售		56	62	776	840	13093	14683
文化、体育用品及器材专门零售		344	368	11370	11230	140986	150347
医药及医疗器材专门零售		1057	1179	7065	5974	171934	154383
汽车、摩托车、燃料及零配件专门零售		7664	7484	65888	68997	11373655	11343952
家用电器及电子产品专门零售		3612	3519	164525	167232	7025402	6987606
五金、家具及室内装饰材料专门零售							
货摊、无店铺及其他零售业							
加盟门店合计		**11881**	**11530**	**55228**	**57213**	**1081548**	**1137352**
批发业		**5441**	**5566**	**16617**	**17144**	**126066**	**154402**
农、林、牧产品批发		2873	2862	7183	7155		
食品、饮料及烟草制品批发							
纺织、服装及家庭用品批发		532	696	3900	5051	94516	123652
文化、体育用品及器材批发							
医药及医疗器材批发							
矿产品、建材及化工产品批发		2036	2008	5534	4938	31550	30750
机械设备、五金产品及电子产品批发							
贸易经纪与代理							
其他批发业							
零售业		**6440**	**5964**	**38611**	**40069**	**955482**	**982950**
综合零售		3990	3802	31672	33885	770666	813248
食品、饮料及烟草制品专门零售		1658	1599	2710	2445	53666	48828
纺织、服装及日用品专门零售							
文化、体育用品及器材专门零售		29	29	585	587	1	1
医药及医疗器材专门零售		498	272	1155	673	29621	23345
汽车、摩托车、燃料及零配件专门零售		124	121	861	881	64500	60500
家用电器及电子产品专门零售		141	141	1628	1598	37028	37028
五金、家具及室内装饰材料专门零售							
货摊、无店铺及其他零售业							

1-4 续表 14

私营企业

项目	连锁总店数（个）	门店数（个）		年末从业人员（人）		年末零售营业面积（平方米）	
	2013年	2013年	2012年	2013年	2012年	2013年	2012年
总　计	**845**	**47289**	**43578**	**377699**	**360775**	**12813057**	**11614959**
批发业	**62**	**9733**	**8976**	**34132**	**31956**	**796107**	**720359**
农、林、牧产品批发	3	821	822	1166	1219	66640	66720
食品、饮料及烟草制品批发	13	3172	2482	9397	7445	330858	259586
纺织、服装及家庭用品批发	8	3626	3597	15319	15865	227481	226228
文化、体育用品及器材批发	3	213	211	342	346	14120	18520
医药及医疗器材批发	10	545	523	1662	1528	39764	34114
矿产品、建材及化工产品批发	10	962	934	1836	1783	27240	27360
机械设备、五金产品及电子产品批发	10	196	190	3015	2328	55253	53076
贸易经纪与代理							
其他批发业	5	198	217	1395	1442	34751	34755
零售业	**783**	**37556**	**34602**	**343567**	**328819**	**12016950**	**10894600**
综合零售	282	17264	16619	198047	189727	7628997	6790761
食品、饮料及烟草制品专门零售	59	4010	3618	21448	20562	292405	262865
纺织、服装及日用品专门零售	55	2005	1708	12337	11504	370720	311325
文化、体育用品及器材专门零售	16	157	166	2122	2248	116582	123855
医药及医疗器材专门零售	265	12856	11222	82320	74944	1627158	1436556
汽车、摩托车、燃料及零配件专门零售	21	127	132	1160	1245	91985	103375
家用电器及电子产品专门零售	81	1083	1086	25273	27832	1860169	1843309
五金、家具及室内装饰材料专门零售	3	22	21	614	614	23134	21134
货摊、无店铺及其他零售业	1	32	30	246	143	5800	1420
直营门店合计		**24116**	**21974**	**305152**	**292470**	**11019527**	**9922288**
批发业		**1761**	**1657**	**10703**	**10477**	**256306**	**247387**
农、林、牧产品批发		6	6	20	24	15604	15604
食品、饮料及烟草制品批发		356	272	2620	2478	85303	79575
纺织、服装及家庭用品批发		356	342	2412	2860	31099	29443
文化、体育用品及器材批发		101	99	240	244	8520	12920
医药及医疗器材批发		272	252	1286	1177	24738	20001
矿产品、建材及化工产品批发		434	434	887	878	19755	19900
机械设备、五金产品及电子产品批发		175	172	2298	1828	41193	39846
贸易经纪与代理							
其他批发业		61	80	940	988	30094	30098

1-4 续表 15

私营企业

项目	连锁总店数(个)	门店数(个)		年末从业人员(人)		年末零售营业面积(平方米)	
	2013年	2013年	2012年	2013年	2012年	2013年	2012年
零售业		**22355**	**20317**	**294449**	**281993**	**10763221**	**9674901**
综合零售		6117	6008	162375	155560	6668286	5843985
食品、饮料及烟草制品专门零售		3484	3109	20175	19378	263741	234894
纺织、服装及日用品专门零售		1383	1140	9894	9486	315039	263427
文化、体育用品及器材专门零售		157	166	2122	2248	116582	123855
医药及医疗器材专门零售		9998	8685	72800	65689	1423285	1244352
汽车、摩托车、燃料及零配件专门零售		118	117	1115	1206	89685	100725
家用电器及电子产品专门零售		1044	1041	25108	27669	1857669	1841109
五金、家具及室内装饰材料专门零售		22	21	614	614	23134	21134
货摊、无店铺及其他零售业		32	30	246	143	5800	1420
加盟门店合计		**23173**	**21604**	**72547**	**68305**	**1793530**	**1692671**
批发业		**7972**	**7319**	**23429**	**21479**	**539801**	**472972**
农、林、牧产品批发		815	816	1146	1195	51036	51116
食品、饮料及烟草制品批发		2816	2210	6777	4967	245555	180011
纺织、服装及家庭用品批发		3270	3255	12907	13005	196382	196785
文化、体育用品及器材批发		112	112	102	102	5600	5600
医药及医疗器材批发		273	271	376	351	15026	14113
矿产品、建材及化工产品批发		528	500	949	905	7485	7460
机械设备、五金产品及电子产品批发		21	18	717	500	14060	13230
贸易经纪与代理							
其他批发业		137	137	455	454	4657	4657
零售业		**15201**	**14285**	**49118**	**46826**	**1253729**	**1219699**
综合零售		11147	10611	35672	34167	960711	946776
食品、饮料及烟草制品专门零售		526	509	1273	1184	28664	27971
纺织、服装及日用品专门零售		622	568	2443	2018	55681	47898
文化、体育用品及器材专门零售							
医药及医疗器材专门零售		2858	2537	9520	9255	203873	192204
汽车、摩托车、燃料及零配件专门零售		9	15	45	39	2300	2650
家用电器及电子产品专门零售		39	45	165	163	2500	2200
五金、家具及室内装饰材料专门零售							
货摊、无店铺及其他零售业							

1-4 续表 16

其他企业

项　　目	连锁总店数（个）	门店数（个）		年末从业人员（人）		年末零售营业面积（平方米）	
	2013年	2013年	2012年	2013年	2012年	2013年	2012年
总　　计	**27**	**2321**	**2224**	**16077**	**15976**	**439821**	**413801**
批发业	**2**	**473**	**465**	**1070**	**993**	**27203**	**25178**
农、林、牧产品批发							
食品、饮料及烟草制品批发							
纺织、服装及家庭用品批发							
文化、体育用品及器材批发							
医药及医疗器材批发	2	473	465	1070	993	27203	25178
矿产品、建材及化工产品批发							
机械设备、五金产品及电子产品批发							
贸易经纪与代理							
其他批发业							
零售业	**25**	**1848**	**1759**	**15007**	**14983**	**412618**	**388623**
综合零售	6	490	531	6160	6635	247879	245537
食品、饮料及烟草制品专门零售	4	326	295	2133	2110	20020	19050
纺织、服装及日用品专门零售	1	4	4	20	10	3800	3800
文化、体育用品及器材专门零售	2	26	19	586	362	6807	4846
医药及医疗器材专门零售	11	989	899	5688	5436	93224	90100
汽车、摩托车、燃料及零配件专门零售							
家用电器及电子产品专门零售	1	13	11	420	430	40888	25290
五金、家具及室内装饰材料专门零售							
货摊、无店铺及其他零售业							
直营门店合计	**951**	**888**	**11020**	**10929**	**361495**	**339059**	
批发业	**7**	**5**	**114**	**72**	**4772**	**4362**	
农、林、牧产品批发							
食品、饮料及烟草制品批发							
纺织、服装及家庭用品批发							
文化、体育用品及器材批发							
医药及医疗器材批发	7	5	114	72	4772	4362	
矿产品、建材及化工产品批发							
机械设备、五金产品及电子产品批发							
贸易经纪与代理							
其他批发业							

1-4 续表 17

其他企业

项　　目	连锁总店数（个）	门店数（个）		年末从业人员（人）		年末零售营业面积（平方米）	
	2013年	2013年	2012年	2013年	2012年	2013年	2012年
零售业	**944**	**883**	**10906**	**10857**	**356723**	**334697**	
综合零售	174	209	4898	5271	232464	229932	
食品、饮料及烟草制品专门零售	296	265	1933	1910	18190	17220	
纺织、服装及日用品专门零售	4	4	20	10	3800	3800	
文化、体育用品及器材专门零售	26	19	586	362	6807	4846	
医药及医疗器材专门零售	431	375	3049	2874	54574	53609	
汽车、摩托车、燃料及零配件专门零售							
家用电器及电子产品专门零售	13	11	420	430	40888	25290	
五金、家具及室内装饰材料专门零售							
货摊、无店铺及其他零售业							
加盟门店合计		**1370**	**1336**	**5057**	**5047**	**78326**	**74742**
批发业		**466**	**460**	**956**	**921**	**22431**	**20816**
农、林、牧产品批发							
食品、饮料及烟草制品批发							
纺织、服装及家庭用品批发							
文化、体育用品及器材批发							
医药及医疗器材批发		466	460	956	921	22431	20816
矿产品、建材及化工产品批发							
机械设备、五金产品及电子产品批发							
贸易经纪与代理							
其他批发业							
零售业		**904**	**876**	**4101**	**4126**	**55895**	**53926**
综合零售		316	322	1262	1364	15415	15605
食品、饮料及烟草制品专门零售		30	30	200	200	1830	1830
纺织、服装及日用品专门零售							
文化、体育用品及器材专门零售							
医药及医疗器材专门零售		558	524	2639	2562	38650	36491
汽车、摩托车、燃料及零配件专门零售							
家用电器及电子产品专门零售							
五金、家具及室内装饰材料专门零售							
货摊、无店铺及其他零售业							

1-4 续表 18

港澳台商投资企业

项目	连锁总店数(个)	门店数(个)		年末从业人员(人)		年末零售营业面积(平方米)	
	2013年	2013年	2012年	2013年	2012年	2013年	2012年
总　计	**111**	**7773**	**7262**	**216019**	**208682**	**11548308**	**10227776**
批发业	**8**	**684**	**446**	**2886**	**2820**	**65743**	**38015**
农、林、牧产品批发							
食品、饮料及烟草制品批发	2	123	128	910	988	3086	3134
纺织、服装及家庭用品批发	3	488	252	1387	1419	59004	31530
文化、体育用品及器材批发	1	10	6	60	30	592	290
医药及医疗器材批发							
矿产品、建材及化工产品批发							
机械设备、五金产品及电子产品批发							
贸易经纪与代理							
其他批发业	2	63	60	529	383	3061	3061
零售业	**103**	**7089**	**6816**	**213133**	**205862**	**11482565**	**10189761**
综合零售	56	4208	4060	190932	182951	10773589	9507676
食品、饮料及烟草制品专门零售	12	602	560	4451	4816	42266	35958
纺织、服装及日用品专门零售	28	1203	1050	13352	13642	544913	520437
文化、体育用品及器材专门零售							
医药及医疗器材专门零售	5	1070	1142	4232	4157	98123	102126
汽车、摩托车、燃料及零配件专门零售							
家用电器及电子产品专门零售	1	1		9		110	
五金、家具及室内装饰材料专门零售	1	5	4	157	296	23564	23564
货摊、无店铺及其他零售业							
直营门店合计		**5502**	**5518**	**162438**	**158495**	**8837712**	**7965097**
批发业		**283**	**301**	**2434**	**2450**	**27756**	**25685**
农、林、牧产品批发							
食品、饮料及烟草制品批发		123	128	910	988	3086	3134
纺织、服装及家庭用品批发		87	107	935	1049	21017	19200
文化、体育用品及器材批发		10	6	60	30	592	290
医药及医疗器材批发							
矿产品、建材及化工产品批发							
机械设备、五金产品及电子产品批发							
贸易经纪与代理							
其他批发业		63	60	529	383	3061	3061

1-4 续表 19

港澳台商投资企业

项　目	连锁总店数(个)	门店数(个)		年末从业人员(人)		年末零售营业面积(平方米)	
	2013年	2013年	2012年	2013年	2012年	2013年	2012年
零售业		**5219**	**5217**	**160004**	**156045**	**8809956**	**7939412**
综合零售		3500	3577	139756	135041	8179393	7331095
食品、饮料及烟草制品专门零售		489	470	4236	4598	40152	34288
纺织、服装及日用品专门零售		898	859	12594	13211	516693	502614
文化、体育用品及器材专门零售							
医药及医疗器材专门零售		326	307	3252	2899	50044	47851
汽车、摩托车、燃料及零配件专门零售							
家用电器及电子产品专门零售		1		9		110	
五金、家具及室内装饰材料专门零售		5	4	157	296	23564	23564
货摊、无店铺及其他零售业							
加盟门店合计		**2271**	**1744**	**53581**	**50187**	**2710596**	**2262679**
批发业		**401**	**145**	**452**	**370**	**37987**	**12330**
农、林、牧产品批发							
食品、饮料及烟草制品批发							
纺织、服装及家庭用品批发		401	145	452	370	37987	12330
文化、体育用品及器材批发							
医药及医疗器材批发							
矿产品、建材及化工产品批发							
机械设备、五金产品及电子产品批发							
贸易经纪与代理							
其他批发业							
零售业		**1870**	**1599**	**53129**	**49817**	**2672609**	**2250349**
综合零售		708	483	51176	47910	2594196	2176581
食品、饮料及烟草制品专门零售		113	90	215	218	2114	1670
纺织、服装及日用品专门零售		305	191	758	431	28220	17823
文化、体育用品及器材专门零售							
医药及医疗器材专门零售		744	835	980	1258	48079	54275
汽车、摩托车、燃料及零配件专门零售							
家用电器及电子产品专门零售							
五金、家具及室内装饰材料专门零售							
货摊、无店铺及其他零售业							

1-4 续表 20

外商投资企业

项目	连锁总店数(个)	门店数(个)		年末从业人员(人)		年末零售营业面积(平方米)	
	2013年	2013年	2012年	2013年	2012年	2013年	2012年
总　计	**144**	**11473**	**11113**	**288462**	**281084**	**14569259**	**13759474**
批发业	**7**	**227**	**227**	**4496**	**4326**	**29874**	**28280**
农、林、牧产品批发							
食品、饮料及烟草制品批发	3	148	150	2628	2593	8833	8847
纺织、服装及家庭用品批发	1	4	10	35	122	908	1800
文化、体育用品及器材批发							
医药及医疗器材批发							
矿产品、建材及化工产品批发	2	73	64	1705	1492	18500	16000
机械设备、五金产品及电子产品批发	1	2	3	128	119	1633	1633
贸易经纪与代理							
其他批发业							
零售业	**137**	**11246**	**10886**	**283966**	**276758**	**14539385**	**13731194**
综合零售	79	3823	3986	225702	220595	10924577	10106269
食品、饮料及烟草制品专门零售	1	21	21	242	242	2020	2020
纺织、服装及日用品专门零售	16	5704	5213	24727	22435	367362	270450
文化、体育用品及器材专门零售	1	9	8	324	295	32995	30845
医药及医疗器材专门零售	3	193	182	2362	2223	71349	59246
汽车、摩托车、燃料及零配件专门零售	21	1232	1206	17726	18313	2321052	2391995
家用电器及电子产品专门零售	8	216	222	10908	10545	661133	711472
五金、家具及室内装饰材料专门零售	7	13	13	1569	1715	153497	153497
货摊、无店铺及其他零售业	1	35	35	406	395	5400	5400
直营门店合计		**5489**	**5302**	**248465**	**240003**	**13537925**	**13069230**
批发业		**174**	**173**	**3659**	**3537**	**21616**	**20448**
农、林、牧产品批发							
食品、饮料及烟草制品批发		124	125	2556	2516	7075	7015
纺织、服装及家庭用品批发		4	10	35	122	908	1800
文化、体育用品及器材批发							
医药及医疗器材批发							
矿产品、建材及化工产品批发		44	35	940	780	12000	10000
机械设备、五金产品及电子产品批发		2	3	128	119	1633	1633
贸易经纪与代理							
其他批发业							

1-4 续表 21

外商投资企业

项 目	连锁总店数（个）	门店数（个）		年末从业人员（人）		年末零售营业面积（平方米）	
	2013年	2013年	2012年	2013年	2012年	2013年	2012年
零售业		**5315**	**5129**	**244806**	**236466**	**13516309**	**13048782**
综合零售		2873	2728	201995	194829	10120283	9583762
食品、饮料及烟草制品专门零售		19	19	229	229	1820	1820
纺织、服装及日用品专门零售		725	716	9287	7922	148780	110745
文化、体育用品及器材专门零售		9	8	324	295	32995	30845
医药及医疗器材专门零售		193	182	2362	2223	71349	59246
汽车、摩托车、燃料及零配件专门零售		1232	1206	17726	18313	2321052	2391995
家用电器及电子产品专门零售		216	222	10908	10545	661133	711472
五金、家具及室内装饰材料专门零售		13	13	1569	1715	153497	153497
货摊、无店铺及其他零售业		35	35	406	395	5400	5400
加盟门店合计		**5984**	**5811**	**39997**	**41081**	**1031334**	**690244**
批发业		**53**	**54**	**837**	**789**	**8258**	**7832**
农、林、牧产品批发							
食品、饮料及烟草制品批发		24	25	72	77	1758	1832
纺织、服装及家庭用品批发							
文化、体育用品及器材批发							
医药及医疗器材批发							
矿产品、建材及化工产品批发		29	29	765	712	6500	6000
机械设备、五金产品及电子产品批发							
贸易经纪与代理							
其他批发业							
零售业		**5931**	**5757**	**39160**	**40292**	**1023076**	**682412**
综合零售		950	1258	23707	25766	804294	522507
食品、饮料及烟草制品专门零售		2	2	13	13	200	200
纺织、服装及日用品专门零售		4979	4497	15440	14513	218582	159705
文化、体育用品及器材专门零售							
医药及医疗器材专门零售							
汽车、摩托车、燃料及零配件专门零售							
家用电器及电子产品专门零售							
五金、家具及室内装饰材料专门零售							
货摊、无店铺及其他零售业							

1-5 按行业与登记注册类型

内资企业

项　　目	商品购进总额		统一配送商品购进额	
	2013年	2012年	2013年	2012年
总　　计	**278297632**	**265684272**	**221272967**	**208097141**
批发业	**116349375**	**112403618**	**103149780**	**99719464**
农、林、牧产品批发	1487352	1586275	1441205	1547416
食品、饮料及烟草制品批发	5708132	5136343	4893696	4359137
纺织、服装及家庭用品批发	2035662	1968391	1246261	1293734
文化、体育用品及器材批发	3159357	2814909	3110223	2774873
医药及医疗器材批发	668513	575475	466502	395590
矿产品、建材及化工产品批发	99531956	97011683	88553626	86213329
机械设备、五金产品及电子产品批发	863502	733128	754064	631625
贸易经纪与代理				
其他批发业	2894903	2577414	2684203	2503760
零售业	**161948257**	**153280654**	**118123187**	**108377677**
综合零售	70321092	64182896	46624903	42755770
食品、饮料及烟草制品专门零售	2325294	2142243	2223661	2022145
纺织、服装及日用品专门零售	5257517	1386438	4978333	1071488
文化、体育用品及器材专门零售	4318409	2417226	4289909	2395483
医药及医疗器材专门零售	6513973	5393888	5926918	4858406
汽车、摩托车、燃料及零配件专门零售	47521789	47630623	34684170	33733709
家用电器及电子产品专门零售	25399163	29834961	19153426	21248297
五金、家具及室内装饰材料专门零售	182965	165006	133812	165006
货摊、无店铺及其他零售业	108055	127373	108055	127373
直营门店合计	**268918163**	**257316755**	**213498361**	**201039754**
批发业	**112987821**	**109423906**	**100208524**	**97049216**
农、林、牧产品批发	1238480	1323912	1225395	1314934
食品、饮料及烟草制品批发	5596058	5079758	4792454	4304266
纺织、服装及家庭用品批发	1622809	1506067	963358	1004623
文化、体育用品及器材批发	3157424	2813036	3109130	2773755
医药及医疗器材批发	630623	542001	453181	383736
矿产品、建材及化工产品批发	97165037	94886322	86241974	84142123
机械设备、五金产品及电子产品批发	857470	729881	748033	628378
贸易经纪与代理				
其他批发业	2719920	2542930	2675001	2497403

分连锁零售企业经营情况

自有配送中心配送商品购进额		非自有配送中心配送商品购进额		商品销售总额		零售额	
2013年	2012年	2013年	2012年	2013年	2012年	2013年	2012年
128449846	**124512020**	**41360439**	**32409655**	**323680310**	**307813807**	**217029498**	**206179278**
64352405	**63172121**	**19819688**	**17932433**	**133697579**	**130777998**	**69452461**	**66031032**
1438150	1544362			1659599	1708386	16053	28225
3474800	3111489	140277	129269	7609476	6862205	405093	297200
1164583	1219900	5864	9645	3209458	3066849	1446579	1362487
3002649	2692102	107573	82772	2991539	2755770	1126163	1078883
376626	354805	748	734	770447	641355	336515	276247
51993522	51602367	19330423	17522762	113694665	112367116	63337065	60745265
424544	351482	230733	183448	912220	756849	553183	197714
2477531	2295615	4070	3804	2850177	2619468	2231811	2045011
64097440	**61339899**	**21540751**	**14477221**	**189982731**	**177035809**	**147577037**	**140148246**
28672100	25423037	6403910	5555628	83145303	74589255	68303472	61930423
1409119	1207898	173781	265890	2752268	2480188	2553181	2260390
507664	418590	4270650	399616	1625871	1609283	1478157	1354013
3542561	1783391	115121	104457	4436886	2664912	1834012	2130044
3723902	2926940	838523	693372	7525833	6291522	6918347	5968645
14493098	15649051	7772794	5739203	58382397	56549165	42562794	40120082
11536682	13690821	1958610	1713559	31658741	32388922	23586964	26053230
119236	126273			343534	332064	293346	281811
93080	113899	7362	5498	111899	130499	46764	49609
123271441	**119825075**	**40038281**	**31121742**	**313967431**	**298697552**	**210183088**	**199457364**
62089250	**61039946**	**19567358**	**17691126**	**130350403**	**127939058**	**68798044**	**65361096**
1225395	1314934			1387621	1547040	13697	25887
3392365	3068695	121733	117405	7509159	6802183	308702	238447
881870	936373	5675	4060	2885420	2695747	1399759	1275791
3001557	2690983	107573	82772	2990046	2754032	1125370	1077767
369333	347912	35		722770	598047	315261	257936
50320370	50037201	19099856	17299638	111301530	110210897	62860067	60247486
420830	348234	228416	183448	904923	753033	545885	193898
2477531	2295615	4070	3804	2648935	2578078	2229302	2043884

1-5 续表 1

内资企业

项　目	商品购进总额		统一配送商品购进额	
	2013年	2012年	2013年	2012年
零售业	**155930342**	**147892848**	**113289836**	**103990539**
综合零售	66193834	60534634	43583748	40029287
食品、饮料及烟草制品专门零售	1967671	1840301	1878861	1726460
纺织、服装及日用品专门零售	5060473	1298124	4802219	1000401
文化、体育用品及器材专门零售	4314631	2413722	4286131	2391979
医药及医疗器材专门零售	6045841	4994988	5523494	4514910
汽车、摩托车、燃料及零配件专门零售	47010814	46925443	34173194	33028529
家用电器及电子产品专门零售	25046312	29593326	18800575	21006662
五金、家具及室内装饰材料专门零售	182965	165006	133812	165006
货摊、无店铺及其他零售业	107802	127305	107802	127305
加盟门店合计	**9379469**	**8367517**	**7774606**	**7057386**
批发业	**3361554**	**2979712**	**2941256**	**2670248**
农、林、牧产品批发	248872	262363	215810	232483
食品、饮料及烟草制品批发	112074	56585	101242	54871
纺织、服装及家庭用品批发	412853	462324	282903	289111
文化、体育用品及器材批发	1933	1873	1093	1119
医药及医疗器材批发	37890	33475	13321	11854
矿产品、建材及化工产品批发	2366918	2125362	2311653	2071206
机械设备、五金产品及电子产品批发	6032	3247	6032	3247
贸易经纪与代理				
其他批发业	174983	34484	9203	6358
零售业	**6017915**	**5387806**	**4833350**	**4387138**
综合零售	4127258	3648263	3041155	2726483
食品、饮料及烟草制品专门零售	357623	301943	344800	295685
纺织、服装及日用品专门零售	197044	88313	176115	71088
文化、体育用品及器材专门零售	3778	3504	3778	3504
医药及医疗器材专门零售	468132	398900	403424	343496
汽车、摩托车、燃料及零配件专门零售	510976	705180	510976	705180
家用电器及电子产品专门零售	352851	241635	352851	241635
五金、家具及室内装饰材料专门零售				
货摊、无店铺及其他零售业	253	68	253	68

自有配送中心配送商品购进额		非自有配送中心配送商品购进额		商品销售总额		零售额	
2013年	2012年	2013年	2012年	2013年	2012年	2013年	2012年
61182191	**58785129**	**20470922**	**13430616**	**183617028**	**170758494**	**141385045**	**134096269**
26640484	23590128	5801761	5007682	78802753	70325950	64022217	57737358
1079455	935495	162752	261792	2362221	2145321	2168448	1936558
346026	353708	4259036	396920	1438011	1456387	1301254	1268042
3538806	1780423	115097	103920	4433151	2661616	1830276	2126748
3569567	2782422	699291	592786	6963857	5729949	6388168	5426461
14302975	15459305	7772794	5539657	57848235	55827682	42092982	39456346
11492631	13643544	1652830	1522361	31313665	32149096	23241889	25813404
119236	126273			343534	332064	293346	281811
93011	113831	7362	5498	111600	130431	46466	49541
5178405	**4686945**	**1322158**	**1287912**	**9712879**	**9116254**	**6846409**	**6721914**
2263155	**2132175**	**252330**	**241307**	**3347176**	**2838939**	**654417**	**669936**
212755	229429			271978	161346	2356	2338
82435	42794	18544	11864	100317	60022	96391	58753
282714	283527	189	5585	324038	371102	46819	86696
1093	1119			1493	1738	793	1117
7294	6893	713	734	47677	43308	21254	18311
1673152	1565166	230567	223124	2393135	2156219	476998	497779
3714	3247	2318		7297	3816	7297	3816
				201241	41390	2508	1127
2915250	**2554770**	**1069829**	**1046605**	**6365703**	**6277315**	**6191992**	**6051978**
2031616	1832909	602149	547946	4342550	4263306	4281255	4193065
329664	272403	11029	4097	390047	334867	384733	323832
161638	64882	11614	2696	187860	152896	176903	85971
3754	2968	24	536	3736	3296	3736	3296
154335	144518	139233	100586	561976	561573	530180	542184
190124	189745		199546	534162	721484	469812	663736
44051	47276	305780	191197	345076	239826	345076	239826
68	68			298	68	298	68

1-5　续表 2

国有企业

项　　目	商品购进总额		统一配送商品购进额	
	2013年	2012年	2013年	2012年
总　　计	**50924977**	**43978460**	**45815741**	**38912736**
批发业	**25510308**	**23580989**	**24152041**	**22257353**
农、林、牧产品批发	12028	7962		
食品、饮料及烟草制品批发	4746450	4232377	4104868	3613599
纺织、服装及家庭用品批发				
文化、体育用品及器材批发	1634453	1478122	1634453	1478122
医药及医疗器材批发	68622	28700	50825	11748
矿产品、建材及化工产品批发	18872962	17648820	18186103	16968877
机械设备、五金产品及电子产品批发				
贸易经纪与代理				
其他批发业	175793	185007	175793	185007
零售业	**25414669**	**20397471**	**21663700**	**16655383**
综合零售	426384	359706	350793	294608
食品、饮料及烟草制品专门零售	86344	104458	82786	91315
纺织、服装及日用品专门零售	4232843	376827	4232843	376827
文化、体育用品及器材专门零售	380871	338819	361461	320059
医药及医疗器材专门零售	314840	297641	231969	223696
汽车、摩托车、燃料及零配件专门零售	19973388	18920021	16403847	15348878
家用电器及电子产品专门零售				
五金、家具及室内装饰材料专门零售				
货摊、无店铺及其他零售业				
直营门店合计	**49860368**	**42843204**	**44756332**	**37782636**
批发业	**24739875**	**22943411**	**23382320**	**21620509**
农、林、牧产品批发	12028	7962		
食品、饮料及烟草制品批发	4746450	4232377	4104868	3613599
纺织、服装及家庭用品批发				
文化、体育用品及器材批发	1634453	1478122	1634453	1478122
医药及医疗器材批发	67197	27231	50112	11013
矿产品、建材及化工产品批发	18103953	17012711	17417094	16332768
机械设备、五金产品及电子产品批发				
贸易经纪与代理				
其他批发业	175793	185007	175793	185007

自有配送中心配送商品购进额		非自有配送中心配送商品购进额		商品销售总额		零售额	
2013年	2012年	2013年	2012年	2013年	2012年	2013年	2012年
19555341	**19422852**	**14727587**	**9046824**	**51102501**	**49727374**	**24814631**	**24655615**
9881143	**9534460**	**6428404**	**5502393**	**27400118**	**27484989**	**8232963**	**9192855**
				11888	8503	82	221
3013163	2690651			6434224	5869473	30256	18729
1526879	1395350	107573	82772	1502436	1336672	569851	519869
4452	3528	713	734	71483	31182	3563	4100
5336649	5444931	6320118	5418887	19204294	20054152	7453418	8464929
				175793	185007	175793	185007
9674198	**9888392**	**8299182**	**3544431**	**23702384**	**22242386**	**16581668**	**15462759**
147541	129604	146723	138803	855389	778529	802211	734869
21906	35251	34672	31209	125449	126071	124865	125398
6852	4727	4225991	372100	294586	259472	294586	259472
173754	166719	22682	23010	369562	338083	342712	317289
148898	139632	19657	22256	337750	304590	271796	259991
9175248	9412459	3849458	2957054	21719649	20435641	14745499	13765739
19140397	**19017831**	**14486817**	**8611079**	**50061623**	**48607830**	**24583254**	**24189668**
9688582	**9350370**	**6238064**	**5315272**	**26608644**	**26829533**	**8231463**	**9190815**
				11888	8503	82	221
3013163	2690651			6434224	5869473	30256	18729
1526879	1395350	107573	82772	1502436	1336672	569851	519869
4452	3528			69983	29142	2063	2060
5144088	5260841	6130491	5232501	18414320	19400736	7453418	8464929
				175793	185007	175793	185007

1-5 续表 3

国有企业

项　　目	商品购进总额		统一配送商品购进额	
	2013年	2012年	2013年	2012年
零售业	**25120493**	**19899793**	**21374013**	**16162127**
综合零售	347558	282451	275856	221166
食品、饮料及烟草制品专门零售	86344	104458	82786	91315
纺织、服装及日用品专门零售	4232843	376827	4232843	376827
文化、体育用品及器材专门零售	380755	338721	361346	319961
医药及医疗器材专门零售	289605	274448	207335	201113
汽车、摩托车、燃料及零配件专门零售	19783388	18522889	16213847	14951746
家用电器及电子产品专门零售				
五金、家具及室内装饰材料专门零售				
货摊、无店铺及其他零售业				
加盟门店合计	**1064610**	**1135256**	**1059408**	**1130099**
批发业	**770434**	**637578**	**769721**	**636844**
农、林、牧产品批发				
食品、饮料及烟草制品批发				
纺织、服装及家庭用品批发				
文化、体育用品及器材批发				
医药及医疗器材批发	1425	1469	713	734
矿产品、建材及化工产品批发	769009	636109	769009	636109
机械设备、五金产品及电子产品批发				
贸易经纪与代理				
其他批发业				
零售业	**294176**	**497678**	**289687**	**493256**
综合零售	78825	77255	74937	73443
食品、饮料及烟草制品专门零售				
纺织、服装及日用品专门零售				
文化、体育用品及器材专门零售	116	98	116	98
医药及医疗器材专门零售	25235	23193	24634	22583
汽车、摩托车、燃料及零配件专门零售	190000	397132	190000	397132
家用电器及电子产品专门零售				
五金、家具及室内装饰材料专门零售				
货摊、无店铺及其他零售业				

自有配送中心配送商品购进额		非自有配送中心配送商品购进额		商品销售总额		零售额	
2013年	2012年	2013年	2012年	2013年	2012年	2013年	2012年
9451814	**9667461**	**8248753**	**3295806**	**23452979**	**21778297**	**16351791**	**14998852**
115453	98171	103874	96793	786172	699540	732995	655881
21906	35251	34672	31209	125449	126071	124865	125398
6852	4727	4225991	372100	294586	259472	294586	259472
173638	166621	22682	23010	369486	337989	342636	317195
148718	139632	12077	15187	306487	275228	260059	230812
8985248	9223059	3849458	2757508	21570800	20079996	14596650	13410095
414944	**405021**	**240769**	**435745**	**1040878**	**1119545**	**231378**	**465947**
192561	**184090**	**190340**	**187121**	**791473**	**655456**	**1500**	**2040**
		713	734	1500	2040	1500	2040
192561	184090	189628	186387	789973	653416		
222383	**220932**	**50429**	**248624**	**249404**	**464089**	**229878**	**463907**
32088	31434	42849	42009	69217	78989	69217	78989
116	98			76	94	76	94
180		7580	7069	31263	29362	11736	29180
190000	189400		199546	148849	355645	148849	355645

1-5 续表 4

集体企业

项目	商品购进总额		统一配送商品购进额	
	2013年	2012年	2013年	2012年
总计	**721708**	**542569**	**275038**	**252402**
批发业	**274042**	**118754**	**126062**	**106055**
农、林、牧产品批发				
食品、饮料及烟草制品批发	3276	3283	3276	3283
纺织、服装及家庭用品批发	55714	46095	54640	45281
文化、体育用品及器材批发				
医药及医疗器材批发				
矿产品、建材及化工产品批发	79216	69377	67297	57491
机械设备、五金产品及电子产品批发				
贸易经纪与代理				
其他批发业	135835		850	
零售业	**447666**	**423815**	**148976**	**146347**
综合零售	410345	387524	112305	110819
食品、饮料及烟草制品专门零售	11824	8083	11824	8083
纺织、服装及日用品专门零售				
文化、体育用品及器材专门零售	6926	7141	6582	6628
医药及医疗器材专门零售	17744	20096	17438	19846
汽车、摩托车、燃料及零配件专门零售	828	971	828	971
家用电器及电子产品专门零售				
五金、家具及室内装饰材料专门零售				
货摊、无店铺及其他零售业				
直营门店合计	**458532**	**401766**	**208984**	**193430**
批发业	**90684**	**74513**	**77785**	**62628**
农、林、牧产品批发				
食品、饮料及烟草制品批发	2060	1983	2060	1983
纺织、服装及家庭用品批发	52132	42838	52132	42838
文化、体育用品及器材批发				
医药及医疗器材批发				
矿产品、建材及化工产品批发	35512	29692	23593	17807
机械设备、五金产品及电子产品批发				
贸易经纪与代理				
其他批发业	980			

自有配送中心配送商品购进额		非自有配送中心配送商品购进额		商品销售总额		零售额	
2013年	2012年	2013年	2012年	2013年	2012年	2013年	2012年
178095	**161562**	**49337**	**45382**	**1057352**	**837481**	**770157**	**755312**
86133	**70563**	**39079**	**35492**	**294316**	**124148**	**17385**	**56025**
3276	3283			6980	7295	4411	4633
54640	45281			57566	46262	6301	5939
28217	21999	39079	35492	76976	70591	6673	45453
				152794			
91962	**90999**	**10257**	**9890**	**763036**	**713333**	**752772**	**699288**
68975	68561			710684	663950	700421	649905
11824	8083			12554	8636	12554	8636
6582	6628			15945	16353	15945	16353
3754	6755	10257	9890	22628	22958	22628	22958
828	971			1224	1435	1224	1435
153832	**139832**	**10257**	**9890**	**799663**	**729072**	**704155**	**646903**
77785	**62628**			**96175**	**78246**	**10931**	**10123**
2060	1983			4791	4955	2222	2293
52132	42838			53301	42385	2036	2062
23593	17807			36951	30906	6673	5768
				1131			

1-5 续表 5

集体企业

项　　目	商品购进总额		统一配送商品购进额	
	2013年	2012年	2013年	2012年
零售业	**367848**	**327254**	**131199**	**130802**
综合零售	332451	293009	96390	97170
食品、饮料及烟草制品专门零售	11824	8083	11824	8083
纺织、服装及日用品专门零售				
文化、体育用品及器材专门零售	6926	6994	6582	6482
医药及医疗器材专门零售	15819	18196	15576	18096
汽车、摩托车、燃料及零配件专门零售	828	971	828	971
家用电器及电子产品专门零售				
五金、家具及室内装饰材料专门零售				
货摊、无店铺及其他零售业				
加盟门店合计	**263176**	**140803**	**66055**	**58972**
批发业	**183357**	**44242**	**48278**	**43427**
农、林、牧产品批发				
食品、饮料及烟草制品批发	1216	1300	1216	1300
纺织、服装及家庭用品批发	3582	3257	2508	2443
文化、体育用品及器材批发				
医药及医疗器材批发				
矿产品、建材及化工产品批发	43704	39685	43704	39685
机械设备、五金产品及电子产品批发				
贸易经纪与代理				
其他批发业	134855		850	
零售业	**79819**	**96561**	**17777**	**15545**
综合零售	77893	94515	15915	13648
食品、饮料及烟草制品专门零售				
纺织、服装及日用品专门零售				
文化、体育用品及器材专门零售		146		146
医药及医疗器材专门零售	1925	1900	1862	1750
汽车、摩托车、燃料及零配件专门零售				
家用电器及电子产品专门零售				
五金、家具及室内装饰材料专门零售				
货摊、无店铺及其他零售业				

自有配送中心配送商品购进额		非自有配送中心配送商品购进额		商品销售总额		零售额	
2013年	2012年	2013年	2012年	2013年	2012年	2013年	2012年
76048	**77205**	**10257**	**9890**	**703488**	**650825**	**693224**	**636780**
53060	54913			652936	603415	642673	589369
11824	8083			12554	8636	12554	8636
6582	6482			15945	15968	15945	15968
3754	6755	10257	9890	20828	21371	20828	21371
828	971			1224	1435	1224	1435
24263	**21730**	**39079**	**35492**	**257690**	**108410**	**66002**	**108410**
8348	**7935**	**39079**	**35492**	**198142**	**45902**	**6454**	**45902**
1216	1300			2189	2340	2189	2340
2508	2443			4265	3877	4265	3877
4625	4193	39079	35492	40025	39685		39685
				151663			
15915	**13795**			**59548**	**62508**	**59548**	**62508**
15915	13648			57748	60536	57748	60536
	146				385		385
				1800	1587	1800	1587

1-5 续表 6

股份合作企业

项　　目	商品购进总额		统一配送商品购进额	
	2013年	2012年	2013年	2012年
总　　计	**1074978**	**1060456**	**1062783**	**1045158**
批发业	**13048**	**15881**	**1963**	**2030**
农、林、牧产品批发				
食品、饮料及烟草制品批发	13048	15881	1963	2030
纺织、服装及家庭用品批发				
文化、体育用品及器材批发				
医药及医疗器材批发				
矿产品、建材及化工产品批发				
机械设备、五金产品及电子产品批发				
贸易经纪与代理				
其他批发业				
零售业	**1061930**	**1044575**	**1060819**	**1043128**
综合零售	10690	10544	9580	9096
食品、饮料及烟草制品专门零售				
纺织、服装及日用品专门零售				
文化、体育用品及器材专门零售				
医药及医疗器材专门零售	9500	9566	9500	9566
汽车、摩托车、燃料及零配件专门零售	973461	941561	973461	941561
家用电器及电子产品专门零售				
五金、家具及室内装饰材料专门零售				
货摊、无店铺及其他零售业	68279	82904	68279	82904
直营门店合计	**1074978**	**1060456**	**1062783**	**1045158**
批发业	**13048**	**15881**	**1963**	**2030**
农、林、牧产品批发				
食品、饮料及烟草制品批发	13048	15881	1963	2030
纺织、服装及家庭用品批发				
文化、体育用品及器材批发				
医药及医疗器材批发				
矿产品、建材及化工产品批发				
机械设备、五金产品及电子产品批发				
贸易经纪与代理				
其他批发业				

自有配送中心统一配送商品购进额		非自有配送中心配送商品购进额		商品销售总额		零售额	
2013年	2012年	2013年	2012年	2013年	2012年	2013年	2012年
1053169	**1035564**			**1149908**	**1139631**	**858692**	**913362**
				17902	**20493**	**5617**	**6728**
				17902	20493	5617	6728
1053169	**1035564**			**1132006**	**1119138**	**853075**	**906634**
1930	1532			5957	12908	5957	12908
9500	9566			10740	14027	10740	14027
973461	941561			1047031	1009029	833234	876858
68279	82904			68279	83175	3144	2842
1053169	**1035564**			**1149908**	**1139631**	**858692**	**913362**
				17902	**20493**	**5617**	**6728**
				17902	20493	5617	6728

1-5 续表 7

股份合作企业

项　　目	商品购进总额		统一配送商品购进额	
	2013年	2012年	2013年	2012年
零售业	**1061930**	**1044575**	**1060819**	**1043128**
综合零售	10690	10544	9580	9096
食品、饮料及烟草制品专门零售				
纺织、服装及日用品专门零售				
文化、体育用品及器材专门零售				
医药及医疗器材专门零售	9500	9566	9500	9566
汽车、摩托车、燃料及零配件专门零售	973461	941561	973461	941561
家用电器及电子产品专门零售				
五金、家具及室内装饰材料专门零售				
货摊、无店铺及其他零售业	68279	82904	68279	82904
加盟门店合计				
批发业				
农、林、牧产品批发				
食品、饮料及烟草制品批发				
纺织、服装及家庭用品批发				
文化、体育用品及器材批发				
医药及医疗器材批发				
矿产品、建材及化工产品批发				
机械设备、五金产品及电子产品批发				
贸易经纪与代理				
其他批发业				
零售业				
综合零售				
食品、饮料及烟草制品专门零售				
纺织、服装及日用品专门零售				
文化、体育用品及器材专门零售				
医药及医疗器材专门零售				
汽车、摩托车、燃料及零配件专门零售				
家用电器及电子产品专门零售				
五金、家具及室内装饰材料专门零售				
货摊、无店铺及其他零售业				

自有配送中心配送商品购进额		非自有配送中心配送商品购进额		商品销售总额		零售额	
2013年	2012年	2013年	2012年	2013年	2012年	2013年	2012年
1053169	**1035564**			**1132006**	**1119138**	**853075**	**906634**
1930	1532			5957	12908	5957	12908
9500	9566			10740	14027	10740	14027
973461	941561			1047031	1009029	833234	876858
68279	82904			68279	83175	3144	2842

1-5 续表 8

联营企业

项　目	商品购进总额		统一配送商品购进额	
	2013年	2012年	2013年	2012年
总　计	**104891**	**96094**	**104891**	**96094**
批发业				
农、林、牧产品批发				
食品、饮料及烟草制品批发				
纺织、服装及家庭用品批发				
文化、体育用品及器材批发				
医药及医疗器材批发				
矿产品、建材及化工产品批发				
机械设备、五金产品及电子产品批发				
贸易经纪与代理				
其他批发业				
零售业	**104891**	**96094**	**104891**	**96094**
综合零售	60129	54002	60129	54002
食品、饮料及烟草制品专门零售				
纺织、服装及日用品专门零售				
文化、体育用品及器材专门零售				
医药及医疗器材专门零售	44762	42091	44762	42091
汽车、摩托车、燃料及零配件专门零售				
家用电器及电子产品专门零售				
五金、家具及室内装饰材料专门零售				
货摊、无店铺及其他零售业				
直营门店合计	**97565**	**85997**	**97565**	**85997**
批发业				
农、林、牧产品批发				
食品、饮料及烟草制品批发				
纺织、服装及家庭用品批发				
文化、体育用品及器材批发				
医药及医疗器材批发				
矿产品、建材及化工产品批发				
机械设备、五金产品及电子产品批发				
贸易经纪与代理				
其他批发业				

自有配送中心配送商品购进额		非自有配送中心配送商品购进额		商品销售总额		零售额	
2013年	2012年	2013年	2012年	2013年	2012年	2013年	2012年
21964	**28971**			**124724**	**109980**	**115720**	**99216**
21964	**28971**			**124724**	**109980**	**115720**	**99216**
21964	28971			65277	60109	56273	49345
				59447	49871	59447	49871
21964	**28971**			**115885**	**97715**	**106882**	**86951**

1-5 续表 9

联营企业

项　　目	商品购进总额		统一配送商品购进额	
	2013年	2012年	2013年	2012年
零售业	**97565**	**85997**	**97565**	**85997**
综合零售	60129	54002	60129	54002
食品、饮料及烟草制品专门零售				
纺织、服装及日用品专门零售				
文化、体育用品及器材专门零售				
医药及医疗器材专门零售	37436	31995	37436	31995
汽车、摩托车、燃料及零配件专门零售				
家用电器及电子产品专门零售				
五金、家具及室内装饰材料专门零售				
货摊、无店铺及其他零售业				
加盟门店合计	**7326**	**10096**	**7326**	**10096**
批发业				
农、林、牧产品批发				
食品、饮料及烟草制品批发				
纺织、服装及家庭用品批发				
文化、体育用品及器材批发				
医药及医疗器材批发				
矿产品、建材及化工产品批发				
机械设备、五金产品及电子产品批发				
贸易经纪与代理				
其他批发业				
零售业	**7326**	**10096**	**7326**	**10096**
综合零售				
食品、饮料及烟草制品专门零售				
纺织、服装及日用品专门零售				
文化、体育用品及器材专门零售				
医药及医疗器材专门零售	7326	10096	7326	10096
汽车、摩托车、燃料及零配件专门零售				
家用电器及电子产品专门零售				
五金、家具及室内装饰材料专门零售				
货摊、无店铺及其他零售业				

自有配送中心配送商品购进额		非自有配送中心配送商品购进额		商品销售总额		零售额	
2013年	2012年	2013年	2012年	2013年	2012年	2013年	2012年
21964	**28971**			**115885**	**97715**	**106882**	**86951**
21964	28971			65277	60109	56273	49345
				50609	37607	50609	37607
				8839	**12264**	**8839**	**12264**
				8839	**12264**	**8839**	**12264**
				8839	12264	8839	12264

1-5 续表 10

有限责任公司

项目	商品购进总额		统一配送商品购进额	
	2013年	2012年	2013年	2012年
总计	**51971864**	**47220341**	**39405532**	**36336885**
批发业	**6363408**	**5913509**	**5000049**	**5016539**
农、林、牧产品批发	30567	26217	30191	25866
食品、饮料及烟草制品批发	703582	716782	614199	627694
纺织、服装及家庭用品批发	313744	304981	294443	293611
文化、体育用品及器材批发	327403	294054	285998	263109
医药及医疗器材批发	391831	372547	248518	235297
矿产品、建材及化工产品批发	4312347	3975270	3344706	3441322
机械设备、五金产品及电子产品批发	193429	146911	156963	116280
贸易经纪与代理				
其他批发业	90504	76745	25031	13360
零售业	**45608457**	**41306833**	**34405483**	**31320346**
综合零售	26094168	24307928	18478536	17492988
食品、饮料及烟草制品专门零售	1074295	948040	1006846	882993
纺织、服装及日用品专门零售	584936	558352	486401	427539
文化、体育用品及器材专门零售	3142866	1430692	3134119	1428221
医药及医疗器材专门零售	3346384	2867367	2977979	2530224
汽车、摩托车、燃料及零配件专门零售	1266630	1484428	498982	602465
家用电器及电子产品专门零售	9912683	9536856	7685276	7782746
五金、家具及室内装饰材料专门零售	152857	132842	103704	132842
货摊、无店铺及其他零售业	33639	40329	33639	40329
直营门店合计	**50021711**	**45535954**	**37883914**	**35063525**
批发业	**6100656**	**5653979**	**4826706**	**4845088**
农、林、牧产品批发	30567	26217	30191	25866
食品、饮料及烟草制品批发	689523	710889	600140	621801
纺织、服装及家庭用品批发	313554	292474	294254	284900
文化、体育用品及器材批发	326311	292936	284905	261991
医药及医疗器材批发	374597	357730	243575	231338
矿产品、建材及化工产品批发	4110432	3772355	3193965	3289554
机械设备、五金产品及电子产品批发	191111	146911	154645	116280
贸易经纪与代理				
其他批发业	64561	54466	25031	13360

自有配送中心配送商品购进额		非自有配送中心配送商品购进额		商品销售总额		零售额	
2013年	2012年	2013年	2012年	2013年	2012年	2013年	2012年
21220608	**18118388**	**4658785**	**3835236**	**58811352**	**52305875**	**44569931**	**40049399**
1877543	**1819624**	**145602**	**141726**	**6867151**	**6229530**	**2116036**	**1941396**
30191	25866			34217	26169	13615	25667
328631	349964	120810	109451	884147	767125	240881	180751
291646	287926	2797	5685	363479	370693	96389	122088
285998	263109			363555	295648	9013	16142
243476	232079			454888	403497	192813	162571
545800	557911	13040	16064	4462630	4128759	1469072	1377657
145013	102769	4885	6722	206942	158200	80862	43188
6788		4070	3804	97293	79439	13391	13331
19343065	**16298765**	**4513183**	**3693511**	**51944201**	**46076346**	**42453895**	**38108003**
9104075	7998588	2471955	1852307	30177557	27104042	24034855	20800640
588630	526694	110059	211856	1273266	1136148	1171448	1060486
331624	234319	41490	24989	734517	788388	640944	583640
2767573	1141128	91145	77733	3166974	1534572	1136587	1144274
1586525	1363726	557136	426502	4025439	3387734	3775089	3244662
94390	108633	198826	152363	1524239	1622380	1346858	1371579
4755716	4776524	1041347	946404	10695582	10166097	10040882	9607886
89731	118158			309945	293742	270549	252151
24801	30995	1224	1358	36683	43243	36683	42686
20030997	**17098505**	**4471608**	**3702660**	**56443786**	**50090972**	**42354033**	**38066230**
1733149	**1674845**	**140271**	**133979**	**6577600**	**5945697**	**1943967**	**1757623**
30191	25866			34217	26169	13615	25667
315800	345201	119845	108534	857886	756354	215298	170241
291646	284800	2608	100	363101	357477	96389	108872
284905	261991			362763	294531	8220	15026
240773	229550			434786	385494	186143	158389
418033	424670	11180	14819	4253109	3912080	1332969	1222910
145013	102769	2567	6722	204021	158200	77942	43188
6788		4070	3804	67718	55393	13391	13331

1-5 续表 11

有限责任公司

项　目	商品购进总额		统一配送商品购进额	
	2013年	2012年	2013年	2012年
零售业	**43921055**	**39881976**	**33057208**	**30218436**
综合零售	24953994	23265541	17620534	16728232
食品、饮料及烟草制品专门零售	890438	803749	832474	743141
纺织、服装及日用品专门零售	441757	516271	352952	393623
文化、体育用品及器材专门零售	3142631	1429948	3133885	1427477
医药及医疗器材专门零售	3130891	2689271	2800226	2384840
汽车、摩托车、燃料及零配件专门零售	1266630	1484428	498982	602465
家用电器及电子产品专门零售	9908472	9519666	7681066	7765556
五金、家具及室内装饰材料专门零售	152857	132842	103704	132842
货摊、无店铺及其他零售业	33386	40261	33386	40261
加盟门店合计	**1950153**	**1684387**	**1521619**	**1273360**
批发业	**262752**	**259530**	**173344**	**171451**
农、林、牧产品批发				
食品、饮料及烟草制品批发	14060	5893	14060	5893
纺织、服装及家庭用品批发	189	12507	189	8712
文化、体育用品及器材批发	1093	1119	1093	1119
医药及医疗器材批发	17234	14817	4944	3959
矿产品、建材及化工产品批发	201915	202915	150741	151769
机械设备、五金产品及电子产品批发	2318		2318	
贸易经纪与代理				
其他批发业	25943	22279		
零售业	**1687402**	**1424857**	**1348275**	**1101910**
综合零售	1140174	1042387	858002	764756
食品、饮料及烟草制品专门零售	183857	144291	174372	139852
纺织、服装及日用品专门零售	143179	42081	133450	33916
文化、体育用品及器材专门零售	234	744	234	744
医药及医疗器材专门零售	215493	178096	177753	145384
汽车、摩托车、燃料及零配件专门零售				
家用电器及电子产品专门零售	4211	17190	4211	17190
五金、家具及室内装饰材料专门零售				
货摊、无店铺及其他零售业	253	68	253	68

自有配送中心配送商品购进额		非自有配送中心配送商品购进额		商品销售总额		零售额	
2013年	2012年	2013年	2012年	2013年	2012年	2013年	2012年
18297849	**15423660**	**4331337**	**3568681**	**49866186**	**44145275**	**40410066**	**36308607**
8406369	7383433	2388687	1781584	28684409	25762318	22567507	19518751
424202	389984	100137	208736	1071698	962598	974261	891462
209884	202954	29877	22516	638004	678298	545609	537217
2767362	1140920	91121	77197	3166742	1534270	1136355	1143973
1526654	1286155	480118	378524	3749581	3106309	3502057	2966884
94390	108633	198826	152363	1524239	1622380	1346858	1371579
4754525	4762495	1041347	946404	10685184	10142184	10030485	9583972
89731	118158			309945	293742	270549	252151
24733	30927	1224	1358	36384	43175	36384	42618
1189610	**1019883**	**187177**	**132577**	**2367566**	**2214903**	**2215898**	**1983169**
144394	**144779**	**5332**	**7747**	**289551**	**283833**	**172069**	**183773**
12831	4763	965	917	26261	10772	25583	10511
	3127	189	5585	379	13216		13216
1093	1119			793	1117	793	1117
2704	2529			20102	18003	6670	4182
127767	133241	1860	1246	209520	216679	136103	154748
		2318		2921		2921	
				29575	24046		
1045216	**875105**	**181846**	**124830**	**2078015**	**1931071**	**2043829**	**1799396**
697706	615154	83268	70723	1493149	1341724	1467349	1281889
164428	136710	9922	3120	201568	173550	197187	169023
121740	31365	11614	2473	96513	110089	95335	46424
211	208	24	536	232	301	232	301
59871	77570	77018	47978	275858	281425	273032	277778
1191	14029			10398	23913	10398	23913
68	68			298	68	298	68

1-5 续表 12

股份有限公司

项　　目	商品购进总额		统一配送商品购进额	
	2013年	2012年	2013年	2012年
总　　计	**153851301**	**155653272**	**117287942**	**116424446**
批发业	**82742164**	**81458899**	**72670361**	**71240777**
农、林、牧产品批发	1405929	1516341	1405929	1516341
食品、饮料及烟草制品批发	11785	9432	11785	9432
纺织、服装及家庭用品批发	1252828	1216782	487403	566675
文化、体育用品及器材批发	1186274	1030526	1186274	1030526
医药及医疗器材批发	52522	45567	52522	45567
矿产品、建材及化工产品批发	76148813	75206009	66842436	65637994
机械设备、五金产品及电子产品批发	224660	175873	224660	175873
贸易经纪与代理				
其他批发业	2459352	2258370	2459352	2258370
零售业	**71109137**	**74194373**	**44617581**	**45183668**
综合零售	34532285	31031720	20332215	18071353
食品、饮料及烟草制品专门零售	120112	123516	120112	123516
纺织、服装及日用品专门零售	8463	9329	8463	9329
文化、体育用品及器材专门零售	661188	530573	661188	530573
医药及医疗器材专门零售	190998	158724	176311	147432
汽车、摩托车、燃料及零配件专门零售	25099970	26111430	16632960	16729285
家用电器及电子产品专门零售	10496121	16229081	6686332	9572182
五金、家具及室内装饰材料专门零售				
货摊、无店铺及其他零售业				
直营门店合计	**149537287**	**151817089**	**113602800**	**113102940**
批发业	**81077167**	**79828811**	**71134239**	**69779292**
农、林、牧产品批发	1195040	1288890	1195040	1288890
食品、饮料及烟草制品批发	11785	9432	11785	9432
纺织、服装及家庭用品批发	1099228	1015832	462678	534328
文化、体育用品及器材批发	1186274	1030526	1186274	1030526
医药及医疗器材批发	52522	45567	52522	45567
矿产品、建材及化工产品批发	74848305	74004321	65541928	64436306
机械设备、五金产品及电子产品批发	224660	175873	224660	175873
贸易经纪与代理				
其他批发业	2459352	2258370	2459352	2258370

自有配送中心配送商品购进额		非自有配送中心配送商品购进额		商品销售总额		零售额	
2013年	2012年	2013年	2012年	2013年	2012年	2013年	2012年
75617305	**76847518**	**20610248**	**18177806**	**189854245**	**184811441**	**127119788**	**123228411**
51604770	**50932502**	**13182845**	**12228192**	**97522642**	**95440041**	**58495608**	**54514868**
1405929	1516341			1557105	1621748		
11785	9432			11667	10646	2240	2113
487403	566675			2288479	2143787	1261772	1146662
1186274	1030526			1104563	1101384	529823	524089
52522	45567			79508	64268	79508	64268
46001505	45505591	12958185	12052319	89827596	87998337	54405626	50839770
		224660	175873	270491	191360	184095	99397
2459352	2258370			2383233	2308512	2032543	1838569
24012535	**25915016**	**7427403**	**5949614**	**92331604**	**89371399**	**68624180**	**68713543**
14406412	12761362	3187698	2930257	41531942	37149465	33746810	31592415
117476	121519	2636	1997	158115	149967	156899	149967
7006	7697			18654	19261	17581	17886
539020	434480			730566	637554	196959	523360
169114	140991			252411	215676	244456	211222
4206817	5152284	3708925	2617152	33877491	33293167	25444566	23931146
4566689	7296685	528144	400209	15762425	17906309	8816909	12287547
73193826	**74570821**	**19898357**	**17615814**	**186006778**	**181084734**	**124548964**	**120579922**
50068648	**49471017**	**13182845**	**12228192**	**95972219**	**94066258**	**58123081**	**54151739**
1195040	1288890			1339110	1509652		
11785	9432			11667	10646	2240	2113
462678	534328			2256559	2083787	1229852	1086662
1186274	1030526			1104563	1101384	529823	524089
52522	45567			79508	64268	79508	64268
44700997	44303904	12958185	12052319	88527088	86796650	54065019	50536641
		224660	175873	270491	191360	184095	99397
2459352	2258370			2383233	2308512	2032543	1838569

1-5 续表 13

股份有限公司

项　　目	商品购进总额		统一配送商品购进额	
	2013年	2012年	2013年	2012年
零售业	**68460120**	**71988279**	**42468561**	**43323648**
综合零售	32630541	29435824	18923957	16817530
食品、饮料及烟草制品专门零售	20184	23462	20184	23462
纺织、服装及日用品专门零售	8463	9329	8463	9329
文化、体育用品及器材专门零售	657760	528058	657760	528058
医药及医疗器材专门零售	171680	147969	163504	140677
汽车、摩托车、燃料及零配件专门零售	24781151	25805753	16314141	16423608
家用电器及电子产品专门零售	10190340	16037884	6380551	9380984
五金、家具及室内装饰材料专门零售				
货摊、无店铺及其他零售业				
加盟门店合计	**4314014**	**3836182**	**3685142**	**3321506**
批发业	**1664997**	**1630088**	**1536122**	**1461485**
农、林、牧产品批发	210889	227451	210889	227451
食品、饮料及烟草制品批发				
纺织、服装及家庭用品批发	153600	200950	24725	32347
文化、体育用品及器材批发				
医药及医疗器材批发				
矿产品、建材及化工产品批发	1300508	1201687	1300508	1201687
机械设备、五金产品及电子产品批发				
贸易经纪与代理				
其他批发业				
零售业	**2649017**	**2206094**	**2149020**	**1860021**
综合零售	1901745	1595896	1408258	1253822
食品、饮料及烟草制品专门零售	99928	100054	99928	100054
纺织、服装及日用品专门零售				
文化、体育用品及器材专门零售	3428	2516	3428	2516
医药及医疗器材专门零售	19318	10755	12807	6755
汽车、摩托车、燃料及零配件专门零售	318819	305677	318819	305677
家用电器及电子产品专门零售	305780	191197	305780	191197
五金、家具及室内装饰材料专门零售				
货摊、无店铺及其他零售业				

自有配送中心配送商品购进额		非自有配送中心配送商品购进额		商品销售总额		零售额	
2013年	2012年	2013年	2012年	2013年	2012年	2013年	2012年
23125178	**25099805**	**6715512**	**5387622**	**90034559**	**87018476**	**66425884**	**66428183**
13633877	12054223	2782695	2560439	40063206	35483313	32305611	29932079
18656	22442	1529	1020	27146	25998	26281	25998
7006	7697			18654	19261	17581	17886
535592	431964			727138	635038	193531	520845
156542	134511			232160	200451	230716	199997
4206817	5152284	3708925	2617152	33494323	32929742	25125748	23625469
4566689	7296685	222363	209012	15471933	17724672	8526417	12105910
2423479	**2276697**	**711891**	**561992**	**3847467**	**3726707**	**2570824**	**2648489**
1536122	**1461485**			**1550422**	**1373783**	**372528**	**363129**
210889	227451			217995	112096		
24725	32347			31920	60000	31920	60000
1300508	1201687			1300508	1201687	340608	303129
887356	**815212**	**711891**	**561992**	**2297044**	**2352924**	**2198296**	**2285360**
772536	707140	405004	369818	1468736	1666152	1441199	1660336
98821	99076	1107	977	130969	123969	130618	123969
3428	2516			3428	2516	3428	2516
12572	6480			20251	15225	13740	11225
				383168	363425	318819	305677
		305780	191197	290492	181637	290492	181637

1-5 续表 14

私营企业

项　　目	商品购进总额		统一配送商品购进额	
	2013年	2012年	2013年	2012年
总　　计	**19111216**	**16672829**	**16978009**	**14722397**
批发业	**1441843**	**1311972**	**1194823**	**1093183**
农、林、牧产品批发	38828	35755	5086	5210
食品、饮料及烟草制品批发	229990	158588	157605	103099
纺织、服装及家庭用品批发	413375	400533	409775	388167
文化、体育用品及器材批发	11227	12206	3498	3116
医药及医疗器材批发	150975	125046	110157	99452
矿产品、建材及化工产品批发	118617	112208	113085	107644
机械设备、五金产品及电子产品批发	445413	410344	372441	339472
贸易经纪与代理				
其他批发业	33419	57292	23177	47023
零售业	**17669373**	**15360858**	**15783185**	**13629213**
综合零售	8526966	7817512	7213645	6661206
食品、饮料及烟草制品专门零售	1007091	935286	976465	893378
纺织、服装及日用品专门零售	430470	441305	249821	257169
文化、体育用品及器材专门零售	76287	74429	76287	74429
医药及医疗器材专门零售	2485672	1911818	2366043	1799841
汽车、摩托车、燃料及零配件专门零售	207513	172212	174092	110549
家用电器及电子产品专门零售	4899129	3971992	4690587	3796338
五金、家具及室内装饰材料专门零售	30108	32164	30108	32164
货摊、无店铺及其他零售业	6138	4140	6138	4140
直营门店合计	**17366943**	**15146129**	**15578610**	**13493047**
批发业	**963473**	**905129**	**782593**	**737484**
农、林、牧产品批发	845	843	165	178
食品、饮料及烟草制品批发	133191	109196	71638	55421
纺织、服装及家庭用品批发	157894	154923	154294	142557
文化、体育用品及器材批发	10387	11452	3498	3116
医药及医疗器材批发	133388	109288	104053	93633
矿产品、建材及化工产品批发	66834	67243	65394	65689
机械设备、五金产品及电子产品批发	441699	407097	368727	336225
贸易经纪与代理				
其他批发业	19234	45087	14825	40666

自有配送中心配送商品购进额		非自有配送中心配送商品购进额		商品销售总额		零售额	
2013年	2012年	2013年	2012年	2013年	2012年	2013年	2012年
10696309	**8821384**	**1224261**	**1210589**	**21024290**	**18382180**	**18231523**	**15980047**
898691	**811691**	**23757**	**24631**	**1586721**	**1470772**	**576122**	**311136**
2031	2156			56390	51966	2356	2338
117945	58159	19467	19818	254555	187172	121688	84246
330895	320018	3067	3960	499933	506108	82116	87798
3498	3116			20984	22066	17476	18783
72051	70349	35		155838	134384	51901	37284
81350	71935			123170	115277	2276	17456
279531	248713	1188	853	434787	407289	288225	55128
11391	37245			41063	46510	10084	8104
9797617	**8009693**	**1200504**	**1185958**	**19437569**	**16911409**	**17655401**	**15668911**
4898384	4420360	552651	586623	9538784	8583886	8703243	7853976
647997	497503	22072	16815	1153989	1033015	1059391	891421
162181	171848	2364	1902	577306	541547	524238	492400
49034	29725	1294	3714	95318	93382	83287	83800
1753884	1231388	211281	193184	2709381	2202589	2426155	2071894
42355	33143	15585	12634	212763	187513	191411	173325
2214278	1617612	389120	366946	5109503	4227073	4637942	4068355
29505	8115			33589	38322	22797	29660
		6138	4140	6938	4081	6938	4081
9580438	**7867235**	**1105379**	**1112128**	**18873907**	**16490772**	**16518111**	**14519429**
518220	**478903**	**6179**	**13683**	**1073914**	**995313**	**479036**	**240551**
165	178			2407	2716		
49557	21428	1889	8870	182688	140263	53068	38343
75414	74408	3067	3960	212459	212098	71481	78195
3498	3116			20284	21445	17476	18783
68719	67083	35		134544	115626	43598	29701
33659	29980			70061	70525	1989	17239
275817	245466	1188	853	430410	403474	283849	51313
11391	37245			21060	29166	7576	6977

1-5 续表 15

私营企业

项 目	商品购进总额		统一配送商品购进额	
	2013年	2012年	2013年	2012年
零售业	**16403470**	**14241000**	**14796017**	**12755563**
综合零售	7605396	6986307	6536479	6047396
食品、饮料及烟草制品专门零售	933825	878260	906538	838171
纺织、服装及日用品专门零售	376605	395072	207156	219996
文化、体育用品及器材专门零售	76287	74429	76287	74429
医药及医疗器材专门零售	2313486	1762043	2213650	1667998
汽车、摩托车、燃料及零配件专门零售	205357	169841	171935	108178
家用电器及电子产品专门零售	4856269	3938745	4647728	3763091
五金、家具及室内装饰材料专门零售	30108	32164	30108	32164
货摊、无店铺及其他零售业	6138	4140	6138	4140
加盟门店合计	**1744273**	**1526700**	**1399398**	**1229349**
批发业	**478370**	**406843**	**412230**	**355699**
农、林、牧产品批发	37983	34912	4921	5032
食品、饮料及烟草制品批发	96799	49392	85967	47678
纺织、服装及家庭用品批发	255481	245610	255481	245610
文化、体育用品及器材批发	840	754		
医药及医疗器材批发	17588	15758	6104	5819
矿产品、建材及化工产品批发	51783	44965	47691	41956
机械设备、五金产品及电子产品批发	3714	3247	3714	3247
贸易经纪与代理				
其他批发业	14184	12205	8353	6358
零售业	**1265903**	**1119858**	**987168**	**873650**
综合零售	921570	831205	677166	613810
食品、饮料及烟草制品专门零售	73266	57026	69928	55207
纺织、服装及日用品专门零售	53865	46232	42665	37172
文化、体育用品及器材专门零售				
医药及医疗器材专门零售	172186	149776	152393	131842
汽车、摩托车、燃料及零配件专门零售	2157	2371	2157	2371
家用电器及电子产品专门零售	42860	33247	42860	33247
五金、家具及室内装饰材料专门零售				
货摊、无店铺及其他零售业				

自有配送中心配送商品购进额		非自有配送中心配送商品购进额		商品销售总额		零售额	
2013年	2012年	2013年	2012年	2013年	2012年	2013年	2012年
9062219	**7388333**	**1099200**	**1098445**	**17799994**	**15495459**	**16039075**	**14278878**
4391149	3961318	482363	521739	8291880	7474704	7464296	6749383
582155	461459	22072	16815	1097079	996180	1003062	861093
122284	138330	2364	1679	485959	498741	442669	452854
49034	29725	1294	3714	95318	93382	83287	83800
1674444	1172223	180265	170779	2513297	2012153	2233003	1893018
42231	32798	15585	12634	210618	185099	189267	170911
2171418	1584365	389120	366946	5065318	4192798	4593757	4034079
29505	8115			33589	38322	22797	29660
		6138	4140	6938	4081	6938	4081
1115870	**954149**	**118883**	**98460**	**2150383**	**1891408**	**1713412**	**1460618**
380472	**332788**	**17579**	**10948**	**512807**	**475459**	**97086**	**70585**
1866	1978			53983	49250	2356	2338
68388	36730	17579	10948	71867	46910	68620	45903
255481	245610			287475	294010	10635	9603
				700	621		
3332	3267			21294	18758	8303	7582
47691	41956			53108	44752	288	217
3714	3247			4377	3816	4377	3816
				20004	17344	2508	1127
735399	**621361**	**101304**	**87513**	**1637575**	**1415949**	**1616326**	**1390033**
507235	459042	70288	64884	1246904	1109182	1238946	1104593
65842	36044			56910	36835	56329	30327
39898	33518		223	91347	42806	81569	39547
79440	59165	31016	22405	196085	190436	193152	178876
124	345			2145	2414	2145	2414
42860	33247			44185	34276	44185	34276

1-5 续表 16

其他企业

项 目	商品购进总额		统一配送商品购进额	
	2013年	2012年	2013年	2012年
总 计	**536696**	**460252**	**343032**	**307025**
批发业	**4563**	**3615**	**4480**	**3526**
农、林、牧产品批发				
食品、饮料及烟草制品批发				
纺织、服装及家庭用品批发				
文化、体育用品及器材批发				
医药及医疗器材批发	4563	3615	4480	3526
矿产品、建材及化工产品批发				
机械设备、五金产品及电子产品批发				
贸易经纪与代理				
其他批发业				
零售业	**532134**	**456637**	**338552**	**303499**
综合零售	260126	213961	67701	61699
食品、饮料及烟草制品专门零售	25628	22860	25628	22860
纺织、服装及日用品专门零售	805	625	805	625
文化、体育用品及器材专门零售	50271	35573	50271	35573
医药及医疗器材专门零售	104073	86586	102916	85710
汽车、摩托车、燃料及零配件专门零售				
家用电器及电子产品专门零售	91231	97031	91231	97031
五金、家具及室内装饰材料专门零售				
货摊、无店铺及其他零售业				
直营门店合计	**500780**	**426160**	**307373**	**273022**
批发业	**2919**	**2184**	**2919**	**2184**
农、林、牧产品批发				
食品、饮料及烟草制品批发				
纺织、服装及家庭用品批发				
文化、体育用品及器材批发				
医药及医疗器材批发	2919	2184	2919	2184
矿产品、建材及化工产品批发				
机械设备、五金产品及电子产品批发				
贸易经纪与代理				
其他批发业				

自有配送中心配送商品购进额		非自有配送中心配送商品购进额		商品销售总额		零售额	
2013年	2012年	2013年	2012年	2013年	2012年	2013年	2012年
107055	**75781**	**90221**	**93817**	**555938**	**499844**	**549056**	**497917**
4125	**3282**			**8730**	**8025**	**8730**	**8025**
4125	3282			8730	8025	8730	8025
102931	**72499**	**90221**	**93817**	**547208**	**491819**	**540326**	**489893**
22819	14059	44882	47639	259713	236366	253703	236366
21286	18847	4342	4013	28896	26352	28024	24482
		805	625	809	615	809	615
6598	4711			58523	44968	58523	44968
52228	34882	40193	41540	108037	94077	108037	94019
				91231	89443	91231	89443
96818	**66316**	**65863**	**70171**	**515879**	**456827**	**508998**	**454900**
2867	**2184**			**3949**	**3518**	**3949**	**3518**
2867	2184			3949	3518	3949	3518

1-5 续表 17

其他企业

项　目	商品购进总额		统一配送商品购进额	
	2013年	2012年	2013年	2012年
零售业	**497861**	**423975**	**304454**	**270837**
综合零售	253075	206956	60825	54694
食品、饮料及烟草制品专门零售	25055	22288	25055	22288
纺织、服装及日用品专门零售	805	625	805	625
文化、体育用品及器材专门零售	50271	35573	50271	35573
医药及医疗器材专门零售	77425	61501	76268	60625
汽车、摩托车、燃料及零配件专门零售				
家用电器及电子产品专门零售	91231	97031	91231	97031
五金、家具及室内装饰材料专门零售				
货摊、无店铺及其他零售业				
加盟门店合计	**35916**	**34092**	**35658**	**34003**
批发业	**1644**	**1431**	**1561**	**1342**
农、林、牧产品批发				
食品、饮料及烟草制品批发				
纺织、服装及家庭用品批发				
文化、体育用品及器材批发				
医药及医疗器材批发	1644	1431	1561	1342
矿产品、建材及化工产品批发				
机械设备、五金产品及电子产品批发				
贸易经纪与代理				
其他批发业				
零售业	**34273**	**32661**	**34098**	**32661**
综合零售	7051	7004	6876	7004
食品、饮料及烟草制品专门零售	573	572	573	572
纺织、服装及日用品专门零售				
文化、体育用品及器材专门零售				
医药及医疗器材专门零售	26649	25085	26649	25085
汽车、摩托车、燃料及零配件专门零售				
家用电器及电子产品专门零售				
五金、家具及室内装饰材料专门零售				
货摊、无店铺及其他零售业				

自有配送中心配送商品购进额		非自有配送中心配送商品购进额		商品销售总额		零售额	
2013年	2012年	2013年	2012年	2013年	2012年	2013年	2012年
93951	**64132**	**65863**	**70171**	**511930**	**453310**	**505049**	**451383**
16683	7567	44142	47127	252917	229643	246906	229643
20713	18275	4342	4013	28296	25838	27425	23969
		805	625	809	615	809	615
6598	4711			58523	44968	58523	44968
49956	33579	16574	18406	80156	62802	80156	62745
				91231	89443	91231	89443
10238	**9465**	**24359**	**23646**	**40058**	**43017**	**40058**	**43017**
1258	**1098**			**4781**	**4507**	**4781**	**4507**
1258	1098			4781	4507	4781	4507
8980	**8367**	**24359**	**23646**	**35277**	**38510**	**35277**	**38510**
6136	6492	740	512	6797	6722	6797	6722
573	572			600	513	600	513
2271	1303	23619	23134	27881	31274	27881	31274

1-5 续表 18

港澳台商投资企业

项目	商品购进总额		统一配送商品购进额	
	2013年	2012年	2013年	2012年
总　　计	**17853340**	**20017279**	**14299374**	**16400463**
批发业	**393282**	**334902**	**357819**	**292814**
农、林、牧产品批发				
食品、饮料及烟草制品批发	216555	192733	216555	192733
纺织、服装及家庭用品批发	101490	58580	101490	57233
文化、体育用品及器材批发	7337	8585	7337	8585
医药及医疗器材批发				
矿产品、建材及化工产品批发				
机械设备、五金产品及电子产品批发				
贸易经纪与代理				
其他批发业	67901	75004	32437	34263
零售业	**17460058**	**19682377**	**13941555**	**16107649**
综合零售	16188809	18341520	13303607	15483290
食品、饮料及烟草制品专门零售	113007	121619	66880	69874
纺织、服装及日用品专门零售	976516	1051326	429135	412880
文化、体育用品及器材专门零售				
医药及医疗器材专门零售	161954	150682	122161	124375
汽车、摩托车、燃料及零配件专门零售				
家用电器及电子产品专门零售	784		784	
五金、家具及室内装饰材料专门零售	18988	17230	18988	17230
货摊、无店铺及其他零售业				
直营门店合计	**13428342**	**16060243**	**10069357**	**12622548**
批发业	**340036**	**325565**	**304573**	**283477**
农、林、牧产品批发				
食品、饮料及烟草制品批发	216555	192733	216555	192733
纺织、服装及家庭用品批发	48243	49243	48243	47896
文化、体育用品及器材批发	7337	8585	7337	8585
医药及医疗器材批发				
矿产品、建材及化工产品批发				
机械设备、五金产品及电子产品批发				
贸易经纪与代理				
其他批发业	67901	75004	32437	34263

自有配送中心配送商品购进额		非自有配送中心配送商品购进额		商品销售总额		零售额	
2013年	2012年	2013年	2012年	2013年	2012年	2013年	2012年
7327908	**6965470**	**1269691**	**1030031**	**25200120**	**22250235**	**19563109**	**17098899**
270191	**250218**			**469508**	**387482**	**102443**	**102468**
216555	192733			226168	211816	12201	12325
53542	57233			145943	74031	66054	66289
				8956	7482	2107	2079
94	253			88442	94154	22082	21774
7057717	**6715252**	**1269691**	**1030031**	**24730613**	**21862753**	**19460666**	**16996431**
6675784	6362963	1250468	1005929	22879924	20193182	17852905	15567031
50631	53509	1965	3306	175001	173156	135346	121067
221285	191763	5112	3437	1460583	1329094	1267702	1155453
110016	107016	12146	17359	195277	151824	184887	137384
				839		839	
				18988	15497	18988	15497
7254766	**6896405**	**1240091**	**988818**	**20671803**	**18762123**	**15159814**	**13658669**
263332	**240882**			**395899**	**378145**	**95584**	**93131**
216555	192733			226168	211816	12201	12325
46683	47896			72333	64694	59194	56952
				8956	7482	2107	2079
94	253			88442	94154	22082	21774

1-5 续表 19

港澳台商投资企业

项目	商品购进总额		统一配送商品购进额	
	2013年	2012年	2013年	2012年
零售业	**13088306**	**15734678**	**9764785**	**12339071**
综合零售	11854523	14440965	9164303	11759991
食品、饮料及烟草制品专门零售	110758	114920	64630	65040
纺织、服装及日用品专门零售	954260	1036186	406879	397740
文化、体育用品及器材专门零售				
医药及医疗器材专门零售	148994	125377	109200	99070
汽车、摩托车、燃料及零配件专门零售				
家用电器及电子产品专门零售	784		784	
五金、家具及室内装饰材料专门零售	18988	17230	18988	17230
货摊、无店铺及其他零售业				
加盟门店合计	**4424998**	**3957035**	**4230017**	**3777914**
批发业	**53246**	**9337**	**53246**	**9337**
农、林、牧产品批发				
食品、饮料及烟草制品批发				
纺织、服装及家庭用品批发	53246	9337	53246	9337
文化、体育用品及器材批发				
医药及医疗器材批发				
矿产品、建材及化工产品批发				
机械设备、五金产品及电子产品批发				
贸易经纪与代理				
其他批发业				
零售业	**4371752**	**3947699**	**4176770**	**3768578**
综合零售	4334286	3900554	4139305	3723299
食品、饮料及烟草制品专门零售	2249	6698	2249	4833
纺织、服装及日用品专门零售	22256	15140	22256	15140
文化、体育用品及器材专门零售				
医药及医疗器材专门零售	12961	25306	12961	25306
汽车、摩托车、燃料及零配件专门零售				
家用电器及电子产品专门零售				
五金、家具及室内装饰材料专门零售				
货摊、无店铺及其他零售业				

自有配送中心配送商品购进额		非自有配送中心配送商品购进额		商品销售总额		零售额	
2013年	2012年	2013年	2012年	2013年	2012年	2013年	2012年
6991434	**6655523**	**1240091**	**988818**	**20275904**	**18383978**	**15064230**	**13565538**
6632426	6327178	1228591	979836	18509405	16779976	13519646	12185522
48382	48676	1965	3306	167512	166374	127857	116303
205848	182839	5112	3437	1412850	1299047	1240979	1139572
104778	96831	4423	2239	166311	123085	155920	108644
				839		839	
				18988	15497	18988	15497
73142	**69065**	**29601**	**41213**	**4528318**	**3488111**	**4403296**	**3440230**
6859	**9337**			**73609**	**9337**	**6859**	**9337**
6859	9337			73609	9337	6859	9337
66283	**59728**	**29601**	**41213**	**4454708**	**3478775**	**4396436**	**3430893**
43358	35785	21878	26093	4370520	3413206	4333258	3381509
2249	4833			7489	6782	7489	4764
15437	8924			47734	30047	26723	15881
5238	10186	7723	15120	28966	28740	28966	28740

1-5 续表 20

外商投资企业

项 目	商品购进总额		统一配送商品购进额	
	2013年	2012年	2013年	2012年
总 计	**26436250**	**25403481**	**17845715**	**17879283**
批发业	**910920**	**1132159**	**909081**	**1129464**
农、林、牧产品批发				
食品、饮料及烟草制品批发	444097	708141	444097	708141
纺织、服装及家庭用品批发	1839	2695		
文化、体育用品及器材批发				
医药及医疗器材批发				
矿产品、建材及化工产品批发	418860	382784	418860	382784
机械设备、五金产品及电子产品批发	46124	38540	46124	38540
贸易经纪与代理				
其他批发业				
零售业	**25525330**	**24271322**	**16936634**	**16749819**
综合零售	18565919	17328013	11358531	10995384
食品、饮料及烟草制品专门零售	10728	8752	10728	8752
纺织、服装及日用品专门零售	472246	526281	461749	516285
文化、体育用品及器材专门零售	77857	64057	77857	64057
医药及医疗器材专门零售	80918	67664	80918	67664
汽车、摩托车、燃料及零配件专门零售	4423796	4423463	3222467	3404780
家用电器及电子产品专门零售	1625821	1597838	1474320	1452125
五金、家具及室内装饰材料专门零售	229431	211079	211451	196597
货摊、无店铺及其他零售业	38614	44176	38614	44176
直营门店合计	**25185915**	**23965821**	**16646395**	**16451965**
批发业	**680191**	**885034**	**678352**	**882339**
农、林、牧产品批发				
食品、饮料及烟草制品批发	443904	707604	443904	707604
纺织、服装及家庭用品批发	1839	2695		
文化、体育用品及器材批发				
医药及医疗器材批发				
矿产品、建材及化工产品批发	188324	136195	188324	136195
机械设备、五金产品及电子产品批发	46124	38540	46124	38540
贸易经纪与代理				
其他批发业				

自有配送中心配送商品购进额		非自有配送中心配送商品购进额		商品销售总额		零售额	
2013年	2012年	2013年	2012年	2013年	2012年	2013年	2012年
10208782	**10221284**	**2909539**	**2964585**	**31188280**	**30189138**	**26815142**	**25816308**
470058	**429437**			**1100857**	**1293304**	**417316**	**338165**
5074	8114			509928	836422	10466	12488
				2451	876	2451	876
418860	382784			540601	414002	388976	309643
46124	38540			47877	42004	15423	15159
9738725	**9791847**	**2909539**	**2964585**	**30087422**	**28895835**	**26397826**	**25478142**
7483093	7458973	1032276	1002973	19666057	18802146	17354750	16673166
				16254	14704	16254	11194
338149	396879	21815	16264	680246	678994	648745	627621
		77857	64057	97000	77445	97000	77445
80918	67664			104206	93944	103386	93290
704337	760068	1399030	1504857	7300037	7087819	5980248	5983233
1132228	1108263	342092	343863	1866465	1799624	1852537	1701461
		36469	32573	316538	297410	316473	297147
				40619	43750	28434	13586
9051154	**8843348**	**2869367**	**2916358**	**29695147**	**28668843**	**25328091**	**24311347**
239329	**182312**			**776575**	**1014488**	**93033**	**68603**
4881	7577			509639	835742	10177	11809
				2451	876	2451	876
188324	136195			216607	135866	64982	40760
46124	38540			47877	42004	15423	15159

1-5 续表 21

外商投资企业

项目	商品购进总额		统一配送商品购进额	
	2013年	2012年	2013年	2012年
零售业	**24505724**	**23080787**	**15968043**	**15569626**
综合零售	17685694	16257561	10528350	9934315
食品、饮料及烟草制品专门零售	10191	8300	10191	8300
纺织、服装及日用品专门零售	333402	406649	323876	397613
文化、体育用品及器材专门零售	77857	64057	77857	64057
医药及医疗器材专门零售	80918	67664	80918	67664
汽车、摩托车、燃料及零配件专门零售	4423796	4423463	3222467	3404780
家用电器及电子产品专门零售	1625821	1597838	1474320	1452125
五金、家具及室内装饰材料专门零售	229431	211079	211451	196597
货摊、无店铺及其他零售业	38614	44176	38614	44176
加盟门店合计	**1250335**	**1437661**	**1199321**	**1427318**
批发业	**230729**	**247125**	**230729**	**247125**
农、林、牧产品批发				
食品、饮料及烟草制品批发	194	536	194	536
纺织、服装及家庭用品批发				
文化、体育用品及器材批发				
医药及医疗器材批发				
矿产品、建材及化工产品批发	230536	246589	230536	246589
机械设备、五金产品及电子产品批发				
贸易经纪与代理				
其他批发业				
零售业	**1019605**	**1190536**	**968591**	**1180193**
综合零售	880225	1070452	830182	1061069
食品、饮料及烟草制品专门零售	536	452	536	452
纺织、服装及日用品专门零售	138844	119632	137873	118672
文化、体育用品及器材专门零售				
医药及医疗器材专门零售				
汽车、摩托车、燃料及零配件专门零售				
家用电器及电子产品专门零售				
五金、家具及室内装饰材料专门零售				
货摊、无店铺及其他零售业				

自有配送中心配送商品购进额		非自有配送中心配送商品购进额		商品销售总额		零售额	
2013年	2012年	2013年	2012年	2013年	2012年	2013年	2012年
8811826	**8661036**	**2869367**	**2916358**	**28918573**	**27654355**	**25235058**	**24242744**
6694067	6446833	992104	954746	18742639	17742192	16437414	15619294
				15441	14436	15441	10926
200276	278207	21815	16264	435626	497736	404125	446363
		77857	64057	97000	77445	97000	77445
80918	67664			104206	93944	103386	93290
704337	760068	1399030	1504857	7300037	7087819	5980248	5983233
1132228	1108263	342092	343863	1866465	1799624	1852537	1701461
		36469	32573	316538	297410	316473	297147
				40619	43750	28434	13586
1157628	**1377936**	**40173**	**48227**	**1493132**	**1520296**	**1487051**	**1504961**
230729	**247125**			**324283**	**278816**	**324283**	**269563**
194	536			289	679	289	679
230536	246589			323994	278137	323994	268883
926899	**1130811**	**40173**	**48227**	**1168850**	**1241480**	**1162768**	**1235398**
789026	1012139	40173	48227	923418	1059954	917336	1053872
				813	267	813	267
137873	118672			244620	181259	244620	181259

1-6 按行业与业态分连锁零售企业基本情况

便利店

项目	连锁总店数（个）	门店数（个）		年末从业人员（人）		年末零售营业面积（平方米）	
	2013年	2013年	2012年	2013年	2012年	2013年	2012年
总　计	**92**	**14680**	**14629**	**73730**	**77683**	**1313541**	**1250202**
批发业							
农、林、牧产品批发							
食品、饮料及烟草制品批发							
纺织、服装及家庭用品批发							
文化、体育用品及器材批发							
医药及医疗器材批发							
矿产品、建材及化工产品批发							
机械设备、五金产品及电子产品批发							
贸易经纪与代理							
其他批发业							
零售业	**92**	**14680**	**14629**	**73730**	**77683**	**1313541**	**1250202**
综合零售	91	14667	14624	73561	77600	1312371	1249752
食品、饮料及烟草制品专门零售	1	13	5	169	83	1170	450
纺织、服装及日用品专门零售							
文化、体育用品及器材专门零售							
医药及医疗器材专门零售							
汽车、摩托车、燃料及零配件专门零售							
家用电器及电子产品专门零售							
五金、家具及室内装饰材料专门零售							
货摊、无店铺及其他零售业							
直营门店合计		**8444**	**8687**	**53971**	**55239**	**891756**	**879044**
批发业							
农、林、牧产品批发							
食品、饮料及烟草制品批发							
纺织、服装及家庭用品批发							
文化、体育用品及器材批发							
医药及医疗器材批发							
矿产品、建材及化工产品批发							
机械设备、五金产品及电子产品批发							
贸易经纪与代理							
其他批发业							

1-6 续表 1

便利店

项　　目	连锁总店数（个）	门店数（个）		年末从业人员（人）		年末零售营业面积（平方米）	
	2013年	2013年	2012年	2013年	2012年	2013年	2012年
零售业		**8444**	**8687**	**53971**	**55239**	**891756**	**879044**
综合零售		8431	8682	53802	55156	890586	878594
食品、饮料及烟草制品专门零售		13	5	169	83	1170	450
纺织、服装及日用品专门零售							
文化、体育用品及器材专门零售							
医药及医疗器材专门零售							
汽车、摩托车、燃料及零配件专门零售							
家用电器及电子产品专门零售							
五金、家具及室内装饰材料专门零售							
货摊、无店铺及其他零售业							
加盟门店合计		**6236**	**5942**	**19759**	**22444**	**421785**	**371158**
批发业							
农、林、牧产品批发							
食品、饮料及烟草制品批发							
纺织、服装及家庭用品批发							
文化、体育用品及器材批发							
医药及医疗器材批发							
矿产品、建材及化工产品批发							
机械设备、五金产品及电子产品批发							
贸易经纪与代理							
其他批发业							
零售业		**6236**	**5942**	**19759**	**22444**	**421785**	**371158**
综合零售		6236	5942	19759	22444	421785	371158
食品、饮料及烟草制品专门零售							
纺织、服装及日用品专门零售							
文化、体育用品及器材专门零售							
医药及医疗器材专门零售							
汽车、摩托车、燃料及零配件专门零售							
家用电器及电子产品专门零售							
五金、家具及室内装饰材料专门零售							
货摊、无店铺及其他零售业							

1-6 续表 2

折扣店

项　目	连锁总店数（个）	门店数（个）		年末从业人员（人）		年末零售营业面积（平方米）	
	2013年	2013年	2012年	2013年	2012年	2013年	2012年
总　计	**3**	**408**	**432**	**3027**	**4403**	**177325**	**185354**
批发业							
农、林、牧产品批发							
食品、饮料及烟草制品批发							
纺织、服装及家庭用品批发							
文化、体育用品及器材批发							
医药及医疗器材批发							
矿产品、建材及化工产品批发							
机械设备、五金产品及电子产品批发							
贸易经纪与代理							
其他批发业							
零售业	**3**	**408**	**432**	**3027**	**4403**	**177325**	**185354**
综合零售	2	399	425	2235	3763	90676	136419
食品、饮料及烟草制品专门零售							
纺织、服装及日用品专门零售	1	9	7	792	640	86649	48935
文化、体育用品及器材专门零售							
医药及医疗器材专门零售							
汽车、摩托车、燃料及零配件专门零售							
家用电器及电子产品专门零售							
五金、家具及室内装饰材料专门零售							
货摊、无店铺及其他零售业							
直营门店合计		**236**	**262**	**2934**	**3693**	**138428**	**152012**
批发业							
农、林、牧产品批发							
食品、饮料及烟草制品批发							
纺织、服装及家庭用品批发							
文化、体育用品及器材批发							
医药及医疗器材批发							
矿产品、建材及化工产品批发							
机械设备、五金产品及电子产品批发							
贸易经纪与代理							
其他批发业							

1-6 续表 3

折扣店

项目	连锁总店数(个)	门店数(个)		年末从业人员(人)		年末零售营业面积(平方米)	
	2013年	2013年	2012年	2013年	2012年	2013年	2012年
零售业		**236**	**262**	**2934**	**3693**	**138428**	**152012**
综合零售		227	255	2142	3053	51779	103077
食品、饮料及烟草制品专门零售							
纺织、服装及日用品专门零售		9	7	792	640	86649	48935
文化、体育用品及器材专门零售							
医药及医疗器材专门零售							
汽车、摩托车、燃料及零配件专门零售							
家用电器及电子产品专门零售							
五金、家具及室内装饰材料专门零售							
货摊、无店铺及其他零售业							
加盟门店合计		**172**	**170**	**93**	**710**	**38897**	**33342**
批发业							
农、林、牧产品批发							
食品、饮料及烟草制品批发							
纺织、服装及家庭用品批发							
文化、体育用品及器材批发							
医药及医疗器材批发							
矿产品、建材及化工产品批发							
机械设备、五金产品及电子产品批发							
贸易经纪与代理							
其他批发业							
零售业		**172**	**170**	**93**	**710**	**38897**	**33342**
综合零售		172	170	93	710	38897	33342
食品、饮料及烟草制品专门零售							
纺织、服装及日用品专门零售							
文化、体育用品及器材专门零售							
医药及医疗器材专门零售							
汽车、摩托车、燃料及零配件专门零售							
家用电器及电子产品专门零售							
五金、家具及室内装饰材料专门零售							
货摊、无店铺及其他零售业							

1-6 续表 4

超市

项目	连锁总店数（个）	门店数（个）		年末从业人员（人）		年末零售营业面积（平方米）	
	2013年	2013年	2012年	2013年	2012年	2013年	2012年
总计	**411**	**33835**	**32133**	**467246**	**454427**	**18532925**	**17069615**
批发业							
农、林、牧产品批发							
食品、饮料及烟草制品批发							
纺织、服装及家庭用品批发							
文化、体育用品及器材批发							
医药及医疗器材批发							
矿产品、建材及化工产品批发							
机械设备、五金产品及电子产品批发							
贸易经纪与代理							
其他批发业							
零售业	**411**	**33835**	**32133**	**467246**	**454427**	**18532925**	**17069615**
综合零售	410	33808	32127	466885	454101	18527081	17064668
食品、饮料及烟草制品专门零售							
纺织、服装及日用品专门零售							
文化、体育用品及器材专门零售							
医药及医疗器材专门零售	1	27	6	361	326	5844	4947
汽车、摩托车、燃料及零配件专门零售							
家用电器及电子产品专门零售							
五金、家具及室内装饰材料专门零售							
货摊、无店铺及其他零售业							
直营门店合计		**15900**	**14628**	**407333**	**394532**	**16721113**	**15256300**
批发业							
农、林、牧产品批发							
食品、饮料及烟草制品批发							
纺织、服装及家庭用品批发							
文化、体育用品及器材批发							
医药及医疗器材批发							
矿产品、建材及化工产品批发							
机械设备、五金产品及电子产品批发							
贸易经纪与代理							
其他批发业							

1-6 续表 5

超市

项　　目	连锁总店数（个）	门店数（个）		年末从业人员（人）		年末零售营业面积（平方米）	
	2013年	2013年	2012年	2013年	2012年	2013年	2012年
零售业		**15900**	**14628**	**407333**	**394532**	**16721113**	**15256300**
综合零售		15873	14622	406972	394206	16715269	15251353
食品、饮料及烟草制品专门零售							
纺织、服装及日用品专门零售							
文化、体育用品及器材专门零售							
医药及医疗器材专门零售		27	6	361	326	5844	4947
汽车、摩托车、燃料及零配件专门零售							
家用电器及电子产品专门零售							
五金、家具及室内装饰材料专门零售							
货摊、无店铺及其他零售业							
加盟门店合计		**17935**	**17505**	**59913**	**59895**	**1811812**	**1813315**
批发业							
农、林、牧产品批发							
食品、饮料及烟草制品批发							
纺织、服装及家庭用品批发							
文化、体育用品及器材批发							
医药及医疗器材批发							
矿产品、建材及化工产品批发							
机械设备、五金产品及电子产品批发							
贸易经纪与代理							
其他批发业							
零售业		**17935**	**17505**	**59913**	**59895**	**1811812**	**1813315**
综合零售		17935	17505	59913	59895	1811812	1813315
食品、饮料及烟草制品专门零售							
纺织、服装及日用品专门零售							
文化、体育用品及器材专门零售							
医药及医疗器材专门零售							
汽车、摩托车、燃料及零配件专门零售							
家用电器及电子产品专门零售							
五金、家具及室内装饰材料专门零售							
货摊、无店铺及其他零售业							

1-6 续表 6

大型超市

项目	连锁总店数(个)	门店数(个)		年末从业人员(人)		年末零售营业面积(平方米)	
	2013年	2013年	2012年	2013年	2012年	2013年	2012年
总　计	**181**	**9380**	**8979**	**556364**	**541712**	**31065188**	**27675156**
批发业							
农、林、牧产品批发							
食品、饮料及烟草制品批发							
纺织、服装及家庭用品批发							
文化、体育用品及器材批发							
医药及医疗器材批发							
矿产品、建材及化工产品批发							
机械设备、五金产品及电子产品批发							
贸易经纪与代理							
其他批发业							
零售业	**181**	**9380**	**8979**	**556364**	**541712**	**31065188**	**27675156**
综合零售	181	9380	8979	556364	541712	31065188	27675156
食品、饮料及烟草制品专门零售							
纺织、服装及日用品专门零售							
文化、体育用品及器材专门零售							
医药及医疗器材专门零售							
汽车、摩托车、燃料及零配件专门零售							
家用电器及电子产品专门零售							
五金、家具及室内装饰材料专门零售							
货摊、无店铺及其他零售业							
直营门店合计		**4918**	**4494**	**472475**	**463789**	**27478644**	**24778495**
批发业							
农、林、牧产品批发							
食品、饮料及烟草制品批发							
纺织、服装及家庭用品批发							
文化、体育用品及器材批发							
医药及医疗器材批发							
矿产品、建材及化工产品批发							
机械设备、五金产品及电子产品批发							
贸易经纪与代理							
其他批发业							

1-6 续表 7

大型超市

项目	连锁总店数（个）	门店数（个）		年末从业人员（人）		年末零售营业面积（平方米）	
	2013年	2013年	2012年	2013年	2012年	2013年	2012年
零售业		**4918**	**4494**	**472475**	**463789**	**27478644**	**24778495**
综合零售		4918	4494	472475	463789	27478644	24778495
食品、饮料及烟草制品专门零售							
纺织、服装及日用品专门零售							
文化、体育用品及器材专门零售							
医药及医疗器材专门零售							
汽车、摩托车、燃料及零配件专门零售							
家用电器及电子产品专门零售							
五金、家具及室内装饰材料专门零售							
货摊、无店铺及其他零售业							
加盟门店合计		**4462**	**4485**	**83889**	**77923**	**3586544**	**2896661**
批发业							
农、林、牧产品批发							
食品、饮料及烟草制品批发							
纺织、服装及家庭用品批发							
文化、体育用品及器材批发							
医药及医疗器材批发							
矿产品、建材及化工产品批发							
机械设备、五金产品及电子产品批发							
贸易经纪与代理							
其他批发业							
零售业		**4462**	**4485**	**83889**	**77923**	**3586544**	**2896661**
综合零售		4462	4485	83889	77923	3586544	2896661
食品、饮料及烟草制品专门零售							
纺织、服装及日用品专门零售							
文化、体育用品及器材专门零售							
医药及医疗器材专门零售							
汽车、摩托车、燃料及零配件专门零售							
家用电器及电子产品专门零售							
五金、家具及室内装饰材料专门零售							
货摊、无店铺及其他零售业							

1-6 续表 8

仓储会员店

项目	连锁总店数(个)	门店数(个)		年末从业人员(人)		年末零售营业面积(平方米)	
	2013年	2013年	2012年	2013年	2012年	2013年	2012年
总计	**5**	**107**	**79**	**16225**	**13431**	**648142**	**886721**
批发业							
农、林、牧产品批发							
食品、饮料及烟草制品批发							
纺织、服装及家庭用品批发							
文化、体育用品及器材批发							
医药及医疗器材批发							
矿产品、建材及化工产品批发							
机械设备、五金产品及电子产品批发							
贸易经纪与代理							
其他批发业							
零售业	**5**	**107**	**79**	**16225**	**13431**	**648142**	**886721**
综合零售	4	89	79	16153	13431	647242	886721
食品、饮料及烟草制品专门零售							
纺织、服装及日用品专门零售							
文化、体育用品及器材专门零售							
医药及医疗器材专门零售							
汽车、摩托车、燃料及零配件专门零售							
家用电器及电子产品专门零售							
五金、家具及室内装饰材料专门零售							
货摊、无店铺及其他零售业	1	18		72		900	
直营门店合计		**89**	**79**	**16153**	**13431**	**647242**	**886721**
批发业							
农、林、牧产品批发							
食品、饮料及烟草制品批发							
纺织、服装及家庭用品批发							
文化、体育用品及器材批发							
医药及医疗器材批发							
矿产品、建材及化工产品批发							
机械设备、五金产品及电子产品批发							
贸易经纪与代理							
其他批发业							

1-6 续表 9

仓储会员店

项目	连锁总店数（个）	门店数（个）		年末从业人员（人）		年末零售营业面积（平方米）	
	2013年	2013年	2012年	2013年	2012年	2013年	2012年
零售业		**89**	**79**	**16153**	**13431**	**647242**	**886721**
综合零售		89	79	16153	13431	647242	886721
食品、饮料及烟草制品专门零售							
纺织、服装及日用品专门零售							
文化、体育用品及器材专门零售							
医药及医疗器材专门零售							
汽车、摩托车、燃料及零配件专门零售							
家用电器及电子产品专门零售							
五金、家具及室内装饰材料专门零售							
货摊、无店铺及其他零售业							
加盟门店合计		**18**		**72**		**900**	
批发业							
农、林、牧产品批发							
食品、饮料及烟草制品批发							
纺织、服装及家庭用品批发							
文化、体育用品及器材批发							
医药及医疗器材批发							
矿产品、建材及化工产品批发							
机械设备、五金产品及电子产品批发							
贸易经纪与代理							
其他批发业							
零售业		**18**		**72**		**900**	
综合零售							
食品、饮料及烟草制品专门零售							
纺织、服装及日用品专门零售							
文化、体育用品及器材专门零售							
医药及医疗器材专门零售							
汽车、摩托车、燃料及零配件专门零售							
家用电器及电子产品专门零售							
五金、家具及室内装饰材料专门零售							
货摊、无店铺及其他零售业		18		72		900	

1-6 续表 10

百货店

项 目	连锁总店数（个）	门店数（个）		年末从业人员（人）		年末零售营业面积（平方米）	
	2013年	2013年	2012年	2013年	2012年	2013年	2012年
总 计	**100**	**4514**	**4342**	**276796**	**259331**	**18609070**	**17379358**
批发业							
农、林、牧产品批发							
食品、饮料及烟草制品批发							
纺织、服装及家庭用品批发							
文化、体育用品及器材批发							
医药及医疗器材批发							
矿产品、建材及化工产品批发							
机械设备、五金产品及电子产品批发							
贸易经纪与代理							
其他批发业							
零售业	**100**	**4514**	**4342**	**276796**	**259331**	**18609070**	**17379358**
综合零售	100	4514	4342	276796	259331	18609070	17379358
食品、饮料及烟草制品专门零售							
纺织、服装及日用品专门零售							
文化、体育用品及器材专门零售							
医药及医疗器材专门零售							
汽车、摩托车、燃料及零配件专门零售							
家用电器及电子产品专门零售							
五金、家具及室内装饰材料专门零售							
货摊、无店铺及其他零售业							
直营门店合计		**2700**	**2526**	**260519**	**240245**	**17995580**	**16695155**
批发业							
农、林、牧产品批发							
食品、饮料及烟草制品批发							
纺织、服装及家庭用品批发							
文化、体育用品及器材批发							
医药及医疗器材批发							
矿产品、建材及化工产品批发							
机械设备、五金产品及电子产品批发							
贸易经纪与代理							
其他批发业							

1-6 续表 11

百货店

项目	连锁总店数（个）	门店数（个）		年末从业人员（人）		年末零售营业面积（平方米）	
	2013年	2013年	2012年	2013年	2012年	2013年	2012年
零售业		**2700**	**2526**	**260519**	**240245**	**17995580**	**16695155**
综合零售		2700	2526	260519	240245	17995580	16695155
食品、饮料及烟草制品专门零售							
纺织、服装及日用品专门零售							
文化、体育用品及器材专门零售							
医药及医疗器材专门零售							
汽车、摩托车、燃料及零配件专门零售							
家用电器及电子产品专门零售							
五金、家具及室内装饰材料专门零售							
货摊、无店铺及其他零售业							
加盟门店合计		**1814**	**1816**	**16277**	**19086**	**613490**	**684203**
批发业							
农、林、牧产品批发							
食品、饮料及烟草制品批发							
纺织、服装及家庭用品批发							
文化、体育用品及器材批发							
医药及医疗器材批发							
矿产品、建材及化工产品批发							
机械设备、五金产品及电子产品批发							
贸易经纪与代理							
其他批发业							
零售业		**1814**	**1816**	**16277**	**19086**	**613490**	**684203**
综合零售		1814	1816	16277	19086	613490	684203
食品、饮料及烟草制品专门零售							
纺织、服装及日用品专门零售							
文化、体育用品及器材专门零售							
医药及医疗器材专门零售							
汽车、摩托车、燃料及零配件专门零售							
家用电器及电子产品专门零售							
五金、家具及室内装饰材料专门零售							
货摊、无店铺及其他零售业							

1-6 续表 12

专业店(含加油站)

项　　目	连锁总店数(个)	门店数(个)		年末从业人员(人)		年末零售营业面积(平方米)	
	2013年	2013年	2012年	2013年	2012年	2013年	2012年
总　　计	**1453**	**104054**	**98408**	**934947**	**948555**	**68481980**	**67385004**
批发业	**255**	**38581**	**37142**	**260014**	**268957**	**28119366**	**27850809**
农、林、牧产品批发	5	3762	3727	9609	9507	65576	64156
食品、饮料及烟草制品批发	32	2010	1557	18130	19046	92041	110906
纺织、服装及家庭用品批发	3	246	122	521	536	15516	11026
文化、体育用品及器材批发	7	459	440	15586	16034	773842	752430
医药及医疗器材批发	23	1668	1611	7461	7213	182945	177389
矿产品、建材及化工产品批发	165	28558	28072	195165	204309	25809500	25579574
机械设备、五金产品及电子产品批发	11	562	438	5881	5213	94174	89761
贸易经纪与代理							
其他批发业	9	1316	1175	7661	7099	1085772	1065567
零售业	**1198**	**65473**	**61266**	**674933**	**679598**	**40362614**	**39534195**
综合零售	26	889	895	10782	13906	1108205	934893
食品、饮料及烟草制品专门零售	63	5433	4524	21230	20771	277546	269239
纺织、服装及日用品专门零售	65	1337	1221	16925	16369	334369	296489
文化、体育用品及器材专门零售	69	1071	1150	24452	22338	747099	798481
医药及医疗器材专门零售	604	37646	34704	216515	207191	4612819	4141869
汽车、摩托车、燃料及零配件专门零售	176	12387	12141	129479	133132	18853763	18611907
家用电器及电子产品专门零售	189	6632	6552	255129	265467	14413182	14469316
五金、家具及室内装饰材料专门零售	2	10	12	41	51	5133	5403
货摊、无店铺及其他零售业	4	68	67	380	373	10498	6598
直营门店合计		**78114**	**74462**	**869426**	**884138**	**67061575**	**65914812**
批发业		**26601**	**26198**	**232904**	**243087**	**27596334**	**27363011**
农、林、牧产品批发		114	89	1386	1263	17400	15900
食品、饮料及烟草制品批发		1089	1209	17397	18325	77581	98098
纺织、服装及家庭用品批发		139	17	329	171	10104	5646
文化、体育用品及器材批发		457	438	15576	16024	773232	751820
医药及医疗器材批发		815	779	5527	5342	137223	134267
矿产品、建材及化工产品批发		22650	22443	181236	191035	25453372	25242506
机械设备、五金产品及电子产品批发		531	420	5098	4713	77744	76531
贸易经纪与代理							
其他批发业		806	803	6355	6214	1049678	1038243

1-6 续表 13

专业店(含加油站)

项 目	连锁总店数(个)	门店数(个)		年末从业人员(人)		年末零售营业面积(平方米)	
	2013年	2013年	2012年	2013年	2012年	2013年	2012年
零售业		**51513**	**48264**	**636522**	**641051**	**39465241**	**38551801**
综合零售		781	759	10511	13558	1091315	914514
食品、饮料及烟草制品专门零售		3787	3283	18790	18700	236129	229929
纺织、服装及日用品专门零售		1154	1048	15887	15347	316242	278410
文化、体育用品及器材专门零售		868	982	24275	22157	723502	774711
医药及医疗器材专门零售		26021	23652	183353	174698	3920759	3475202
汽车、摩托车、燃料及零配件专门零售		12243	11972	128443	131036	18766963	18415254
家用电器及电子产品专门零售		6582	6490	254843	265133	14395000	14452080
五金、家具及室内装饰材料专门零售		10	12	41	51	5133	5403
货摊、无店铺及其他零售业		67	66	379	371	10198	6298
加盟门店合计		**25940**	**23946**	**65521**	**64417**	**1420405**	**1470192**
批发业		**11980**	**10944**	**27110**	**25870**	**523032**	**487798**
农、林、牧产品批发		3648	3638	8223	8244	48176	48256
食品、饮料及烟草制品批发		921	348	733	721	14460	12808
纺织、服装及家庭用品批发		107	105	192	365	5412	5380
文化、体育用品及器材批发		2	2	10	10	610	610
医药及医疗器材批发		853	832	1934	1871	45722	43122
矿产品、建材及化工产品批发		5908	5629	13929	13274	356128	337068
机械设备、五金产品及电子产品批发		31	18	783	500	16430	13230
贸易经纪与代理							
其他批发业		510	372	1306	885	36094	27324
零售业		**13960**	**13002**	**38411**	**38547**	**897373**	**982394**
综合零售		108	136	271	348	16890	20379
食品、饮料及烟草制品专门零售		1646	1241	2440	2071	41417	39310
纺织、服装及日用品专门零售		183	173	1038	1022	18127	18079
文化、体育用品及器材专门零售		203	168	177	181	23597	23770
医药及医疗器材专门零售		11625	11052	33162	32493	692060	666667
汽车、摩托车、燃料及零配件专门零售		144	169	1036	2096	86800	196653
家用电器及电子产品专门零售		50	62	286	334	18182	17236
五金、家具及室内装饰材料专门零售							
货摊、无店铺及其他零售业		1	1	1	2	300	300

1-6 续表 14

加油站

项　　目	连锁总店数（个）	门店数（个）		年末从业人员（人）		年末零售营业面积（平方米）	
	2013年	2013年	2012年	2013年	2012年	2013年	2012年
总　　计	**277**	**31073**	**30797**	**286204**	**298100**	**40795733**	**40420271**
批发业	**133**	**20019**	**19957**	**175334**	**184199**	**24844284**	**24654227**
农、林、牧产品批发							
食品、饮料及烟草制品批发							
纺织、服装及家庭用品批发							
文化、体育用品及器材批发							
医药及医疗器材批发							
矿产品、建材及化工产品批发	133	20019	19957	175334	184199	24844284	24654227
机械设备、五金产品及电子产品批发							
贸易经纪与代理							
其他批发业							
零售业	**144**	**11054**	**10840**	**110870**	**113901**	**15951449**	**15766044**
综合零售							
食品、饮料及烟草制品专门零售							
纺织、服装及日用品专门零售							
文化、体育用品及器材专门零售							
医药及医疗器材专门零售							
汽车、摩托车、燃料及零配件专门零售	144	11054	10840	110870	113901	15951449	15766044
家用电器及电子产品专门零售							
五金、家具及室内装饰材料专门零售							
货摊、无店铺及其他零售业							
直营门店合计		**30808**	**30543**	**282738**	**295270**	**40673183**	**40310921**
批发业		**19889**	**19836**	**172859**	**182399**	**24806234**	**24617477**
农、林、牧产品批发							
食品、饮料及烟草制品批发							
纺织、服装及家庭用品批发							
文化、体育用品及器材批发							
医药及医疗器材批发							
矿产品、建材及化工产品批发		19889	19836	172859	182399	24806234	24617477
机械设备、五金产品及电子产品批发							
贸易经纪与代理							
其他批发业							

1-6 续表 15

加油站

项目	连锁总店数（个）	门店数（个）		年末从业人员（人）		年末零售营业面积（平方米）	
	2013年	2013年	2012年	2013年	2012年	2013年	2012年
零售业		**10919**	**10707**	**109879**	**112871**	**15866949**	**15693444**
综合零售							
食品、饮料及烟草制品专门零售							
纺织、服装及日用品专门零售							
文化、体育用品及器材专门零售							
医药及医疗器材专门零售							
汽车、摩托车、燃料及零配件专门零售		10919	10707	109879	112871	15866949	15693444
家用电器及电子产品专门零售							
五金、家具及室内装饰材料专门零售							
货摊、无店铺及其他零售业							
加盟门店合计		**265**	**254**	**3466**	**2830**	**122550**	**109350**
批发业		**130**	**121**	**2475**	**1800**	**38050**	**36750**
农、林、牧产品批发							
食品、饮料及烟草制品批发							
纺织、服装及家庭用品批发							
文化、体育用品及器材批发							
医药及医疗器材批发							
矿产品、建材及化工产品批发		130	121	2475	1800	38050	36750
机械设备、五金产品及电子产品批发							
贸易经纪与代理							
其他批发业							
零售业		**135**	**133**	**991**	**1030**	**84500**	**72600**
综合零售							
食品、饮料及烟草制品专门零售							
纺织、服装及日用品专门零售							
文化、体育用品及器材专门零售							
医药及医疗器材专门零售							
汽车、摩托车、燃料及零配件专门零售		135	133	991	1030	84500	72600
家用电器及电子产品专门零售							
五金、家具及室内装饰材料专门零售							
货摊、无店铺及其他零售业							

1-6 续表 16

专卖店

项目	连锁总店数（个）	门店数（个）		年末从业人员（人）		年末零售营业面积（平方米）	
	2013年	2013年	2012年	2013年	2012年	2013年	2012年
总　计	**318**	**26113**	**24568**	**160619**	**158741**	**4777711**	**4089952**
批发业	**36**	**5632**	**5137**	**27400**	**27716**	**549000**	**493147**
农、林、牧产品批发	1	40	40	106	106	2860	2860
食品、饮料及烟草制品批发	18	957	781	6681	6619	231545	204652
纺织、服装及家庭用品批发	8	4115	3862	19189	19913	280454	256287
文化、体育用品及器材批发	1	206	206	185	185	10300	10300
医药及医疗器材批发	3	57	16	493	317	12610	8116
矿产品、建材及化工产品批发	2	190	171	205	203	1030	1030
机械设备、五金产品及电子产品批发	2	10	7	148	126	7870	7571
贸易经纪与代理							
其他批发业	1	57	54	393	247	2331	2331
零售业	**282**	**20481**	**19431**	**133219**	**131025**	**4228711**	**3596805**
综合零售	9	885	1009	4577	4884	69870	77315
食品、饮料及烟草制品专门零售	81	6237	5888	33400	31543	407105	372210
纺织、服装及日用品专门零售	90	10291	9515	52847	51843	1791171	1174843
文化、体育用品及器材专门零售	14	580	601	14391	14685	241877	271211
医药及医疗器材专门零售	46	1535	1453	10821	10221	283679	253608
汽车、摩托车、燃料及零配件专门零售	10	405	406	5705	6119	756320	757088
家用电器及电子产品专门零售	25	350	359	7741	7975	556020	566407
五金、家具及室内装饰材料专门零售	3	100	90	2786	2834	105281	104460
货摊、无店铺及其他零售业	4	98	110	951	921	17388	19663
直营门店合计		**11688**	**11202**	**113849**	**113898**	**3897461**	**3341158**
批发业		**1302**	**1248**	**12093**	**12862**	**197138**	**189754**
农、林、牧产品批发							
食品、饮料及烟草制品批发		404	344	4664	5025	112088	108745
纺织、服装及家庭用品批发		680	683	6312	6990	57539	57991
文化、体育用品及器材批发		94	94	83	83	4700	4700
医药及医疗器材批发		57	16	493	317	12610	8116
矿产品、建材及化工产品批发			50		74		300
机械设备、五金产品及电子产品批发		10	7	148	126	7870	7571
贸易经纪与代理							
其他批发业		57	54	393	247	2331	2331

1-6 续表 17

专卖店

项目	连锁总店数（个）	门店数（个）		年末从业人员（人）		年末零售营业面积（平方米）	
	2013年	2013年	2012年	2013年	2012年	2013年	2012年
零售业		**10386**	**9954**	**101756**	**101036**	**3700323**	**3151404**
综合零售		659	724	3919	3869	58114	58727
食品、饮料及烟草制品专门零售		3517	3269	26074	24311	282792	260894
纺织、服装及日用品专门零售		3523	3324	32114	32898	1456283	916281
文化、体育用品及器材专门零售		551	572	13806	14098	241876	271210
医药及医疗器材专门零售		1324	1241	10288	9609	263277	233702
汽车、摩托车、燃料及零配件专门零售		405	406	5705	6119	756320	757088
家用电器及电子产品专门零售		209	218	6113	6377	518992	529379
五金、家具及室内装饰材料专门零售		100	90	2786	2834	105281	104460
货摊、无店铺及其他零售业		98	110	951	921	17388	19663
加盟门店合计		**14425**	**13366**	**46770**	**44843**	**880250**	**748794**
批发业		**4330**	**3889**	**15307**	**14854**	**351862**	**303393**
农、林、牧产品批发		40	40	106	106	2860	2860
食品、饮料及烟草制品批发		553	437	2017	1594	119457	95907
纺织、服装及家庭用品批发		3435	3179	12877	12923	222915	198296
文化、体育用品及器材批发		112	112	102	102	5600	5600
医药及医疗器材批发							
矿产品、建材及化工产品批发		190	121	205	129	1030	730
机械设备、五金产品及电子产品批发							
贸易经纪与代理							
其他批发业							
零售业		**10095**	**9477**	**31463**	**29989**	**528388**	**445401**
综合零售		226	285	658	1015	11756	18588
食品、饮料及烟草制品专门零售		2720	2619	7326	7232	124313	111316
纺织、服装及日用品专门零售		6768	6191	20733	18945	334888	258562
文化、体育用品及器材专门零售		29	29	585	587	1	1
医药及医疗器材专门零售		211	212	533	612	20402	19906
汽车、摩托车、燃料及零配件专门零售							
家用电器及电子产品专门零售		141	141	1628	1598	37028	37028
五金、家具及室内装饰材料专门零售							
货摊、无店铺及其他零售业							

1-6 续表 18

家居建材商店

项　　目	连锁总店数(个)	门店数(个)		年末从业人员(人)		年末零售营业面积(平方米)	
	2013年	2013年	2012年	2013年	2012年	2013年	2012年
总　计	**15**	**62**	**58**	**3603**	**4278**	**449827**	**445488**
批发业							
农、林、牧产品批发							
食品、饮料及烟草制品批发							
纺织、服装及家庭用品批发							
文化、体育用品及器材批发							
医药及医疗器材批发							
矿产品、建材及化工产品批发							
机械设备、五金产品及电子产品批发							
贸易经纪与代理							
其他批发业							
零售业	**15**	**62**	**58**	**3603**	**4278**	**449827**	**445488**
综合零售	2	9	8	386	418	92730	94156
食品、饮料及烟草制品专门零售							
纺织、服装及日用品专门零售							
文化、体育用品及器材专门零售							
医药及医疗器材专门零售							
汽车、摩托车、燃料及零配件专门零售							
家用电器及电子产品专门零售							
五金、家具及室内装饰材料专门零售	13	53	50	3217	3860	357097	351332
货摊、无店铺及其他零售业							
直营门店合计		**62**	**58**	**3603**	**4278**	**449827**	**445488**
批发业							
农、林、牧产品批发							
食品、饮料及烟草制品批发							
纺织、服装及家庭用品批发							
文化、体育用品及器材批发							
医药及医疗器材批发							
矿产品、建材及化工产品批发							
机械设备、五金产品及电子产品批发							
贸易经纪与代理							
其他批发业							

1-6 续表 19

家居建材商店

项 目	连锁总店数（个）	门店数（个）		年末从业人员（人）		年末零售营业面积（平方米）	
	2013年	2013年	2012年	2013年	2012年	2013年	2012年
零售业		**62**	**58**	**3603**	**4278**	**449827**	**445488**
综合零售		9	8	386	418	92730	94156
食品、饮料及烟草制品专门零售							
纺织、服装及日用品专门零售							
文化、体育用品及器材专门零售							
医药及医疗器材专门零售							
汽车、摩托车、燃料及零配件专门零售							
家用电器及电子产品专门零售							
五金、家具及室内装饰材料专门零售		53	50	3217	3860	357097	351332
货摊、无店铺及其他零售业							
加盟门店合计							
批发业							
农、林、牧产品批发							
食品、饮料及烟草制品批发							
纺织、服装及家庭用品批发							
文化、体育用品及器材批发							
医药及医疗器材批发							
矿产品、建材及化工产品批发							
机械设备、五金产品及电子产品批发							
贸易经纪与代理							
其他批发业							
零售业							
综合零售							
食品、饮料及烟草制品专门零售							
纺织、服装及日用品专门零售							
文化、体育用品及器材专门零售							
医药及医疗器材专门零售							
汽车、摩托车、燃料及零配件专门零售							
家用电器及电子产品专门零售							
五金、家具及室内装饰材料专门零售							
货摊、无店铺及其他零售业							

1-6 续表 20

厂家直销中心

项　目	连锁总店数（个）	门店数（个）		年末从业人员（人）		年末零售营业面积（平方米）	
	2013年	2013年	2012年	2013年	2012年	2013年	2012年
总　计	**5**	**232**	**11**	**1161**	**471**	**30523**	**6196**
批发业	**3**	**10**	**10**	**349**	**353**	**5696**	**5696**
农、林、牧产品批发	2	6	6	288	282	5500	5500
食品、饮料及烟草制品批发	1	4	4	61	71	196	196
纺织、服装及家庭用品批发							
文化、体育用品及器材批发							
医药及医疗器材批发							
矿产品、建材及化工产品批发							
机械设备、五金产品及电子产品批发							
贸易经纪与代理							
其他批发业							
零售业	**2**	**222**	**1**	**812**	**118**	**24827**	**500**
综合零售							
食品、饮料及烟草制品专门零售	1	1	1	118	118	500	500
纺织、服装及日用品专门零售	1	221		694		24327	
文化、体育用品及器材专门零售							
医药及医疗器材专门零售							
汽车、摩托车、燃料及零配件专门零售							
家用电器及电子产品专门零售							
五金、家具及室内装饰材料专门零售							
货摊、无店铺及其他零售业							
直营门店合计		**232**	**11**	**1161**	**471**	**30523**	**6196**
批发业		**10**	**10**	**349**	**353**	**5696**	**5696**
农、林、牧产品批发		6	6	288	282	5500	5500
食品、饮料及烟草制品批发		4	4	61	71	196	196
纺织、服装及家庭用品批发							
文化、体育用品及器材批发							
医药及医疗器材批发							
矿产品、建材及化工产品批发							
机械设备、五金产品及电子产品批发							
贸易经纪与代理							
其他批发业							

1-6 续表 21

厂家直销中心

项目	连锁总店数(个)	门店数(个)		年末从业人员(人)		年末零售营业面积(平方米)	
	2013年	2013年	2012年	2013年	2012年	2013年	2012年
零售业		**222**	**1**	**812**	**118**	**24827**	**500**
综合零售							
食品、饮料及烟草制品专门零售		1	1	118	118	500	500
纺织、服装及日用品专门零售		221		694		24327	
文化、体育用品及器材专门零售							
医药及医疗器材专门零售							
汽车、摩托车、燃料及零配件专门零售							
家用电器及电子产品专门零售							
五金、家具及室内装饰材料专门零售							
货摊、无店铺及其他零售业							
加盟门店合计							
批发业							
农、林、牧产品批发							
食品、饮料及烟草制品批发							
纺织、服装及家庭用品批发							
文化、体育用品及器材批发							
医药及医疗器材批发							
矿产品、建材及化工产品批发							
机械设备、五金产品及电子产品批发							
贸易经纪与代理							
其他批发业							
零售业							
综合零售							
食品、饮料及烟草制品专门零售							
纺织、服装及日用品专门零售							
文化、体育用品及器材专门零售							
医药及医疗器材专门零售							
汽车、摩托车、燃料及零配件专门零售							
家用电器及电子产品专门零售							
五金、家具及室内装饰材料专门零售							
货摊、无店铺及其他零售业							

1-6 续表 22

其他

项　　目	连锁总店数(个)	门店数(个)		年末从业人员(人)		年末零售营业面积(平方米)	
	2013年	2013年	2012年	2013年	2012年	2013年	2012年
总　计	**66**	**10705**	**10046**	**65724**	**67508**	**12317252**	**12120322**
批发业	**56**	**10031**	**9627**	**55686**	**60401**	**12024273**	**11890283**
农、林、牧产品批发							
食品、饮料及烟草制品批发	15	3359	2850	10237	8788	342356	301014
纺织、服装及家庭用品批发	10	963	1118	16865	19730	1567537	1486113
文化、体育用品及器材批发	3	10	13	452	500	2588	1588
医药及医疗器材批发	7	659	667	1581	1473	44568	37743
矿产品、建材及化工产品批发	11	4930	4892	25401	28829	10018355	10015456
机械设备、五金产品及电子产品批发	4	20	19	331	303	10800	10700
贸易经纪与代理							
其他批发业	6	90	68	819	778	38069	37669
零售业	**10**	**674**	**419**	**10038**	**7107**	**292979**	**230039**
综合零售	4	382	279	7701	5726	263727	215007
食品、饮料及烟草制品专门零售	4	181	30	2034	1081	25153	10973
纺织、服装及日用品专门零售							
文化、体育用品及器材专门零售							
医药及医疗器材专门零售	2	111	110	303	300	4099	4059
汽车、摩托车、燃料及零配件专门零售							
家用电器及电子产品专门零售							
五金、家具及室内装饰材料专门零售							
货摊、无店铺及其他零售业							
直营门店合计		**3603**	**3406**	**50521**	**53978**	**11874456**	**11703530**
批发业		**3362**	**3322**	**43389**	**48513**	**11597037**	**11482731**
农、林、牧产品批发							
食品、饮料及烟草制品批发		275	258	4265	4201	192700	193778
纺织、服装及家庭用品批发		195	201	12483	14227	1461567	1351642
文化、体育用品及器材批发		10	13	452	500	2588	1588
医药及医疗器材批发		73	72	268	254	4677	3617
矿产品、建材及化工产品批发		2716	2708	24806	28284	9889393	9886494
机械设备、五金产品及电子产品批发		20	19	331	303	10800	10700
贸易经纪与代理							
其他批发业		73	51	784	744	35312	34912

1-6 续表 23

其他

项　　目	出租店铺数(个)	门店数(个)		年末从业人员(人)		年末零售营业面积(平方米)	
	2013年	2013年	2012年	2013年	2012年	2013年	2012年
零售业		**241**	**84**	**7132**	**5465**	**277419**	**220799**
综合零售		44	39	4997	4286	250207	207807
食品、饮料及烟草制品专门零售		181	30	2034	1081	25153	10973
纺织、服装及日用品专门零售							
文化、体育用品及器材专门零售							
医药及医疗器材专门零售		16	15	101	98	2059	2019
汽车、摩托车、燃料及零配件专门零售							
家用电器及电子产品专门零售							
五金、家具及室内装饰材料专门零售							
货摊、无店铺及其他零售业							
加盟门店合计		**7102**	**6640**	**15203**	**13530**	**442796**	**416792**
批发业		**6669**	**6305**	**12297**	**11888**	**427236**	**407552**
农、林、牧产品批发							
食品、饮料及烟草制品批发		3084	2592	5972	4587	149656	107236
纺织、服装及家庭用品批发		768	917	4382	5503	105970	134471
文化、体育用品及器材批发							
医药及医疗器材批发		586	595	1313	1219	39891	34126
矿产品、建材及化工产品批发		2214	2184	595	545	128962	128962
机械设备、五金产品及电子产品批发							
贸易经纪与代理							
其他批发业		17	17	35	34	2757	2757
零售业		**433**	**335**	**2906**	**1642**	**15560**	**9240**
综合零售		338	240	2704	1440	13520	7200
食品、饮料及烟草制品专门零售							
纺织、服装及日用品专门零售							
文化、体育用品及器材专门零售							
医药及医疗器材专门零售		95	95	202	202	2040	2040
汽车、摩托车、燃料及零配件专门零售							
家用电器及电子产品专门零售							
五金、家具及室内装饰材料专门零售							
货摊、无店铺及其他零售业							

1-7 按行业与业态

便利店

项　　目	商品购进总额		统一配送商品购进额	
	2013年	2012年	2013年	2012年
总　　计	**2545314**	**2390978**	**1891361**	**1762992**
批发业				
农、林、牧产品批发				
食品、饮料及烟草制品批发				
纺织、服装及家庭用品批发				
文化、体育用品及器材批发				
医药及医疗器材批发				
矿产品、建材及化工产品批发				
机械设备、五金产品及电子产品批发				
贸易经纪与代理				
其他批发业				
零售业	**2545314**	**2390978**	**1891361**	**1762992**
综合零售	2541040	2387750	1887087	1759764
食品、饮料及烟草制品专门零售	4274	3228	4274	3228
纺织、服装及日用品专门零售				
文化、体育用品及器材专门零售				
医药及医疗器材专门零售				
汽车、摩托车、燃料及零配件专门零售				
家用电器及电子产品专门零售				
五金、家具及室内装饰材料专门零售				
货摊、无店铺及其他零售业				
直营门店合计	**1805728**	**1784599**	**1381928**	**1328211**
批发业				
农、林、牧产品批发				
食品、饮料及烟草制品批发				
纺织、服装及家庭用品批发				
文化、体育用品及器材批发				
医药及医疗器材批发				
矿产品、建材及化工产品批发				
机械设备、五金产品及电子产品批发				
贸易经纪与代理				
其他批发业				

分连锁零售企业经营情况

自有配送中心配送商品购进额		非自有配送中心配送商品购进额		商品销售总额		零售额	
2013年	2012年	2013年	2012年	2013年	2012年	2013年	2012年
878703	**803408**	**334397**	**317242**	**3112975**	**2865158**	**2852520**	**2623752**
878703	**803408**	**334397**	**317242**	**3112975**	**2865158**	**2852520**	**2623752**
874429	800179	334397	317242	3108431	2861579	2848428	2620794
4274	3228			4544	3579	4092	2958
624214	**568469**	**239828**	**218796**	**2326470**	**2220151**	**2092281**	**1999405**

1-7 续表 1

便利店

项　目	商品购进总额		统一配送商品购进额	
	2013年	2012年	2013年	2012年
零售业	**1805728**	**1784599**	**1381928**	**1328211**
综合零售	1801453	1781371	1377654	1324983
食品、饮料及烟草制品专门零售	4274	3228	4274	3228
纺织、服装及日用品专门零售				
文化、体育用品及器材专门零售				
医药及医疗器材专门零售				
汽车、摩托车、燃料及零配件专门零售				
家用电器及电子产品专门零售				
五金、家具及室内装饰材料专门零售				
货摊、无店铺及其他零售业				
加盟门店合计	**739586**	**606379**	**509433**	**434781**
批发业				
农、林、牧产品批发				
食品、饮料及烟草制品批发				
纺织、服装及家庭用品批发				
文化、体育用品及器材批发				
医药及医疗器材批发				
矿产品、建材及化工产品批发				
机械设备、五金产品及电子产品批发				
贸易经纪与代理				
其他批发业				
零售业	**739586**	**606379**	**509433**	**434781**
综合零售	739586	606379	509433	434781
食品、饮料及烟草制品专门零售				
纺织、服装及日用品专门零售				
文化、体育用品及器材专门零售				
医药及医疗器材专门零售				
汽车、摩托车、燃料及零配件专门零售				
家用电器及电子产品专门零售				
五金、家具及室内装饰材料专门零售				
货摊、无店铺及其他零售业				

[illegible]		[illegible]		[illegible]		[illegible]	
2013年	2012年	2013年	2012年	2013年	2012年	2013年	2012年
624214	**568469**	**239828**	**218796**	**2326470**	**2220151**	**2092281**	**1999405**
619940	565241	239828	218796	2321926	2216572	2088189	1996447
4274	3228			4544	3579	4092	2958
254489	**234939**	**94569**	**98446**	**786505**	**645007**	**760239**	**624347**
254489	**234939**	**94569**	**98446**	**786505**	**645007**	**760239**	**624347**
254489	234939	94569	98446	786505	645007	760239	624347

1-7 续表 2

折扣店

项　　目	商品购进总额		统一配送商品购进额	
	2013年	2012年	2013年	2012年
总　　计	**305748**	**312314**	**47660**	**183221**
批发业				
农、林、牧产品批发				
食品、饮料及烟草制品批发				
纺织、服装及家庭用品批发				
文化、体育用品及器材批发				
医药及医疗器材批发				
矿产品、建材及化工产品批发				
机械设备、五金产品及电子产品批发				
贸易经纪与代理				
其他批发业				
零售业	**305748**	**312314**	**47660**	**183221**
综合零售	176852	183221	47660	183221
食品、饮料及烟草制品专门零售				
纺织、服装及日用品专门零售	128896	129093		
文化、体育用品及器材专门零售				
医药及医疗器材专门零售				
汽车、摩托车、燃料及零配件专门零售				
家用电器及电子产品专门零售				
五金、家具及室内装饰材料专门零售				
货摊、无店铺及其他零售业				
直营门店合计	**287867**	**277634**	**47660**	**148542**
批发业				
农、林、牧产品批发				
食品、饮料及烟草制品批发				
纺织、服装及家庭用品批发				
文化、体育用品及器材批发				
医药及医疗器材批发				
矿产品、建材及化工产品批发				
机械设备、五金产品及电子产品批发				
贸易经纪与代理				
其他批发业				

自有配送中心配送商品购进额		非自有配送中心配送商品购进额		商品销售总额		零售额	
2013年	2012年	2013年	2012年	2013年	2012年	2013年	2012年
47660	**183221**			**329228**	**342574**	**300803**	**311299**
47660	**183221**			**329228**	**342574**	**300803**	**311299**
47660	183221			175715	183418	147290	159651
				153513	159155	153513	151649
47660	**148542**			**300803**	**311719**	**272378**	**280445**

1-7 续表 3

折扣店

项　目	商品购进总额		统一配送商品购进额	
	2013年	2012年	2013年	2012年
零售业	**287867**	**277634**	**47660**	**148542**
综合零售	158971	148542	47660	148542
食品、饮料及烟草制品专门零售				
纺织、服装及日用品专门零售	128896	129093		
文化、体育用品及器材专门零售				
医药及医疗器材专门零售				
汽车、摩托车、燃料及零配件专门零售				
家用电器及电子产品专门零售				
五金、家具及室内装饰材料专门零售				
货摊、无店铺及其他零售业				
加盟门店合计	**17881**	**34680**		**34680**
批发业				
农、林、牧产品批发				
食品、饮料及烟草制品批发				
纺织、服装及家庭用品批发				
文化、体育用品及器材批发				
医药及医疗器材批发				
矿产品、建材及化工产品批发				
机械设备、五金产品及电子产品批发				
贸易经纪与代理				
其他批发业				
零售业	**17881**	**34680**		**34680**
综合零售	17881	34680		34680
食品、饮料及烟草制品专门零售				
纺织、服装及日用品专门零售				
文化、体育用品及器材专门零售				
医药及医疗器材专门零售				
汽车、摩托车、燃料及零配件专门零售				
家用电器及电子产品专门零售				
五金、家具及室内装饰材料专门零售				
货摊、无店铺及其他零售业				

自有配送中心配送商品购进额		非自有配送中心配送商品购进额		商品销售额		零售额	
2013年	2012年	2013年	2012年	2013年	2012年	2013年	2012年
47660	**148542**			**300803**	**311719**	**272378**	**280445**
47660	148542			147290	152564	118865	128796
				153513	159155	153513	151649
	34680			**28425**	**30855**	**28425**	**30855**
	34680			**28425**	**30855**	**28425**	**30855**
	34680			28425	30855	28425	30855

1-7 续表 4

超市

项　目	商品购进总额		统一配送商品购进额	
	2013年	2012年	2013年	2012年
总　计	**25936916**	**23384080**	**21918882**	**19537976**
批发业				
农、林、牧产品批发				
食品、饮料及烟草制品批发				
纺织、服装及家庭用品批发				
文化、体育用品及器材批发				
医药及医疗器材批发				
矿产品、建材及化工产品批发				
机械设备、五金产品及电子产品批发				
贸易经纪与代理				
其他批发业				
零售业	**25936916**	**23384080**	**21918882**	**19537976**
综合零售	25923657	23372843	21905623	19526739
食品、饮料及烟草制品专门零售				
纺织、服装及日用品专门零售				
文化、体育用品及器材专门零售				
医药及医疗器材专门零售	13259	11237	13259	11237
汽车、摩托车、燃料及零配件专门零售				
家用电器及电子产品专门零售				
五金、家具及室内装饰材料专门零售				
货摊、无店铺及其他零售业				
直营门店合计	**23705341**	**21335730**	**20160576**	**17993866**
批发业				
农、林、牧产品批发				
食品、饮料及烟草制品批发				
纺织、服装及家庭用品批发				
文化、体育用品及器材批发				
医药及医疗器材批发				
矿产品、建材及化工产品批发				
机械设备、五金产品及电子产品批发				
贸易经纪与代理				
其他批发业				

自有配送中心配送商品购进额		非自有配送中心配送商品购进额		商品销售总额		零售额	
2013年	2012年	2013年	2012年	2013年	2012年	2013年	2012年
13474065	**11659546**	**3024963**	**2579088**	**28892093**	**26069766**	**24676512**	**21918937**
13474065	**11659546**	**3024963**	**2579088**	**28892093**	**26069766**	**24676512**	**21918937**
13460806	11648308	3024963	2579088	28874896	26055323	24659314	21904493
13259	11237			17197	14444	17197	14444
12316873	**10656116**	**2574354**	**2175821**	**26653290**	**23727582**	**22470423**	**19579370**

1-7 续表 5

超市

项 目	商品购进总额		统一配送商品购进额	
	2013年	2012年	2013年	2012年
零售业	**23705341**	**21335730**	**20160576**	**17993866**
综合零售	23692082	21324493	20147317	17982629
食品、饮料及烟草制品专门零售				
纺织、服装及日用品专门零售				
文化、体育用品及器材专门零售				
医药及医疗器材专门零售	13259	11237	13259	11237
汽车、摩托车、燃料及零配件专门零售				
家用电器及电子产品专门零售				
五金、家具及室内装饰材料专门零售				
货摊、无店铺及其他零售业				
加盟门店合计	**2231574**	**2048350**	**1758306**	**1544110**
批发业				
农、林、牧产品批发				
食品、饮料及烟草制品批发				
纺织、服装及家庭用品批发				
文化、体育用品及器材批发				
医药及医疗器材批发				
矿产品、建材及化工产品批发				
机械设备、五金产品及电子产品批发				
贸易经纪与代理				
其他批发业				
零售业	**2231574**	**2048350**	**1758306**	**1544110**
综合零售	2231574	2048350	1758306	1544110
食品、饮料及烟草制品专门零售				
纺织、服装及日用品专门零售				
文化、体育用品及器材专门零售				
医药及医疗器材专门零售				
汽车、摩托车、燃料及零配件专门零售				
家用电器及电子产品专门零售				
五金、家具及室内装饰材料专门零售				
货摊、无店铺及其他零售业				

自有配送中心配送商品购进额		非自有配送中心配送商品购进额		商品销售总额		零售额	
2013年	2012年	2013年	2012年	2013年	2012年	2013年	2012年
12316873	**10656116**	**2574354**	**2175821**	**26653290**	**23727582**	**22470423**	**19579370**
12303613	10644879	2574354	2175821	26636093	23713138	22453226	19564926
13259	11237			17197	14444	17197	14444
1157192	**1003430**	**450609**	**403267**	**2238803**	**2342185**	**2206089**	**2339567**
1157192	**1003430**	**450609**	**403267**	**2238803**	**2342185**	**2206089**	**2339567**
1157192	1003430	450609	403267	2238803	2342185	2206089	2339567

1-7 续表 6

大型超市

项　　目	商品购进总额		统一配送商品购进额	
	2013年	2012年	2013年	2012年
总　计	**38484427**	**39353227**	**28679444**	**30755956**
批发业				
农、林、牧产品批发				
食品、饮料及烟草制品批发				
纺织、服装及家庭用品批发				
文化、体育用品及器材批发				
医药及医疗器材批发				
矿产品、建材及化工产品批发				
机械设备、五金产品及电子产品批发				
贸易经纪与代理				
其他批发业				
零售业	**38484427**	**39353227**	**28679444**	**30755956**
综合零售	38484427	39353227	28679444	30755956
食品、饮料及烟草制品专门零售				
纺织、服装及日用品专门零售				
文化、体育用品及器材专门零售				
医药及医疗器材专门零售				
汽车、摩托车、燃料及零配件专门零售				
家用电器及电子产品专门零售				
五金、家具及室内装饰材料专门零售				
货摊、无店铺及其他零售业				
直营门店合计	**33287630**	**34389435**	**23536709**	**25825478**
批发业				
农、林、牧产品批发				
食品、饮料及烟草制品批发				
纺织、服装及家庭用品批发				
文化、体育用品及器材批发				
医药及医疗器材批发				
矿产品、建材及化工产品批发				
机械设备、五金产品及电子产品批发				
贸易经纪与代理				
其他批发业				

自有配送中心配送商品购进额		非自有配送中心配送商品购进额		商品销售总额		零售额	
2013年	2012年	2013年	2012年	2013年	2012年	2013年	2012年
16199399	**15102597**	**4075254**	**3185132**	**47341516**	**43147992**	**38868341**	**35257537**
16199399	**15102597**	**4075254**	**3185132**	**47341516**	**43147992**	**38868341**	**35257537**
16199399	15102597	4075254	3185132	47341516	43147992	38868341	35257537
15143278	**13905147**	**3986240**	**3100689**	**42042656**	**38638578**	**33580272**	**30757059**

1-7 续表 7

大型超市

项 目	商品购进总额		统一配送商品购进额	
	2013年	2012年	2013年	2012年
零售业	**33287630**	**34389435**	**23536709**	**25825478**
综合零售	33287630	34389435	23536709	25825478
食品、饮料及烟草制品专门零售				
纺织、服装及日用品专门零售				
文化、体育用品及器材专门零售				
医药及医疗器材专门零售				
汽车、摩托车、燃料及零配件专门零售				
家用电器及电子产品专门零售				
五金、家具及室内装饰材料专门零售				
货摊、无店铺及其他零售业				
加盟门店合计	**5196798**	**4963792**	**5142735**	**4930477**
批发业				
农、林、牧产品批发				
食品、饮料及烟草制品批发				
纺织、服装及家庭用品批发				
文化、体育用品及器材批发				
医药及医疗器材批发				
矿产品、建材及化工产品批发				
机械设备、五金产品及电子产品批发				
贸易经纪与代理				
其他批发业				
零售业	**5196798**	**4963792**	**5142735**	**4930477**
综合零售	5196798	4963792	5142735	4930477
食品、饮料及烟草制品专门零售				
纺织、服装及日用品专门零售				
文化、体育用品及器材专门零售				
医药及医疗器材专门零售				
汽车、摩托车、燃料及零配件专门零售				
家用电器及电子产品专门零售				
五金、家具及室内装饰材料专门零售				
货摊、无店铺及其他零售业				

自有配送中心配送商品购进额		非自有配送中心配送商品购进额		商品销售总额		零售额	
2013年	2012年	2013年	2012年	2013年	2012年	2013年	2012年
15143278	**13905147**	**3986240**	**3100689**	**42042656**	**38638578**	**33580272**	**30757059**
15143278	13905147	3986240	3100689	42042656	38638578	33580272	30757059
1056121	**1197450**	**89013**	**84443**	**5298860**	**4509414**	**5288069**	**4500478**
1056121	**1197450**	**89013**	**84443**	**5298860**	**4509414**	**5288069**	**4500478**
1056121	1197450	89013	84443	5298860	4509414	5288069	4500478

1-7 续表 8

仓储会员店

项　目	商品购进总额		统一配送商品购进额	
	2013年	2012年	2013年	2012年
总　计	**2408980**	**2098793**	**328786**	**329725**
批发业				
农、林、牧产品批发				
食品、饮料及烟草制品批发				
纺织、服装及家庭用品批发				
文化、体育用品及器材批发				
医药及医疗器材批发				
矿产品、建材及化工产品批发				
机械设备、五金产品及电子产品批发				
贸易经纪与代理				
其他批发业				
零售业	**2408980**	**2098793**	**328786**	**329725**
综合零售	2408796	2098793	328601	329725
食品、饮料及烟草制品专门零售				
纺织、服装及日用品专门零售				
文化、体育用品及器材专门零售				
医药及医疗器材专门零售				
汽车、摩托车、燃料及零配件专门零售				
家用电器及电子产品专门零售				
五金、家具及室内装饰材料专门零售				
货摊、无店铺及其他零售业	184		184	
直营门店合计	**2408796**	**2098793**	**328601**	**329725**
批发业				
农、林、牧产品批发				
食品、饮料及烟草制品批发				
纺织、服装及家庭用品批发				
文化、体育用品及器材批发				
医药及医疗器材批发				
矿产品、建材及化工产品批发				
机械设备、五金产品及电子产品批发				
贸易经纪与代理				
其他批发业				

自有配送中心配送商品购进额		非自有配送中心配送商品购进额		商品销售总额		零售额	
2013年	2012年	2013年	2012年	2013年	2012年	2013年	2012年
1711	**1642**			**2346387**	**2151384**	**2346387**	**2151384**
1711	**1642**			**2346387**	**2151384**	**2346387**	**2151384**
1711	1642			2346175	2151384	2346175	2151384
				212		212	
1711	**1642**			**2346175**	**2151384**	**2346175**	**2151384**

1-7 续表 9

仓储会员店

项　目	商品购进总额		统一配送商品购进额	
	2013年	2012年	2013年	2012年
零售业	**2408796**	**2098793**	**328601**	**329725**
综合零售	2408796	2098793	328601	329725
食品、饮料及烟草制品专门零售				
纺织、服装及日用品专门零售				
文化、体育用品及器材专门零售				
医药及医疗器材专门零售				
汽车、摩托车、燃料及零配件专门零售				
家用电器及电子产品专门零售				
五金、家具及室内装饰材料专门零售				
货摊、无店铺及其他零售业				
加盟门店合计	**184**		**184**	
批发业				
农、林、牧产品批发				
食品、饮料及烟草制品批发				
纺织、服装及家庭用品批发				
文化、体育用品及器材批发				
医药及医疗器材批发				
矿产品、建材及化工产品批发				
机械设备、五金产品及电子产品批发				
贸易经纪与代理				
其他批发业				
零售业	**184**		**184**	
综合零售				
食品、饮料及烟草制品专门零售				
纺织、服装及日用品专门零售				
文化、体育用品及器材专门零售				
医药及医疗器材专门零售				
汽车、摩托车、燃料及零配件专门零售				
家用电器及电子产品专门零售				
五金、家具及室内装饰材料专门零售				
货摊、无店铺及其他零售业	184		184	

自有配送中心配送商品购进额		非自有配送中心配送商品购进额		商品销售总额		零售额	
2013年	2012年	2013年	2012年	2013年	2012年	2013年	2012年
1711	**1642**			**2346175**	**2151384**	**2346175**	**2151384**
1711	1642			2346175	2151384	2346175	2151384
				212		**212**	
				212		**212**	
				212		212	

1-7 续表 10

百货店

项　　目	商品购进总额		统一配送商品购进额	
	2013年	2012年	2013年	2012年
总　　计	**30284502**	**27866502**	**15482360**	**13932158**
批发业				
农、林、牧产品批发				
食品、饮料及烟草制品批发				
纺织、服装及家庭用品批发				
文化、体育用品及器材批发				
医药及医疗器材批发				
矿产品、建材及化工产品批发				
机械设备、五金产品及电子产品批发				
贸易经纪与代理				
其他批发业				
零售业	**30284502**	**27866502**	**15482360**	**13932158**
综合零售	30284502	27866502	15482360	13932158
食品、饮料及烟草制品专门零售				
纺织、服装及日用品专门零售				
文化、体育用品及器材专门零售				
医药及医疗器材专门零售				
汽车、摩托车、燃料及零配件专门零售				
家用电器及电子产品专门零售				
五金、家具及室内装饰材料专门零售				
货摊、无店铺及其他零售业				
直营门店合计	**29137684**	**26912813**	**14891304**	**13377734**
批发业				
农、林、牧产品批发				
食品、饮料及烟草制品批发				
纺织、服装及家庭用品批发				
文化、体育用品及器材批发				
医药及医疗器材批发				
矿产品、建材及化工产品批发				
机械设备、五金产品及电子产品批发				
贸易经纪与代理				
其他批发业				

自有配送中心配送商品购进额		非自有配送中心配送商品购进额		商品销售总额		零售额	
2013年	2012年	2013年	2012年	2013年	2012年	2013年	2012年
11051000	**10366997**	**1108187**	**1345920**	**37039725**	**33347626**	**30871935**	**29162342**
11051000	**10366997**	**1108187**	**1345920**	**37039725**	**33347626**	**30871935**	**29162342**
11051000	10366997	1108187	1345920	37039725	33347626	30871935	29162342
10655784	**9959023**	**1086310**	**1319827**	**35958909**	**32276822**	**29825986**	**28123235**

1-7 续表 11

百货店

项 目	商品购进总额		统一配送商品购进额	
	2013年	2012年	2013年	2012年
零售业	**29137684**	**26912813**	**14891304**	**13377734**
综合零售	29137684	26912813	14891304	13377734
食品、饮料及烟草制品专门零售				
纺织、服装及日用品专门零售				
文化、体育用品及器材专门零售				
医药及医疗器材专门零售				
汽车、摩托车、燃料及零配件专门零售				
家用电器及电子产品专门零售				
五金、家具及室内装饰材料专门零售				
货摊、无店铺及其他零售业				
加盟门店合计	**1146819**	**953689**	**591056**	**554424**
批发业				
农、林、牧产品批发				
食品、饮料及烟草制品批发				
纺织、服装及家庭用品批发				
文化、体育用品及器材批发				
医药及医疗器材批发				
矿产品、建材及化工产品批发				
机械设备、五金产品及电子产品批发				
贸易经纪与代理				
其他批发业				
零售业	**1146819**	**953689**	**591056**	**554424**
综合零售	1146819	953689	591056	554424
食品、饮料及烟草制品专门零售				
纺织、服装及日用品专门零售				
文化、体育用品及器材专门零售				
医药及医疗器材专门零售				
汽车、摩托车、燃料及零配件专门零售				
家用电器及电子产品专门零售				
五金、家具及室内装饰材料专门零售				
货摊、无店铺及其他零售业				

自有配送中心配送商品购进额		非自有配送中心配送商品购进额		商品销售总额		零售额	
2013年	2012年	2013年	2012年	2013年	2012年	2013年	2012年
10655784	**9959023**	**1086310**	**1319827**	**35958909**	**32276822**	**29825986**	**28123235**
10655784	9959023	1086310	1319827	35958909	32276822	29825986	28123235
395216	**407973**	**21878**	**26093**	**1080816**	**1070804**	**1045950**	**1039108**
395216	**407973**	**21878**	**26093**	**1080816**	**1070804**	**1045950**	**1039108**
395216	407973	21878	26093	1080816	1070804	1045950	1039108

1-7 续表 12

专业店(含加油站)

项　目	商品购进总额		统一配送商品购进额	
	2013年	2012年	2013年	2012年
总　计	**187220035**	**186399658**	**154125252**	**151947988**
批发业	**98729358**	**95402394**	**88555091**	**86459513**
农、林、牧产品批发	1453730	1557004	1407959	1518497
食品、饮料及烟草制品批发	4757193	4658355	4411925	4344768
纺织、服装及家庭用品批发	79228	71118	58853	58933
文化、体育用品及器材批发	3012418	2704951	3006489	2697571
医药及医疗器材批发	578506	534524	412864	382224
矿产品、建材及化工产品批发	85236240	82708989	75875501	74373589
机械设备、五金产品及电子产品批发	764787	652787	723981	618251
贸易经纪与代理				
其他批发业	2847256	2514667	2657519	2465682
零售业	**88490678**	**90997263**	**65570161**	**65488475**
综合零售	4786478	4211903	2773135	2579647
食品、饮料及烟草制品专门零售	768606	765408	723651	721452
纺织、服装及日用品专门零售	554523	560815	470923	460735
文化、体育用品及器材专门零售	1946835	1707438	1919957	1687628
医药及医疗器材专门零售	6352592	5296663	5812555	4799053
汽车、摩托车、燃料及零配件专门零售	48561148	48260986	34584824	33640748
家用电器及电子产品专门零售	25504557	30178691	19269177	21583854
五金、家具及室内装饰材料专门零售	1271	868	1271	868
货摊、无店铺及其他零售业	14669	14490	14669	14490
直营门店合计	**183830172**	**183068329**	**151075938**	**148800901**
批发业	**96412933**	**93297019**	**86489349**	**84466584**
农、林、牧产品批发	1207913	1297695	1195205	1289068
食品、饮料及烟草制品批发	4744362	4653591	4399094	4340004
纺织、服装及家庭用品批发	75456	55354	56156	47779
文化、体育用品及器材批发	3011325	2703832	3005396	2696452
医药及医疗器材批发	567449	523951	403138	373172
矿产品、建材及化工产品批发	83369568	80927026	74064094	72645781
机械设备、五金产品及电子产品批发	758755	649540	717949	615003
贸易经纪与代理				
其他批发业	2678105	2486030	2648317	2459324

自有配送中心配送商品购进额		非自有配送中心配送商品购进额		商品销售总额		零售额	
2013年	2012年	2013年	2012年	2013年	2012年	2013年	2012年
93522558	**94664212**	**20534438**	**17455363**	**224928017**	**219107684**	**139646325**	**134979063**
62632083	**61547830**	**8323790**	**7291692**	**113345113**	**111425724**	**56508173**	**53687314**
1407959	1518497			1623026	1679880	82	221
2858220	2609065	42532	35682	6214717	5978235	193747	136209
56055	53248	2797	5685	87958	73401	6335	30009
2999152	2688985			2860526	2638613	1120020	1066141
374403	352877	35		660121	585663	305372	254999
52059125	51699605	8044810	7063926	98284595	97223114	52147645	49978908
412149	358460	229545	182595	815157	678519	512137	183031
2465020	2267092	4070	3804	2799013	2568300	2222836	2037796
30890475	**33116382**	**12210648**	**10163670**	**111582903**	**107681959**	**83138151**	**81291748**
1167964	1119665	9090	8292	6081136	5244234	3084552	2390264
302024	298719	74036	220063	920865	872542	853005	798798
221304	186754	9779	9172	792947	787260	583888	523014
1302738	1179913	192978	168513	2119440	1845708	1499207	1387472
3712114	2940627	833403	695555	7362238	6163057	6774909	5854915
11885088	12915901	9163252	7240792	62266816	59824780	46343503	43793320
12292337	14467768	1920748	1815788	32021123	32926314	23980749	26526457
668	801			1547	1302	1547	1302
6238	6234	7362	5498	16793	16763	16793	16206
91123024	**92317117**	**20338401**	**17091574**	**221191868**	**215610724**	**137664056**	**132821988**
60635533	**59619040**	**8280344**	**7249370**	**110843020**	**109359521**	**55664765**	**52883332**
1195205	1289068			1353404	1520872	82	221
2845390	2604301	42532	35682	6190412	5968721	169442	126694
53548	47679	2608	100	83314	56308	2070	12916
2998059	2687867			2859733	2637496	1119227	1065025
367752	346622	35		645793	572028	292618	244923
50302125	50021198	8003871	7027189	96297145	95394898	51353651	49216542
408435	355213	227227	182595	807860	674703	504839	179215
2465020	2267092	4070	3804	2605360	2534496	2222836	2037796

1-7 续表 13

专业店(含加油站)

项　目	商品购进总额		统一配送商品购进额	
	2013年	2012年	2013年	2012年
零售业	**87417239**	**89771311**	**64586589**	**64334317**
综合零售	4783342	4207572	2769999	2575316
食品、饮料及烟草制品专门零售	733520	736993	701302	698167
纺织、服装及日用品专门零售	524877	528886	460222	444140
文化、体育用品及器材专门零售	1946484	1706450	1919607	1686640
医药及医疗器材专门零售	5905485	4892060	5423633	4445780
汽车、摩托车、燃料及零配件专门零售	48050173	47555807	34073850	32935567
家用电器及电子产品专门零售	25457486	30128254	19222106	21533417
五金、家具及室内装饰材料专门零售	1271	868	1271	868
货摊、无店铺及其他零售业	14600	14422	14600	14422
加盟门店合计	**3389863**	**3331329**	**3049315**	**3147087**
批发业	**2316424**	**2105375**	**2065742**	**1992929**
农、林、牧产品批发	245817	259309	212755	229429
食品、饮料及烟草制品批发	12831	4763	12831	4763
纺织、服装及家庭用品批发	3772	15764	2697	11154
文化、体育用品及器材批发	1093	1119	1093	1119
医药及医疗器材批发	11057	10573	9726	9052
矿产品、建材及化工产品批发	1866672	1781964	1811407	1727808
机械设备、五金产品及电子产品批发	6032	3247	6032	3247
贸易经纪与代理				
其他批发业	169151	28637	9203	6358
零售业	**1073439**	**1225954**	**983574**	**1154158**
综合零售	3136	4331	3136	4331
食品、饮料及烟草制品专门零售	35086	28415	22349	23285
纺织、服装及日用品专门零售	29646	31929	10701	16595
文化、体育用品及器材专门零售	350	989	350	989
医药及医疗器材专门零售	447107	404604	388922	353273
汽车、摩托车、燃料及零配件专门零售	510976	705181	510976	705181
家用电器及电子产品专门零售	47070	50437	47070	50437
五金、家具及室内装饰材料专门零售				
货摊、无店铺及其他零售业	68	68	68	68

自有配送中心配送商品购进额		非自有配送中心配送商品购进额		商品销售总额		零售额	
2013年	2012年	2013年	2012年	2013年	2012年	2013年	2012年
30487491	**32698076**	**12058057**	**9842204**	**110348849**	**106251202**	**81999291**	**79938655**
1167048	1117359	6870	6267	6076412	5236904	3079829	2382935
281340	276885	72929	219085	883033	840419	819554	771203
213537	173092	7440	6475	743884	736918	536003	472672
1302412	1179461	192954	167977	2119132	1844927	1498899	1386692
3573066	2797666	686502	579869	6808941	5602615	6246897	5309861
11694965	12726156	9163252	7041245	61732654	59103297	45873691	43129583
12248285	14420491	1920748	1815788	31966540	32868125	23926166	26468268
668	801			1547	1302	1547	1302
6170	6166	7362	5498	16706	16695	16706	16138
2399535	**2347095**	**196037**	**363789**	**3736148**	**3496960**	**1982269**	**2157075**
1996551	**1928789**	**43446**	**42322**	**2502094**	**2066204**	**843409**	**803982**
212755	229429			269622	159008		
12831	4763			24305	9515	24305	9515
2508	5569	189	5585	4644	17093	4265	17093
1093	1119			793	1117	793	1117
6651	6255			14328	13634	12754	10075
1757000	1678406	40939	36738	1987451	1828217	793995	762367
3714	3247	2318		7297	3816	7297	3816
				193653	33804		
402984	**418306**	**152591**	**321467**	**1234054**	**1430757**	**1138860**	**1353093**
916	2306	2220	2025	4723	7329	4723	7329
20684	21834	1107	977	37832	32122	33451	27596
7767	13662	2339	2696	49063	50342	47885	50342
326	453	24	536	308	780	308	780
139048	142961	146901	115686	553297	560443	528012	545054
190124	189745		199546	534162	721483	469813	663735
44051	47276			54583	58189	54583	58189
68	68			86	68	86	68

1-7 续表 14

加油站

项 目	商品购进总额		统一配送商品购进额	
	2013年	2012年	2013年	2012年
总 计	**121778413**	**120096553**	**100291621**	**98855230**
批发业	**80671179**	**78299214**	**71386404**	**70031370**
农、林、牧产品批发				
食品、饮料及烟草制品批发				
纺织、服装及家庭用品批发				
文化、体育用品及器材批发				
医药及医疗器材批发				
矿产品、建材及化工产品批发	80671179	78299214	71386404	70031370
机械设备、五金产品及电子产品批发				
贸易经纪与代理				
其他批发业				
零售业	**41107234**	**41797339**	**28905217**	**28823861**
综合零售				
食品、饮料及烟草制品专门零售				
纺织、服装及日用品专门零售				
文化、体育用品及器材专门零售				
医药及医疗器材专门零售				
汽车、摩托车、燃料及零配件专门零售	41107234	41797339	28905217	28823861
家用电器及电子产品专门零售				
五金、家具及室内装饰材料专门零售				
货摊、无店铺及其他零售业				
直营门店合计	**120361668**	**118745026**	**98874876**	**97503704**
批发业	**79763252**	**77450950**	**70478477**	**69183106**
农、林、牧产品批发				
食品、饮料及烟草制品批发				
纺织、服装及家庭用品批发				
文化、体育用品及器材批发				
医药及医疗器材批发				
矿产品、建材及化工产品批发	79763252	77450950	70478477	69183106
机械设备、五金产品及电子产品批发				
贸易经纪与代理				
其他批发业				

自有配送中心配送商品购进额		非自有配送中心配送商品购进额		商品销售总额		零售额	
2013年	2012年	2013年	2012年	2013年	2012年	2013年	2012年
57693828	**58533910**	**14402373**	**12270609**	**147917035**	**145503892**	**92173388**	**87961756**
48109058	**47889453**	**7992691**	**7012370**	**93500248**	**92566821**	**50828595**	**48813640**
48109058	47889453	7992691	7012370	93500248	92566821	50828595	48813640
9584770	**10644457**	**6409682**	**5258239**	**54416786**	**52937070**	**41344793**	**39148116**
9584770	10644457	6409682	5258239	54416786	52937070	41344793	39148116
56595902	**57496246**	**14402373**	**12270609**	**146383632**	**144094696**	**91041119**	**86918107**
47201132	**47041189**	**7992691**	**7012370**	**92498864**	**91687010**	**50163994**	**48241627**
47201132	47041189	7992691	7012370	92498864	91687010	50163994	48241627

1-7 续表 15

加油站

项目	商品购进总额		统一配送商品购进额	
	2013年	2012年	2013年	2012年
零售业	**40598416**	**41294077**	**28396399**	**28320598**
综合零售				
食品、饮料及烟草制品专门零售				
纺织、服装及日用品专门零售				
文化、体育用品及器材专门零售				
医药及医疗器材专门零售				
汽车、摩托车、燃料及零配件专门零售	40598416	41294077	28396399	28320598
家用电器及电子产品专门零售				
五金、家具及室内装饰材料专门零售				
货摊、无店铺及其他零售业				
加盟门店合计	**1416745**	**1351527**	**1416745**	**1351527**
批发业	**907927**	**848264**	**907927**	**848264**
农、林、牧产品批发				
食品、饮料及烟草制品批发				
纺织、服装及家庭用品批发				
文化、体育用品及器材批发				
医药及医疗器材批发				
矿产品、建材及化工产品批发	907927	848264	907927	848264
机械设备、五金产品及电子产品批发				
贸易经纪与代理				
其他批发业				
零售业	**508819**	**503263**	**508819**	**503263**
综合零售				
食品、饮料及烟草制品专门零售				
纺织、服装及日用品专门零售				
文化、体育用品及器材专门零售				
医药及医疗器材专门零售				
汽车、摩托车、燃料及零配件专门零售	508819	503263	508819	503263
家用电器及电子产品专门零售				
五金、家具及室内装饰材料专门零售				
货摊、无店铺及其他零售业				

自有配送中心配送商品购进额		非自有配送中心配送商品购进额		商品销售总额		零售额	
2013年	2012年	2013年	2012年	2013年	2012年	2013年	2012年
9394770	**10455057**	**6409682**	**5258239**	**53884769**	**52407686**	**40877125**	**38676479**
9394770	10455057	6409682	5258239	53884769	52407686	40877125	38676479
1097927	**1037664**			**1533402**	**1409196**	**1132269**	**1043649**
907927	**848264**			**1001385**	**879812**	**664602**	**572013**
907927	848264			1001385	879812	664602	572013
190000	**189400**			**532017**	**529384**	**467668**	**471636**
190000	189400			532017	529384	467668	471636

1-7 续表 16

专卖店

项　　目	商品购进总额		统一配送商品购进额	
	2013年	2012年	2013年	2012年
总　　计	**18015419**	**12430344**	**16519330**	**10613626**
批发业	**2248005**	**2168946**	**1865878**	**1771186**
农、林、牧产品批发	3055	3054	3055	3054
食品、饮料及烟草制品批发	1169516	1088886	796849	706549
纺织、服装及家庭用品批发	617658	570449	614058	556736
文化、体育用品及器材批发	1800	1710		
医药及医疗器材批发	6134	1170	2074	1170
矿产品、建材及化工产品批发	395058	445903	395058	445903
机械设备、五金产品及电子产品批发	22441	23764	22441	23764
贸易经纪与代理				
其他批发业	32343	34011	32343	34011
零售业	**15767414**	**10261398**	**14653452**	**8842439**
综合零售	199703	172957	125160	114264
食品、饮料及烟草制品专门零售	1618150	1472415	1515746	1344929
纺织、服装及日用品专门零售	5986569	2274138	5362003	1539918
文化、体育用品及器材专门零售	2449431	773844	2447809	771912
医药及医疗器材专门零售	389254	302720	302910	238991
汽车、摩托车、燃料及零配件专门零售	3384437	3793100	3321812	3497741
家用电器及电子产品专门零售	1521211	1254107	1359354	1116569
五金、家具及室内装饰材料专门零售	86843	61058	86843	61058
货摊、无店铺及其他零售业	131816	157059	131816	157059
直营门店合计	**16302759**	**11211864**	**14817076**	**9405817**
批发业	**1537858**	**1643173**	**1156571**	**1246168**
农、林、牧产品批发				
食品、饮料及烟草制品批发	1157910	1082493	785243	700156
纺织、服装及家庭用品批发	318071	323691	314471	309978
文化、体育用品及器材批发	960	956		
医药及医疗器材批发	6134	1170	2074	1170
矿产品、建材及化工产品批发		177089		177089
机械设备、五金产品及电子产品批发	22441	23764	22441	23764
贸易经纪与代理				
其他批发业	32343	34011	32343	34011

自有配送中心配送商品购进额		非自有配送中心配送商品购进额		商品销售总额		零售额	
2013年	2012年	2013年	2012年	2013年	2012年	2013年	2012年
9500139	**7674227**	**4958077**	**870270**	**15826863**	**14014850**	**9715042**	**9441476**
1239826	**1141755**	**71004**	**66408**	**2740539**	**2643371**	**328706**	**299397**
				2356	2338	2356	2338
659959	577965	69816	65555	1473439	1356376	94938	66568
566110	556736			782133	728686	192749	201303
				2500	2570	1800	1858
766	462			13400	4469	13400	4469
8238	3181			396903	479605		
4753	3411	1188	853	23275	24041	1988	1816
				46534	45287	21475	21046
8260313	**6532472**	**4887073**	**803862**	**13086324**	**11371479**	**9386336**	**9142079**
10358	10522	94441	87727	251376	268294	214560	201135
1153452	959460	99042	45913	1956444	1761704	1786015	1561157
809503	820478	4287798	410145	2755339	2670955	2615393	2462425
2239822	603478			2414447	896649	431806	820017
188190	148592	17266	15176	444012	358123	412645	328294
3312346	3493218	8572	3268	3415619	3812204	2199539	2309996
376574	331316	379955	241633	1504923	1262233	1459592	1228234
83227	57743			208652	183833	208595	183833
86842	107665			135513	157485	58193	46989
8585310	**6970067**	**4627135**	**667941**	**13896034**	**12535768**	**8564251**	**8674440**
966948	**885637**	**71004**	**66408**	**1967860**	**2045706**	**297832**	**276052**
648519	571786	69816	65555	1451167	1344444	73280	54898
312910	309978			431683	434943	185890	191967
				1800	1949	1800	1858
766	462			13400	4469	13400	4469
					190574		
4753	3411	1188	853	23275	24041	1988	1816
				46534	45287	21475	21046

1-7 续表 17

专卖店

项　目	商品购进总额		统一配送商品购进额	
	2013年	2012年	2013年	2012年
零售业	**14764902**	**9568690**	**13660505**	**8159649**
综合零售	193728	164909	119185	106215
食品、饮料及烟草制品专门零售	1292827	1191737	1190509	1067244
纺织、服装及日用品专门零售	5658071	2082981	5036461	1351613
文化、体育用品及器材专门零售	2446003	771329	2444381	769396
医药及医疗器材专门零售	355746	283608	275926	223952
汽车、摩托车、燃料及零配件专门零售	3384437	3793100	3321812	3497741
家用电器及电子产品专门零售	1215431	1062910	1053574	925371
五金、家具及室内装饰材料专门零售	86843	61058	86843	61058
货摊、无店铺及其他零售业	131816	157059	131816	157059
加盟门店合计	**1712660**	**1218481**	**1702254**	**1207809**
批发业	**710147**	**525772**	**709307**	**525018**
农、林、牧产品批发	3055	3054	3055	3054
食品、饮料及烟草制品批发	11606	6393	11606	6393
纺织、服装及家庭用品批发	299588	246758	299588	246758
文化、体育用品及器材批发	840	754		
医药及医疗器材批发				
矿产品、建材及化工产品批发	395058	268814	395058	268814
机械设备、五金产品及电子产品批发				
贸易经纪与代理				
其他批发业				
零售业	**1002513**	**692708**	**992947**	**682790**
综合零售	5975	8049	5975	8049
食品、饮料及烟草制品专门零售	325323	280678	325237	277685
纺织、服装及日用品专门零售	328498	191156	325542	188305
文化、体育用品及器材专门零售	3428	2516	3428	2516
医药及医疗器材专门零售	33508	19112	26985	15039
汽车、摩托车、燃料及零配件专门零售				
家用电器及电子产品专门零售	305780	191197	305780	191197
五金、家具及室内装饰材料专门零售				
货摊、无店铺及其他零售业				

自有配送中心配送商品购进额		非自有配送中心配送商品购进额		商品销售总额		零售额	
2013年	2012年	2013年	2012年	2013年	2012年	2013年	2012年
7618362	**6084430**	**4556131**	**601533**	**11928175**	**10490062**	**8266419**	**8398388**
10292	10466	88531	79735	215982	224083	179166	201033
842223	704058	89120	42793	1595929	1451910	1426431	1259889
502322	641662	4278523	410145	2324189	2357096	2215031	2229656
2236394	600963			2411019	894133	428378	817501
168143	137339	17211	15156	406843	328722	381987	302893
3312346	3493218	8572	3268	3415619	3812204	2199539	2309996
376574	331316	74174	50436	1214430	1080596	1169099	1046597
83227	57743			208652	183833	208595	183833
86842	107665			135513	157485	58193	46989
914830	**704161**	**330942**	**202330**	**1930828**	**1479082**	**1150791**	**767036**
272879	**256118**			**772679**	**597665**	**30873**	**23345**
				2356	2338	2356	2338
11440	6179			22271	11932	21658	11671
253201	246758			350449	293743	6859	9337
				700	621		
8238	3181			396903	289031		
641951	**448042**	**330942**	**202330**	**1158149**	**881417**	**1119917**	**743691**
66	56	5910	7992	35394	44211	35394	102
311229	255402	9922	3120	360516	309794	359584	301268
307181	178816	9275		431150	313860	400361	232769
3428	2516			3428	2516	3428	2516
20047	11253	55	20	37169	29400	30658	25400
		305780	191197	290492	181637	290492	181637

1-7 续表 18

家居建材商店

项　　目	商品购进总额		统一配送商品购进额	
	2013年	2012年	2013年	2012年
总　　计	**383592**	**372519**	**316459**	**358037**
批发业				
农、林、牧产品批发				
食品、饮料及烟草制品批发				
纺织、服装及家庭用品批发				
文化、体育用品及器材批发				
医药及医疗器材批发				
矿产品、建材及化工产品批发				
机械设备、五金产品及电子产品批发				
贸易经纪与代理				
其他批发业				
零售业	**383592**	**372519**	**316459**	**358037**
综合零售	40322	41130	40322	41130
食品、饮料及烟草制品专门零售				
纺织、服装及日用品专门零售				
文化、体育用品及器材专门零售				
医药及医疗器材专门零售				
汽车、摩托车、燃料及零配件专门零售				
家用电器及电子产品专门零售				
五金、家具及室内装饰材料专门零售	343270	331389	276137	316907
货摊、无店铺及其他零售业				
直营门店合计	**383592**	**372519**	**316459**	**358037**
批发业				
农、林、牧产品批发				
食品、饮料及烟草制品批发				
纺织、服装及家庭用品批发				
文化、体育用品及器材批发				
医药及医疗器材批发				
矿产品、建材及化工产品批发				
机械设备、五金产品及电子产品批发				
贸易经纪与代理				
其他批发业				

自有配送中心配送商品购进额		非自有配送中心配送商品购进额		商品销售额		零售额	
2013年	2012年	2013年	2012年	2013年	2012年	2013年	2012年
35342	**67729**	**76791**	**73703**	**516407**	**507671**	**466211**	**457155**
35342	**67729**	**76791**	**73703**	**516407**	**507671**	**466211**	**457155**
		40322	41130	47546	47836	47546	47836
35342	67729	36469	32573	468861	459835	418666	409319
35342	**67729**	**76791**	**73703**	**516407**	**507671**	**466211**	**457155**

1-7 续表 19

家居建材商店

项　目	商品购进总额		统一配送商品购进额	
	2013年	2012年	2013年	2012年
零售业	**383592**	**372519**	**316459**	**358037**
综合零售	40322	41130	40322	41130
食品、饮料及烟草制品专门零售				
纺织、服装及日用品专门零售				
文化、体育用品及器材专门零售				
医药及医疗器材专门零售				
汽车、摩托车、燃料及零配件专门零售				
家用电器及电子产品专门零售				
五金、家具及室内装饰材料专门零售	343270	331389	276137	316907
货摊、无店铺及其他零售业				
加盟门店合计				
批发业				
农、林、牧产品批发				
食品、饮料及烟草制品批发				
纺织、服装及家庭用品批发				
文化、体育用品及器材批发				
医药及医疗器材批发				
矿产品、建材及化工产品批发				
机械设备、五金产品及电子产品批发				
贸易经纪与代理				
其他批发业				
零售业				
综合零售				
食品、饮料及烟草制品专门零售				
纺织、服装及日用品专门零售				
文化、体育用品及器材专门零售				
医药及医疗器材专门零售				
汽车、摩托车、燃料及零配件专门零售				
家用电器及电子产品专门零售				
五金、家具及室内装饰材料专门零售				
货摊、无店铺及其他零售业				

自有配送中心配送商品购进额		非自有配送中心配送商品购进额		商品销售总额		零售额	
2013年	2012年	2013年	2012年	2013年	2012年	2013年	2012年
35342	**67729**	**76791**	**73703**	**516407**	**507671**	**466211**	**457155**
		40322	41130	47546	47836	47546	47836
35342	67729	36469	32573	468861	459835	418666	409319

1-7 续表 20

厂家直销中心

项　目	商品购进总额		统一配送商品购进额	
	2013年	2012年	2013年	2012年
总　计	**79045**	**36050**	**78267**	**35298**
批发业	**42352**	**35649**	**41976**	**35298**
农、林、牧产品批发	30567	26217	30191	25866
食品、饮料及烟草制品批发	11785	9432	11785	9432
纺织、服装及家庭用品批发				
文化、体育用品及器材批发				
医药及医疗器材批发				
矿产品、建材及化工产品批发				
机械设备、五金产品及电子产品批发				
贸易经纪与代理				
其他批发业				
零售业	**36692**	**401**	**36291**	
综合零售				
食品、饮料及烟草制品专门零售	401	401		
纺织、服装及日用品专门零售	36291		36291	
文化、体育用品及器材专门零售				
医药及医疗器材专门零售				
汽车、摩托车、燃料及零配件专门零售				
家用电器及电子产品专门零售				
五金、家具及室内装饰材料专门零售				
货摊、无店铺及其他零售业				
直营门店合计	**79045**	**36050**	**78267**	**35298**
批发业	**42352**	**35649**	**41976**	**35298**
农、林、牧产品批发	30567	26217	30191	25866
食品、饮料及烟草制品批发	11785	9432	11785	9432
纺织、服装及家庭用品批发				
文化、体育用品及器材批发				
医药及医疗器材批发				
矿产品、建材及化工产品批发				
机械设备、五金产品及电子产品批发				
贸易经纪与代理				
其他批发业				

自有配送中心配送商品购进额		非自有配送中心配送商品购进额		商品销售总额		零售额	
2013年	2012年	2013年	2012年	2013年	2012年	2013年	2012年
78267	**35298**			**111326**	**37356**	**58207**	**28320**
41976	**35298**			**45884**	**36815**	**15856**	**27779**
30191	25866			34217	26169	13615	25667
11785	9432			11667	10646	2240	2113
36291				**65442**	**541**	**42352**	**541**
				541	541	541	541
36291				64901		41811	
78267	**35298**			**111326**	**37356**	**58207**	**28320**
41976	**35298**			**45884**	**36815**	**15856**	**27779**
30191	25866			34217	26169	13615	25667
11785	9432			11667	10646	2240	2113

1-7 续表 21

厂家直销中心

项　　目	商品购进总额		统一配送商品购进额	
	2013年	2012年	2013年	2012年
零售业	**36692**	**401**	**36291**	
综合零售				
食品、饮料及烟草制品专门零售	401	401		
纺织、服装及日用品专门零售	36291		36291	
文化、体育用品及器材专门零售				
医药及医疗器材专门零售				
汽车、摩托车、燃料及零配件专门零售				
家用电器及电子产品专门零售				
五金、家具及室内装饰材料专门零售				
货摊、无店铺及其他零售业				
加盟门店合计				
批发业				
农、林、牧产品批发				
食品、饮料及烟草制品批发				
纺织、服装及家庭用品批发				
文化、体育用品及器材批发				
医药及医疗器材批发				
矿产品、建材及化工产品批发				
机械设备、五金产品及电子产品批发				
贸易经纪与代理				
其他批发业				
零售业				
综合零售				
食品、饮料及烟草制品专门零售				
纺织、服装及日用品专门零售				
文化、体育用品及器材专门零售				
医药及医疗器材专门零售				
汽车、摩托车、燃料及零配件专门零售				
家用电器及电子产品专门零售				
五金、家具及室内装饰材料专门零售				
货摊、无店铺及其他零售业				

自有配送中心配送商品购进额		非自有配送中心配送商品购进额		商品销售总额		零售额	
2013年	2012年	2013年	2012年	2013年	2012年	2013年	2012年
36291				**65442**	**541**	**42352**	**541**
				541	541	541	541
36291				64901		41811	

1-7 续表 22

其他

项　　目	商品购进总额		统一配送商品购进额	
	2013年	2012年	2013年	2012年
总　计	**16923244**	**16460568**	**14030255**	**12919911**
批发业	**16633863**	**16263690**	**13953735**	**12875746**
农、林、牧产品批发				
食品、饮料及烟草制品批发	430290	280544	333790	199262
纺织、服装及家庭用品批发	1442105	1388099	674840	735297
文化、体育用品及器材批发	152476	116833	111071	85888
医药及医疗器材批发	83873	39782	51564	12196
矿产品、建材及化工产品批发	14319517	14239576	12701927	11776622
机械设备、五金产品及电子产品批发	122398	95117	53767	28150
贸易经纪与代理				
其他批发业	83204	103740	26778	38331
零售业	**289381**	**196878**	**76520**	**44166**
综合零售	230043	164103	17650	11841
食品、饮料及烟草制品专门零售	57597	31161	57597	31161
纺织、服装及日用品专门零售				
文化、体育用品及器材专门零售				
医药及医疗器材专门零售	1740	1614	1272	1164
汽车、摩托车、燃料及零配件专门零售				
家用电器及电子产品专门零售				
五金、家具及室内装饰材料专门零售				
货摊、无店铺及其他零售业				
直营门店合计	**16303808**	**15855052**	**13579594**	**12510659**
批发业	**16014905**	**15658664**	**13503553**	**12466983**
农、林、牧产品批发				
食品、饮料及烟草制品批发	342460	234579	256791	155011
纺织、服装及家庭用品批发	1279365	1178960	640975	694761
文化、体育用品及器材批发	152476	116833	111071	85888
医药及医疗器材批发	57040	16880	47969	9394
矿产品、建材及化工产品批发	13983793	13918402	12366203	11455448
机械设备、五金产品及电子产品批发	122398	95117	53767	28150
贸易经纪与代理				
其他批发业	77373	97893	26778	38331

自有配送中心配送商品购进额		非自有配送中心配送商品购进额		商品销售总额		零售额	
2013年	2012年	2013年	2012年	2013年	2012年	2013年	2012年
1197692	**1139898**	**11427563**	**10577553**	**19624175**	**18661120**	**13605467**	**12763220**
1178769	**1126894**	**11424894**	**10574334**	**19136408**	**18352873**	**13119485**	**12457175**
166464	115873	27929	28031	645748	565185	136834	117123
595959	667148	3067	3960	2487761	2339668	1315998	1198339
3498	3116	107573	82772	137469	122070	6450	12964
1458	1466	713	734	96926	51223	17743	16779
345019	282366	11285613	10458837	15553768	15078399	11578396	11076000
53767	28150			121665	96294	54482	28026
12606	28775			93072	100035	9582	7944
18922	**13004**	**2668**	**3220**	**487766**	**308246**	**485982**	**306045**
17650	11841			424769	276898	422985	275183
		2668	3220	61128	29682	61128	29196
1272	1164			1869	1666	1869	1666
965899	**935679**	**11218679**	**10378568**	**18990443**	**18110765**	**13330754**	**12554580**
947455	**923164**	**11216011**	**10375349**	**18666113**	**17889650**	**13008208**	**12335666**
108107	83486	9386	16167	591719	525930	86118	78876
562095	626612	3067	3960	2445206	2270065	1273444	1128736
3498	3116	107573	82772	137469	122070	6450	12964
815	828			63577	21550	9243	8544
206569	152197	11095985	10272450	15220993	14761292	11571399	11071704
53767	28150			121665	96294	54482	28026
12606	28775			85483	92449	7074	6817

1-7 续表 23

其他

项目	商品购进总额		统一配送商品购进额	
	2013年	2012年	2013年	2012年
零售业	**288903**	**196388**	**76042**	**43676**
综合零售	230043	164103	17650	11841
食品、饮料及烟草制品专门零售	57597	31161	57597	31161
纺织、服装及日用品专门零售				
文化、体育用品及器材专门零售				
医药及医疗器材专门零售	1262	1124	794	674
汽车、摩托车、燃料及零配件专门零售				
家用电器及电子产品专门零售				
五金、家具及室内装饰材料专门零售				
货摊、无店铺及其他零售业				
加盟门店合计	**619436**	**605515**	**450660**	**409252**
批发业	**618958**	**605026**	**450182**	**408763**
农、林、牧产品批发				
食品、饮料及烟草制品批发	87830	45965	76999	44251
纺织、服装及家庭用品批发	162740	209139	33865	40536
文化、体育用品及器材批发				
医药及医疗器材批发	26833	22902	3595	2803
矿产品、建材及化工产品批发	335724	321173	335724	321173
机械设备、五金产品及电子产品批发				
贸易经纪与代理				
其他批发业	5832	5847		
零售业	**478**	**490**	**478**	**490**
综合零售				
食品、饮料及烟草制品专门零售				
纺织、服装及日用品专门零售				
文化、体育用品及器材专门零售				
医药及医疗器材专门零售	478	490	478	490
汽车、摩托车、燃料及零配件专门零售				
家用电器及电子产品专门零售				
五金、家具及室内装饰材料专门零售				
货摊、无店铺及其他零售业				

自有配送中心配送商品购进额		非自有配送中心配送商品购进额		商品销售总额		零售额	
2013年	2012年	2013年	2012年	2013年	2012年	2013年	2012年
18444	**12515**	**2668**	**3220**	**324330**	**221116**	**322546**	**218914**
17650	11841			261809	190238	260025	188522
		2668	3220	61128	29682	61128	29196
794	674			1393	1196	1393	1196
231792	**204219**	**208884**	**198985**	**633732**	**550354**	**274713**	**208640**
231314	**203729**	**208884**	**198985**	**470296**	**463224**	**111277**	**121509**
58358	32387	18544	11864	54029	39255	50717	38248
33865	40536			42555	69603	42555	69603
643	638	713	734	33349	29674	8500	8236
138449	130168	189628	186387	332775	317107	6998	4296
				7588	7586	2508	1127
478	**490**			**163436**	**87131**	**163436**	**87131**
				162960	86661	162960	86661
478	490			476	470	476	470

1-8 按登记注册类型与业态分连锁零售企业基本情况

便利店

项 目	连锁总店数（个）	门店数（个）		年末从业人员（人）		年末零售营业面积（平方米）	
	2013年	2013年	2012年	2013年	2012年	2013年	2012年
总　计	**92**	**14680**	**14629**	**73730**	**77683**	**1313541**	**1250202**
内资企业	81	12598	12282	62090	61751	1076173	1006834
国有企业	5	2158	2297	8983	9274	110285	116321
集体企业	1	282	282	620	628	31685	31685
股份合作企业							
联营企业							
有限责任公司	38	6344	6108	32984	34152	485573	474459
股份有限公司	4	312	314	2359	1543	92527	63390
私营企业	30	3372	3109	16098	14820	315721	275351
其他企业	3	130	172	1046	1334	40382	45628
港、澳、台商投资企业	6	1755	1745	7875	8992	192203	184749
外商投资企业	5	327	602	3765	6940	45165	58619
直营门店合计		**8444**	**8687**	**53971**	**55239**	**891756**	**879044**
内资企业		6960	7001	43528	43236	712504	689988
国有企业		1182	1250	6543	6656	72107	75151
集体企业		6	6	17	21	8500	8500
股份合作企业							
联营企业							
有限责任公司		4114	3960	25814	26100	342606	338247
股份有限公司		142	314	1859	1543	78927	63390
私营企业		1403	1322	8306	7762	170432	159762
其他企业		113	149	989	1154	39932	44938
港、澳、台商投资企业		1183	1379	7026	8381	136347	149128
外商投资企业		301	307	3417	3622	42905	39928
加盟门店合计		**6236**	**5942**	**19759**	**22444**	**421785**	**371158**
内资企业		5638	5281	18562	18515	363669	316846
国有企业		976	1047	2440	2618	38178	41170
集体企业		276	276	603	607	23185	23185
股份合作企业							
联营企业							
有限责任公司		2230	2148	7170	8052	142967	136212
股份有限公司		170		500		13600	
私营企业		1969	1787	7792	7058	145289	115589
其他企业		17	23	57	180	450	690
港、澳、台商投资企业		572	366	849	611	55856	35621
外商投资企业		26	295	348	3318	2260	18691

1-8 续表 1

折扣店

项目	连锁总店数（个）	门店数（个）		年末从业人员（人）		年末零售营业面积（平方米）	
	2013年	2013年	2012年	2013年	2012年	2013年	2012年
总　　计	**3**	**408**	**432**	**3027**	**4403**	**177325**	**185354**
内资企业	1	9	7	792	640	86649	48935
国有企业							
集体企业							
股份合作企业							
联营企业							
有限责任公司							
股份有限公司							
私营企业	1	9	7	792	640	86649	48935
其他企业							
港、澳、台商投资企业							
外商投资企业	2	399	425	2235	3763	90676	136419
直营门店合计		**236**	**262**	**2934**	**3693**	**138428**	**152012**
内资企业		9	7	792	640	86649	48935
国有企业							
集体企业							
股份合作企业							
联营企业							
有限责任公司							
股份有限公司							
私营企业		9	7	792	640	86649	48935
其他企业							
港、澳、台商投资企业							
外商投资企业		227	255	2142	3053	51779	103077
加盟门店合计		**172**	**170**	**93**	**710**	**38897**	**33342**
内资企业							
国有企业							
集体企业							
股份合作企业							
联营企业							
有限责任公司							
股份有限公司							
私营企业							
其他企业							
港、澳、台商投资企业							
外商投资企业		172	170	93	710	38897	33342

1-8 续表 2

超市

项目	连锁总店数(个)	门店数(个)		年末从业人员(人)		年末零售营业面积(平方米)	
	2013年	2013年	2012年	2013年	2012年	2013年	2012年
总　计	**411**	**33835**	**32133**	**467246**	**454427**	**18532925**	**17069615**
内资企业	398	33194	31534	454183	441959	18065126	16663400
国有企业	5	159	150	3670	3590	101486	87597
集体企业	6	44	45	2016	2079	29400	33186
股份合作企业	2	36	33	392	350	13133	12733
联营企业	2	38	28	1252	906	71224	70310
有限责任公司	165	14824	14370	204292	197638	9262718	8955144
股份有限公司	23	7208	6423	140553	133122	4800314	3987318
私营企业	193	10556	10156	100379	102703	3758754	3489203
其他企业	2	329	329	1629	1571	28097	27909
港、澳、台商投资企业	9	547	504	8956	8478	277464	217490
外商投资企业	4	94	95	4107	3990	190335	188725
直营门店合计		**15900**	**14628**	**407333**	**394532**	**16721113**	**15256300**
内资企业		15285	14043	394321	382115	16268033	14863083
国有企业		159	150	3670	3590	101486	87597
集体企业		22	24	667	633	18400	16126
股份合作企业		36	33	392	350	13133	12733
联营企业		38	28	1252	906	71224	70310
有限责任公司		7032	6680	183705	178693	8583798	8289973
股份有限公司		4231	3412	118077	110140	4195365	3376365
私营企业		3737	3686	86134	87416	3271495	2996985
其他企业		30	30	424	387	13132	12994
港、澳、台商投资企业		547	504	8956	8478	277464	217490
外商投资企业		68	81	4056	3939	175616	175727
加盟门店合计		**17935**	**17505**	**59913**	**59895**	**1811812**	**1813315**
内资企业		17909	17491	59862	59844	1797093	1800317
国有企业							
集体企业		22	21	1349	1446	11000	17060
股份合作企业							
联营企业							
有限责任公司		7792	7690	20587	18945	678920	665171
股份有限公司		2977	3011	22476	22982	604949	610953
私营企业		6819	6470	14245	15287	487259	492218
其他企业		299	299	1205	1184	14965	14915
港、澳、台商投资企业							
外商投资企业		26	14	51	51	14719	12998

1-8 续表 3

大型超市

项　　目	连锁总店数(个)	门店数(个)		年末从业人员(人)		年末零售营业面积(平方米)	
	2013年	2013年	2012年	2013年	2012年	2013年	2012年
总　　计	**181**	**9380**	**8979**	**556364**	**541712**	**31065188**	**27675156**
内资企业	97	5708	5537	226178	221429	13100938	11909386
国有企业	2	10	12	741	1098	112580	132580
集体企业							
股份合作企业							
联营企业							
有限责任公司	54	3390	3303	116570	122381	6488442	5934361
股份有限公司	11	858	801	59390	55716	4195001	3908293
私营企业	30	1450	1421	49477	42234	2304915	1934152
其他企业							
港、澳、台商投资企业	24	777	671	138838	134842	8675315	7551442
外商投资企业	60	2895	2771	191348	185441	9288935	8214328
直营门店合计		**4918**	**4494**	**472475**	**463789**	**27478644**	**24778495**
内资企业		2089	1930	213104	209743	12647612	11454201
国有企业		10	12	741	1098	112580	132580
集体企业							
股份合作企业							
联营企业							
有限责任公司		1179	1101	111196	117140	6230204	5668646
股份有限公司		470	417	58266	54726	4152666	3867293
私营企业		430	400	42901	36779	2152162	1785682
其他企业							
港、澳、台商投资企业		660	572	91238	90292	6290515	5567442
外商投资企业		2169	1992	168133	163754	8540517	7756852
加盟门店合计		**4462**	**4485**	**83889**	**77923**	**3586544**	**2896661**
内资企业		3619	3607	13074	11686	453326	455185
国有企业							
集体企业							
股份合作企业							
联营企业							
有限责任公司		2211	2202	5374	5241	258238	265715
股份有限公司		388	384	1124	990	42335	41000
私营企业		1020	1021	6576	5455	152753	148470
其他企业							
港、澳、台商投资企业		117	99	47600	44550	2384800	1984000
外商投资企业		726	779	23215	21687	748418	457476

1-8 续表 4

仓储会员店

项 目	连锁总店数(个)	门店数(个)		年末从业人员(人)		年末零售营业面积(平方米)	
	2013年	2013年	2012年	2013年	2012年	2013年	2012年
总 计	**5**	**107**	**79**	**16225**	**13431**	**648142**	**886721**
内资企业	3	25	8	527	490	31000	33100
国有企业							
集体企业							
股份合作企业							
联营企业							
有限责任公司	2	24	6	511	468	28000	27100
股份有限公司							
私营企业	1	1	2	16	22	3000	6000
其他企业							
港、澳、台商投资企业							
外商投资企业	2	82	71	15698	12941	617142	853621
直营门店合计		**89**	**79**	**16153**	**13431**	**647242**	**886721**
内资企业		7	8	455	490	30100	33100
国有企业							
集体企业							
股份合作企业							
联营企业							
有限责任公司		6	6	439	468	27100	27100
股份有限公司							
私营企业		1	2	16	22	3000	6000
其他企业							
港、澳、台商投资企业							
外商投资企业		82	71	15698	12941	617142	853621
加盟门店合计		**18**		**72**		**900**	
内资企业		18		72		900	
国有企业							
集体企业							
股份合作企业							
联营企业							
有限责任公司		18		72		900	
股份有限公司							
私营企业							
其他企业							
港、澳、台商投资企业							
外商投资企业							

1-8 续表 5

百货店

项　　目	连锁总店数（个）	门店数（个）		年末从业人员（人）		年末零售营业面积（平方米）	
	2013年	2013年	2012年	2013年	2012年	2013年	2012年
总　　计	**100**	**4514**	**4342**	**276796**	**259331**	**18609070**	**17379358**
内资企业	83	3689	3607	235886	223213	16424077	15276948
国有企业	1	82	82	96	96	3175	3175
集体企业	8	353	336	6782	3494	428155	410072
股份合作企业							
联营企业							
有限责任公司	40	618	577	37367	41222	2662771	2330314
股份有限公司	21	1495	1406	165185	153065	12166302	11537534
私营企业	13	1141	1206	26456	25336	1163674	995853
其他企业							
港、澳、台商投资企业	13	804	715	33618	28808	1604257	1524441
外商投资企业	4	21	20	7292	7310	580736	577969
直营门店合计		**2700**	**2526**	**260519**	**240245**	**17995580**	**16695155**
内资企业		1894	1809	222336	206876	15964127	14749705
国有企业		16	16	17	17	1007	1007
集体企业		149	147	6102	2854	396565	380702
股份合作企业							
联营企业							
有限责任公司		460	419	36252	40119	2495351	2162894
股份有限公司		1040	999	157613	143152	12056520	11376239
私营企业		229	228	22352	20734	1014684	828863
其他企业							
港、澳、台商投资企业		785	697	30891	26059	1450717	1367481
外商投资企业		21	20	7292	7310	580736	577969
加盟门店合计		**1814**	**1816**	**16277**	**19086**	**613490**	**684203**
内资企业		1795	1798	13550	16337	459950	527243
国有企业		66	66	79	79	2168	2168
集体企业		204	189	680	640	31590	29370
股份合作企业							
联营企业							
有限责任公司		158	158	1115	1103	167420	167420
股份有限公司		455	407	7572	9913	109782	161295
私营企业		912	978	4104	4602	148990	166990
其他企业							
港、澳、台商投资企业		19	18	2727	2749	153540	156960
外商投资企业							

1-8 续表 6

专业店(含加油站)

项 目	连锁总店数(个)	门店数(个)		年末从业人员(人)		年末零售营业面积(平方米)	
	2013年	2013年	2012年	2013年	2012年	2013年	2012年
总　　计	**1453**	**104054**	**98408**	**934947**	**948555**	**68481980**	**67385004**
内资企业	1396	100465	94874	887129	901046	65157971	63982156
国有企业	154	10821	10545	118842	125926	9481297	9531787
集体企业	14	1262	1137	3877	3566	92081	82644
股份合作企业	2	261	297	3073	3520	21150	21500
联营企业	3	212	225	1247	1323	25569	24010
有限责任公司	558	33374	30462	227421	227982	10228376	9843699
股份有限公司	213	34678	34035	398243	409556	41295489	40636797
私营企业	438	18487	16883	128905	123994	3911399	3744458
其他企业	14	1370	1290	5521	5179	102610	97261
港、澳、台商投资企业	14	1567	1530	10809	10805	156784	152558
外商投资企业	43	2022	2004	37009	36704	3167225	3250290
直营门店合计		**78114**	**74462**	**869426**	**884138**	**67061575**	**65914812**
内资企业		75428	71897	823656	838888	63795807	62575509
国有企业		10013	9904	117321	123363	9421558	9370528
集体企业		219	222	942	984	17384	16519
股份合作企业		261	297	3073	3520	21150	21500
联营企业		175	168	1056	998	22296	15640
有限责任公司		21174	19447	200474	201552	9485485	9130313
股份有限公司		29179	28804	383682	396050	41178573	40530957
私营企业		14058	12746	115179	110722	3607232	3449498
其他企业		349	309	1929	1699	42129	40554
港、澳、台商投资企业		710	608	9614	9344	106591	96673
外商投资企业		1976	1957	36156	35906	3159177	3242630
加盟门店合计		**25940**	**23946**	**65521**	**64417**	**1420405**	**1470192**
内资企业		25037	22977	63473	62158	1362164	1406647
国有企业		808	641	1521	2563	59739	161259
集体企业		1043	915	2935	2582	74697	66125
股份合作企业							
联营企业		37	57	191	325	3273	8370
有限责任公司		12200	11015	26947	26430	742891	713386
股份有限公司		5499	5231	14561	13506	116916	105840
私营企业		4429	4137	13726	13272	304167	294960
其他企业		1021	981	3592	3480	60481	56707
港、澳、台商投资企业		857	922	1195	1461	50193	55885
外商投资企业		46	47	853	798	8048	7660

1-8 续表 7

加油站

项　　目	连锁总店数(个)	门店数(个)		年末从业人员(人)		年末零售营业面积(平方米)	
	2013年	2013年	2012年	2013年	2012年	2013年	2012年
总　　计	**277**	**31073**	**30797**	**286204**	**298100**	**40795733**	**40420271**
内资企业	257	29843	29585	267870	279131	38497056	38040296
国有企业	73	6286	6427	66963	69012	6744856	6881165
集体企业							
股份合作企业	1	231	254	2663	3222	18000	17000
联营企业							
有限责任公司	15	584	460	6666	5684	626984	596929
股份有限公司	163	22710	22416	191245	200909	31077013	30518359
私营企业	5	32	28	333	304	30203	26843
其他企业							
港、澳、台商投资企业							
外商投资企业	20	1230	1212	18334	18969	2298677	2379975
直营门店合计		**30808**	**30543**	**282738**	**295270**	**40673183**	**40310921**
内资企业		29607	29360	265169	277013	38381006	37936946
国有企业		6275	6415	66833	68863	6724856	6869065
集体企业							
股份合作企业		231	254	2663	3222	18000	17000
联营企业							
有限责任公司		584	460	6666	5684	626984	596929
股份有限公司		22485	22203	188674	198940	30980963	30427109
私营企业		32	28	333	304	30203	26843
其他企业							
港、澳、台商投资企业							
外商投资企业		1201	1183	17569	18257	2292177	2373975
加盟门店合计		**265**	**254**	**3466**	**2830**	**122550**	**109350**
内资企业		236	225	2701	2118	116050	103350
国有企业		11	12	130	149	20000	12100
集体企业							
股份合作企业							
联营企业							
有限责任公司							
股份有限公司		225	213	2571	1969	96050	91250
私营企业							
其他企业							
港、澳、台商投资企业							
外商投资企业		29	29	765	712	6500	6000

1-8 续表 8

专卖店

项　目	连锁总店数(个)	门店数(个)		年末从业人员(人)		年末零售营业面积(平方米)	
	2013年	2013年	2012年	2013年	2012年	2013年	2012年
总　计	**318**	**26113**	**24568**	**160619**	**158741**	**4777711**	**4089952**
内资企业	264	18496	17458	122678	121431	3875943	3282554
国有企业	18	1006	847	13838	14547	1502027	969085
集体企业	1	44	46	324	330	3926	4500
股份合作企业	2	32	32	231	210	7284	7284
联营企业							
有限责任公司	119	6092	5984	45323	44986	1008468	1035946
股份有限公司	10	2393	2346	17631	17048	387770	395127
私营企业	107	8468	7800	40935	40148	877136	799609
其他企业	7	461	403	4396	4162	89332	71003
港、澳、台商投资企业	42	2091	2087	14936	16325	593664	572802
外商投资企业	12	5526	5023	23005	20985	308104	234596
直营门店合计		**11688**	**11202**	**113849**	**113898**	**3897461**	**3341158**
内资企业		9741	8912	92483	91844	3279134	2722218
国有企业		821	732	13653	14436	1501027	968385
集体企业		44	46	324	330	3926	4500
股份合作企业		32	32	231	210	7284	7284
联营企业							
有限责任公司		4178	3965	38362	37489	892019	919868
股份有限公司		533	545	12536	12277	288320	300515
私营企业		3705	3222	23184	23143	499656	453093
其他企业		428	370	4193	3959	86902	68573
港、澳、台商投资企业		1385	1748	13726	15509	527457	542589
外商投资企业		562	542	7640	6545	90870	76351
加盟门店合计		**14425**	**13366**	**46770**	**44843**	**880250**	**748794**
内资企业		8755	8546	30195	29587	596809	560336
国有企业		185	115	185	111	1000	700
集体企业							
股份合作企业							
联营企业							
有限责任公司		1914	2019	6961	7497	116449	116078
股份有限公司		1860	1801	5095	4771	99450	94612
私营企业		4763	4578	17751	17005	377480	346516
其他企业		33	33	203	203	2430	2430
港、澳、台商投资企业		706	339	1210	816	66207	30213
外商投资企业		4964	4481	15365	14440	217234	158245

1-8 续表 9

家居建材商店

项　目	连锁总店数(个)	门店数(个)		年末从业人数(人)		年末零售营业面积(平方米)	
	2013年	2013年	2012年	2013年	2012年	2013年	2012年
总　计	**15**	**62**	**58**	**3603**	**4278**	**449827**	**445488**
内资企业	6	42	39	1687	2057	196178	191839
国有企业							
集体企业							
股份合作企业							
联营企业							
有限责任公司	4	22	20	1086	1456	175444	173105
股份有限公司							
私营企业	2	20	19	601	601	20734	18734
其他企业							
港、澳、台商投资企业	1	5	4	157	296	23564	23564
外商投资企业	8	15	15	1759	1925	230085	230085
直营门店合计		**62**	**58**	**3603**	**4278**	**449827**	**445488**
内资企业		42	39	1687	2057	196178	191839
国有企业							
集体企业							
股份合作企业							
联营企业							
有限责任公司		22	20	1086	1456	175444	173105
股份有限公司							
私营企业		20	19	601	601	20734	18734
其他企业							
港、澳、台商投资企业		5	4	157	296	23564	23564
外商投资企业		15	15	1759	1925	230085	230085
加盟门店合计							
内资企业							
国有企业							
集体企业							
股份合作企业							
联营企业							
有限责任公司							
股份有限公司							
私营企业							
其他企业							
港、澳、台商投资企业							
外商投资企业							

1-8 续表 10

厂家直销中心

项 目	连锁总店数（个）	门店数（个）		年末从业人员（人）		年末零售营业面积（平方米）	
	2013年	2013年	2012年	2013年	2012年	2013年	2012年
总 计	**5**	**232**	**11**	**1161**	**471**	**30523**	**6196**
内资企业	4	11	11	467	471	6196	6196
国有企业							
集体企业							
股份合作企业							
联营企业							
有限责任公司	2	6	6	288	282	5500	5500
股份有限公司	1	4	4	61	71	196	196
私营企业	1	1	1	118	118	500	500
其他企业							
港、澳、台商投资企业	1	221		694		24327	
外商投资企业							
直营门店合计		**232**	**11**	**1161**	**471**	**30523**	**6196**
内资企业		11	11	467	471	6196	6196
国有企业							
集体企业							
股份合作企业							
联营企业							
有限责任公司		6	6	288	282	5500	5500
股份有限公司		4	4	61	71	196	196
私营企业		1	1	118	118	500	500
其他企业							
港、澳、台商投资企业		221		694		24327	
外商投资企业							
加盟门店合计							
内资企业							
国有企业							
集体企业							
股份合作企业							
联营企业							
有限责任公司							
股份有限公司							
私营企业							
其他企业							
港、澳、台商投资企业							
外商投资企业							

1-8 续表 11

其他

项　　目	连锁总店数(个)	门店数(个)		年末从业人员(人)		年末零售营业面积(平方米)	
	2013年	2013年	2012年	2013年	2012年	2013年	2012年
总　　计	**66**	**10705**	**10046**	**65724**	**67508**	**12317252**	**12120322**
内资企业	61	10607	9953	63344	66287	12265666	12104770
国有企业	5	2094	2101	2020	2146	154612	155152
集体企业	2	624	624	1065	1065	11250	11250
股份合作企业	1	12	15	332	355	11453	13671
联营企业							
有限责任公司	19	970	960	3918	3942	139594	134734
股份有限公司	4	3092	3249	38602	44890	11398782	11315799
私营企业	29	3784	2974	13922	10159	370575	302164
其他企业	1	31	30	3485	3730	179400	172000
港、澳、台商投资企业	1	6	6	136	136	730	730
外商投资企业	4	92	87	2244	1085	50856	14822
直营门店合计		**3603**	**3406**	**50521**	**53978**	**11874456**	**11703530**
内资企业		3529	3338	48213	52834	11824628	11689810
国有企业		21	24	1433	1533	27432	27432
集体企业		44	44	325	325	7400	7400
股份合作企业		12	15	332	355	11453	13671
联营企业							
有限责任公司		338	331	2367	2519	101694	102924
股份有限公司		2560	2553	34702	39839	11304266	11192147
私营企业		523	341	5569	4533	192983	174236
其他企业		31	30	3485	3730	179400	172000
港、澳、台商投资企业		6	6	136	136	730	730
外商投资企业		68	62	2172	1008	49098	12990
加盟门店合计		**7102**	**6640**	**15203**	**13530**	**442796**	**416792**
内资企业		7078	6615	15131	13453	441038	414960
国有企业		2073	2077	587	613	127180	127720
集体企业		580	580	740	740	3850	3850
股份合作企业							
联营企业							
有限责任公司		632	629	1551	1423	37900	31810
股份有限公司		532	696	3900	5051	94516	123652
私营企业		3261	2633	8353	5626	177592	127928
其他企业							
港、澳、台商投资企业							
外商投资企业		24	25	72	77	1758	1832

1-9 按登记注册类型与业态

便利店

项　　目	商品购进总额		统一配送商品购进额	
	2013年	2012年	2013年	2012年
总　　计	**2545314**	**2390978**	**1891361**	**1762992**
内资企业	2015151	1890228	1401265	1331789
国有企业	239382	227088	221621	211943
集体企业	28109	23803	28109	23803
股份合作企业				
联营企业				
有限责任公司	997242	1009619	700748	713218
股份有限公司	183404	134468	83643	54445
私营企业	522650	446650	322779	279779
其他企业	44365	48601	44365	48601
港、澳、台商投资企业	372666	354076	332599	284529
外商投资企业	157496	146674	157496	146674
直营门店合计	**1805728**	**1784599**	**1381928**	**1328211**
内资企业	1444607	1400236	1060874	1013395
国有企业	161615	150846	147743	139514
集体企业	23777	20162	23777	20162
股份合作企业				
联营企业				
有限责任公司	760904	785505	497167	520422
股份有限公司	154614	134468	83643	54445
私营企业	300402	262337	265250	231935
其他企业	43296	46918	43296	46918
港、澳、台商投资企业	243249	286615	203182	217068
外商投资企业	117871	97748	117871	97748
加盟门店合计	**739586**	**606379**	**509433**	**434781**
内资企业	570544	489992	340391	318394
国有企业	77767	76242	73878	72429
集体企业	4333	3641	4333	3641
股份合作企业				
联营企业				
有限责任公司	236338	224114	203582	192797
股份有限公司	28790			
私营企业	222249	184313	57530	47844
其他企业	1068	1683	1068	1683
港、澳、台商投资企业	129417	67461	129417	67461
外商投资企业	39625	48926	39625	48926

分连锁零售企业经营情况

单位：万元

自有配送中心配送商品购进额		非自有配送中心配送商品购进额		商品销售总额		零售额	
2013年	2012年	2013年	2012年	2013年	2012年	2013年	2012年
878703	**803408**	**334397**	**317242**	**3112975**	**2865158**	**2852520**	**2623752**
760569	707748	273612	252507	2381837	2159944	2184862	1994027
84866	81602	109682	105659	380446	344894	327401	300866
28109	23803			28161	24180	26233	22664
366570	367852	95432	83457	1179973	1120301	1114093	1066438
65756	54445			202634	153691	145045	104018
213895	177925	25506	16912	542487	474014	523953	457176
1373	2122	42991	46479	48137	42865	48137	42865
118134	95659			518588	456156	462122	429719
		60786	64735	212550	249058	205536	200007
624214	**568469**	**239828**	**218796**	**2326470**	**2220151**	**2092281**	**1999405**
513399	477435	217684	202285	1803232	1659258	1624047	1507919
53837	51181	66833	63650	312087	266725	259043	222697
23777	20162			23739	19857	21811	18342
174083	184967	95386	83457	940002	896216	891911	856932
65756	54445			163432	153691	105843	104018
195642	166242	12474	8699	317269	281752	298735	264913
305	439	42991	46479	46704	41017	46704	41017
110815	91034			351665	390644	297594	364206
		22144	16511	171573	170249	170640	127280
254489	**234939**	**94569**	**98446**	**786505**	**645007**	**760239**	**624347**
247169	230313	55928	50222	578605	500687	560815	486108
31029	30420	42849	42009	68358	78169	68358	78169
4333	3641			4422	4323	4422	4323
192487	182885	46		239971	224085	222182	209506
				39202		39202	
18253	11684	13032	8213	225218	192262	225218	192262
1068	1683			1433	1848	1433	1848
7319	4626			166923	65512	164528	65512
		38642	48224	40977	78808	34896	72727

1-9 续表 1

折扣店

项 目	商品购进总额		统一配送商品购进额	
	2013年	2012年	2013年	2012年
总　计	**305748**	**312314**	**47660**	**183221**
内资企业	128896	129093		
国有企业				
集体企业				
股份合作企业				
联营企业				
有限责任公司				
股份有限公司				
私营企业	128896	129093		
其他企业				
港、澳、台商投资企业				
外商投资企业	176852	183221	47660	183221
直营门店合计	**287867**	**277634**	**47660**	**148542**
内资企业	128896	129093		
国有企业				
集体企业				
股份合作企业				
联营企业				
有限责任公司				
股份有限公司				
私营企业	128896	129093		
其他企业				
港、澳、台商投资企业				
外商投资企业	158971	148542	47660	148542
加盟门店合计	**17881**	**34680**		**34680**
内资企业				
国有企业				
集体企业				
股份合作企业				
联营企业				
有限责任公司				
股份有限公司				
私营企业				
其他企业				
港、澳、台商投资企业				
外商投资企业	17881	34680		34680

单位：万元

自有配送中心配送商品购进额		非自有配送中心配送商品购进额		商品销售总额		零售额	
2013年	2012年	2013年	2012年	2013年	2012年	2013年	2012年
47660	**183221**			**329228**	**342574**	**300803**	**311299**
				153513	159155	153513	151649
				153513	159155	153513	151649
47660	183221			175715	183418	147290	159651
47660	**148542**			**300803**	**311719**	**272378**	**280445**
				153513	159155	153513	151649
				153513	159155	153513	151649
47660	148542			147290	152564	118865	128796
	34680			**28425**	**30855**	**28425**	**30855**
	34680			28425	30855	28425	30855

1-9 续表 2

超市

项　目	商品购进总额		统一配送商品购进额	
	2013年	2012年	2013年	2012年
总　计	**25936916**	**23384080**	**21918882**	**19537976**
内资企业	25289342	22662850	21423570	18963761
国有企业	133474	84158	128191	80709
集体企业	50963	59501	3590	4853
股份合作企业	10690	10544	9580	9096
联营企业	60129	54002	60129	54002
有限责任公司	12232612	11208968	10192894	9293852
股份有限公司	9333517	8105315	8271358	7016146
私营企业	3443852	3127264	2734493	2492005
其他企业	24105	13098	23336	13098
港、澳、台商投资企业	431052	429197	287223	285024
外商投资企业	216522	292033	208089	289191
直营门店合计	**23705341**	**21335730**	**20160576**	**17993866**
内资企业	23064983	20645972	19672481	17451124
国有企业	133474	84158	128191	80709
集体企业	32487	28458	3590	4853
股份合作企业	10690	10544	9580	9096
联营企业	60129	54002	60129	54002
有限责任公司	11750051	10778581	9823546	8995867
股份有限公司	7923868	6788300	7134918	5966615
私营企业	3136161	2894154	2494999	2332205
其他企业	18122	7776	17528	7776
港、澳、台商投资企业	431052	429197	287223	285024
外商投资企业	209306	260561	200873	257718
加盟门店合计	**2231574**	**2048350**	**1758306**	**1544110**
内资企业	2224358	2016878	1751090	1512637
国有企业				
集体企业	18476	31043		
股份合作企业				
联营企业				
有限责任公司	482560	430387	369348	297986
股份有限公司	1409649	1317016	1136440	1049531
私营企业	307691	233111	239494	159800
其他企业	5983	5322	5808	5322
港、澳、台商投资企业				
外商投资企业	7216	31472	7216	31472

单位：万元

自有配送中心配送商品购进额		非自有配送中心配送商品购进额		商品销售总额		零售额	
2013年	2012年	2013年	2012年	2013年	2012年	2013年	2012年
13474065	**11659546**	**3024963**	**2579088**	**28892093**	**26069766**	**24676512**	**21918937**
13257698	11338457	2794057	2336148	28083997	25218126	23870789	21085289
61693	46047	37041	33143	135062	87572	134477	87320
1340	1776			60590	57191	57509	49267
1930	1532			5957	12908	5957	12908
21964	28971			65277	60109	56273	49345
5385642	4749363	618793	510570	13304094	12059972	11178545	9803873
6013201	5028904	1825601	1484229	10726316	9648252	8835425	7935271
1750482	1469927	310731	307046	3763472	3278550	3585383	3133735
21446	11937	1891	1160	23230	13571	17220	13571
31907	49302	215602	235722	578426	569355	576054	551363
184461	271786	15304	7218	229669	282285	229669	282285
12316873	**10656116**	**2574354**	**2175821**	**26653290**	**23727582**	**22470423**	**19579370**
12106190	10366496	2344979	1932885	25853199	22907416	21672704	18777196
61693	46047	37041	33143	135062	87572	134477	87320
1340	1776			39972	31808	36891	23884
1930	1532			5957	12908	5957	12908
21964	28971			65277	60109	56273	49345
5062781	4485774	592657	495141	12578595	11421575	10461056	9166623
5338521	4405699	1420597	1114411	9584350	8278235	7716669	6565254
1601584	1389569	293533	289542	3426121	3006512	3249526	2863167
16378	7128	1150	648	17866	8697	11856	8697
31907	49302	215602	235722	578426	569355	576054	551363
178776	240318	13773	7214	221665	250811	221665	250811
1157192	**1003430**	**450609**	**403267**	**2238803**	**2342185**	**2206089**	**2339567**
1151507	971961	449078	403263	2230799	2310711	2198085	2308093
				20619	25383	20619	25383
322862	263589	26136	15429	725499	638397	717489	637250
674680	623205	405004	369818	1141966	1370017	1118756	1370017
148898	80358	17198	17505	337351	272039	335858	270569
5068	4809	740	512	5364	4874	5364	4874
5685	31469	1531	4	8004	31474	8004	31474

1-9 续表 3

大型超市

项　　目	商品购进总额		统一配送商品购进额	
	2013年	2012年	2013年	2012年
总　　计	**38484427**	**39353227**	**28679444**	**30755956**
内资企业	12398093	11513429	8864327	8561915
国有企业	52546	46504		
集体企业				
股份合作企业				
联营企业				
有限责任公司	6380972	6171698	4430492	4556978
股份有限公司	3867500	3233148	2540628	2132983
私营企业	2097076	2062079	1893207	1871954
其他企业				
港、澳、台商投资企业	11487750	14313680	9219669	12175918
外商投资企业	14598584	13526118	10595449	10018124
直营门店合计	**33287630**	**34389435**	**23536709**	**25825478**
内资企业	11968770	11103596	8456904	8176013
国有企业	52546	46504		
集体企业				
股份合作企业				
联营企业				
有限责任公司	6092312	5890377	4152245	4291973
股份有限公司	3817516	3184483	2490644	2084317
私营企业	2006396	1982233	1814014	1799723
其他企业				
港、澳、台商投资企业	7535779	10715095	5267698	8577333
外商投资企业	13783081	12570744	9812108	9072133
加盟门店合计	**5196798**	**4963792**	**5142735**	**4930477**
内资企业	429323	409833	407423	385902
国有企业				
集体企业				
股份合作企业				
联营企业				
有限责任公司	288659	281321	278247	265006
股份有限公司	49984	48666	49984	48666
私营企业	90680	79846	79193	72230
其他企业				
港、澳、台商投资企业	3951971	3598585	3951971	3598585
外商投资企业	815503	955374	783341	945991

单位：万元

自有配送中心配送商品购进额		非自有配送中心配送商品购进额		商品销售总额		零售额	
2013年	2012年	2013年	2012年	2013年	2012年	2013年	2012年
16199399	**15102597**	**4075254**	**3185132**	**47341516**	**43147992**	**38868341**	**35257537**
5106288	4425344	2276149	1708409	14903101	13396340	13472717	11916540
				59216	56315	59216	56315
2445695	2040427	1448370	930703	7629625	6967911	6447353	5711565
1836258	1545955	633871	533712	4982961	4259192	4771062	4066674
824334	838962	193908	243994	2231301	2112923	2195087	2081986
3842140	3673288	877467	586807	16974133	15063243	12207209	10708750
7250972	7003965	921639	889915	15464282	14688409	13188415	12632247
15143278	**13905147**	**3986240**	**3100689**	**42042656**	**38638578**	**33580272**	**30757059**
4833507	4173885	2187135	1623967	14402223	12922538	12982631	11451673
				59216	56315	59216	56315
2264254	1872722	1397194	883402	7324564	6684139	6142293	5427793
1786275	1497290	633871	533712	4920187	4199360	4712616	4012659
782979	803873	156071	206853	2098256	1982724	2068507	1954907
3842140	3673288	877467	586807	13022161	11946449	8255238	7591955
6467631	6057974	921639	889915	14618271	13769592	12342404	11713430
1056121	**1197450**	**89013**	**84443**	**5298860**	**4509414**	**5288069**	**4500478**
272781	251459	89013	84443	500878	473803	490087	464867
181442	167704	51176	47301	305061	283772	305061	283772
49984	48666			62773	59831	58446	54015
41355	35089	37838	37141	133044	130199	126580	127080
				3951971	3116795	3951971	3116795
783341	945991			846011	918817	846011	918817

1-9　续表 4

仓储会员店

项　　目	商品购进总额		统一配送商品购进额	
	2013年	2012年	2013年	2012年
总　　计	**2408980**	**2098793**	**328786**	**329725**
内资企业	13496	12655	13496	12655
国有企业				
集体企业				
股份合作企业				
联营企业				
有限责任公司	11785	11013	11785	11013
股份有限公司				
私营企业	1711	1642	1711	1642
其他企业				
港、澳、台商投资企业				
外商投资企业	2395484	2086138	315290	317070
直营门店合计	**2408796**	**2098793**	**328601**	**329725**
内资企业	13312	12655	13312	12655
国有企业				
集体企业				
股份合作企业				
联营企业				
有限责任公司	11601	11013	11601	11013
股份有限公司				
私营企业	1711	1642	1711	1642
其他企业				
港、澳、台商投资企业				
外商投资企业	2395484	2086138	315290	317070
加盟门店合计	**184**		**184**	
内资企业	184		184	
国有企业				
集体企业				
股份合作企业				
联营企业				
有限责任公司	184		184	
股份有限公司				
私营企业				
其他企业				
港、澳、台商投资企业				
外商投资企业				

单位：万元

自有配送中心配送商品购进额		非自有配送中心配送商品购进额		商品销售总额		零售额	
2013年	2012年	2013年	2012年	2013年	2012年	2013年	2012年
1711	**1642**			**2346387**	**2151384**	**2346387**	**2151384**
1711	1642			13519	12590	13519	12590
				11808	10928	11808	10928
1711	1642			1711	1662	1711	1662
				2332868	2138794	2332868	2138794
1711	**1642**			**2346175**	**2151384**	**2346175**	**2151384**
1711	1642			13307	12590	13307	12590
				11596	10928	11596	10928
1711	1642			1711	1662	1711	1662
				2332868	2138794	2332868	2138794
				212		**212**	
				212		212	
				212		212	

1-9 续表 5

百货店

项　　目	商品购进总额		统一配送商品购进额	
	2013年	2012年	2013年	2012年
总　　计	**30284502**	**27866502**	**15482360**	**13932158**
内资企业	25433879	23583796	11995296	11169852
国有企业	1713	1641	1713	1641
集体企业	331272	304220	80606	82163
股份合作企业				
联营企业				
有限责任公司	2903616	2701919	1398537	1246639
股份有限公司	19852282	18477814	8316752	7876442
私营企业	2344995	2098203	2197688	1962967
其他企业				
港、澳、台商投资企业	3860967	3204515	3463104	2736840
外商投资企业	989657	1078191	23960	25466
直营门店合计	**29137684**	**26912813**	**14891304**	**13377734**
内资企业	24539958	22864616	11462156	10672681
国有企业	655	628	655	628
集体企业	276187	244389	69023	72155
股份合作企业				
联营企业				
有限责任公司	2777825	2604321	1398537	1246639
股份有限公司	19438959	18247599	8094918	7720816
私营企业	2046332	1767679	1899024	1632443
其他企业				
港、澳、台商投资企业	3608069	2970006	3405188	2679587
外商投资企业	989657	1078191	23960	25466
加盟门店合计	**1146819**	**953689**	**591056**	**554424**
内资企业	893921	719180	533140	497171
国有企业	1059	1013	1059	1013
集体企业	55085	59831	11582	10007
股份合作企业				
联营企业				
有限责任公司	125791	97598		
股份有限公司	413323	230215	221835	155626
私营企业	298664	330523	298664	330523
其他企业				
港、澳、台商投资企业	252898	234509	57916	57253
外商投资企业				

单位：万元

自有配送中心配送商品购进额		非自有配送中心配送商品购进额		商品销售总额		零售额	
2013年	2012年	2013年	2012年	2013年	2012年	2013年	2012年
11051000	**10366997**	**1108187**	**1345920**	**37039725**	**33347626**	**30871935**	**29162342**
8367396	7822283	926828	1137054	31119462	28083474	25152507	24125047
1713	1641			1450	1385	1450	1385
39526	42983			621933	582579	616678	577974
874804	721814	183516	212068	3841701	3421167	3683412	3281494
5389189	5163001	728227	912316	23924584	21556119	18711576	18271046
2062164	1892844	15086	12669	2729795	2522224	2139390	1993149
2683604	2544713	157400	183400	4739508	4022163	4538673	3795307
		23960	25466	1180755	1241988	1180755	1241988
10655784	**9959023**	**1086310**	**1319827**	**35958909**	**32276822**	**29825986**	**28123235**
8008219	7445470	926828	1137054	30290272	27243569	24323316	23285142
655	628			592	565	592	565
27943	32975			589225	551749	583971	547143
874804	721814	183516	212068	3655572	3271104	3497284	3131431
5341317	5127732	728227	912316	23699789	21319815	18486781	18034742
1763500	1562321	15086	12669	2345093	2100336	1754689	1571261
2647565	2513554	135522	157307	4487882	3791264	4321914	3596105
		23960	25466	1180755	1241988	1180755	1241988
395216	**407973**	**21878**	**26093**	**1080816**	**1070804**	**1045950**	**1039108**
359177	376814			829191	839905	829191	839905
1059	1013			858	820	858	820
11582	10007			32707	30830	32707	30830
				186129	150064	186129	150064
47872	35270			224795	236304	224795	236304
298664	330523			384702	421888	384702	421888
36039	31160	21878	26093	251625	230899	216759	199202

1-9 续表 6

专业店(含加油站)

项 目	商品购进总额		统一配送商品购进额	
	2013年	2012年	2013年	2012年
总 计	**187220035**	**186399658**	**154125252**	**151947988**
内资企业	179790208	178786370	148061150	145511332
国有企业	40915849	37910716	36190291	33236838
集体企业	289434	129986	149200	128410
股份合作企业	982961	951127	982961	951127
联营企业	44762	42091	44762	42091
有限责任公司	24891877	23150911	18680716	18276057
股份有限公司	104139446	109614863	83976382	86358497
私营企业	8447110	6919628	7959307	6452227
其他企业	78769	67048	77529	66083
港、澳、台商投资企业	407020	402648	404623	400409
外商投资企业	7022809	7210640	5659481	6036248
直营门店合计	**183830172**	**183068329**	**151075938**	**148800901**
内资企业	176647597	175733182	145258117	142641424
国有企业	40634356	37424711	35909399	32751444
集体企业	105367	84999	100276	84386
股份合作企业	982961	951127	982961	951127
联营企业	37436	31995	37436	31995
有限责任公司	24402216	22677459	18326052	17925373
股份有限公司	102295338	107872358	82132275	84615993
私营企业	8139435	6649992	7720386	6241440
其他企业	50488	40542	49331	39666
港、澳、台商投资企业	391810	372509	389413	370270
外商投资企业	6790765	6962639	5428408	5789207
加盟门店合计	**3389863**	**3331329**	**3049315**	**3147087**
内资企业	3142610	3053189	2803033	2869908
国有企业	281493	486005	280892	485395
集体企业	184067	44988	48924	44024
股份合作企业				
联营企业	7326	10096	7326	10096
有限责任公司	489661	473453	354665	350685
股份有限公司	1844108	1742504	1844108	1742504
私营企业	307675	269637	238921	210787
其他企业	28280	26506	28198	26417
港、澳、台商投资企业	15210	30139	15210	30139
外商投资企业	232043	248001	231072	247041

单位：万元

自有配送中心配送商品购进额		非自有配送中心配送商品购进额		商品销售总额		零售额	
2013年	2012年	2013年	2012年	2013年	2012年	2013年	2012年
93522558	**94664212**	**20534438**	**17455363**	**224928017**	**219107684**	**139646325**	**134979063**
91001944	92175867	18705476	15523716	214055758	208342067	130856653	126491437
15432550	15224953	10052895	8265535	44475962	43156669	21731103	21702447
105844	89718	39079	35492	317313	140715	50057	85954
982961	951127			1057771	1023056	843974	890885
				59447	49871	59447	49871
9024287	8782859	1988653	1860073	27749375	25057123	19380538	17403134
61016849	63842045	5952555	4734891	131360655	131281416	80873820	79553900
4415115	3271793	629956	584547	8943258	7559008	7826608	6732964
24338	13372	42340	43178	91977	74210	91106	72283
259387	222500	9982	18871	516039	469566	278251	239214
2261227	2265844	1818980	1912776	10356220	10296051	8511421	8248411
91123024	**92317117**	**20338401**	**17091574**	**221191868**	**215610724**	**137664056**	**132821988**
88840432	90090380	18517162	15175047	210681877	205158013	129236651	124638015
15176111	14969873	10045315	8058920	44206922	42705987	21570441	21317528
98712	82936			119560	95182	43992	40421
982961	951127			1057771	1023056	843974	890885
				50609	37607	50609	37607
8803957	8522009	1904925	1802275	27154809	24436550	18886925	16875825
59492880	62406426	5951448	4733914	129444271	129592167	80199679	78933052
4264990	3147027	596754	559894	8588606	7229028	7582572	6506185
20821	10981	18721	20045	59330	38440	58458	36513
251900	207481	2259	3751	479584	436063	241796	205711
2030692	2019255	1818980	1912776	10030408	10016648	8185610	7978262
2399535	**2347095**	**196037**	**363789**	**3736148**	**3496960**	**1982269**	**2157075**
2161512	2085487	188314	348670	3373881	3184054	1620002	1853422
256438	255080	7580	206615	269040	450683	160661	384919
7132	6782	39079	35492	197753	45534	6065	45534
				8839	12264	8839	12264
220330	260850	83728	57798	594566	620574	493613	527309
1523969	1435618	1107	977	1916385	1689249	674140	620847
150125	124766	33201	24654	354652	329980	244037	226778
3517	2391	23619	23134	32648	35771	32648	35771
7487	15019	7723	15120	36455	33503	36455	33503
230536	246589			325812	279403	325812	270149

1-9 续表 7

加油站

项　目	商品购进总额		统一配送商品购进额	
	2013年	2012年	2013年	2012年
总　计	**121778413**	**120096553**	**100291621**	**98855230**
内资企业	117218625	115509269	96933163	95286630
国有企业	27319396	25619439	24486596	22825279
集体企业				
股份合作企业	973461	941561	973461	941561
联营企业				
有限责任公司	4706760	4350517	3116965	3313703
股份有限公司	84070581	84478856	68235399	68142511
私营企业	148427	118896	120741	63575
其他企业				
港、澳、台商投资企业				
外商投资企业	4559789	4587284	3358459	3568601
直营门店合计	**120361668**	**118745026**	**98874876**	**97503704**
内资企业	116032415	114404331	95746953	94181692
国有企业	27129396	25421853	24296596	22627694
集体企业				
股份合作企业	973461	941561	973461	941561
联营企业				
有限责任公司	4706760	4350517	3116965	3313703
股份有限公司	83074371	83571504	67239190	67235159
私营企业	148427	118896	120741	63575
其他企业				
港、澳、台商投资企业				
外商投资企业	4329253	4340695	3127923	3322012
加盟门店合计	**1416745**	**1351527**	**1416745**	**1351527**
内资企业	1186210	1104938	1186210	1104938
国有企业	190000	197586	190000	197586
集体企业				
股份合作企业				
联营企业				
有限责任公司				
股份有限公司	996210	907352	996210	907352
私营企业				
其他企业				
港、澳、台商投资企业				
外商投资企业	230536	246589	230536	246589

单位：万元

自有配送中心配送商品购进额		非自有配送中心配送商品购进额		商品销售总额		零售额	
2013年	2012年	2013年	2012年	2013年	2012年	2013年	2012年
57693828	**58533910**	**14402373**	**12270609**	**147917035**	**145503892**	**92173388**	**87961756**
56759069	57527253	13097773	10848520	140398762	138228707	85974850	81800410
8156497	8379745	7356190	6299136	29327622	29286774	16318811	16433079
973461	941561			1047031	1009029	833234	876858
121308	104649	170459	152363	5070605	4596253	2449581	2264748
47494960	48093108	5571125	4397021	104803670	103203417	66241721	62103354
12843	8190			149834	133235	131503	122371
934759	1006657	1304600	1422089	7518273	7275185	6198538	6161346
56595902	**57496246**	**14402373**	**12270609**	**146383632**	**144094696**	**91041119**	**86918107**
55891678	56736178	13097773	10848520	139189354	137097648	85166575	81025644
7966497	8190345	7356190	6299136	29178773	29120815	16169962	16267119
973461	941561			1047031	1009029	833234	876858
121308	104649	170459	152363	5070605	4596253	2449581	2264748
46817569	47491432	5571125	4397021	103743111	102238317	65582294	61494548
12843	8190			149834	133235	131503	122371
704224	760068	1304600	1422089	7194279	6997048	5874544	5892463
1097927	**1037664**			**1533402**	**1409196**	**1132269**	**1043649**
867391	791075			1209408	1131059	808275	774766
190000	189400			148849	165960	148849	165960
677391	601675			1060559	965100	659426	608806
230536	246589			323994	278137	323994	268883

1-9 续表 8

专卖店

项目	商品购进总额		统一配送商品购进额	
	2013年	2012年	2013年	2012年
总计	**18015419**	**12430344**	**16519330**	**10613626**
内资企业	16389517	10668658	15559693	9606620
国有企业	8933951	5228182	8626575	4902166
集体企业	10257	9890	10257	9890
股份合作企业	70242	84935	70242	84935
联营企业				
有限责任公司	4126012	2604622	3712543	1965505
股份有限公司	1474020	1134188	1466731	1129635
私营企业	1577233	1427598	1475543	1335246
其他企业	197802	179243	197802	179243
港、澳、台商投资企业	1203048	1254940	536783	500260
外商投资企业	422855	506746	422855	506746
直营门店合计	**16302759**	**11211864**	**14817076**	**9405817**
内资企业	14890232	9595192	14070814	8541960
国有企业	8547131	4962549	8239754	4636533
集体企业	10257	9890	10257	9890
股份合作企业	70242	84935	70242	84935
联营企业				
有限责任公司	3821747	2443987	3408377	1806071
股份有限公司	1059458	837356	1058680	836802
私营企业	1184179	1077814	1086286	989067
其他企业	197217	178661	197217	178661
港、澳、台商投资企业	1127546	1228598	461281	475783
外商投资企业	284981	388074	284981	388074
加盟门店合计	**1712660**	**1218481**	**1702254**	**1207809**
内资企业	1499285	1073467	1488879	1064660
国有企业	386820	265633	386820	265633
集体企业				
股份合作企业				
联营企业				
有限责任公司	304265	160635	304166	159434
股份有限公司	414562	296832	408051	292832
私营企业	393053	349784	389257	346179
其他企业	585	582	585	582
港、澳、台商投资企业	75502	26342	75502	24477
外商投资企业	137873	118672	137873	118672

单位：万元

自有配送中心配送商品购进额		非自有配送中心配送商品购进额		商品销售总额		零售额	
2013年	2012年	2013年	2012年	2013年	2012年	2013年	2012年
9500139	**7674227**	**4958077**	**870270**	**15826863**	**14014850**	**9715042**	**9441476**
8872724	6942315	4927021	848776	13458064	11764192	7719820	7538726
3794839	3904447	4230055	372593	5225674	5345387	2558605	2504493
		10257	9890	13173	12645	13173	12645
68279	82904			70839	85948	4608	4185
2934882	1260140	284016	202853	4622226	3245814	2508108	2539322
796864	637062	374010	240209	1413731	1190766	1020106	1123651
1217962	1009413	25682	20231	1908174	1694364	1410973	1165162
59898	48350	3000	3000	204247	189268	204247	189268
356351	379754	9241	5231	1747630	1605388	1439395	1358321
271064	352159	21815	16264	621168	645270	555826	544428
8585310	**6970067**	**4627135**	**667941**	**13896034**	**12535768**	**8564251**	**8674440**
8118064	6375087	4596079	646446	11892193	10506772	6846226	6977168
3794839	3904447	4230055	372593	4839794	5059526	2558605	2504493
		10257	9890	13173	12645	13173	12645
68279	82904			70839	85948	4608	4185
2662870	1115774	258890	191720	4329939	2966489	2227457	2371203
694615	535470	68229	49012	983305	879461	596542	816346
838148	688724	25647	20231	1451509	1313959	1242208	1079552
59314	47768	3000	3000	203633	188744	203633	188744
334055	361493	9241	5231	1626287	1563986	1405813	1333104
133191	233487	21815	16264	377554	465010	312212	364168
914830	**704161**	**330942**	**202330**	**1930828**	**1479082**	**1150791**	**767036**
754660	567228	330942	202330	1565871	1257420	873594	561558
				385880	285861		
272012	144365	25126	11132	292287	279326	280651	168119
102249	101592	305780	191197	430426	311305	423565	307305
379814	320689	35		456664	380404	168765	85609
585	582			614	524	614	524
22297	18261			121343	41402	33582	25218
137873	118672			243615	180260	243615	180260

1-9 续表 9

家居建材商店

项　目	商品购进总额		统一配送商品购进额	
	2013年	2012年	2013年	2012年
总　计	**383592**	**372519**	**316459**	**358037**
内资企业	124585	128572	75432	128572
国有企业				
集体企业				
股份合作企业				
联营企业				
有限责任公司	95080	96474	45928	96474
股份有限公司				
私营企业	29505	32097	29505	32097
其他企业				
港、澳、台商投资企业	18988	17230	18988	17230
外商投资企业	240019	226717	222039	212235
直营门店合计	**383592**	**372519**	**316459**	**358037**
内资企业	124585	128572	75432	128572
国有企业				
集体企业				
股份合作企业				
联营企业				
有限责任公司	95080	96474	45928	96474
股份有限公司				
私营企业	29505	32097	29505	32097
其他企业				
港、澳、台商投资企业	18988	17230	18988	17230
外商投资企业	240019	226717	222039	212235
加盟门店合计				
内资企业				
国有企业				
集体企业				
股份合作企业				
联营企业				
有限责任公司				
股份有限公司				
私营企业				
其他企业				
港、澳、台商投资企业				
外商投资企业				

单位：万元

自有配送中心配送商品购进额		非自有配送中心配送商品购进额		商品销售总额		零售额	
2013年	2012年	2013年	2012年	2013年	2012年	2013年	2012年
35342	**67729**	**76791**	**73703**	**516407**	**507671**	**466211**	**457155**
35342	67729	29734	25491	170757	176570	120626	126317
5837	59614	29734	25491	137683	138275	98345	96684
29505	8115			33073	38296	22281	29634
				18988	15497	18988	15497
		47057	48212	326662	315604	326597	315341
35342	**67729**	**76791**	**73703**	**516407**	**507671**	**466211**	**457155**
35342	67729	29734	25491	170757	176570	120626	126317
5837	59614	29734	25491	137683	138275	98345	96684
29505	8115			33073	38296	22281	29634
				18988	15497	18988	15497
		47057	48212	326662	315604	326597	315341

1-9 续表 10

厂家直销中心

项　　目	商品购进总额		统一配送商品购进额	
	2013年	2012年	2013年	2012年
总　　计	**79045**	**36050**	**78267**	**35298**
内资企业	42754	36050	41976	35298
国有企业				
集体企业				
股份合作企业				
联营企业				
有限责任公司	30567	26217	30191	25866
股份有限公司	11785	9432	11785	9432
私营企业	401	401		
其他企业				
港、澳、台商投资企业	36291		36291	
外商投资企业				
直营门店合计	**79045**	**36050**	**78267**	**35298**
内资企业	42754	36050	41976	35298
国有企业				
集体企业				
股份合作企业				
联营企业				
有限责任公司	30567	26217	30191	25866
股份有限公司	11785	9432	11785	9432
私营企业	401	401		
其他企业				
港、澳、台商投资企业	36291		36291	
外商投资企业				
加盟门店合计				
内资企业				
国有企业				
集体企业				
股份合作企业				
联营企业				
有限责任公司				
股份有限公司				
私营企业				
其他企业				
港、澳、台商投资企业				
外商投资企业				

单位：万元

自有配送中心配送商品购进额		非自有配送中心配送商品购进额		商品销售总额		零售额	
2013年	2012年	2013年	2012年	2013年	2012年	2013年	2012年
78267	**35298**			**111326**	**37356**	**58207**	**28320**
41976	35298			46425	37356	16397	28320
30191	25866			34217	26169	13615	25667
11785	9432			11667	10646	2240	2113
				541	541	541	541
36291				64901		41811	
78267	**35298**			**111326**	**37356**	**58207**	**28320**
41976	35298			46425	37356	16397	28320
30191	25866			34217	26169	13615	25667
11785	9432			11667	10646	2240	2113
				541	541	541	541
36291				64901		41811	

1-9 续表 11

其他

项　　目	商品购进总额		统一配送商品购进额	
	2013年	2012年	2013年	2012年
总　　计	**16923244**	**16460568**	**14030255**	**12919911**
内资企业	16671712	16272571	13836763	12775350
国有企业	648063	480171	647350	479437
集体企业	11672	15168	3276	3283
股份合作企业	11085	13851		
联营企业				
有限责任公司	302102	238901	201698	151283
股份有限公司	14989348	14944044	12620662	11846867
私营企业	517786	428174	363776	294480
其他企业	191656	152262		
港、澳、台商投资企业	35558	40993	94	253
外商投资企业	215974	147004	193398	144309
直营门店合计	**16303808**	**15855052**	**13579594**	**12510659**
内资企业	16052470	15667592	13386296	12366634
国有企业	330592	173808	330592	173808
集体企业	10456	13868	2060	1983
股份合作企业	11085	13851		
联营企业				
有限责任公司	279408	222021	190271	143829
股份有限公司	14835748	14743094	12595937	11814520
私营企业	393525	348688	267436	232494
其他企业	191656	152262		
港、澳、台商投资企业	35558	40993	94	253
外商投资企业	215781	146468	193205	143773
加盟门店合计	**619436**	**605515**	**450660**	**409252**
内资企业	619243	604979	450467	408716
国有企业	317471	306363	316759	305629
集体企业	1216	1300	1216	1300
股份合作企业				
联营企业				
有限责任公司	22694	16880	11427	7454
股份有限公司	153600	200950	24725	32347
私营企业	124262	79486	96340	61986
其他企业				
港、澳、台商投资企业				
外商投资企业	194	536	194	536

单位：万元

自有配送中心配送商品购进额		非自有配送中心配送商品购进额		商品销售总额		零售额	
2013年	2012年	2013年	2012年	2013年	2012年	2013年	2012年
1197692	**1139898**	**11427563**	**10577553**	**19624175**	**18661120**	**13605467**	**12763220**
1004199	995337	11427563	10577553	19293877	18463991	13468095	12709336
179680	164162	297914	269893	824692	735153	2380	2790
3276	3283			16181	20170	6506	6808
				15341	17719	4153	5385
152699	110454	10272	10022	300653	258216	134115	110296
487403	566675	11095985	10272450	17231698	16711360	12760515	12171738
181141	150763	23393	25188	716966	541444	372081	232389
				188346	179929	188346	179929
94	253			41908	48866	607	728
193398	144309			288390	148262	136765	53156
965899	**935679**	**11218679**	**10378568**	**18990443**	**18110765**	**13330754**	**12554580**
772601	791654	11218679	10378568	18660434	17914316	13193671	12501375
53262	45655	107573	82772	507951	431140	880	750
2060	1983			13993	17830	4318	4468
				15341	17719	4153	5385
152221	109965	9307	9106	276811	239530	123552	103147
462678	534328	11095985	10272450	17199778	16651360	12728595	12111738
102380	99724	5814	14241	458214	376808	143828	95958
				188346	179929	188346	179929
94	253			41908	48866	607	728
193205	143773			288101	147583	136476	52477
231792	**204219**	**208884**	**198985**	**633732**	**550354**	**274713**	**208640**
231599	203683	208884	198985	633443	549675	274424	207961
126418	118508	190340	187121	316741	304013	1500	2040
1216	1300			2189	2340	2189	2340
478	490	965	917	23842	18686	10563	7149
24725	32347			31920	60000	31920	60000
78762	51039	17579	10948	258751	164636	228253	136432
194	536			289	679	289	679

1-10 连锁零售企业门店分布情况

单位：个

地　区	合计		直营门店		加盟门店	
	2013年	2012年	2013年	2012年	2013年	2012年
总　计	**204090**	**193680**	**125986**	**119810**	**78104**	**73870**
北　京	7691	7521	5487	5304	2204	2217
天　津	3110	2929	2164	2022	946	907
河　北	5075	4845	4168	4086	907	759
山　西	3455	3313	1966	1917	1489	1396
内蒙古	474	478	269	227	205	251
辽　宁	6874	6931	4711	4725	2163	2206
吉　林	1218	1220	977	966	241	254
黑龙江	2056	2051	1457	1859	599	192
上　海	13700	14045	8587	8937	5113	5108
江　苏	18385	18178	11483	11362	6902	6816
浙　江	26264	24933	11074	10668	15190	14265
安　徽	10869	10510	4670	4533	6199	5977
福　建	4708	4591	3682	3457	1026	1134
江　西	4579	3990	2656	2474	1923	1516
山　东	12100	11161	8755	8244	3345	2917
河　南	6098	5918	4309	4188	1789	1730
湖　北	6356	5591	5525	4946	831	645
湖　南	7122	6697	3936	3596	3186	3101
广　东	19726	18064	15272	14189	4454	3875
广　西	4231	4196	3031	2747	1200	1449
海　南	755	720	644	543	111	177
重　庆	12868	12200	3814	3567	9054	8633
四　川	10587	9373	5758	4996	4829	4377
贵　州	1406	1265	1009	876	397	389
云　南	4816	3942	3923	3165	893	777
西　藏	56	109	3	2	53	107
陕　西	2358	2090	1969	1718	389	372
甘　肃	897	835	734	699	163	136
青　海	215	291	121	108	94	183
宁　夏	1824	1818	602	623	1222	1195
新　疆	4187	3832	3200	3033	987	799
港澳台及国外	30	43	30	33		11

1-11 连锁零售企业配送中心分布情况

单位：个

地 区	配送中心数		自有配送中心数	
	2013年	2012年	2013年	2012年
全 国	**2809**	**2829**	**2330**	**2340**
北 京	88	87	77	71
天 津	24	21	18	15
河 北	75	82	69	70
山 西	68	65	66	64
内 蒙 古	20	25	20	25
辽 宁	74	68	60	55
吉 林	22	22	19	20
黑 龙 江	36	38	33	33
上 海	59	62	38	45
江 苏	347	385	256	276
浙 江	281	294	223	232
安 徽	140	162	108	131
福 建	104	97	87	80
江 西	92	89	73	74
山 东	190	172	170	165
河 南	105	112	91	91
湖 北	145	142	137	136
湖 南	91	92	83	80
广 东	320	289	254	235
广 西	41	42	40	40
海 南	4	4	4	4
重 庆	93	91	89	87
四 川	87	87	75	75
贵 州	23	19	15	14
云 南	38	44	33	35
西 藏				
陕 西	37	36	33	32
甘 肃	14	17	12	15
青 海	5	3	5	3
宁 夏	56	50	35	32
新 疆	129	131	106	104
港澳台及国外	1	1	1	1

1-12 连锁零售企业门店在36城市分布情况

单位：个

地 区	合计		直营门店		加盟门店	
	2013年	2012年	2013年	2012年	2013年	2012年
合 计	**10239**	**93871**	**62457**	**59521**	**37782**	**34296**
北 京	7691	7521	5487	5304	2204	2217
天 津	3110	2929	2164	2022	946	907
石家庄	1288	1162	818	754	470	408
太 原	2079	1992	765	753	1314	1239
呼和浩特	146	139	46	18	100	121
沈 阳	1543	1578	1387	1407	156	171
大 连	2636	2641	1428	1446	1208	1195
长 春	834	806	720	707	114	99
哈尔滨	1596	1620	1097	1526	499	94
上 海	13700	14045	8587	8937	5113	5108
南 京	3201	2720	2168	2058	1033	662
杭 州	4781	4559	2986	2807	1795	1752
宁 波	2253	2340	1554	1554	699	786
合 肥	3693	3558	1209	1125	2484	2433
福 州	910	819	498	531	412	288
厦 门	1080	1151	862	903	218	248
南 昌	1027	952	624	541	403	411
济 南	1049	834	724	696	325	138
青 岛	3459	3266	2328	2036	1131	1230
郑 州	1436	1351	1176	1187	260	164
武 汉	3784	3305	3188	2926	596	379
长 沙	1753	1797	874	774	879	1023
广 州	6453	5742	4961	4609	1492	1133
深 圳	5212	4290	3490	3039	1722	1251
南 宁	979	1004	538	522	441	482
海 口	318	394	264	279	54	115
重 庆	12868	12200	3814	3567	9054	8633
成 都	5458	3889	4377	3652	1081	237
贵 阳	752	666	488	417	264	249
昆 明	2024	1560	1674	1412	350	148
拉 萨	25	32	3	2	22	30
西 安	838	768	601	535	237	233
兰 州	588	539	477	438	111	101
西 宁	163	170	103	78	60	92
银 川	521	521	290	284	231	237
乌鲁木齐	991	957	687	675	304	282

1-13 连锁零售企业配送中心在36城市分布情况

单位：个

地区	配送中心数		自有配送中心数	
	2013年	2012年	2013年	2012年
合计	**1182**	**1173**	**947**	**938**
北京	88	87	77	71
天津	24	21	18	15
石家庄	12	12	11	11
太原	41	41	39	40
呼和浩特	1	1	1	1
沈阳	20	17	15	12
大连	24	24	16	17
长春	11	9	8	7
哈尔滨	20	20	18	16
上海	59	62	38	45
南京	34	43	26	29
杭州	64	65	56	58
宁波	34	35	33	32
合肥	53	53	25	26
福州	14	15	6	7
厦门	42	41	36	35
南昌	46	42	33	31
济南	10	7	10	7
青岛	42	46	38	41
郑州	23	22	19	18
武汉	65	63	61	61
长沙	23	23	19	20
广州	141	131	100	89
深圳	46	44	38	40
南宁	12	14	11	13
海口	1	1	1	1
重庆	93	91	89	87
成都	35	35	29	29
贵阳	10	7	4	4
昆明	19	20	18	17
拉萨				
西安	15	14	13	13
兰州	9	11	7	10
西宁	2	2	2	2
银川	15	16	11	12
乌鲁木齐	34	38	21	21

第二部分

零售企业地区篇

2-1 各地区连锁零售企业基本情况

地区	连锁总店数（个）	门店数（个）		年末从业人员（人）		年末零售营业面积（平方米）	
	2013年	2013年	2012年	2013年	2012年	2013年	2012年
全国	**2649**	**204090**	**193685**	**2559442**	**2530540**	**156403484**	**148493368**
北京	147	7388	7236	158217	154969	7150127	6826705
天津	42	2672	2533	39869	39096	2756717	2696926
河北	83	4362	4270	52654	50970	6121317	5813712
山西	51	3047	2930	43078	44224	2445157	2202805
内蒙古	17	255	236	5548	5022	230430	213629
辽宁	100	5925	5949	65767	67569	4571829	4347751
吉林	28	849	841	10491	11183	368583	373661
黑龙江	36	1725	1771	22355	22917	724037	658350
上海	88	17643	18035	255892	267897	9156244	9257429
江苏	173	18459	18333	386760	389675	19536729	18755355
浙江	231	28817	27329	166641	165934	11169896	10712905
安徽	70	9667	9534	99961	97699	5416577	5353415
福建	143	4756	4309	81564	78473	6817883	6270021
江西	81	3725	3470	54221	51728	2948436	2747438
山东	150	11728	10669	179176	170823	13438081	12642999
河南	150	5514	5374	72356	72868	6687128	6385075
湖北	115	5923	5182	148470	144640	6665732	5917219
湖南	101	6478	6188	75886	64423	5565017	5216290
广东	308	24546	22524	272795	281056	24296604	23070890
广西	61	3701	3463	39799	39140	3579832	3376794
海南	6	613	506	5769	5717	324757	319630
重庆	89	12453	11746	98721	92997	4072692	4230232
四川	110	9759	8786	79220	71987	2818624	2506061
贵州	29	1139	1006	10951	9212	296198	259938
云南	42	4418	3624	38575	35749	1980775	1870226
西藏	1	3	2	722	635	21700	20600
陕西	53	1934	1739	35481	35842	2193014	2008908
甘肃	17	700	648	7378	7256	764477	653268
青海	11	135	98	6826	6566	246722	241154
宁夏	22	1736	1653	13009	12449	626194	627310
新疆	94	4020	3701	31290	31824	3411975	2916672

2-2 各地区连锁零售企业直营门店基本情况

地区	门店数(个)		年末从业人员(人)		年末零售营业面积(平方米)	
	2013年	2012年	2013年	2012年	2013年	2012年
全国	**125986**	**119815**	**2251945**	**2227692**	**147186605**	**140058911**
北京	5473	5293	146635	142809	6873583	6559247
天津	1967	1838	38461	37735	2685827	2627021
河北	3995	3895	52061	50375	6093777	5786162
山西	1877	1813	37736	39135	2373522	2148479
内蒙古	217	180	5489	4919	228290	209790
辽宁	4172	4194	57408	60364	4372478	4156848
吉林	849	841	10491	11183	368583	373661
黑龙江	1360	1771	21608	22917	709751	658350
上海	10621	10920	177215	188925	6084127	6592427
江苏	12574	12284	350100	352832	18537865	17894779
浙江	10861	10433	123978	124123	9971962	9534484
安徽	4126	4030	81129	76254	5059134	4955755
福建	3564	3350	75861	73675	6645090	6128038
江西	2517	2372	49996	47414	2771160	2555802
山东	8609	8160	168335	160238	13139007	12338706
河南	4219	4106	69068	69620	6554245	6246281
湖北	5345	4847	145882	141007	6623997	5853653
湖南	3762	3429	69975	59803	5329258	4981864
广东	16395	15123	241304	251796	23564190	22452594
广西	2781	2552	35166	34738	3445478	3251028
海南	613	506	5769	5717	324757	319630
重庆	3535	3330	82930	78417	3693655	3914701
四川	5409	4721	70207	63320	2605007	2316804
贵州	916	783	10460	8580	283282	247002
云南	3823	3091	37653	34859	1954318	1844028
西藏	3	2	722	635	21700	20600
陕西	1768	1571	33361	33637	2022584	1837858
甘肃	698	647	7370	7237	764297	652168
青海	113	76	6804	6544	245842	240274
宁夏	627	604	9800	9438	547999	551410
新疆	3197	3053	28971	29446	3291840	2809467

2-3 各地区连锁零售企业加盟门店基本情况

地　区	门店数（个）		年末从业人员（人）		年末零售营业面积（平方米）	
	2013年	2012年	2013年	2012年	2013年	2012年
全　国	**78104**	**73870**	**307497**	**302848**	**9216879**	**8434457**
北　京	1915	1943	11582	12160	276544	267458
天　津	705	695	1408	1361	70890	69905
河　北	367	375	593	595	27540	27550
山　西	1170	1117	5342	5089	71635	54326
内蒙古	38	56	59	103	2140	3839
辽　宁	1753	1755	8359	7205	199351	190903
吉　林						
黑龙江	365		747		14286	
上　海	7022	7115	78677	78972	3072117	2665002
江　苏	5885	6049	36660	36843	998864	860576
浙　江	17956	16896	42663	41811	1197934	1178421
安　徽	5541	5504	18832	21445	357443	397660
福　建	1192	959	5703	4798	172793	141983
江　西	1208	1098	4225	4314	177276	191636
山　东	3119	2509	10841	10585	299074	304293
河　南	1295	1268	3288	3248	132883	138794
湖　北	578	335	2588	3633	41735	63566
湖　南	2716	2759	5911	4620	235759	234426
广　东	8151	7401	31491	29260	732414	618296
广　西	920	911	4633	4402	134354	125766
海　南						
重　庆	8918	8416	15791	14580	379037	315531
四　川	4350	4065	9013	8667	213617	189257
贵　州	223	223	491	632	12916	12936
云　南	595	533	922	890	26457	26198
西　藏						
陕　西	166	168	2120	2205	170430	171050
甘　肃	2	1	8	19	180	1100
青　海	22	22	22	22	880	880
宁　夏	1109	1049	3209	3011	78195	75900
新　疆	823	648	2319	2378	120135	107205

2-4 各地区连锁零售

地区	商品购进总额		统一配送商品购进额		自有配送中心配送商品购进额	
	2013年	2012年	2013年	2012年	2013年	2012年
全国	**322587222**	**311105031**	**253418056**	**242376886**	**145986536**	**141698774**
北京	21438416	21116946	11144711	10413761	4094579	3416119
天津	7393003	7354845	5336968	5668349	3490742	3700740
河北	9493615	10187027	6348129	7323409	3780398	4430850
山西	4047908	3600350	2809718	2570279	1462518	1365870
内蒙古	318619	270834	276521	233695	189729	141760
辽宁	8000054	7906707	4701245	4573287	1484684	2091675
吉林	1491337	1442118	1413151	1331711	1238002	1195459
黑龙江	2457262	2333801	2295489	2189020	1766916	1733597
上海	28333810	29991752	21415514	23867175	9027308	7570403
江苏	39344538	44088351	35281246	37138124	32151504	34260200
浙江	22446095	21408405	20556759	19434552	18872688	17878743
安徽	15720652	14442379	11991931	11316941	5944277	5554314
福建	9246993	8698224	6264889	5726377	2413549	2145470
江西	6207769	5497855	5816509	4850557	3825550	3135199
山东	24893256	22980374	18235422	16732798	12456331	11241261
河南	7846589	7438743	4847612	4889956	2754249	2892500
湖北	14931416	13599831	11015959	10346857	8448697	7898936
湖南	8828423	8820333	6587304	6118066	3380152	3035965
广东	48030954	41099666	43173950	35835889	11982089	11945525
广西	3799767	3476763	3454858	3209799	1215628	1161235
海南	1634790	1695362	1634790	1695362	5816	5250
重庆	8484407	8858856	5567049	6264226	3791594	4106093
四川	5504447	4395442	4744633	3643847	1939696	1264803
贵州	433497	343260	251030	202538	155476	114814
云南	3182770	2890922	3069891	2865776	1203483	1081099
西藏	19855	14964	19855	14964		
陕西	8573012	7209297	6130727	5304827	3471234	2936626
甘肃	1820004	1745566	1440717	1372953	322530	335018
青海	201154	199249	67338	66327	8833	6988
宁夏	1361824	1534331	1352249	1529425	1272963	1458687
新疆	7100987	6462481	6171893	5646038	3835321	3593577

企业经营情况

单位：万元

非自有配送中心配送商品购进额		商品销售总额		零售额	
2013年	2012年	2013年	2012年	2013年	2012年
45539669	**36404271**	**380068710**	**360253180**	**263407749**	**249094485**
1084100	1023416	25157851	24649542	18930539	18007535
269228	293863	7838677	7456950	5531325	5147863
181859	177122	11070886	10903466	7452731	6423793
186786	191175	5791935	5365435	4743397	4201907
4642	4111	386775	289799	386775	289799
1189519	104932	8953328	9094838	6100252	5816386
3688	4036	1696919	1520881	1463282	1365013
243075	191503	2333360	2274858	2018556	1959257
2765506	2590877	35930349	33418916	21157898	20034058
2341949	2533827	47416102	48386013	27386500	30282782
604118	537466	23894753	22863154	17139588	16448281
365128	344400	14761760	15011392	8893807	10613837
959878	685619	12461526	11888683	11069619	10255470
646286	502094	11248014	10126362	7131131	6280875
1320651	1177309	28119819	25660892	23468286	20819888
16424	54413	8669717	8058451	7078943	6255115
783944	637737	17109236	15526162	14595783	12708291
344591	295565	10420092	9235879	8735205	7913829
27807151	21336867	52441283	48586722	38176271	35637170
33473	35907	8528516	8408116	4356941	3980550
370489	302082	1780657	1797414	1546475	1593421
1406895	1026747	10677341	10133605	7411215	7355894
153737	315904	5579581	4984852	4463664	4116320
5752	5220	482745	399214	476336	395014
196968	205107	5187058	4802271	3440564	2988528
		18564	14185	18564	14185
291311	128497	10267663	8893764	3393388	2830549
1167	2470	2278416	2029906	1895908	1572212
21853	19952	264114	247211	261005	243606
47223	47354	1392974	1235114	871917	708063
1892279	1628702	7908697	6989135	3811885	2834992

2-5 各地区连锁零售企业

地 区	商品购进总额		统一配送商品购进额		自有配送中心配送商品购进额	
	2013年	2012年	2013年	2012年	2013年	2012年
全 国	**307532421**	**297342818**	**240214113**	**230114267**	**139577361**	**135564828**
北 京	21124135	20830002	10892943	10187412	3890720	3232385
天 津	7306977	7243808	5336968	5667704	3490742	3700740
河 北	9470022	10161880	6324536	7298263	3756805	4405704
山 西	3889928	3470400	2802900	2564063	1462518	1365870
内蒙古	317160	269224	275237	232085	188745	140898
辽 宁	7884781	7805765	4588885	4476262	1484633	2091625
吉 林	1491337	1442118	1413151	1331711	1238002	1195459
黑龙江	2427666	2333801	2294683	2189020	1766110	1733597
上 海	22373625	24698464	15521642	18627786	7700697	6452057
江 苏	37645428	42257767	33586084	35318691	30460345	32451859
浙 江	21256628	20304327	19436921	18400077	17865730	16944920
安 徽	14229603	13169605	10967581	10336078	5362867	4982703
福 建	8896607	8474009	5914503	5502163	2383726	2123701
江 西	5899020	5162659	5711395	4755936	3730358	3043698
山 东	24246727	22471006	17895339	16442006	12203105	11012909
河 南	7488433	7095492	4512418	4571190	2748172	2886724
湖 北	14912259	13562341	10998080	10311188	8435409	7868212
湖 南	8621144	8632717	6443708	5986372	3332627	2996502
广 东	47173814	40028035	42373329	34800005	11272967	11168332
广 西	3762310	3442806	3431571	3189892	1195192	1143846
海 南	1634790	1695362	1634790	1695362	5816	5250
重 庆	8208939	8687782	5374568	6153925	3668161	4026096
四 川	5352850	4319763	4603328	3574249	1823493	1215496
贵 州	416852	329833	234385	189111	155476	114814
云 南	2786179	2612149	2674324	2588435	1198715	1076868
西 藏	19855	14964	19855	14964		
陕 西	8425825	7085060	6104685	5273872	3451740	2913988
甘 肃	1819849	1737381	1440562	1364767	322410	335018
青 海	200769	198777	66953	65855	8448	6516
宁 夏	1298873	1482563	1297016	1481776	1256808	1446529
新 疆	6950035	6322962	6041774	5524047	3716825	3482514

直营门店经营情况

单位：万元

非自有配送中心配送商品购进额		商品销售总额		零售额	
2013年	2012年	2013年	2012年	2013年	2012年
44147738	**35026919**	**364334380**	**346128518**	**250670993**	**237427380**
1039508	985039	24688496	24248971	18473280	17614069
269228	293218	7747049	7359637	5440506	5054679
181859	177122	11040443	10871384	7422289	6391711
186786	191175	5635079	5228794	4586901	4065756
4342	3364	385789	288256	385789	288256
1156277	71690	8798789	8940692	5945713	5662240
3688	4036	1696919	1520881	1463282	1365013
243075	191503	2293109	2274858	1978304	1959257
2318790	2177204	29837393	28030318	15426333	15057861
2340599	2524896	45422677	46266705	26055655	28794903
521831	462783	22634888	21664631	16214731	15585220
82501	68014	13863593	14299001	8552085	10315516
642062	485846	12089550	11660481	10698225	10027887
636364	498974	10971770	9816518	6889753	6002728
1317496	1174441	27569947	25279588	23074405	20449519
16424	54413	8250923	7656219	6733999	5919522
779912	633289	17082994	15475771	14569540	12657901
314865	283057	10168500	9017705	8561640	7764068
27772166	21090844	51168967	47385093	36982465	34447958
33473	35907	8479062	8362039	4310713	3936969
370489	302082	1780657	1797414	1546475	1593421
1359422	1012476	10382571	9912161	7204179	7204638
151766	315388	5397140	4881552	4303290	4031048
5752	5220	467058	384485	460648	380284
195968	204387	4791562	4501899	3432004	2980775
		18564	14185	18564	14185
291311	128497	10065055	8711466	3190780	2648251
1132	2470	2278325	2013156	1895817	1555462
21853	19952	263789	246808	260679	243203
8144	11862	1335845	1184789	865575	666591
1880656	1617774	7727877	6833060	3727374	2748489

2-6 各地区连锁零售企业

地区	商品购进总额		统一配送商品购进额		自有配送中心配送商品购进额	
	2013年	2012年	2013年	2012年	2013年	2012年
全国	**15054801**	**13762213**	**13203943**	**12262619**	**6409175**	**6133946**
北京	314281	286944	251768	226350	203859	183734
天津	86026	111037	0	645		
河北	23593	25147	23593	25147	23593	25147
山西	157980	129949	6818	6217		
内蒙古	1459	1610	1284	1610	984	862
辽宁	115273	100942	112361	97026	51	50
吉林						
黑龙江	29596		806		806	
上海	5960185	5293288	5893872	5239389	1326611	1118346
江苏	1699110	1830584	1695162	1819433	1691159	1808342
浙江	1189467	1104078	1119839	1034476	1006958	933823
安徽	1491049	1272774	1024349	980862	581410	571612
福建	350386	224214	350386	224214	29822	21769
江西	308750	335196	105114	94621	95192	91501
山东	646529	509368	340083	290792	253226	228352
河南	358156	343252	335194	318765	6077	5776
湖北	19157	37490	17879	35668	13289	30725
湖南	207279	187616	143596	131694	47525	39463
广东	857140	1071632	800620	1035884	709122	777192
广西	37456	33958	23287	19907	20436	17389
海南						
重庆	275468	171074	192482	110301	123433	79997
四川	151597	75679	141305	69598	116203	49307
贵州	16645	13427	16645	13427		
云南	396591	278774	395567	277341	4767	4231
西藏						
陕西	147187	124237	26042	30955	19494	22637
甘肃	155	8186	155	8186	120	
青海	385	472	385	472	385	472
宁夏	62952	51768	55234	47650	16155	12157
新疆	150952	139519	130119	121991	118496	111063

加盟门店经营情况

单位：万元

非自有配送中心配送商品购进额		商品销售总额		零售额	
2013年	2012年	2013年	2012年	2013年	2012年
1391931	**1377352**	**15734330**	**14124661**	**12736756**	**11667105**
44591	38377	469355	400571	457259	393466
0	645	91628	97313	90818	93184
		30442	32082	30442	32082
		156856	136640	156496	136151
300	748	986	1543	986	1543
33242	33242	154539	154146	154539	154146
		40251		40251	
446716	413673	6092956	5388599	5731565	4976197
1351	8932	1993425	2119307	1330846	1487879
82287	74684	1259865	1198523	924858	863061
282628	276387	898167	712391	341722	298322
317816	199773	371976	228202	371395	227583
9922	3120	276245	309844	241378	278147
3154	2868	549872	381304	393881	370368
		418794	402231	344944	335594
4032	4448	26243	50390	26243	50390
29726	12508	251592	218174	173565	149762
34985	246022	1272317	1201629	1193806	1189211
		49454	46077	46228	43581
47472	14270	294770	221445	207036	151256
1971	516	182441	103300	160374	85273
		15688	14729	15688	14729
1000	720	395496	300372	8560	7753
		202608	182298	202608	182298
35		91	16750	91	16750
		326	404	326	404
39079	35492	57128	50325	6342	41472
11623	10928	180820	156075	84511	86503

2-7 按登记注册类型分各地区连锁零售企业基本情况

内资企业

地　区	连锁总店数（个）	门店数（个）		年末从业人员（人）		年末零售营业面积（平方米）	
	2013年	2013年	2012年	2013年	2012年	2013年	2012年
全　国	**2394**	**184844**	**175310**	**2054961**	**2040774**	**130285917**	**124506118**
北　京	117	6481	6293	125118	119718	5877120	5621740
天　津	34	2279	2111	25511	25022	2247098	2186591
河　北	80	4339	4252	49524	48597	5862809	5678912
山　西	49	3036	2919	42624	43614	2393309	2150957
内蒙古	17	255	236	5548	5022	230430	213629
辽　宁	91	5845	5875	53737	57231	3851635	3672193
吉　林	25	827	820	10045	10806	349406	354634
黑龙江	34	1695	1745	19590	20503	623739	560089
上　海	65	15233	15520	162603	178896	5131793	5426175
江　苏	151	15640	15480	262519	263041	13583877	13317276
浙　江	221	28485	26997	153670	152226	10541067	10121950
安　徽	67	9635	9502	95957	94223	5152766	5108392
福　建	128	3495	3160	42445	40865	2391140	2395462
江　西	78	3700	3445	48162	46157	2702844	2501846
山　东	140	11278	10257	167161	158872	12891579	12142997
河　南	146	5318	5205	64811	65748	5990879	5694243
湖　北	105	5611	4863	136780	133983	6294601	5680400
湖　南	94	6242	5990	70710	60186	5378680	5074236
广　东	243	15614	14427	174299	190324	19557610	18610495
广　西	60	3632	3400	38801	38171	3544320	3353458
海　南	6	613	506	5769	5717	324757	319630
重　庆	85	12372	11666	95895	90149	3992886	4149282
四　川	100	9490	8496	68203	61566	2138722	1890987
贵　州	28	1049	921	10025	8336	273136	237128
云　南	36	4257	3467	33327	29681	1756324	1633983
西　藏	1	3	2	722	635	21700	20600
陕　西	51	1882	1704	34101	34589	2161714	1979821
甘　肃	17	700	648	7378	7256	764477	653268
青　海	11	135	98	6826	6566	246722	241154
宁　夏	21	1687	1607	12667	12098	625544	626660
新　疆	93	4016	3698	30433	30976	3383233	2887930

2-7 续表 1

国有企业

地区	连锁总店数（个）	门店数（个）		年末从业人员（人）		年末零售营业面积（平方米）	
	2013年	2013年	2012年	2013年	2012年	2013年	2012年
全国	**190**	**16330**	**16034**	**148190**	**156677**	**11465462**	**10995697**
北京	3	51	44	753	599	10935	10485
天津	3	399	372	5285	5369	728381	726881
河北	5	600	602	4796	3960	1732338	1738058
山西	7	365	362	5288	5581	222386	285386
内蒙古							
辽宁	6	487	509	6036	9959	737317	740718
吉林							
黑龙江	2	158	156	2669	2654	20732	20732
上海	6	2555	2696	13195	13771	215723	238161
江苏	3	126	96	797	793	9618	9418
浙江	3	389	385	6091	6257	329404	314115
安徽	4	3680	3767	10277	11468	757803	757803
福建	11	314	292	2829	2741	158104	119971
江西	16	585	551	10804	10936	462593	467711
山东	5	126	122	788	667	27265	32085
河南	10	213	205	1906	1856	180536	113560
湖北	11	544	641	11220	11267	355213	311803
湖南	9	482	422	4733	4525	560243	552928
广东	17	1310	1069	28686	29257	1682479	1080433
广西							
海南	1	91	90	1001	993	211876	211973
重庆	6	278	472	3362	5437	143468	575726
四川	1	76	61	712	763	20278	20278
贵州							
云南	2	272	238	1510	1475	90000	65000
西藏							
陕西	18	667	633	12354	13090	994285	915415
甘肃	5	260	250	2506	2597	460297	376832
青海							
宁夏	2	13	13	438	439	10609	10609
新疆	34	2289	1986	10154	10223	1343579	1299616

2-7 续表 2

集体企业

地 区	连锁总店数(个)	门店数(个)		年末从业人员(人)		年末零售营业面积(平方米)	
	2013年	2013年	2012年	2013年	2012年	2013年	2012年
全 国	**32**	**2609**	**2470**	**14684**	**11162**	**596497**	**573337**
北 京	3	303	301	1280	1267	83585	73595
天 津	1	10		30		480	
河 北	1	3	4	137	168	5300	6300
山 西							
内蒙古							
辽 宁							
吉 林							
黑龙江	1	24	24	30	30	360	360
上 海	2	59	62	390	396	5481	5222
江 苏	3	234	214	962	951	31098	28930
浙 江	1	101	104	266	280	7866	8526
安 徽							
福 建	1	5	5	76	80	1196	1196
江 西							
山 东	4	173	53	1210	861	200041	191870
河 南	2	4	14	231	254	6300	12100
湖 北	1	57	60	4500	1225	155000	150000
湖 南	1	11	11	119	125	5350	5236
广 东	4	672	674	2756	2833	26031	23111
广 西							
海 南							
重 庆	4	125	125	255	258	6809	6166
四 川							
贵 州							
云 南	1	5	5	50	60	275	275
西 藏							
陕 西							
甘 肃							
青 海							
宁 夏	1	815	806	2336	2318	61125	60250
新 疆	1	8	8	56	56	200	200

2-7 续表 3

股份合作企业

地区	连锁总店数（个）	门店数（个）		年末从业人员（人）		年末零售营业面积（平方米）	
	2013年	2013年	2012年	2013年	2012年	2013年	2012年
全　国	**7**	**341**	**377**	**4028**	**4435**	**53020**	**55188**
北　京							
天　津	1	3	3	76	74	160	160
河　北							
山　西							
内蒙古							
辽　宁							
吉　林	1	231	254	2663	3222	18000	17000
黑龙江							
上　海							
江　苏							
浙　江	1	13	13	107	110	2933	2933
安　徽							
福　建							
江　西							
山　东	1	12	15	332	355	11453	13671
河　南							
湖　北	1	30	43	410	298	3150	4500
湖　南							
广　东	1	29	29	155	136	7124	7124
广　西							
海　南							
重　庆							
四　川							
贵　州							
云　南							
西　藏							
陕　西							
甘　肃							
青　海							
宁　夏	1	23	20	285	240	10200	9800
新　疆							

2-7 续表 4

联营企业

地区	连锁总店数（个）	门店数（个）		年末从业人员（人）		年末零售营业面积（平方米）	
	2013年	2013年	2012年	2013年	2012年	2013年	2012年
全　国	**5**	**250**	**253**	**2499**	**2229**	**96793**	**94320**
北　京	1	5	5	43	37	928	928
天　津							
河　北							
山　西							
内蒙古							
辽　宁							
吉　林							
黑龙江							
上　海	1	25	25	183	199	2866	2866
江　苏	1	16	16	247	298	5924	5010
浙　江							
安　徽							
福　建							
江　西							
山　东							
河　南							
湖　北	1	22	12	1005	608	65300	65300
湖　南							
广　东	1	182	195	1021	1087	21775	20216
广　西							
海　南							
重　庆							
四　川							
贵　州							
云　南							
西　藏							
陕　西							
甘　肃							
青　海							
宁　夏							
新　疆							

2-7 续表 5

有限责任公司

地　区	连锁总店数（个）	门店数（个）		年末从业人员（人）		年末零售营业面积（平方米）	
	2013年	2013年	2012年	2013年	2012年	2013年	2012年
全　国	**1001**	**65664**	**61796**	**669760**	**674509**	**30484886**	**28914362**
北　京	67	2944	2860	72912	67478	3029680	2879851
天　津	17	1322	1303	12137	12813	837059	789932
河　北	37	1157	1138	13228	13204	644529	622831
山　西	10	264	263	9880	12266	227098	136045
内蒙古	11	144	124	5093	4571	216918	203065
辽　宁	32	1848	1850	18894	18609	920548	690435
吉　林	13	198	185	3172	3277	174666	180196
黑龙江	16	429	459	5777	4522	125933	156984
上　海	35	6729	6899	75907	86940	2528771	2683644
江　苏	61	4533	4305	31841	31532	921948	911878
浙　江	97	13403	13009	52929	52118	2308418	2201547
安　徽	28	746	710	22608	22712	1205358	1166380
福　建	44	625	591	11582	12357	635575	584420
江　西	30	643	588	15265	14073	598824	489857
山　东	55	3942	3266	47492	47081	3486854	3432452
河　南	68	1653	1484	35290	36666	1563540	1513556
湖　北	55	2362	1693	29345	29835	1465149	1220627
湖　南	27	1992	1870	18415	16680	1164335	1067964
广　东	108	4825	4605	60337	71494	3636012	3628815
广　西	17	1250	1232	10216	10147	371512	320048
海　南	3	162	120	1034	904	49481	44657
重　庆	32	6615	5839	45325	38480	1213953	1035616
四　川	52	4816	4787	26076	25086	1039067	960108
贵　州	17	510	425	7236	5561	224265	190241
云　南	15	1167	964	10481	9358	564394	504783
西　藏							
陕　西	18	485	389	9800	9727	533666	510672
甘　肃	1	9	9	110	78	2000	2000
青　海	9	122	84	6044	5797	225288	218585
宁　夏	8	387	369	6714	6278	289767	288590
新　疆	18	382	376	4620	4865	280278	278583

2-7 续表 6

股份有限公司

地　区	连锁总店数(个)	门店数(个)		年末从业人员(人)		年末零售营业面积(平方米)	
	2013年	2013年	2012年	2013年	2012年	2013年	2012年
全　国	**287**	**50040**	**48578**	**822024**	**815011**	**74336381**	**71844454**
北　京	11	1420	1357	39069	39741	2354899	2297810
天　津	2	296	173	4010	3020	638156	620101
河　北	21	2100	2092	22285	22953	2985409	2946574
山　西	6	703	681	12146	11472	1429617	1265705
内蒙古	1	45	45	80	80	2420	2420
辽　宁	10	984	974	12089	12969	1553621	1632774
吉　林	2	175	178	1347	1394	52300	58010
黑龙江	4	795	834	4260	3523	148510	134429
上　海	6	3439	3475	58237	62206	1889787	1897651
江　苏	7	6817	6771	188700	189158	11337887	11120931
浙　江	10	3517	3370	41047	42618	6116780	5971648
安　徽	10	4489	4445	54680	52183	2889595	2893157
福　建	15	813	763	7697	8476	753318	908748
江　西	18	2102	2027	15428	14318	1293007	1272891
山　东	20	5566	5401	104571	98078	8678951	8022907
河　南	24	1817	2022	15315	15461	3928846	3780564
湖　北	9	1481	1389	64477	63550	3762744	3441750
湖　南	19	1998	1926	26552	22611	2883613	2881988
广　东	29	5607	5422	49308	54316	13070905	12875628
广　西	31	1768	1686	23598	24004	3066217	2931627
海　南	1	305	246	2865	2951	60000	60000
重　庆	4	825	798	30789	30256	2026253	1976513
四　川	6	1859	1408	25896	21433	485929	399527
贵　州							
云　南	1	174	178	2264	2165	721400	722616
西　藏							
陕　西	8	435	404	7572	7509	535926	466077
甘　肃	1	54	54	591	603	119153	119153
青　海							
宁　夏	2	69	65	1108	1146	201370	207708
新　疆	9	387	394	6043	6817	1349768	935547

2-7 续表 7

私营企业

地区	连锁总店数(个)	门店数(个)		年末从业人员(人)		年末零售营业面积(平方米)	
	2013年	2013年	2012年	2013年	2012年	2013年	2012年
全国	**845**	**47289**	**43578**	**377699**	**360775**	**12813057**	**11614959**
北京	32	1758	1726	11061	10596	397093	359071
天津	10	249	260	3973	3746	42862	49517
河北	16	479	416	9078	8312	495233	365149
山西	26	1704	1613	15310	14295	514208	463821
内蒙古	4	51	52	250	252	9062	6302
辽宁	42	2514	2532	16636	15609	638774	606894
吉林	9	223	203	2863	2913	104440	99428
黑龙江	11	289	272	6854	9774	328204	247584
上海	14	1935	1888	11779	12550	447892	558913
江苏	73	3748	3886	38998	39288	1266919	1228522
浙江	109	11062	10116	53230	50843	1775666	1623181
安徽	24	518	415	7357	6840	290160	281972
福建	55	1706	1469	19774	16485	801489	754967
江西	14	370	279	6665	6830	348420	271387
山东	50	1379	1318	12207	11299	446112	406819
河南	41	1627	1476	12049	11501	307857	270663
湖北	25	1034	946	24623	26240	482765	481140
湖南	35	1659	1678	16949	12053	574822	386384
广东	83	2989	2433	32036	31201	1113284	975168
广西	12	614	482	4987	4020	106591	101783
海南	1	55	50	869	869	3400	3000
重庆	38	4161	4072	15405	15008	588128	543011
四川	39	2320	1821	13704	12549	554453	472079
贵州	9	350	340	2235	2350	36986	36402
云南	17	2639	2082	19022	16623	380255	341309
西藏	1	3	2	722	635	21700	20600
陕西	7	295	278	4375	4263	97837	87657
甘肃	9	245	215	2686	2493	158010	130266
青海	2	13	14	782	769	21434	22569
宁夏	7	380	334	1786	1677	52473	49703
新疆	30	920	910	9434	8892	406528	369698

2-7 续表 8

其他企业

地区	连锁总店数(个)	门店数(个)		年末从业人员(人)		年末零售营业面积(平方米)	
	2013年	2013年	2012年	2013年	2012年	2013年	2012年
全国	**27**	**2321**	**2224**	**16077**	**15976**	**439821**	**413801**
北京							
天津							
河北							
山西							
内蒙古	1	15	15	125	119	2030	1842
辽宁	1	12	10	82	85	1375	1372
吉林							
黑龙江							
上海	1	491	475	2912	2834	41273	39718
江苏	3	166	192	974	1021	10483	12587
浙江							
安徽	1	202	165	1035	1020	9850	9080
福建	2	32	40	487	726	41458	26160
江西							
山东	5	80	82	561	531	40903	43193
河南	1	4	4	20	10	3800	3800
湖北	2	81	79	1200	960	5280	5280
湖南	3	100	83	3942	4192	190317	179736
广东							
广西							
海南							
重庆	1	368	360	759	710	14275	12250
四川	2	419	419	1815	1735	38995	38995
贵州	2	189	156	554	425	11885	10485
云南							
西藏							
陕西							
甘肃	1	132	120	1485	1485	25017	25017
青海							
宁夏							
新疆	1	30	24	126	123	2880	4286

2-7 续表 9

港、澳、台商投资企业

地区	连锁总店数（个）	门店数（个）		年末从业人员（人）		年末零售营业面积（平方米）	
	2013年	2013年	2012年	2013年	2012年	2013年	2012年
全　国	**111**	**7773**	**7262**	**216019**	**208682**	**11548308**	**10227776**
北　京	9	362	350	8651	9620	185674	187197
天　津	5	328	357	9211	9702	382648	383364
河　北							
山　西	2	11	11	454	610	51848	51848
内蒙古							
辽　宁	3	35	31	3188	2247	425340	386002
吉　林	2	20	19	225	256	4198	4048
黑龙江	1	21	16	251	142	6316	3600
上　海	11	1328	1308	58620	55315	2782733	2356609
江　苏	9	325	371	34218	37096	1183343	1107328
浙　江	5	262	262	4512	4240	141191	108413
安　徽	1	4	3	645	451	32590	24007
福　建	4	521	428	29434	27936	3405314	2850961
江　西	1	20	20	5527	5305	235592	235592
山　东	3	327	285	3721	3475	114787	106349
河　南	3	185	157	7168	6863	669249	660832
湖　北	4	171	184	4465	4776	55795	58326
湖　南	6	233	195	4346	3420	138989	94706
广　东	33	3272	2898	38508	34491	1642982	1529269
广　西							
海　南							
重　庆	3	74	73	766	848	9806	10950
四　川	3	137	160	1063	1147	46178	34520
贵　州							
云　南	3	137	134	1046	742	33735	33855
西　藏							
陕　西							
甘　肃							
青　海							
宁　夏							
新　疆							

2-7 续表 10

外商投资企业

地区	连锁总店数(个)	门店数(个)		年末从业人员(人)		年末零售营业面积(平方米)	
	2013年	2013年	2012年	2013年	2012年	2013年	2012年
全　国	**144**	**11473**	**11113**	**288462**	**281084**	**14569259**	**13759474**
北　京	21	545	593	24448	25631	1087333	1017768
天　津	3	65	65	5147	4372	126971	126971
河　北	3	23	18	3130	2373	258508	134800
山　西							
内蒙古							
辽　宁	6	45	43	8842	8091	294854	289556
吉　林	1	2	2	221	121	14979	14979
黑龙江	1	9	10	2514	2272	93982	94661
上　海	12	1082	1207	34669	33686	1241718	1474645
江　苏	13	2494	2482	90023	89538	4769509	4330751
浙　江	5	70	70	8459	9468	487638	482542
安　徽	2	28	29	3359	3025	231221	221016
福　建	11	740	721	9685	9672	1021429	1023598
江　西	2	5	5	532	266	10000	10000
山　东	7	123	127	8294	8476	431715	393653
河　南	1	11	12	377	257	27000	30000
湖　北	6	141	135	7225	5881	315336	178493
湖　南	1	3	3	830	817	47348	47348
广　东	32	5660	5199	59988	56241	3096012	2931126
广　西	1	69	63	998	969	35512	23336
海　南							
重　庆	1	7	7	2060	2000	70000	70000
四　川	7	132	130	9954	9274	633724	580554
贵　州	1	90	85	926	876	23062	22810
云　南	3	24	23	4202	5326	190716	202388
西　藏							
陕　西	2	52	35	1380	1253	31300	29087
甘　肃							
青　海							
宁　夏	1	49	46	342	351	650	650
新　疆	1	4	3	857	848	28742	28742

2-8 按登记注册类型分各地区连锁零售企业直营门店基本情况

内资企业

地区	门店数(个)		年末从业人员(人)		年末零售营业面积(平方米)	
	2013年	2012年	2013年	2012年	2013年	2012年
全国	**114995**	**108995**	**1841042**	**1829194**	**124810968**	**119024584**
北京	4584	4398	113614	107729	5602299	5362522
天津	1574	1416	24103	23661	2176208	2116686
河北	3972	3877	48931	48002	5835269	5651362
山西	1874	1810	37380	38619	2323314	2098271
内蒙古	217	180	5489	4919	228290	209790
辽宁	4092	4120	45378	50026	3652284	3481290
吉林	827	820	10045	10806	349406	354634
黑龙江	1330	1745	18843	20503	609453	560089
上海	9438	9539	134313	150067	4559013	4837502
江苏	10574	10342	244661	244568	13073039	12789030
浙江	10617	10188	111167	110577	9361416	8963192
安徽	4094	3998	77125	72778	4795323	4710732
福建	2416	2288	36957	36270	2220461	2255089
江西	2502	2357	46629	44558	2665568	2450210
山东	8159	7748	156320	148287	12592505	11838704
河南	4023	3937	61523	62500	5857996	5555449
湖北	5035	4530	134205	130363	6253066	5617034
湖南	3526	3231	64799	55566	5142921	4839810
广东	13353	12245	163788	180284	19405784	18356748
广西	2712	2489	34168	33769	3409966	3227692
海南	613	506	5769	5717	324757	319630
重庆	3454	3250	80104	75569	3613849	3833751
四川	5220	4480	59343	53076	1935124	1710092
贵州	826	698	9534	7704	260220	224192
云南	3662	2934	32405	28791	1729867	1607785
西藏	3	2	722	635	21700	20600
陕西	1716	1536	31981	32384	1991284	1808771
甘肃	698	647	7370	7237	764297	652168
青海	113	76	6804	6544	245842	240274
宁夏	578	558	9458	9087	547349	550760
新疆	3193	3050	28114	28598	3263098	2780725

2-8 续表 1

国有企业

地　区	门店数(个)		年末从业人员(人)		年末零售营业面积(平方米)	
	2013年	2012年	2013年	2012年	2013年	2012年
全　国	**12222**	**12088**	**143378**	**150693**	**11237197**	**10662680**
北　京	51	44	753	599	10935	10485
天　津	399	372	5285	5369	728381	726881
河　北	600	602	4796	3960	1732338	1738058
山　西	365	362	5288	5581	222386	285386
内蒙古						
辽　宁	487	509	6036	9959	737317	740718
吉　林						
黑龙江	158	156	2669	2654	20732	20732
上　海	1290	1366	9888	10304	157735	177181
江　苏	126	96	797	793	9618	9418
浙　江	385	379	6071	6237	329124	313732
安　徽	1700	1792	9970	11161	636203	636203
福　建	314	292	2829	2741	158104	119971
江　西	585	551	10804	10936	462593	467711
山　东	126	122	788	667	27265	32085
河　南	205	197	1884	1831	180086	113110
湖　北	544	641	11220	11267	355213	311803
湖　南	482	422	4733	4525	560243	552928
广　东	1192	920	28192	27707	1656234	941180
广　西						
海　南	91	90	1001	993	211876	211973
重　庆	191	397	3239	5302	139868	572326
四　川	76	61	712	763	20278	20278
贵　州						
云　南	87	123	1325	1364	89000	64300
西　藏						
陕　西	667	633	12354	13090	994285	915415
甘　肃	260	249	2506	2578	460297	375732
青　海						
宁　夏	13	13	438	439	10609	10609
新　疆	1828	1699	9800	9873	1326477	1294465

2-8 续表 2

集体企业

地区	门店数（个）		年末从业人员（人）		年末零售营业面积（平方米）	
	2013年	2012年	2013年	2012年	2013年	2012年
全国	**484**	**489**	**8377**	**5147**	**452175**	**433747**
北京	27	25	677	660	60400	50410
天津	10		30		480	
河北	3	4	137	168	5300	6300
山西						
内蒙古						
辽宁						
吉林						
黑龙江	24	24	30	30	360	360
上海	59	62	390	396	5481	5222
江苏	32	29	287	317	9508	9560
浙江	6	9	86	95	2846	3506
安徽						
福建	5	5	76	80	1196	1196
江西						
山东	38	36	786	788	181489	181165
河南	4	5	231	196	6300	2840
湖北	57	60	4500	1225	155000	150000
湖南	11	11	119	125	5350	5236
广东	70	81	667	693	11181	11311
广西						
海南						
重庆	125	125	255	258	6809	6166
四川						
贵州						
云南	5	5	50	60	275	275
西藏						
陕西						
甘肃						
青海						
宁夏						
新疆	8	8	56	56	200	200

2-8 续表 3

股份合作企业

地区	门店数(个)		年末从业人员(人)		年末零售营业面积(平方米)	
	2013年	2012年	2013年	2012年	2013年	2012年
全国	**341**	**377**	**4028**	**4435**	**53020**	**55188**
北京						
天津	341	377	4028	4435	53020	55188
河北						
山西	3	3	76	74	160	160
内蒙古						
辽宁						
吉林						
黑龙江						
上海	231	254	2663	3222	18000	17000
江苏						
浙江						
安徽						
福建	13	13	107	110	2933	2933
江西						
山东						
河南						
湖北	12	15	332	355	11453	13671
湖南						
广东	30	43	410	298	3150	4500
广西						
海南	29	29	155	136	7124	7124
重庆						
四川						
贵州						
云南						
西藏						
陕西						
甘肃						
青海						
宁夏						
新疆						

2-8 续表 4

联营企业

地区	门店数（个）		年末从业人员（人）		年末零售营业面积（平方米）	
	2013年	2012年	2013年	2012年	2013年	2012年
全国	**213**	**196**	**2308**	**1904**	**93520**	**85950**
北京	5	5	43	37	928	928
天津						
河北						
山西						
内蒙古						
辽宁						
吉林						
黑龙江						
上海	25	25	183	199	2866	2866
江苏	16	16	247	298	5924	5010
浙江						
安徽						
福建						
江西						
山东						
河南						
湖北	22	12	1005	608	65300	65300
湖南						
广东	145	138	830	762	18502	11846
广西						
海南						
重庆						
四川						
贵州						
云南						
西藏						
陕西						
甘肃						
青海						
宁夏						
新疆						

2-8 续表 5

有限责任公司

地　区	门店数（个）		年末从业人员（人）		年末零售营业面积（平方米）	
	2013年	2012年	2013年	2012年	2013年	2012年
全　国	**38509**	**35935**	**599983**	**605818**	**28339201**	**26818570**
北　京	2243	2198	68443	62860	2924434	2784744
天　津	645	636	10793	11491	769859	723717
河　北	790	763	12635	12609	616989	595281
山　西	264	263	9880	12266	227098	136045
内蒙古	144	124	5093	4571	216918	203065
辽　宁	1628	1630	17938	17555	889610	660250
吉　林	198	185	3172	3277	174666	180196
黑龙江	429	459	5777	4522	125933	156984
上　海	5069	5115	70243	80185	2432176	2578391
江　苏	3675	3471	26721	26495	679562	675278
浙　江	3595	3292	31853	30899	1577408	1459430
安　徽	703	664	22102	22168	1196065	1156067
福　建	597	591	11444	12357	632305	584420
江　西	596	541	14985	13785	596384	487417
山　东	2434	2336	44733	44478	3396985	3349344
河　南	1367	1242	34367	35849	1543427	1492421
湖　北	1931	1536	28445	28955	1452529	1201347
湖　南	1130	1012	16646	16092	1080731	990941
广　东	4072	3837	56871	67891	3582070	3574230
广　西	597	573	6778	7010	289812	246631
海　南	162	120	1034	904	49481	44657
重　庆	1567	1289	35824	29759	1028022	888459
四　川	1947	1781	20816	19887	917769	835877
贵　州	452	357	6962	5144	217132	183133
云　南	1075	864	10367	9215	554047	494395
西　藏						
陕　西	430	331	8909	8845	382216	358922
甘　肃	9	9	110	78	2000	2000
青　海	100	62	6022	5775	224408	217705
宁　夏	327	327	6474	6105	281487	281240
新　疆	333	327	4546	4791	277678	275983

2-8 续表 6

股份有限公司

地　区	门店数(个)		年末从业人员(人)		年末零售营业面积(平方米)	
	2013年	2012年	2013年	2012年	2013年	2012年
全　国	**38159**	**37048**	**766796**	**757798**	**73254833**	**70707102**
北　京	969	960	34406	35105	2275785	2232464
天　津	296	173	4010	3020	638156	620101
河　北	2100	2092	22285	22953	2985409	2946574
山　西	703	681	12146	11472	1429617	1265705
内蒙古	11	11	47	47	750	750
辽　宁	984	974	12089	12969	1553621	1632774
吉　林	175	178	1347	1394	52300	58010
黑龙江	430	834	3513	3523	134224	134429
上　海	1511	1527	43743	48130	1542133	1542662
江　苏	4882	4855	184876	185308	11337887	11120931
浙　江	3178	3034	40519	42078	6090898	5946066
安　徽	1076	1041	37719	32348	2672295	2637550
福　建	671	622	6062	6878	716045	871720
江　西	1143	1113	14431	13263	1273827	1234651
山　东	4214	3956	97165	90404	8495618	7819567
河　南	1654	1862	14297	14450	3856346	3712064
湖　北	1449	1339	64224	63150	3752723	3425715
湖　南	1391	1317	25399	21711	2852513	2855028
广　东	5607	5422	49308	54316	13070905	12875628
广　西	1648	1551	22688	23013	3024228	2887818
海　南	305	246	2865	2951	60000	60000
重　庆	813	786	30768	30229	2026008	1976268
四　川	1830	1379	25311	20846	485928	399526
贵　州						
云　南	174	178	2264	2165	721400	722616
西　藏						
陕　西	435	404	7572	7509	535926	466077
甘　肃	54	54	591	603	119153	119153
青　海						
宁　夏	69	65	1108	1146	201370	207708
新　疆	387	394	6043	6817	1349768	935547

2-8 续表 7

私营企业

地区	门店数（个）		年末从业人员（人）		年末零售营业面积（平方米）	
	2013年	2012年	2013年	2012年	2013年	2012年
全　国	**24116**	**21974**	**305152**	**292470**	**11019527**	**9922288**
北　京	1289	1166	9292	8468	329817	283491
天　津	221	232	3909	3707	39172	45827
河　北	479	416	9078	8312	495233	365149
山　西	542	504	10066	9300	444213	411135
内蒙古	51	34	250	203	9062	4553
辽　宁	981	997	9233	9458	470361	446176
吉　林	223	203	2863	2913	104440	99428
黑龙江	289	272	6854	9774	328204	247584
上　海	1408	1372	9234	10235	406399	519653
江　苏	1685	1693	30775	30356	1020607	956896
浙　江	3440	3461	32531	31158	1358207	1237525
安　徽	443	366	6499	6281	282740	273662
福　建	814	761	16116	13668	671803	652312
江　西	178	152	6409	6574	332764	260431
山　东	1258	1204	11958	11067	439392	400279
河　南	789	627	10724	10164	268037	231214
湖　北	921	820	23201	23900	463871	453089
湖　南	461	424	14230	9178	459067	260021
广　东	2238	1818	27765	28779	1059768	935429
广　西	467	365	4702	3746	95926	93243
海　南	55	50	869	869	3400	3000
重　庆	756	653	10004	10021	412732	390532
四　川	1343	1235	12079	11219	495215	438477
贵　州	266	255	2083	2201	34173	33544
云　南	2321	1764	18399	15987	365145	326199
西　藏	3	2	722	635	21700	20600
陕　西	184	168	3146	2940	78857	68357
甘　肃	243	215	2678	2493	157830	130266
青　海	13	14	782	769	21434	22569
宁　夏	146	133	1153	1157	43683	41403
新　疆	609	598	7548	6938	306275	270244

2-8 续表 8

其他企业

地　区	门店数(个)		年末从业人员(人)		年末零售营业面积(平方米)	
	2013年	2012年	2013年	2012年	2013年	2012年
全　国	**951**	**888**	**11020**	**10929**	**361495**	**339059**
北　京						
天　津						
河　北						
山　西						
内蒙古	11	11	99	98	1560	1422
辽　宁	12	10	82	85	1375	1372
吉　林						
黑龙江						
上　海	76	72	632	618	12223	11527
江　苏	158	182	958	1001	9933	11937
浙　江						
安　徽	172	135	835	820	8020	7250
福　建	15	17	430	546	41008	25470
江　西						
山　东	77	79	558	528	40303	42593
河　南	4	4	20	10	3800	3800
湖　北	81	79	1200	960	5280	5280
湖　南	51	45	3672	3935	185017	175656
广　东						
广　西						
海　南						
重　庆	2		14		410	
四　川	24	24	425	361	15934	15934
贵　州	108	86	489	359	8915	7515
云　南						
西　藏						
陕　西						
甘　肃	132	120	1485	1485	25017	25017
青　海						
宁　夏						
新　疆	28	24	121	123	2700	4286

2-8 续表 9

港、澳、台商投资企业

地　区	门店数(个)		年末从业人员(人)		年末零售营业面积(平方米)	
	2013年	2012年	2013年	2012年	2013年	2012年
全　国	**5502**	**5518**	**162438**	**158495**	**8837712**	**7965097**
北　京	362	350	8651	9620	185674	187197
天　津	328	357	9211	9702	382648	383364
河　北						
山　西	3	3	356	516	50208	50208
内蒙古						
辽　宁	35	31	3188	2247	425340	386002
吉　林	20	19	225	256	4198	4048
黑龙江	21	16	251	142	6316	3600
上　海	597	801	10149	10041	340661	335449
江　苏	218	226	33916	36726	1174256	1094998
浙　江	187	188	4402	4128	135738	101580
安　徽	4	3	645	451	32590	24007
福　建	408	341	29219	27733	3403200	2849351
江　西	10	10	2835	2590	95592	95592
山　东	327	285	3721	3475	114787	106349
河　南	185	157	7168	6863	669249	660832
湖　北	171	184	4465	4776	55795	58326
湖　南	233	195	4346	3420	138989	94706
广　东	2110	2031	36945	33218	1540752	1458173
广　西						
海　南						
重　庆	74	73	766	848	9806	10950
四　川	72	114	933	1001	38178	26510
贵　州						
云　南	137	134	1046	742	33735	33855
西　藏						
陕　西						
甘　肃						
青　海						
宁　夏						
新　疆						

2-8 续表 10

外商投资企业

地区	门店数（个）		年末从业人员（人）		年末零售营业面积（平方米）	
	2013年	2012年	2013年	2012年	2013年	2012年
全国	**5489**	**5302**	**248465**	**240003**	**13537925**	**13069230**
北京	527	545	24370	25460	1085610	1009528
天津	65	65	5147	4372	126971	126971
河北	23	18	3130	2373	258508	134800
山西						
内蒙古						
辽宁	45	43	8842	8091	294854	289556
吉林	2	2	221	121	14979	14979
黑龙江	9	10	2514	2272	93982	94661
上海	586	580	32753	28817	1184453	1419476
江苏	1782	1716	71523	71538	4290570	4010751
浙江	57	57	8409	9418	474808	469712
安徽	28	29	3359	3025	231221	221016
福建	740	721	9685	9672	1021429	1023598
江西	5	5	532	266	10000	10000
山东	123	127	8294	8476	431715	393653
河南	11	12	377	257	27000	30000
湖北	139	133	7212	5868	315136	178293
湖南	3	3	830	817	47348	47348
广东	932	847	40571	38294	2617654	2637673
广西	69	63	998	969	35512	23336
海南						
重庆	7	7	2060	2000	70000	70000
四川	117	127	9931	9243	631705	580202
贵州	90	85	926	876	23062	22810
云南	24	23	4202	5326	190716	202388
西藏						
陕西	52	35	1380	1253	31300	29087
甘肃						
青海						
宁夏	49	46	342	351	650	650
新疆	4	3	857	848	28742	28742

2-9 按登记注册类型分各地区连锁零售企业加盟门店基本情况

内资企业

地　区	门店数（个）		年末从业人员（人）		年末零售营业面积（平方米）	
	2013年	2012年	2013年	2012年	2013年	2012年
全　国	**69849**	**66315**	**213919**	**211580**	**5474949**	**5481534**
北　京	1897	1895	11504	11989	274821	259218
天　津	705	695	1408	1361	70890	69905
河　北	367	375	593	595	27540	27550
山　西	1162	1109	5244	4995	69995	52686
内蒙古	38	56	59	103	2140	3839
辽　宁	1753	1755	8359	7205	199351	190903
吉　林						
黑龙江	365		747		14286	
上　海	5795	5981	28290	28829	572780	588673
江　苏	5066	5138	17858	18473	510838	528246
浙　江	17868	16809	42503	41649	1179651	1158758
安　徽	5541	5504	18832	21445	357443	397660
福　建	1079	872	5488	4595	170679	140373
江　西	1198	1088	1533	1599	37276	51636
山　东	3119	2509	10841	10585	299074	304293
河　南	1295	1268	3288	3248	132883	138794
湖　北	576	333	2575	3620	41535	63366
湖　南	2716	2759	5911	4620	235759	234426
广　东	2261	2182	10511	10040	151826	253747
广　西	920	911	4633	4402	134354	125766
海　南						
重　庆	8918	8416	15791	14580	379037	315531
四　川	4270	4016	8860	8490	203598	180895
贵　州	223	223	491	632	12916	12936
云　南	595	533	922	890	26457	26198
西　藏						
陕　西	166	168	2120	2205	170430	171050
甘　肃	2	1	8	19	180	1100
青　海	22	22	22	22	880	880
宁　夏	1109	1049	3209	3011	78195	75900
新　疆	823	648	2319	2378	120135	107205

2-9 续表 1

国有企业

地区	门店数 (个)		年末从业人员 (人)		年末零售营业面积 (平方米)	
	2013年	2012年	2013年	2012年	2013年	2012年
全国	**4108**	**3946**	**4812**	**5984**	**228265**	**333017**
北京						
天津						
河北						
山西						
内蒙古						
辽宁						
吉林						
黑龙江						
上海	1265	1330	3307	3467	57988	60980
江苏						
浙江	4	6	20	20	280	383
安徽	1980	1975	307	307	121600	121600
福建						
江西						
山东						
河南	8	8	22	25	450	450
湖北						
湖南						
广东	118	149	494	1550	26245	139253
广西						
海南						
重庆	87	75	123	135	3600	3400
四川						
贵州						
云南	185	115	185	111	1000	700
西藏						
陕西						
甘肃		1		19		1100
青海						
宁夏						
新疆	461	287	354	350	17102	5151

2-9 续表 2

集体企业

地区	门店数（个）		年末从业人员（人）		年末零售营业面积（平方米）	
	2013年	2012年	2013年	2012年	2013年	2012年
全国	**2125**	**1981**	**6307**	**6015**	**144322**	**139590**
北京	276	276	603	607	23185	23185
天津						
河北						
山西						
内蒙古						
辽宁						
吉林						
黑龙江						
上海						
江苏	202	185	675	634	21590	19370
浙江	95	95	180	185	5020	5020
安徽						
福建						
江西						
山东	135	17	424	73	18552	10705
河南		9		58		9260
湖北						
湖南						
广东	602	593	2089	2140	14850	11800
广西						
海南						
重庆						
四川						
贵州						
云南						
西藏						
陕西						
甘肃						
青海						
宁夏	815	806	2336	2318	61125	60250
新疆						

2-9 续表 3

联营企业

地　区	门店数（个）		年末从业人员（人）		年末零售营业面积（平方米）	
	2013年	2012年	2013年	2012年	2013年	2012年
全　国	**37**	**57**	**191**	**325**	**3273**	**8370**
北　京						
天　津						
河　北						
山　西						
内蒙古						
辽　宁						
吉　林						
黑龙江						
上　海						
江　苏						
浙　江						
安　徽						
福　建						
江　西						
山　东						
河　南						
湖　北						
湖　南						
广　东	37	57	191	325	3273	8370
广　西						
海　南						
重　庆						
四　川						
贵　州						
云　南						
西　藏						
陕　西						
甘　肃						
青　海						
宁　夏						
新　疆						

2-9 续表 4

有限责任公司

地　区	门店数（个）		年末从业人员（人）		年末零售营业面积（平方米）	
	2013年	2012年	2013年	2012年	2013年	2012年
全　国	**27155**	**25861**	**69777**	**68691**	**2145685**	**2095792**
北　京	701	662	4469	4618	105246	95107
天　津	677	667	1344	1322	67200	66215
河　北	367	375	593	595	27540	27550
山　西						
内蒙古						
辽　宁	220	220	956	1054	30938	30185
吉　林						
黑龙江						
上　海	1660	1784	5664	6755	96595	105253
江　苏	858	834	5120	5037	242386	236600
浙　江	9808	9717	21076	21219	731010	742117
安　徽	43	46	506	544	9293	10313
福　建	28		138		3270	
江　西	47	47	280	288	2440	2440
山　东	1508	930	2759	2603	89869	83108
河　南	286	242	923	817	20113	21135
湖　北	431	157	900	880	12620	19280
湖　南	862	858	1769	588	83604	77023
广　东	753	768	3466	3603	53942	54585
广　西	653	659	3438	3137	81700	73417
海　南						
重　庆	5048	4550	9501	8721	185931	147157
四　川	2869	3006	5260	5199	121298	124231
贵　州	58	68	274	417	7133	7108
云　南	92	100	114	143	10347	10388
西　藏						
陕　西	55	58	891	882	151450	151750
甘　肃						
青　海	22	22	22	22	880	880
宁　夏	60	42	240	173	8280	7350
新　疆	49	49	74	74	2600	2600

2-9 续表 5

股份有限公司

地 区	门店数（个）		年末从业人员（人）		年末零售营业面积（平方米）	
	2013年	2012年	2013年	2012年	2013年	2012年
全 国	**11881**	**11530**	**55228**	**57213**	**1081548**	**1137352**
北 京	451	397	4663	4636	79114	65346
天 津						
河 北						
山 西						
内蒙古	34	34	33	33	1670	1670
辽 宁						
吉 林						
黑龙江	365		747		14286	
上 海	1928	1948	14494	14076	347654	354989
江 苏	1935	1916	3824	3850		
浙 江	339	336	528	540	25882	25582
安 徽	3413	3404	16961	19835	217300	255607
福 建	142	141	1635	1598	37273	37028
江 西	959	914	997	1055	19180	38240
山 东	1352	1445	7406	7674	183333	203340
河 南	163	160	1018	1011	72500	68500
湖 北	32	50	253	400	10021	16035
湖 南	607	609	1153	900	31100	26960
广 东						
广 西	120	135	910	991	41989	43809
海 南						
重 庆	12	12	21	27	245	245
四 川	29	29	585	587	1	1
贵 州						
云 南						
西 藏						
陕 西						
甘 肃						
青 海						
宁 夏						
新 疆						

2-9　续表 6

私营企业

地　区	门店数（个）		年末从业人员（人）		年末零售营业面积（平方米）	
	2013年	2012年	2013年	2012年	2013年	2012年
全　国	**23173**	**21604**	**72547**	**68305**	**1793530**	**1692671**
北　京	469	560	1769	2128	67276	75580
天　津	28	28	64	39	3690	3690
河　北						
山　西	1162	1109	5244	4995	69995	52686
内蒙古		18		49		1749
辽　宁	1533	1535	7403	6151	168413	160718
吉　林						
黑龙江						
上　海	527	516	2545	2315	41493	39260
江　苏	2063	2193	8223	8932	246312	271626
浙　江	7622	6655	20699	19685	417459	385656
安　徽	75	49	858	559	7420	8310
福　建	892	708	3658	2817	129686	102655
江　西	192	127	256	256	15656	10956
山　东	121	114	249	232	6720	6540
河　南	838	849	1325	1337	39820	39449
湖　北	113	126	1422	2340	18894	28051
湖　南	1198	1254	2719	2875	115755	126363
广　东	751	615	4271	2422	53516	39739
广　西	147	117	285	274	10665	8540
海　南						
重　庆	3405	3419	5401	4987	175396	152479
四　川	977	586	1625	1330	59238	33602
贵　州	84	85	152	149	2813	2858
云　南	318	318	623	636	15110	15110
西　藏						
陕　西	111	110	1229	1323	18980	19300
甘　肃	2		8		180	
青　海						
宁　夏	234	201	633	520	8790	8300
新　疆	311	312	1886	1954	100253	99454

2-9 续表 7

其他企业

地　区	门店数(个)		年末从业人员(人)		年末零售营业面积(平方米)	
	2013年	2012年	2013年	2012年	2013年	2012年
全　国	**1370**	**1336**	**5057**	**5047**	**78326**	**74742**
北　京						
天　津						
河　北						
山　西						
内蒙古	4	4	26	21	470	420
辽　宁						
吉　林						
黑龙江						
上　海	415	403	2280	2216	29050	28191
江　苏	8	10	16	20	550	650
浙　江						
安　徽	30	30	200	200	1830	1830
福　建	17	23	57	180	450	690
江　西						
山　东	3	3	3	3	600	600
河　南						
湖　北						
湖　南	49	38	270	257	5300	4080
广　东						
广　西						
海　南						
重　庆	366	360	745	710	13865	12250
四　川	395	395	1390	1374	23061	23061
贵　州	81	70	65	66	2970	2970
云　南						
西　藏						
陕　西						
甘　肃						
青　海						
宁　夏						
新　疆	2		5		180	

2-9 续表 8

港、澳、台商投资企业

地区	门店数(个)		年末从业人员(人)		年末零售营业面积(平方米)	
	2013年	2012年	2013年	2012年	2013年	2012年
全国	**2271**	**1744**	**53581**	**50187**	**2710596**	**2262679**
北京						
天津						
河北						
山西	8	8	98	94	1640	1640
内蒙古						
辽宁						
吉林						
黑龙江						
上海	731	507	48471	45274	2442072	2021160
江苏	107	145	302	370	9087	12330
浙江	75	74	110	112	5453	6833
安徽						
福建	113	87	215	203	2114	1610
江西	10	10	2692	2715	140000	140000
山东						
河南						
湖北						
湖南						
广东	1162	867	1563	1273	102230	71096
广西						
海南						
重庆						
四川	65	46	130	146	8000	8010
贵州						
云南						
西藏						
陕西						
甘肃						
青海						
宁夏						
新疆						

2-9 续表 9

外商投资企业

地区	门店数(个)		年末从业人员(人)		年末零售营业面积(平方米)	
	2013年	2012年	2013年	2012年	2013年	2012年
全国	**5984**	**5811**	**39997**	**41081**	**1031334**	**690244**
北京	18	48	78	171	1723	8240
天津						
河北						
山西						
内蒙古						
辽宁						
吉林						
黑龙江						
上海	496	627	1916	4869	57265	55169
江苏	712	766	18500	18000	478939	320000
浙江	13	13	50	50	12830	12830
安徽						
福建						
江西						
山东						
河南						
湖北	2	2	13	13	200	200
湖南						
广东	4728	4352	19417	17947	478358	293453
广西						
海南						
重庆						
四川	15	3	23	31	2019	352
贵州						
云南						
西藏						
陕西						
甘肃						
青海						
宁夏						
新疆						

2-10 按登记注册类型分

内资企业

地 区	商品购进总额		统一配送商品购进额		自有配送中心配送商品购进额	
	2013年	2012年	2013年	2012年	2013年	2012年
全 国	**278297632**	**265684272**	**221272967**	**208097141**	**128449846**	**124512020**
北 京	18452250	18218210	9596768	8898511	3823777	3156514
天 津	6223217	6505824	5334968	5665674	3490742	3700740
河 北	9377627	10097931	6232142	7234314	3726501	4405978
山 西	3963658	3553236	2802048	2563253	1462518	1365870
内蒙古	318619	270834	276521	233695	189729	141760
辽 宁	7383449	7230836	4321173	4212789	1484684	2091675
吉 林	1479640	1427668	1405292	1323438	1236744	1195459
黑龙江	2296988	2193776	2135215	2048995	1759410	1728264
上 海	19619351	17998708	15992423	14825703	8951060	7327014
江 苏	29926373	34778205	25874692	27931409	25019574	27166768
浙 江	20978777	20210453	19343330	18498968	17764190	17038651
安 徽	15368179	14121151	11962369	11290825	5944277	5554314
福 建	4910973	4679467	3457184	3219202	931958	803097
江 西	5601840	5032785	5405561	4652231	3519517	2980224
山 东	23256949	21151716	17411473	15673646	12424425	11191959
河 南	6987987	6650940	4665026	4717213	2571663	2719758
湖 北	13903451	12631672	10002576	9400105	7815958	7234421
湖 南	8629805	8663635	6453658	6018115	3276405	2957022
广 东	39524935	33375076	36129431	29189397	6483587	6301319
广 西	3775553	3454894	3430644	3187930	1191414	1139366
海 南	1634790	1695362	1634790	1695362	5816	5250
重 庆	8348641	8713857	5431284	6122267	3779667	4094766
四 川	4534133	3462097	4324359	3279430	1856524	1179406
贵 州	392886	309932	210419	169210	114865	81486
云 南	2475291	2231586	2363460	2206440	751483	643171
西 藏	19855	14964	19855	14964		
陕 西	8502806	7145479	6098469	5286956	3438976	2918755
甘 肃	1820004	1745566	1440717	1372953	322530	335018
青 海	201154	199249	67338	66327	8833	6988
宁 夏	1348372	1518510	1338797	1513604	1272963	1458687
新 疆	7040081	6400655	6110986	5584213	3830057	3588323

各地区连锁零售企业经营情况

单位：万元

非自有配送中心配送商品购进额		商品销售总额		零售额	
2013年	2012年	2013年	2012年	2013年	2012年
41360439	**32409655**	**323680310**	**307813807**	**217029498**	**206179278**
404053	367990	21422902	21016124	15404211	14662594
267229	291189	6379556	6523452	4210818	4304537
181859	177122	10934185	10809538	7316030	6329865
186786	191175	5703523	5316147	4654984	4152619
4642	4111	386775	289799	386775	289799
1154473	98581	8246154	8415210	5393078	5136758
3688	4036	1681101	1505617	1447464	1349749
243075	191503	2172555	2132466	1857751	1816865
2588881	2382844	22717414	21524309	11954626	11833045
570069	672734	36467461	37826960	18571694	21339573
604118	537466	22511271	21529715	15879385	15223736
365128	344400	14417596	14690544	8549643	10292989
507031	342093	5943974	5528526	5495741	5101415
541371	458743	10696290	9688976	6643074	5901435
1074827	919551	26200506	23478811	22747438	20111336
16424	54413	7395800	6912483	5805026	5109148
582429	544455	15827769	14434049	13340013	11652850
344591	274557	10199922	9058324	8515457	7736647
27481525	21022822	42176784	39303926	28993588	27197669
33473	35907	8491837	8375410	4320262	3947844
370489	302082	1780657	1797414	1546475	1593421
1283057	896114	10528307	9975826	7262181	7198114
150311	315038	4630580	4033095	3537918	3212113
5752	5220	431518	354859	425108	350659
196968	205107	4370024	4048110	2655590	2267119
		18564	14185	18564	14185
291311	128497	10191478	8818437	3317202	2757122
1167	2470	2278416	2029906	1895908	1572212
21853	19952	264114	247211	261005	243606
47223	47354	1364668	1207078	870690	707096
1836637	1572131	7848609	6927297	3751798	2773155

2-10 续表 1

国有企业

地区	商品购进总额		统一配送商品购进额		自有配送中心配送商品购进额	
	2013年	2012年	2013年	2012年	2013年	2012年
全国	**50924977**	**43978460**	**45815741**	**38912736**	**19555341**	**19422852**
北京	20101	15373	12293	9817	12293	9817
天津	3223900	3385422	3218937	3385025	3218937	3385025
河北	1649607	1870687	1632522	1854469	1319099	1574210
山西	1943133	1803714	1674680	1558868	663346	626257
内蒙古						
辽宁	1786091	1808379	87894	77405	44753	31322
吉林						
黑龙江	976250	995501	976250	995501	976250	995501
上海	494998	455474	442820	409600	158582	153795
江苏	19401	23381	19401	23381	18211	22887
浙江	1172335	1040712	1137794	1008398	1136711	1007282
安徽	4221657	3921768	4216983	3919058	126418	119918
福建	232831	214642	126137	115429	9223	8218
江西	3346714	3037816	3340972	3030366	1921533	1750168
山东	701975	684558	161186	134805	149822	120533
河南	145066	125352	107461	93583	14746	12083
湖北	3057942	2921828	3057942	2921828	2574336	2481198
湖南	2330020	2206446	1541123	1359922	957791	883404
广东	13289891	7847393	13167762	7736874	953266	904749
广西						
海南	355574	289537	355574	289537		
重庆	392779	864748	306892	804181	299508	797412
四川	450762	280696	450762	280696		
贵州						
云南	1306853	1196646	1306853	1196646		
西藏						
陕西	5190195	4494425	4270642	3615782	2760561	2333807
甘肃	1339180	1321472	984180	967462	202434	247860
青海						
宁夏	64222	55453	64222	55453	53262	55453
新疆	3213500	3117038	3154458	3068653	1984260	1901953

单位：万元

非自有配送中心配送商品购进额		商品销售总额		零售额	
2013年	2012年	2013年	2012年	2013年	2012年
14727587	**9046824**	**51102501**	**49727374**	**24814631**	**24655615**
		33368	28657	30576	26659
		3224881	3385906	2055978	2050309
		1644469	1854999	885943	835349
158860	172271	2358869	2289563	1554237	1453601
		1847406	1945101	833868	752403
		810713	817000	647053	657916
109682	105659	594620	538861	514232	487268
1190	493	24820	21457	24235	21201
		1101117	951661	519044	473751
189628	186387	3240941	4222981	2925701	3921008
42167	39034	831097	746700	735886	648852
268661	221215	4791894	4366718	1449285	1270036
		710717	736487	337787	288406
		152396	150276	130639	139110
147933	140479	3548063	3472659	2281684	2131015
297545	243135	2313690	1982402	1981599	1722130
11993043	6639632	9489872	8733842	2441387	2484213
355574	289537	377350	304723	377350	304723
7383	6769	509137	972209	301218	914339
		296326	329028	131397	145540
		1418491	1272672	795080	675181
270429	108733	6429266	5688706	1446312	1209418
		1724396	1579641	1432830	1185086
		78099	69984	10302	9365
885491	893481	3550503	3265141	971012	848736

2-10 续表 2

集体企业

地区	商品购进总额		统一配送商品购进额		自有配送中心配送商品购进额	
	2013年	2012年	2013年	2012年	2013年	2012年
全国	**721708**	**542569**	**275038**	**252402**	**178095**	**161562**
北京	86943	85631	33300	32821	33300	32821
天津	3524					
河北	2250	3077	2250	3077		
山西						
内蒙古						
辽宁						
吉林						
黑龙江	828	971	828	971	828	971
上海	12051	12724	12051	12724	1793	2833
江苏	48014	44592	48014	44592	48014	44592
浙江	55714	46095	54640	45281	54640	45281
安徽						
福建	1235	1225	1235	1225	1235	1225
江西						
山东	336475	176984	4276	3200		
河南	21972	26588				
湖北	41080	39180	41080	39180		
湖南	6443	4995				
广东	29026	34906	10068	11840	10068	11840
广西						
海南						
重庆	26469	21124	20081	15956	20081	15956
四川						
贵州						
云南	2469	2944				
西藏						
陕西						
甘肃						
青海						
宁夏	43704	39685	43704	39685	4625	4193
新疆	3512	1851	3512	1851	3512	1851

单位：万元

非自有配送中心配送商品购进额		商品销售总额		零售额	
2013年	2012年	2013年	2012年	2013年	2012年
49337	**45382**	**1057352**	**837481**	**770157**	**755312**
		84899	77873	82971	76358
		3830			
		5255	5176	5255	5176
		1224	1435	1224	1435
10257	9890	16194	15268	16194	15268
		48931	45418	45542	42197
		57566	46262	6301	5939
		1953	1782	1953	1782
		427978	262068	268078	251368
		25778	27181	25778	21584
		258970	241141	258970	241141
		6498	5200	3432	2873
		43866	42341	41297	39679
		27934	21738	10545	7999
		2617	2831	2617	2831
39079	35492	40025	39685		39685
		3834	2083		

2-10 续表 3

股份合作企业

地区	商品购进总额		统一配送商品购进额		自有配送中心配送商品购进额	
	2013年	2012年	2013年	2012年	2013年	2012年
全国	**1074978**	**1060456**	**1062783**	**1045158**	**1053169**	**1035564**
北京						
天津	1963	2030	1963	2030		
河北						
山西						
内蒙古						
辽宁						
吉林	973461	941561	973461	941561	973461	941561
黑龙江						
上海						
江苏						
浙江	3040	2980	1930	1532	1930	1532
安徽						
福建						
江西						
山东	11085	13851				
河南						
湖北	9500	9566	9500	9566	9500	9566
湖南						
广东	68279	82904	68279	82904	68279	82904
广西						
海南						
重庆						
四川						
贵州						
云南						
西藏						
陕西						
甘肃						
青海						
宁夏	7650	7564	7650	7564		
新疆						

单位：万元

非自有配送中心配送商品购进额		商品销售总额		零售额	
2013年	2012年	2013年	2012年	2013年	2012年
		1149908	**1139631**	**858692**	**913362**
		2561	2774	1464	1343
		1047031	1009029	833234	876858
		2896	2730	2896	2730
		15341	17719	4153	5385
		10740	14027	10740	14027
		68279	83175	3144	2842
		3061	10178	3061	10178

2-10 续表 4

联营企业

地区	商品购进总额		统一配送商品购进额		自有配送中心配送商品购进额	
	2013年	2012年	2013年	2012年	2013年	2012年
全国	**104891**	**96094**	**104891**	**96094**	**21964**	**28971**
北京	690	623	690	623		
天津						
河北						
山西						
内蒙古						
辽宁						
吉林						
黑龙江						
上海	8036	7814	8036	7814		
江苏	21964	28971	21964	28971	21964	28971
浙江						
安徽						
福建						
江西						
山东						
河南						
湖北	38165	25031	38165	25031		
湖南						
广东	36037	33654	36037	33654		
广西						
海南						
重庆						
四川						
贵州						
云南						
西藏						
陕西						
甘肃						
青海						
宁夏						
新疆						

单位：万元

非自有配送中心配送商品购进额		商品销售总额		零售额	
2013年	2012年	2013年	2012年	2013年	2012年
		124724	**109980**	**115720**	**99216**
		918	833	918	833
		10134	9476	10134	9476
		27147	35178	18144	24414
		38129	24931	38129	24931
		48395	39562	48395	39562

2-10 续表 5

有限责任公司

地　区	商品购进总额		统一配送商品购进额		自有配送中心配送商品购进额	
	2013年	2012年	2013年	2012年	2013年	2012年
全　国	**51971864**	**47220341**	**39405532**	**36336885**	**21220608**	**18118388**
北　京	9008611	8603640	7302118	6815078	1981802	1573956
天　津	1156885	1171632	316508	371738	245766	310017
河　北	708821	702040	639851	595828	454468	410831
山　西	169369	158956	155715	144973	62448	53652
内蒙古	308394	262139	267064	225000	186673	138603
辽　宁	930033	732035	753301	581024	339979	231199
吉　林	304706	266292	300329	262167	181617	192108
黑龙江	374491	329141	374491	329141	242121	199939
上　海	8099609	6173195	4883175	3229825	2083358	501042
江　苏	2060702	1820568	1851457	1693414	1293853	1252925
浙　江	3231473	3135305	2910668	2851459	2296686	2230582
安　徽	1804868	1379972	1239484	1159645	803303	585147
福　建	916041	926750	692343	720340	201206	257386
江　西	1266055	1078226	1253203	1067551	979947	849653
山　东	3696319	3318725	3135164	2857457	2193489	1962438
河　南	1609548	1531943	1141385	1257717	777658	770081
湖　北	3138386	2908908	2367721	2289971	1274964	1115358
湖　南	1551798	1652381	1374927	1476019	634958	681898
广　东	4548547	4569736	3333787	3377160	2129384	2144438
广　西	684126	571711	343731	308401	207929	182136
海　南	23716	20070	23716	20070	5816	5250
重　庆	1958666	1889064	1868357	1694739	1195725	790212
四　川	1345979	1216888	1241027	1121841	314213	292632
贵　州	336100	261092	154610	122354	90047	67743
云　南	401507	502182	324010	491245	86555	242466
西　藏						
陕　西	1032029	636066	294501	266517	160394	142494
甘　肃	1600	1587	1600	1587		
青　海	194713	193964	64975	64928	8833	6988
宁　夏	536162	711811	531417	709347	523273	697486
新　疆	572612	494324	264896	230351	264144	229728

单位：万元

非自有配送中心配送商品购进额		商品销售总额		零售额	
2013年	2012年	2013年	2012年	2013年	2012年
4658785	**3835236**	**58811352**	**52305875**	**44569931**	**40049399**
266421	247880	9529670	9276415	6369498	6267861
7426	6842	1128714	1203771	1066816	1148907
84205	98892	894106	845924	853028	777046
		233771	200460	233771	200190
		376387	280495	376387	280495
71004	27220	961066	797908	819244	687244
3688	4036	394275	264022	388160	256742
1255	1301	379119	396862	350524	370049
1047752	992680	9939923	8250548	4304694	4058779
310233	379974	2483804	2066625	2027412	1621920
257824	248291	3526229	3385088	2811210	2604557
60094	47502	1426344	1197063	1410886	1177656
47232	20986	1053709	1028299	991758	989033
269987	215896	1446139	1220895	1167329	996085
12297	12666	4398937	3633222	3958975	3217312
11773	9836	1636386	1435074	1542227	1323366
429686	399166	3409512	3117042	2857671	2332935
15189	8474	1855681	1677866	1323429	1241162
713363	573320	5578953	4961322	4787334	4371352
32277	28420	761627	668134	530723	479738
14915	12545	26164	20870	26164	18839
633439	53894	2131191	1971149	1870035	1706976
145150	191921	1435561	1310752	1291611	1206722
966	475	364521	302039	364218	301550
173341	202219	726495	681853	688542	617699
20882	19765	1234932	805864	1009491	791592
		2363	1976	2363	1976
19489	18552	254122	238880	251013	235275
8144	11862	509695	431957	479813	408623
752	623	711957	633502	415606	357721

2-10 续表 6

股份有限公司

地　区	商品购进总额		统一配送商品购进额		自有配送中心配送商品购进额	
	2013年	2012年	2013年	2012年	2013年	2012年
全　国	**153851301**	**155653272**	**117287942**	**116424446**	**75617305**	**76847518**
北　京	8765016	9009472	1865118	1718702	1553753	1366148
天　津	1740532	1835396	1740532	1835396	4341	
河　北	6641835	7217483	3598063	4499749	1691133	2217975
山　西	1029866	922793	500045	489180	485642	489180
内蒙古	1699	1658	1699	1658	1699	1658
辽　宁	3534778	3536878	2392078	2443619	515116	1620769
吉　林	53728	48870	52522	45567	52522	45567
黑龙江	365971	344799	267137	265429	267137	265429
上　海	10078753	10501894	9748447	10346448	6703552	6665257
江　苏	25062834	30260498	21253045	23603598	21253045	23603598
浙　江	14351321	13965535	13269180	12794133	12928672	12527854
安　徽	9067541	8578567	6295261	6040927	4906307	4736023
福　建	2725851	2558826	1749659	1481097	499944	374221
江　西	671029	640086	557981	337171	456100	248371
山　东	17665833	16219258	13351592	12023223	9639134	8782549
河　南	4786982	4536170	3067314	3000476	1697826	1789265
湖　北	7060580	6258009	3994115	3680342	3532824	3248475
湖　南	3971161	4208150	3102323	2871862	1464189	1218091
广　东	19593421	19299302	17722193	16579336	2132507	1992344
广　西	2919093	2734980	2918166	2734327	931569	916337
海　南	1224718	1358434	1224718	1358434		
重　庆	5058141	5259872	2401981	2997044	1472526	1919978
四　川	1650963	1160030	1650963	1160030	1169028	684753
贵　州						
云　南						
西　藏						
陕　西	2200277	1953180	1454010	1344017	470882	408909
甘　肃	289393	314277	289393	314277		
青　海						
宁　夏	616791	642652	616791	642652	616791	642652
新　疆	2723197	2286203	2203620	1815752	1171070	1082116

单位：万元

非自有配送中心配送商品购进额		商品销售总额		零售额	
2013年	2012年	2013年	2012年	2013年	2012年
20610248	**18177806**	**189854245**	**184811441**	**127119788**	**123228411**
48298	32089	11044810	10979676	8279809	7689916
252240	277878	1901382	1797104	974407	986287
		8015957	7752321	5205149	4384267
14403		2039548	1911677	1809736	1593937
		1412	1496	1412	1496
1035859	26806	4269481	4495901	2580948	2530968
		80612	67199	80612	67199
		407206	383498	284657	253794
1352016	1212543	11157369	11857449	6112829	6415072
		30711600	32662161	13997099	17296086
224660	175873	15507991	14936853	10743486	10425181
103600	100000	9442994	9021278	3956767	4956143
374010	240209	3001824	2787218	2795031	2543792
		4072332	3792616	3654902	3338187
983080	834500	19786445	18109716	17406213	15764355
		5076472	4861085	3667885	3247505
		7924047	7062463	7270726	6431848
		5164933	4688738	4503427	4206529
14714204	13743647	24680463	23736802	19920866	18957243
1196	7486	7556973	7554968	3672157	3370987
		1350843	1446940	1116661	1244977
633718	824845	6920033	6221443	4239257	3848602
	118108	1695350	1477016	965344	981579
		1588361	1554448	697699	501625
		2435064	2247513	769184	679758
		330042	302745	239100	239606
		657279	592409	323406	196008
872964	583822	3033425	2508710	1851020	1075466

2-10 续表 7

私营企业

地区	商品购进总额		统一配送商品购进额		自有配送中心配送商品购进额	
	2013年	2012年	2013年	2012年	2013年	2012年
全　国	**19111216**	**16672829**	**16978009**	**14722397**	**10696309**	**8821384**
北　京	570890	503471	383249	321470	242628	173773
天　津	96413	111343	57027	71486	21698	5698
河　北	375114	304644	359455	281191	261801	202962
山　西	821289	667773	471608	370231	251083	196781
内蒙古	5818	5539	5818	5539		
辽　宁	1131039	1151846	1086391	1109042	584837	208385
吉　林	147745	170945	78980	74142	29144	16222
黑龙江	579449	523364	516509	457953	273075	266424
上　海	886258	806942	858247	778628	3775	4087
江　苏	2688744	2570355	2656097	2507614	2377688	2207012
浙　江	2164894	2019827	1969118	1798166	1345553	1226120
安　徽	265840	234234	202368	164585	99976	106617
福　建	942412	878870	795207	801957	218977	159925
江　西	318042	276658	253406	217142	161938	132032
山　东	809724	712273	724873	629769	440936	325680
河　南	423614	430262	348061	364812	81432	148329
湖　北	504154	428814	440407	393850	417361	373349
湖　南	569415	432735	425973	303648	210701	167838
广　东	1959735	1507180	1791305	1367629	1190084	1165044
广　西	172334	148204	168747	145202	51916	40893
海　南	30781	27322	30781	27322		
重　庆	911985	678561	833457	609949	791665	571053
四　川	1061070	789756	956249	702137	349233	188456
贵　州	44655	41249	43678	39266	14754	13743
云　南	764462	529814	732597	518550	664928	400705
西　藏	19855	14964	19855	14964		
陕　西	80306	61808	79316	60640	47138	33544
甘　肃	152819	78436	128532	59833	83084	57363
青　海	6441	5285	2364	1400		
宁　夏	79842	61345	75013	58903	75013	58903
新　疆	526079	499010	483320	465377	405890	370446

单位：万元

非自有配送中心配送商品购进额		商品销售总额		零售额	
2013年	2012年	2013年	2012年	2013年	2012年
1224261	**1210589**	**21024290**	**18382180**	**18231523**	**15980047**
89334	88021	729238	652671	640439	600968
7562	6468	118189	133897	112153	117692
97654	78230	374398	351119	366655	328027
13522	18905	1071335	914448	1057241	904892
4060	4111	6302	6192	6302	6192
47610	44555	1166497	1174540	1157315	1164384
		159183	165367	145457	148951
241820	190203	574293	533670	574293	533670
29527	21406	956558	813021	953927	807496
240731	269209	3139463	2967651	2428437	2307155
121634	113303	2315473	2207121	1796449	1711578
11806	10511	298447	242458	247420	231420
43622	41864	962708	872753	878431	826183
2722	21632	385924	308748	371558	297128
53032	47951	827307	695663	738453	560576
3846	43952	503960	438253	437688	376969
1810	1811	576412	454495	560197	429661
31311	22073	660761	512707	505212	372543
60915	66223	2266957	1706883	1751165	1302778
		173237	152308	117383	97119
		26301	24882	26301	24882
8516	10607	938927	788302	840041	719213
3853	3848	1175142	897305	1127376	859278
4787	4745	51764	44181	45657	40469
23627	2888	634060	536307	471652	469784
		18564	14185	18564	14185
		92216	76355	92216	76355
1167	2470	187033	109397	187033	109397
2364	1400	9992	8331	9992	8331
		76509	62865	54108	43237
77430	94205	547142	516107	512411	489535

2-10 续表 8

其他企业

地区	商品购进总额		统一配送商品购进额		自有配送中心配送商品购进额	
	2013年	2012年	2013年	2012年	2013年	2012年
全国	**536696**	**460252**	**343032**	**307025**	**107055**	**75781**
北京						
天津						
河北						
山西						
内蒙古	2709	1499	1940	1499	1358	1499
辽宁	1509	1699	1509	1699		
吉林						
黑龙江						
上海	39647	40666	39647	40666		
江苏	24715	29840	24715	29840	6800	6782
浙江						
安徽	8272	6610	8272	6610	8272	6610
福建	92604	99153	92604	99153	1373	2122
江西						
山东	35538	26069	34381	25193	1043	759
河南	805	625	805	625		
湖北	53645	40338	53645	40338	6972	6475
湖南	200968	158927	9312	6665	8766	5791
广东						
广西						
海南						
重庆	600	488	517	399	162	155
四川	25359	14726	25359	14726	24051	13566
贵州	12131	7591	12131	7591	10064	
云南						
西藏						
陕西						
甘肃	37013	29795	37013	29795	37013	29795
青海						
宁夏						
新疆	1181	2228	1181	2228	1181	2228

单位：万元

	非自有配送中心配送商品购进额		商品销售总额		零售额	
	2013年	2012年	2013年	2012年	2013年	2012年
	90221	**93817**	**555938**	**499844**	**549056**	**497917**
	582		2674	1617	2674	1617
			1704	1760	1704	1760
	39647	40666	42616	39686	42616	39686
	17915	23059	31696	28470	30825	26601
			8870	6763	8870	6763
			92683	91773	92683	91773
	26418	24434	33780	23935	33780	23935
	805	625	809	615	809	615
	3000	3000	61897	47292	61897	47292
	546	874	198359	191411	198359	191411
			1086	985	1086	985
	1309	1160	28201	18994	22190	18994
			15233	8640	15233	8640
			34582	36147	34582	36147
			1749	1755	1749	1698

2-10 续表 9

港、澳、台商投资企业

地　区	商品购进总额		统一配送商品购进额		自有配送中心配送商品购进额	
	2013年	2012年	2013年	2012年	2013年	2012年
全　国	**17853340**	**20017279**	**14299374**	**16400463**	**7327908**	**6965470**
北　京	481833	497271	259231	268385	28966	29444
天　津	494665	470051	2000	2675		
河　北						
山　西	84250	47114	7670	7027		
内蒙古						
辽　宁	108773	139134	55726	40881		
吉　林	5097	6176	1259		1259	
黑龙江	7506	5333	7506	5333	7506	5333
上　海	5217456	8731964	4699643	8139805	11262	13267
江　苏	2548670	2367612	2537058	2264182	1983963	1893199
浙　江	339707	318479	303218	282081	198286	186589
安　徽	29562	26116	29562	26116		
福　建	2813246	2413089	1934437	1653864	1481590	1342373
江　西	501015	421719	306033	154975	306033	154975
山　东	164736	161260	97536	77143	31907	49302
河　南	786680	716830	110664	101770	110664	101770
湖　北	663870	657082	663870	644893	632739	594415
湖　南	159405	107445	133646	99951	103747	78943
广　东	3155875	2591932	2885565	2324895	2199277	2243381
广　西						
海　南						
重　庆	13626	14367	13626	11327	11928	11327
四　川	67196	70902	42000	41760	42000	41760
贵　州						
云　南	210172	253404	209124	253404	176781	219393
西　藏						
陕　西						
甘　肃						
青　海						
宁　夏						
新　疆						

单位：万元

非自有配送中心配送商品购进额		商品销售总额		零售额	
2013年	2012年	2013年	2012年	2013年	2012年
1269691	**1030031**	**25200120**	**22250235**	**19563109**	**17098899**
124801	129544	635071	640418	521759	521276
2000	2675	597554	538884	458939	448712
		88412	49288	88412	49288
23168		145719	134129	145719	134129
		8952	6968	8952	6968
		11526	7567	11526	7567
135522	157307	9591366	8400266	5617144	4778013
496381	362256	3670012	3412041	2961553	2754799
		397523	354115	274244	245220
		29965	27079	29965	27079
452847	311490	2547552	2191039	2450356	2089523
		469030	392411	409122	339348
		221604	225271	220295	224066
		1204393	1078684	1204393	1078684
	26	857425	712184	833111	681025
	21008	171008	121047	170585	120674
33274	45726	4189223	3602183	3848566	3316167
1698		26895	27148	26895	27148
		65719	68862	42464	21313
		271172	260654	239112	227902

2-10 续表 10

外商投资企业

地区	商品购进总额		统一配送商品购进额		自有配送中心配送商品购进额	
	2013年	2012年	2013年	2012年	2013年	2012年
全国	**26436250**	**25403481**	**17845715**	**17879283**	**10208782**	**10221284**
北京	2504333	2401466	1288712	1246866	241836	230162
天津	675121	378970				
河北	115988	89095	115988	89095	53897	24872
山西						
内蒙古						
辽宁	507832	536737	324347	319618		
吉林	6600	8273	6600	8273		
黑龙江	152768	134692	152768	134692		
上海	3497003	3261081	723448	901667	64986	230122
江苏	6869495	6942534	6869495	6942534	5147966	5200234
浙江	1127612	879474	910212	653504	910212	653504
安徽	322912	295113				
福建	1522774	1605668	873267	853312		
江西	104915	43351	104915	43351		
山东	1471571	1667397	726414	982008		
河南	71922	70973	71922	70973	71922	70973
湖北	364095	311077	349514	301859		70101
湖南	39213	49253				
广东	5350144	5132659	4158953	4321598	3299225	3400824
广西	24214	21869	24214	21869	24214	21869
海南						
重庆	122140	130632	122140	130632		
四川	903118	862444	378274	322657	41172	43637
贵州	40611	33329	40611	33329	40611	33329
云南	497307	405932	497307	405932	275219	218535
西藏						
陕西	70206	63818	32258	17871	32258	17871
甘肃						
青海						
宁夏	13453	15821	13453	15821		
新疆	60907	61826	60907	61826	5265	5254

单位：万元

非自有配送中心配送商品购进额		商品销售总额		零售额	
2013年	2012年	2013年	2012年	2013年	2012年
2909539	**2964585**	**31188280**	**30189138**	**26815142**	**25816308**
555246	525882	3099878	2993001	3004570	2823666
		861568	394614	861568	394614
		136701	93928	136701	93928
11878	6351	561455	545499	561455	545499
		6867	8297	6867	8297
		149280	134825	149280	134825
41103	50726	3621569	3494342	3586129	3423001
1275500	1498838	7278629	7147012	5853254	6188410
		985959	979325	985959	979325
		314199	293769	314199	293769
	32035	3970000	4169118	3123522	3064533
104915	43351	82694	44975	78936	40092
245824	257757	1697709	1956811	500552	484485
		69525	67283	69525	67283
201515	93256	424042	379929	422659	374415
		49162	56508	49162	56508
292352	268319	6075276	5680612	5334118	5123334
		36679	32706	36679	32706
122140	130632	122140	130632	122140	130632
3426	867	883283	882895	883283	882895
		51228	44354	51228	44354
		545862	493506	545862	493506
		76186	75327	76186	73426
		28306	28036	1227	968
55642	56571	60087	61837	60087	61837

2-11 按登记注册类型分

内资企业

地 区	商品购进总额		统一配送商品购进额		自有配送中心配送商品购进额	
	2013年	2012年	2013年	2012年	2013年	2012年
全 国	**268918163**	**257316755**	**213498361**	**201039754**	**123271441**	**119825075**
北 京	18139610	17943079	9345671	8683015	3619918	2983091
天 津	6137191	6394786	5334968	5665029	3490742	3700740
河 北	9354034	10072785	6208549	7209168	3702908	4380832
山 西	3812496	3429503	2802048	2563253	1462518	1365870
内蒙古	317160	269224	275237	232085	188745	140898
辽 宁	7268176	7129894	4208812	4115763	1484633	2091625
吉 林	1479640	1427668	1405292	1323438	1236744	1195459
黑龙江	2267392	2193776	2134409	2048995	1758604	1728264
上 海	17827986	16467679	14249491	13348573	7662678	6261284
江 苏	28870945	33711570	24823213	26875925	23972098	26122375
浙 江	19801122	19142518	18235303	17500635	16769045	16140971
安 徽	13877130	12848376	10938019	10309963	5362867	4982703
福 建	4562836	4460086	3109048	2999821	904385	786161
江 西	5521986	4905676	5334361	4588441	3458239	2919554
山 东	22610420	20642348	17071390	15382855	12171199	10963607
河 南	6629831	6307689	4329832	4398448	2565586	2713982
湖 北	13884831	12594634	9985233	9364889	7802670	7203697
湖 南	8422526	8476019	6310062	5886421	3228880	2917559
广 东	39274828	32900692	35903681	28741378	6273348	6070778
广 西	3738097	3420937	3407357	3168023	1170978	1121977
海 南	1634790	1695362	1634790	1695362	5816	5250
重 庆	8073173	8542783	5238802	6011966	3656233	4014769
四 川	4386380	3390113	4186898	3211663	1742321	1131767
贵 州	376241	296505	193774	155783	114865	81486
云 南	2078701	1952812	1967893	1929099	746715	638940
西 藏	19855	14964	19855	14964		
陕 西	8355619	7021242	6072427	5256001	3419482	2896117
甘 肃	1819849	1737381	1440562	1364767	322410	335018
青 海	200769	198777	66953	65855	8448	6516
宁 夏	1285420	1466742	1283563	1465955	1256808	1446529
新 疆	6889129	6261136	5980867	5462222	3711560	3477260

各地区连锁零售企业直营门店经营情况

单位：万元

非自有配送中心配送商品购进额		商品销售总额		零售额	
2013年	2012年	2013年	2012年	2013年	2012年
40038281	**31121742**	**313967431**	**298697552**	**210183088**	**199457364**
359461	329613	20954669	20624712	14948074	14278287
267228	290543	6287928	6426140	4120000	4211354
181859	177122	10903743	10777456	7285588	6297783
186786	191175	5553485	5185723	4505306	4022685
4342	3364	385789	288256	385789	288256
1121231	65339	8091615	8261064	5238539	4982612
3688	4036	1681101	1505617	1447464	1349749
243075	191503	2132304	2132466	1817499	1816865
2180806	2017396	20863986	19440137	10456508	10155192
568718	663803	35145895	36504990	17912708	20649031
521831	462783	21264881	20368845	14968003	14398329
82501	68014	13519429	13978153	8207921	9994668
189215	142320	5579486	5305088	5131836	4878595
531449	455623	10619499	9560455	6566283	5772913
1071673	916684	25650634	23097507	22353557	19740968
16424	54413	6977005	6510252	5460082	4773555
578397	540007	15802339	14383926	13314583	11602727
314865	262049	9948330	8840151	8341893	7586886
27476141	20818013	41768216	38752749	28587575	26649657
33473	35907	8442383	8329332	4274034	3904263
370489	302082	1780657	1797414	1546475	1593421
1235585	881844	10233537	9754381	7055145	7046858
149871	314525	4465281	3946606	3380487	3127466
5752	5220	415830	340130	409421	335930
195968	204387	3974528	3747739	2647031	2259367
		18564	14185	18564	14185
291311	128497	9988870	8636139	3114594	2574824
1132	2470	2278325	2013156	1895817	1555462
21853	19952	263789	246808	260679	243203
8144	11862	1307540	1156754	864348	665624
1825014	1561203	7667790	6771223	3667287	2686652

2-11 续表 1

国有企业

地 区	商品购进总额		统一配送商品购进额		自有配送中心配送商品购进额	
	2013年	2012年	2013年	2012年	2013年	2012年
全 国	**49860368**	**42843204**	**44756332**	**37782636**	**19140397**	**19017831**
北 京	20101	15373	12293	9817	12293	9817
天 津	3223900	3385422	3218937	3385025	3218937	3385025
河 北	1649607	1870687	1632522	1854469	1319099	1574210
山 西	1943133	1803714	1674680	1558868	663346	626257
内蒙古						
辽 宁	1786091	1808379	87894	77405	44753	31322
吉 林						
黑龙江	976250	995501	976250	995501	976250	995501
上 海	400357	363718	352068	321656	127553	123375
江 苏	19401	23381	19401	23381	18211	22887
浙 江	1172266	1040562	1137794	1008398	1136711	1007282
安 徽	3905611	3616873	3900937	3614164		1410
福 建	232831	214642	126137	115429	9223	8218
江 西	3346714	3037816	3340972	3030366	1921533	1750168
山 东	701975	684558	161186	134805	149822	120533
河 南	144534	124892	107461	93583	14746	12083
湖 北	3057942	2921828	3057942	2921828	2574336	2481198
湖 南	2330020	2206446	1541123	1359922	957791	883404
广 东	13098154	7456580	12976738	7346795	763151	715251
广 西						
海 南	355574	289537	355574	289537		
重 庆	385216	857979	299328	797412	299328	797412
四 川	450762	280696	450762	280696		
贵 州						
云 南	920033	931013	920033	931013		
西 藏						
陕 西	5190195	4494425	4270642	3615782	2760561	2333807
甘 肃	1339180	1313286	984180	959276	202434	247860
青 海						
宁 夏	64222	55453	64222	55453	53262	55453
新 疆	3146298	3050443	3087256	3002058	1917058	1835358

单位：万元

非自有配送中心配送商品购进额		商品销售总额		零售额	
2013年	2012年	2013年	2012年	2013年	2012年
14486817	**8611079**	**50061623**	**48607829**	**24583254**	**24189668**
		33368	28657	30576	26659
		3224881	3385906	2055978	2050309
		1644469	1854999	885943	835349
158860	172271	2358869	2289563	1554237	1453601
		1847406	1945101	833868	752403
		810713	817000	647053	657916
66833	63650	507736	442480	445873	390887
1190	493	24820	21457	24235	21201
		1100627	951155	518554	473245
		2925701	3921008	2925701	3921008
42167	39034	831097	746700	735886	648852
268661	221215	4791894	4366718	1449285	1270036
		710717	736487	337787	288406
		151688	149677	130132	138693
147933	140479	3548063	3472659	2281684	2131015
297545	243135	2313690	1982402	1981599	1722130
11992134	6439052	9338782	8392438	2290297	2142809
355574	289537	377350	304723	377350	304723
		498263	962540	291144	904669
		296326	329028	131397	145540
		1032611	986811	795080	675181
270429	108733	6429266	5688706	1446312	1209418
		1724396	1562891	1432830	1168336
		78099	69984	10302	9365
885491	893481	3460792	3198739	970153	847917

2-11 续表 2

集体企业

地 区	商品购进总额		统一配送商品购进额		自有配送中心配送商品购进额	
	2013年	2012年	2013年	2012年	2013年	2012年
全 国	**458532**	**401766**	**208984**	**193430**	**153832**	**139832**
北 京	82610	81990	28968	29181	28968	29181
天 津	3524					
河 北	2250	3077	2250	3077		
山 西						
内 蒙 古						
辽 宁						
吉 林						
黑 龙 江	828	971	828	971	828	971
上 海	12051	12724	12051	12724	1793	2833
江 苏	36432	34584	36432	34584	36432	34584
浙 江	52132	42838	52132	42838	52132	42838
安 徽						
福 建	1235	1225	1235	1225	1235	1225
江 西						
山 东	156192	125261	1564	1450		
河 南	21972	17226				
湖 北	41080	39180	41080	39180		
湖 南	6443	4995				
广 东	9335	11778	8852	10394	8852	10394
广 西						
海 南						
重 庆	26469	21124	20081	15956	20081	15956
四 川						
贵 州						
云 南	2469	2944				
西 藏						
陕 西						
甘 肃						
青 海						
宁 夏						
新 疆	3512	1851	3512	1851	3512	1851

单位：万元

非自有配送中心配送商品购进额		商品销售总额		零售额	
2013年	2012年	2013年	2012年	2013年	2012年
10257	**9890**	**799663**	**729072**	**704155**	**646903**
		80477	73550	78549	72035
		3830			
		5255	5176	5255	5176
		1224	1435	1224	1435
10257	9890	16194	15268	16194	15268
		37441	35339	34053	32118
		53301	42385	2036	2062
		1953	1782	1953	1782
		253297	239731	245060	229030
		25778	18090	25778	12493
		258970	241141	258970	241141
		6498	5200	3432	2873
		21058	23323	18489	20661
		27934	21738	10545	7999
		2617	2831	2617	2831
		3834	2083		

2-11 续表 3

股份合作企业

地 区	商品购进总额		统一配送商品购进额		自有配送中心配送商品购进额	
	2013年	2012年	2013年	2012年	2013年	2012年
全 国	**1074978**	**1060456**	**1062783**	**1045158**	**1053169**	**1035564**
北 京						
天 津	1963	2030	1963	2030		
河 北						
山 西						
内 蒙 古						
辽 宁						
吉 林	973461	941561	973461	941561	973461	941561
黑 龙 江						
上 海						
江 苏						
浙 江	3040	2980	1930	1532	1930	1532
安 徽						
福 建						
江 西						
山 东	11085	13851				
河 南						
湖 北	9500	9566	9500	9566	9500	9566
湖 南						
广 东	68279	82904	68279	82904	68279	82904
广 西						
海 南						
重 庆						
四 川						
贵 州						
云 南						
西 藏						
陕 西						
甘 肃						
青 海						
宁 夏	7650	7564	7650	7564		
新 疆						

单位：万元

非自有配送中心配送商品购进额		商品销售总额		零售额	
2013年	2012年	2013年	2012年	2013年	2012年
		1149908	**1139631**	**858692**	**913362**
		2561	2774	1464	1343
		1047031	1009029	833234	876858
		2896	2730	2896	2730
		15341	17719	4153	5385
		10740	14027	10740	14027
		68279	83175	3144	2842
		3061	10178	3061	10178

2-11 续表 4

联营企业

地区	商品购进总额		统一配送商品购进额		自有配送中心配送商品购进额	
	2013年	2012年	2013年	2012年	2013年	2012年
全国	**97565**	**85997**	**97565**	**85997**	**21964**	**28971**
北京	690	623	690	623		
天津						
河北						
山西						
内蒙古						
辽宁						
吉林						
黑龙江						
上海	8036	7814	8036	7814		
江苏	21964	28971	21964	28971	21964	28971
浙江						
安徽						
福建						
江西						
山东						
河南						
湖北	38165	25031	38165	25031		
湖南						
广东	28711	23558	28711	23558		
广西						
海南						
重庆						
四川						
贵州						
云南						
西藏						
陕西						
甘肃						
青海						
宁夏						
新疆						

单位：万元

非自有配送中心配送商品购进额		商品销售总额		零售额	
2013年	2012年	2013年	2012年	2013年	2012年
		115885	**97715**	**106882**	**86951**
		918	833	918	833
		10134	9476	10134	9476
		27147	35178	18144	24414
		38129	24931	38129	24931
		39557	27298	39557	27298

2-11 续表 5

有限责任公司

地区	商品购进总额		统一配送商品购进额		自有配送中心配送商品购进额	
	2013年	2012年	2013年	2012年	2013年	2012年
全　国	**50021711**	**45535954**	**37883914**	**35063525**	**20030997**	**17098505**
北　京	8797732	8426343	7099146	6646630	1823517	1443963
天　津	1071455	1063943	316508	371093	245766	310017
河　北	685228	676893	616258	570682	430875	385684
山　西	169369	158956	155715	144973	62448	53652
内蒙古	308394	262139	267064	225000	186673	138603
辽　宁	911971	730504	735239	579494	339927	231150
吉　林	304706	266292	300329	262167	181617	192108
黑龙江	374491	329141	374491	329141	242121	199939
上　海	7914110	6088182	4742200	3194459	1968617	483579
江　苏	2016210	1771864	1807476	1649086	1250932	1215053
浙　江	2489075	2447379	2232436	2228825	1697472	1681195
安　徽	1793138	1367782	1228605	1149082	793711	575463
福　建	913539	926750	689841	720340	201206	257386
江　西	1256133	1075106	1243281	1064431	979947	849653
山　东	3557153	3201300	2995998	2740032	2054844	1845414
河　南	1591355	1520532	1135230	1253048	776788	769520
湖　北	3131113	2889580	2360449	2270643	1271724	1100478
湖　南	1468469	1573415	1313161	1417032	634011	681385
广　东	4531405	4527836	3320974	3338456	2121068	2109983
广　西	656500	547455	327166	295637	191365	169372
海　南	23716	20070	23716	20070	5816	5250
重　庆	1827671	1804824	1777205	1641183	1144063	745418
四　川	1309693	1187993	1213523	1097162	301830	282578
贵　州	320516	248705	139026	109967	90047	67743
云　南	398563	498504	322089	488999	86087	242015
西　藏						
陕　西	901407	527205	285024	250939	153403	128956
甘　肃	1600	1587	1600	1587		
青　海	194328	193492	64590	64455	8448	6516
宁　夏	531782	709512	531417	709347	523273	697486
新　疆	570889	492671	264156	229567	263404	228945

单位：万元

非自有配送中心配送商品购进额		商品销售总额		零售额	
2013年	2012年	2013年	2012年	2013年	2012年
4471608	**3702660**	**56443786**	**50090972**	**42354033**	**38066230**
221830	209503	9261873	9059064	6106618	6054375
7426	6197	1037895	1110567	975997	1055723
84205	98892	863663	813842	822585	744964
		233771	200460	233771	200190
		376387	280495	376387	280495
71004	27220	942829	779515	801006	668851
3688	4036	394275	264022	388160	256742
1255	1301	379119	396862	350524	370049
1032567	984688	9782876	8068254	4147647	3984259
309394	373687	2270763	1850935	1814749	1406230
197664	192187	2723302	2660856	2059999	1928810
60094	47502	1413492	1182985	1398034	1163577
44915	20986	1050577	1028299	988625	989033
260066	212776	1439230	1215774	1160420	990964
12297	12666	4235157	3492242	3795196	3076577
11773	9836	1623323	1422771	1531778	1313324
425654	394717	3399042	3090442	2847201	2306335
		1758341	1597652	1253120	1183282
708888	569091	5558514	4879916	4768049	4290803
32277	28420	722446	632016	491543	443620
14915	12545	26164	20870	26164	18839
602973	50993	1967425	1855264	1759099	1632119
145150	191921	1396984	1278904	1259129	1174874
966	475	349986	289247	349683	288759
173341	202219	723333	677257	685597	615387
20882	19765	1040844	640124	815402	625853
		2363	1976	2363	1976
19489	18552	253797	238477	250687	234872
8144	11862	505973	430246	479813	408623
752	623	710045	631641	414686	356730

2-11 续表 6

股份有限公司

地 区	商品购进总额		统一配送商品购进额		自有配送中心配送商品购进额	
	2013年	2012年	2013年	2012年	2013年	2012年
全 国	**149537287**	**151817089**	**113602800**	**113102940**	**73193826**	**74570821**
北 京	8715880	8959793	1829044	1684806	1517968	1332597
天 津	1740532	1835396	1740532	1835396	4341	
河 北	6641835	7217483	3598063	4499749	1691133	2217975
山 西	1029866	922793	500045	489180	485642	489180
内 蒙 古	1015	994	1015	994	1015	994
辽 宁	3534778	3536878	2392078	2443619	515116	1620769
吉 林	53728	48870	52522	45567	52522	45567
黑 龙 江	336375	344799	266331	265429	266331	265429
上 海	8625177	9205259	8294871	9049812	5561980	5648439
江 苏	24439717	29660486	20629928	23003586	20629928	23003586
浙 江	14349705	13963825	13267564	12792423	12927056	12526145
安 徽	7920268	7644901	5598476	5376222	4461546	4293302
福 建	2419981	2367629	1443789	1289900	499856	374221
江 西	610887	524990	497839	277703	395958	188903
山 东	17393311	15927271	13207945	11899839	9564425	8701536
河 南	4461652	4226493	2748495	2694800	1697826	1789265
湖 北	7054820	6249455	3989502	3673491	3528233	3241667
湖 南	3942806	4181316	3073968	2845028	1435834	1191257
广 东	19593421	19299302	17722193	16579336	2132507	1992344
广 西	2912590	2728001	2911662	2727348	927744	911754
海 南	1224718	1358434	1224718	1358434		
重 庆	5057034	5258895	2400874	2996066	1472526	1919978
四 川	1647535	1157515	1647535	1157515	1165600	682237
贵 州						
云 南						
西 藏						
陕 西	2200277	1953180	1454010	1344017	470882	408909
甘 肃	289393	314277	289393	314277		
青 海						
宁 夏	616791	642652	616791	642652	616791	642652
新 疆	2723197	2286203	2203620	1815752	1171070	1082116

单位：万元

非自有配送中心配送商品购进额		商品销售总额		零售额	
2013年	2012年	2013年	2012年	2013年	2012年
19898357	**17615814**	**186006778**	**181084734**	**124548964**	**120579922**
48298	32089	10915537	10870132	8150887	7580372
252240	277878	1901382	1797104	974407	986287
		8015957	7752321	5205149	4384267
14403		2039548	1911677	1809736	1593937
		1186	1210	1186	1210
1035859	26806	4269481	4495901	2580948	2530968
		80612	67199	80612	67199
		366954	383498	244405	253794
1040012	932725	9610821	10118820	4903065	4974988
		30088483	32062149	13997099	17296086
224660	175873	15505661	14934332	10741156	10422660
10600	10000	8893735	8645546	3648713	4692507
68229	49012	2711108	2605581	2504315	2362155
		4012190	3677520	3594760	3223091
983080	834500	19629415	17932206	17253510	15592661
		4686793	4493661	3349066	2941828
		7917187	7052490	7263866	6421875
		5123917	4650886	4462412	4168677
14714204	13743647	24680463	23736802	19920866	18957243
1196	7486	7550461	7547998	3665644	3364017
		1350843	1446940	1116661	1244977
632611	823868	6918951	6220439	4238175	3847598
	118108	1691922	1474500	961916	979063
		1588361	1554448	697699	501625
		2435064	2247513	769184	679758
		330042	302745	239100	239606
		657279	592409	323406	196008
872964	583822	3033425	2508710	1851020	1075466

2-11 续表 7

私营企业

地　区	商品购进总额		统一配送商品购进额		自有配送中心配送商品购进额	
	2013年	2012年	2013年	2012年	2013年	2012年
全　国	**17366943**	**15146129**	**15578610**	**13493047**	**9580438**	**7867235**
北　京	522597	458957	375531	311959	237172	167534
天　津	95817	107995	57027	71486	21698	5698
河　北	375114	304644	359455	281191	261801	202962
山　西	670127	544040	471608	370231	251083	196781
内蒙古	5818	4791	5818	4791		
辽　宁	1033827	1052433	992092	1013546	584837	208385
吉　林	147745	170945	78980	74142	29144	16222
黑龙江	579449	523364	516509	457953	273075	266424
上　海	851683	771578	823692	743704	2735	3057
江　苏	2312535	2162674	2283327	2106707	2007860	1810741
浙　江	1734904	1644935	1543448	1426619	953746	881978
安　徽	250412	212782	202302	164458	99911	106490
福　建	903715	852369	756510	775456	192561	144673
江　西	308251	267765	252270	215941	160801	130831
山　东	755178	664050	670327	581546	401077	295374
河　南	409513	417921	337841	356393	76225	143114
湖　北	498566	419657	434950	384813	411904	364313
湖　南	476515	352855	375193	259710	194628	156785
广　东	1945525	1498733	1777935	1359936	1179492	1159902
广　西	169007	145480	168529	145038	51869	40852
海　南	30781	27322	30781	27322		
重　庆	776731	599961	741262	561350	720236	536006
四　川	959335	755250	856023	667630	256704	158940
贵　州	44353	40858	43376	38874	14754	13743
云　南	757636	520353	725771	509088	660628	396925
西　藏	19855	14964	19855	14964		
陕　西	63741	46431	62751	45264	34637	24445
甘　肃	152664	78436	128377	59833	82964	57363
青　海	6441	5285	2364	1400		
宁　夏	64975	51561	63483	50938	63483	50938
新　疆	444133	427740	421223	410765	355416	326762

单位：万元

非自有配送中心配送商品购进额		商品销售总额		零售额	
2013年	2012年	2013年	2012年	2013年	2012年
1105379	**1112128**	**18873907**	**16490772**	**16518111**	**14519429**
89334	88021	662496	592475	580526	544014
7562	6468	117379	129789	112153	117692
97654	78230	374398	351119	366655	328027
13522	18905	921298	784024	907563	774957
4060	3364	6302	5297	6302	5297
14368	11313	1030195	1038786	1021013	1028630
		159183	165367	145457	148951
241820	190203	574293	533670	574293	533670
14563	8038	917087	772958	914456	767433
240219	266564	2665637	2471813	1993695	1842732
99507	94723	1879095	1777387	1643362	1568822
11806	10511	278230	222365	227203	211326
33904	33288	893502	832800	809806	786849
2722	21632	376185	300443	361818	288823
49877	45083	772941	655198	684087	524985
3846	43952	488615	425438	422519	366602
1810	1811	568311	440945	552096	416112
17319	18912	550924	415306	446372	321219
60915	66223	2061564	1609799	1547173	1208001
		169476	149318	116847	96626
		26301	24882	26301	24882
	6983	820903	694401	756121	654473
3853	3848	1060209	853213	1014215	817029
4787	4745	51401	43645	45294	39933
22627	2168	627607	526392	466037	464343
		18564	14185	18564	14185
		83697	59796	83697	59796
1132	2470	186942	109397	186942	109397
2364	1400	9992	8331	9992	8331
		63127	53936	47766	41450
65807	83277	458055	428296	429788	404843

2-11 续表 8

其他企业

地区	商品购进总额		统一配送商品购进额		自有配送中心配送商品购进额	
	2013年	2012年	2013年	2012年	2013年	2012年
全国	**500780**	**426160**	**307373**	**273022**	**96818**	**66316**
北京						
天津						
河北						
山西						
内蒙古	1934	1301	1340	1301	1058	1301
辽宁	1509	1699	1509	1699		
吉林						
黑龙江						
上海	16573	18405	16573	18405		
江苏	24687	29610	24687	29610	6772	6552
浙江						
安徽	7700	6038	7700	6038	7700	6038
福建	91536	97470	91536	97470	305	439
江西						
山东	35526	26059	34369	25183	1031	749
河南	805	625	805	625		
湖北	53645	40338	53645	40338	6972	6475
湖南	198273	156992	6617	4729	6616	4728
广东						
广西						
海南						
重庆	52		52			
四川	19055	8660	19055	8660	18187	8012
贵州	11372	6942	11372	6942	10064	
云南						
西藏						
陕西						
甘肃	37013	29795	37013	29795	37013	29795
青海						
宁夏						
新疆	1100	2228	1100	2228	1100	2228

单位：万元

非自有配送中心配送商品购进额		商品销售总额		零售额	
2013年	2012年	2013年	2012年	2013年	2012年
65863	**70171**	**515879**	**456827**	**508998**	**454900**
282		1914	1255	1914	1255
		1704	1760	1704	1760
16573	18405	19139	12881	19139	12881
17915	23059	31605	28120	30733	26251
		8270	6250	8270	6250
		91250	89925	91250	89925
26418	24434	33766	23924	33766	23924
805	625	809	615	809	615
3000	3000	61897	47292	61897	47292
1	2	194959	188705	194959	188705
		62		62	
868	648	19840	10960	13830	10960
		14444	7238	14444	7238
		34582	36147	34582	36147
		1640	1755	1640	1698

2-11 续表 9

港、澳、台商投资企业

地 区	商品购进总额		统一配送商品购进额		自有配送中心配送商品购进额	
	2013年	2012年	2013年	2012年	2013年	2012年
全 国	**13428342**	**16060243**	**10069357**	**12622548**	**7254766**	**6896405**
北 京	481833	497271	259231	268385	28966	29444
天 津	494665	470051	2000	2675		
河 北						
山 西	77432	40897	852	810		
内蒙古						
辽 宁	108773	139134	55726	40881		
吉 林	5097	6176	1259		1259	
黑龙江	7506	5333	7506	5333	7506	5333
上 海	1140666	5067633	622853	4475474	8540	10356
江 苏	2541811	2358276	2530199	2254845	1977104	1883863
浙 江	333579	313804	297090	277406	192158	181914
安 徽	29562	26116	29562	26116		
福 建	2810997	2408256	1932188	1649030	1479341	1337540
江 西	272119	213632	272119	124144	272119	124144
山 东	164736	161260	97536	77143	31907	49302
河 南	786680	716830	110664	101770	110664	101770
湖 北	663870	657082	663870	644893	632739	594415
湖 南	159405	107445	133646	99951	103747	78943
广 东	3060617	2535907	2790308	2268870	2180007	2228570
广 西						
海 南						
重 庆	13626	14367	13626	11327	11928	11327
四 川	65196	67369	40000	40092	40000	40092
贵 州						
云 南	210172	253404	209124	253404	176781	219393
西 藏						
陕 西						
甘 肃						
青 海						
宁 夏						
新 疆						

单位：万元

非自有配送中心配送商品购进额		商品销售总额		零售额	
2013年	2012年	2013年	2012年	2013年	2012年
1240091	**988818**	**20671803**	**18762123**	**15159814**	**13658669**
124801	129544	635071	640418	521759	521276
2000	2675	597554	538884	458939	448712
		81594	43071	81594	43071
23168		145719	134129	145719	134129
		8952	6968	8952	6968
		11526	7567	11526	7567
135522	157307	5478741	5220749	1504518	1598497
496381	362256	3663153	3402704	2954693	2745462
		389551	347930	266272	239035
		29965	27079	29965	27079
452847	311490	2540064	2186275	2442867	2084759
		269576	211089	244534	189722
		221604	225271	220295	224066
		1204393	1078684	1204393	1078684
	26	857425	712184	833111	681025
	21008	171008	121047	170585	120674
3673	4513	4016323	3517596	3751621	3231580
1698		26895	27148	26895	27148
		51519	52677	42464	21313
		271172	260654	239112	227902

2-11 续表 10

外商投资企业

地区	商品购进总额		统一配送商品购进额		自有配送中心配送商品购进额	
	2013年	2012年	2013年	2012年	2013年	2012年
全国	**25185915**	**23965821**	**16646395**	**16451965**	**9051154**	**8843348**
北京	2502692	2389653	1288041	1236012	241836	219851
天津	675121	378970				
河北	115988	89095	115988	89095	53897	24872
山西						
内蒙古						
辽宁	507832	536737	324347	319618		
吉林	6600	8273	6600	8273		
黑龙江	152768	134692	152768	134692		
上海	3404974	3163153	649299	803739	29479	180417
江苏	6232672	6187921	6232672	6187921	4511142	4445621
浙江	1121927	848005	904527	622035	904527	622035
安徽	322912	295113				
福建	1522774	1605668	873267	853312		
江西	104915	43351	104915	43351		
山东	1471571	1667397	726414	982008		
河南	71922	70973	71922	70973	71922	70973
湖北	363558	310624	348978	301406		70101
湖南	39213	49253				
广东	4838369	4591436	3679341	3789758	2819613	2868984
广西	24214	21869	24214	21869	24214	21869
海南						
重庆	122140	130632	122140	130632		
四川	901274	862280	376430	322494	41172	43637
贵州	40611	33329	40611	33329	40611	33329
云南	497307	405932	497307	405932	275219	218535
西藏						
陕西	70206	63818	32258	17871	32258	17871
甘肃						
青海						
宁夏	13453	15821	13453	15821		
新疆	60907	61826	60907	61826	5265	5254

单位：万元

非自有配送中心配送商品购进额		商品销售总额		零售额	
2013年	2012年	2013年	2012年	2013年	2012年
2869367	**2916358**	**29695147**	**28668843**	**25328091**	**24311347**
555246	525882	3098756	2983842	3003447	2814507
		861568	394614	861568	394614
		136701	93928	136701	93928
11878	6351	561455	545499	561455	545499
		6867	8297	6867	8297
		149280	134825	149280	134825
2462	2502	3494666	3369432	3465307	3304172
1275500	1498838	6613629	6359012	5188254	5400410
		980456	947856	980456	947856
		314199	293769	314199	293769
	32035	3970000	4169118	3123522	3064533
104915	43351	82694	44975	78936	40092
245824	257757	1697709	1956811	500552	484485
		69525	67283	69525	67283
201515	93256	423230	379661	421846	374148
		49162	56508	49162	56508
292352	268319	5384427	5114747	4643269	4566722
		36679	32706	36679	32706
122140	130632	122140	130632	122140	130632
1895	863	880340	882269	880340	882269
		51228	44354	51228	44354
		545862	493506	545862	493506
		76186	75327	76186	73426
		28306	28036	1227	968
55642	56571	60087	61837	60087	61837

2-12 按登记注册类型分

内资企业

地　区	商品购进总额		统一配送商品购进额		自有配送中心配送商品购进额	
	2013年	2012年	2013年	2012年	2013年	2012年
全　国	**9379469**	**8367517**	**7774606**	**7057386**	**5178405**	**4686945**
北　京	312640	275131	251097	215496	203859	173424
天　津	86026	111037		645		
河　北	23593	25147	23593	25147	23593	25147
山　西	151162	123733				
内蒙古	1459	1610	1284	1610	984	862
辽　宁	115273	100942	112361	97026	51	50
吉　林						
黑龙江	29596		806		806	
	1791365	1531029	1742932	1477130	1288383	1065731
上　海	1055427	1066635	1051479	1055484	1047476	1044393
江　苏	1177654	1067935	1108027	998333	995145	897680
浙　江	1491049	1272774	1024349	980862	581410	571612
安　徽	348137	219381	348137	219381	27573	16935
福　建	79854	127109	71200	63790	61278	60670
江　西	646529	509368	340083	290792	253226	228352
山　东						
	358156	343252	335194	318765	6077	5776
河　南	18620	37038	17343	35216	13289	30725
湖　北	207279	187616	143596	131694	47525	39463
湖　南	250107	474384	225750	448019	210240	230541
广　东	37456	33958	23287	19907	20436	17389
广　西						
海　南						
	275468	171074	192482	110301	123433	79997
重　庆	147753	71984	137462	67767	114203	47640
四　川	16645	13427	16645	13427		
贵　州	396591	278774	395567	277341	4767	4231
云　南						
西　藏						
	147187	124237	26042	30955	19494	22637
陕　西	155	8186	155	8186	120	
甘　肃	385	472	385	472	385	472
青　海	62952	51768	55234	47650	16155	12157
宁　夏	150952	139519	130119	121991	118496	111063
新　疆	150952	139519	130119	121991	118496	111063

各地区连锁零售企业加盟门店经营情况

单位：万元

非自有配送中心配送商品购进额		商品销售总额		零售额	
2013年	2012年	2013年	2012年	2013年	2012年
1322158	**1287912**	**9712879**	**9116254**	**6846409**	**6721914**
44591	38377	468233	391413	456137	384307
	645	91628	97313	90818	93184
		30442	32082	30442	32082
		150038	130424	149678	129935
300	748	986	1543	986	1543
33242	33242	154539	154146	154539	154146
		40251		40251	
408075	365449	1853428	2084173	1498118	1677853
1351	8932	1321566	1321970	658986	690542
82287	74684	1246390	1160870	911383	825408
282628	276387	898167	712391	341722	298322
317816	199773	364488	223439	363906	222820
9922	3120	76791	128522	76791	128522
3154	2868	549872	381304	393881	370368
		418794	402231	344944	335594
4032	4448	25430	50123	25430	50123
29726	12508	251592	218174	173565	149762
5384	204809	408568	551176	406013	548013
		49454	46077	46228	43581
47472	14270	294770	221445	207036	151256
440	512	165298	86489	157431	84647
		15688	14729	15688	14729
1000	720	395496	300372	8560	7753
		202608	182298	202608	182298
35		91	16750	91	16750
		326	404	326	404
39079	35492	57128	50325	6342	41472
11623	10928	180820	156075	84511	86503
11623	10928	180820	156075	84511	86503

2-12 续表 1

国有企业

地　区	商品购进总额		统一配送商品购进额		自有配送中心配送商品购进额	
	2013年	2012年	2013年	2012年	2013年	2012年
全　国	**1064610**	**1135256**	**1059408**	**1130099**	**414944**	**405021**
北　京						
天　津						
河　北						
山　西						
内蒙古						
辽　宁						
吉　林						
黑龙江						
上　海	94641	91756	90753	87944	31029	30420
江　苏						
浙　江	69	150				
安　徽	316046	304894	316046	304894	126418	118508
福　建						
江　西						
山　东						
河　南	532	460				
湖　北						
湖　南						
广　东	191737	390813	191025	390079	190116	189498
广　西						
海　南						
重　庆	7563	6769	7563	6769	180	
四　川						
贵　州						
云　南	386820	265633	386820	265633		
西　藏						
陕　西						
甘　肃		8186		8186		
青　海						
宁　夏						
新　疆	67201	66595	67201	66595	67201	66595

单位：万元

非自有配送中心配送商品购进额		商品销售总额		零售额	
2013年	2012年	2013年	2012年	2013年	2012年
240769	**435745**	**1040878**	**1119545**	**231378**	**465947**
42849	42009	86885	96381	68358	96381
		490	506	490	506
189628	186387	315241	301973		
		708	599	507	417
909	200581	151090	341404	151090	341404
7383	6769	10874	9670	10074	9670
		385880	285861		
			16750		16750
		89711	66402	858	820

2-12 续表 2

集体企业

地区	商品购进总额		统一配送商品购进额		自有配送中心配送商品购进额	
	2013年	2012年	2013年	2012年	2013年	2012年
全国	**263176**	**140803**	**66055**	**58972**	**24263**	**21730**
北京	4333	3641	4333	3641	4333	3641
天津						
河北						
山西						
内蒙古						
辽宁						
吉林						
黑龙江						
上海						
江苏	11582	10007	11582	10007	11582	10007
浙江	3582	3257	2508	2443	2508	2443
安徽						
福建						
江西						
山东	180283	51723	2712	1750		
河南		9362				
湖北						
湖南						
广东	19692	23128	1216	1446	1216	1446
广西						
海南						
重庆						
四川						
贵州						
云南						
西藏						
陕西						
甘肃						
青海						
宁夏	43704	39685	43704	39685	4625	4193
新疆						

单位：万元

非自有配送中心配送商品购进额		商品销售总额		零售额	
2019年	2018年	2019年	2018年	[illegible]	[illegible]
39079	**35492**	**257690**	**108410**	**66002**	**108410**
		4422	4323	4422	4323
		11489	10079	11489	10079
		4265	3877	4265	3877
		174681	22338	23018	22338
			9091		9091
		22807	19018	22807	19018
39079	35492	40025	39685		39685

2-12 续表 3

联营企业

地区	商品购进总额		统一配送商品购进额		自有配送中心配送商品购进额	
	2013年	2012年	2013年	2012年	2013年	2012年
全　国	**7326**	**10096**	**7326**	**10096**		
北　京						
天　津						
河　北						
山　西						
内蒙古						
辽　宁						
吉　林						
黑龙江						
上　海						
江　苏						
浙　江						
安　徽						
福　建						
江　西						
山　东						
河　南						
湖　北						
湖　南						
广　东	7326	10096	7326	10096		
广　西						
海　南						
重　庆						
四　川						
贵　州						
云　南						
西　藏						
陕　西						
甘　肃						
青　海						
宁　夏						
新　疆						

单位：万元

非自有配送中心配送商品购进额		商品销售总额		零售额	
2013年	2012年	2013年	2012年	2013年	2012年
		8839	**12264**	**8839**	**12264**
		8839	12264	8839	12264

2-12 续表 4

有限责任公司

地　区	商品购进总额		统一配送商品购进额		自有配送中心配送商品购进额	
	2013年	2012年	2013年	2012年	2013年	2012年
全　国	**1950153**	**1684387**	**1521619**	**1273360**	**1189610**	**1019883**
北　京	210879	177297	202972	168448	158285	129993
天　津	85430	107689		645		
河　北	23593	25147	23593	25147	23593	25147
山　西						
内蒙古						
辽　宁	18062	1530	18062	1530	51	50
吉　林						
黑龙江						
上　海	185499	85013	140975	35366	114742	17462
江　苏	44491	48704	43981	44328	42921	37872
浙　江	742398	687927	678233	622634	599215	549387
安　徽	11729	12190	10880	10563	9592	9684
福　建	2502		2502			
江　西	9922	3120	9922	3120		
山　东	139166	117425	139166	117425	138646	117024
河　南	18194	11412	6155	4669	870	561
湖　北	7272	19328	7272	19328	3240	14880
湖　南	83329	78966	61766	58987	947	513
广　东	17142	41900	12814	38705	8316	34455
广　西	27626	24256	16565	12764	16565	12764
海　南						
重　庆	130996	84240	91152	53556	51662	44795
四　川	36286	28895	27504	24679	12382	10053
贵　州	15584	12387	15584	12387		
云　南	2944	3679	1921	2246	467	451
西　藏						
陕　西	130622	108860	9477	15578	6992	13538
甘　肃						
青　海	385	472	385	472	385	472
宁　夏	4380	2300				
新　疆	1723	1653	740	783	740	783

单位：万元

非自有配送中心配送商品购进额		商品销售总额		零售额	
2013年	2012年	2013年	2012年	2013年	2012年
187177	**132577**	**2367566**	**2214903**	**2215898**	**1983169**
44591	38377	267797	217351	262880	213487
	645	90818	93204	90818	93184
		30442	32082	30442	32082
		18238	18392	18238	18392
15184	7992	157048	182294	157048	74520
839	6287	213042	215691	212663	215691
60160	56104	802927	724232	751210	675748
		12852	14079	12852	14079
2318		3133		3133	
9922	3120	6909	5121	6909	5121
		163780	140980	163780	140734
		13063	12303	10449	10042
4032	4448	10470	26601	10470	26601
15189	8474	97340	80214	70309	57879
4475	4229	20439	81407	19285	80550
		39181	36118	39181	36118
30466	2900	163766	115884	110936	74857
		38577	31848	32482	31848
		14535	12792	14535	12792
		3162	4596	2944	2312
		194089	165739	194089	165739
		326	404	326	404
		3722	1711		
		1912	1861	920	991

2-12 续表 5

股份有限公司

地　区	商品购进总额		统一配送商品购进额		自有配送中心配送商品购进额	
	2013年	2012年	2013年	2012年	2013年	2012年
全　国	**4314014**	**3836182**	**3685142**	**3321506**	**2423479**	**2276697**
北　京	49135	49679	36074	33896	35785	33551
天　津						
河　北						
山　西						
内蒙古	684	664	684	664	684	664
辽　宁						
吉　林						
黑龙江	29596		806		806	
上　海	1453576	1296635	1453576	1296635	1141572	1016818
江　苏	623117	600012	623117	600012	623117	600012
浙　江	1616	1710	1616	1710	1616	1710
安　徽	1147273	933666	696785	664706	444761	442721
福　建	305869	191197	305869	191197	89	
江　西	60142	115096	60142	59468	60142	59468
山　东	272522	291987	143647	123384	74709	81012
河　南	325330	309677	318819	305677		
湖　北	5761	8553	4613	6851	4591	6808
湖　南	28355	26834	28355	26834	28355	26834
广　东						
广　西	6504	6979	6504	6979	3824	4584
海　南						
重　庆	1107	977	1107	977		
四　川	3428	2516	3428	2516	3428	2516
贵　州						
云　南						
西　藏						
陕　西						
甘　肃						
青　海						
宁　夏						
新　疆						

单位：万元

非自有配送中心配送商品购进额		商品销售总额		零售额	
2013年	2012年	2013年	2012年	2013年	2012年
711891	**561992**	**3847467**	**3726707**	**2570824**	**2648489**
		129273	109544	128922	109544
		226	286	226	286
		40251		40251	
312004	279818	1546547	1738630	1209764	1440084
		623117	600012		
		2330	2521	2330	2521
93000	90000	549258	375732	308054	263636
305780	191197	290716	181637	290716	181637
		60142	115096	60142	115096
		157030	177510	152703	171694
		389679	367425	318819	305677
		6860	9973	6860	9973
		41016	37852	41016	37852
		6512	6970	6512	6970
1107	977	1082	1004	1082	1004
		3428	2516	3428	2516

2-12 续表 6

私营企业

地 区	商品购进总额		统一配送商品购进额		自有配送中心配送商品购进额	
	2013年	2012年	2013年	2012年	2013年	2012年
全 国	**1744273**	**1526700**	**1399398**	**1229349**	**1115870**	**954149**
北 京	48293	44515	7718	9512	5456	6239
天 津	596	3348				
河 北						
山 西	151162	123733				
内蒙古		748		748		
辽 宁	97212	99412	94299	95495		
吉 林						
黑龙江						
上 海	34575	35364	34555	34924	1040	1030
江 苏	376208	407681	372770	400907	369828	396271
浙 江	429990	374892	425670	371547	391807	344141
安 徽	15428	21452	66	127	66	127
福 建	38697	26501	38697	26501	26416	15253
江 西	9790	8893	1136	1202	1136	1202
山 东	54546	48223	54546	48223	39860	30306
河 南	14101	12341	10220	8420	5207	5215
湖 北	5587	9157	5457	9037	5457	9037
湖 南	92901	79880	50780	43937	16073	11053
广 东	14210	8448	13370	7694	10592	5142
广 西	3327	2723	218	164	47	42
海 南						
重 庆	135254	78600	92195	48600	71430	35047
四 川	101735	34507	100226	34507	92530	29517
贵 州	302	392	302	392		
云 南	6826	9462	6826	9462	4300	3780
西 藏						
陕 西	16565	15377	16565	15377	12502	9100
甘 肃	155		155		120	
青 海						
宁 夏	14868	9784	11530	7965	11530	7965
新 疆	81946	71270	62097	54612	50474	43684

单位：万元

非自有配送中心配送商品购进额		商品销售总额		零售额	
2013年	2012年	2013年	2012年	2013年	2012年
118883	**98460**	**2150383**	**1891408**	**1713412**	**1460618**
		66741	60196	59913	56954
		810	4108		
		150038	130424	149678	129935
	748		895		895
33242	33242	136302	135754	136302	135754
14964	13369	39471	40063	39471	40063
511	2644	473826	495838	434742	464422
22127	18580	436379	429734	153088	142756
		20217	20094	20217	20094
9718	8576	69206	39953	68625	39334
		9740	8305	9740	8305
3154	2868	54366	40465	54366	35591
		15345	12814	15169	10368
		8101	13549	8101	13549
13992	3162	109836	97400	58840	51323
		205393	97084	203992	94777
		3760	2990	535	494
8516	3624	118024	93901	83920	64741
		114933	44091	113161	42249
		363	535	363	535
1000	720	6453	9915	5615	5441
		8519	16559	8519	16559
35		91		91	
		13382	8929	6342	1787
11623	10928	89088	87812	82624	84692

2-12 续表 7

其他企业

地区	商品购进总额		统一配送商品购进额		自有配送中心配送商品购进额	
	2013年	2012年	2013年	2012年	2013年	2012年
全国	**35916**	**34092**	**35658**	**34003**	**10238**	**9465**
北京						
天津						
河北						
山西						
内蒙古	775	198	600	198	300	198
辽宁						
吉林						
黑龙江						
上海	23074	22261	23074	22261		
江苏	28	230	28	230	28	230
浙江						
安徽	573	572	573	572	573	572
福建	1068	1683	1068	1683	1068	1683
江西						
山东	12	10	12	10	12	10
河南						
湖北						
湖南	2695	1936	2695	1936	2150	1063
广东						
广西						
海南						
重庆	548	488	465	399	162	155
四川	6304	6066	6304	6066	5864	5554
贵州	759	649	759	649		
云南						
西藏						
陕西						
甘肃						
青海						
宁夏						
新疆	81		81		81	

单位：万元

非自有配送中心配送商品购进额		商品销售总额		零售额	
2013年	2012年	2013年	2012年	2013年	2012年
24359	**23646**	**40058**	**43017**	**40058**	**43017**
300		761	362	761	362
23074	22261	23477	26805	23477	26805
		92	350	92	350
		600	513	600	513
		1433	1848	1433	1848
		14	11	14	11
545	873	3400	2707	3400	2707
		1024	985	1024	985
440	512	8360	8034	8360	8034
		789	1402	789	1402
		109		109	

2-12 续表 8

港、澳、台商投资企业

地区	商品购进总额		统一配送商品购进额		自有配送中心配送商品购进额	
	2013年	2012年	2013年	2012年	2013年	2012年
全国	**4424998**	**3957035**	**4230017**	**3777914**	**73142**	**69065**
北京						
天津						
河北						
山西	6818	6217	6818	6217		
内蒙古						
辽宁						
吉林						
黑龙江						
上海	4076791	3664331	4076791	3664331	2722	2911
江苏	6859	9337	6859	9337	6859	9337
浙江	6127	4674	6127	4674	6127	4674
安徽						
福建	2249	4833	2249	4833	2249	4833
江西	228896	208087	33914	30831	33914	30831
山东						
河南						
湖北						
湖南						
广东	95258	56024	95258	56024	19270	14812
广西						
海南						
重庆						
四川	2000	3533	2000	1667	2000	1667
贵州						
云南						
西藏						
陕西						
甘肃						
青海						
宁夏						
新疆						

单位：万元

非自有配送中心配送商品购进额		商品销售总额		零售额	
2013年	2012年	2013年	2012年	2013年	2012年
29601	**41213**	**4528318**	**3488111**	**4403296**	**3440230**
		6818	6217	6818	6217
		4112626	3179516	4112626	3179516
		6859	9337	6859	9337
		7972	6185	7972	6185
		7489	4764	7489	4764
		199454	181322	164588	149625
29601	41213	172900	84587	96944	84587
		14200	16185		

2-12 续表 9

外商投资企业

地 区	商品购进总额		统一配送商品购进额		自有配送中心配送商品购进额	
	2013年	2012年	2013年	2012年	2013年	2012年
全 国	**1250335**	**1437661**	**1199321**	**1427318**	**1157628**	**1377936**
北 京	1642	11813	671	10853		10311
天 津						
河 北						
山 西						
内 蒙 古						
辽 宁						
吉 林						
黑 龙 江						
上 海	92030	97928	74149	97928	35507	49704
江 苏	636824	754612	636824	754612	636824	754612
浙 江	5685	31469	5685	31469	5685	31469
安 徽						
福 建						
江 西						
山 东						
河 南						
湖 北	536	452	536	452		
湖 南						
广 东	511775	541223	479612	531840	479612	531840
广 西						
海 南						
重 庆						
四 川	1844	163	1844	163		
贵 州						
云 南						
西 藏						
陕 西						
甘 肃						
青 海						
宁 夏						
新 疆						

单位：万元

非自有配送中心配送商品购进额		商品销售总额		零售额	
2013年	2012年	2013年	2012年	2013年	2012年
40173	**48227**	**1493132**	**1520296**	**1487051**	**1504961**
		1122	9159	1122	9159
38642	48224	126903	124910	120821	118828
		665000	788000	665000	788000
		5503	31469	5503	31469
		813	267	813	267
		690849	565865	690849	556612
1531	4	2943	626	2943	626

2-13 按行业分各地区连锁零售企业基本情况

批发业

地 区	连锁总店数(个)	门店数(个)		年末从业人员(人)		年末零售营业面积(平方米)	
	2013年	2013年	2012年	2013年	2012年	2013年	2012年
全 国	**350**	**54254**	**51916**	**343449**	**357427**	**40698335**	**40239935**
北 京	6	294	277	3127	3149	182600	179034
天 津	4	46	9	282	292	10513	8533
河 北	17	1466	1466	11303	11998	2458157	2432002
山 西	2	27	27	1461	1483	28881	28881
内蒙古							
辽 宁	8	491	480	5383	5562	291521	362425
吉 林	2	177	175	1411	1413	53200	62600
黑龙江	1	35	34	391	420	1083	1003
上 海	6	882	864	11503	13271	297701	303088
江 苏	18	6746	6661	42708	43431	5131590	4982032
浙 江	27	11974	11233	62994	63907	6722001	6613340
安 徽	6	7237	7302	24112	25159	2095351	2152158
福 建	8	708	569	3680	3135	151608	127511
江 西	18	958	899	13591	13659	752728	755774
山 东	19	5326	4791	28423	31195	3145037	2919911
河 南	18	1049	1214	6498	7107	2224715	2072632
湖 北	10	291	290	7225	7258	134203	132803
湖 南	9	1272	1266	3185	3356	120701	114538
广 东	42	5136	4686	49230	52012	9612792	9556303
广 西	28	1571	1496	14038	14879	2572265	2467654
海 南							
重 庆	18	2756	2910	12695	14279	359790	762971
四 川	12	520	507	3165	3274	108042	109957
贵 州							
云 南	8	547	519	3333	3054	742606	738519
西 藏							
陕 西	23	998	855	15651	15650	912325	813158
甘 肃	2	136	130	702	716	278589	278089
青 海	1	6	6	589	620	57700	57700
宁 夏	8	1131	1068	4526	4404	279145	283808
新 疆	29	2474	2182	12243	12744	1973491	1923511

2-13 续表 1

农、林、牧产品批发

地区	连锁总店数（个）	门店数（个）		年末从业人员（人）		年末零售营业面积（平方米）	
	2013年	2013年	2012年	2013年	2012年	2013年	2012年
全　国	**8**	**3808**	**3773**	**10003**	**9895**	**73936**	**72516**
北　京							
天　津	1	27		108		1500	
河　北							
山　西							
内蒙古							
辽　宁	1	40	40	106	106	2860	2860
吉　林							
黑龙江							
上　海							
江　苏							
浙　江							
安　徽	1	2951	2942	8409	8356		
福　建							
江　西							
山　东							
河　南							
湖　北	1	4	4	256	250	5000	5000
湖　南	2	769	769	817	864	53960	53960
广　东	1	3	3	32	38	296	296
广　西							
海　南							
重　庆							
四　川	1	14	15	275	281	10320	10400
贵　州							
云　南							
西　藏							
陕　西							
甘　肃							
青　海							
宁　夏							
新　疆							

2-13　续表 2

食品、饮料及烟草制品批发

地　区	连锁总店数(个)	门店数(个)		年末从业人员(人)		年末零售营业面积(平方米)	
	2013年	2013年	2012年	2013年	2012年	2013年	2012年
全　国	**66**	**6330**	**5192**	**35109**	**34524**	**666138**	**616768**
北　京	1	18	14	158	174	561	450
天　津	1	3	3	76	74	160	160
河　北	1	5	5	28	26	200	200
山　西	2	27	27	1461	1483	28881	28881
内 蒙 古							
辽　宁							
吉　林							
黑 龙 江							
上　海	3	67	75	699	809	10242	11089
江　苏	4	572	658	2097	2608	8080	11027
浙　江	5	2051	1547	5036	3954	102653	82750
安　徽							
福　建	4	617	503	3271	2808	141132	119570
江　西	8	94	93	6831	7033	12897	30632
山　东	4	1091	531	3589	3565	66448	64824
河　南	2	75	74	266	296	19200	19100
湖　北	3	19	22	866	951	785	805
湖　南	1	22	22	78	89	12540	12540
广　东	8	884	827	2020	2004	19682	18584
广　西							
海　南							
重　庆	3	610	615	1781	1368	62379	35378
四　川	2	22	26	169	173	11200	14200
贵　州							
云　南							
西　藏							
陕　西	7	76	76	5004	5388	104347	101827
甘　肃							
青　海	1	6	6	589	620	57700	57700
宁　夏	2	54	51	582	591	650	650
新　疆	4	17	17	508	510	6401	6401

2-13 续表 3

纺织、服装及家庭用品批发

地区	连锁总店数(个)	门店数(个)		年末从业人员(人)		年末零售营业面积(平方米)	
	2013年	2013年	2012年	2013年	2012年	2013年	2012年
全　国	**21**	**5324**	**5102**	**36575**	**40179**	**1863507**	**1753426**
北　京							
天　津							
河　北							
山　西							
内蒙古							
辽　宁							
吉　林							
黑龙江							
上　海	1	68	54	1566	1600	4730	3750
江　苏	2	294	235	840	1143	20554	22130
浙　江	6	3894	3870	16149	16331	236583	241624
安　徽							
福　建							
江　西							
山　东	2	600	756	15074	17715	1536063	1453599
河　南							
湖　北							
湖　南	1	20	19	782	952	3574	2825
广　东	9	448	168	2164	2438	62003	29498
广　西							
海　南							
重　庆							
四　川							
贵　州							
云　南							
西　藏							
陕　西							
甘　肃							
青　海							
宁　夏							
新　疆							

2-13 续表 4

文化、体育用品及器材批发

地区	连锁总店数(个)	门店数(个)		年末从业人员(人)		年末零售营业面积(平方米)	
	2013年	2013年	2012年	2013年	2012年	2013年	2012年
全国	**11**	**675**	**659**	**16223**	**16719**	**786730**	**764318**
北京	1	7	7	60	81	1968	968
天津							
河北							
山西							
内蒙古							
辽宁							
吉林	1	5	3	121	120	3200	7600
黑龙江							
上海							
江苏	1	82	82	5596	5866	364086	359304
浙江	1	346	333	5782	6008	325554	310895
安徽							
福建							
江西							
山东							
河南							
湖北	1	8	7	3375	3383	65000	64000
湖南	1	2	3	573	554	8800	3731
广东	5	225	224	716	707	18122	17820
广西							
海南							
重庆							
四川							
贵州							
云南							
西藏							
陕西							
甘肃							
青海							
宁夏							
新疆							

2-13 续表 5

医药及医疗器材批发

地区	连锁总店数（个）	门店数（个）		年末从业人员（人）		年末零售营业面积（平方米）	
	2013年	2013年	2012年	2013年	2012年	2013年	2012年
全　国	**33**	**2384**	**2294**	**9535**	**9003**	**240123**	**223248**
北　京							
天　津							
河　北	1	3	3	51	56	1000	1000
山　西							
内蒙古							
辽　宁							
吉　林	1	172	172	1290	1293	50000	55000
黑龙江							
上　海							
江　苏	2	210	207	1130	1129	26000	26000
浙　江	3	283	278	1236	1154	24334	21676
安　徽							
福　建	1	10	10	100	100	6971	6971
江　西							
山　东	3	192	188	1101	980	19820	13720
河　南							
湖　北	1	8	6	52	38	1327	1037
湖　南	2	16	15	198	165	2421	2276
广　东	4	316	291	772	554	21319	16940
广　西							
海　南							
重　庆	4	707	677	1779	1724	33251	30341
四　川	4	299	292	1124	1170	32127	32037
贵　州							
云　南	4	129	116	487	437	17755	12452
西　藏							
陕　西	1	32	32	90	90	2837	2837
甘　肃							
青　海							
宁　夏							
新　疆	2	7	7	125	113	961	961

2-13 续表 6

矿产品、建材及化工产品批发

地区	连锁总店数(个)	门店数(个)		年末从业人员(人)		年末零售营业面积(平方米)	
	2013年	2013年	2012年	2013年	2012年	2013年	2012年
全　国	**178**	**33678**	**33135**	**220771**	**233341**	**35828885**	**35596060**
北　京	2	253	239	2425	2428	173938	171483
天　津	1	10		30		480	
河　北	15	1458	1458	11224	11916	2456957	2430802
山　西							
内蒙古							
辽　宁	5	400	380	5014	5210	287861	358865
吉　林							
黑龙江	1	35	34	391	420	1083	1003
上　海	2	747	735	9238	10862	282729	288249
江　苏	8	5580	5474	32943	32605	4711000	4562000
浙　江	10	5066	4967	32292	33978	5995127	5918645
安　徽	4	3800	3894	10810	12075	1090995	1149109
福　建	2	53	54	145	140	670	670
江　西	10	864	806	6760	6626	739831	725142
山　东	7	3316	3311	8145	8816	1510606	1383968
河　南	14	968	1134	6128	6725	2197515	2045532
湖　北	4	252	251	2676	2636	62091	61961
湖　南							
广　东	7	3033	2945	39682	43052	9397580	9391073
广　西	27	1560	1485	13796	14659	2567398	2462787
海　南							
重　庆	8	1259	1454	8591	10660	256921	690013
四　川	4	177	164	1525	1569	54349	53252
贵　州							
云　南	2	359	343	2449	2350	722400	723616
西　藏							
陕　西	15	890	747	10557	10172	805141	708494
甘　肃	2	136	130	702	716	278589	278089
青　海							
宁　夏	5	1012	972	3638	3605	269495	275158
新　疆	23	2450	2158	11610	12121	1966129	1916149

2-13 续表 7

机械设备、五金产品及电子产品批发

地　区	连锁总店数（个）	门店数（个）		年末从业人员（人）		年末零售营业面积（平方米）	
	2013年	2013年	2012年	2013年	2012年	2013年	2012年
全　国	**17**	**592**	**464**	**6360**	**5642**	**112844**	**108032**
北　京	2	16	17	484	466	6133	6133
天　津	1	6	6	68	218	8373	8373
河　北							
山　西							
内蒙古							
辽　宁	1	11	10	89	50	800	700
吉　林							
黑龙江							
上　海							
江　苏	1	8	5	102	80	1870	1571
浙　江	2	334	238	2499	2482	37750	37750
安　徽							
福　建	1	28	2	164	87	2835	300
江　西							
山　东	1	5	5	106	119	3800	3800
河　南	2	6	6	104	86	8000	8000
湖　北							
湖　南							
广　东	3	157	148	2426	1733	38250	36350
广　西	1	11	11	242	220	4867	4867
海　南							
重　庆							
四　川	1	8	10	72	81	46	68
贵　州							
云　南	1	2	6	4	20	120	120
西　藏							
陕　西							
甘　肃							
青　海							
宁　夏							
新　疆							

2-13 续表 8

其他批发业

地区	连锁总店数(个)	门店数(个)		年末从业人员(人)		年末零售营业面积(平方米)	
	2013年	2013年	2012年	2013年	2012年	2013年	2012年
全　国	**16**	**1463**	**1297**	**8873**	**8124**	**1126172**	**1105567**
北　京							
天　津							
河　北							
山　西							
内蒙古							
辽　宁	1	40	50	174	196		
吉　林							
黑龙江							
上　海							
江　苏							
浙　江							
安　徽	1	486	466	4893	4728	1004356	1003049
福　建							
江　西							
山　东	2	122		408		8300	
河　南							
湖　北							
湖　南	2	443	438	737	732	39406	39206
广　东	5	70	80	1418	1486	55540	45742
广　西							
海　南							
重　庆	3	180	164	544	527	7239	7239
四　川							
贵　州							
云　南	1	57	54	393	247	2331	2331
西　藏							
陕　西							
甘　肃							
青　海							
宁　夏	1	65	45	306	208	9000	8000
新　疆							

2-13 续表 9

零售业

地区	连锁总店数（个）	门店数（个）		年末从业人员（人）		年末零售营业面积（平方米）	
	2013年	2013年	2012年	2013年	2012年	2013年	2012年
全　国	**2299**	**149836**	**141769**	**2215993**	**2173113**	**115705149**	**108253433**
北　京	141	7094	6959	155090	151820	6967527	6647671
天　津	38	2626	2524	39587	38804	2746204	2688393
河　北	66	2896	2804	41351	38972	3663160	3381710
山　西	49	3020	2903	41617	42741	2416276	2173924
内蒙古	17	255	236	5548	5022	230430	213629
辽　宁	92	5434	5469	60384	62007	4280308	3985326
吉　林	26	672	666	9080	9770	315383	311061
黑龙江	35	1690	1737	21964	22497	722954	657347
上　海	82	16761	17171	244389	254626	8858543	8954341
江　苏	155	11713	11672	344052	346244	14405139	13773323
浙　江	204	16843	16096	103647	102027	4447895	4099565
安　徽	64	2430	2232	75849	72540	3321226	3201257
福　建	135	4048	3740	77884	75338	6666275	6142510
江　西	63	2767	2571	40630	38069	2195708	1991664
山　东	131	6402	5878	150753	139628	10293044	9723088
河　南	132	4465	4160	65858	65761	4462413	4312443
湖　北	105	5632	4892	141245	137382	6531529	5784416
湖　南	92	5206	4922	72701	61067	5444316	5101752
广　东	266	19410	17838	223565	229044	14683812	13514587
广　西	33	2130	1967	25761	24261	1007567	909140
海　南	6	613	506	5769	5717	324757	319630
重　庆	71	9697	8836	86026	78718	3712902	3467261
四　川	98	9239	8279	76055	68713	2710582	2396104
贵　州	29	1139	1006	10951	9212	296198	259938
云　南	34	3871	3105	35242	32695	1238169	1131707
西　藏	1	3	2	722	635	21700	20600
陕　西	30	936	884	19830	20192	1280689	1195750
甘　肃	15	564	518	6676	6540	485888	375179
青　海	10	129	92	6237	5946	189022	183454
宁　夏	14	605	585	8483	8045	347049	343502
新　疆	65	1546	1519	19047	19080	1438484	993161

2-13 续表 10

综合零售

地区	连锁总店数(个)	门店数(个)		年末从业人员(人)		年末零售营业面积(平方米)	
	2013年	2013年	2012年	2013年	2012年	2013年	2012年
全　国	**829**	**65022**	**62767**	**1415440**	**1374872**	**71786160**	**65713445**
北　京	51	2618	2763	105731	104151	5238719	4928478
天　津	14	1451	1469	18030	18204	869135	804952
河　北	25	749	740	23821	22438	1571488	1314186
山　西	18	1497	1415	28020	29268	1097101	928072
内蒙古	6	86	88	3661	3151	130487	92665
辽　宁	29	2100	2114	27942	24952	1211113	954611
吉　林	7	73	83	2620	2657	122727	142795
黑龙江	7	328	332	9109	10893	420071	309683
上　海	39	10831	11335	204116	211061	7466393	7328791
江　苏	62	6022	6049	164881	166176	6722649	6161341
浙　江	84	11423	10547	78222	75606	3846610	3506026
安　徽	41	1796	1711	67849	65673	3033531	2885008
福　建	41	936	818	47827	43800	4276961	3608393
江　西	18	379	288	19786	17424	1112389	968005
山　东	47	3579	3215	131268	120561	9373373	8852482
河　南	52	1496	1418	45051	46533	2121140	2030419
湖　北	27	2261	2090	105056	100435	5179495	4540743
湖　南	37	1304	1281	43027	33145	2937933	2495490
广　东	93	3951	3754	118356	119997	7163842	6902986
广　西	10	493	468	14218	13664	621059	589250
海　南	1	13	13	393	317	22140	22140
重　庆	26	3766	3733	63296	57359	2908844	2722009
四　川	39	6120	5439	50285	44706	1816818	1668114
贵　州	9	249	224	5256	4055	125084	97220
云　南	10	633	570	9061	10008	407111	400922
西　藏	1	3	2	722	635	21700	20600
陕　西	13	198	188	10762	11326	829161	758014
甘　肃	1	10	10	520	512	27966	22240
青　海	4	75	37	4450	4190	134006	124703
宁　夏	5	205	171	5838	5554	251007	238756
新　疆	12	377	402	6266	6421	726107	294351

2-13 续表 11

食品、饮料及烟草制品专门零售

地区	连锁总店数(个)	门店数(个)		年末从业人员(人)		年末零售营业面积(平方米)	
	2013年	2013年	2012年	2013年	2012年	2013年	2012年
全国	**150**	**11865**	**10448**	**56951**	**53596**	**711474**	**653372**
北京	18	1501	1336	13096	10434	154357	139165
天津	5	124	121	2975	2995	27991	25421
河北	2	27	25	182	177	3550	3150
山西	3	48	51	612	635	5553	5633
内蒙古							
辽宁	4	72	83	697	900	6984	7484
吉林	3	60	64	638	637	6200	6923
黑龙江							
上海	3	1133	1064	5278	5208	69231	68685
江苏	23	1189	1042	4256	4127	49192	48304
浙江	17	1614	1639	3981	4847	71736	73095
安徽	2	226	189	1174	1153	27050	26280
福建	12	569	542	2542	2469	24644	23916
江西	4	1145	1097	3757	3678	73201	71179
山东	3	338	331	1893	1696	28900	22300
河南	9	665	465	1823	1671	41835	31121
湖北	11	1247	640	6620	6671	40220	30340
湖南	3	476	485	971	801	18265	18280
广东	15	740	555	4277	3419	36787	25832
广西							
海南							
重庆	6	431	434	1222	1024	9695	9583
四川	2	35	58	174	291	2473	2923
贵州							
云南	2	48	50	239	242	2415	2563
西藏							
陕西							
甘肃							
青海							
宁夏	2	171	171	520	500	10750	10750
新疆	1	6	6	24	21	445	445

2-13 续表 12

纺织、服装及日用品专门零售

地区	连锁总店数(个)	门店数(个)		年末从业人员(人)		年末零售营业面积(平方米)	
	2013年	2013年	2012年	2013年	2012年	2013年	2012年
全国	**157**	**11858**	**10743**	**71258**	**68852**	**2236516**	**1520267**
北京	26	1075	939	10862	10078	272270	201904
天津	4	51	50	639	811	11252	12162
河北	3	61	80	551	563	6150	8824
山西	2	12	12	147	144	2150	2150
内蒙古							
辽宁	6	94	91	768	770	305691	304327
吉林	2	20	19	225	256	4198	4048
黑龙江	1	21	16	251	142	6316	3600
上海	9	2464	2391	11593	10047	174178	163853
江苏	4	454	448	1976	1932	36099	35519
浙江	11	449	534	4375	4695	81110	84728
安徽	1	3	4	25	24	800	800
福建	5	89	99	752	853	17146	17651
江西	3	42	17	483	418	11154	11434
山东	4	26	24	219	300	4138	4100
河南	8	59	68	614	593	15363	19121
湖北	12	305	309	5519	6115	136371	141884
湖南	3	191	166	636	757	23706	28250
广东	30	5916	5004	25041	24005	920950	272652
广西							
海南							
重庆	10	164	165	2244	2436	62776	67296
四川	5	209	169	1702	1458	63036	52690
贵州							
云南	1	18	18	406	306	12153	12153
西藏							
陕西	3	114	98	1268	1232	22967	20894
甘肃							
青海	3	18	19	955	910	46342	50077
宁夏							
新疆	1	3	3	7	7	200	150

2-13 续表 13

文化、体育用品及器材专门零售

地区	连锁总店数(个)	门店数(个)		年末从业人员(人)		年末零售营业面积(平方米)	
	2013年	2013年	2012年	2013年	2012年	2013年	2012年
全国	**83**	**1651**	**1751**	**38843**	**37023**	**988976**	**1069692**
北京	7	98	99	1192	1208	73771	79186
天津							
河北	1	4	4	60	48	1390	1390
山西							
内蒙古							
辽宁	2	42	42	708	729	40539	43348
吉林							
黑龙江	2	29	39	3437	1224	19032	29032
上海	3	144	148	2741	2795	81837	96800
江苏	5	41	47	428	468	30530	31104
浙江	2	24	24	761	833	5928	5340
安徽	1	13	11	645	403	17147	15432
福建	3	12	12	272	334	6356	5556
江西	3	125	131	4815	4748	102613	93529
山东	3	22	23	689	684	40749	40869
河南	4	21	21	860	813	10010	10010
湖北	6	60	59	1652	1516	28675	34153
湖南	3	32	28	389	1054	10210	16690
广东	12	150	212	2205	2591	89680	130924
广西	1	4	4	318	320	15000	15000
海南							
重庆	2	272	272	2605	2479	84500	84500
四川	4	346	373	10440	10239	121862	126449
贵州							
云南	3	67	60	1655	1629	78196	78685
西藏							
陕西	1	20	20	1084	951	20359	21737
甘肃							
青海							
宁夏	1	8	8	198	199	10609	10609
新疆	14	117	114	1689	1758	99983	99349

2-13 续表 14

医药及医疗器材专门零售

地区	连锁总店数（个）	门店数（个）		年末从业人员（人）		年末零售营业面积（平方米）	
	2013年	2013年	2012年	2013年	2012年	2013年	2012年
全　国	**653**	**39319**	**36273**	**228000**	**218038**	**4906441**	**4404483**
北　京	26	854	856	6335	6328	159057	154749
天　津	7	325	201	2934	1833	67467	49825
河　北	20	759	661	5400	4706	84957	73657
山　西	12	497	462	5210	5074	92765	87901
内蒙古	8	150	127	1159	1144	17884	16127
辽　宁	39	2388	2384	17183	20800	558816	518816
吉　林	7	231	188	1495	1452	37384	17770
黑龙江	18	1058	1114	5438	5829	120769	151441
上　海	19	1905	1904	12112	12021	176866	173781
江　苏	43	1918	1935	10589	10487	231930	231831
浙　江	79	3231	3255	14239	14240	348574	350324
安　徽	14	320	240	3267	2844	62646	56326
福　建	21	493	409	3420	2863	90551	54875
江　西	12	556	519	4809	4538	81588	76897
山　东	54	2012	1883	10993	10761	222073	218802
河　南	34	1295	1227	8173	7196	130876	121221
湖　北	32	1053	1010	7471	7622	188842	157526
湖　南	14	1456	1340	12124	10705	199063	182254
广　东	45	4216	4120	24129	23477	449731	392569
广　西	17	1554	1420	8917	7945	180218	157305
海　南	3	204	157	1510	1456	30741	25517
重　庆	19	4933	4098	13131	11455	308271	229711
四　川	35	2382	2125	8370	8024	203473	179601
贵　州	18	863	754	4627	4155	81537	70998
云　南	8	2914	2225	20247	17004	436448	331570
西　藏							
陕　西	8	441	423	4705	4526	57029	54555
甘　肃	9	355	310	3653	3436	154061	133043
青　海	3	36	36	832	846	8674	8674
宁　夏	5	146	158	919	904	19575	25862
新　疆	24	774	732	4609	4367	104575	100955

2-13 续表 15

汽车、摩托车、燃料及零配件专门零售

地区	连锁总店数（个）	门店数（个）		年末从业人员（人）		年末零售营业面积（平方米）	
	2013年	2013年	2012年	2013年	2012年	2013年	2012年
全国	**186**	**12792**	**12547**	**135184**	**139251**	**19610083**	**19368995**
北京	4	571	563	6465	7180	204302	201955
天津	3	596	596	11712	11411	1436201	1436201
河北	8	1211	1207	9232	8465	1794521	1805155
山西	8	911	902	6149	6371	1067955	1019282
内蒙古							
辽宁	7	656	668	9793	10515	1805581	1813730
吉林	1	231	254	2663	3222	18000	17000
黑龙江	2	172	171	2260	2260	15060	15060
上海							
江苏	3	201	207	2832	2921	556800	557350
浙江	2	7	7	65	69	1596	1596
安徽							
福建	32	1543	1466	14699	16173	1730924	1922522
江西	14	465	460	5206	5198	713751	671345
山东	9	337	327	2556	2510	353466	353646
河南	7	726	742	4418	3931	1657949	1606714
湖北	7	519	591	7641	7551	303802	275587
湖南	26	1676	1559	13251	12391	2058450	2172799
广东	33	1963	1908	24399	26878	4542303	4281691
广西	2	37	37	349	308	71500	71500
海南	2	396	336	3866	3944	271876	271973
重庆	4	25	25	119	111	2255	2255
四川							
贵州							
云南	1	87	73	1325	1290	89000	64000
西藏							
陕西	4	161	153	1888	1963	346723	336100
甘肃	4	178	174	2395	2484	300861	217896
青海							
宁夏							
新疆	3	123	121	1901	2105	267207	253638

2-13 续表 16

家用电器及电子产品专门零售

地 区	连锁总店数（个）	门店数（个）		年末从业人员（人）		年末零售营业面积（平方米）	
	2013年	2013年	2012年	2013年	2012年	2013年	2012年
全 国	**214**	**6982**	**6911**	**262870**	**273442**	**14969202**	**15035723**
北 京	6	367	391	10576	11612	810318	887231
天 津	4	72	80	3088	3318	330129	355803
河 北	7	85	87	2105	2575	201104	175348
山 西	6	55	61	1479	1249	150752	130886
内蒙古	3	19	21	728	727	82059	104837
辽 宁	5	82	87	3293	3341	351584	343010
吉 林	5	53	53	1400	1508	126709	122360
黑龙江	5	82	65	1469	2149	141706	148531
上 海	4	235	269	7090	11407	768528	991646
江 苏	13	1864	1921	158923	159888	6765589	6695524
浙 江	8	64	64	1812	1551	88541	74656
安 徽	5	72	77	2889	2443	180052	217411
福 建	20	388	394	8300	8846	518793	509597
江 西	9	55	59	1774	2065	101012	99275
山 东	10	86	73	3074	3055	263645	224189
河 南	18	203	219	4919	5024	485240	493837
湖 北	10	187	193	7286	7472	654124	604183
湖 南	6	71	63	2303	2214	196689	187989
广 东	29	2334	2149	23457	27097	1317924	1362450
广 西	3	42	38	1959	2024	119790	76085
海 南							
重 庆	4	106	109	3409	3854	336561	351907
四 川	11	143	111	4936	3836	473520	336927
贵 州	2	27	28	1068	1002	89577	91720
云 南	9	104	109	2309	2216	212846	241814
西 藏							
陕 西	1	2	2	123	194	4450	4450
甘 肃	1	21	24	108	108	3000	2000
青 海							
宁 夏	1	75	77	1008	888	55108	57525
新 疆	9	88	87	1985	1779	139852	144532

2-13 续表 17

五金、家具及室内装饰材料专门零售

地　区	连锁总店数（个）	门店数（个）		年末从业人员（人）		年末零售营业面积（平方米）	
	2013年	2013年	2012年	2013年	2012年	2013年	2012年
全　国	**18**	**163**	**152**	**6044**	**6745**	**467511**	**461195**
北　京	3	10	12	833	829	54733	55003
天　津	1	7	7	209	232	4029	4029
河　北							
山　西							
内蒙古							
辽　宁							
吉　林							
黑龙江							
上　海	4	19	19	1108	1735	116811	123811
江　苏	1	1	1	83	93	8850	8850
浙　江	1	31	26	192	186	3800	3800
安　徽							
福　建							
江　西							
山　东	1	2	2	61	61	6700	6700
河　南							
湖　北							
湖　南							
广　东	4	31	27	844	828	143073	129861
广　西							
海　南							
重　庆							
四　川	2	4	4	148	159	29400	29400
贵　州							
云　南							
西　藏							
陕　西							
甘　肃							
青　海							
宁　夏							
新　疆	1	58	54	2566	2622	100115	99741

2-13 续表 18

货摊、无店铺及其他零售业

地区	连锁总店数(个)	门店数(个)		年末从业人员(人)		年末零售营业面积(平方米)	
	2013年	2013年	2012年	2013年	2012年	2013年	2012年
全　国	**9**	**184**	**177**	**1403**	**1294**	**28786**	**26261**
北　京							
天　津							
河　北							
山　西							
内蒙古							
辽　宁							
吉　林	1	4	5	39	38	165	165
黑龙江							
上　海	1	30	41	351	352	4699	6974
江　苏	1	23	22	84	152	3500	3500
浙　江							
安　徽							
福　建	1	18		72		900	
江　西							
山　东							
河　南							
湖　北							
湖　南							
广　东	5	109	109	857	752	19522	15622
广　西							
海　南							
重　庆							
四　川							
贵　州							
云　南							
西　藏							
陕　西							
甘　肃							
青　海							
宁　夏							
新　疆							

2-14 按行业分各地区连锁零售企业直营门店基本情况

批发业

地区	门店数(个)		年末从业人员(人)		年末零售营业面积(平方米)	
	2013年	2012年	2013年	2012年	2013年	2012年
全国	**31275**	**30778**	**288735**	**304815**	**39396205**	**39041192**
北京	201	184	2854	2876	177620	174054
天津	46	9	282	292	10513	8533
河北	1466	1466	11303	11998	2458157	2432002
山西	27	27	1461	1483	28881	28881
内蒙古						
辽宁	451	440	5277	5456	288661	359565
吉林	177	175	1411	1413	53200	62600
黑龙江	35	34	391	420	1083	1003
上海	782	773	9805	12194	266231	272418
江苏	4421	4319	38027	38478	5122111	4969342
浙江	4804	4635	42628	44442	6196060	6112378
安徽	2384	2465	16622	17697	1973751	2030558
福建	149	136	1614	1558	37781	39604
江西	958	899	13591	13659	752728	755774
山东	3663	3657	23255	25362	3023721	2783451
河南	1045	1210	6481	7090	2216715	2064632
湖北	291	290	7225	7258	134203	132803
湖南	289	284	2071	2193	57627	51584
广东	3796	3633	46158	49344	9534834	9508676
广西	1521	1449	13883	14729	2569280	2464694
海南						
重庆	800	976	8306	10322	258146	686228
四川	237	226	2286	2396	79590	81925
贵州						
云南	351	388	3108	2897	738401	734804
西藏						
陕西	998	855	15651	15650	912325	813158
甘肃	136	130	702	716	278589	278089
青海	6	6	589	620	57700	57700
宁夏	191	180	1830	1843	209740	216208
新疆	2050	1932	11924	12429	1958557	1920528

2-14 续表 1

农、林、牧产品批发

地　区	门店数 (个)		年末从业人员 (人)		年末零售营业面积 (平方米)	
	2013年	2012年	2013年	2012年	2013年	2012年
全　国	**120**	**95**	**1674**	**1545**	**22900**	**21400**
北　京						
天　津	27		108		1500	
河　北						
山　西						
内蒙古						
辽　宁						
吉　林						
黑龙江						
上　海						
江　苏						
浙　江						
安　徽	78	80	1226	1201		
福　建						
江　西						
山　东						
河　南						
湖　北	4	4	256	250	5000	5000
湖　南	7	7	37	37	15380	15380
广　东	3	3	32	38	296	296
广　西						
海　南						
重　庆						
四　川	1	1	15	19	724	724
贵　州						
云　南						
西　藏						
陕　西						
甘　肃						
青　海						
宁　夏						
新　疆						

2-14 续表 2

食品、饮料及烟草制品批发

地区	门店数（个）		年末从业人员（人）		年末零售营业面积（平方米）	
	2013年	2012年	2013年	2012年	2013年	2012年
全国	**1772**	**1815**	**26387**	**27622**	**382565**	**400817**
北京	18	14	158	174	561	450
天津	3	3	76	74	160	160
河北	5	5	28	26	200	200
山西	27	27	1461	1483	28881	28881
内蒙古						
辽宁						
吉林						
黑龙江						
上海	67	75	699	809	10242	11089
江苏	572	658	2097	2608	8080	11027
浙江	145	136	1157	1083	11139	10829
安徽						
福建	68	70	1271	1231	29675	31663
江西	94	93	6831	7033	12897	30632
山东	170	183	2856	2844	51988	52016
河南	71	70	249	279	11200	11100
湖北	19	22	866	951	785	805
湖南	12	12	42	45	6240	6240
广东	280	222	1208	1187	14074	12902
广西						
海南						
重庆	49	49	539	513	16645	12045
四川	19	26	166	173	10700	14200
贵州						
云南						
西藏						
陕西	76	76	5004	5388	104347	101827
甘肃						
青海	6	6	589	620	57700	57700
宁夏	54	51	582	591	650	650
新疆	17	17	508	510	6401	6401

2-14 续表 3

纺织、服装及家庭用品批发

地　区	门店数(个)		年末从业人员(人)		年末零售营业面积(平方米)	
	2013年	2012年	2013年	2012年	2013年	2012年
全　国	**1014**	**901**	**19124**	**21388**	**1529210**	**1415279**
北　京						
天　津						
河　北						
山　西						
内蒙古						
辽　宁						
吉　林						
黑龙江						
上　海	68	54	1566	1600	4730	3750
江　苏	175	80	526	593	11075	9440
浙　江	529	520	3062	3141	35181	39819
安　徽						
福　建						
江　西						
山　东	68	60	11174	12664	1441547	1329947
河　南						
湖　北						
湖　南	20	19	782	952	3574	2825
广　东	154	168	2014	2438	33103	29498
广　西						
海　南						
重　庆						
四　川						
贵　州						
云　南						
西　藏						
陕　西						
甘　肃						
青　海						
宁　夏						
新　疆						

2-14 续表 4

文化、体育用品及器材批发

地 区	门店数（个）		年末从业人员（人）		年末零售营业面积（平方米）	
	2013年	2012年	2013年	2012年	2013年	2012年
全 国	**561**	**545**	**16111**	**16607**	**780520**	**758108**
北 京	7	7	60	81	1968	968
天 津						
河 北						
山 西						
内蒙古						
辽 宁						
吉 林	5	3	121	120	3200	7600
黑龙江						
上 海						
江 苏	82	82	5596	5866	364086	359304
浙 江	346	333	5782	6008	325554	310895
安 徽						
福 建						
江 西						
山 东						
河 南						
湖 北	8	7	3375	3383	65000	64000
湖 南	2	3	573	554	8800	3731
广 东	111	110	604	595	11912	11610
广 西						
海 南						
重 庆						
四 川						
贵 州						
云 南						
西 藏						
陕 西						
甘 肃						
青 海						
宁 夏						
新 疆						

2-14 续表 5

医药及医疗器材批发

地区	门店数（个）		年末从业人员（人）		年末零售营业面积（平方米）	
	2013年	2012年	2013年	2012年	2013年	2012年
全国	**945**	**867**	**6288**	**5913**	**154510**	**146000**
北京						
天津						
河北	3	3	51	56	1000	1000
山西						
内蒙古						
辽宁						
吉林	172	172	1290	1293	50000	55000
黑龙江						
上海						
江苏	210	207	1130	1129	26000	26000
浙江	158	150	890	813	11083	9305
安徽						
福建	10	10	100	100	6971	6971
江西						
山东	102	98	920	919	15320	13720
河南						
湖北	8	6	52	38	1327	1037
湖南	15	15	192	165	2301	2276
广东	38	4	256	27	4639	435
广西						
海南						
重庆	40	38	237	225	3750	3340
四川	32	25	508	554	13771	13681
贵州						
云南	118	100	447	391	14550	9437
西藏						
陕西	32	32	90	90	2837	2837
甘肃						
青海						
宁夏						
新疆	7	7	125	113	961	961

2-14 续表 6

矿产品、建材及化工产品批发

地　区	门店数(个)		年末从业人员(人)		年末零售营业面积(平方米)	
	2013年	2012年	2013年	2012年	2013年	2012年
全　国	**25366**	**25201**	**206042**	**219393**	**35342765**	**35129300**
北　京	160	146	2152	2155	168958	166503
天　津	10		30		480	
河　北	1458	1458	11224	11916	2456957	2430802
山　西						
内蒙古						
辽　宁	400	380	5014	5210	287861	358865
吉　林						
黑龙江	35	34	391	420	1083	1003
上　海	647	644	7540	9785	251259	257579
江　苏	3374	3287	28576	28202	4711000	4562000
浙　江	3292	3258	29238	30915	5775353	5703780
安　徽	1820	1919	10503	11768	969395	1027509
福　建	53	54	145	140	670	670
江　西	864	806	6760	6626	739831	725142
山　东	3316	3311	8145	8816	1510606	1383968
河　南	968	1134	6128	6725	2197515	2045532
湖　北	252	251	2676	2636	62091	61961
湖　南						
广　东	3004	2916	38917	42340	9391080	9385073
广　西	1510	1438	13641	14509	2564413	2459827
海　南						
重　庆	668	862	7441	9511	235169	668261
四　川	177	164	1525	1569	54349	53252
贵　州						
云　南	174	228	2264	2239	721400	722916
西　藏						
陕　西	890	747	10557	10172	805141	708494
甘　肃	136	130	702	716	278589	278089
青　海						
宁　夏	132	126	1182	1217	208370	214908
新　疆	2026	1908	11291	11806	1951195	1913166

2-14 续表 7

机械设备、五金产品及电子产品批发

地区	门店数(个)		年末从业人员(人)		年末零售营业面积(平方米)	
	2013年	2012年	2013年	2012年	2013年	2012年
全国	**561**	**446**	**5577**	**5142**	**96414**	**94802**
北京	16	17	484	466	6133	6133
天津	6	6	68	218	8373	8373
河北						
山西						
内蒙古						
辽宁	11	10	89	50	800	700
吉林						
黑龙江						
上海						
江苏	8	5	102	80	1870	1571
浙江	334	238	2499	2482	37750	37750
安徽						
福建	18	2	98	87	465	300
江西						
山东	5	5	106	119	3800	3800
河南	6	6	104	86	8000	8000
湖北						
湖南						
广东	136	130	1709	1233	24190	23120
广西	11	11	242	220	4867	4867
海南						
重庆						
四川	8	10	72	81	46	68
贵州						
云南	2	6	4	20	120	120
西藏						
陕西						
甘肃						
青海						
宁夏						
新疆						

2-14 续表 8

其他批发业

地区	门店数(个)		年末从业人员(人)		年末零售营业面积(平方米)	
	2013年	2012年	2013年	2012年	2013年	2012年
全国	**936**	**908**	**7532**	**7205**	**1087321**	**1075486**
北京						
天津						
河北						
山西						
内蒙古						
辽宁	40	50	174	196		
吉林						
黑龙江						
上海						
江苏						
浙江						
安徽	486	466	4893	4728	1004356	1003049
福建						
江西						
山东	2		54		460	
河南						
湖北						
湖南	233	228	445	440	21332	21132
广东	70	80	1418	1486	55540	45742
广西						
海南						
重庆	43	27	89	73	2582	2582
四川						
贵州						
云南	57	54	393	247	2331	2331
西藏						
陕西						
甘肃						
青海						
宁夏	5	3	66	35	720	650
新疆						

2-14 续表 9

零售业

地区	门店数(个)		年末从业人员(人)		年末零售营业面积(平方米)	
	2013年	2012年	2013年	2012年	2013年	2012年
全国	**94711**	**89037**	**1963210**	**1922877**	**107790400**	**101017719**
北京	5272	5109	143781	139933	6695963	6385193
天津	1921	1829	38179	37443	2675314	2618488
河北	2529	2429	40758	38377	3635620	3354160
山西	1850	1786	36275	37652	2344641	2119598
内蒙古	217	180	5489	4919	228290	209790
辽宁	3721	3754	52131	54908	4083817	3797283
吉林	672	666	9080	9770	315383	311061
黑龙江	1325	1737	21217	22497	708668	657347
上海	9839	10147	167410	176731	5817896	6320009
江苏	8153	7965	312073	314354	13415754	12925437
浙江	6057	5798	81350	79681	3775902	3422106
安徽	1742	1565	64507	58557	3085383	2925197
福建	3415	3214	74247	72117	6607309	6088434
江西	1559	1473	36405	33755	2018432	1800028
山东	4946	4503	145080	134876	10115286	9555255
河南	3174	2896	62587	62530	4337530	4181649
湖北	5054	4557	138657	133749	6489794	5720850
湖南	3473	3145	67904	57610	5271631	4930280
广东	12599	11490	195146	202452	14029356	12943918
广西	1260	1103	21283	20009	876198	786334
海南	613	506	5769	5717	324757	319630
重庆	2735	2354	74624	68095	3435509	3228473
四川	5172	4495	67921	60924	2525417	2234879
贵州	916	783	10460	8580	283282	247002
云南	3472	2703	34545	31962	1215917	1109224
西藏	3	2	722	635	21700	20600
陕西	770	716	17710	17987	1110259	1024700
甘肃	562	517	6668	6521	485708	374079
青海	107	70	6215	5924	188142	182574
宁夏	436	424	7970	7595	338259	335202
新疆	1147	1121	17047	17017	1333283	888939

2-14 续表 10

综合零售

地区	门店数(个)		年末从业人员(人)		年末零售营业面积(平方米)	
	2013年	2012年	2013年	2012年	2013年	2012年
全 国	**33731**	**32188**	**1231876**	**1192011**	**65271466**	**59868599**
北 京	1739	1731	99829	97447	5084448	4765805
天 津	789	817	16706	16900	802935	739752
河 北	382	365	23228	21843	1543948	1286636
山 西	343	312	22797	24287	1028761	876701
内蒙古	82	66	3635	3081	130017	90496
辽 宁	624	636	20713	18975	1047260	798453
吉 林	73	83	2620	2657	122727	142795
黑龙江	158	332	8609	10893	406471	309683
上 海	6417	6722	136971	142128	4570235	4830895
江 苏	3103	2991	135068	136398	5786049	5366310
浙 江	2686	2413	60149	57823	3274309	2940523
安 徽	1138	1077	56707	51905	2799518	2612578
福 建	689	627	46504	42746	4263237	3597570
江 西	190	163	16869	14384	957789	798105
山 东	2214	1924	125800	116009	9199847	8688694
河 南	886	787	44073	45481	2093639	1993663
湖 北	2212	2007	103639	97945	5158500	4504470
湖 南	566	534	41273	32458	2833413	2394541
广 东	3468	3382	109177	113182	6847096	6724887
广 西	328	289	12569	11903	551472	516740
海 南	13	13	393	317	22140	22140
重 庆	919	885	59775	53862	2779408	2592536
四 川	3516	2975	44670	39531	1702871	1574787
贵 州	249	224	5256	4055	125084	97220
云 南	291	225	8467	9391	389989	383569
西 藏	3	2	722	635	21700	20600
陕 西	194	184	10245	10816	681161	610014
甘 肃	10	10	520	512	27966	22240
青 海	75	37	4450	4190	134006	124703
宁 夏	197	171	5790	5554	250517	238756
新 疆	177	204	4652	4703	634953	202737

2-14 续表 11

食品、饮料及烟草制品专门零售

地　区	门店数（个）		年末从业人员（人）		年末零售营业面积（平方米）	
	2013年	2012年	2013年	2012年	2013年	2012年
全　国	**7499**	**6588**	**47185**	**44293**	**545744**	**502746**
北　京	838	785	9203	6615	87803	85728
天　津	123	120	2968	2990	27921	25351
河　北	27	25	182	177	3550	3150
山　西	48	51	612	635	5553	5633
内蒙古						
辽　宁	72	83	697	900	6984	7484
吉　林	60	64	638	637	6200	6923
黑龙江						
上　海	1133	1064	5278	5208	69231	68685
江　苏	1179	1027	4166	4052	47692	46754
浙　江	731	779	3120	4023	45208	48250
安　徽	196	159	974	953	25220	24450
福　建	351	356	1960	1925	18645	18761
江　西	126	124	2449	2404	50525	49443
山　东	288	286	1793	1596	26800	20300
河　南	403	249	1357	1303	34632	23098
湖　北	933	614	6057	6238	36600	27340
湖　南	88	62	475	353	4685	3475
广　东	738	553	4269	3410	36557	25602
广　西						
海　南						
重　庆	66	66	495	285	4155	3998
四　川	35	55	174	276	2473	2863
贵　州						
云　南	48	50	239	242	2415	2563
西　藏						
陕　西						
甘　肃						
青　海						
宁　夏	10	10	55	50	2450	2450
新　疆	6	6	24	21	445	445

2-14 续表 12

纺织、服装及日用品专门零售

地区	门店数（个）		年末从业人员（人）		年末零售营业面积（平方米）	
	2013年	2012年	2013年	2012年	2013年	2012年
全　国	**4907**	**4379**	**49487**	**48885**	**1883501**	**1243626**
北　京	1011	885	10554	9817	264027	195094
天　津	51	50	639	811	11252	12162
河　北	61	80	551	563	6150	8824
山　西	4	4	49	50	510	510
内蒙古						
辽　宁	93	90	765	767	305591	304227
吉　林	20	19	225	256	4198	4048
黑龙江	21	16	251	142	6316	3600
上　海	1186	1174	7721	6826	120931	115988
江　苏	81	87	502	516	7765	7885
浙　江	299	344	4026	4320	67139	69170
安　徽	3	4	25	24	800	800
福　建	89	99	752	853	17146	17651
江　西	42	17	483	418	11154	11434
山　东	26	24	219	300	4138	4100
河　南	55	64	594	575	14563	18321
湖　北	305	309	5519	6115	136371	141884
湖　南	98	81	426	587	17226	21750
广　东	1068	671	10313	10331	698540	120608
广　西						
海　南						
重　庆	126	129	1839	2024	56206	61076
四　川	144	126	1572	1327	55036	44740
贵　州						
云　南	18	18	406	306	12153	12153
西　藏						
陕　西	85	66	1094	1040	19747	17374
甘　肃						
青　海	18	19	955	910	46342	50077
宁　夏						
新　疆	3	3	7	7	200	150

2-14 续表 13

文化、体育用品及器材专门零售

地　区	门店数（个）		年末从业人员（人）		年末零售营业面积（平方米）	
	2013年	2012年	2013年	2012年	2013年	2012年
全　国	**1419**	**1554**	**38081**	**36255**	**965378**	**1045921**
北　京	96	96	1190	1205	73614	78986
天　津						
河　北	4	4	60	48	1390	1390
山　西						
内蒙古						
辽　宁	42	42	708	729	40539	43348
吉　林						
黑龙江	29	39	3437	1224	19032	29032
上　海	144	148	2741	2795	81837	96800
江　苏	41	47	428	468	30530	31104
浙　江	24	24	761	833	5928	5340
安　徽	13	11	645	403	17147	15432
福　建	12	12	272	334	6356	5556
江　西	125	131	4815	4748	102613	93529
山　东	22	23	689	684	40749	40869
河　南	21	21	860	813	10010	10010
湖　北	60	59	1652	1516	28675	34153
湖　南	32	28	389	1054	10210	16690
广　东	149	210	2202	2576	89630	130744
广　西	4	4	318	320	15000	15000
海　南						
重　庆	72	109	2433	2316	61110	61110
四　川	317	344	9855	9652	121861	126448
贵　州						
云　南	67	60	1655	1629	78196	78685
西　藏						
陕　西	20	20	1084	951	20359	21737
甘　肃						
青　海						
宁　夏	8	8	198	199	10609	10609
新　疆	117	114	1689	1758	99983	99349

2-14 续表 14

医药及医疗器材专门零售

地区	门店数（个）		年末从业人员（人）		年末零售营业面积（平方米）	
	2013年	2012年	2013年	2012年	2013年	2012年
全国	**27388**	**24914**	**194103**	**184731**	**4191939**	**3715870**
北京	640	646	5131	5228	116718	115391
天津	283	159	2857	1781	62847	45190
河北	759	661	5400	4706	84957	73657
山西	489	456	5189	5060	91110	86586
内蒙古	116	93	1126	1111	16214	14457
辽宁	2152	2148	16162	19681	526278	487031
吉林	231	188	1495	1452	37384	17770
黑龙江	863	1114	5191	5829	120083	151441
上海	675	710	6150	6280	85624	85210
江苏	1705	1719	10163	10040	212079	211310
浙江	2216	2142	11256	10922	293881	283271
安徽	320	240	3267	2844	62646	56326
福建	484	401	3388	2838	89236	53805
江西	556	519	4809	4538	81588	76897
山东	1971	1844	10888	10661	219941	216757
河南	1006	939	7231	6290	106177	96686
湖北	838	786	6863	6992	171722	139233
湖南	942	818	9787	8553	150958	133036
广东	2750	2513	19758	18555	354711	284856
广西	857	742	6174	5478	129438	109565
海南	204	157	1510	1456	30741	25517
重庆	1421	1031	6554	5643	195814	155591
四川	1013	880	6566	6143	140256	119714
贵州	640	531	4136	3523	68621	58062
云南	2857	2168	20144	16888	431318	326440
西藏						
陕西	312	295	3311	3053	39819	37025
甘肃	353	310	3645	3436	153881	133043
青海	14	14	810	824	7794	7794
宁夏	146	158	919	904	19575	25862
新疆	575	532	4223	4022	90528	88347

2-14 续表 15

汽车、摩托车、燃料及零配件专门零售

地 区	门店数（个）		年末从业人员（人）		年末零售营业面积（平方米）	
	2013年	2012年	2013年	2012年	2013年	2012年
全 国	**12648**	**12378**	**134148**	**137155**	**19523283**	**19172342**
北 京	571	563	6465	7180	204302	201955
天 津	596	596	11712	11411	1436201	1436201
河 北	1211	1207	9232	8465	1794521	1805155
山 西	911	902	6149	6371	1067955	1019282
内蒙古						
辽 宁	656	668	9793	10515	1805581	1813730
吉 林	231	254	2663	3222	18000	17000
黑龙江	172	171	2260	2260	15060	15060
上 海						
江 苏	196	196	2822	2912	556500	556700
浙 江	7	7	65	69	1596	1596
安 徽						
福 建	1543	1466	14699	16173	1730924	1922522
江 西	465	460	5206	5198	713751	671345
山 东	337	327	2556	2510	353466	353646
河 南	602	621	3557	3050	1593449	1546214
湖 北	519	591	7641	7551	303802	275587
湖 南	1676	1559	13251	12391	2058450	2172799
广 东	1952	1876	24269	25721	4522303	4149288
广 西	37	37	349	308	71500	71500
海 南	396	336	3866	3944	271876	271973
重 庆	25	25	119	111	2255	2255
四 川						
贵 州						
云 南	87	73	1325	1290	89000	64000
西 藏						
陕 西	157	149	1853	1933	344723	334100
甘 肃	178	173	2395	2465	300861	216796
青 海						
宁 夏						
新 疆	123	121	1901	2105	267207	253638

2-14 续表 16

家用电器及电子产品专门零售

地区	门店数(个)		年末从业人员(人)		年末零售营业面积(平方米)	
	2013年	2012年	2013年	2012年	2013年	2012年
全国	**6791**	**6708**	**260956**	**271510**	**14913992**	**14981459**
北京	367	391	10576	11612	810318	887231
天津	72	80	3088	3318	330129	355803
河北	85	87	2105	2575	201104	175348
山西	55	61	1479	1249	150752	130886
内蒙古	19	21	728	727	82059	104837
辽宁	82	87	3293	3341	351584	343010
吉林	53	53	1400	1508	126709	122360
黑龙江	82	65	1469	2149	141706	148531
上海	235	269	7090	11407	768528	991646
江苏	1825	1876	158758	159725	6763089	6693324
浙江	63	63	1781	1505	84041	70156
安徽	72	74	2889	2428	180052	215611
福建	247	253	6672	7248	481765	472569
江西	55	59	1774	2065	101012	99275
山东	86	73	3074	3055	263645	224189
河南	201	215	4915	5018	485060	493657
湖北	187	191	7286	7392	654124	598183
湖南	71	63	2303	2214	196689	187989
广东	2334	2149	23457	27097	1317924	1362450
广西	34	31	1873	2000	108788	73529
海南						
重庆	106	109	3409	3854	336561	351907
四川	143	111	4936	3836	473520	336927
贵州	27	28	1068	1002	89577	91720
云南	104	109	2309	2216	212846	241814
西藏						
陕西	2	2	123	194	4450	4450
甘肃	21	24	108	108	3000	2000
青海						
宁夏	75	77	1008	888	55108	57525
新疆	88	87	1985	1779	139852	144532

2-14 续表 17

五金、家具及室内装饰材料专门零售

地 区	门店数（个）		年末从业人员（人）		年末零售营业面积（平方米）	
	2013年	2012年	2013年	2012年	2013年	2012年
全 国	**163**	**152**	**6044**	**6745**	**467511**	**461195**
北 京	10	12	833	829	54733	55003
天 津	7	7	209	232	4029	4029
河 北						
山 西						
内 蒙 古						
辽 宁						
吉 林						
黑 龙 江						
上 海	19	19	1108	1735	116811	123811
江 苏	1	1	83	93	8850	8850
浙 江	31	26	192	186	3800	3800
安 徽						
福 建						
江 西						
山 东	2	2	61	61	6700	6700
河 南						
湖 北						
湖 南						
广 东	31	27	844	828	143073	129861
广 西						
海 南						
重 庆						
四 川	4	4	148	159	29400	29400
贵 州						
云 南						
西 藏						
陕 西						
甘 肃						
青 海						
宁 夏						
新 疆	58	54	2566	2622	100115	99741

2-14 续表 18

货摊、无店铺及其他零售业

地区	门店数（个）		年末从业人员（人）		年末零售营业面积（平方米）	
	2013年	2012年	2013年	2012年	2013年	2012年
全国	**165**	**176**	**1330**	**1292**	**27586**	**25961**
北京						
天津						
河北						
山西						
内蒙古						
辽宁						
吉林	4	5	39	38	165	165
黑龙江						
上海	30	41	351	352	4699	6974
江苏	22	21	83	150	3200	3200
浙江						
安徽						
福建						
江西						
山东						
河南						
湖北						
湖南						
广东	109	109	857	752	19522	15622
广西						
海南						
重庆						
四川						
贵州						
云南						
西藏						
陕西						
甘肃						
青海						
宁夏						
新疆						

2-15 按行业分各地区连锁零售企业加盟门店基本情况

批发业

地区	门店数（个）		年末从业人员（人）		年末零售营业面积（平方米）	
	2013年	2012年	2013年	2012年	2013年	2012年
全国	**22979**	**21138**	**54714**	**52612**	**1302130**	**1198743**
北京	93	93	273	273	4980	4980
天津						
河北						
山西						
内蒙古						
辽宁	40	40	106	106	2860	2860
吉林						
黑龙江						
上海	100	91	1698	1077	31470	30670
江苏	2325	2342	4681	4953	9479	12690
浙江	7170	6598	20366	19465	525941	500962
安徽	4853	4837	7490	7462	121600	121600
福建	559	433	2066	1577	113827	87907
江西						
山东	1663	1134	5168	5833	121316	136460
河南	4	4	17	17	8000	8000
湖北						
湖南	983	982	1114	1163	63074	62954
广东	1340	1053	3072	2668	77958	47627
广西	50	47	155	150	2985	2960
海南						
重庆	1956	1934	4389	3957	101644	76743
四川	283	281	879	878	28452	28032
贵州						
云南	196	131	225	157	4205	3715
西藏						
陕西						
甘肃						
青海						
宁夏	940	888	2696	2561	69405	67600
新疆	424	250	319	315	14934	2983

2-15 续表 1

农、林、牧产品批发

地区	门店数（个）		年末从业人员（人）		年末零售营业面积（平方米）	
	2013年	2012年	2013年	2012年	2013年	2012年
全国	**3688**	**3678**	**8329**	**8350**	**51036**	**51116**
北京						
天津						
河北						
山西						
内蒙古						
辽宁	40	40	106	106	2860	2860
吉林						
黑龙江						
上海						
江苏						
浙江						
安徽	2873	2862	7183	7155		
福建						
江西						
山东						
河南						
湖北						
湖南	762	762	780	827	38580	38580
广东						
广西						
海南						
重庆						
四川	13	14	260	262	9596	9676
贵州						
云南						
西藏						
陕西						
甘肃						
青海						
宁夏						
新疆						

2-15 续表 2

食品、饮料及烟草制品批发

地 区	门店数(个)		年末从业人员(人)		年末零售营业面积(平方米)	
	2013年	2012年	2013年	2012年	2013年	2012年
全 国	**4558**	**3377**	**8722**	**6902**	**283573**	**215951**
北 京						
天 津						
河 北						
山 西						
内蒙古						
辽 宁						
吉 林						
黑龙江						
上 海						
江 苏						
浙 江	1906	1411	3879	2871	91514	71921
安 徽						
福 建	549	433	2000	1577	111457	87907
江 西						
山 东	921	348	733	721	14460	12808
河 南	4	4	17	17	8000	8000
湖 北						
湖 南	10	10	36	44	6300	6300
广 东	604	605	812	817	5608	5682
广 西						
海 南						
重 庆	561	566	1242	855	45734	23333
四 川	3		3		500	
贵 州						
云 南						
西 藏						
陕 西						
甘 肃						
青 海						
宁 夏						
新 疆						

2-15 续表 3

纺织、服装及家庭用品批发

地 区	门店数（个）		年末从业人员（人）		年末零售营业面积（平方米）	
	2013年	2012年	2013年	2012年	2013年	2012年
全 国	**4310**	**4201**	**17451**	**18791**	**334297**	**338147**
北 京						
天 津						
河 北						
山 西						
内 蒙 古						
辽 宁						
吉 林						
黑 龙 江						
上 海						
江 苏	119	155	314	550	9479	12690
浙 江	3365	3350	13087	13190	201402	201805
安 徽						
福 建						
江 西						
山 东	532	696	3900	5051	94516	123652
河 南						
湖 北						
湖 南						
广 东	294		150		28900	
广 西						
海 南						
重 庆						
四 川						
贵 州						
云 南						
西 藏						
陕 西						
甘 肃						
青 海						
宁 夏						
新 疆						

2-15 续表 4

文化、体育用品及器材批发

地区	门店数(个)		年末从业人员(人)		年末零售营业面积(平方米)	
	2013年	2012年	2013年	2012年	2013年	2012年
全国	**114**	**114**	**112**	**112**	**6210**	**6210**
北京						
天津						
河北						
山西						
内蒙古						
辽宁						
吉林						
黑龙江						
上海						
江苏						
浙江						
安徽						
福建						
江西						
山东						
河南						
湖北						
湖南						
广东	114	114	112	112	6210	6210
广西						
海南						
重庆						
四川						
贵州						
云南						
西藏						
陕西						
甘肃						
青海						
宁夏						
新疆						

2-15 续表 5

医药及医疗器材批发

地区	门店数（个）		年末从业人员（人）		年末零售营业面积（平方米）	
	2013年	2012年	2013年	2012年	2013年	2012年
全国	**1439**	**1427**	**3247**	**3090**	**85613**	**77248**
北京						
天津						
河北						
山西						
内蒙古						
辽宁						
吉林						
黑龙江						
上海						
江苏						
浙江	125	128	346	341	13251	12371
安徽						
福建						
江西						
山东	90	90	181	61	4500	
河南						
湖北						
湖南	1		6		120	
广东	278	287	516	527	16680	16505
广西						
海南						
重庆	667	639	1542	1499	29501	27001
四川	267	267	616	616	18356	18356
贵州						
云南	11	16	40	46	3205	3015
西藏						
陕西						
甘肃						
青海						
宁夏						
新疆						

2-15 续表 6

矿产品、建材及化工产品批发

地区	门店数(个)		年末从业人员(人)		年末零售营业面积(平方米)	
	2013年	2012年	2013年	2012年	2013年	2012年
全国	**8312**	**7934**	**14729**	**13948**	**486120**	**466760**
北京	93	93	273	273	4980	4980
天津						
河北						
山西						
内蒙古						
辽宁						
吉林						
黑龙江						
上海	100	91	1698	1077	31470	30670
江苏	2206	2187	4367	4403		
浙江	1774	1709	3054	3063	219774	214865
安徽	1980	1975	307	307	121600	121600
福建						
江西						
山东						
河南						
湖北						
湖南						
广东	29	29	765	712	6500	6000
广西	50	47	155	150	2985	2960
海南						
重庆	591	592	1150	1149	21752	21752
四川						
贵州						
云南	185	115	185	111	1000	700
西藏						
陕西						
甘肃						
青海						
宁夏	880	846	2456	2388	61125	60250
新疆	424	250	319	315	14934	2983

2-15 续表 7

机械设备、五金产品及电子产品批发

地区	门店数（个）		年末从业人员（人）		年末零售营业面积（平方米）	
	2013年	2012年	2013年	2012年	2013年	2012年
全国	**31**	**18**	**783**	**500**	**16430**	**13230**
北京						
天津						
河北						
山西						
内蒙古						
辽宁						
吉林						
黑龙江						
上海						
江苏						
浙江						
安徽						
福建	10		66		2370	
江西						
山东						
河南						
湖北						
湖南						
广东	21	18	717	500	14060	13230
广西						
海南						
重庆						
四川						
贵州						
云南						
西藏						
陕西						
甘肃						
青海						
宁夏						
新疆						

2-15 续表 8

其他批发业

地区	门店数（个）		年末从业人员（人）		年末零售营业面积（平方米）	
	2013年	2012年	2013年	2012年	2013年	2012年
全国	**527**	**389**	**1341**	**919**	**38851**	**30081**
北京						
天津						
河北						
山西						
内蒙古						
辽宁						
吉林						
黑龙江						
上海						
江苏						
浙江						
安徽						
福建						
江西						
山东	120		354		7840	
河南						
湖北						
湖南	210	210	292	292	18074	18074
广东						
广西						
海南						
重庆	137	137	455	454	4657	4657
四川						
贵州						
云南						
西藏						
陕西						
甘肃						
青海						
宁夏	60	42	240	173	8280	7350
新疆						

2-15 续表 9

零售业

地　区	门店数（个）		年末从业人员（人）		年末零售营业面积（平方米）	
	2013年	2012年	2013年	2012年	2013年	2012年
全　国	**55125**	**52732**	**252783**	**250236**	**7914749**	**7235714**
北　京	1822	1850	11309	11887	271564	262478
天　津	705	695	1408	1361	70890	69905
河　北	367	375	593	595	27540	27550
山　西	1170	1117	5342	5089	71635	54326
内蒙古	38	56	59	103	2140	3839
辽　宁	1713	1715	8253	7099	196491	188043
吉　林						
黑龙江	365		747		14286	
上　海	6922	7024	76979	77895	3040647	2634332
江　苏	3560	3707	31979	31890	989385	847886
浙　江	10786	10298	22297	22346	671993	677459
安　徽	688	667	11342	13983	235843	276060
福　建	633	526	3637	3221	58966	54076
江　西	1208	1098	4225	4314	177276	191636
山　东	1456	1375	5673	4752	177758	167833
河　南	1291	1264	3271	3231	124883	130794
湖　北	578	335	2588	3633	41735	63566
湖　南	1733	1777	4797	3457	172685	171472
广　东	6811	6348	28419	26592	654456	570669
广　西	870	864	4478	4252	131369	122806
海　南						
重　庆	6962	6482	11402	10623	277393	238788
四　川	4067	3784	8134	7789	185165	161225
贵　州	223	223	491	632	12916	12936
云　南	399	402	697	733	22252	22483
西　藏						
陕　西	166	168	2120	2205	170430	171050
甘　肃	2	1	8	19	180	1100
青　海	22	22	22	22	880	880
宁　夏	169	161	513	450	8790	8300
新　疆	399	398	2000	2063	105201	104222

2-15 续表 10

综合零售

地区	门店数（个）		年末从业人员（人）		年末零售营业面积（平方米）	
	2013年	2012年	2013年	2012年	2013年	2012年
全　国	**31291**	**30579**	**183564**	**182861**	**6514694**	**5844846**
北　京	879	1032	5902	6704	154271	162673
天　津	662	652	1324	1304	66200	65200
河　北	367	375	593	595	27540	27550
山　西	1154	1103	5223	4981	68340	51371
内蒙古	4	22	26	70	470	2169
辽　宁	1476	1478	7229	5977	163853	156158
吉　林						
黑龙江	170		500		13600	
上　海	4414	4613	67145	68933	2896158	2497896
江　苏	2919	3058	29813	29778	936600	795031
浙　江	8737	8134	18073	17783	572301	565503
安　徽	658	634	11142	13768	234013	272430
福　建	247	191	1323	1054	13724	10823
江　西	189	125	2917	3040	154600	169900
山　东	1365	1291	5468	4552	173526	163788
河　南	610	631	978	1052	27501	36756
湖　北	49	83	1417	2490	20995	36273
湖　南	738	747	1754	687	104520	100949
广　东	483	372	9179	6815	316746	178099
广　西	165	179	1649	1761	69587	72510
海　南						
重　庆	2847	2848	3521	3497	129436	129473
四　川	2604	2464	5615	5175	113947	93327
贵　州						
云　南	342	345	594	617	17122	17353
西　藏						
陕　西	4	4	517	510	148000	148000
甘　肃						
青　海						
宁　夏	8		48		490	
新　疆	200	198	1614	1718	91154	91614

2-15 续表 11

食品、饮料及烟草制品专门零售

地 区	门店数（个）		年末从业人员（人）		年末零售营业面积（平方米）	
	2013年	2012年	2013年	2012年	2013年	2012年
全 国	**4366**	**3860**	**9766**	**9303**	**165730**	**150626**
北 京	663	551	3893	3819	66554	53437
天 津	1	1	7	5	70	70
河 北						
山 西						
内蒙古						
辽 宁						
吉 林						
黑龙江						
上 海						
江 苏	10	15	90	75	1500	1550
浙 江	883	860	861	824	26528	24845
安 徽	30	30	200	200	1830	1830
福 建	218	186	582	544	5999	5155
江 西	1019	973	1308	1274	22676	21736
山 东	50	45	100	100	2100	2000
河 南	262	216	466	368	7203	8023
湖 北	314	26	563	433	3620	3000
湖 南	388	423	496	448	13580	14805
广 东	2	2	8	9	230	230
广 西						
海 南						
重 庆	365	368	727	739	5540	5585
四 川		3		15		60
贵 州						
云 南						
西 藏						
陕 西						
甘 肃						
青 海						
宁 夏	161	161	465	450	8300	8300
新 疆						

2-15 续表 12

纺织、服装及日用品专门零售

地　区	门店数（个）		年末从业人员（人）		年末零售营业面积（平方米）	
	2013年	2012年	2013年	2012年	2013年	2012年
全　国	**6951**	**6364**	**21771**	**19967**	**353015**	**276641**
北　京	64	54	308	261	8243	6810
天　津						
河　北						
山　西	8	8	98	94	1640	1640
内蒙古						
辽　宁	1	1	3	3	100	100
吉　林						
黑龙江						
上　海	1278	1217	3872	3221	53247	47865
江　苏	373	361	1474	1416	28334	27634
浙　江	150	190	349	375	13971	15558
安　徽						
福　建						
江　西						
山　东						
河　南	4	4	20	18	800	800
湖　北						
湖　南	93	85	210	170	6480	6500
广　东	4848	4333	14728	13674	222410	152044
广　西						
海　南						
重　庆	38	36	405	412	6570	6220
四　川	65	43	130	131	8000	7950
贵　州						
云　南						
西　藏						
陕　西	29	32	174	192	3220	3520
甘　肃						
青　海						
宁　夏						
新　疆						

2-15 续表 13

文化、体育用品及器材专门零售

地区	门店数(个)		年末从业人员(人)		年末零售营业面积(平方米)	
	2013年	2012年	2013年	2012年	2013年	2012年
全国	**232**	**197**	**762**	**768**	**23598**	**23771**
北京	2	3	2	3	157	200
天津						
河北						
山西						
内蒙古						
辽宁						
吉林						
黑龙江						
上海						
江苏						
浙江						
安徽						
福建						
江西						
山东						
河南						
湖北						
湖南						
广东	1	2	3	15	50	180
广西						
海南						
重庆	200	163	172	163	23390	23390
四川	29	29	585	587	1	1
贵州						
云南						
西藏						
陕西						
甘肃						
青海						
宁夏						
新疆						

2-15 续表 14

医药及医疗器材专门零售

地 区	门店数（个）		年末从业人员（人）		年末零售营业面积（平方米）	
	2013年	2012年	2013年	2012年	2013年	2012年
全 国	**11931**	**11359**	**33897**	**33307**	**714502**	**688613**
北 京	214	210	1204	1100	42339	39358
天 津	42	42	77	52	4620	4635
河 北						
山 西	8	6	21	14	1655	1315
内蒙古	34	34	33	33	1670	1670
辽 宁	236	236	1021	1119	32538	31785
吉 林						
黑龙江	195		247		686	
上 海	1230	1194	5962	5741	91242	88571
江 苏	213	216	426	447	19851	20521
浙 江	1015	1113	2983	3318	54693	67053
安 徽						
福 建	9	8	32	25	1315	1070
江 西						
山 东	41	39	105	100	2132	2045
河 南	289	288	942	906	24699	24535
湖 北	215	224	608	630	17120	18293
湖 南	514	522	2337	2152	48105	49218
广 东	1466	1607	4371	4922	95020	107713
广 西	697	678	2743	2467	50780	47740
海 南						
重 庆	3512	3067	6577	5812	112457	74120
四 川	1369	1245	1804	1881	63217	59887
贵 州	223	223	491	632	12916	12936
云 南	57	57	103	116	5130	5130
西 藏						
陕 西	129	128	1394	1473	17210	17530
甘 肃	2		8		180	
青 海	22	22	22	22	880	880
宁 夏						
新 疆	199	200	386	345	14047	12608

2-15 续表 15

汽车、摩托车、燃料及零配件专门零售

地区	门店数(个)		年末从业人员(人)		年末零售营业面积(平方米)	
	2013年	2012年	2013年	2012年	2013年	2012年
全国	**144**	**169**	**1036**	**2096**	**86800**	**196653**
北京						
天津						
河北						
山西						
内蒙古						
辽宁						
吉林						
黑龙江						
上海						
江苏	5	11	10	9	300	650
浙江						
安徽						
福建						
江西						
山东						
河南	124	121	861	881	64500	60500
湖北						
湖南						
广东	11	32	130	1157	20000	132403
广西						
海南						
重庆						
四川						
贵州						
云南						
西藏						
陕西	4	4	35	30	2000	2000
甘肃		1		19		1100
青海						
宁夏						
新疆						

2-15 续表 16

家用电器及电子产品专门零售

地区	门店数（个）		年末从业人员（人）		年末零售营业面积（平方米）	
	2013年	2012年	2013年	2012年	2013年	2012年
全国	**191**	**203**	**1914**	**1932**	**55210**	**54264**
北京						
天津						
河北						
山西						
内蒙古						
辽宁						
吉林						
黑龙江						
上海						
江苏	39	45	165	163	2500	2200
浙江	1	1	31	46	4500	4500
安徽		3		15		1800
福建	141	141	1628	1598	37028	37028
江西						
山东						
河南	2	4	4	6	180	180
湖北		2		80		6000
湖南						
广东						
广西	8	7	86	24	11002	2556
海南						
重庆						
四川						
贵州						
云南						
西藏						
陕西						
甘肃						
青海						
宁夏						
新疆						

2-15 续表 17

货摊、无店铺及其他零售业

地 区	门店数(个)		年末从业人员(人)		年末零售营业面积(平方米)	
	2013年	2012年	2013年	2012年	2013年	2012年
全 国	**19**	**1**	**73**	**2**	**1200**	**300**
北 京						
天 津						
河 北						
山 西						
内蒙古						
辽 宁						
吉 林						
黑龙江						
上 海						
江 苏	1	1	1	2	300	300
浙 江						
安 徽						
福 建	18		72		900	
江 西						
山 东						
河 南						
湖 北						
湖 南						
广 东						
广 西						
海 南						
重 庆						
四 川						
贵 州						
云 南						
西 藏						
陕 西						
甘 肃						
青 海						
宁 夏						
新 疆						

2-16 按行业分各地区

批发业

地区	商品购进总额		统一配送商品购进额		自有配送中心配送商品购进额	
	2013年	2012年	2013年	2012年	2013年	2012年
全国	**117653578**	**113870679**	**104416680**	**101141742**	**65092654**	**63851776**
北京	2528870	2469241	2487464	2438296	160514	138390
天津	46568	32661	1963	2030		
河北	2670763	3502836	1970037	2746720	1140254	1649841
山西	514566	473692	246113	228845	246113	228845
内蒙古						
辽宁	1585150	1636365	891110	877759	550813	567414
吉林	58451	52948	52522	45567	52522	45567
黑龙江	116128	132136	116128	132136	116128	132136
上海	6431080	6811370	6033980	6588732	4764065	4930556
江苏	17957848	17478072	17932187	17459495	17915777	17440800
浙江	16141737	15549284	15072869	14522439	14669586	14181022
安徽	8554118	8131342	8554118	8131342	4207590	4094669
福建	167638	145645	123850	117187	113163	104851
江西	3042489	2772255	3036747	2764805	1824407	1647120
山东	12167069	11535280	10671499	10315424	8670865	8119785
河南	2871685	2935868	1666467	1696105	864735	982328
湖北	1707723	1715116	1703123	1710516	856143	782169
湖南	447117	408640	340450	313762	326278	304206
广东	20438406	19486484	18649575	16853035	864945	810501
广西	2917150	2649669	2607427	2412310	720725	720798
海南						
重庆	3185884	3217928	381572	836911	354900	814638
四川	779179	609534	757364	584809	10182	8816
贵州						
云南	473661	520851	455020	514258	522	8578
西藏						
陕西	6448986	5375109	5516438	4759114	3226234	2738895
甘肃	557434	601871	202434	247860	202434	247860
青海	31316	30353	9307	9106		
宁夏	758909	774452	754164	771988	693488	708813
新疆	5053655	4821679	4182752	4061189	2540274	2443179

连锁零售企业经营情况

单位：万元

非自有配送中心配送商品购进额		商品销售总额		零售额	
2013年	2012年	2013年	2012年	2013年	2012年
19819688	**17932433**	**135267944**	**132458784**	**69972220**	**66471665**
		2634159	2562825	863530	1025559
		55975	40454	1464	1343
448	641	3914512	3971101	2310739	2001821
		669323	652063		
		1820964	1988242	765638	724484
		93980	80091	93980	80091
		116079	125526	49895	44706
78599	73769	6865581	7247745	2692523	2541810
7022	9495	18500226	18151061	7644953	7483367
269993	212283	17101881	16474661	10959631	10631452
189628	186387	7689807	8681260	5337566	6147018
4885	6722	201544	171377	61776	32708
		5939060	5351140	2597094	2246480
		13336418	12656397	10992676	10112008
		3083054	3136644	1884624	1657812
1810	1809	1729807	1768475	652594	517812
		528373	456138	17131	9389
17496246	15827710	22634384	21841674	13369074	12515455
1196	7486	7351020	7358898	3233309	2971990
6642	8778	3529863	3714342	914220	1468366
		643926	712085	400388	326672
35		2072159	2121463	728568	529590
270429	108733	7792475	6672299	2057528	1604936
		667528	649304	540078	522150
9307	9106	32770	30497	32770	30497
47223	47354	823851	751348	324633	236660
1436228	1432160	5439228	5091674	1445841	1007490

2-16 续表 1

农、林、牧产品批发

地区	商品购进总额		统一配送商品购进额		自有配送中心配送商品购进额	
	2013年	2012年	2013年	2012年	2013年	2012年
全国	**1487352**	**1586275**	**1441205**	**1547416**	**1438150**	**1544362**
北京						
天津	4615					
河北						
山西						
内蒙古						
辽宁	3055	3054	3055	3054		
吉林						
黑龙江						
上海						
江苏						
浙江						
安徽	1405929	1516341	1405929	1516341	1405929	1516341
福建						
江西						
山东						
河南						
湖北	30191	25866	30191	25866	30191	25866
湖南	34119	30896				
广东	7413	7962				
广西						
海南						
重庆						
四川	2031	2156	2031	2156	2031	2156
贵州						
云南						
西藏						
陕西						
甘肃						
青海						
宁夏						
新疆						

单位：万元

非自有配送中心配送商品购进额		商品销售总额		零售额	
2013年	2012年	2013年	2012年	2013年	2012年
		1659599	**1708386**	**16053**	**28225**
		5016			
		2356	2338	2356	2338
		1557105	1621748		
		33672	25667	13615	25667
		52649	48102		
		6872	8503	82	221
		1929	2029		

2-16 续表 2

食品、饮料及烟草制品批发

地区	商品购进总额		统一配送商品购进额		自有配送中心配送商品购进额	
	2013年	2012年	2013年	2012年	2013年	2012年
全国	**6368784**	**6037216**	**5554348**	**5260010**	**3696429**	**3312335**
北京	1461	1350	1461	1350		
天津	1963	2030	1963	2030		
河北	448	641	448	641		
山西	514566	473692	246113	228845	246113	228845
内蒙古						
辽宁						
吉林						
黑龙江						
上海	147302	143955	80508	76763	1910	2994
江苏	287689	321628	287689	321628	282142	316168
浙江	232761	194188	232761	194188	189288	159023
安徽						
福建	153438	132113	113321	105266	107519	99652
江西	2001284	1804253	1995542	1796803	1326573	1198127
山东	466887	715072	444384	690037	18813	5831
河南	9921	8523	9921	8523	8208	6316
湖北	155617	157018	151017	152418	343	343
湖南	2250	2140				
广东	33884	32465	33304	31815	28261	23621
广西						
海南						
重庆	126171	65256	62646	24733	56004	15955
四川	20900	25015	16521	20311		
贵州						
云南						
西藏						
陕西	1827743	1619872	1571827	1334662	1195755	1046425
甘肃						
青海	31316	30353	9307	9106		
宁夏	66714	61476	66714	61476	53262	45655
新疆	286470	246178	228903	199417	182238	163382

单位：万元

非自有配送中心配送商品购进额		商品销售总额		零售额	
2013年	2012年	2013年	2012年	2013年	2012年
140277	**129269**	**8345571**	**7910442**	**427760**	**322013**
		5106	2769	1805	1299
		2561	2774	1464	1343
448	641	470	621	150	202
		669323	652063		
78599	73769	183595	179819	37914	38004
		388698	333815	47538	18117
43473	35165	261671	229086	65537	60295
		184244	156493	51756	29124
		2890694	2619417	12048	9639
		537401	838326	46678	22200
		9374	8183	3367	597
1810	1809	179488	154729	60383	59142
		2120	2015		
		44716	42714	18349	18655
6642	8778	111725	64274	35667	19159
		11187	13251	9022	10666
		2466786	2256735		
9307	9106	32770	30497	32770	30497
		96103	88655	1227	968
		267542	234207	2085	2107

2-16 续表 3

纺织、服装及家庭用品批发

地区	商品购进总额		统一配送商品购进额		自有配送中心配送商品购进额	
	2013年	2012年	2013年	2012年	2013年	2012年
全国	**2138990**	**2029666**	**1347750**	**1350967**	**1218125**	**1277133**
北京						
天津						
河北						
山西						
内蒙古						
辽宁						
吉林						
黑龙江						
上海	86627	81119	86627	81119	86627	81119
江苏	47401	55312	28101	42595	25304	36910
浙江	474486	453931	473411	453116	445032	427611
安徽						
福建						
江西						
山东	1293952	1248308	528526	598202	484924	562518
河南						
湖北						
湖南	47322	47584	47322	47584	47322	47584
广东	189202	143412	183763	128351	128917	121391
广西						
海南						
重庆						
四川						
贵州						
云南						
西藏						
陕西						
甘肃						
青海						
宁夏						
新疆						

单位：万元

非自有配送中心配送商品购进额		商品销售总额		零售额	
2013年	2012年	2013年	2012年	2013年	2012年
5864	**9645**	**3357851**	**3141756**	**1515083**	**1429651**
		116367	109545	30798	28321
2797	5685	58243	62995	16620	55254
		540912	538671	102776	102812
		2335137	2174961	1275372	1153258
		74568	79540	7303	7589
3067	3960	232624	176043	82214	82418

2-16 续表 4

文化、体育用品及器材批发

地 区	商品购进总额		统一配送商品购进额		自有配送中心配送商品购进额	
	2013年	2012年	2013年	2012年	2013年	2012年
全 国	**3166695**	**2823494**	**3117560**	**2783458**	**3002649**	**2692102**
北 京	41405	30945				
天 津						
河 北						
山 西						
内蒙古						
辽 宁						
吉 林	5929	7380				
黑龙江						
上 海						
江 苏	1186274	1030526	1186274	1030526	1186274	1030526
浙 江	1136711	1007282	1136711	1007282	1136711	1007282
安 徽						
福 建						
江 西						
山 东						
河 南						
湖 北	390169	388068	390169	388068	390169	388068
湖 南	278956	256622	278956	256622	278956	256622
广 东	127251	102670	125451	100960	10540	9603
广 西						
海 南						
重 庆						
四 川						
贵 州						
云 南						
西 藏						
陕 西						
甘 肃						
青 海						
宁 夏						
新 疆						

单位：万元

非自有配送中心配送商品购进额		商品销售总额		零售额	
2013年	2012年	2013年	2012年	2013年	2012年
107573	**82772**	**3000495**	**2763252**	**1128270**	**1080963**
		41747	31498	5246	11862
		14472	15823	14472	15823
		1104563	1101384	529823	524089
		1063601	917036	513656	468098
		347126	332737	56196	51771
		313239	256122		
107573	82772	115748	108652	8877	9320

2-16 续表 5

医药及医疗器材批发

地区	商品购进总额		统一配送商品购进额		自有配送中心配送商品购进额	
	2013年	2012年	2013年	2012年	2013年	2012年
全国	**668513**	**575475**	**466502**	**395590**	**376626**	**354805**
北京						
天津						
河北	17085	16218				
山西						
内蒙古						
辽宁						
吉林	52522	45567	52522	45567	52522	45567
黑龙江						
上海						
江苏	158962	137931	158962	137931	158962	137931
浙江	117642	114450	117642	114450	115512	113097
安徽						
福建	2821	2906	2821	2906	2821	2906
江西						
山东	92574	94134	2419	1985	815	828
河南						
湖北	766	462	766	462	766	462
湖南	20291	15320				
广东	54559	12144	49787	11410	643	638
广西						
海南						
重庆	44249	37948	12570	11008	12215	10764
四川	24880	23359	9398	7306	8089	6598
贵州						
云南	52049	41722	35855	35129	521	8578
西藏						
陕西	6353	5879				
甘肃						
青海						
宁夏						
新疆	23762	27435	23762	27435	23762	27435

单位：万元

非自有配送中心配送商品购进额		商品销售总额		零售额	
2013年	2012年	2013年	2012年	2013年	2012年
748	**734**	**770447**	**641355**	**336515**	**276247**
		17657	16749		
		79508	64268	79508	64268
		175343	154907	75250	64154
		128717	116975	97767	88300
		3647	3740	1778	1733
		116939	101954	16139	15009
		913	705	913	705
		19134	14919	9199	563
713	734	58614	12717	10744	4554
		54524	46339	14923	12936
		35225	32651	16631	13719
35		48538	41211	8963	5653
		5467	4889	2765	2733
		26222	29331	1935	1919

2-16 续表 6

矿产品、建材及化工产品批发

地　区	商品购进总额		统一配送商品购进额		自有配送中心配送商品购进额	
	2013年	2012年	2013年	2012年	2013年	2012年
全　国	**99950815**	**97394467**	**88972486**	**86596112**	**52412382**	**51985151**
北　京	2332040	2304887	2332040	2304887	6550	6331
天　津	3524					
河　北	2653231	3485976	1969590	2746079	1140254	1649841
山　西						
内蒙古						
辽　宁	1541488	1620641	847448	862035	513639	558164
吉　林						
黑龙江	116128	132136	116128	132136	116128	132136
上　海	6197151	6586297	5866845	6430850	4675528	4846443
江　苏	16271580	15928411	16265220	15922551	16258342	15915854
浙　江	13953227	13600952	12885434	12574922	12780792	12471401
安　徽	4688838	4356631	4688838	4356631	342309	319958
福　建	6495	3903	2823	2293	2823	2293
江　西	1041205	968002	1041205	968002	497834	448993
山　东	10164747	9470039	9682247	9017474	8153240	7542881
河　南	2838198	2901056	1632980	1661293	856527	976012
湖　北	1130981	1143703	1130981	1143703	434674	367431
湖　南						
广　东	19464413	18618849	17799682	16119225	418860	382784
广　西	2841928	2581659	2532205	2344301	720725	720798
海　南						
重　庆	2986149	3083698	298004	794812	286681	787919
四　川	729476	555098	729414	555037	62	62
贵　州						
云　南	386820	442722	386820	442722		
西　藏						
陕　西	4614890	3749358	3944611	3424453	2030479	1692470
甘　肃	557434	601871	202434	247860	202434	247860
青　海						
宁　夏	687450	710512	687450	710512	640226	663159
新　疆	4743424	4548066	3930088	3834337	2334274	2252362

单位：万元

非自有配送中心配送商品购进额		商品销售总额		零售额	
2013年	2012年	2013年	2012年	2013年	2012年
19330423	**17522762**	**114235266**	**112781118**	**63726041**	**61054908**
		2427831	2389513	807569	968142
		3830			
		3896385	3953731	2310588	2001619
		1779037	1973278	727209	712910
		116079	125526	49895	44706
		6565619	6958381	2623810	2475485
3037	2957	16766804	16493220	6973799	6819994
1860	1246	14834199	14478874	9995622	9812282
189628	186387	3749470	4750999	3305023	4308449
		6743	4499	1331	1195
		3048367	2731723	2585046	2236842
		10180629	9533926	9654487	8921542
		3049188	3101563	1876800	1652958
		1168608	1254638	521488	380528
17380823	15736441	21611148	20934701	12790577	12166499
1196	7486	7280897	7289823	3213877	2953480
		3326551	3567074	856421	1430856
		592712	659793	374735	302287
		1974241	2030882	697699	501625
270429	108733	5320221	4410676	2054762	1602203
		667528	649304	540078	522150
47223	47354	723716	660861	323406	235693
1436228	1432160	5145464	4828136	1441821	1003464

2-16 续表 7

机械设备、五金产品及电子产品批发

地区	商品购进总额		统一配送商品购进额		自有配送中心配送商品购进额	
	2013年	2012年	2013年	2012年	2013年	2012年
全国	**909626**	**771668**	**800188**	**670165**	**470668**	**390021**
北京	153964	132059	153964	132059	153964	132059
天津	36466	30631				
河北						
山西						
内蒙古						
辽宁	37173	9250	37173	9250	37173	9250
吉林						
黑龙江						
上海						
江苏	5941	4264	5941	4264	4753	3411
浙江	226912	178481	226912	178481	2252	2608
安徽						
福建	4885	6722	4885	6722		
江西						
山东	6286	7727	6286	7727	6286	7727
河南	23565	26289	23565	26289		
湖北						
湖南						
广东	334871	301933	266240	234966	266240	234966
广西	75221	68010	75221	68010		
海南						
重庆						
四川	1893	3905				
贵州						
云南	2449	2397	2	2397	1	
西藏						
陕西						
甘肃						
青海						
宁夏						
新疆						

单位：万元

非自有配送中心配送商品购进额		商品销售总额		零售额	
2013年	2012年	2013年	2012年	2013年	2012年
230733	**183448**	**960097**	**798853**	**568606**	**212873**
		159476	139045	48910	44255
		44568	37680		
		36073	9236	36073	9236
1188	853	6575	4741	1923	1760
224660	175873	272781	194019	184274	99664
4885	6722	6911	6644	6911	655
		7085	7229		
		24492	26898	4457	4256
		326295	295841	266196	33270
		70123	69075	19432	18511
		2874	4361		
		2846	4082	431	1265

2-16 续表 8

其他批发业

地 区	商品购进总额		统一配送商品购进额		自有配送中心配送商品购进额	
	2013年	2012年	2013年	2012年	2013年	2012年
全 国	**2962803**	**2652418**	**2716641**	**2538024**	**2477625**	**2295867**
北 京						
天 津						
河 北						
山 西						
内蒙古						
辽 宁	3434	3421	3434	3421		
吉 林						
黑龙江						
上 海						
江 苏						
浙 江						
安 徽	2459352	2258370	2459352	2258370	2459352	2258370
福 建						
江 西						
山 东	142623		7638		6788	
河 南						
湖 北						
湖 南	64179	56078	14173	9556		
广 东	226812	267049	191348	226308	11485	37498
广 西						
海 南						
重 庆	29316	31026	8353	6358		
四 川						
贵 州						
云 南	32343	34011	32343	34011		
西 藏						
陕 西						
甘 肃						
青 海						
宁 夏	4745	2464				
新 疆						

单位：万元

非自有配送中心配送商品购进额		商品销售总额		零售额	
2013年	2012年	2013年	2012年	2013年	2012年
4070	**3804**	**2938618**	**2713622**	**2253892**	**2066786**
		3499	3391		
		2383233	2308512	2032543	1838569
		159228			
		66663	55440	629	1237
4070	3804	238368	262502	192035	200518
		37063	36656	7210	5415
		46534	45287	21475	21046
		4032	1833		

2-16 续表 9

零售业

地 区	商品购进总额		统一配送商品购进额		自有配送中心配送商品购进额	
	2013年	2012年	2013年	2012年	2013年	2012年
全 国	**204933644**	**197234353**	**149001376**	**141235144**	**80893881**	**77846997**
北 京	18909546	18647705	8657246	7975465	3934065	3277730
天 津	7346435	7322183	5335004	5666319	3490742	3700740
河 北	6822852	6684191	4378092	4576689	2640144	2781009
山 西	3533342	3126658	2563606	2341434	1216405	1137025
内蒙古	318619	270834	276521	233695	189729	141760
辽 宁	6414904	6270342	3810135	3695528	933872	1524261
吉 林	1432886	1389170	1360629	1286144	1185480	1149892
黑龙江	2341133	2201664	2179361	2056883	1650788	1601461
上 海	21902730	23180382	15381533	17278443	4263243	2639847
江 苏	21386691	26610278	17349059	19678629	14235726	16819400
浙 江	6304358	5859121	5483890	4912113	4203102	3697721
安 徽	7166534	6311037	3437812	3185599	1736687	1459646
福 建	9079355	8552579	6141039	5609190	2300386	2040619
江 西	3165280	2725600	2779762	2085752	2001144	1488079
山 东	12726187	11445094	7563923	6417374	3785466	3121476
河 南	4974904	4502875	3181145	3193851	1889514	1910172
湖 北	13223693	11884715	9312836	8636341	7592554	7116767
湖 南	8381307	8411693	6246853	5804304	3053874	2731759
广 东	27592548	21613182	24524375	18982855	11117144	11135024
广 西	882617	827094	847431	797488	494903	440438
海 南	1634790	1695362	1634790	1695362	5816	5250
重 庆	5298523	5640928	5185477	5427316	3436694	3291455
四 川	4725267	3785908	3987269	3059038	1929514	1255987
贵 州	433497	343260	251030	202538	155476	114814
云 南	2709109	2370071	2614871	2351519	1202960	1072521
西 藏	19855	14964	19855	14964		
陕 西	2124027	1834188	614289	545713	244999	197731
甘 肃	1262571	1143696	1238284	1125093	120096	87158
青 海	169838	168896	58031	57221	8833	6988
宁 夏	602916	759879	598086	757437	579475	749873
新 疆	2047333	1640802	1989141	1584849	1295048	1150398

单位：万元

非自有配送中心配送商品购进额		商品销售总额		零售额	
2013年	2012年	2013年	2012年	2013年	2012年
25719982	**18471838**	**244800766**	**227794396**	**193435529**	**182622819**
1084100	1023416	22523692	22086717	18067009	16981977
269228	293863	7782703	7416496	5529861	5146520
181412	176481	7156374	6932365	5141992	4421972
186786	191175	5122613	4713372	4743397	4201907
4642	4111	386775	289799	386775	289799
1189519	104932	7132364	7106596	5334615	5091903
3688	4036	1602939	1440790	1369302	1284922
243075	191503	2217281	2149332	1968661	1914551
2686908	2517108	29064768	26171172	18465376	17492248
2334927	2524332	28915877	30234951	19741547	22799415
334126	325183	6792872	6388493	6179957	5816829
175501	158014	7071953	6330132	3556241	4466819
954993	678897	12259982	11717306	11007844	10222763
646286	502094	5308954	4775222	4534038	4034394
1320651	1177309	14783400	13004495	12475609	10707879
16424	54413	5586663	4921807	5194319	4597304
782134	635928	15379430	13757686	13943189	12190479
344591	295565	9891719	8779741	8718074	7904441
10310905	5509156	29806900	26745048	24807197	23121715
32277	28420	1177496	1049218	1123633	1008560
370489	302082	1780657	1797414	1546475	1593421
1400253	1017968	7147479	6419263	6496995	5887528
153737	315904	4935655	4272767	4063277	3789648
5752	5220	482745	399214	476336	395014
196933	205107	3114900	2680808	2711996	2458938
		18564	14185	18564	14185
20882	19765	2475189	2221464	1335860	1225613
1167	2470	1610888	1380602	1355830	1050062
12546	10846	231344	216714	228235	213109
		569123	483766	547284	471403
456051	196542	2469469	1897461	2366044	1827502

2-16 续表 10

综合零售

地　　区	商品购进总额		统一配送商品购进额		自有配送中心配送商品购进额	
	2013年	2012年	2013年	2012年	2013年	2012年
全　　国	**105075820**	**99852429**	**71287042**	**69234444**	**42830976**	**39244973**
北　　京	10233739	9625356	5977550	5576720	2383625	1966703
天　　津	1023287	1000233	64735	54808	2287	2736
河　　北	3071681	2670474	663853	594439	422579	354681
山　　西	1129286	893269	279212	258484	117131	39565
内 蒙 古	191401	159237	175204	147993	110588	80552
辽　　宁	1169554	1149277	724796	691866	50206	47410
吉　　林	170116	162208	109835	73769		
黑 龙 江	591439	532434	473317	441554	309544	296253
上　　海	17228997	19725140	11362079	14513011	2155657	2100135
江　　苏	10397241	9782844	10177138	9539509	8690909	8500451
浙　　江	5104123	4710552	4387191	3886338	3509977	3055583
安　　徽	6567573	5765683	3120657	2838231	1587608	1316963
福　　建	3614008	3191100	2650283	2421706	1484145	1351464
江　　西	1308137	1096741	1037998	575445	809145	414071
山　　东	10139758	8863199	6056994	5006908	3226136	2678098
河　　南	2159608	1758940	805902	717700	542214	370703
湖　　北	8461138	7503028	5338998	4872999	4895397	4504037
湖　　南	2716419	2265941	2267618	1851433	1519074	1240997
广　　东	9774427	9218887	7328542	7059760	6060615	6290818
广　　西	438906	421576	403720	391971	231734	215354
海　　南	14915	12545	14915	12545		
重　　庆	3717297	4417896	3699722	4285115	2406681	2471447
四　　川	2787956	2186199	2127141	1541569	1192499	663004
贵　　州	134357	113768	133380	111785	84606	67949
云　　南	771745	781007	766391	774258	444361	500677
西　　藏	19855	14964	19855	14964		
陕　　西	1010618	842387	165581	150726	90046	76544
甘　　肃	40478	31005	16191	12402	16191	12402
青　　海	118691	118038	10961	10248		
宁　　夏	341186	557488	341186	557488	333536	549924
新　　疆	627884	281011	586102	248701	154485	76456

单位：万元

非自有配送中心配送商品购进额		商品销售总额		零售额	
2013年	2012年	2013年	2012年	2013年	2012年
8686654	**7564531**	**125691284**	**113584583**	**103511126**	**94170619**
361561	350841	12437101	11822778	10877255	10381461
		1074659	1031159	948962	951971
146057	146511	3284119	2813313	2832186	2469588
25257	15685	1661958	1370834	1654604	1370834
3542	2916	233435	156081	233435	156081
108973	76280	1285343	1200587	1144872	1095390
		166678	149175	152952	132758
9002	7552	622535	568745	566170	519861
2585996	2439140	23868755	22398546	14953424	13878669
946225	712617	12346103	11566143	10101390	9383035
287613	279779	5410796	5200160	5053559	4793415
120988	116934	6390793	5726031	2930573	3883354
563950	411225	3361933	2933690	3347522	2917544
119822	74482	1516086	1322001	1401144	1253183
967472	863910	11549795	9998804	9937158	8475070
7522	46779	2644353	2098028	2511646	1959404
124903	92630	9790362	8575945	9141699	7861867
24488	36888	2815344	2414575	2696515	2297321
359517	367658	12366300	11237270	11301621	10303210
		684701	597893	682662	595051
14915	12545	14316	11191	14316	11191
1257950	961253	5461017	4976202	5019940	4664351
146070	308399	3003964	2447812	2625856	2116163
5310	4745	157289	129805	155950	128308
44741	40986	979264	880752	959111	857781
		18564	14185	18564	14185
12985	13085	1287189	1150204	1005634	918423
		39538	30391	39538	30391
10182	9446	167631	155980	164522	152375
		309241	272802	309241	272802
431617	172245	742127	333501	729107	325582

2-16 续表 11

食品、饮料及烟草制品专门零售

地　区	商品购进总额		统一配送商品购进额		自有配送中心配送商品购进额	
	2013年	2012年	2013年	2012年	2013年	2012年
全　国	**2449028**	**2272614**	**2301268**	**2100770**	**1459750**	**1261407**
北　京	364758	309005	357482	300058	315696	263040
天　津	73534	78227	28866	34409		
河　北	4099	2127	4099	2127	3226	1682
山　西	17379	15580	17379	15580	14711	12360
内蒙古						
辽　宁	69518	40455	69518	40455	4932	4797
吉　林	44195	60041	40434	55755	36746	51719
黑龙江						
上　海	163497	159599	134051	129242		
江　苏	310210	316174	310040	295699	105924	115010
浙　江	167635	146627	153052	131675	130249	109545
安　徽	13596	12965	13596	12965	13596	12965
福　建	166704	165603	164969	154480	62715	58677
江　西	150707	141189	150707	141189	126358	117597
山　东	288831	302393	288831	302393	265000	201380
河　南	92964	75870	70347	55576		
湖　北	298311	213125	296248	213125	277279	194992
湖　南	50835	56259	50434	55857	18060	21966
广　东	116346	106831	116346	106831	58559	66357
广　西						
海　南						
重　庆	28930	30909	28930	30909	26295	28911
四　川	7412	13536	407	410	407	410
贵　州						
云　南	13262	22036	5533	22036		
西　藏						
陕　西						
甘　肃						
青　海						
宁　夏	4830	2442				
新　疆	1475	1624				

单位：万元

非自有配送中心配送商品购进额		商品销售总额		零售额	
2013年	2012年	2013年	2012年	2013年	2012年
175746	**269196**	**2943522**	**2668047**	**2704780**	**2392650**
4937	6350	519573	474795	512355	469395
7562	6468	115389	114036	85720	86447
873	445	5357	3746	4956	3214
2668	3220	24754	23190	24754	22704
42739		73733	48300	70984	44574
3688	4036	53991	60045	53991	60045
		168737	172011	137513	131402
31127	172789	384653	361915	361252	327604
628	556	211063	192279	176813	152097
		17344	17894	14356	13447
11976	15929	198672	188981	161523	183308
24349	23592	152108	147159	152108	147159
1342	1013	287668	246291	287668	188674
		90482	73208	71055	61316
5875	3026	353636	264719	349480	261058
		69541	64058	69541	64058
29813	29775	155225	141270	125606	123053
2636	1997	30859	32253	23422	28895
		9609	18177	554	478
5533		14855	19420	14855	19420
		4150	2311	4150	2311
		2124	1991	2124	1991

2-16 续表 12

纺织、服装及日用品专门零售

地　区	商品购进总额		统一配送商品购进额		自有配送中心配送商品购进额	
	2013年	2012年	2013年	2012年	2013年	2012年
全　国	**6706279**	**2964045**	**5869217**	**2000653**	**1067098**	**1007232**
北　京	455539	485183	265073	269414	95687	86645
天　津	10652	16930	10652	16930	3478	5619
河　北	50025	49538	50025	49538	50025	49538
山　西	8998	8340	8998	8340	1328	1313
内蒙古						
辽　宁	66161	79546	56953	45668	4696	4772
吉　林	5097	6176	1259		1259	
黑龙江	7506	5333	7506	5333	7506	5333
上　海	837232	836987	324845	236187	212374	141361
江　苏	30057	33432	28731	32670	28119	32168
浙　江	167268	225117	161623	220737	89093	105003
安　徽	954	1180	954	1180		
福　建	28990	27121	28990	27121	25506	24393
江　西	9165	8543	7554	8543	7554	8543
山　东	32010	34480	32010	34480	3351	3236
河　南	25764	32896	6941	11615	1534	1597
湖　北	111420	155572	109806	136164	62730	63905
湖　南	38243	32352	38243	32352	38243	32352
广　东	4605808	711518	4554462	688873	288292	295343
广　西						
海　南						
重　庆	55686	67619	18966	33211	16044	32108
四　川	71466	62650	71466	62650	71466	62650
贵　州						
云　南	9802	9919	9802	9919	9802	9919
西　藏						
陕　西	48952	41396	48952	41396	48952	41396
甘　肃						
青　海	29427	32178	25350	28293		
宁　夏						
新　疆	58	40	58	40	58	40

单位：万元

非自有配送中心配送商品购进额		商品销售总额		零售额	
2013年	2012年	2013年	2012年	2013年	2012年
4297577	**419316**	**3766699**	**3617371**	**3394604**	**3137088**
33853	28392	673559	689657	464250	436391
2000	2675	23691	24867	23057	24837
		52973	78976	14324	15010
		9103	8436	9103	8436
		72425	89755	72182	87929
		8952	6968	8952	6968
		11526	7567	11526	7567
25313	3923	1137494	1118896	1136427	1051557
	503	39754	27375	38354	26624
		141889	143792	131727	133022
		740	1048	740	1048
		32990	34661	30655	32565
		19722	17782	19722	17656
		33812	33063	33630	32669
805	625	33261	36378	33251	36358
2237	7178	177763	189194	151274	154948
		43708	42917	39480	42917
4229308	374621	948543	780792	885363	756295
1698		106457	101960	106450	97070
		82728	68751	68528	54584
		18766	19843	18766	19843
		55694	53908	55694	52008
2364	1400	41087	40723	41087	40723
		64	63	64	63

2-16 续表 13

文化、体育用品及器材专门零售

地 区	商品购进总额		统一配送商品购进额		自有配送中心配送商品购进额	
	2013年	2012年	2013年	2012年	2013年	2012年
全 国	**4396266**	**2481283**	**4367766**	**2459540**	**3542561**	**1783391**
北 京	123045	103577	122701	103065	20695	13560
天 津						
河 北	3543	4233	3543	4233	3543	4233
山 西						
内蒙古						
辽 宁	30692	35641	11283	16881	11283	16881
吉 林						
黑龙江	117624	111845	117624	111845	9581	9390
上 海	1892284	321130	1890661	319198	1748674	197683
江 苏	13591	8016	13591	8016	13585	8011
浙 江	128846	102884	128846	102884		
安 徽	54513	41080	54513	41080		
福 建	44603	40177	44603	40177	39956	36499
江 西	522183	436387	522183	436387	520522	434487
山 东	100932	69227	100932	69227	18544	14366
河 南	13598	12751	13598	12751	9419	7171
湖 北	89178	87151	89178	87151	34413	49816
湖 南	17571	27801	17571	27801	11251	22114
广 东	89901	95175	83355	95175	29253	78031
广 西	21375	19490	21375	19490	21375	19490
海 南						
重 庆	362487	329521	362487	329521	362487	329521
四 川	473491	371644	473491	371644	466623	365022
贵 州						
云 南	68855	64799	68277	64260	32153	5552
西 藏						
陕 西	55230	43316	55230	43316	55230	43316
甘 肃						
青 海						
宁 夏	10961	9798	10961	9798		9798
新 疆	161763	145641	161763	145641	133972	118452

单位：万元

非自有配送中心配送商品购进额		商品销售总额		零售额	
2013年	2012年	2013年	2012年	2013年	2012年
192978	**168513**	**4533887**	**2742357**	**1931012**	**2207489**
81820	69199	154941	128456	142035	122067
		3793	4046	3793	4046
		30032	36725	25121	27827
		132350	139128	132350	139128
		1882561	338908	287085	328827
6	5	15565	10408	15565	10408
		224567	114417	86871	71650
54513	41080	52272	50798	52272	50798
		53504	49087	48447	44057
		548141	451347	314657	282722
		80159	72206	46796	42068
		14956	12811	14519	12395
		110011	106743	110011	104930
		19342	43954	19342	43954
		100001	100306	88434	83444
		18793	17113	18793	17113
		363448	358626	202877	189895
		435656	449373	45732	383876
33957	35220	70595	64790	60292	55239
		54738	44180	54738	44180
		10302	9365	10302	9365
22682	23010	158162	139569	150982	139502

2-16 续表 14

医药及医疗器材专门零售

地 区	商品购进总额		统一配送商品购进额		自有配送中心配送商品购进额	
	2013年	2012年	2013年	2012年	2013年	2012年
全 国	**6756845**	**5612235**	**6129997**	**5050445**	**3914836**	**3101620**
北 京	286826	259121	283636	246242	100530	87946
天 津	40985	41528	15534	9782	5951	1374
河 北	141652	108689	138652	108689	94856	73587
山 西	111409	109874	102689	99837	83770	72642
内蒙古	37383	29013	26429	22700	23570	20077
辽 宁	612952	515262	609258	498231	197728	128421
吉 林	46030	34372	41653	30248	29144	16222
黑龙江	200030	185716	195342	181141	157785	142779
上 海	319158	302633	257488	245913	127975	121443
江 苏	338771	322018	332529	311840	254652	245402
浙 江	530328	475344	447627	400116	336026	293034
安 徽	113433	94741	113433	94741	53283	52465
福 建	144264	104500	99696	72635	65603	33149
江 西	90281	76895	82164	69262	45390	39993
山 东	284611	218804	250660	187326	172496	132261
河 南	216730	206479	185612	177615	36786	34959
湖 北	204367	189648	199864	185489	174951	165097
湖 南	324316	227960	300996	222752	158127	119433
广 东	712921	647066	544639	506435	337122	297555
广 西	155885	128179	155885	128179	109824	88798
海 南	39583	34847	39583	34847	5816	5250
重 庆	362463	235840	307072	193212	152624	126340
四 川	182543	161828	149989	128387	124248	92627
贵 州	117650	90754	117650	90754	70870	46865
云 南	721772	485001	715565	485001	614486	375384
西 藏						
陕 西	66819	52267	65754	48885	49451	35449
甘 肃	109059	75338	109059	75338	103905	71281
青 海	21721	18680	21721	18680	8833	6988
宁 夏	70415	53538	70415	53538	70415	53538
新 疆	152490	126300	149403	122633	148619	121262

单位：万元

非自有配送中心配送商品购进额		商品销售总额		零售额	
2013年	2012年	2013年	2012年	2013年	2012年
850669	**710731**	**7825316**	**6537290**	**7206619**	**6199318**
170314	148537	376936	312442	328492	264223
7426	6842	63484	54846	57449	38040
34481	29525	168763	137194	168763	137194
		139022	128699	135112	122480
1101	1195	35729	31324	35729	31324
1949	1847	685622	577674	682931	576461
		51718	39188	45604	33808
15572	14647	236529	217839	234683	215414
75599	74045	330632	311527	311925	311255
77078	65882	435783	390052	429286	382058
45885	44848	622046	554538	577215	513436
		136108	109410	129044	99603
1369	11534	189131	134299	188650	131599
27470	22483	113750	93104	113730	93104
11151	11596	346517	266589	324062	242759
8097	7009	262753	235010	242822	218720
7284	7171	259475	238654	242215	220133
22558	15541	367571	293785	349086	293785
73391	67518	866246	691986	684131	662668
32277	28420	184540	158658	182366	158658
		38149	34561	38149	32529
137969	54719	441177	303035	400725	271580
3815	3657	228066	205109	207042	185004
443	475	142036	112960	136965	110257
85591	83446	642541	527101	517318	487939
7897	6679	66067	60658	66067	60658
1167	2470	140916	100010	140916	100010
		22626	20011	22626	20011
		72491	63128	59663	50766
785	645	158891	133900	153851	133843

2-16 续表 15

汽车、摩托车、燃料及零配件专门零售

地区	商品购进总额		统一配送商品购进额		自有配送中心配送商品购进额	
	2013年	2012年	2013年	2012年	2013年	2012年
全国	**51945586**	**52054086**	**37906636**	**37138488**	**15197435**	**16409119**
北京	5154732	5836396	94424	82768		
天津	5527689	5486748	4955128	5220421	3218937	3385025
河北	3258199	3604479	3258199	3604479	1867181	2138685
山西	2009600	1939189	1910666	1815661	899332	883049
内蒙古						
辽宁	3672076	3628452	1544630	1581585	1477	1062605
吉林	973461	941561	973461	941561	973461	941561
黑龙江	967496	987081	967496	987081	967496	987081
上海						
江苏	1069680	1303685	1069680	1303685	3632	4247
浙江	31072	32321	30465	4086		
安徽						
福建	3807015	3919765	2095326	1999620	234238	177701
江西	790862	699964	685211	591668	205387	218090
山东	1226629	1304601	290945	217589	12843	8190
河南	1820000	1571140	1485054	1404395	863129	829683
湖北	2930276	2725847	2421009	2338354	1739627	1767157
湖南	5007603	5522968	3348367	3338667	1133221	1059658
广东	8338165	7414432	8094387	7186990	2562767	2451605
广西	89499	99264	89499	99264	3870	3306
海南	1580292	1647970	1580292	1647970		
重庆	6136	6231	2775	2436	2775	2436
四川						
贵州						
云南	920033	753924	920033	753924		
西藏						
陕西	941087	853797	277451	260364		
甘肃	1071139	1033878	1071139	1033878		
青海						
宁夏						
新疆	752846	740393	740998	722041	508064	489038

单位：万元

非自有配送中心配送商品购进额		商品销售总额		零售额	
2013年	2012年	2013年	2012年	2013年	2012年
9171824	**7244060**	**65682434**	**63636984**	**48543042**	**46103315**
94424	82768	5540385	6079960	3006284	2845632
252240	277878	5866065	5476046	3775260	3329684
		3377025	3642865	1857249	1562300
158860	172271	2876627	2870024	2511506	2368385
1035859	26806	4209592	4349835	2562908	2459081
		1047031	1009029	833234	876858
		803030	809144	639369	650060
1066048	1299438	1293004	1301917	819746	1301752
		30531	30526	13158	20686
		7076156	7214200	5928558	5776696
467487	373577	2647776	2464131	2245327	1997652
186552	140789	1853821	1767728	1226812	1117200
		1914483	1706050	1713639	1567388
221670	141105	3429343	3303423	2801928	2648243
297545	243135	6279310	5659067	5249083	4902670
5035565	4196756	11258424	10319132	8855929	8541927
		87834	86536	57112	48720
355574	289537	1728192	1751663	1494010	1549700
		7201	6102	7201	6102
		1032611	796238	795080	675181
		998227	901355	140453	139186
		1386910	1233082	1131852	902542
		938857	858934	877343	815672

2-16 续表 16

家用电器及电子产品专门零售

地区	商品购进总额		统一配送商品购进额		自有配送中心配送商品购进额	
	2013年	2012年	2013年	2012年	2013年	2012年
全国	**27025768**	**31432798**	**20628531**	**22700422**	**12668910**	**14799083**
北京	2178281	1921757	1454508	1300088	1017165	859034
天津	651107	674535	240907	305987	240907	305987
河北	293653	244651	259720	213184	198735	158603
山西	256670	160407	244662	143533	100133	128096
内蒙古	89835	82584	74889	63003	55572	41131
辽宁	793950	821708	793697	820842	663551	259376
吉林	187627	179594	187627	179594	144871	140389
黑龙江	457038	379254	418076	329929	198875	160624
上海	1317373	1683110	1317373	1683110		
江苏	9207667	14827547	5397878	8170647	5132667	7907878
浙江	162507	161615	162507	161615	125178	129895
安徽	416466	395388	134660	197401	82201	77254
福建	1273587	1104314	1056989	893451	388222	358737
江西	293945	265880	293945	263257	286788	255297
山东	646191	648108	543551	599450	87096	83945
河南	646240	844800	613692	814198	436431	666060
湖北	1129003	1010344	857735	803060	408157	371763
湖南	226320	278412	223624	275442	175898	235240
广东	3796649	3245113	3644312	3164630	1696099	1559145
广西	176952	158584	176952	158584	128100	113489
海南						
重庆	765524	552912	765524	552912	469788	300692
四川	1175150	966229	1137526	930557	74272	72276
贵州	181490	138738				
云南	203639	253386	129269	242121	102159	180989
西藏						
陕西	1321	1027	1321	1027	1321	1027
甘肃	41895	3475	41895	3475		3475
青海						
宁夏	175523	136614	175523	136614	175523	136614
新疆	280171	292713	280171	292713	279203	292070

单位：万元

非自有配送中心配送商品购进额		商品销售总额		零售额	
2013年	2012年	2013年	2012年	2013年	2012年
2300703	**2057421**	**33526046**	**34188547**	**25440341**	**27754691**
337191	337328	2631337	2398358	2546477	2282535
		620322	689502	620322	689502
		264343	252225	260720	230620
		411149	312189	408317	309068
		117612	102394	117612	102394
		775617	803720	775617	800642
		266691	170586	266691	168686
218502	169304	411313	406909	384563	382521
		1500395	1646662	1500395	1646662
201208	262769	14380204	16556806	7955208	11347860
		141095	144590	129727	124331
		474696	424951	429256	418569
377699	240209	1347384	1162388	1302278	1136995
7158	7959	311372	279699	287350	242918
154134	160000	624401	614797	612257	604422
		626375	760322	607387	741723
420166	384818	1258840	1079009	1146583	939301
		296904	261386	295028	259737
552716	445087	3933257	3281091	2777128	2578479
		201628	189018	182699	189018
		737321	641086	736381	629635
3853	3848	1147943	1058115	1087875	1024112
		183420	156449	183420	156449
27110	45456	356270	372665	346575	343536
		13273	11159	13273	11159
		43524	17120	43524	17120
		172939	136159	163928	136159
967	643	276421	259194	259750	240541

2-16 续表 17

五金、家具及室内装饰材料专门零售

地 区	商品购进总额		统一配送商品购进额		自有配送中心配送商品购进额	
	2013年	2012年	2013年	2012年	2013年	2012年
全 国	**431384**	**393315**	**364251**	**378833**	**119236**	**126273**
北 京	112627	107310	101873	97111	668	801
天 津	19182	23983	19182	23983	19182	
河 北						
山 西						
内蒙古						
辽 宁						
吉 林						
黑龙江						
上 海	125627	127022	76474	127022		54463
江 苏	13236	10329	13236	10329		
浙 江	12580	4662	12580	4662	12580	4662
安 徽						
福 建						
江 西						
山 东	7226	4282				
河 南						
湖 北						
湖 南						
广 东	43010	38824	43010	38824	16160	13265
广 西						
海 南						
重 庆						
四 川	27250	23822	27250	23822		
贵 州						
云 南						
西 藏						
陕 西						
甘 肃						
青 海						
宁 夏						
新 疆	70647	53081	70647	53081	70647	53081

单位：万元

非自有配送中心配送商品购进额		商品销售总额		零售额	
2013年	2012年	2013年	2012年	2013年	2012年
36469	**32573**	**679060**	**644970**	**628807**	**594454**
		189861	180272	189861	180272
		19092	26040	19092	26040
		157457	159861	119869	119115
13236	10329	13314	12804	13249	12541
		10886	8192	10886	8192
		7226	5018	7226	5018
23234	22244	60711	57045	48111	47537
		27690	25431	27690	25431
		192823	170308	192823	170308

2-16 续表 18

货摊、无店铺及其他零售业

地　区	商品购进总额		统一配送商品购进额		自有配送中心配送商品购进额	
	2013年	2012年	2013年	2012年	2013年	2012年
全　国	**146669**	**171549**	**146669**	**171549**	**93080**	**113899**
北　京						
天　津						
河　北						
山　西						
内蒙古						
辽　宁						
吉　林	6360	5217	6360	5217		
黑龙江						
上　海	18563	24761	18563	24761	18563	24761
江　苏	6238	6234	6238	6234	6238	6234
浙　江						
安　徽						
福　建	184		184			
江　西						
山　东						
河　南						
湖　北						
湖　南						
广　东	115323	135336	115323	135336	68279	82904
广　西						
海　南						
重　庆						
四　川						
贵　州						
云　南						
西　藏						
陕　西						
甘　肃						
青　海						
宁　夏						
新　疆						

单位：万元

非自有配送中心配送商品购进额		商品销售总额		零售额	
2013年	2012年	2013年	2012年	2013年	2012年
7362	**5498**	**152518**	**174248**	**75198**	**63195**
		7878	5800	7878	5800
		18738	24761	18738	24761
		7497	7532	7497	7532
		212		212	
7362	5498	118193	136156	40873	25102

2-17 按行业分各地区连锁

批发业

地 区	商品购进总额		统一配送商品购进额		自有配送中心配送商品购进额	
	2013年	2012年	2013年	2012年	2013年	2012年
全 国	**114008049**	**110634505**	**101191449**	**98215032**	**62591910**	**61463139**
北 京	2525089	2465570	2483684	2434625	156734	134719
天 津	46568	32661	1963	2030		
河 北	2670763	3502836	1970037	2746720	1140254	1649841
山 西	514566	473692	246113	228845	246113	228845
内蒙古						
辽 宁	1582095	1633311	888055	874705	550813	567414
吉 林	58451	52948	52522	45567	52522	45567
黑龙江	116128	132136	116128	132136	116128	132136
上 海	5757513	6214279	5360414	5991641	4090498	4333464
江 苏	17291039	16825471	17266361	16811140	17250141	16798029
浙 江	15671776	15082935	14654174	14107181	14279840	13790771
安 徽	8027183	7598997	8027183	7598997	3870282	3748710
福 建	153880	139465	110092	111008	101722	98672
江 西	3042489	2772255	3036747	2764805	1824407	1647120
山 东	11865263	11329165	10632574	10277913	8633309	8082675
河 南	2871519	2935655	1666300	1695892	864735	982328
湖 北	1707723	1715116	1703123	1710516	856143	782169
湖 南	391056	357660	340450	313762	326278	304206
广 东	20149587	19228280	18362309	16596319	627550	557072
广 西	2910217	2642526	2603602	2407727	716900	716214
海 南						
重 庆	3067888	3153562	301638	798440	297909	789182
四 川	774669	605137	752853	580413	5768	4419
贵 州						
云 南	85817	253785	68200	248625	522	8578
西 藏						
陕 西	6448986	5375109	5516438	4759114	3226234	2738895
甘 肃	557434	601871	202434	247860	202434	247860
青 海	31316	30353	9307	9106		
宁 夏	702505	724503	702140	724338	680543	696656
新 疆	4986529	4755227	4116609	3995607	2474131	2377597

零售企业直营门店经营情况

单位：万元

非自有配送中心配送商品购进额		商品销售总额		零售额	
2013年	2012年	2013年	2012年	2013年	2012年
19567358	**17691126**	**131522876**	**129331691**	**68986661**	**65522830**
		2630347	2558961	863530	1025559
		55975	40454	1464	1343
448	641	3914512	3971101	2310739	2001821
		669323	652063		
		1818608	1985905	763282	722146
		93980	80091	93980	80091
		116079	125526	49895	44706
78599	73769	6192015	6650653	2355740	2243264
6833	3910	17830812	17497296	7638094	7460815
256231	200969	16606411	15959434	10774131	10433239
		7156572	8267191	5337566	6147018
2567	6722	177038	159718	37270	21048
		5939060	5351140	2597094	2246480
		13128030	12586374	10935951	10041986
		3082367	3136371	1884551	1657800
1810	1809	1729807	1768475	652594	517812
		451412	387726	17019	9389
17495533	15826976	22231190	21550490	13034016	12234816
1196	7486	7343683	7351601	3229197	2967190
	6983	3418768	3632599	887226	1453166
		636631	705139	394929	321569
35		1685037	1833252	727544	529524
270429	108733	7792475	6672299	2057528	1604936
		667528	649304	540078	522150
9307	9106	32770	30497	32770	30497
8144	11862	773064	702811	324633	196975
1436228	1432160	5349383	5025222	1445841	1007490

2-17 续表 1

农、林、牧产品批发

地　区	商品购进总额		统一配送商品购进额		自有配送中心配送商品购进额	
	2013年	2012年	2013年	2012年	2013年	2012年
全　国	**1238480**	**1323912**	**1225395**	**1314934**	**1225395**	**1314934**
北　京						
天　津	4615					
河　北						
山　西						
内蒙古						
辽　宁						
吉　林						
黑龙江						
上　海						
江　苏						
浙　江						
安　徽	1195040	1288890	1195040	1288890	1195040	1288890
福　建						
江　西						
山　东						
河　南						
湖　北	30191	25866	30191	25866	30191	25866
湖　南	1057	1016				
广　东	7413	7962				
广　西						
海　南						
重　庆						
四　川	165	178	165	178	165	178
贵　州						
云　南						
西　藏						
陕　西						
甘　肃						
青　海						
宁　夏						
新　疆						

单位：万元

非自有配送中心配送商品购进额		商品销售总额		零售额	
2013年	2012年	2013年	2012年	2013年	2012年
		1387621	**1547040**	**13697**	**25887**
		5016			
		1339110	1509652		
		33672	25667	13615	25667
		2794	3032		
		6872	8503	82	221
		157	186		

2-17 续表 2

食品、饮料及烟草制品批发

地　区	商品购进总额		统一配送商品购进额		自有配送中心配送商品购进额	
	2013年	2012年	2013年	2012年	2013年	2012年
全　国	**6256517**	**5980095**	**5452912**	**5204603**	**3613800**	**3269005**
北　京	1461	1350	1461	1350		
天　津	1963	2030	1963	2030		
河　北	448	641	448	641		
山　西	514566	473692	246113	228845	246113	228845
内蒙古						
辽　宁						
吉　林						
黑龙江						
上　海	147302	143955	80508	76763	1910	2994
江　苏	287689	321628	287689	321628	282142	316168
浙　江	186869	154065	186869	154065	155299	128969
安　徽						
福　建	141998	125934	101881	99087	96079	93473
江　西	2001284	1804253	1995542	1796803	1326573	1198127
山　东	454056	710308	431553	685273	5982	1068
河　南	9755	8310	9755	8310	8208	6316
湖　北	155617	157018	151017	152418	343	343
湖　南	1040	1020				
广　东	32475	30628	31894	29978	26851	21785
广　西						
海　南						
重　庆	86949	62370	33046	22441	33046	15458
四　川	20802	25015	16424	20311		
贵　州						
云　南						
西　藏						
陕　西	1827743	1619872	1571827	1334662	1195755	1046425
甘　肃						
青　海	31316	30353	9307	9106		
宁　夏	66714	61476	66714	61476	53262	45655
新　疆	286470	246178	228903	199417	182238	163382

单位：万元

非自有配送中心配送商品购进额		商品销售总额		零售额	
2013年	2012年	2013年	2012年	2013年	2012年
121733	**117405**	**8244966**	**7849741**	**331080**	**262580**
		5106	2769	1805	1299
		2561	2774	1464	1343
448	641	470	621	150	202
		669323	652063		
78599	73769	183595	179819	37914	38004
		388698	333815	47538	18117
31571	25096	223178	197301	27044	28511
		162659	144834	30171	17465
		2890694	2619417	12048	9639
		513095	828811	22373	12685
		8687	7910	3294	586
1810	1809	179488	154729	60383	59142
		1030	1008		
		42239	39695	15871	15636
	6983	99920	60831	26019	15716
		11024	13251	8924	10666
		2466786	2256735		
9307	9106	32770	30497	32770	30497
		96103	88655	1227	968
		267542	234207	2085	2107

2-17 续表 3

纺织、服装及家庭用品批发

地 区	商品购进总额		统一配送商品购进额		自有配送中心配送商品购进额	
	2013年	2012年	2013年	2012年	2013年	2012年
全 国	**1672892**	**1558005**	**1011601**	**1052519**	**928552**	**984269**
北 京						
天 津						
河 北						
山 西						
内蒙古						
辽 宁						
吉 林						
黑龙江						
上 海	86627	81119	86627	81119	86627	81119
江 苏	40353	33468	21053	24547	18444	24446
浙 江	215422	205064	215422	205064	187043	179558
安 徽						
福 建						
江 西						
山 东	1140352	1047358	503801	565855	460199	530171
河 南						
湖 北						
湖 南	47322	47584	47322	47584	47322	47584
广 东	142816	143412	137376	128351	128917	121391
广 西						
海 南						
重 庆						
四 川						
贵 州						
云 南						
西 藏						
陕 西						
甘 肃						
青 海						
宁 夏						
新 疆						

单位：万元

非自有配送中心配送商品购进额		商品销售总额		零售额	
2013年	2012年	2013年	2012年	2013年	2012年
5675	**4060**	**2960204**	**2761316**	**1461404**	**1333619**
		116367	109545	30798	28321
2608	100	51005	40442	9761	32701
		249173	240785	87876	89332
		2303217	2114961	1243452	1093258
		74568	79540	7303	7589
3067	3960	165874	176043	82214	82418

2-17 续表 4

文化、体育用品及器材批发

地 区	商品购进总额		统一配送商品购进额		自有配送中心配送商品购进额	
	2013年	2012年	2013年	2012年	2013年	2012年
全 国	**3164762**	**2821622**	**3116467**	**2782340**	**3001557**	**2690983**
北 京	41405	30945				
天 津						
河 北						
山 西						
内 蒙 古						
辽 宁						
吉 林	5929	7380				
黑 龙 江						
上 海						
江 苏	1186274	1030526	1186274	1030526	1186274	1030526
浙 江	1136711	1007282	1136711	1007282	1136711	1007282
安 徽						
福 建						
江 西						
山 东						
河 南						
湖 北	390169	388068	390169	388068	390169	388068
湖 南	278956	256622	278956	256622	278956	256622
广 东	125318	100798	124358	99842	9447	8485
广 西						
海 南						
重 庆						
四 川						
贵 州						
云 南						
西 藏						
陕 西						
甘 肃						
青 海						
宁 夏						
新 疆						

单位：万元

非自有配送中心配送商品购进额		商品销售总额		零售额	
2013年	2012年	2013年	2012年	2013年	2012年
107573	**82772**	**2999002**	**2761514**	**1127477**	**1079846**
		41747	31498	5246	11862
		14472	15823	14472	15823
		1104563	1101384	529823	524089
		1063601	917036	513656	468098
		347126	332737	56196	51771
		313239	256122		
107573	82772	114255	106915	8084	8203

2-17 续表 5

医药及医疗器材批发

地区	商品购进总额		统一配送商品购进额		自有配送中心配送商品购进额	
	2013年	2012年	2013年	2012年	2013年	2012年
全国	**630623**	**542001**	**453181**	**383736**	**369333**	**347912**
北京						
天津						
河北	17085	16218				
山西						
内蒙古						
辽宁						
吉林	52522	45567	52522	45567	52522	45567
黑龙江						
上海						
江苏	158962	137931	158962	137931	158962	137931
浙江	112782	110210	112782	110210	112372	109886
安徽						
福建	2821	2906	2821	2906	2821	2906
江西						
山东	92054	93733	1899	1584	815	828
河南						
湖北	766	462	766	462	766	462
湖南	20066	15320				
广东	49720	7486	45660	7486		
广西						
海南						
重庆	20375	17625	11303	10139	11251	10139
四川	22332	20940	6850	4887	5542	4180
贵州						
云南	51025	40290	35855	35129	521	8578
西藏						
陕西	6353	5879				
甘肃						
青海						
宁夏						
新疆	23762	27435	23762	27435	23762	27435

单位：万元

非自有配送中心配送商品购进额		商品销售总额		零售额	
2013年	2012年	2013年	2012年	2013年	2012年
35		**722770**	**598047**	**315261**	**257936**
		17657	16749		
		79508	64268	79508	64268
		175343	154907	75250	64154
		124411	113204	94765	85803
		3647	3740	1778	1733
		116439	101446	15639	14501
		913	705	913	705
		18971	14919	9087	563
		54511	8242	7328	750
		22520	19238	7082	6603
		29864	27548	11270	8616
35		47297	38861	7940	5587
		5467	4889	2765	2733
		26222	29331	1935	1919

2-17 续表 6

矿产品、建材及化工产品批发

地区	商品购进总额		统一配送商品购进额		自有配送中心配送商品购进额	
	2013年	2012年	2013年	2012年	2013年	2012年
全国	**97353361**	**95022517**	**86430297**	**84278318**	**50508694**	**50173396**
北京	2328260	2301216	2328260	2301216	2770	2660
天津	3524					
河北	2653231	3485976	1969590	2746079	1140254	1649841
山西						
内蒙古						
辽宁	1541488	1620641	847448	862035	513639	558164
吉林						
黑龙江	116128	132136	116128	132136	116128	132136
上海	5523584	5989205	5193278	5833759	4001961	4249351
江苏	15611820	15297654	15606443	15292244	15599565	15285547
浙江	13793079	13427833	12775478	12452079	12686163	12362468
安徽	4372792	4051737	4372792	4051737	215891	201450
福建	6495	3903	2823	2293	2823	2293
江西	1041205	968002	1041205	968002	497834	448993
山东	10164747	9470039	9682247	9017474	8153240	7542881
河南	2838198	2901056	1632980	1661293	856527	976012
湖北	1130981	1143703	1130981	1143703	434674	367431
湖南						
广东	19233878	18372260	17569147	15872636	188324	136195
广西	2834996	2574516	2528381	2339717	716900	716214
海南						
重庆	2945434	3054746	257289	765860	253613	763586
四川	729476	555098	729414	555037	62	62
贵州						
云南		177089		177089		
西藏						
陕西	4614890	3749358	3944611	3424453	2030479	1692470
甘肃	557434	601871	202434	247860	202434	247860
青海						
宁夏	635426	662863	635426	662863	627282	651001
新疆	4676298	4481614	3863945	3768755	2268131	2186780

单位：万元

非自有配送中心配送商品购进额		商品销售总额		零售额	
2013年	2012年	2013年	2012年	2013年	2012年
19099856	**17299638**	**111518138**	**110346763**	**62925049**	**60288246**
		2424019	2385649	807569	968142
		3830			
		3896385	3953731	2310588	2001619
		1779037	1973278	727209	712910
		116079	125526	49895	44706
		5892053	6361289	2287027	2176940
3037	2957	16104628	15862007	6973799	6819994
		14673268	14297089	9866517	9661830
		3434229	4449026	3305023	4308449
		6743	4499	1331	1195
		3048367	2731723	2585046	2236842
		10180629	9533926	9654487	8921542
		3049188	3101563	1876800	1652958
		1168608	1254638	521488	380528
17380823	15736441	21287154	20656564	12466583	11897616
1196	7486	7273560	7282526	3209765	2948679
		3279269	3533218	849423	1426560
		592712	659793	374735	302287
		1588361	1745022	697699	501625
270429	108733	5320221	4410676	2054762	1602203
		667528	649304	540078	522150
8144	11862	676651	614034	323406	196008
1436228	1432160	5055620	4761684	1441821	1003464

2-17 续表 7

机械设备、五金产品及电子产品批发

地区	商品购进总额		统一配送商品购进额		自有配送中心配送商品购进额	
	2013年	2012年	2013年	2012年	2013年	2012年
全国	**903594**	**768420**	**794157**	**666917**	**466954**	**386774**
北京	153964	132059	153964	132059	153964	132059
天津	36466	30631				
河北						
山西						
内蒙古						
辽宁	37173	9250	37173	9250	37173	9250
吉林						
黑龙江						
上海						
江苏	5941	4264	5941	4264	4753	3411
浙江	226912	178481	226912	178481	2252	2608
安徽						
福建	2567	6722	2567	6722		
江西						
山东	6286	7727	6286	7727	6286	7727
河南	23565	26289	23565	26289		
湖北						
湖南						
广东	331157	298686	262526	231719	262526	231719
广西	75221	68010	75221	68010		
海南						
重庆						
四川	1893	3905				
贵州						
云南	2449	2397	2	2397	1	
西藏						
陕西						
甘肃						
青海						
宁夏						
新疆						

单位：万元

非自有配送中心配送商品购进额		商品销售总额		零售额	
2013年	2012年	2013年	2012年	2013年	2012年
228416	**183448**	**952800**	**795037**	**561308**	**209057**
		159476	139045	48910	44255
		44568	37680		
		36073	9236	36073	9236
1188	853	6575	4741	1923	1760
224660	175873	272781	194019	184274	99664
2567	6722	3990	6644	3990	655
		7085	7229		
		24492	26898	4457	4256
		321918	292026	261819	29455
		70123	69075	19432	18511
		2874	4361		
		2846	4082	431	1265

2-17 续表 8

其他批发业

地区	商品购进总额		统一配送商品购进额		自有配送中心配送商品购进额	
	2013年	2012年	2013年	2012年	2013年	2012年
全国	**2787821**	**2617934**	**2707438**	**2531666**	**2477625**	**2295867**
北京						
天津						
河北						
山西						
内蒙古						
辽宁	3434	3421	3434	3421		
吉林						
黑龙江						
上海						
江苏						
浙江						
安徽	2459352	2258370	2459352	2258370	2459352	2258370
福建						
江西						
山东	7768		6788		6788	
河南						
湖北						
湖南	42616	36098	14173	9556		
广东	226812	267049	191348	226308	11485	37498
广西						
海南						
重庆	15131	18821				
四川						
贵州						
云南	32343	34011	32343	34011		
西藏						
陕西						
甘肃						
青海						
宁夏	365	164				
新疆						

单位：万元

非自有配送中心配送商品购进额		商品销售总额		零售额	
2013年	2012年	2013年	2012年	2013年	2012年
4070	**3804**	**2737377**	**2672232**	**2251384**	**2065659**
		3499	3391		
		2383233	2308512	2032543	1838569
		7564			
		40810	33105	629	1237
4070	3804	238368	262502	192035	200518
		17059	19312	4702	4288
		46534	45287	21475	21046
		310	122		

2-17 续表 9

零售业

地区	商品购进总额		统一配送商品购进额		自有配送中心配送商品购进额	
	2013年	2012年	2013年	2012年	2013年	2012年
全国	**193524372**	**186708313**	**139022664**	**131899236**	**76985450**	**74101689**
北京	18599045	18364432	8409259	7752786	3733986	3097666
天津	7260409	7211146	5335004	5665674	3490742	3700740
河北	6799259	6659044	4354499	4551543	2616551	2755863
山西	3375362	2996709	2556788	2335218	1216405	1137025
内蒙古	317160	269224	275237	232085	188745	140898
辽宁	6302686	6172454	3700830	3601556	933820	1524211
吉林	1432886	1389170	1360629	1286144	1185480	1149892
黑龙江	2311538	2201664	2178555	2056883	1649982	1601461
上海	16616112	18484186	10161228	12636145	3610198	2118593
江苏	20354389	25432296	16319723	18507551	13210204	15653829
浙江	5584853	5221393	4782747	4292895	3585891	3154149
安徽	6202420	5570608	2940398	2737082	1492585	1233993
福建	8742727	8334544	5804411	5391155	2282004	2025029
江西	2856530	2390404	2674648	1991131	1905951	1396578
山东	12381464	11141841	7262765	6164093	3569796	2930234
河南	4616915	4159836	2846118	2875298	1883436	1904397
湖北	13204536	11847225	9294957	8600673	7579266	7086043
湖南	8230088	8275057	6103258	5672610	3006349	2692296
广东	27024227	20799755	24011021	18203686	10645417	10611260
广西	852094	800279	827969	782165	478291	427632
海南	1634790	1695362	1634790	1695362	5816	5250
重庆	5141051	5534220	5072930	5355486	3370252	3236914
四川	4578182	3714625	3850475	2993836	1817724	1211077
贵州	416852	329833	234385	189111	155476	114814
云南	2700363	2358363	2606124	2339811	1198193	1068290
西藏	19855	14964	19855	14964		
陕西	1976840	1709951	588247	514758	225506	175093
甘肃	1262416	1135510	1238129	1116907	119976	87158
青海	169453	168424	57646	56749	8448	6516
宁夏	596368	758060	594876	757437	576265	749873
新疆	1963506	1567735	1925165	1528441	1242694	1104917

单位：万元

非自有配送中心配送商品购进额		商品销售总额		零售额	
2013年	2012年	2013年	2012年	2013年	2012年
24580380	**17335793**	**232811504**	**216796827**	**181684332**	**171904550**
1039508	985039	22058149	21690010	17609750	16588511
269228	293218	7691074	7319184	5439042	5053337
181412	176481	7125932	6900283	5111550	4389890
186786	191175	4965757	4576732	4586901	4065756
4342	3364	385789	288256	385789	288256
1156277	71690	6980181	6954787	5182431	4940094
3688	4036	1602939	1440790	1369302	1284922
243075	191503	2177030	2149332	1928409	1914551
2240191	2103435	23645378	21379665	13070594	12814597
2333766	2520985	27591866	28769410	18417561	21334089
265601	261814	6028477	5705197	5440599	5151981
82501	68014	6707021	6031811	3214519	4168498
639495	479123	11912512	11500764	10660955	10006839
636364	498974	5032709	4465379	4292659	3756247
1317496	1174441	14441917	12693214	12138454	10407534
16424	54413	5168555	4519848	4849448	4261721
778102	631480	15353187	13707296	13916947	12140089
314865	283057	9717088	8629979	8544621	7754679
10276633	5263868	28937777	25834603	23948449	22213142
32277	28420	1135379	1010438	1081516	969780
370489	302082	1780657	1797414	1546475	1593421
1359422	1005493	6963803	6279562	6316953	5751471
151766	315388	4760509	4176413	3908361	3709478
5752	5220	467058	384485	460648	380284
195933	204387	3106525	2668647	2704460	2451251
		18564	14185	18564	14185
20882	19765	2272581	2039166	1133252	1043315
1132	2470	1610797	1363852	1355739	1033312
12546	10846	231019	216311	227909	212706
		562781	481979	540943	469616
444428	185614	2378494	1807838	2281533	1740999

2-17 续表 10

综合零售

地 区	商品购进总额		统一配送商品购进额		自有配送中心配送商品购进额	
	2013年	2012年	2013年	2012年	2013年	2012年
全 国	**95734050**	**91233160**	**63276400**	**61723593**	**39966977**	**36364140**
北 京	10148248	9531374	5951215	5539622	2358251	1930493
天 津	937944	893273	64735	54808	2287	2736
河 北	3048088	2645327	640260	569292	398986	329535
山 西	978537	770057	279212	258484	117131	39565
内蒙古	190626	158291	174604	147047	110288	80353
辽 宁	1076369	1053790	634524	600295	50206	47410
吉 林	170116	162208	109835	73769		
黑龙江	562649	532434	473317	441554	309544	296253
上 海	12167934	15134946	6361513	9970985	1655707	1624644
江 苏	9440573	8675844	9222921	8438600	7739164	7403662
浙 江	4479052	4136366	3773969	3325322	2971319	2561359
安 徽	5604032	5027114	2623816	2391574	1344078	1093170
福 建	3589326	3176320	2625601	2406926	1468101	1340708
江 西	1070587	825335	1004083	544614	775231	383240
山 东	9848267	8607121	5809005	4800654	3050240	2517083
河 南	2153468	1746159	800027	714477	542214	370703
湖 北	8450810	7486379	5329818	4858051	4886217	4489090
湖 南	2650257	2203187	2203079	1790034	1517574	1240097
广 东	9539847	8959258	7148929	6834390	5902879	6091541
广 西	420656	403001	396531	384886	227011	210433
海 南	14915	12545	14915	12545		
重 庆	3676860	4384122	3659285	4251341	2377455	2443989
四 川	2659858	2137323	2005134	1492693	1095362	629623
贵 州	134357	113768	133380	111785	84606	67949
云 南	764524	774261	759170	767512	439593	496446
西 藏	19855	14964	19855	14964		
陕 西	889473	749105	165581	150726	90046	76544
甘 肃	40478	31005	16191	12402	16191	12402
青 海	118691	118038	10961	10248		
宁 夏	337977	557488	337977	557488	330327	549924
新 疆	549682	212757	526962	196507	106969	35190

单位：万元

非自有配送中心配送商品购进额		商品销售总额		零售额	
2013年	2012年	2013年	2012年	2013年	2012年
8022455	**6942264**	**116054797**	**104848118**	**93979277**	**85542173**
361561	350841	12274215	11668683	10715475	10227367
		983976	938150	858279	858962
146057	146511	3253677	2781232	2801744	2437506
25257	15685	1512280	1240899	1504926	1240899
3242	2169	232674	154824	232674	154824
75730	43037	1152369	1067924	1011897	962726
		166678	149175	152952	132758
9002	7552	583333	568745	526968	519861
2186592	2061097	18643829	17777352	9734579	9307666
945886	710487	11108893	10166803	8864180	7983695
222688	220069	4734800	4598159	4396390	4207408
27988	26934	6026461	5429654	2589451	3586977
555312	407201	3333311	2916831	3318900	2900685
119822	74482	1308139	1077447	1228064	1040326
964318	861043	11261570	9726930	9653260	8209257
7522	46779	2637161	2084110	2504629	1945658
124903	92630	9776709	8553581	9128046	7839502
7078	26389	2738680	2351047	2619852	2233794
337640	341565	11933426	10940253	10872297	10006978
		662359	575267	660321	572425
14915	12545	14316	11191	14316	11191
1250635	958507	5421910	4942203	4980832	4630353
144099	307884	2868026	2394531	2495948	2062882
5310	4745	157289	129805	155950	128308
43741	40266	972178	873822	952025	850851
		18564	14185	18564	14185
12985	13085	1107538	1006024	825984	774243
		39538	30391	39538	30391
10182	9446	167631	155980	164522	152375
		305829	272802	305829	272802
419994	161317	657441	250120	650886	245320

2-17 续表 11

食品、饮料及烟草制品专门零售

地 区	商品购进总额		统一配送商品购进额		自有配送中心配送商品购进额	
	2013年	2012年	2013年	2012年	2013年	2012年
全 国	**2088619**	**1963521**	**1953682**	**1799801**	**1127838**	**984171**
北 京	198703	172099	191427	163152	149641	126134
天 津	73447	78143	28866	34409		
河 北	4099	2127	4099	2127	3226	1682
山 西	17379	15580	17379	15580	14711	12360
内蒙古						
辽 宁	69518	40455	69518	40455	4932	4797
吉 林	44195	60041	40434	55755	36746	51719
黑龙江						
上 海	163497	159599	134051	129242		
江 苏	306532	312317	306362	291843	102247	111154
浙 江	131911	132364	117328	117412	94524	95282
安 徽	13024	12393	13024	12393	13024	12393
福 建	161892	158097	160156	146974	60466	53844
江 西	79507	77399	79507	77399	65080	56927
山 东	249081	257186	249081	257186	225250	171173
河 南	82043	70024	68825	54086		
湖 北	294535	209873	292471	209873	274039	192192
湖 南	33473	35241	33072	34840	698	948
广 东	116234	106629	116234	106629	58469	66177
广 西						
海 南						
重 庆	25909	28000	25909	28000	24380	26981
四 川	7412	11671	407	410	407	410
贵 州						
云 南	13262	22036	5533	22036		
西 藏						
陕 西						
甘 肃						
青 海						
宁 夏	1492	623				
新 疆	1475	1624				

单位：万元

非自有配送中心配送商品购进额		商品销售总额		零售额	
2013年	2012年	2013年	2012年	2013年	2012年
164717	**265098**	**2545174**	**2326131**	**2311746**	**2063787**
4937	6350	310961	297199	304093	291799
7562	6468	115254	113906	85585	86317
873	445	5357	3746	4956	3214
2668	3220	24754	23190	24754	22704
42739		73733	48300	70984	44574
3688	4036	53991	60045	53991	60045
		168737	172011	137513	131402
31127	172789	380201	357474	356799	323162
628	556	190169	174140	158300	136414
		16744	17380	13756	12934
11976	15929	187441	180504	150874	175449
14427	20472	83810	81870	83810	81870
1342	1013	247918	224741	247918	171998
		86712	68135	69285	58243
5875	3026	349358	261651	345201	257991
		40437	36735	40437	36735
29813	29775	154790	138562	125171	121431
1529	1020	27002	28450	19565	25092
		9609	16159	554	478
5533		14855	19420	14855	19420
		1220	524	1220	524
		2124	1991	2124	1991

2-17 续表 12

纺织、服装及日用品专门零售

地区	商品购进总额		统一配送商品购进额		自有配送中心配送商品购进额	
	2013年	2012年	2013年	2012年	2013年	2012年
全国	**6348135**	**2740960**	**5532974**	**1795753**	**752149**	**814754**
北京	451774	480159	262279	265350	95687	86645
天津	10652	16930	10652	16930	3478	5619
河北	50025	49538	50025	49538	50025	49538
山西	2180	2123	2180	2123	1328	1313
内蒙古						
辽宁	66110	79497	56902	45618	4644	4722
吉林	5097	6176	1259		1259	
黑龙江	7506	5333	7506	5333	7506	5333
上海	677660	793969	165273	193169	62076	98343
江苏	9122	8124	7795	7363	7482	7084
浙江	150287	213585	144643	209206	72113	93471
安徽	954	1180	954	1180		
福建	28990	27121	28990	27121	25506	24393
江西	9165	8543	7554	8543	7554	8543
山东	32010	34480	32010	34480	3351	3236
河南	25563	32738	6740	11456	1534	1597
湖北	111420	155572	109806	136164	62730	63905
湖南	34591	28099	34591	28099	34591	28099
广东	4489561	616422	4438215	593777	173954	202007
广西						
海南						
重庆	34756	50394	18966	33211	16044	32108
四川	69466	60982	69466	60982	69466	60982
贵州						
云南	9802	9919	9802	9919	9802	9919
西藏						
陕西	41960	27858	41960	27858	41960	27858
甘肃						
青海	29427	32178	25350	28293		
宁夏						
新疆	58	40	58	40	58	40

单位：万元

非自有配送中心配送商品购进额		商品销售总额		零售额	
2013年	2012年	2013年	2012年	2013年	2012年
4285963	**416620**	**3286486**	**3253169**	**2946358**	**2853977**
33416	27679	660846	679758	458365	429734
2000	2675	23691	24867	23057	24837
		52973	78976	14324	15010
		2285	2219	2285	2219
		72353	89686	72109	87859
		8952	6968	8952	6968
		11526	7567	11526	7567
16038	3923	1019811	1027333	1018744	1023659
	279	12401	9335	11001	8584
		125917	126167	118684	115397
		740	1048	740	1048
		32990	34661	30655	32565
		19722	17782	19722	17656
		33812	33063	33630	32669
805	625	33058	36220	33048	36200
2237	7178	177763	189194	151274	154948
		39492	38664	36442	38664
4227405	372862	707366	620539	651011	596042
1698		78304	79342	78304	74469
		68528	54584	68528	54584
		18766	19843	18766	19843
		44041	34568	44041	32668
2364	1400	41087	40723	41087	40723
		64	63	64	63

2-17 续表 13

文化、体育用品及器材专门零售

地区	商品购进总额		统一配送商品购进额		自有配送中心配送商品购进额	
	2013年	2012年	2013年	2012年	2013年	2012年
全国	**4392488**	**2477779**	**4363988**	**2456036**	**3538806**	**1780423**
北京	123022	103041	122678	102528	20695	13560
天津						
河北	3543	4233	3543	4233	3543	4233
山西						
内蒙古						
辽宁	30692	35641	11283	16881	11283	16881
吉林						
黑龙江	117624	111845	117624	111845	9581	9390
上海	1892284	321130	1890661	319198	1748674	197683
江苏	13591	8016	13591	8016	13585	8011
浙江	128846	102884	128846	102884		
安徽	54513	41080	54513	41080		
福建	44603	40177	44603	40177	39956	36499
江西	522183	436387	522183	436387	520522	434487
山东	100932	69227	100932	69227	18544	14366
河南	13598	12751	13598	12751	9419	7171
湖北	89178	87151	89178	87151	34413	49816
湖南	17571	27801	17571	27801	11251	22114
广东	89785	94931	83239	94931	29138	77787
广西	21375	19490	21375	19490	21375	19490
海南						
重庆	362277	329312	362277	329312	362277	329312
四川	470063	369129	470063	369129	463195	362506
贵州						
云南	68855	64799	68277	64260	32153	5552
西藏						
陕西	55230	43316	55230	43316	55230	43316
甘肃						
青海						
宁夏	10961	9798	10961	9798		9798
新疆	161763	145641	161763	145641	133972	118452

单位：万元

非自有配送中心配送商品购进额		商品销售总额		零售额	
2013年	2012年	2013年	2012年	2013年	2012年
192954	**167977**	**4530151**	**2739061**	**1927277**	**2204193**
81797	68663	154920	128363	142014	121974
		3793	4046	3793	4046
		30032	36725	25121	27827
		132350	139128	132350	139128
		1882561	338908	287085	328827
6	5	15565	10408	15565	10408
		224567	114417	86871	71650
54513	41080	52272	50798	52272	50798
		53504	49087	48447	44057
		548141	451347	314657	282722
		80159	72206	46796	42068
		14956	12811	14519	12395
		110011	106743	110011	104930
		19342	43954	19342	43954
		99925	99827	88358	82965
		18793	17113	18793	17113
		363237	358417	202666	189687
		432228	446857	42304	381361
33957	35220	70595	64790	60292	55239
		54738	44180	54738	44180
		10302	9365	10302	9365
22682	23010	158162	139569	150982	139502

2-17 续表 14

医药及医疗器材专门零售

地 区	商品购进总额		统一配送商品购进额		自有配送中心配送商品购进额	
	2013年	2012年	2013年	2012年	2013年	2012年
全 国	**6275753**	**5188029**	**5713612**	**4681644**	**3755263**	**2946916**
北 京	231660	212296	230856	202168	91881	81000
天 津	40388	37535	15534	9136	5951	1374
河 北	141652	108689	138652	108689	94856	73587
山 西	110997	109353	102689	99837	83770	72642
内蒙古	36699	28349	25744	22036	22886	19413
辽 宁	593971	512911	590277	495880	197728	128421
吉 林	46030	34372	41653	30248	29144	16222
黑龙江	199224	185716	194536	181141	156979	142779
上 海	253176	239649	197321	188659	125178	118698
江 苏	330803	313859	325073	304495	248240	239220
浙 江	491618	440757	415428	370870	310177	269479
安 徽	113433	94741	113433	94741	53283	52465
福 建	143095	99948	98527	68083	65515	33149
江 西	90281	76895	82164	69262	45390	39993
山 东	271129	216835	237242	185507	172472	132241
河 南	195306	188177	177485	169888	31192	29459
湖 北	199315	184140	194941	180100	174083	164200
湖 南	260273	179349	242953	177728	133116	106141
广 东	685653	577756	517372	437125	327673	256230
广 西	144320	120326	144320	120326	98643	81299
海 南	39583	34847	39583	34847	5816	5250
重 庆	269590	183249	238195	158273	117534	101397
四 川	168984	145469	140630	116244	115023	85280
贵 州	101005	77327	101005	77327	70870	46865
云 南	720247	480039	714039	480039	614486	375384
西 藏						
陕 西	49802	36876	48738	33494	36949	26349
甘 肃	108904	75338	108904	75338	103785	71281
青 海	21336	18208	21336	18208	8448	6516
宁 夏	70415	53538	70415	53538	70415	53538
新 疆	146865	121487	144566	118418	143781	117047

单位：万元

非自有配送中心配送商品购进额		商品销售总额		零售额	
2013年	2012年	2013年	2012年	2013年	2012年
703713	**595025**	**7234373**	**5946977**	**6647473**	**5628394**
126183	111410	295625	257417	247180	209198
7426	6197	62675	50672	57449	37995
34481	29525	168763	137194	168763	137194
		138662	128210	135112	122480
1101	1195	35503	31038	35503	31038
1949	1847	666486	558598	663795	557385
		51718	39188	45604	33808
15572	14647	235479	217839	233634	215414
37562	38416	253851	232777	253671	232505
76256	64889	425300	381283	418828	373505
42285	41189	574229	512446	530299	471344
		136108	109410	129044	99603
289	6982	172219	124730	171737	122030
27470	22483	113750	93104	113730	93104
11151	11596	333009	248732	310554	224903
8097	7009	239228	215918	226008	206084
3252	2723	251164	229861	233904	211340
10242	13532	302923	239127	284437	239127
62899	49630	820534	580894	638419	551576
32277	28420	171199	145088	169024	145088
		38149	34561	38149	32529
105560	45966	328829	223962	292004	196133
3815	3657	206486	180736	185462	160631
443	475	126349	98231	121278	95527
85591	83446	641252	521870	516868	487182
7897	6679	56666	43687	56666	43687
1132	2470	140826	100010	140826	100010
		22301	19608	22301	19608
		72491	63128	59663	50766
785	645	152601	127659	147561	127602

2-17 续表 15

汽车、摩托车、燃料及零配件专门零售

地 区	商品购进总额		统一配送商品购进额		自有配送中心配送商品购进额	
	2013年	2012年	2013年	2012年	2013年	2012年
全 国	**51434610**	**51348906**	**37395661**	**36433308**	**15007311**	**16219374**
北 京	5154732	5836396	94424	82768		
天 津	5527689	5486748	4955128	5220421	3218937	3385025
河 北	3258199	3604479	3258199	3604479	1867181	2138685
山 西	2009600	1939189	1910666	1815661	899332	883049
内蒙古						
辽 宁	3672076	3628452	1544630	1581585	1477	1062605
吉 林	973461	941561	973461	941561	973461	941561
黑龙江	967496	987081	967496	987081	967496	987081
上 海						
江 苏	1069556	1303340	1069556	1303340	3508	3902
浙 江	31072	32321	30465	4086		
安 徽						
福 建	3807015	3919765	2095326	1999620	234238	177701
江 西	790862	699964	685211	591668	205387	218090
山 东	1226629	1304601	290945	217589	12843	8190
河 南	1501181	1265464	1166235	1098718	863129	829683
湖 北	2930276	2725847	2421009	2338354	1739627	1767157
湖 南	5007603	5522968	3348367	3338667	1133221	1059658
广 东	8148165	7025486	7904387	6798044	2372767	2262205
广 西	89499	99264	89499	99264	3870	3306
海 南	1580292	1647970	1580292	1647970		
重 庆	6136	6231	2775	2436	2775	2436
四 川						
贵 州						
云 南	920033	753924	920033	753924		
西 藏						
陕 西	939054	851771	275418	258338		
甘 肃	1071139	1025692	1071139	1025692		
青 海						
宁 夏						
新 疆	752846	740393	740998	722041	508064	489038

单位：万元

非自有配送中心配送商品购进额		商品销售总额		零售额	
2013年	2012年	2013年	2012年	2013年	2012年
9171824	**7044514**	**65148272**	**62915500**	**48073230**	**45439580**
94424	82768	5540385	6079960	3006284	2845632
252240	277878	5866065	5476046	3775260	3329684
		3377025	3642865	1857249	1562300
158860	172271	2876627	2870024	2511506	2368385
1035859	26806	4209592	4349835	2562908	2459081
		1047031	1009029	833234	876858
		803030	809144	639369	650060
1066048	1299438	1292763	1301310	819506	1301146
		30531	30526	13158	20686
		7076156	7214200	5928558	5776696
467487	373577	2647776	2464131	2245327	1997652
186552	140789	1853821	1767728	1226812	1117200
		1531315	1342625	1394821	1261711
221670	141105	3429343	3303423	2801928	2648243
297545	243135	6279310	5659067	5249083	4902670
5035565	3997209	11109575	9980237	8707080	8203032
		87834	86536	57112	48720
355574	289537	1728192	1751663	1494010	1549700
		7201	6102	7201	6102
		1032611	796238	795080	675181
		996324	899548	138550	137378
		1386910	1216332	1131852	885792
		938857	858934	877343	815672

2-17 续表 16

家用电器及电子产品专门零售

地区	商品购进总额		统一配送商品购进额		自有配送中心配送商品购进额	
	2013年	2012年	2013年	2012年	2013年	2012年
全国	**26672917**	**31191164**	**20275680**	**22458788**	**12624859**	**14751807**
北京	2178281	1921757	1454508	1300088	1017165	859034
天津	651107	674535	240907	305987	240907	305987
河北	293653	244651	259720	213184	198735	158603
山西	256670	160407	244662	143533	100133	128096
内蒙古	89835	82584	74889	63003	55572	41131
辽宁	793950	821708	793697	820842	663551	259376
吉林	187627	179594	187627	179594	144871	140389
黑龙江	457038	379254	418076	329929	198875	160624
上海	1317373	1683110	1317373	1683110		
江苏	9164807	14794300	5355018	8137400	5089807	7874631
浙江	159488	158454	159488	158454	125178	129895
安徽	416466	394100	134660	196113	82201	75966
福建	967806	913117	751208	702254	388222	358737
江西	293945	265880	293945	263257	286788	255297
山东	646191	648108	543551	599450	87096	83945
河南	645756	844524	613208	813923	435948	665784
湖北	1129003	998264	857735	790980	408157	359683
湖南	226320	278412	223624	275442	175898	235240
广东	3796649	3245113	3644312	3164630	1696099	1559145
广西	176244	158199	176244	158199	127392	113104
海南						
重庆	765524	552912	765524	552912	469788	300692
四川	1175150	966229	1137526	930557	74272	72276
贵州	181490	138738				
云南	203639	253386	129269	242121	102159	180989
西藏						
陕西	1321	1027	1321	1027	1321	1027
甘肃	41895	3475	41895	3475		3475
青海						
宁夏	175523	136614	175523	136614	175523	136614
新疆	280171	292713	280171	292713	279203	292070

单位：万元

非自有配送中心配送商品购进额		商品销售总额		零售额	
2013年	2012年	2013年	2012年	2013年	2012年
1994922	**1866224**	**33180970**	**33948721**	**25095265**	**27514865**
337191	337328	2631337	2398358	2546477	2282535
		620322	689502	620322	689502
		264343	252225	260720	230620
		411149	312189	408317	309068
		117612	102394	117612	102394
		775617	803720	775617	800642
		266691	170586	266691	168686
218502	169304	411313	406909	384563	382521
		1500395	1646662	1500395	1646662
201208	262769	14336019	16522530	7911023	11313585
		137380	141149	126012	120891
		474696	423520	429256	417138
71919	49012	1056892	980750	1011785	955357
7158	7959	311372	279699	287350	242918
154134	160000	624401	614797	612257	604422
		626126	760030	607137	741430
420166	384818	1258840	1062844	1146583	923135
		296904	261386	295028	259737
552716	445087	3933257	3281091	2777128	2578479
		195194	186434	176266	186434
		737321	641086	736381	629635
3853	3848	1147943	1058115	1087875	1024112
		183420	156449	183420	156449
27110	45456	356270	372665	346575	343536
		13273	11159	13273	11159
		43524	17120	43524	17120
		172939	136159	163928	136159
967	643	276421	259194	259750	240541

2-17 续表 17

五金、家具及室内装饰材料专门零售

地 区	商品购进总额		统一配送商品购进额		自有配送中心配送商品购进额	
	2013年	2012年	2013年	2012年	2013年	2012年
全 国	**431384**	**393315**	**364251**	**378833**	**119236**	**126273**
北 京	112627	107310	101873	97111	668	801
天 津	19182	23983	19182	23983	19182	
河 北						
山 西						
内蒙古						
辽 宁						
吉 林						
黑龙江						
上 海	125627	127022	76474	127022		54463
江 苏	13236	10329	13236	10329		
浙 江	12580	4662	12580	4662	12580	4662
安 徽						
福 建						
江 西						
山 东	7226	4282				
河 南						
湖 北						
湖 南						
广 东	43010	38824	43010	38824	16160	13265
广 西						
海 南						
重 庆						
四 川	27250	23822	27250	23822		
贵 州						
云 南						
西 藏						
陕 西						
甘 肃						
青 海						
宁 夏						
新 疆	70647	53081	70647	53081	70647	53081

单位：万元

非自有配送中心配送商品购进额		商品销售总额		零售额	
2013年	2012年	2013年	2012年	2013年	2012年
36469	**32573**	**679060**	**644970**	**628807**	**594454**
		189861	180272	189861	180272
		19092	26040	19092	26040
		157457	159861	119869	119115
13236	10329	13314	12804	13249	12541
		10886	8192	10886	8192
		7226	5018	7226	5018
23234	22244	60711	57045	48111	47537
		27690	25431	27690	25431
		192823	170308	192823	170308

2-17 续表 18

货摊、无店铺及其他零售业

地区	商品购进总额		统一配送商品购进额		自有配送中心配送商品购进额	
	2013年	2012年	2013年	2012年	2013年	2012年
全国	**146416**	**171481**	**146416**	**171481**	**93011**	**113831**
北京						
天津						
河北						
山西						
内蒙古						
辽宁						
吉林	6360	5217	6360	5217		
黑龙江						
上海	18563	24761	18563	24761	18563	24761
江苏	6170	6166	6170	6166	6170	6166
浙江						
安徽						
福建						
江西						
山东						
河南						
湖北						
湖南						
广东	115323	135336	115323	135336	68279	82904
广西						
海南						
重庆						
四川						
贵州						
云南						
西藏						
陕西						
甘肃						
青海						
宁夏						
新疆						

单位：万元

非自有配送中心配送商品购进额		商品销售总额		零售额	
2013年	2012年	2013年	2012年	2013年	2012年
7362	**5498**	**152220**	**174180**	**74900**	**63127**
		7878	5800	7878	5800
		18738	24761	18738	24761
		7411	7464	7411	7464
7362	5498	118193	136156	40873	25102

2-18 按行业分各地区连锁零售

批发业

地区	商品购进总额		统一配送商品购进额		自有配送中心配送商品购进额	
	2013年	2012年	2013年	2012年	2013年	2012年
全国	**3645529**	**3236174**	**3225231**	**2926710**	**2500744**	**2388637**
北京	3780	3671	3780	3671	3780	3671
天津						
河北						
山西						
内蒙古						
辽宁	3055	3054	3055	3054		
吉林						
黑龙江						
上海	673567	597092	673567	597092	673567	597092
江苏	666809	652601	665826	648355	665636	642771
浙江	469962	466349	418696	415258	389747	390251
安徽	526935	532345	526935	532345	337308	345959
福建	13758	6179	13758	6179	11440	6179
江西						
山东	301806	206114	38926	37511	37556	37110
河南	166	213	166	213		
湖北						
湖南	56061	50980				
广东	288819	258204	287266	256716	237395	253429
广西	6933	7143	3824	4584	3824	4584
海南						
重庆	117996	64366	79935	38471	56991	25456
四川	4511	4397	4511	4397	4413	4397
贵州						
云南	387844	267066	386820	265633		
西藏						
陕西						
甘肃						
青海						
宁夏	56404	49949	52024	47650	12945	12157
新疆	67126	66452	66143	65582	66143	65582

企业加盟门店经营情况

单位：万元

非自有配送中心配送商品购进额		商品销售总额		零售额	
2013年	2012年	2013年	2012年	2013年	2012年
252330	**241307**	**3745068**	**3127092**	**985559**	**948836**
		3812	3864		
		2356	2338	2356	2338
		673567	597092	336783	298546
189	5585	669414	653766	6859	22553
13762	11315	495470	515227	185500	198213
189628	186387	533235	414069		
2318		24506	11659	24506	11659
		208389	70023	56725	70023
		686	273	73	11
		76961	68412	112	
713	734	403194	291184	335057	280639
		7337	7297	4112	4801
6642	1795	111095	81744	26994	15200
		7295	6946	5459	5103
		387122	288211	1024	66
39079	35492	50787	48538		39685
		89844	66452		

2-18 续表 1

农、林、牧产品批发

地 区	商品购进总额		统一配送商品购进额		自有配送中心配送商品购进额	
	2013年	2012年	2013年	2012年	2013年	2012年
全 国	**248872**	**262363**	**215810**	**232483**	**212755**	**229429**
北 京						
天 津						
河 北						
山 西						
内蒙古						
辽 宁	3055	3054	3055	3054		
吉 林						
黑龙江						
上 海						
江 苏						
浙 江						
安 徽	210889	227451	210889	227451	210889	227451
福 建						
江 西						
山 东						
河 南						
湖 北						
湖 南	33062	29880				
广 东						
广 西						
海 南						
重 庆						
四 川	1866	1978	1866	1978	1866	1978
贵 州						
云 南						
西 藏						
陕 西						
甘 肃						
青 海						
宁 夏						
新 疆						

单位：万元

非自有配送中心配送商品购进额		商品销售总额		零售额	
2013年	2012年	2013年	2012年	2013年	2012年
		271978	**161346**	**2356**	**2338**
		2356	2338	2356	2338
		217995	112096		
		49855	45070		
		1772	1842		

2-18 续表 2

食品、饮料及烟草制品批发

地区	商品购进总额		统一配送商品购进额		自有配送中心配送商品购进额	
	2013年	2012年	2013年	2012年	2013年	2012年
全国	**112268**	**57121**	**101436**	**55407**	**82628**	**43330**
北京						
天津						
河北						
山西						
内蒙古						
辽宁						
吉林						
黑龙江						
上海						
江苏						
浙江	45891	40123	45891	40123	33989	30053
安徽						
福建	11440	6179	11440	6179	11440	6179
江西						
山东	12831	4763	12831	4763	12831	4763
河南	166	213	166	213		
湖北						
湖南	1210	1120				
广东	1410	1836	1410	1836	1410	1836
广西						
海南						
重庆	39222	2887	29600	2293	22959	498
四川	98		98			
贵州						
云南						
西藏						
陕西						
甘肃						
青海						
宁夏						
新疆						

单位：万元

非自有配送中心配送商品购进额		商品销售总额		零售额	
2013年	2012年	2013年	2012年	2013年	2012年
18544	**11864**	**100606**	**60701**	**96680**	**59433**
11902	10069	38494	31785	38494	31785
		21585	11659	21585	11659
		24305	9515	24305	9515
		686	273	73	11
		1090	1007		
		2478	3019	2478	3019
6642	1795	11805	3444	9647	3444
		163		98	

2-18 续表 3

纺织、服装及家庭用品批发

地区	商品购进总额		统一配送商品购进额		自有配送中心配送商品购进额	
	2013年	2012年	2013年	2012年	2013年	2012年
全国	**466099**	**471661**	**336149**	**298448**	**289573**	**292863**
北京						
天津						
河北						
山西						
内蒙古						
辽宁						
吉林						
黑龙江						
上海						
江苏	7049	21844	7049	18048	6859	12464
浙江	259063	248867	257989	248053	257989	248053
安徽						
福建						
江西						
山东	153600	200950	24725	32347	24725	32347
河南						
湖北						
湖南						
广东	46387		46387			
广西						
海南						
重庆						
四川						
贵州						
云南						
西藏						
陕西						
甘肃						
青海						
宁夏						
新疆						

单位：万元

非自有配送中心配送商品购进额		商品销售总额		零售额	
2013年	2012年	2013年	2012年	2013年	2012年
189	**5585**	**397648**	**380439**	**53679**	**96033**
189	5585	7238	22553	6859	22553
		291739	297887	14900	13480
		31920	60000	31920	60000
		66750			

2-18 续表 4

文化、体育用品及器材批发

地　区	商品购进总额		统一配送商品购进额		自有配送中心配送商品购进额	
	2013年	2012年	2013年	2012年	2013年	2012年
全　国	**1933**	**1873**	**1093**	**1119**	**1093**	**1119**
北　京						
天　津						
河　北						
山　西						
内蒙古						
辽　宁						
吉　林						
黑龙江						
上　海						
江　苏						
浙　江						
安　徽						
福　建						
江　西						
山　东						
河　南						
湖　北						
湖　南						
广　东	1933	1873	1093	1119	1093	1119
广　西						
海　南						
重　庆						
四　川						
贵　州						
云　南						
西　藏						
陕　西						
甘　肃						
青　海						
宁　夏						
新　疆						

单位：万元

非自有配送中心配送商品购进额		商品销售总额		零售额	
2013年	2012年	2013年	2012年	2013年	2012年
		1493	**1738**	**793**	**1117**
		1493	1738	793	1117

2-18 续表 5

医药及医疗器材批发

地区	商品购进总额		统一配送商品购进额		自有配送中心配送商品购进额	
	2013年	2012年	2013年	2012年	2013年	2012年
全国	**37890**	**33475**	**13321**	**11854**	**7294**	**6893**
北京						
天津						
河北						
山西						
内蒙古						
辽宁						
吉林						
黑龙江						
上海						
江苏						
浙江	4860	4240	4860	4240	3140	3211
安徽						
福建						
江西						
山东	520	401	520	401		
河南						
湖北						
湖南	225					
广东	4840	4659	4127	3924	643	638
广西						
海南						
重庆	23874	20323	1267	870	964	626
四川	2548	2419	2548	2419	2548	2419
贵州						
云南	1024	1433				
西藏						
陕西						
甘肃						
青海						
宁夏						
新疆						

单位：万元

非自有配送中心配送商品购进额		商品销售总额		零售额	
2013年	2012年	2013年	2012年	2013年	2012年
713	**734**	**47677**	**43308**	**21254**	**18311**
		4306	3771	3001	2497
		500	508	500	508
		163		112	
713	734	4102	4475	3416	3804
		32004	27101	7841	6334
		5360	5103	5360	5103
		1241	2350	1024	66

2-18 续表 6

矿产品、建材及化工产品批发

地　区	商品购进总额		统一配送商品购进额		自有配送中心配送商品购进额	
	2013年	2012年	2013年	2012年	2013年	2012年
全　国	**2597454**	**2371950**	**2542188**	**2317794**	**1903687**	**1811755**
北　京	3780	3671	3780	3671	3780	3671
天　津						
河　北						
山　西						
内蒙古						
辽　宁						
吉　林						
黑龙江						
上　海	673567	597092	673567	597092	673567	597092
江　苏	659760	630757	658777	630307	658777	630307
浙　江	160147	173119	109956	122842	94629	108933
安　徽	316046	304894	316046	304894	126418	118508
福　建						
江　西						
山　东						
河　南						
湖　北						
湖　南						
广　东	230536	246589	230536	246589	230536	246589
广　西	6933	7143	3824	4584	3824	4584
海　南						
重　庆	40715	28951	40715	28951	33069	24333
四　川						
贵　州						
云　南	386820	265633	386820	265633		
西　藏						
陕　西						
甘　肃						
青　海						
宁　夏	52024	47650	52024	47650	12945	12157
新　疆	67126	66452	66143	65582	66143	65582

单位：万元

非自有配送中心配送商品购进额		商品销售总额		零售额	
2013年	2012年	2013年	2012年	2013年	2012年
230567	**223124**	**2717129**	**2434355**	**800992**	**766662**
		3812	3864		
		673567	597092	336783	298546
		662176	631213		
1860	1246	160931	181785	129106	150452
189628	186387	315241	301973		
		323994	278137	323994	268883
		7337	7297	4112	4801
		47283	33856	6998	4296
		385880	285861		
39079	35492	47065	46827		39685
		89844	66452		

2-18 续表 7

机械设备、五金产品及电子产品批发

地区	商品购进总额		统一配送商品购进额		自有配送中心配送商品购进额	
	2013年	2012年	2013年	2012年	2013年	2012年
全国	**6032**	**3247**	**6032**	**3247**	**3714**	**3247**
北京						
天津						
河北						
山西						
内蒙古						
辽宁						
吉林						
黑龙江						
上海						
江苏						
浙江						
安徽						
福建	2318		2318			
江西						
山东						
河南						
湖北						
湖南						
广东	3714	3247	3714	3247	3714	3247
广西						
海南						
重庆						
四川						
贵州						
云南						
西藏						
陕西						
甘肃						
青海						
宁夏						
新疆						

单位：万元

非自有配送中心配送商品购进额		商品销售总额		零售额	
2013年	2012年	2013年	2012年	2013年	2012年
2318		**7297**	**3816**	**7297**	**3816**
2318		2921		2921	
		4377	3816	4377	3816

2-18 续表 8

其他批发业

地　区	商品购进总额		统一配送商品购进额		自有配送中心配送商品购进额	
	2013年	2012年	2013年	2012年	2013年	2012年
全　国	**174983**	**34484**	**9203**	**6358**		
北　京						
天　津						
河　北						
山　西						
内蒙古						
辽　宁						
吉　林						
黑龙江						
上　海						
江　苏						
浙　江						
安　徽						
福　建						
江　西						
山　东	134855		850			
河　南						
湖　北						
湖　南	21563	19979				
广　东						
广　西						
海　南						
重　庆	14184	12205	8353	6358		
四　川						
贵　州						
云　南						
西　藏						
陕　西						
甘　肃						
青　海						
宁　夏	4380	2300				
新　疆						

单位：万元

非自有配送中心配送商品购进额		商品销售总额		零售额	
2013年	2012年	2013年	2012年	2013年	2012年
		201241	**41390**	**2508**	**1127**
		151663			
		25853	22335		
		20004	17344	2508	1127
		3722	1711		

2-18 续表 9

零售业

地区	商品购进总额		统一配送商品购进额		自有配送中心配送商品购进额	
	2013年	2012年	2013年	2012年	2013年	2012年
全国	**11409272**	**10526040**	**9978712**	**9335908**	**3908431**	**3745309**
北京	310501	283273	247987	222679	200079	180063
天津	86026	111037		645		
河北	23593	25147	23593	25147	23593	25147
山西	157980	129949	6818	6217		
内蒙古	1459	1610	1284	1610	984	862
辽宁	112218	97889	109306	93972	51	50
吉林						
黑龙江	29596		806		806	
上海	5286618	4696196	5220305	4642298	653045	521254
江苏	1032302	1177983	1029336	1171078	1025523	1165571
浙江	719505	637729	701143	619217	617211	543573
安徽	964114	740429	497414	448517	244102	225653
福建	336628	218035	336628	218035	18382	15589
江西	308750	335196	105114	94621	95192	91501
山东	344723	303254	301157	253281	215670	191242
河南	357990	343038	335028	318552	6077	5776
湖北	19157	37490	17879	35668	13289	30725
湖南	151219	136637	143596	131694	47525	39463
广东	568321	813428	513354	779169	471727	523763
广西	30523	26815	19462	15323	16612	12806
海南						
重庆	157472	106708	112547	71830	66442	54541
四川	147086	71283	136795	65201	111790	44910
贵州	16645	13427	16645	13427		
云南	8747	11708	8747	11708	4767	4231
西藏						
陕西	147187	124237	26042	30955	19494	22637
甘肃	155	8186	155	8186	120	
青海	385	472	385	472	385	472
宁夏	6548	1819	3210		3210	
新疆	83826	73067	63977	56409	52354	45481

单位：万元

非自有配送中心配送商品购进额		商品销售总额		零售额	
2013年	2012年	2013年	2012年	2013年	2012年
1139602	**1136045**	**11989261**	**10997569**	**11751197**	**10718269**
44591	38377	465543	396707	457259	393466
	645	91628	97313	90818	93184
		30442	32082	30442	32082
		156856	136640	156496	136151
300	748	986	1543	986	1543
33242	33242	152183	151809	152183	151809
		40251		40251	
446716	413673	5419390	4791507	5394782	4677651
1162	3347	1324011	1465541	1323986	1465326
68525	63369	764395	683296	739358	664848
93000	90000	364932	298322	341722	298322
315498	199773	347471	216543	346889	215924
9922	3120	276245	309844	241378	278147
3154	2868	341483	311281	337156	300346
		418108	401959	344871	335582
4032	4448	26243	50390	26243	50390
29726	12508	174632	149762	173453	149762
34272	245288	869123	910444	858748	908572
		42117	38781	42117	38781
40831	12476	183675	139701	180042	136056
1971	516	175146	96354	154915	80170
		15688	14729	15688	14729
1000	720	8374	12161	7536	7687
		202608	182298	202608	182298
35		91	16750	91	16750
		326	404	326	404
		6342	1787	6342	1787
11623	10928	90975	89623	84511	86503

2-18 续表 10

综合零售

地 区	商品购进总额		统一配送商品购进额		自有配送中心配送商品购进额	
	2013年	2012年	2013年	2012年	2013年	2012年
全 国	**9341769**	**8619269**	**8010641**	**7510851**	**2864000**	**2880833**
北 京	85491	93982	26335	37098	25375	36210
天 津	85343	106960				
河 北	23593	25147	23593	25147	23593	25147
山 西	150750	123212				
内蒙古	775	946	600	946	300	198
辽 宁	93186	95487	90273	91571		
吉 林						
黑龙江	28790					
上 海	5061064	4590194	5000566	4542026	499950	475491
江 苏	956669	1107000	954217	1100909	951745	1096789
浙 江	625072	574186	613221	561017	538658	494224
安 徽	963541	738569	496842	446657	243530	223793
福 建	24682	14780	24682	14780	16044	10756
江 西	237550	271406	33914	30831	33914	30831
山 东	291492	256078	247989	206255	175896	161015
河 南	6141	12781	5875	3224		
湖 北	10328	16650	9180	14948	9180	14948
湖 南	66162	62754	64539	61399	1500	900
广 东	234579	259629	179613	225370	157735	199277
广 西	18251	18576	7190	7084	4723	4921
海 南						
重 庆	40437	33775	40437	33775	29226	27458
四 川	128099	48876	122007	48876	97137	33381
贵 州						
云 南	7221	6746	7221	6746	4767	4231
西 藏						
陕 西	121145	93282				
甘 肃						
青 海						
宁 夏	3210		3210		3210	
新 疆	78202	68254	59139	52194	47516	41266

单位：万元

非自有配送中心配送商品购进额		商品销售总额		零售额	
2013年	2012年	2013年	2012年	2013年	2012年
664199	**622266**	**9636487**	**8736465**	**9531849**	**8628446**
		162885	154095	161780	154095
		90683	93009	90683	93009
		30442	32082	30442	32082
		149678	129935	149678	129935
300	748	761	1257	761	1257
33242	33242	132975	132663	132975	132663
		39202		39202	
399404	378043	5224926	4621194	5218845	4571004
339	2130	1237210	1399340	1237210	1399340
64925	59710	675996	602000	657169	586008
93000	90000	364332	296377	341122	296377
8638	4024	28623	16859	28623	16859
		207946	244554	173080	212858
3154	2868	288225	271875	283898	265813
		7192	13919	7016	13746
		13653	22365	13653	22365
17410	10499	76663	63528	76663	63528
21878	26093	432874	297017	429324	296231
		22342	22626	22342	22626
7315	2745	39108	33998	39108	33998
1971	516	135938	53281	129908	53281
1000	720	7086	6930	7086	6930
		179650	144180	179650	144180
		3412		3412	
11623	10928	84685	83381	78221	80262

2-18 续表 11

食品、饮料及烟草制品专门零售

地区	商品购进总额		统一配送商品购进额		自有配送中心配送商品购进额	
	2013年	2012年	2013年	2012年	2013年	2012年
全国	**360409**	**309093**	**347586**	**300970**	**331913**	**277236**
北京	166055	136906	166055	136906	166055	136906
天津	87	84				
河北						
山西						
内蒙古						
辽宁						
吉林						
黑龙江						
上海						
江苏	3678	3856	3678	3856	3678	3856
浙江	35724	14263	35724	14263	35724	14263
安徽	573	572	573	572	573	572
福建	4812	7506	4812	7506	2249	4833
江西	71200	63790	71200	63790	61278	60670
山东	39750	45207	39750	45207	39750	30207
河南	10921	5846	1522	1490		
湖北	3777	3252	3777	3252	3240	2800
湖南	17362	21018	17362	21018	17362	21018
广东	112	202	112	202	90	181
广西						
海南						
重庆	3022	2908	3022	2908	1915	1931
四川		1865				
贵州						
云南						
西藏						
陕西						
甘肃						
青海						
宁夏	3338	1819				
新疆						

单位：万元

非自有配送中心配送商品购进额		商品销售总额		零售额	
2013年	2012年	2013年	2012年	2013年	2012年
11029	**4097**	**398348**	**341916**	**393034**	**328863**
		208612	177596	208262	177596
		135	130	135	130
		4452	4442	4452	4442
		20895	18139	18513	15683
		600	513	600	513
		11231	8478	10650	7859
9922	3120	68299	65289	68299	65289
		39750	21550	39750	16676
		3770	5073	1770	3073
		4279	3067	4279	3067
		29103	27323	29103	27323
		435	2709	435	1622
1107	977	3857	3803	3857	3803
			2018		
		2930	1787	2930	1787

2-18 续表 12

纺织、服装及日用品专门零售

地区	商品购进总额		统一配送商品购进额		自有配送中心配送商品购进额	
	2013年	2012年	2013年	2012年	2013年	2012年
全国	**358144**	**223085**	**336243**	**204900**	**314949**	**192478**
北京	3765	5024	2794	4064		
天津						
河北						
山西	6818	6217	6818	6217		
内蒙古						
辽宁	51	50	51	50	51	50
吉林						
黑龙江						
上海	159573	43018	159573	43018	150298	43018
江苏	20935	25307	20935	25307	20637	25084
浙江	16980	11531	16980	11531	16980	11531
安徽						
福建						
江西						
山东						
河南	201	158	201	158		
湖北						
湖南	3652	4253	3652	4253	3652	4253
广东	116247	95096	116247	95096	114338	93336
广西						
海南						
重庆	20930	17226				
四川	2000	1667	2000	1667	2000	1667
贵州						
云南						
西藏						
陕西	6992	13538	6992	13538	6992	13538
甘肃						
青海						
宁夏						
新疆						

单位：万元

非自有配送中心配送商品购进额		商品销售总额		零售额	
2013年	2012年	2013年	2012年	2013年	2012年
11614	**2696**	**480213**	**364202**	**448246**	**283110**
437	713	12713	9898	5885	6657
		6818	6217	6818	6217
		72	69	72	69
9275		117683	91564	117683	27898
	223	27353	18040	27353	18040
		15972	17625	13043	17625
		203	158	203	158
		4216	4253	3038	4253
1903	1760	241177	160253	234352	160253
		28153	22619	28146	22601
		14200	14166		
		11653	19340	11653	19340

2-18 续表 13

文化、体育用品及器材专门零售

地区	商品购进总额		统一配送商品购进额		自有配送中心配送商品购进额	
	2013年	2012年	2013年	2012年	2013年	2012年
全国	**3778**	**3504**	**3778**	**3504**	**3754**	**2968**
北京	24	536	24	536		
天津						
河北						
山西						
内蒙古						
辽宁						
吉林						
黑龙江						
上海						
江苏						
浙江						
安徽						
福建						
江西						
山东						
河南						
湖北						
湖南						
广东	116	244	116	244	116	244
广西						
海南						
重庆	211	208	211	208	211	208
四川	3428	2516	3428	2516	3428	2516
贵州						
云南						
西藏						
陕西						
甘肃						
青海						
宁夏						
新疆						

单位：万元

非自有配送中心配送商品购进额		商品销售总额		零售额	
2013年	2012年	2013年	2012年	2013年	2012年
24	**536**	**3736**	**3296**	**3736**	**3296**
24	536	21	93	21	93
		76	479	76	479
		211	208	211	208
		3428	2516	3428	2516

2-18 续表 14

医药及医疗器材专门零售

地区	商品购进总额		统一配送商品购进额		自有配送中心配送商品购进额	
	2013年	2012年	2013年	2012年	2013年	2012年
全国	**481093**	**424206**	**416385**	**368801**	**159572**	**154704**
北京	55166	46825	52780	44074	8649	6947
天津	596	3993		645		
河北						
山西	412	521				
内蒙古	684	664	684	664	684	664
辽宁	18981	2351	18981	2351		
吉林						
黑龙江	806		806		806	
上海	65982	62984	60166	57254	2796	2745
江苏	7969	8159	7455	7345	6412	6182
浙江	38710	34588	32198	29246	25849	23555
安徽						
福建	1169	4552	1169	4552	89	
江西						
山东	13481	1969	13418	1819	24	20
河南	21425	18301	8127	7727	5594	5500
湖北	5052	5509	4922	5389	868	897
湖南	64043	48611	58043	45024	25012	13293
广东	27267	69310	27267	69310	9449	41325
广西	11565	7853	11565	7853	11181	7499
海南						
重庆	92873	52591	68877	34939	35091	24943
四川	13559	16359	9360	12142	9225	7347
贵州	16645	13427	16645	13427		
云南	1526	4962	1526	4962		
西藏						
陕西	17017	15391	17017	15391	12502	9100
甘肃	155		155		120	
青海	385	472	385	472	385	472
宁夏						
新疆	5625	4813	4837	4215	4837	4215

单位：万元

非自有配送中心配送商品购进额		商品销售总额		零售额	
2013年	2012年	2013年	2012年	2013年	2012年
146956	**115706**	**590942**	**590313**	**559146**	**570924**
44131	37128	81312	55025	81312	55025
	645	810	4174		45
		360	489		
		226	286	226	286
		19137	19076	19137	19076
		1049		1049	
38037	35630	76780	78750	58254	78750
822	994	10483	8769	10458	8554
3601	3659	47817	42092	46917	42092
1080	4552	16912	9569	16912	9569
		13508	17857	13508	17857
		23526	19092	16815	12636
4032	4448	8311	8793	8311	8793
12316	2009	64649	54658	64649	54658
10492	17889	45712	111092	45712	111092
		13342	13571	13342	13571
32408	8753	112348	79073	108721	75447
		21580	24373	21580	24373
		15688	14729	15688	14729
		1288	5231	450	757
		9401	16971	9401	16971
35		91		91	
		326	404	326	404
		6290	6241	6290	6241

2-18 续表 15

汽车、摩托车、燃料及零配件专门零售

地 区	商品购进总额		统一配送商品购进额		自有配送中心配送商品购进额	
	2013年	2012年	2013年	2012年	2013年	2012年
全 国	**510976**	**705180**	**510976**	**705180**	**190124**	**189745**
北 京						
天 津						
河 北						
山 西						
内蒙古						
辽 宁						
吉 林						
黑龙江						
上 海						
江 苏	124	345	124	345	124	345
浙 江						
安 徽						
福 建						
江 西						
山 东						
河 南	318819	305677	318819	305677		
湖 北						
湖 南						
广 东	190000	388946	190000	388946	190000	189400
广 西						
海 南						
重 庆						
四 川						
贵 州						
云 南						
西 藏						
陕 西	2033	2026	2033	2026		
甘 肃		8186		8186		
青 海						
宁 夏						
新 疆						

单位：万元

非自有配送中心配送商品购进额		商品销售总额		零售额	
2013年	2012年	2013年	2012年	2013年	2012年
	199546	**534162**	**721484**	**469812**	**663736**
		241	607	241	607
		383168	363425	318819	305677
	199546	148849	338895	148849	338895
		1904	1807	1904	1807
			16750		16750

2-18 续表 16

家用电器及电子产品专门零售

地区	商品购进总额		统一配送商品购进额		自有配送中心配送商品购进额	
	2013年	2012年	2013年	2012年	2013年	2012年
全国	**352851**	**241635**	**352851**	**241635**	**44051**	**47276**
北京						
天津						
河北						
山西						
内蒙古						
辽宁						
吉林						
黑龙江						
上海						
江苏	42860	33247	42860	33247	42860	33247
浙江	3019	3161	3019	3161		
安徽		1288		1288		1288
福建	305780	191197	305780	191197		
江西						
山东						
河南	483	276	483	276	483	276
湖北		12080		12080		12080
湖南						
广东						
广西	708	386	708	386	708	386
海南						
重庆						
四川						
贵州						
云南						
西藏						
陕西						
甘肃						
青海						
宁夏						
新疆						

单位：万元

非自有配送中心配送商品购进额		商品销售总额		零售额	
2013年	2012年	2013年	2012年	2013年	2012年
305780	**191197**	**345076**	**239826**	**345076**	**239826**
		44185	34276	44185	34276
		3716	3441	3716	3441
			1431		1431
305780	191197	290492	181637	290492	181637
		249	292	249	292
			16166		16166
		6433	2584	6433	2584

2-18 续表 17

货摊、无店铺及其他零售业

地　区	商品购进总额		统一配送商品购进额		自有配送中心配送商品购进额	
	2013年	2012年	2013年	2012年	2013年	2012年
全　国	**253**	**68**	**253**	**68**	**68**	**68**
北　京						
天　津						
河　北						
山　西						
内蒙古						
辽　宁						
吉　林						
黑龙江						
上　海						
江　苏	68	68	68	68	68	68
浙　江						
安　徽						
福　建	184		184			
江　西						
山　东						
河　南						
湖　北						
湖　南						
广　东						
广　西						
海　南						
重　庆						
四　川						
贵　州						
云　南						
西　藏						
陕　西						
甘　肃						
青　海						
宁　夏						
新　疆						

单位：万元

非自有配送中心配送商品购进额		商品销售总额		零售额	
2013年	2012年	2013年	2012年	2013年	2012年
		298	**68**	**298**	**68**
		86	68	86	68
		212		212	

2-19 按业态分各地区连锁零售企业基本情况

便利店

地区	连锁总店数(个)	门店数(个)		年末从业人员(人)		年末零售营业面积(平方米)	
	2013年	2013年	2012年	2013年	2012年	2013年	2012年
全国	**92**	**14680**	**14629**	**73730**	**77683**	**1313541**	**1250202**
北京	8	880	878	4226	4000	92584	87682
天津	2	228	249	1907	2624	69086	57812
河北	4	363	360	1284	1354	28679	28728
山西	2	1264	1204	5986	5651	74420	56467
内蒙古							
辽宁	3	313	339	1851	1774	19277	21137
吉林							
黑龙江	1	237	249	1983	1239	76437	57300
上海	9	5426	5979	25785	32771	335118	371198
江苏	12	337	395	2383	2693	40802	44896
浙江	11	2138	1792	7920	7070	148110	128116
安徽	2	69	69	651	620	26196	25096
福建	8	363	315	1780	1733	25441	23564
江西	1	180	115	251	247	15200	10500
山东	3	60	65	691	725	37713	38295
河南	2	75	70	600	515	19610	12646
湖北	1	35	30	300	270	2100	2000
湖南	2	42	33	212	183	2486	2086
广东	9	1316	1237	7270	6156	109872	100273
广西	2	122	114	972	972	10911	10546
海南							
重庆	1	44	48	98	100	787	790
四川	3	726	712	5388	5274	106809	104690
贵州	2	81	80	428	438	8167	8067
云南	1	199	128	869	420	15700	12314
西藏							
陕西	2	49	47	394	394	16536	15999
甘肃							
青海							
宁夏							
新疆	1	133	121	501	460	31500	30000

2-19 续表 1

折扣店

地区	连锁总店数（个）	门店数（个）		年末从业人员（人）		年末零售营业面积（平方米）	
	2013年	2013年	2012年	2013年	2012年	2013年	2012年
全国	**3**	**408**	**432**	**3027**	**4403**	**177325**	**185354**
北京	2	47	116	933	1688	87719	78873
天津							
河北							
山西							
内蒙古							
辽宁							
吉林							
黑龙江							
上海	1	361	316	2094	2715	89606	106481
江苏							
浙江							
安徽							
福建							
江西							
山东							
河南							
湖北							
湖南							
广东							
广西							
海南							
重庆							
四川							
贵州							
云南							
西藏							
陕西							
甘肃							
青海							
宁夏							
新疆							

2-19 续表 2

超市

地区	连锁总店数（个）	门店数（个）		年末从业人员（人）		年末零售营业面积（平方米）	
	2013年	2013年	2012年	2013年	2012年	2013年	2012年
全国	**411**	**33835**	**32133**	**467246**	**454427**	**18532925**	**17069615**
北京	24	1521	1603	61170	57561	2249813	2035400
天津	7	1160	1169	6576	6366	206667	153850
河北	12	243	252	6909	7062	360545	350383
山西	9	86	82	4057	3852	181076	172827
内蒙古	6	108	89	1648	1637	105331	66612
辽宁	13	664	663	4406	4477	159895	147428
吉林	4	64	74	1939	2135	73148	93216
黑龙江	3	50	42	1986	3897	94322	93322
上海	10	3845	3899	71591	73836	2324561	2309861
江苏	28	2095	2092	25208	24251	803271	816595
浙江	48	6224	5714	36758	36338	1861937	1633711
安徽	29	1343	1285	24807	25339	1195567	1167434
福建	21	234	210	5886	6494	243220	228772
江西	6	115	101	4423	3814	209892	149389
山东	27	2231	1927	42298	39245	2748107	2716696
河南	28	851	863	8246	7383	270923	254848
湖北	15	1921	1772	69501	67985	1927954	1851412
湖南	14	771	772	9013	6817	175164	162415
广东	33	503	499	13027	14642	625782	603230
广西	5	290	286	5319	5411	202716	190461
海南	1	13	13	393	317	22140	22140
重庆	18	3314	3288	18110	15799	647124	590672
四川	27	5335	4670	31195	26938	886555	744214
贵州	5	150	128	2008	1895	38621	33220
云南	4	405	413	3535	3909	175576	172773
西藏							
陕西	5	64	64	2344	2357	114604	110109
甘肃	1	10	10	520	512	27966	22240
青海	1	65	29	1160	1078	26785	23739
宁夏	3	98	75	1239	1143	47012	43742
新疆	4	62	49	1974	1937	526651	108904

2-19 续表 3

大型超市

地区	连锁总店数（个）	门店数（个）		年末从业人员（人）		年末零售营业面积（平方米）	
	2013年	2013年	2012年	2013年	2012年	2013年	2012年
全 国	**181**	**9380**	**8979**	**556364**	**541712**	**31065188**	**27675156**
北 京	10	93	85	19349	20543	860741	737964
天 津	4	39	37	9360	9102	588882	589870
河 北	5	68	57	7079	5213	615832	389615
山 西	4	81	65	9842	9343	512985	460746
内蒙古							
辽 宁	12	1104	1094	21553	18573	1029891	784146
吉 林	2	6	6	544	444	42579	42579
黑龙江	2	29	30	4747	5314	229312	143061
上 海	10	301	283	84529	83901	3944193	3540801
江 苏	14	2329	2318	112285	115669	4900340	4390764
浙 江	16	2597	2581	25877	24543	1232157	1152250
安 徽	3	31	26	7007	6645	402132	336507
福 建	8	306	263	37052	33389	3866809	3266950
江 西	6	37	30	4139	4696	274341	240982
山 东	9	524	509	26246	25648	1996823	1796649
河 南	19	544	472	34448	37264	1765427	1705245
湖 北	6	81	71	12528	11815	1101416	946377
湖 南	10	224	189	25672	18716	2010969	1781406
广 东	21	652	563	59803	61025	3540823	3419900
广 西	1	37	33	6152	5630	348249	334301
海 南							
重 庆	2	86	79	22139	19125	551589	471807
四 川	3	31	28	7427	6214	488705	438133
贵 州	1	13	10	2639	1537	76434	54071
云 南	2	17	17	3940	5121	179106	179106
西 藏	1	3	2	722	635	21700	20600
陕 西	2	10	10	2354	3017	68321	67935
甘 肃							
青 海	2	7	5	1157	852	52421	46164
宁 夏	2	107	96	4599	4411	203995	195014
新 疆	4	23	20	3175	3327	159016	142213

2-19 续表 4

仓储会员店

地　区	连锁总店数（个）	门店数（个）		年末从业人员（人）		年末零售营业面积（平方米）	
	2013年	2013年	2012年	2013年	2012年	2013年	2012年
全　国	**5**	**107**	**79**	**16225**	**13431**	**648142**	**886721**
北　京	1	7	7	2833	2683	131974	130869
天　津							
河　北							
山　西							
内蒙古							
辽　宁							
吉　林							
黑龙江							
上　海	1	75	64	12865	10258	485168	722752
江　苏							
浙　江	1	1	2	16	22	3000	6000
安　徽							
福　建	1	18		72		900	
江　西							
山　东							
河　南							
湖　北	1	6	6	439	468	27100	27100
湖　南							
广　东							
广　西							
海　南							
重　庆							
四　川							
贵　州							
云　南							
西　藏							
陕　西							
甘　肃							
青　海							
宁　夏							
新　疆							

2-19 续表 5

百货店

地区	连锁总店数(个)	门店数(个)		年末从业人员(人)		年末零售营业面积(平方米)	
	2013年	2013年	2012年	2013年	2012年	2013年	2012年
全　国	**100**	**4514**	**4342**	**276796**	**259331**	**18609070**	**17379358**
北　京	6	69	65	17073	17349	1872320	1875226
天　津							
河　北	4	75	71	8549	8809	566432	545460
山　西	2	12	10	7489	9726	213390	122802
内蒙古	1	5	5	2374	1840	31000	31000
辽　宁							
吉　林	1	3	3	137	78	7000	7000
黑龙江	1	12	11	393	443	20000	16000
上　海	3	155	136	3356	3335	218062	213213
江　苏	7	1259	1242	24815	23353	901648	832498
浙　江	7	410	409	7464	7462	596506	581469
安　徽	5	305	302	35235	32938	1407055	1353860
福　建	3	30	30	2042	2184	106491	89107
江　西	5	47	42	10973	8667	612956	567134
山　东	8	764	714	62033	54943	4590730	4300842
河　南	2	18	8	1702	1321	64180	56980
湖　北	4	218	211	22288	19897	2120925	1713854
湖　南	3	8	5	1246	316	122780	9200
广　东	17	616	582	30746	28654	2512053	2472417
广　西	2	44	35	1775	1651	59183	53942
海　南							
重　庆	5	322	318	22949	22335	1709344	1658740
四　川	6	28	29	6275	6280	334749	381077
贵　州	1	5	6	181	185	1862	1862
云　南	2	7	7	528	363	26729	26729
西　藏							
陕　西	3	17	16	4944	4846	455700	410971
甘　肃							
青　海	1	3	3	2133	2260	54800	54800
宁　夏							
新　疆	1	82	82	96	96	3175	3175

2-19 续表 6

专业店(含加油站)

地区	连锁总店数(个)	门店数(个)		年末从业人员(人)		年末零售营业面积(平方米)	
	2013年	2013年	2012年	2013年	2012年	2013年	2012年
全国	**1453**	**104054**	**98408**	**934947**	**948555**	**68481980**	**67385004**
北京	62	2882	2779	35612	36727	1550174	1591553
天津	17	692	533	12971	11556	1119821	1125446
河北	55	3588	3491	28655	28308	4544952	4492570
山西	30	1547	1509	14982	14907	1455933	1382530
内蒙古	6	101	98	730	720	32578	28718
辽宁	61	3549	3560	36077	40616	3015661	3046236
吉林	16	701	679	7021	7650	236193	220630
黑龙江	28	1364	1406	13120	11898	303566	348267
上海	33	4134	4105	35042	41020	1320727	1546985
江苏	94	11491	11275	217081	218427	12713778	12489155
浙江	122	10769	10590	62742	64902	6895924	6792325
安徽	26	5672	5664	30693	30636	2235587	2321568
福建	73	2539	2304	22957	24358	2079542	2247887
江西	54	2236	2115	32183	31956	1791392	1733801
山东	82	6636	5818	27313	27501	1574718	1394251
河南	85	3472	3542	25216	24197	4485502	4281521
湖北	63	2885	2415	35502	36227	1343681	1235863
湖南	57	4564	4326	32552	30060	2993283	2997778
广东	145	10029	9656	97894	105837	7116963	6792559
广西	51	3208	2995	25581	25476	2958773	2787544
海南	5	600	493	5376	5400	302617	297490
重庆	41	6982	6303	28742	29321	873291	1231519
四川	58	2953	2619	16271	14680	779995	611265
贵州	18	868	757	5520	4979	168716	160275
云南	29	3452	2744	28544	25006	1563230	1458750
西藏							
陕西	37	1754	1562	22667	22150	1433716	1302277
甘肃	8	344	337	3315	3386	584450	499985
青海	6	54	55	1787	1756	55016	58751
宁夏	14	1372	1353	6439	6204	374537	387904
新疆	77	3616	3325	22362	22694	2577664	2519601

2-19 续表 7

加油站

地　区	连锁总店数(个)	门店数(个)		年末从业人员(人)		年末零售营业面积(平方米)	
	2013年	2013年	2012年	2013年	2012年	2013年	2012年
全　国	**277**	**31073**	**30797**	**286204**	**298100**	**40795733**	**40420271**
北　京	2	692	672	8345	8852	341965	337550
天　津	2	233	233	6604	6116	710101	710101
河　北	23	2669	2665	20456	20381	4251478	4235957
山　西	8	911	902	6149	6371	1067955	1019282
内蒙古							
辽　宁	11	1044	1036	12912	13830	1574424	1653577
吉　林	1	231	254	2663	3222	18000	17000
黑龙江	1	35	34	391	420	1083	1003
上　海	2	747	735	9238	10862	282729	288249
江　苏	3	3224	3137	30508	30198	5257000	5108000
浙　江	3	2524	2489	28068	29753	5658430	5586712
安　徽	3	1820	1919	10503	11768	969395	1027509
福　建	27	1514	1435	14579	16052	1725934	1917532
江　西	21	1320	1259	11671	11645	1441462	1389967
山　东	14	3398	3384	8772	9426	1014552	888094
河　南	18	1420	1583	9385	9490	3281173	3077418
湖　北	11	771	842	10317	10187	365893	337548
湖　南	24	1521	1412	12423	11633	1798770	1914119
广　东	28	2157	2065	31161	32652	3525974	3309538
广　西	27	1525	1453	13838	14721	2634753	2530167
海　南	2	396	336	3866	3944	271876	271973
重　庆	3	535	729	7178	9252	224892	657984
四　川	2	138	123	1421	1465	51129	50032
贵　州							
云　南	2	261	251	3589	3455	810400	786616
西　藏							
陕　西	14	831	689	8111	7344	856978	761682
甘　肃	5	240	233	1792	1914	564350	481985
青　海							
宁　夏	1	64	60	721	759	196370	202708
新　疆	19	852	867	11543	12388	1898667	1857968

2-19 续表 8

专卖店

地区	连锁总店数（个）	门店数（个）		年末从业人员（人）		年末零售营业面积（平方米）	
	2013年	2013年	2012年	2013年	2012年	2013年	2012年
全国	**318**	**26113**	**24568**	**160619**	**158741**	**4777711**	**4089952**
北京	30	1873	1688	15960	13338	234692	218602
天津	10	525	516	8023	8364	759082	757099
河北	3	25	39	178	224	4877	6956
山西	3	49	52	510	516	5200	5280
内蒙古	4	41	44	796	825	61521	87299
辽宁	10	284	283	1791	2079	346305	348104
吉林	5	75	79	850	876	9663	10236
黑龙江	1	33	33	126	126	400	400
上海	17	3327	3234	19522	18326	321998	322327
江苏	16	945	1008	4715	4979	91452	96009
浙江	20	4369	4461	20885	21770	313323	322081
安徽	4	267	213	1261	1214	28440	27350
福建	26	1243	1165	9880	9543	438455	389728
江西	9	1110	1067	2252	2348	44655	45632
山东	9	466	451	2066	2166	36634	35856
河南	14	554	419	2144	2188	81486	73835
湖北	24	773	673	7656	7728	137556	135613
湖南	10	793	793	3413	4302	64395	75065
广东	56	7333	6338	32065	31362	1052472	395980
广西							
海南							
重庆	14	607	623	4037	4108	198776	211924
四川	9	558	597	12155	12080	180712	182623
贵州	2	22	25	175	178	2398	2443
云南	4	338	315	1159	930	20434	20554
西藏							
陕西	3	29	29	1972	2190	77140	74620
甘肃	8	346	301	3543	3358	152061	131043
青海							
宁夏	1	49	46	342	351	650	650
新疆	6	79	76	3143	3272	112934	112643

2-19 续表 9

家居建材商店

地区	连锁总店数（个）	门店数（个）		年末从业人员（人）		年末零售营业面积（平方米）	
	2013年	2013年	2012年	2013年	2012年	2013年	2012年
全　国	**15**	**62**	**58**	**3603**	**4278**	**449827**	**445488**
北　京	3	9	8	1001	999	68142	69568
天　津	1	7	7	209	232	4029	4029
河　北							
山　西							
内蒙古							
辽　宁							
吉　林							
黑龙江							
上　海	4	19	19	1108	1735	116811	123811
江　苏	2	3	3	273	303	85438	85438
浙　江							
安　徽							
福　建							
江　西							
山　东	1	2	2	61	61	6700	6700
河　南							
湖　北							
湖　南							
广　东	3	20	17	816	802	141707	128942
广　西							
海　南							
重　庆							
四　川	1	2	2	135	146	27000	27000
贵　州							
云　南							
西　藏							
陕　西							
甘　肃							
青　海							
宁　夏							
新　疆							

2-19 续表 10

厂家直销中心

地　区	连锁总店数（个）	门店数（个）		年末从业人员（人）		年末零售营业面积（平方米）	
	2013年	2013年	2012年	2013年	2012年	2013年	2012年
全　国	**5**	**232**	**11**	**1161**	**471**	**30523**	**6196**
北　京							
天　津							
河　北							
山　西							
内蒙古							
辽　宁							
吉　林							
黑龙江							
上　海							
江　苏							
浙　江	1	4	4	61	71	196	196
安　徽							
福　建							
江　西							
山　东							
河　南							
湖　北	1	4	4	256	250	5000	5000
湖　南	2	3	3	150	150	1000	1000
广　东	1	221		694		24327	
广　西							
海　南							
重　庆							
四　川							
贵　州							
云　南							
西　藏							
陕　西							
甘　肃							
青　海							
宁　夏							
新　疆							

2-19 续表 11

其他

地　　区	连锁总店数（个）	门店数（个）		年末从业人员（人）		年末零售营业面积（平方米）	
	2013年	2013年	2012年	2013年	2012年	2013年	2012年
全　　国	**66**	**10705**	**10046**	**65724**	**67508**	**12317252**	**12120322**
北　　京	1	7	7	60	81	1968	968
天　　津	1	21	22	823	852	9150	8820
河　　北							
山　　西	1	8	8	212	229	2153	2153
内 蒙 古							
辽　　宁	1	11	10	89	50	800	700
吉　　林							
黑 龙 江							
上　　海							
江　　苏							
浙　　江	5	2305	1776	4918	3756	118743	96757
安　　徽	1	1980	1975	307	307	121600	121600
福　　建	3	23	22	1895	772	57025	24013
江　　西							
山　　东	11	1045	1183	18468	20534	2446656	2353710
河　　南							
湖　　北							
湖　　南	3	73	67	3628	3879	194940	187340
广　　东	23	3856	3632	30480	32578	9172605	9157589
广　　西							
海　　南							
重　　庆	8	1098	1087	2646	2209	91781	64780
四　　川	3	126	129	374	375	14099	17059
贵　　州							
云　　南							
西　　藏							
陕　　西	1	11	11	806	888	26997	26997
甘　　肃							
青　　海	1	6	6	589	620	57700	57700
宁　　夏	2	110	83	390	340		
新　　疆	1	25	28	39	38	1035	136

2-20 按业态分各地区连锁零售企业直营门店基本情况

便利店

地 区	门店数（个）		年末从业人员（人）		年末零售营业面积（平方米）	
	2013年	2012年	2013年	2012年	2013年	2012年
全 国	**8444**	**8687**	**53971**	**55239**	**891756**	**879044**
北 京	527	500	3541	3254	64489	59277
天 津	228	249	1907	2624	69086	57812
河 北	90	89	1011	1083	9549	9758
山 西	110	101	763	670	6080	5096
内蒙古						
辽 宁	303	327	1820	1738	17977	19637
吉 林						
黑龙江	67	249	1483	1239	62837	57300
上 海	3377	3770	20184	23411	210903	247366
江 苏	318	364	2343	2600	39962	44006
浙 江	581	360	2725	1902	40025	28416
安 徽	69	68	651	610	26196	24896
福 建	116	124	457	679	11717	12741
江 西	1	1	26	22	600	600
山 东	60	65	691	725	37713	38295
河 南	75	70	600	515	19610	12646
湖 北	35	30	300	270	2100	2000
湖 南	22	22	152	153	1686	1686
广 东	1223	1148	7059	6036	104765	95290
广 西	122	114	972	972	10911	10546
海 南						
重 庆	44	48	98	100	787	790
四 川	724	710	5366	5244	106679	104506
贵 州	81	80	428	438	8167	8067
云 南	199	128	869	420	15700	12314
西 藏						
陕 西	49	47	394	394	16536	15999
甘 肃						
青 海						
宁 夏						
新 疆	23	23	131	140	7681	10000

2-20 续表 1

折扣店

地区	门店数（个）		年末从业人员（人）		年末零售营业面积（平方米）	
	2013年	2012年	2013年	2012年	2013年	2012年
全国	**236**	**262**	**2934**	**3693**	**138428**	**152012**
北京	47	85	933	1591	87719	72218
天津						
河北						
山西						
内蒙古						
辽宁						
吉林						
黑龙江						
上海	189	177	2001	2102	50709	79794
江苏						
浙江						
安徽						
福建						
江西						
山东						
河南						
湖北						
湖南						
广东						
广西						
海南						
重庆						
四川						
贵州						
云南						
西藏						
陕西						
甘肃						
青海						
宁夏						
新疆						

2-20 续表 2

超市

地 区	门店数（个）		年末从业人员（人）		年末零售营业面积（平方米）	
	2013年	2012年	2013年	2012年	2013年	2012年
全 国	**15900**	**14628**	**407333**	**394532**	**16721113**	**15256300**
北 京	995	980	55953	51700	2123637	1907787
天 津	498	517	5252	5062	140467	88650
河 北	149	148	6589	6738	352135	341803
山 西	86	82	4057	3852	181076	172827
内 蒙 古	104	67	1622	1567	104861	64443
辽 宁	210	209	2808	2881	120095	107240
吉 林	64	74	1939	2135	73148	93216
黑 龙 江	50	42	1986	3897	94322	93322
上 海	2017	2042	58795	60837	2008377	1985542
江 苏	973	946	18610	17700	508040	519824
浙 江	1446	1403	29067	28876	1603783	1387874
安 徽	718	700	18865	19768	1025044	997921
福 建	234	210	5886	6494	243220	228772
江 西	115	101	4423	3814	209892	149389
山 东	1688	1389	40341	37322	2673398	2642596
河 南	241	232	7268	6331	243422	218092
湖 北	1872	1689	68084	65495	1906959	1815139
湖 南	142	144	7932	6747	145064	132605
广 东	472	478	11653	13229	614042	594690
广 西	125	107	3670	3650	133129	117951
海 南	13	13	393	317	22140	22140
重 庆	467	440	14589	12302	517688	461199
四 川	2733	2208	25602	21793	772738	651071
贵 州	150	128	2008	1895	38621	33220
云 南	63	68	2941	3292	158454	155420
西 藏						
陕 西	64	64	2344	2357	114604	110109
甘 肃	10	10	520	512	27966	22240
青 海	65	29	1160	1078	26785	23739
宁 夏	90	75	1191	1143	46522	43742
新 疆	46	33	1785	1748	491484	73737

2-20 续表 3

大型超市

地区	门店数（个）		年末从业人员（人）		年末零售营业面积（平方米）	
	2013年	2012年	2013年	2012年	2013年	2012年
全　国	**4918**	**4494**	**472475**	**463789**	**27478644**	**24778495**
北　京	93	85	19349	20543	860741	737964
天　津	39	37	9360	9102	588882	589870
河　北	68	57	7079	5213	615832	389615
山　西	81	65	9842	9343	512985	460746
内蒙古						
辽　宁	92	82	15953	14228	907138	669676
吉　林	6	6	544	444	42579	42579
黑龙江	29	30	4747	5314	229312	143061
上　海	181	181	36552	38978	1543077	1540401
江　苏	1617	1552	93785	97669	4421401	4070764
浙　江	404	396	21423	20115	1056045	962654
安　徽	31	26	7007	6645	402132	336507
福　建	306	263	37052	33389	3866809	3266950
江　西	37	30	4139	4696	274341	240982
山　东	136	125	25122	24658	1954488	1755649
河　南	544	472	34448	37264	1765427	1705245
湖　北	81	71	12528	11815	1101416	946377
湖　南	214	180	25300	18427	1950059	1726587
广　东	633	545	54917	57187	3266444	3277524
广　西	37	33	6152	5630	348249	334301
海　南						
重　庆	86	79	22139	19125	551589	471807
四　川	31	28	7427	6214	488705	438133
贵　州	13	10	2639	1537	76434	54071
云　南	17	17	3940	5121	179106	179106
西　藏	3	2	722	635	21700	20600
陕　西	10	10	2354	3017	68321	67935
甘　肃						
青　海	7	5	1157	852	52421	46164
宁　夏	107	96	4599	4411	203995	195014
新　疆	15	11	2199	2217	129016	108213

2-20 续表 4

仓储会员店

地区	门店数（个）		年末从业人员（人）		年末零售营业面积（平方米）	
	2013年	2012年	2013年	2012年	2013年	2012年
全国	**89**	**79**	**16153**	**13431**	**647242**	**886721**
北京	7	7	2833	2683	131974	130869
天津						
河北						
山西						
内蒙古						
辽宁						
吉林						
黑龙江						
上海	75	64	12865	10258	485168	722752
江苏						
浙江	1	2	16	22	3000	6000
安徽						
福建						
江西						
山东						
河南						
湖北	6	6	439	468	27100	27100
湖南						
广东						
广西						
海南						
重庆						
四川						
贵州						
云南						
西藏						
陕西						
甘肃						
青海						
宁夏						
新疆						

2-20 续表 5

百货店

地区	门店数(个)		年末从业人员(人)		年末零售营业面积(平方米)	
	2013年	2012年	2013年	2012年	2013年	2012年
全国	**2700**	**2526**	**260519**	**240245**	**17995580**	**16695155**
北京	69	65	17073	17349	1872320	1875226
天津						
河北	75	71	8549	8809	566432	545460
山西	12	10	7489	9726	213390	122802
内蒙古	5	5	2374	1840	31000	31000
辽宁						
吉林	3	3	137	78	7000	7000
黑龙江	12	11	393	443	20000	16000
上海	155	136	3356	3335	218062	213213
江苏	193	127	20140	18219	740058	655128
浙江	201	203	6731	6737	566556	551099
安徽	282	261	30045	24758	1343755	1251253
福建	30	30	2042	2184	106491	89107
江西	37	31	8281	5852	472956	407134
山东	330	345	59646	53304	4534248	4252154
河南	18	8	1702	1321	64180	56980
湖北	218	211	22288	19897	2120925	1713854
湖南	8	5	1246	316	122780	9200
广东	614	578	30742	28650	2500053	2457417
广西	44	35	1775	1651	59183	53942
海南						
重庆	322	318	22949	22335	1709344	1658740
四川	28	29	6275	6280	334749	381077
贵州	5	6	181	185	1862	1862
云南	7	7	528	363	26729	26729
西藏						
陕西	13	12	4427	4336	307700	262971
甘肃						
青海	3	3	2133	2260	54800	54800
宁夏						
新疆	16	16	17	17	1007	1007

2-20 续表 6

专业店(含加油站)

地 区	门店数(个)		年末从业人员(人)		年末零售营业面积(平方米)	
	2013年	2012年	2013年	2012年	2013年	2012年
全 国	**78114**	**74462**	**869426**	**884138**	**67061575**	**65914812**
北 京	2509	2434	33941	35182	1499677	1544069
天 津	650	491	12894	11504	1115201	1120811
河 北	3588	3491	28655	28308	4544952	4492570
山 西	1539	1503	14961	14893	1454278	1381215
内蒙古	67	64	697	687	30908	27048
辽 宁	3362	3374	35085	39630	2988863	3020041
吉 林	701	679	7021	7650	236193	220630
黑龙江	1169	1406	12873	11898	302880	348267
上 海	2775	2792	27352	34172	1193835	1423564
江 苏	8976	8768	211904	213070	12687859	12462348
浙 江	7005	6808	55741	57563	6587426	6477249
安 徽	2799	2799	23510	23466	2235587	2319768
福 建	2407	2209	22644	24130	2073743	2245207
江 西	2236	2115	32183	31956	1791392	1733801
山 东	5560	5437	26129	26688	1551186	1380298
河 南	2949	3065	23285	22390	4403893	4203256
湖 北	2361	2168	34367	35122	1323941	1209570
湖 南	2985	2733	28846	26491	2875214	2875986
广 东	8408	7875	91505	98128	6974041	6525904
广 西	2453	2263	22597	22835	2894006	2734288
海 南	600	493	5376	5400	302617	297490
重 庆	2290	2125	19438	20828	696935	1096384
四 川	1399	1188	13793	12123	690866	525386
贵 州	645	534	5029	4347	155800	147339
云 南	3384	2671	28401	24844	1554895	1450605
西 藏						
陕 西	1592	1398	21064	20455	1411286	1279227
甘 肃	344	336	3315	3367	584450	498885
青 海	32	33	1765	1734	54136	57871
宁 夏	336	344	3398	3263	296832	312004
新 疆	2993	2866	21657	22014	2548683	2503731

2-20 续表 7

加油站

地区	门店数(个)		年末从业人员(人)		年末零售营业面积(平方米)	
	2013年	2012年	2013年	2012年	2013年	2012年
全国	**30808**	**30543**	**282738**	**295270**	**40673183**	**40310921**
北京	692	672	8345	8852	341965	337550
天津	233	233	6604	6116	710101	710101
河北	2669	2665	20456	20381	4251478	4235957
山西	911	902	6149	6371	1067955	1019282
内蒙古						
辽宁	1044	1036	12912	13830	1574424	1653577
吉林	231	254	2663	3222	18000	17000
黑龙江	35	34	391	420	1083	1003
上海	647	644	7540	9785	251259	257579
江苏	3224	3137	30508	30198	5257000	5108000
浙江	2524	2489	28068	29753	5658430	5586712
安徽	1820	1919	10503	11768	969395	1027509
福建	1514	1435	14579	16052	1725934	1917532
江西	1320	1259	11671	11645	1441462	1389967
山东	3398	3384	8772	9426	1014552	888094
河南	1296	1462	8524	8609	3216673	3016918
湖北	771	842	10317	10187	365893	337548
湖南	1521	1412	12423	11633	1798770	1914119
广东	2117	2025	30266	31810	3499474	3292538
广西	1524	1452	13826	14710	2634673	2530087
海南	396	336	3866	3944	271876	271973
重庆	535	729	7178	9252	224892	657984
四川	138	123	1421	1465	51129	50032
贵州						
云南	261	251	3589	3455	810400	786616
西藏						
陕西	831	689	8111	7344	856978	761682
甘肃	240	232	1792	1895	564350	480885
青海						
宁夏	64	60	721	759	196370	202708
新疆	852	867	11543	12388	1898667	1857968

2-20 续表 8

专卖店

地区	门店数(个)		年末从业人员(人)		年末零售营业面积(平方米)	
	2013年	2012年	2013年	2012年	2013年	2012年
全国	**11688**	**11202**	**113849**	**113898**	**3897461**	**3341158**
北京	1210	1122	11951	9427	162916	161301
天津	524	515	8016	8359	759012	757029
河北	25	39	178	224	4877	6956
山西	41	44	412	422	3560	3640
内蒙古	41	44	796	825	61521	87299
辽宁	194	192	1653	1837	337605	339554
吉林	75	79	850	876	9663	10236
黑龙江	33	33	126	126	400	400
上海	1833	1739	15002	14097	257185	255984
江苏	494	524	3045	3271	55107	57271
浙江	1136	1193	7917	8659	110756	117489
安徽	227	176	1051	1007	26420	25410
福建	448	492	5885	6027	286085	261248
江西	91	94	944	1074	21979	23896
山东	410	400	1958	2058	33634	32956
河南	392	259	1765	1799	57713	50062
湖北	768	668	7620	7690	136556	134613
湖南	325	285	2757	3684	44815	53760
广东	2126	1940	17264	17784	799494	242105
广西						
海南						
重庆	155	165	3078	3137	191015	204084
四川	464	522	11440	11347	172711	174612
贵州	22	25	175	178	2398	2443
云南	153	200	974	819	19434	19854
西藏						
陕西	29	29	1972	2190	77140	74620
甘肃	344	301	3535	3358	151881	131043
青海						
宁夏	49	46	342	351	650	650
新疆	79	76	3143	3272	112934	112643

2-20 续表 9

家居建材商店

地　区	门店数(个)		年末从业人员(人)		年末零售营业面积(平方米)	
	2013年	2012年	2013年	2012年	2013年	2012年
全　国	**62**	**58**	**3603**	**4278**	**449827**	**445488**
北　京	9	8	1001	999	68142	69568
天　津	7	7	209	232	4029	4029
河　北						
山　西						
内蒙古						
辽　宁						
吉　林						
黑龙江						
上　海	19	19	1108	1735	116811	123811
江　苏	3	3	273	303	85438	85438
浙　江						
安　徽						
福　建						
江　西						
山　东	2	2	61	61	6700	6700
河　南						
湖　北						
湖　南						
广　东	20	17	816	802	141707	128942
广　西						
海　南						
重　庆						
四　川	2	2	135	146	27000	27000
贵　州						
云　南						
西　藏						
陕　西						
甘　肃						
青　海						
宁　夏						
新　疆						

2-20 续表 10

厂家直销中心

地 区	门店数（个）		年末从业人员（人）		年末零售营业面积（平方米）	
	2013年	2012年	2013年	2012年	2013年	2012年
全 国	**232**	**11**	**1161**	**471**	**30523**	**6196**
北 京						
天 津						
河 北						
山 西						
内 蒙 古						
辽 宁						
吉 林						
黑 龙 江						
上 海						
江 苏						
浙 江	4	4	61	71	196	196
安 徽						
福 建						
江 西						
山 东						
河 南						
湖 北	4	4	256	250	5000	5000
湖 南	3	3	150	150	1000	1000
广 东	221		694		24327	
广 西						
海 南						
重 庆						
四 川						
贵 州						
云 南						
西 藏						
陕 西						
甘 肃						
青 海						
宁 夏						
新 疆						

2-20 续表 11

其他

地区	门店数（个）		年末从业人员（人）		年末零售营业面积（平方米）	
	2013年	2012年	2013年	2012年	2013年	2012年
全国	**3603**	**3406**	**50521**	**53978**	**11874456**	**11703530**
北京	7	7	60	81	1968	968
天津	21	22	823	852	9150	8820
河北						
山西	8	8	212	229	2153	2153
内蒙古						
辽宁	11	10	89	50	800	700
吉林						
黑龙江						
上海						
江苏						
浙江	83	64	297	178	4175	3507
安徽						
福建	23	22	1895	772	57025	24013
江西						
山东	423	397	14387	15422	2347640	2230058
河南						
湖北						
湖南	63	57	3592	3835	188640	181040
广东	2678	2542	26654	29980	9139317	9130722
广西						
海南						
重庆	171	155	639	590	26297	21697
四川	28	34	169	173	11559	15019
贵州						
云南						
西藏						
陕西	11	11	806	888	26997	26997
甘肃						
青海	6	6	589	620	57700	57700
宁夏	45	43	270	270		
新疆	25	28	39	38	1035	136

2-21 按业态分各地区连锁零售企业加盟门店基本情况

便利店

地区	门店数（个）		年末从业人员（人）		年末零售营业面积（平方米）	
	2013年	2012年	2013年	2012年	2013年	2012年
全国	**6236**	**5942**	**19759**	**22444**	**421785**	**371158**
北京	353	378	685	746	28095	28405
天津						
河北	273	271	273	271	19130	18970
山西	1154	1103	5223	4981	68340	51371
内蒙古						
辽宁	10	12	31	36	1300	1500
吉林						
黑龙江	170		500		13600	
上海	2049	2209	5601	9360	124215	123832
江苏	19	31	40	93	840	890
浙江	1557	1432	5195	5168	108085	99700
安徽		1		10		200
福建	247	191	1323	1054	13724	10823
江西	179	114	225	225	14600	9900
山东						
河南						
湖北						
湖南	20	11	60	30	800	400
广东	93	89	211	120	5107	4983
广西						
海南						
重庆						
四川	2	2	22	30	130	184
贵州						
云南						
西藏						
陕西						
甘肃						
青海						
宁夏						
新疆	110	98	370	320	23819	20000

2-21 续表 1

折扣店

地区	门店数(个)		年末从业人员(人)		年末零售营业面积(平方米)	
	2013年	2012年	2013年	2012年	2013年	2012年
全 国	**172**	**170**	**93**	**710**	**38897**	**33342**
北 京		31		97		6655
天 津						
河 北						
山 西						
内 蒙 古						
辽 宁						
吉 林						
黑 龙 江						
上 海	172	139	93	613	38897	26687
江 苏						
浙 江						
安 徽						
福 建						
江 西						
山 东						
河 南						
湖 北						
湖 南						
广 东						
广 西						
海 南						
重 庆						
四 川						
贵 州						
云 南						
西 藏						
陕 西						
甘 肃						
青 海						
宁 夏						
新 疆						

2-21 续表 2

超市

地 区	门店数(个)		年末从业人员(人)		年末零售营业面积(平方米)	
	2013年	2012年	2013年	2012年	2013年	2012年
全 国	**17935**	**17505**	**59913**	**59895**	**1811812**	**1813315**
北 京	526	623	5217	5861	126176	127613
天 津	662	652	1324	1304	66200	65200
河 北	94	104	320	324	8410	8580
山 西						
内蒙古	4	22	26	70	470	2169
辽 宁	454	454	1598	1596	39800	40188
吉 林						
黑龙江						
上 海	1828	1857	12796	12999	316184	324319
江 苏	1122	1146	6598	6551	295231	296771
浙 江	4778	4311	7691	7462	258154	245837
安 徽	625	585	5942	5571	170523	169513
福 建						
江 西						
山 东	543	538	1957	1923	74709	74100
河 南	610	631	978	1052	27501	36756
湖 北	49	83	1417	2490	20995	36273
湖 南	629	628	1081	70	30100	29810
广 东	31	21	1374	1413	11740	8540
广 西	165	179	1649	1761	69587	72510
海 南						
重 庆	2847	2848	3521	3497	129436	129473
四 川	2602	2462	5593	5145	113817	93143
贵 州						
云 南	342	345	594	617	17122	17353
西 藏						
陕 西						
甘 肃						
青 海						
宁 夏	8		48		490	
新 疆	16	16	189	189	35167	35167

2-21 续表 3

大型超市

地 区	门店数（个）		年末从业人员（人）		年末零售营业面积（平方米）	
	2013年	2012年	2013年	2012年	2013年	2012年
全 国	**4462**	**4485**	**83889**	**77923**	**3586544**	**2896661**
北 京						
天 津						
河 北						
山 西						
内蒙古						
辽 宁	1012	1012	5600	4345	122753	114470
吉 林						
黑龙江						
上 海	120	102	47977	44923	2401116	2000400
江 苏	712	766	18500	18000	478939	320000
浙 江	2193	2185	4454	4428	176112	189596
安 徽						
福 建						
江 西						
山 东	388	384	1124	990	42335	41000
河 南						
湖 北						
湖 南	10	9	372	289	60910	54819
广 东	19	18	4886	3838	274379	142376
广 西						
海 南						
重 庆						
四 川						
贵 州						
云 南						
西 藏						
陕 西						
甘 肃						
青 海						
宁 夏						
新 疆	8	9	976	1110	30000	34000

2-21 续表 4

仓储会员店

地　区	门店数 (个)		年末从业人员 (人)		年末零售营业面积 (平方米)	
	2013年	2012年	2013年	2012年	2013年	2012年
全　国	**18**		**72**		**900**	
北　京						
天　津						
河　北						
山　西						
内蒙古						
辽　宁						
吉　林						
黑龙江						
上　海						
江　苏						
浙　江						
安　徽						
福　建	18		72		900	
江　西						
山　东						
河　南						
湖　北						
湖　南						
广　东						
广　西						
海　南						
重　庆						
四　川						
贵　州						
云　南						
西　藏						
陕　西						
甘　肃						
青　海						
宁　夏						
新　疆						

2-21 续表 5

百货店

地　　区	门店数（个）		年末从业人员（人）		年末零售营业面积（平方米）	
	2013年	2012年	2013年	2012年	2013年	2012年
全　　国	**1814**	**1816**	**16277**	**19086**	**613490**	**684203**
北　　京						
天　　津						
河　　北						
山　　西						
内 蒙 古						
辽　　宁						
吉　　林						
黑 龙 江						
上　　海						
江　　苏	1066	1115	4675	5134	161590	177370
浙　　江	209	206	733	725	29950	30370
安　　徽	23	41	5190	8180	63300	102607
福　　建						
江　　西	10	11	2692	2815	140000	160000
山　　东	434	369	2387	1639	56482	48688
河　　南						
湖　　北						
湖　　南						
广　　东	2	4	4	4	12000	15000
广　　西						
海　　南						
重　　庆						
四　　川						
贵　　州						
云　　南						
西　　藏						
陕　　西	4	4	517	510	148000	148000
甘　　肃						
青　　海						
宁　　夏						
新　　疆	66	66	79	79	2168	2168

2-21 续表 6

专业店(含加油站)

地　区	门店数(个)		年末从业人员(人)		年末零售营业面积(平方米)	
	2013年	2012年	2013年	2012年	2013年	2012年
全　国	**25940**	**23946**	**65521**	**64417**	**1420405**	**1470192**
北　京	373	345	1671	1545	50497	47484
天　津	42	42	77	52	4620	4635
河　北						
山　西	8	6	21	14	1655	1315
内蒙古	34	34	33	33	1670	1670
辽　宁	187	186	992	986	26798	26195
吉　林						
黑龙江	195		247		686	
上　海	1359	1313	7690	6848	126892	123421
江　苏	2515	2507	5177	5357	25919	26807
浙　江	3764	3782	7001	7339	308498	315076
安　徽	2873	2865	7183	7170		1800
福　建	132	95	313	228	5799	2680
江　西						
山　东	1076	381	1184	813	23532	13953
河　南	523	477	1931	1807	81609	78265
湖　北	524	247	1135	1105	19740	26293
湖　南	1579	1593	3706	3569	118069	121792
广　东	1621	1781	6389	7709	142922	266655
广　西	755	732	2984	2641	64767	53256
海　南						
重　庆	4692	4178	9304	8493	176356	135135
四　川	1554	1431	2478	2557	89129	85879
贵　州	223	223	491	632	12916	12936
云　南	68	73	143	162	8335	8145
西　藏						
陕　西	162	164	1603	1695	22430	23050
甘　肃		1		19		1100
青　海	22	22	22	22	880	880
宁　夏	1036	1009	3041	2941	77705	75900
新　疆	623	459	705	680	28981	15870

2-21 续表 7

加油站

地区	门店数（个）		年末从业人员（人）		年末零售营业面积（平方米）	
	2013年	2012年	2013年	2012年	2013年	2012年
全　国	**265**	**254**	**3466**	**2830**	**122550**	**109350**
北　京						
天　津						
河　北						
山　西						
内蒙古						
辽　宁						
吉　林						
黑龙江						
上　海	100	91	1698	1077	31470	30670
江　苏						
浙　江						
安　徽						
福　建						
江　西						
山　东						
河　南	124	121	861	881	64500	60500
湖　北						
湖　南						
广　东	40	40	895	842	26500	17000
广　西	1	1	12	11	80	80
海　南						
重　庆						
四　川						
贵　州						
云　南						
西　藏						
陕　西						
甘　肃		1		19		1100
青　海						
宁　夏						
新　疆						

2-21 续表 8

专卖店

地区	门店数(个)		年末从业人员(人)		年末零售营业面积(平方米)	
	2013年	2012年	2013年	2012年	2013年	2012年
全国	**14425**	**13366**	**46770**	**44843**	**880250**	**748794**
北京	663	566	4009	3911	71776	57301
天津	1	1	7	5	70	70
河北						
山西	8	8	98	94	1640	1640
内蒙古						
辽宁	90	91	138	242	8700	8550
吉林						
黑龙江						
上海	1494	1495	4520	4229	64813	66343
江苏	451	484	1670	1708	36345	38738
浙江	3233	3268	12968	13111	202567	204592
安徽	40	37	210	207	2020	1940
福建	795	673	3995	3516	152370	128480
江西	1019	973	1308	1274	22676	21736
山东	56	51	108	108	3000	2900
河南	162	160	379	389	23773	23773
湖北	5	5	36	38	1000	1000
湖南	468	508	656	618	19580	21305
广东	5207	4398	14801	13578	252978	153875
广西						
海南						
重庆	452	458	959	971	7761	7840
四川	94	75	715	733	8001	8011
贵州						
云南	185	115	185	111	1000	700
西藏						
陕西						
甘肃	2		8		180	
青海						
宁夏						
新疆						

2-21 续表 9

其他

地　区	门店数（个）		年末从业人员（人）		年末零售营业面积（平方米）	
	2013年	2012年	2013年	2012年	2013年	2012年
全　国	**7102**	**6640**	**15203**	**13530**	**442796**	**416792**
北　京						
天　津						
河　北						
山　西						
内蒙古						
辽　宁						
吉　林						
黑龙江						
上　海						
江　苏						
浙　江	2222	1712	4621	3578	114568	93250
安　徽	1980	1975	307	307	121600	121600
福　建						
江　西						
山　东	622	786	4081	5112	99016	123652
河　南						
湖　北						
湖　南	10	10	36	44	6300	6300
广　东	1178	1090	3826	2598	33288	26867
广　西						
海　南						
重　庆	927	932	2007	1619	65484	43083
四　川	98	95	205	202	2540	2040
贵　州						
云　南						
西　藏						
陕　西						
甘　肃						
青　海						
宁　夏	65	40	120	70		
新　疆						

2-22 按业态分各地区连锁

便利店

地 区	商品购进总额		统一配送商品购进额		自有配送中心配送商品购进额	
	2013年	2012年	2013年	2012年	2013年	2012年
全 国	**2545314**	**2390978**	**1891361**	**1762992**	**878703**	**803408**
北 京	156756	141932	119931	111032	36041	31082
天 津	23495	68078				
河 北	41538	46428	39433	41370	39433	41370
山 西	167365	133113				
内蒙古						
辽 宁	73069	76200	71512	74255	7885	7778
吉 林						
黑龙江	157291	126604	58458	47234	58458	47234
上 海	916898	912612	649278	655354	79425	76512
江 苏	96223	85517	88979	85517	34837	30867
浙 江	273507	214356	269220	210652	244971	192376
安 徽	29663	26961	29663	26961	25159	21767
福 建	47171	34750	47171	33442	23940	21449
江 西	10063	8956				
山 东	40355	31848	40355	31848		
河 南	13505	5685	7779	1436	6370	1300
湖 北	7170	8313	7170	8313		
湖 南	4479	3654	3550	2805	3550	2805
广 东	242755	254784	226487	238893	175923	209584
广 西	31270	27583	30343	26930	30343	26930
海 南						
重 庆	6428	5027	6428	5027		
四 川	160342	132884	160342	132884	107441	88575
贵 州	10271	10237	10271	10237		
云 南	11680	11984	11680	8178		
西 藏						
陕 西	9377	8448	4109	2760	1635	1293
甘 肃						
青 海						
宁 夏						
新 疆	14643	15025	9201	7865	3292	2488

零售企业经营情况

单位：万元

非自有配送中心配送商品购进额		商品销售总额		零售额	
2013年	2012年	2013年	2012年	2013年	2012年
334397	**317242**	**3112975**	**2865158**	**2852520**	**2623752**
5177	2177	217088	184225	209242	180390
		75148	82922	75148	82922
		44188	44958	38384	40780
		171029	151009	171029	151009
		70819	76230	70819	76230
		175882	146430	119517	97547
150785	156385	1178090	1202921	1077505	1093517
54142	54651	112243	95856	111961	95471
18026	14353	263227	208970	231624	183173
4504	5194	28162	28240	26357	25732
13236	5285	51228	37425	50935	36756
		9761	8731	9761	8731
25077	23421	39882	28854	39687	26085
1410	136	14042	6295	14042	6295
		5893	6009	5406	5950
		5399	4397	5399	4397
3897	4225	356331	304495	309120	267714
		30990	26968	29767	26179
6422	5027	6422	4993	3976	3069
34133	32832	189005	158996	184948	156196
		13349	13610	13097	13122
11680	8178	25798	16695	25798	16559
		12422	10636	12422	10636
5909	5377	16577	15294	16577	15294

2-22 续表 1

折扣店

地 区	商品购进总额		统一配送商品购进额		自有配送中心配送商品购进额	
	2013年	2012年	2013年	2012年	2013年	2012年
全 国	**305748**	**312314**	**47660**	**183221**	**47660**	**183221**
北 京	176556	177280	47660	48187	47660	48187
天 津						
河 北						
山 西						
内 蒙 古						
辽 宁						
吉 林						
黑 龙 江						
上 海	129192	135034		135034		135034
江 苏						
浙 江						
安 徽						
福 建						
江 西						
山 东						
河 南						
湖 北						
湖 南						
广 东						
广 西						
海 南						
重 庆						
四 川						
贵 州						
云 南						
西 藏						
陕 西						
甘 肃						
青 海						
宁 夏						
新 疆						

单位：万元

非自有配送中心配送商品购进额		商品销售总额		零售额	
2013年	2012年	2013年	2012年	2013年	2012年
		329228	**342574**	**300803**	**311299**
		190454	198781	190454	191274
		138775	143793	110349	120025

2-22 续表 2

超市

地　区	商品购进总额		统一配送商品购进额		自有配送中心配送商品购进额	
	2013年	2012年	2013年	2012年	2013年	2012年
全　国	**25936916**	**23384080**	**21918882**	**19537976**	**13474065**	**11659546**
北　京	4700692	4330640	4182805	3919206	1105967	824574
天　津	328324	341448	8750	10132	2287	2736
河　北	345086	333556	322957	306600	171328	157012
山　西	182821	181706	148698	155895	75370	1103
内蒙古	95430	91421	79233	80177	14617	12736
辽　宁	197357	181776	171645	157293	40433	37744
吉　林	141066	128867	103094	65395		
黑龙江	201570	207069	201570	207069	199568	204012
上　海	4374846	4175649	3610283	3282971	2059210	1875321
江　苏	1124612	973238	949505	858500	611736	567230
浙　江	1941881	2123808	1723407	1795836	1474822	1566162
安　徽	2051481	1647381	1524123	1227585	958063	748752
福　建	257127	257276	154201	222107	26217	18436
江　西	134832	109569	133114	106789	52992	29609
山　东	2711024	2477084	2551840	2269301	1992611	1832229
河　南	252311	202641	121606	85061	30255	23808
湖　北	3261072	2927359	2751019	2471778	2620840	2373159
湖　南	256348	225496	148197	121214	55676	55424
广　东	476583	500692	398472	445977	316922	317965
广　西	164241	164492	129982	135539	43390	39420
海　南	14915	12545	14915	12545		
重　庆	526174	465327	514988	454273	472589	425620
四　川	1388230	905233	1252258	800390	939555	424842
贵　州	43375	40035	42398	38051	7813	7934
云　南	139771	121455	136885	121455	48623	43450
西　藏						
陕　西	102979	105058	96429	96913	23368	24199
甘　肃	40478	31005	16191	12402	16191	12402
青　海	28834	27558				
宁　夏	37965	29488	37965	29488	30315	21924
新　疆	415493	65211	392352	48036	83308	11747

单位：万元

非自有配送中心配送商品购进额		商品销售总额		零售额	
2013年	2012年	2013年	2012年	2013年	2012年
3024963	**2579088**	**28892093**	**26069766**	**24676512**	**21918937**
238478	230299	5157680	4853577	3768954	3528327
		319368	322898	309135	317720
146057	146511	350542	344363	350517	341377
10854	15685	235375	223357	228022	223357
3542	2916	105903	94796	105903	94796
24297	15817	205131	189670	204631	189670
		145600	124089	145600	124089
		200739	207071	200739	207071
1365580	1219395	5654394	5740108	4114244	4327746
300509	217031	1315224	1052030	1300827	1003070
199310	189247	2254804	2318564	2084818	2084896
116484	111740	1146207	927662	1107652	914109
42086	37507	269910	250544	256875	237147
1374	21437	150448	100299	150448	100299
77105	49021	3378275	2805099	3085453	2499816
4244	3717	257259	212987	181546	140818
		3769375	3331934	3508594	2976105
15571	8776	272260	232233	269193	229905
18781	22087	553033	545120	544327	508067
		174009	170873	173194	168821
14915	12545	14316	11191	14316	11191
7315	2745	539940	483879	529996	479087
78064	185688	1505293	1061511	1135946	762662
5310	4745	46413	43139	46363	43139
33061	32807	140683	133673	132414	122323
12985	13085	136355	126348	136355	124183
		39538	30391	39538	30391
		29325	26389	26216	22784
		31920	32506	31920	32506
309044	36289	492776	73468	492776	73468

2-22 续表 3

大型超市

地区	商品购进总额		统一配送商品购进额		自有配送中心配送商品购进额	
	2013年	2012年	2013年	2012年	2013年	2012年
全国	**38484427**	**39353226**	**28679444**	**30755956**	**16199399**	**15102597**
北京	1704482	1635564	155761	156189	91549	88781
天津	652119	575671	36635	29641		
河北	254587	216122	254587	216122	164941	125953
山西	560090	385092	52622	34920	38219	34920
内蒙古						
辽宁	891884	884157	474394	453172	1888	1888
吉林	28908	33240	6600	8273		
黑龙江	217065	186471	197776	174961	36006	32718
上海	6562341	9985608	5677260	9104720		
江苏	7210874	6938366	7210874	6837823	6197447	6180629
浙江	1794276	1402830	1673652	1283115	1117647	740847
安徽	357486	286242	29562	136841		
福建	3197237	2813588	2357174	2080669	1419290	1276405
江西	323039	236492	259663	181556	129368	113590
山东	2458977	2134554	1569201	1388668	418295	354189
河南	1842993	1509518	660874	619978	492707	336085
湖北	1112037	986277	326266	278502	72695	66665
湖南	1669742	1393182	1528584	1242552	1428671	1156815
广东	4742555	4680636	3449695	3707929	3102593	3315237
广西	158001	149005	158001	149005	158001	149005
海南						
重庆	1062476	1190259	1062476	1073700	449345	116559
四川	501765	446508	433765	392508	145503	149586
贵州	76793	60016	76793	60016	76793	60016
云南	452452	359264	452452	359264	230364	171867
西藏	19855	14964	19855	14964		
陕西	102991	97000	65043	51053	65043	51053
甘肃						
青海	36506	34257	10182	9446		
宁夏	303221	528000	303221	528000	303221	528000
新疆	189677	190345	176477	182370	59813	51791

单位：万元

非自有配送中心配送商品购进额		商品销售总额		零售额	
2013年	2012年	2013年	2012年	2013年	2012年
4075254	**3185132**	**47341516**	**43147992**	**38868341**	**35257537**
64213	67408	1737831	1738887	1704296	1711420
		661436	606650	545972	532640
		285627	233676	285627	233676
14403		691669	465317	691669	465317
84675	60462	1001558	927256	861587	822058
		20593	24713	6867	8297
9002	7552	211145	180809	211145	180809
839667	818326	11555181	10447842	6718447	5908122
567397	413731	8577227	8272667	6933652	6682066
68606	73889	1659242	1497006	1655602	1466950
		378915	322537	378915	322537
477409	364207	2875092	2541474	2875092	2541474
100013	36816	366810	286943	343965	271189
865291	791469	2751822	2415465	1914354	1659961
1868	42926	2319050	1830955	2262056	1764500
124903	92630	1767285	1582346	1688149	1493507
	21008	1747107	1539114	1648882	1433790
117830	124051	5451163	5155403	4870919	4713533
		371656	317597	371656	317597
613131	130632	1135771	1133894	1135771	1133894
		488743	463621	484038	433621
		93380	69566	93380	69566
		499010	447724	499010	447724
		18564	14185	18564	14185
		112793	114869	112793	114869
10182	9446	73087	61156	73087	61156
		277320	240296	277320	240296
116664	130579	212439	216027	205527	212787

2-22 续表 4

仓储会员店

地区	商品购进总额		统一配送商品购进额		自有配送中心配送商品购进额	
	2013年	2012年	2013年	2012年	2013年	2012年
全国	**2408980**	**2098793**	**328786**	**329725**	**1711**	**1642**
北京	315290	317070	315290	317070		
天津						
河北						
山西						
内蒙古						
辽宁						
吉林						
黑龙江						
上海	2080194	1769068				
江苏						
浙江	1711	1642	1711	1642	1711	1642
安徽						
福建	184		184			
江西						
山东						
河南						
湖北	11601	11013	11601	11013		
湖南						
广东						
广西						
海南						
重庆						
四川						
贵州						
云南						
西藏						
陕西						
甘肃						
青海						
宁夏						
新疆						

单位：万元

非自有配送中心配送商品购进额		商品销售总额		零售额	
2013年	2012年	2013年	2012年	2013年	2012年
		2346387	**2151384**	**2346387**	**2151384**
		370659	378715	370659	378715
		1962209	1760079	1962209	1760079
		1711	1662	1711	1662
		212		212	
		11596	10928	11596	10928

2-22 续表 5

百货店

地区	商品购进总额		统一配送商品购进额		自有配送中心配送商品购进额	
	2013年	2012年	2013年	2012年	2013年	2012年
全国	**30284502**	**27866502**	**15482360**	**13932158**	**11051000**	**10366997**
北京	2181392	2160643	28635	33717	4675	8250
天津						
河北	2430469	2074369	46876	30348	46876	30348
山西	215468	189815	74349	64126		
内蒙古	109230	79053	109230	79053	109230	79053
辽宁						
吉林	142	102	142	102		
黑龙江	15513	12289	15513	12289	15513	12289
上海	338220	402334	218261	240046		
江苏	1954944	1770085	1917192	1742031	1846888	1721726
浙江	1091079	965626	717530	592804	670826	554556
安徽	4124659	3801774	1533025	1443518	600102	543119
福建	91737	85488	91737	85488	14698	35174
江西	840202	741724	645221	287100	626786	270871
山东	4929403	4219713	1895598	1317092	815230	491680
河南	47319	38718	12162	8847	9402	7132
湖北	4069258	3570067	2242942	2103393	2201862	2064213
湖南	61812	5411	61812	5411	3122	2503
广东	3992298	3407434	3218574	2636498	2434178	2419202
广西	85395	80497	85395	80497		
海南						
重庆	2122219	2757284	2115830	2752116	1484748	1929268
四川	737620	701574	280776	215788		
贵州	3917	3481	3917	3481		
云南	167621	198916	165152	195973	165152	195973
西藏						
陕西	619521	542243				
甘肃						
青海	53350	56223	779	802		
宁夏						
新疆	1713	1641	1713	1641	1713	1641

单位：万元

	非自有配送中心配送商品购进额		商品销售总额		零售额	
	2013年	2012年	2013年	2012年	2013年	2012年
	1108187	**1345920**	**37039725**	**33347626**	**30871935**	**29162342**
	23960	25466	3487022	3322167	3487022	3322167
			2603761	2190317	2157657	1853756
			280125	239210	280125	239210
			144729	75729	144729	75729
			486	373	486	373
			34769	34435	34769	34435
	135522	157307	382973	398744	382973	398744
	13589	11566	2331285	2127397	1744826	1584235
			1229495	1171163	1077488	1053939
			4833111	4444326	1415846	2619560
	31219	4226	105612	104247	104528	102167
	18435	16229	989067	926028	896970	872964
			5379816	4749387	4897664	4289207
			50314	45274	50314	45274
			4236215	3644729	3927955	3375379
	1496	1103	74514	7702	72376	6714
	219010	217296	5143397	4726481	4892897	4454717
			108046	82455	108046	82455
	631083	822848	3778885	3353436	3350197	3048301
	33873	89879	820924	763685	820924	763685
			4147	3490	3111	2481
			210302	198297	210302	198297
			744063	668735	744063	668735
			65219	68435	65219	68435
			1450	1385	1450	1385

2-22 续表 6

专业店(含加油站)

地 区	商品购进总额		统一配送商品购进额		自有配送中心配送商品购进额	
	2013年	2012年	2013年	2012年	2013年	2012年
全 国	**187220035**	**186399657**	**154125252**	**151947988**	**93522558**	**94664212**
北 京	11496734	11479783	5724280	5314031	2469717	2116063
天 津	3046813	2849070	1993998	2151816	248224	308013
河 北	6413166	7510200	5675508	6722617	3349051	4069816
山 西	2897115	2688018	2509000	2292732	1334218	1317487
内 蒙 古	66983	51166	66983	51166	65882	49971
辽 宁	6653078	6616011	3808236	3773880	1381091	2013338
吉 林	1269257	1212510	1258951	1201005	1199998	1143740
黑 龙 江	1862366	1797924	1822172	1747466	1457371	1437344
上 海	10704606	10967072	8693173	9506818	4820526	4981155
江 苏	28754782	34115011	24913142	27410608	23325779	25617703
浙 江	16553561	15903942	15395573	14767009	14711764	14198023
安 徽	8826445	8360822	8544639	8162835	4220616	4109044
福 建	4271407	4404201	2472918	2381361	481735	402082
江 西	4713455	4206081	4592335	4082703	2843443	2534084
山 东	12038421	11470318	10274754	9777913	8458005	7788299
河 南	5555322	5547550	3937783	4076169	2213440	2521727
湖 北	6062674	5759574	5272653	5157877	3217208	3135159
湖 南	6418214	6815189	4622017	4523838	1760262	1679822
广 东	20204639	17940285	19365793	17150116	5153120	4928325
广 西	3360860	3055187	3051137	2817828	983894	945882
海 南	1619875	1682817	1619875	1682817	5816	5250
重 庆	4212474	3989406	1443218	1633381	1277426	1557910
四 川	2140473	1726669	2049405	1633678	220784	173366
贵 州	292460	225847	110970	87108	70870	46865
云 南	1969604	1689230	1863127	1670834	737912	636470
西 藏						
陕 西	6990777	5818509	5469168	4796049	3009306	2539926
甘 肃	1672068	1640811	1317068	1286800	202434	251335
青 海	51147	50858	47070	46973	8833	6988
宁 夏	935113	899054	925538	894149	867354	846795
新 疆	6166149	5926547	5284772	5146414	3426481	3302233

单位：万元

非自有配送中心配送商品购进额		商品销售总额		零售额	
2013年	2012年	2013年	2012年	2013年	2012年
20534438	**17455363**	**224928017**	**219107684**	**139646325**	**134979062**
684328	640948	12944950	12769642	8314395	7755094
259666	284720	3386429	2874269	2399370	2008967
35802	30611	7777254	8081461	4612299	3946371
158860	172271	4381312	4256326	3340128	3093284
1101	1195	58599	53485	58599	53485
1037808	28653	7480321	7728228	4769312	4559189
3688	4036	1463655	1303516	1243744	1164065
234074	183951	1706422	1701810	1447983	1435093
74125	72369	11389993	11617520	5041476	4753684
1353061	1783326	34839065	36603148	17075507	20696841
306195	249830	17597503	16802371	11703324	11304688
54513	41080	8041547	8967421	5949449	6717113
18230	34185	7716929	7793813	6524934	6309102
513249	422246	9538720	8600280	5549893	4848807
353179	313398	12804030	12137553	11095348	10180826
8902	7634	5886957	5830530	4472366	4205222
650930	534903	6855392	6580651	5012319	4490464
327524	264678	7842501	6978250	6349471	5849571
11981085	10210919	24747610	22422517	15337366	14143641
33473	35906	7843815	7810223	3674279	3385499
355574	289537	1766341	1786224	1532159	1582229
140604	56716	4659883	4706561	1977507	2348161
7667	7505	2027690	1967475	1700759	1528280
		317449	264883	317449	264883
152227	164121	3843132	3444416	2522847	2151347
278326	115412	8164711	6939048	2387754	1912126
		2100326	1901482	1717817	1443788
2364	1400	63713	60734	63713	60734
47223	47354	969491	857474	561449	434294
1460662	1456458	6712276	6266374	2893310	2352217

2-22 续表 7

加油站

地区	商品购进总额		统一配送商品购进额		自有配送中心配送商品购进额	
	2013年	2012年	2013年	2012年	2013年	2012年
全国	**121778413**	**120096553**	**100291621**	**98855230**	**57693828**	**58533910**
北京	7329824	7763519	2325490	2298556		
天津	2308751	2101724	1736191	1835396		
河北	5911430	7090456	5227789	6350558	3007435	3788526
山西	2009600	1939189	1910666	1815661	899332	883049
内蒙古						
辽宁	3834653	3836754	2392078	2443619	515116	1620769
吉林	973461	941561	973461	941561	973461	941561
黑龙江	116128	132136	116128	132136	116128	132136
上海	6197151	6586297	5866845	6430850	4675528	4846443
江苏	15996806	15951149	15996806	15951149	14930757	14651711
浙江	13460268	13072541	12442744	12069198	12415805	12069198
安徽	4372792	4051737	4372792	4051737	215891	201450
福建	3801911	3914093	2091991	1995918	231796	175253
江西	1713324	1563103	1607674	1454807	612845	562220
山东	10345705	9755013	8935917	8227321	8166083	7551071
河南	4017485	4011922	2812266	2772159	1413888	1512166
湖北	4061257	3869550	3551990	3482057	2174301	2134588
湖南	5002975	5521801	3343739	3337500	1133221	1059658
广东	11208771	10243111	10953040	10012791	1775933	1716468
广西	2923970	2674616	2617834	2440259	720725	720798
海南	1580292	1647970	1580292	1647970		
重庆	2916745	3031156	228600	742270	228600	742270
四川	719740	539504	719740	539504		
贵州						
云南	920033	753924	920033	753924		
西藏						
陕西	3361466	2533112	2027551	1614774	303788	65737
甘肃	1085454	1141613	730454	787602	202434	247860
青海						
宁夏	449925	475787	449925	475787	449925	475787
新疆	5158497	4953217	4359586	4250167	2530838	2435190

单位：万元

非自有配送中心配送商品购进额		商品销售总额		零售额	
2013年	2012年	2013年	2012年	2013年	2012年
14402373	**12270609**	**147917035**	**145503892**	**92173388**	**87961756**
		7767956	8061120	3659439	3554123
252240	277878	2647128	2091022	1720153	1280205
		7273410	7596596	4167837	3563919
158860	172271	2876627	2870024	2511506	2368385
1035859	26806	4572396	4832491	2725465	2671628
		1047031	1009029	833234	876858
		116079	125526	49895	44706
		6565619	6958381	2623810	2475485
1066048	1299438	16719315	16520515	7789441	8116836
		14330018	13925140	9870004	9658430
		3434229	4449026	3305023	4308449
		7070289	7207442	5922690	5769938
439120	373577	5580205	5094998	4730156	4158099
186552	140789	10987975	10281037	10063597	9263214
		4304233	4317577	2931002	2730311
221670	141105	4597951	4558060	3323415	3028770
297545	243135	5915263	5368072	4934426	4611675
8681052	7757694	15174331	14634069	8947201	8432930
1196	7486	7360776	7369273	3268196	2999737
355574	289537	1728192	1751663	1494010	1549700
		3249777	3509596	841078	1420653
		581250	641403	374168	301720
		2620971	2350686	1492779	1176807
270429	108733	3950263	3030753	1143722	789686
		1247895	1182286	1001439	864492
		476401	421337	142920	144063
1436228	1432160	5721455	5346771	2306781	1800937

2-22 续表 8

专卖店

地区	商品购进总额		统一配送商品购进额		自有配送中心配送商品购进额	
	2013年	2012年	2013年	2012年	2013年	2012年
全国	**18015419**	**12430344**	**16519330**	**10613626**	**9500139**	**7674227**
北京	523416	711089	439409	392529	338970	299182
天津	3301766	3468654	3257098	3424837	3221049	3389991
河北	8768	6353	8768	6353	8768	6353
山西	22381	19387	22381	19387	14711	12360
内蒙古	46976	49194	21076	23300		
辽宁	147493	139315	138285	105437	16214	21678
吉林	51964	67400	44365	56937	38005	51719
黑龙江	3456	3443				
上海	3101886	1517355	2490785	815212	2068148	447919
江苏	179280	180167	177731	177679	134816	142047
浙江	668180	689089	653764	676384	594234	575816
安徽	14873	14305	14873	14305	13920	13125
福建	1312653	1068168	1132879	915404	444846	389631
江西	186177	195032	186177	192409	172962	187044
山东	307742	339893	299891	332321	273378	203792
河南	135140	134632	107408	98466	2076	2448
湖北	377414	311364	374118	290115	305902	233874
湖南	208972	212690	208972	212690	128872	138597
广东	4969021	1040976	4821735	939824	397357	431205
广西						
海南						
重庆	409843	353339	341498	305048	42840	51724
四川	538133	445357	530671	431834	525141	427269
贵州	6680	3646	6680	3646		
云南	441642	510072	440595	510072	21431	33339
西藏						
陕西	623271	600141	371881	320156	371881	320156
甘肃	107459	73751	107459	73751	103905	71281
青海						
宁夏	13453	15821	13453	15821		
新疆	307379	259712	307379	259712	260714	223677

单位：万元

非自有配送中心配送商品购进额		商品销售总额		零售额	
2013年	2012年	2013年	2012年	2013年	2012年
4958077	**870270**	**15826863**	**14014850**	**9715042**	**9441476**
38211	31626	784171	963413	654020	719650
9562	9143	3351608	3518005	2157012	2153409
		9512	8692	8245	7835
		29595	26702	29595	26702
		77545	65789	77545	65789
42739		159425	164218	157831	160003
		66586	68190	66586	68190
		4403	4303	4403	4303
199827	167095	3511277	1948050	1630825	1553026
29428	27555	217621	203917	196355	190365
		727938	723019	329242	306472
		18577	19233	15589	14786
377699	240209	1338678	1130284	1177156	1016060
13215	5365	193209	204081	180095	178885
		309378	281961	301860	217236
		142095	132409	98621	93006
8112	10204	429810	343899	428150	330293
		272844	281334	200369	207746
4235977	376130	1341272	1182316	1135624	1043587
1698		419440	344765	365240	308770
		514721	537706	106008	442604
443	475	8007	4525	2936	1822
		468133	561466	50192	52280
		796938	758748		
1167	2470	138553	98034	138553	98034
		28306	28036	1227	968
		467222	411757	201765	179657

2-22 续表 9

家居建材商店

地　区	商品购进总额		统一配送商品购进额		自有配送中心配送商品购进额	
	2013年	2012年	2013年	2012年	2013年	2012年
全　国	**383592**	**372519**	**316459**	**358037**	**35342**	**67729**
北　京	141693	132001	130940	121801		
天　津	19182	23983	19182	23983	19182	
河　北						
山　西						
内蒙古						
辽　宁						
吉　林						
黑龙江						
上　海	125627	127022	76474	127022		54463
江　苏	23823	25968	23823	25968		
浙　江						
安　徽						
福　建						
江　西						
山　东	7226	4282				
河　南						
湖　北						
湖　南						
广　东	39394	35509	39394	35509	16160	13265
广　西						
海　南						
重　庆						
四　川	26646	23755	26646	23755		
贵　州						
云　南						
西　藏						
陕　西						
甘　肃						
青　海						
宁　夏						
新　疆						

单位：万元

非自有配送中心配送商品购进额		商品销售总额		零售额	
2013年	2012年	2013年	2012年	2013年	2012年
76791	**73703**	**516407**	**507671**	**466211**	**457155**
29734	25491	226251	208638	226251	208638
		19092	26040	19092	26040
		157457	159861	119869	119115
23823	25968	23438	30998	23373	30735
		7226	5018	7226	5018
23234	22244	55768	51712	43225	42204
		27175	25405	27175	25405

2-22 续表 10

厂家直销中心

地 区	商品购进总额		统一配送商品购进额		自有配送中心配送商品购进额	
	2013年	2012年	2013年	2012年	2013年	2012年
全 国	**79045**	**36050**	**78267**	**35298**	**78267**	**35298**
北 京						
天 津						
河 北						
山 西						
内蒙古						
辽 宁						
吉 林						
黑龙江						
上 海						
江 苏						
浙 江	11785	9432	11785	9432	11785	9432
安 徽						
福 建						
江 西						
山 东						
河 南						
湖 北	30191	25866	30191	25866	30191	25866
湖 南	778	752				
广 东	36291		36291		36291	
广 西						
海 南						
重 庆						
四 川						
贵 州						
云 南						
西 藏						
陕 西						
甘 肃						
青 海						
宁 夏						
新 疆						

单位：万元

非自有配送中心配送商品购进额		商品销售总额		零售额	
2013年	2012年	2013年	2012年	2013年	2012年
		111326	**37356**	**58207**	**28320**
		11667	10646	2240	2113
		33672	25667	13615	25667
		1085	1043	541	541
		64901		41811	

2-22 续表 11

其他

地区	商品购进总额		统一配送商品购进额		自有配送中心配送商品购进额	
	2013年	2012年	2013年	2012年	2013年	2012年
全国	**16923244**	**16460568**	**14030255**	**12919911**	**1197692**	**1139898**
北京	41405	30945				
天津	21304	27941	21304	27941		
河北						
山西	2668	3220	2668	3220		
内蒙古						
辽宁	37173	9250	37173	9250	37173	9250
吉林						
黑龙江						
上海						
江苏						
浙江	110116	97680	110116	97680	44928	39890
安徽	316046	304894	316046	304894	126418	118508
福建	69478	34754	8625	7907	2823	2293
江西						
山东	2400107	2302683	1603782	1615656	498812	571073
河南						
湖北						
湖南	208079	163958	14173	9556		
广东	13327417	13239350	11617510	10681143	349545	310742
广西						
海南						
重庆	144793	98215	82612	40682	64647	25011
四川	11238	13461	10770	13011	1272	1164
贵州						
云南						
西藏						
陕西	124097	37896	124097	37896		
甘肃						
青海	31316	30353	9307	9106		
宁夏	72073	61969	72073	61969	72073	61969
新疆	5934	3999				

单位：万元

非自有配送中心配送商品购进额		商品销售总额		零售额	
2013年	2012年	2013年	2012年	2013年	2012年
11427563	**10577553**	**19624175**	**18661120**	**13605467**	**12763220**
		41747	31498	5246	11862
		25597	26166	25597	26166
2668	3220	2830	3515	2830	3029
		36073	9236	36073	9236
11981	10147	149167	129754	53539	44389
189628	186387	315241	301973		
		103866	30896	79888	12764
		3449390	3237555	2126693	1941738
		204382	191805	188975	181166
11207338	10359916	14727808	14198679	11000982	10463707
6642	8778	137001	106078	48529	34611
		6032	6454	3867	3869
		300381	275380		
9307	9106	32770	30497	32770	30497
		85936	76803		
		5956	4830	479	185

2-23 按业态分各地区连锁零售

便利店

地区	商品购进总额		统一配送商品购进额		自有配送中心配送商品购进额	
	2013年	2012年	2013年	2012年	2013年	2012年
全国	**1805728**	**1784599**	**1381928**	**1328211**	**624214**	**568469**
北京	150040	136036	113382	105267	30163	25859
天津	23495	68078				
河北	17945	21281	15840	16223	15840	16223
山西	16615	9901				
内蒙古						
辽宁	64598	66435	63041	64490	7885	7778
吉林						
黑龙江	128502	126604	58458	47234	58458	47234
上海	618661	667052	387518	444793	48396	46091
江苏	95965	85131	88721	85131	34580	30480
浙江	105572	58147	102666	55623	81521	39491
安徽	29663	26890	29663	26890	25159	21696
福建	22489	19970	22489	18662	7895	10693
江西	1409	1265				
山东	40355	31848	40355	31848		
河南	13505	5685	7779	1436	6370	1300
湖北	7170	8313	7170	8313		
湖南	2979	2754	2050	1905	2050	1905
广东	231538	246886	215269	230995	164705	201686
广西	31270	27583	30343	26930	30343	26930
海南						
重庆	6428	5027	6428	5027		
四川	160029	132724	160029	132724	107441	88575
贵州	10271	10237	10271	10237		
云南	11680	11984	11680	8178		
西藏						
陕西	9377	8448	4109	2760	1635	1293
甘肃						
青海						
宁夏						
新疆	6173	6320	4666	3545	1773	1235

企业直营门店经营情况

单位：万元

非自有配送中心配送商品购进额		商品销售总额		零售额	
2013年	2012年	2013年	2012年	2013年	2012年
239828	**218796**	**2326470**	**2220151**	**2092281**	**1999405**
5177	2177	210121	177365	203381	173530
		75148	82922	75148	82922
		20595	19812	14791	15633
		21351	21074	21351	21074
		65496	70094	65496	70094
		136680	146430	80315	97547
69294	66152	849852	922929	755348	819607
54142	54651	111797	95119	111515	94735
16601	13231	93451	57825	77377	45821
4504	5194	28162	28171	26357	25663
4599	1261	22605	20566	22313	19897
		1269	1127	1269	1127
25077	23421	39882	28854	39687	26085
1410	136	14042	6295	14042	6295
		5893	6009	5406	5950
		3599	3317	3599	3317
3897	4225	341971	294138	298309	258143
		30990	26968	29767	26179
6422	5027	6422	4993	3976	3069
34133	32832	188563	158375	184506	155575
		13349	13610	13097	13122
11680	8178	25798	16695	25798	16559
		12422	10636	12422	10636
2893	2310	7012	6826	7012	6826

2-23 续表 1

折扣店

地区	商品购进总额		统一配送商品购进额		自有配送中心配送商品购进额	
	2013年	2012年	2013年	2012年	2013年	2012年
全国	**287867**	**277634**	**47660**	**148542**	**47660**	**148542**
北京	176556	166969	47660	37877	47660	37877
天津						
河北						
山西						
内蒙古						
辽宁						
吉林						
黑龙江						
上海	111311	110665		110665		110665
江苏						
浙江						
安徽						
福建						
江西						
山东						
河南						
湖北						
湖南						
广东						
广西						
海南						
重庆						
四川						
贵州						
云南						
西藏						
陕西						
甘肃						
青海						
宁夏						
新疆						

单位：万元

非自有配送中心配送商品购进额		商品销售总额		零售额	
2013年	2012年	2013年	2012年	2013年	2012年
		300803	**311719**	**272378**	**280445**
		190454	190718	190454	183211
		110349	121001	81924	97234

2-23 续表 2

超市

地区	商品购进总额		统一配送商品购进额		自有配送中心配送商品购进额	
	2013年	2012年	2013年	2012年	2013年	2012年
全国	**23705341**	**21335730**	**20160576**	**17993866**	**12316873**	**10656116**
北京	4621917	4252864	4163019	3898184	1086470	803897
天津	242981	234488	8750	10132	2287	2736
河北	345086	333556	322957	306600	171328	157012
山西	182821	181706	148698	155895	75370	1103
内蒙古	94655	90475	78633	79231	14317	12538
辽宁	145885	129295	123086	108730	40433	37744
吉林	141066	128867	103094	65395		
黑龙江	201570	207069	201570	207069	199568	204012
上海	3594837	3476105	2830274	2583427	1591204	1455595
江苏	1077060	926244	904405	817597	569108	530447
浙江	1762343	1961005	1549693	1640705	1321391	1428379
安徽	1432389	1041154	1180243	894310	762471	560355
福建	257127	257276	154201	222107	26217	18436
江西	134832	109569	133114	106789	52992	29609
山东	2581957	2361867	2422773	2154083	1866698	1719879
河南	246170	189860	115731	81837	30255	23808
湖北	3250744	2910709	2741839	2456830	2611661	2358211
湖南	239535	215667	133007	112740	55676	55424
广东	458052	478962	398472	445977	316922	317965
广西	145990	145916	122793	128455	38667	34499
海南	14915	12545	14915	12545		
重庆	485737	431552	474551	420498	443363	398162
四川	1260444	856517	1130564	751673	842418	391462
贵州	43375	40035	42398	38051	7813	7934
云南	132550	114709	129665	114709	43856	39219
西藏						
陕西	102979	105058	96429	96913	23368	24199
甘肃	40478	31005	16191	12402	16191	12402
青海	28834	27558				
宁夏	34756	29488	34756	29488	27106	21924
新疆	404258	54610	384757	41494	79725	9168

单位：万元

非自有配送中心配送商品购进额		商品销售总额		零售额	
2013年	2012年	2013年	2012年	2013年	2012年
2574354	**2175821**	**26653290**	**23727582**	**22470423**	**19579370**
238478	230299	5001761	4714405	3613036	3389154
		228685	229889	218452	224711
146057	146511	343693	337428	343668	334441
10854	15685	235375	223357	228022	223357
3242	2169	105142	93538	105142	93538
24297	15817	145884	131547	145384	131547
		145600	124089	145600	124089
		200739	207071	200739	207071
1053576	939577	4781413	4598570	3241263	3186208
300170	214901	1097651	829393	1083254	780433
186987	177960	2040856	2133376	1874168	1901908
23484	21740	944456	754453	929110	740899
42086	37507	269910	250544	256875	237147
1374	21437	150448	100299	150448	100299
73951	46153	3236378	2671485	2943557	2366448
4244	3717	250067	199068	174529	127072
		3755722	3309570	3494941	2953740
382	302	253662	223070	250595	220742
18781	22087	532347	528770	523641	491717
		151668	148247	150852	146195
14915	12545	14316	11191	14316	11191
		500832	449881	490889	445089
76093	185172	1369796	1008851	1006481	710002
5310	4745	46413	43139	46363	43139
32061	32087	133597	126743	125328	115393
12985	13085	136355	126348	136355	124183
		39538	30391	39538	30391
		29325	26389	26216	22784
		28509	32506	28509	32506
305032	32327	483154	63977	483154	63977

2-23 续表 3

大型超市

地　区	商品购进总额		统一配送商品购进额		自有配送中心配送商品购进额	
	2013年	2012年	2013年	2012年	2013年	2012年
全　国	**33287630**	**34389435**	**23536709**	**25825478**	**15143278**	**13905147**
北　京	1704482	1635564	155761	156189	91549	88781
天　津	652119	575671	36635	29641		
河　北	254587	216122	254587	216122	164941	125953
山　西	560090	385092	52622	34920	38219	34920
内蒙古						
辽　宁	858641	850915	441152	419930	1888	1888
吉　林	28908	33240	6600	8273		
黑龙江	217065	186471	197776	174961	36006	32718
上　海	2604230	6373854	1725289	5506135		
江　苏	6574051	6183754	6574051	6083210	5560624	5426017
浙　江	1561658	1187825	1441035	1068109	936205	573143
安　徽	357486	286242	29562	136841		
福　建	3197237	2813588	2357174	2080669	1419290	1276405
江　西	323039	236492	259663	181556	129368	113590
山　东	2408994	2085889	1519218	1340002	368311	305523
河　南	1842993	1509518	660874	619978	492707	336085
湖　北	1112037	986277	326266	278502	72695	66665
湖　南	1624113	1343182	1482955	1192552	1428671	1156815
广　东	4559602	4476728	3303178	3516551	2956076	3123858
广　西	158001	149005	158001	149005	158001	149005
海　南						
重　庆	1062476	1190259	1062476	1073700	449345	116559
四　川	501765	446508	433765	392508	145503	149586
贵　州	76793	60016	76793	60016	76793	60016
云　南	452452	359264	452452	359264	230364	171867
西　藏	19855	14964	19855	14964		
陕　西	102991	97000	65043	51053	65043	51053
甘　肃						
青　海	36506	34257	10182	9446		
宁　夏	303221	528000	303221	528000	303221	528000
新　疆	132239	143741	130527	143382	18458	16702

单位：万元

非自有配送中心配送商品购进额		商品销售总额		零售额	
2013年	2012年	2013年	2012年	2013年	2012年
3986240	**3100689**	**42042656**	**38638578**	**33580272**	**30757059**
64213	67408	1737831	1738887	1704296	1711420
		661436	606650	545972	532640
		285627	233676	285627	233676
14403		691669	465317	691669	465317
51433	27220	933154	858851	793183	753653
		20593	24713	6867	8297
9002	7552	211145	180809	211145	180809
839667	818326	7596388	7316375	2759654	2776656
567397	413731	7912227	7484667	6268652	5894066
17430	26588	1417995	1281613	1414355	1251557
		378915	322537	378915	322537
477409	364207	2875092	2541474	2875092	2541474
100013	36816	366810	286943	343965	271189
865291	791469	2689048	2355634	1855908	1605947
1868	42926	2319050	1830955	2262056	1764500
124903	92630	1767285	1582346	1688149	1493507
	21008	1694348	1489054	1596122	1383730
117830	124051	5265921	5020939	4685676	4579068
		371656	317597	371656	317597
613131	130632	1135771	1133894	1135771	1133894
		488743	463621	484038	433621
		93380	69566	93380	69566
		499010	447724	499010	447724
		18564	14185	18564	14185
		112793	114869	112793	114869
10182	9446	73087	61156	73087	61156
		277320	240296	277320	240296
112069	126680	147799	154232	147351	154111

2-23 续表 4

仓储会员店

地 区	商品购进总额		统一配送商品购进额		自有配送中心配送商品购进额	
	2013年	2012年	2013年	2012年	2013年	2012年
全 国	**2408796**	**2098793**	**328601**	**329725**	**1711**	**1642**
北 京	315290	317070	315290	317070		
天 津						
河 北						
山 西						
内蒙古						
辽 宁						
吉 林						
黑龙江						
上 海	2080194	1769068				
江 苏						
浙 江	1711	1642	1711	1642	1711	1642
安 徽						
福 建						
江 西						
山 东						
河 南						
湖 北	11601	11013	11601	11013		
湖 南						
广 东						
广 西						
海 南						
重 庆						
四 川						
贵 州						
云 南						
西 藏						
陕 西						
甘 肃						
青 海						
宁 夏						
新 疆						

单位：万元

非自有配送中心配送商品购进额		商品销售总额		零售额	
2013年	2012年	2013年	2012年	2013年	2012年
		2346175	**2151384**	**2346175**	**2151384**
		370659	378715	370659	378715
		1962209	1760079	1962209	1760079
		1711	1662	1711	1662
		11596	10928	11596	10928

2-23 续表 5

百货店

地区	商品购进总额		统一配送商品购进额		自有配送中心配送商品购进额	
	2013年	2012年	2013年	2012年	2013年	2012年
全国	**29137684**	**26912813**	**14891304**	**13377734**	**10655784**	**9959023**
北京	2181392	2160643	28635	33717	4675	8250
天津						
河北	2430469	2074369	46876	30348	46876	30348
山西	215468	189815	74349	64126		
内蒙古	109230	79053	109230	79053	109230	79053
辽宁						
吉林	142	102	142	102		
黑龙江	15513	12289	15513	12289	15513	12289
上海	338220	402334	218261	240046		
江苏	1682909	1465077	1645156	1437023	1574853	1416718
浙江	1046098	925458	677195	556952	630491	518704
安徽	3780275	3669559	1380129	1330264	552230	507849
福建	91737	85488	91737	85488	14698	35174
江西	611306	478010	611306	256269	592871	240040
山东	4816962	4127518	1826660	1274720	815230	491680
河南	47319	38718	12162	8847	9402	7132
湖北	4069258	3570067	2242942	2103393	2201862	2064213
湖南	61812	5411	61812	5411	3122	2503
广东	3970421	3381341	3196696	2610405	2434178	2419202
广西	85395	80497	85395	80497		
海南						
重庆	2122219	2757284	2115830	2752116	1484748	1929268
四川	737620	701574	280776	215788		
贵州	3917	3481	3917	3481		
云南	167621	198916	165152	195973	165152	195973
西藏						
陕西	498376	448961				
甘肃						
青海	53350	56223	779	802		
宁夏						
新疆	655	628	655	628	655	628

单位：万元

非自有配送中心配送商品购进额		商品销售总额		零售额	
2013年	2012年	2013年	2012年	2013年	2012年
1086310	**1319827**	**35958909**	**32276822**	**29825986**	**28123235**
23960	25466	3487022	3322167	3487022	3322167
		2603761	2190317	2157657	1853756
		280125	239210	280125	239210
		144729	75729	144729	75729
		486	373	486	373
		34769	34435	34769	34435
135522	157307	382973	398744	382973	398744
13589	11566	1977094	1739430	1390635	1196267
		1178470	1120888	1026463	1003664
		4670654	4321329	1253388	2496563
31219	4226	105612	104247	104528	102167
18435	16229	789612	689078	732383	667711
		5296261	4670957	4814108	4210777
		50314	45274	50314	45274
		4236215	3644729	3927955	3375379
1496	1103	74514	7702	72376	6714
197132	191202	5093773	4677295	4843273	4405531
		108046	82455	108046	82455
631083	822848	3778885	3353436	3350197	3048301
33873	89879	820924	763685	820924	763685
		4147	3490	3111	2481
		210302	198297	210302	198297
		564413	524555	564413	524555
		65219	68435	65219	68435
		592	565	592	565

2-23 续表 6

专业店(含加油站)

地 区	商品购进总额		统一配送商品购进额		自有配送中心配送商品购进额	
	2013年	2012年	2013年	2012年	2013年	2012年
全 国	**183830172**	**183068329**	**151075938**	**148800901**	**91123023**	**92317117**
北 京	11434910	11426320	5665813	5264279	2455937	2104765
天 津	3046217	2845076	1993998	2151171	248224	308013
河 北	6413166	7510200	5675508	6722617	3349051	4069816
山 西	2896703	2687497	2509000	2292732	1334218	1317487
内蒙古	66299	50502	66299	50502	65198	49307
辽 宁	6638615	6615090	3793773	3772959	1381039	2013288
吉 林	1269257	1212510	1258951	1201005	1199998	1143740
黑龙江	1861560	1797924	1821366	1747466	1456565	1437344
上 海	9964141	10306020	7958523	8851498	4143246	4380342
江 苏	28039862	33426160	24199706	26726744	22613771	24940746
浙 江	16334878	15676832	15234668	14596332	14575555	14050108
安 徽	8615556	8132083	8333750	7934096	4009727	3880305
福 建	4265671	4394816	2467183	2371975	479397	397249
江 西	4713455	4206081	4592335	4082703	2843443	2534084
山 东	11877278	11463606	10247680	9771351	8445175	7783535
河 南	5213715	5226026	3612361	3764529	2207362	2515951
湖 北	6053867	5738777	5263976	5137200	3213100	3119382
湖 南	6296486	6714693	4561139	4476789	1734636	1666530
广 东	19747216	17226497	18908370	16436327	4718213	4446401
广 西	3341655	3039805	3035040	2805006	968180	933413
海 南	1619875	1682817	1619875	1682817	5816	5250
重 庆	4089289	3907573	1362085	1583664	1239842	1525768
四 川	2122978	1706404	2036110	1617629	207623	162113
贵 州	275815	212420	94325	73681	70870	46865
云 南	1967055	1682836	1861601	1665872	737912	636470
西 藏						
陕 西	6964735	5787554	5443126	4765094	2989813	2517288
甘 肃	1672068	1632625	1317068	1278614	202434	251335
青 海	50762	50386	46685	46501	8448	6516
宁 夏	883691	855251	881834	854464	862729	842602
新 疆	6093398	5853952	5213792	5075286	3355501	3231105

单位：万元

非自有配送中心配送商品购进额		商品销售总额		零售额	
2013年	2012年	2013年	2012年	2013年	2012年
20338401	**17091574**	**221191868**	**215610724**	**137664056**	**132821988**
639737	602571	12852263	12702960	8225520	7692276
259666	284075	3385620	2870095	2399370	2008921
35802	30611	7777254	8081461	4612299	3946371
158860	172271	4380953	4255837	3340128	3093284
1101	1195	58373	53200	58373	53200
1037808	28653	7464978	7716106	4753969	4547066
3688	4036	1463655	1303516	1243744	1164065
234074	183951	1705373	1701810	1446933	1435093
36087	36739	10638428	10940381	4645221	4375092
1352069	1776545	34116148	35910409	17015169	20635529
300734	244926	17364416	16554750	11506649	11092130
54513	41080	7823552	8853894	5949449	6715682
14832	29633	7689608	7779481	6497612	6294770
513249	422246	9538720	8600280	5549893	4848807
353179	313398	12614581	12110204	11057563	10153477
8902	7634	5487295	5452245	4139253	3889140
646898	530455	6842910	6552813	4999837	4462626
312987	260643	7697299	6852963	6281205	5791688
11968691	9991725	24217338	21683026	14807094	13413475
33473	35906	7816703	7786771	3650392	3364544
355574	289537	1766341	1786224	1532159	1582229
107089	46986	4503821	4587528	1863253	2265206
7667	7505	1999454	1936626	1674295	1499273
		301762	250154	301762	250154
152227	164121	3840603	3436836	2521373	2150524
278326	115412	8141753	6900930	2364796	1874008
		2100326	1884732	1717817	1427038
2364	1400	63388	60331	63388	60331
8144	11862	922815	814291	558519	392822
1460662	1456458	6616142	6190873	2887020	2343168

2-23 续表 7

加油站

地区	商品购进总额		统一配送商品购进额		自有配送中心配送商品购进额	
	2013年	2012年	2013年	2012年	2013年	2012年
全国	**120361668**	**118745026**	**98874876**	**97503704**	**56595902**	**57496246**
北京	7329824	7763519	2325490	2298556		
天津	2308751	2101724	1736191	1835396		
河北	5911430	7090456	5227789	6350558	3007435	3788526
山西	2009600	1939189	1910666	1815661	899332	883049
内蒙古						
辽宁	3834653	3836754	2392078	2443619	515116	1620769
吉林	973461	941561	973461	941561	973461	941561
黑龙江	116128	132136	116128	132136	116128	132136
上海	5523584	5989205	5193278	5833759	4001961	4249351
江苏	15996806	15951149	15996806	15951149	14930757	14651711
浙江	13460268	13072541	12442744	12069198	12415805	12069198
安徽	4372792	4051737	4372792	4051737	215891	201450
福建	3801911	3914093	2091991	1995918	231796	175253
江西	1713324	1563103	1607674	1454807	612845	562220
山东	10345705	9755013	8935917	8227321	8166083	7551071
河南	3698666	3706245	2493447	2466482	1413888	1512166
湖北	4061257	3869550	3551990	3482057	2174301	2134588
湖南	5002975	5521801	3343739	3337500	1133221	1059658
广东	10788235	9807122	10532504	9576802	1355397	1280479
广西	2920146	2670032	2614010	2435675	716900	716214
海南	1580292	1647970	1580292	1647970		
重庆	2916745	3031156	228600	742270	228600	742270
四川	719740	539504	719740	539504		
贵州						
云南	920033	753924	920033	753924		
西藏						
陕西	3361466	2533112	2027551	1614774	303788	65737
甘肃	1085454	1133427	730454	779416	202434	247860
青海						
宁夏	449925	475787	449925	475787	449925	475787
新疆	5158497	4953217	4359586	4250167	2530838	2435190

单位：万元

非自有配送中心配送商品购进额		商品销售总额		零售额	
2013年	2012年	2013年	2012年	2013年	2012年
14402373	**12270609**	**146383632**	**144094696**	**91041119**	**86918107**
		7767956	8061120	3659439	3554123
252240	277878	2647128	2091022	1720153	1280205
		7273410	7596596	4167837	3563919
158860	172271	2876627	2870024	2511506	2368385
1035859	26806	4572396	4832491	2725465	2671628
		1047031	1009029	833234	876858
		116079	125526	49895	44706
		5892053	6361289	2287027	2176940
1066048	1299438	16719315	16520515	7789441	8116836
		14330018	13925140	9870004	9658430
		3434229	4449026	3305023	4308449
		7070289	7207442	5922690	5769938
439120	373577	5580205	5094998	4730156	4158099
186552	140789	10987975	10281037	10063597	9263214
		3921065	3954152	2612183	2424634
221670	141105	4597951	4558060	3323415	3028770
297545	243135	5915263	5368072	4934426	4611675
8681052	7757694	14701488	14206723	8474358	8014837
1196	7486	7356951	7364689	3264372	2995154
355574	289537	1728192	1751663	1494010	1549700
		3249777	3509596	841078	1420653
		581250	641403	374168	301720
		2620971	2350686	1492779	1176807
270429	108733	3950263	3030753	1143722	789686
		1247895	1165536	1001439	847742
		476401	421337	142920	144063
1436228	1432160	5721455	5346771	2306781	1800937

2-23 续表 8

专卖店

地区	商品购进总额		统一配送商品购进额		自有配送中心配送商品购进额	
	2013年	2012年	2013年	2012年	2013年	2012年
全国	**16302759**	**11211864**	**14817076**	**9405817**	**8585310**	**6970067**
北京	356450	571590	272443	253030	174266	162956
天津	3301679	3468571	3257098	3424837	3221049	3389991
河北	8768	6353	8768	6353	8768	6353
山西	15563	13170	15563	13170	14711	12360
内蒙古	46976	49194	21076	23300		
辽宁	139869	134781	130661	100903	16214	21678
吉林	51964	67400	44365	56937	38005	51719
黑龙江	3456	3443				
上海	2936404	1466344	2325302	764201	1917850	404900
江苏	151759	145433	150222	143018	107410	107451
浙江	379218	435648	364803	422942	305272	322374
安徽	14235	13677	14235	13677	13281	12497
福建	992869	868119	813095	715355	433406	383452
江西	114977	131242	114977	128619	111684	126374
山东	267968	294666	260117	287094	233604	173565
河南	124732	125685	103510	94563	2076	2448
湖北	377392	311320	374096	290072	305902	233874
湖南	188572	187419	188572	187419	108472	113326
广东	4807361	946705	4660914	846307	282929	337688
广西						
海南						
重庆	376934	334285	311544	288845	12886	35522
四川	532705	439309	525243	427651	519713	423086
贵州	6680	3646	6680	3646		
云南	54822	244439	53774	244439	21431	33339
西藏						
陕西	623271	600141	371881	320156	371881	320156
甘肃	107304	73751	107304	73751	103785	71281
青海						
宁夏	13453	15821	13453	15821		
新疆	307379	259712	307379	259712	260714	223677

单位：万元

非自有配送中心配送商品购进额		商品销售总额		零售额	
2013年	2012年	2013年	2012年	2013年	2012年
4627135	**667941**	**13896034**	**12535768**	**8564251**	**8674440**
38211	31626	570388	783618	447416	543097
9562	9143	3351473	3517876	2156876	2153280
		9512	8692	8245	7835
		22777	20485	22777	20485
		77545	65789	77545	65789
42739		153204	154858	151609	150643
		66586	68190	66586	68190
		4403	4303	4403	4303
184642	159103	3358324	1812378	1477871	1525128
29408	27535	184323	176690	163057	163137
		427669	416395	308742	284254
		17854	18618	14866	14171
71919	49012	1022858	933273	861918	819668
3293	2245	124910	138792	111796	113595
		269600	260389	262082	200538
		130155	122382	93805	87240
8112	10204	429702	343711	428042	330105
		240703	249758	168227	176170
4235977	376130	1036765	1022925	905391	885832
1698		379004	320937	335833	288131
		497093	519006	102580	440088
443	475	8007	4525	2936	1822
		82252	275605	50192	52280
		796938	758748		
1132	2470	138462	98034	138462	98034
		28306	28036	1227	968
		467222	411757	201765	179657

2-23 续表 9

家居建材商店

地　区	商品购进总额		统一配送商品购进额		自有配送中心配送商品购进额	
	2013年	2012年	2013年	2012年	2013年	2012年
全　国	**383592**	**372519**	**316459**	**358037**	**35342**	**67729**
北　京	141693	132001	130940	121801		
天　津	19182	23983	19182	23983	19182	
河　北						
山　西						
内蒙古						
辽　宁						
吉　林						
黑龙江						
上　海	125627	127022	76474	127022		54463
江　苏	23823	25968	23823	25968		
浙　江						
安　徽						
福　建						
江　西						
山　东	7226	4282				
河　南						
湖　北						
湖　南						
广　东	39394	35509	39394	35509	16160	13265
广　西						
海　南						
重　庆						
四　川	26646	23755	26646	23755		
贵　州						
云　南						
西　藏						
陕　西						
甘　肃						
青　海						
宁　夏						
新　疆						

单位：万元

非自有配送中心配送商品购进额		商品销售总额		零售额	
2013年	2012年	2013年	2012年	2013年	2012年
76791	**73703**	**516407**	**507671**	**466211**	**457155**
29734	25491	226251	208638	226251	208638
		19092	26040	19092	26040
		157457	159861	119869	119115
23823	25968	23438	30998	23373	30735
		7226	5018	7226	5018
23234	22244	55768	51712	43225	42204
		27175	25405	27175	25405

2-23 续表 10

厂家直销中心

地　区	商品购进总额		统一配送商品购进额		自有配送中心配送商品购进额	
	2013年	2012年	2013年	2012年	2013年	2012年
全　国	**79045**	**36050**	**78267**	**35298**	**78267**	**35298**
北　京						
天　津						
河　北						
山　西						
内蒙古						
辽　宁						
吉　林						
黑龙江						
上　海						
江　苏						
浙　江	11785	9432	11785	9432	11785	9432
安　徽						
福　建						
江　西						
山　东						
河　南						
湖　北	30191	25866	30191	25866	30191	25866
湖　南	778	752				
广　东	36291		36291		36291	
广　西						
海　南						
重　庆						
四　川						
贵　州						
云　南						
西　藏						
陕　西						
甘　肃						
青　海						
宁　夏						
新　疆						

单位：万元

非自有配送中心配送商品购进额		商品销售总额		零售额	
2013年	2012年	2013年	2012年	2013年	2012年
		111326	**37356**	**58207**	**28320**
		11667	10646	2240	2113
		33672	25667	13615	25667
		1085	1043	541	541
		64901		41811	

2-23 续表 11

其他

地区	商品购进总额		统一配送商品购进额		自有配送中心配送商品购进额	
	2013年	2012年	2013年	2012年	2013年	2012年
全国	**16303808**	**15855052**	**13579594**	**12510659**	**965899**	**935679**
北京	41405	30945				
天津	21304	27941	21304	27941		
河北						
山西	2668	3220	2668	3220		
内蒙古						
辽宁	37173	9250	37173	9250	37173	9250
吉林						
黑龙江						
上海						
江苏						
浙江	53365	48340	53365	48340	1799	1647
安徽						
福建	69478	34754	8625	7907	2823	2293
江西						
山东	2245987	2101332	1578537	1582908	474087	538726
河南						
湖北						
湖南	206869	162838	14173	9556		
广东	13323940	13235407	11614745	10677935	347493	308267
广西						
海南						
重庆	65857	61802	41654	30075	37978	20818
四川	10662	12971	10194	12521	794	674
贵州						
云南						
西藏						
陕西	124097	37896	124097	37896		
甘肃						
青海	31316	30353	9307	9106		
宁夏	63753	54004	63753	54004	63753	54004
新疆	5934	3999				

单位：万元

非自有配送中心配送商品购进额		商品销售总额		零售额	
2013年	2012年	2013年	2012年	2013年	2012年
11218679	**10378568**	**18990443**	**18110765**	**13330754**	**12554580**
		41747	31498	5246	11862
		25597	26166	25597	26166
2668	3220	2830	3515	2830	3029
		36073	9236	36073	9236
79	78	98654	87476	3026	2111
		103866	30896	79888	12764
		3416970	3177047	2094273	1881230
		203292	190798	188975	181166
11206625	10359182	14560184	14106288	10834044	10371987
	6983	77836	61493	24261	20947
		5393	5984	3293	3399
		300381	275380		
9307	9106	32770	30497	32770	30497
		78896	69661		
		5956	4830	479	185

2-24 按业态分各地区连锁零售

便利店

地 区	商品购进总额		统一配送商品购进额		自有配送中心配送商品购进额	
	2013年	2012年	2013年	2012年	2013年	2012年
全 国	**739586**	**606379**	**509433**	**434781**	**254489**	**234939**
北 京	6716	5896	6549	5765	5878	5223
天 津						
河 北	23593	25147	23593	25147	23593	25147
山 西	150750	123212				
内蒙古						
辽 宁	8472	9765	8472	9765		
吉 林						
黑龙江	28790					
上 海	298237	245560	261760	210561	31029	30420
江 苏	258	387	258	387	258	387
浙 江	167935	156210	166555	155029	163450	152885
安 徽		71		71		71
福 建	24682	14780	24682	14780	16044	10756
江 西	8654	7691				
山 东						
河 南						
湖 北						
湖 南	1500	900	1500	900	1500	900
广 东	11218	7898	11218	7898	11218	7898
广 西						
海 南						
重 庆						
四 川	313	160	313	160		
贵 州						
云 南						
西 藏						
陕 西						
甘 肃						
青 海						
宁 夏						
新 疆	8470	8705	4535	4320	1519	1253

企业加盟门店经营情况

单位：万元

非自有配送中心配送商品购进额		商品销售总额		零售额	
2013年	2012年	2013年	2012年	2013年	2012年
94569	**98446**	**786505**	**645007**	**760239**	**624347**
		6967	6859	5861	6859
		23593	25147	23593	25147
		149678	129935	149678	129935
		5324	6136	5324	6136
		39202		39202	
81491	90233	328238	279992	322157	273910
		446	736	446	736
1425	1122	169777	151145	154247	137352
			69		69
8638	4024	28623	16859	28623	16859
		8492	7605	8492	7605
		1800	1080	1800	1080
		14360	10356	10811	9571
		442	621	442	621
3016	3067	9565	8468	9565	8468

2-24 续表 1

折扣店

地区	商品购进总额		统一配送商品购进额		自有配送中心配送商品购进额	
	2013年	2012年	2013年	2012年	2013年	2012年
全国	**17881**	**34680**		**34680**		**34680**
北京		10311		10311		10311
天津						
河北						
山西						
内蒙古						
辽宁						
吉林						
黑龙江						
上海	17881	24369		24369		24369
江苏						
浙江						
安徽						
福建						
江西						
山东						
河南						
湖北						
湖南						
广东						
广西						
海南						
重庆						
四川						
贵州						
云南						
西藏						
陕西						
甘肃						
青海						
宁夏						
新疆						

单位：万元

非自有配送中心配送商品购进额		商品销售总额		零售额	
2013年	2012年	2013年	2012年	2013年	2012年
		28425	**30855**	**28425**	**30855**
			8063		8063
		28425	22792	28425	22792

2-24 续表 2

超市

地　区	商品购进总额		统一配送商品购进额		自有配送中心配送商品购进额	
	2013年	2012年	2013年	2012年	2013年	2012年
全　国	**2231574**	**2048350**	**1758306**	**1544110**	**1157192**	**1003430**
北　京	78775	77776	19786	21022	19497	20677
天　津	85343	106960				
河　北						
山　西						
内蒙古	775	946	600	946	300	198
辽　宁	51472	52480	48559	48564		
吉　林						
黑龙江						
上　海	780009	699544	780009	699544	468006	419726
江　苏	47552	46994	45100	40903	42628	36783
浙　江	179539	162803	173714	155130	153431	137783
安　徽	619091	606227	343880	333275	195592	188396
福　建						
江　西						
山　东	129067	115217	129067	115217	125913	112349
河　南	6141	12781	5875	3224		
湖　北	10328	16650	9180	14948	9180	14948
湖　南	16813	9829	15189	8474		
广　东	18531	21730				
广　西	18251	18576	7190	7084	4723	4921
海　南						
重　庆	40437	33775	40437	33775	29226	27458
四　川	127786	48716	121694	48716	97137	33381
贵　州						
云　南	7221	6746	7221	6746	4767	4231
西　藏						
陕　西						
甘　肃						
青　海						
宁　夏	3210		3210		3210	
新　疆	11235	10601	7595	6542	3583	2579

单位：万元

非自有配送中心配送商品购进额		商品销售总额		零售额	
2013年	2012年	2013年	2012年	2013年	2012年
450609	**403267**	**2238803**	**2342185**	**2206089**	**2339567**
		155919	139173	155919	139173
		90683	93009	90683	93009
		6849	6935	6849	6935
300	748	761	1257	761	1257
		59247	58123	59247	58123
312004	279818	872981	1141538	872981	1141538
339	2130	217573	222637	217573	222637
12324	11286	213948	185188	210650	182988
93000	90000	201751	173210	178541	173210
3154	2868	141897	133614	141897	133368
		7192	13919	7016	13746
		13653	22365	13653	22365
15189	8474	18598	9163	18598	9163
		20687	16349	20687	16349
		22342	22626	22342	22626
7315	2745	39108	33998	39108	33998
1971	516	135496	52660	129466	52660
1000	720	7086	6930	7086	6930
		3412		3412	
4012	3962	9622	9491	9622	9491

2-24 续表 3

大型超市

地区	商品购进总额		统一配送商品购进额		自有配送中心配送商品购进额	
	2013年	2012年	2013年	2012年	2013年	2012年
全国	**5196798**	**4963792**	**5142735**	**4930477**	**1056121**	**1197450**
北京						
天津						
河北						
山西						
内蒙古						
辽宁	33242	33242	33242	33242		
吉林						
黑龙江						
上海	3958111	3611754	3951971	3598585		
江苏	636824	754612	636824	754612	636824	754612
浙江	232618	215006	232618	215006	181442	167704
安徽						
福建						
江西						
山东	49984	48666	49984	48666	49984	48666
河南						
湖北						
湖南	45629	50000	45629	50000		
广东	182953	203908	146517	191379	146517	191379
广西						
海南						
重庆						
四川						
贵州						
云南						
西藏						
陕西						
甘肃						
青海						
宁夏						
新疆	57438	46604	45950	38988	41355	35089

单位：万元

非自有配送中心配送商品购进额		商品销售总额		零售额	
2013年	2012年	2013年	2012年	2013年	2012年
89013	**84443**	**5298860**	**4509414**	**5288069**	**4500478**
33242	33242	68404	68404	68404	68404
		3958793	3131466	3958793	3131466
		665000	788000	665000	788000
51176	47301	241247	215393	241247	215393
		62773	59831	58446	54015
		52760	50060	52760	50060
		185243	134465	185243	134465
4595	3899	64640	61795	58176	58676

2-24 续表 4

仓储会员店

地　区	商品购进总额		统一配送商品购进额		自有配送中心配送商品购进额	
	2013年	2012年	2013年	2012年	2013年	2012年
全　国	**184**		**184**			
北　京						
天　津						
河　北						
山　西						
内蒙古						
辽　宁						
吉　林						
黑龙江						
上　海						
江　苏						
浙　江						
安　徽						
福　建	184		184			
江　西						
山　东						
河　南						
湖　北						
湖　南						
广　东						
广　西						
海　南						
重　庆						
四　川						
贵　州						
云　南						
西　藏						
陕　西						
甘　肃						
青　海						
宁　夏						
新　疆						

单位：万元

非自有配送中心配送商品购进额		商品销售总额		零售额	
2013年	2012年	2013年	2012年	2013年	2012年
		212		**212**	
		212		212	

2-24 续表 5

百货店

地区	商品购进总额		统一配送商品购进额		自有配送中心配送商品购进额	
	2013年	2012年	2013年	2012年	2013年	2012年
全国	**1146819**	**953689**	**591056**	**554424**	**395216**	**407973**
北京						
天津						
河北						
山西						
内蒙古						
辽宁						
吉林						
黑龙江						
上海						
江苏	272036	305007	272036	305007	272036	305007
浙江	44981	40168	40335	35852	40335	35852
安徽	344384	132215	152896	113255	47872	35270
福建						
江西	228896	263715	33914	30831	33914	30831
山东	112441	92195	68939	42372		
河南						
湖北						
湖南						
广东	21878	26093	21878	26093		
广西						
海南						
重庆						
四川						
贵州						
云南						
西藏						
陕西	121145	93282				
甘肃						
青海						
宁夏						
新疆	1059	1013	1059	1013	1059	1013

单位：万元

非自有配送中心配送商品购进额		商品销售总额		零售额	
2013年	2012年	2013年	2012年	2013年	2012年
21878	**26093**	**1080816**	**1070804**	**1045950**	**1039108**
		354191	387967	354191	387967
		51025	50275	51025	50275
		162458	122997	162458	122997
		199454	236950	164588	205253
		83555	78430	83555	78430
21878	26093	49625	49186	49625	49186
		179650	144180	179650	144180
		858	820	858	820

2-24 续表 6

专业店(含加油站)

地区	商品购进总额		统一配送商品购进额		自有配送中心配送商品购进额	
	2013年	2012年	2013年	2012年	2013年	2012年
全国	**3389863**	**3331329**	**3049315**	**3147087**	**2399535**	**2347095**
北京	61824	53463	58467	49752	13780	11297
天津	596	3993		645		
河北						
山西	412	521				
内蒙古	684	664	684	664	684	664
辽宁	14464	921	14464	921	51	50
吉林						
黑龙江	806		806		806	
上海	740465	661051	734649	655321	677279	600813
江苏	714920	688850	713436	683864	712008	676957
浙江	218683	227109	160905	170677	136209	147915
安徽	210889	228739	210889	228739	210889	228739
福建	5736	9385	5736	9385	2338	4833
江西						
山东	161143	6713	27075	6563	12831	4763
河南	341607	321524	325422	311640	6077	5776
湖北	8807	20797	8677	20677	4109	15777
湖南	121728	100496	60877	47049	25626	13293
广东	457423	713789	457423	713789	434907	481925
广西	19205	15382	16097	12823	15713	12469
海南						
重庆	123185	81833	81133	49717	37584	32142
四川	17495	20266	13295	16049	13160	11254
贵州	16645	13427	16645	13427		
云南	2549	6395	1526	4962		
西藏						
陕西	26042	30955	26042	30955	19494	22637
甘肃		8186		8186		
青海	385	472	385	472	385	472
宁夏	51422	43803	43704	39685	4625	4193
新疆	72750	72596	70980	71128	70980	71128

单位：万元

非自有配送中心配送商品购进额		商品销售总额		零售额	
2013年	2012年	2013年	2012年	2013年	2012年
196037	**363789**	**3736148**	**3496960**	**1982269**	**2157075**
44591	38377	92687	66682	88875	62818
	645	810	4174		45
		360	489		
		226	286	226	286
		15343	12123	15343	12123
		1049		1049	
38037	35630	751566	677139	396255	378593
992	6782	722918	692739	60338	61311
5460	4905	233087	247621	196675	212558
		217995	113527		1431
3398	4552	27322	14333	27322	14333
		189449	27349	37785	27349
		399662	378286	333113	316082
4032	4448	12482	27838	12482	27838
14537	4034	145203	125287	68265	57882
12395	219195	530272	739491	530272	730166
		27112	23452	23887	20956
33515	9730	156062	119033	114254	82955
		28236	30849	26464	29006
		15688	14729	15688	14729
		2530	7581	1474	823
		22958	38119	22958	38119
			16750		16750
		326	404	326	404
39079	35492	46677	43183	2930	41472
		96134	75501	6290	9049

2-24 续表 7

加油站

地区	商品购进总额		统一配送商品购进额		自有配送中心配送商品购进额	
	2013年	2012年	2013年	2012年	2013年	2012年
全国	**1416745**	**1351527**	**1416745**	**1351527**	**1097927**	**1037664**
北京						
天津						
河北						
山西						
内蒙古						
辽宁						
吉林						
黑龙江						
上海	673567	597092	673567	597092	673567	597092
江苏						
浙江						
安徽						
福建						
江西						
山东						
河南	318819	305677	318819	305677		
湖北						
湖南						
广东	420536	435989	420536	435989	420536	435989
广西	3824	4584	3824	4584	3824	4584
海南						
重庆						
四川						
贵州						
云南						
西藏						
陕西						
甘肃		8186		8186		
青海						
宁夏						
新疆						

单位：万元

非自有配送中心配送商品购进额		商品销售总额		零售额	
2013年	2012年	2013年	2012年	2013年	2012年
		1533402	**1409196**	**1132269**	**1043649**
		673567	597092	336783	298546
		383168	363425	318819	305677
		472843	427346	472843	418093
		3824	4584	3824	4584
			16750		16750

2-24 续表 8

专卖店

地 区	商品购进总额		统一配送商品购进额		自有配送中心配送商品购进额	
	2013年	2012年	2013年	2012年	2013年	2012年
全 国	**1712660**	**1218481**	**1702254**	**1207809**	**914830**	**704161**
北 京	166966	139499	166966	139499	164704	136226
天 津	87	84				
河 北						
山 西	6818	6217	6818	6217		
内蒙古						
辽 宁	7624	4534	7624	4534		
吉 林						
黑龙江						
上 海	165483	51011	165483	51011	150298	43018
江 苏	27522	34734	27509	34660	27406	34597
浙 江	288962	253442	288962	253442	288962	253442
安 徽	638	628	638	628	638	628
福 建	319784	200049	319784	200049	11440	6179
江 西	71200	63790	71200	63790	61278	60670
山 东	39774	45227	39774	45227	39774	30227
河 南	10409	8947	3898	3902		
湖 北	22	43	22	43		
湖 南	20400	25271	20400	25271	20400	25271
广 东	161661	94271	160821	93517	114428	93517
广 西						
海 南						
重 庆	32910	19054	29954	16203	29954	16203
四 川	5428	6048	5428	4183	5428	4183
贵 州						
云 南	386820	265633	386820	265633		
西 藏						
陕 西						
甘 肃	155		155		120	
青 海						
宁 夏						
新 疆						

单位：万元

非自有配送中心配送商品购进额		商品销售总额		零售额	
2013年	2012年	2013年	2012年	2013年	2012年
330942	**202330**	**1930828**	**1479082**	**1150791**	**767036**
		213783	179795	206604	176554
		135	130	135	130
		6818	6217	6818	6217
		6222	9360	6222	9360
15184	7992	152954	135672	152954	27898
20	20	33298	27227	33298	27227
		300269	306624	20500	22217
		723	615	723	615
305780	191197	315820	197011	315238	196392
9922	3120	68299	65289	68299	65289
		39778	21572	39778	16698
		11940	10027	4816	5766
		108	188	108	188
		32141	31576	32141	31576
		304507	159391	230232	157755
		40436	23828	29407	20639
		17628	18700	3428	2516
		385880	285861		
35		91		91	

2-24 续表 9

其他

地　　区	商品购进总额		统一配送商品购进额		自有配送中心配送商品购进额	
	2013年	2012年	2013年	2012年	2013年	2012年
全　　国	**619436**	**605515**	**450660**	**409252**	**231792**	**204219**
北　　京						
天　　津						
河　　北						
山　　西						
内 蒙 古						
辽　　宁						
吉　　林						
黑 龙 江						
上　　海						
江　　苏						
浙　　江	56751	49341	56751	49341	43129	38242
安　　徽	316046	304894	316046	304894	126418	118508
福　　建						
江　　西						
山　　东	154120	201351	25245	32748	24725	32347
河　　南						
湖　　北						
湖　　南	1210	1120				
广　　东	3477	3943	2765	3209	2052	2474
广　　西						
海　　南						
重　　庆	78936	36412	40958	10607	26670	4194
四　　川	576	490	576	490	478	490
贵　　州						
云　　南						
西　　藏						
陕　　西						
甘　　肃						
青　　海						
宁　　夏	8320	7965	8320	7965	8320	7965
新　　疆						

单位：万元

非自有配送中心配送商品购进额		商品销售总额		零售额	
2013年	2012年	2013年	2012年	2013年	2012年
208884	**198985**	**633732**	**550354**	**274713**	**208640**
11902	10069	50513	42278	50513	42278
189628	186387	315241	301973		
		32420	60508	32420	60508
		1090	1007		
713	734	167624	92391	166938	91720
6642	1795	59165	44586	24268	13664
		639	470	574	470
		7040	7142		

2-25 36城市连锁零售企业基本情况

地区	连锁总店数(个)	门店数(个)		年末从业人员(人)		年末零售营业面积(平方米)	
	2013年	2013年	2012年	2013年	2012年	2013年	2012年
合计	**1408**	**132193**	**126071**	**1854366**	**1840622**	**107582615**	**101949141**
北京	147	7388	7236	158217	154969	7150127	6826705
天津	42	2672	2533	39869	39096	2756717	2696926
石家庄	16	1043	973	16618	15779	1052913	885697
太原	24	2032	1944	25017	24616	963244	942311
呼和浩特	2	33	12	571	579	8544	7647
沈阳	49	1894	1943	31972	34649	2376835	2109439
大连	16	2047	2059	18114	17090	1083064	1055860
长春	17	637	654	7860	8507	222250	248197
哈尔滨	22	1407	1467	15499	13945	470722	444818
上海	88	17643	18035	255892	267897	9156244	9257429
南京	38	11141	11122	281894	281819	15673274	15006446
杭州	70	8609	8530	62922	66233	7183364	7078076
宁波	28	1552	1570	23225	23772	931162	885944
合肥	31	8195	8176	76359	74268	4114016	3988098
福州	20	1079	974	38075	37806	3982367	3335158
厦门	40	1867	1630	12765	12681	770574	759057
南昌	43	1947	1843	29645	26802	1139499	1047671
济南	10	3120	3086	65264	63900	3423795	3101178
青岛	69	3161	3004	43625	43701	4861977	4587383
郑州	24	878	775	18951	17043	1405127	1356048
武汉	81	4362	3714	107918	105009	5377739	4775064
长沙	37	2022	1955	27154	25550	1459657	1331126
广州	119	13572	12908	132032	138828	14242867	13971816
深圳	81	5334	4295	81448	80992	4354022	3666566
南宁	19	1419	1286	18948	17675	1331336	1286690
海口	6	613	506	5769	5717	324757	319630
重庆	89	12453	11746	98721	92997	4072692	4230232
成都	46	4662	4014	59445	52564	2149903	1871315
贵阳	16	596	533	6881	5478	238819	210282
昆明	37	3876	3084	35455	32546	1834747	1724420
拉萨	1	3	2	722	635	21700	20600
西安	20	718	696	19368	20195	854598	800587
兰州	10	441	396	4956	4752	170161	147043
西宁	11	135	98	6826	6566	246722	241154
银川	11	1213	1201	10138	9746	570634	573320
乌鲁木齐	28	2429	2071	16231	16220	1606446	1159208

2-26 36城市连锁零售企业直营门店基本情况

地　区	门店数（个）		年末从业人员（人）		年末零售营业面积（平方米）	
	2013年	2012年	2013年	2012年	2013年	2012年
合　计	**84087**	**80142**	**1631785**	**1620650**	**100808411**	**95927804**
北　京	5473	5293	146635	142809	6873583	6559247
天　津	1967	1838	38461	37735	2685827	2627021
石家庄	770	702	16345	15508	1033783	866727
太　原	862	827	19675	19527	891609	887985
呼和浩特	33	12	571	579	8544	7647
沈　阳	1725	1775	31051	33734	2351837	2085044
大　连	1024	1034	12480	12706	958911	939790
长　春	637	654	7860	8507	222250	248197
哈尔滨	1042	1467	14752	13945	456436	444818
上　海	10621	10920	177215	188925	6084127	6592427
南　京	8147	8068	258518	258879	15161788	14652096
杭　州	5958	5866	57294	60621	6895778	6793233
宁　波	990	1017	22450	23010	875590	831459
合　肥	3243	3222	63069	58004	3921116	3754951
福　州	930	825	36422	36183	3944269	3297060
厦　门	868	864	8838	9627	636409	655702
南　昌	918	859	25645	22713	976823	865935
济　南	3120	3086	65264	63900	3423795	3101178
青　岛	2123	1808	38380	37566	4719206	4421391
郑　州	816	711	18677	16733	1399725	1350143
武　汉	3813	3424	106572	103548	5350478	4735236
长　沙	1062	966	24235	22928	1404512	1271575
广　州	7003	6694	109493	116907	13655614	13463512
深　圳	3984	3329	74990	75947	4249052	3592846
南　宁	873	769	16095	15142	1254566	1220443
海　口	613	506	5769	5717	324757	319630
重　庆	3535	3330	82930	78417	3693655	3914701
成　都	4439	3858	58211	51556	2127895	1856116
贵　阳	457	395	6542	4995	228716	200204
昆　明	3691	2969	35270	32435	1833747	1723720
拉　萨	3	2	722	635	21700	20600
西　安	585	553	17370	18151	687068	632437
兰　州	439	396	4948	4752	169981	147043
西　宁	113	76	6804	6544	245842	240274
银　川	398	395	7802	7428	509509	513070
乌鲁木齐	1812	1632	14430	14337	1529913	1094346

2-27 36城市连锁零售企业加盟门店基本情况

地　　区	门店数（个）		年末从业人员（人）		年末零售营业面积（平方米）	
	2013年	2012年	2013年	2012年	2013年	2012年
合　　计	**48106**	**45929**	**222581**	**219972**	**6774204**	**6021337**
北　　京	1915	1943	11582	12160	276544	267458
天　　津	705	695	1408	1361	70890	69905
石 家 庄	273	271	273	271	19130	18970
太　　原	1170	1117	5342	5089	71635	54326
呼和浩特						
沈　　阳	169	168	921	915	24998	24395
大　　连	1023	1025	5634	4384	124153	116070
长　　春						
哈 尔 滨	365		747		14286	
上　　海	7022	7115	78677	78972	3072117	2665002
南　　京	2994	3054	23376	22940	511486	354350
杭　　州	2651	2664	5628	5612	287586	284843
宁　　波	562	553	775	762	55572	54485
合　　肥	4952	4954	13290	16264	192900	233147
福　　州	149	149	1653	1623	38098	38098
厦　　门	999	766	3927	3054	134165	103355
南　　昌	1029	984	4000	4089	162676	181736
济　　南						
青　　岛	1038	1196	5245	6135	142771	165992
郑　　州	62	64	274	310	5402	5905
武　　汉	549	290	1346	1461	27261	39828
长　　沙	960	989	2919	2622	55145	59551
广　　州	6569	6214	22539	21921	587253	508304
深　　圳	1350	966	6458	5045	104970	73720
南　　宁	546	517	2853	2533	76770	66247
海　　口						
重　　庆	8918	8416	15791	14580	379037	315531
成　　都	223	156	1234	1008	22008	15199
贵　　阳	139	138	339	483	10103	10078
昆　　明	185	115	185	111	1000	700
拉　　萨						
西　　安	133	143	1998	2044	167530	168150
兰　　州	2		8		180	
西　　宁	22	22	22	22	880	880
银　　川	815	806	2336	2318	61125	60250
乌鲁木齐	617	439	1801	1883	76533	64862

2-28 36城市连锁零售企业经营情况

单位：万元

地区	商品购进总额		统一配送商品购进额		自有配送中心配送商品购进额	
	2013年	2012年	2013年	2012年	2013年	2012年
合 计	**245551087**	**237216888**	**191517162**	**183010806**	**113678630**	**111113406**
北 京	21438416	21116946	11144711	10413761	4094579	3416119
天 津	7393003	7354845	5336968	5668349	3490742	3700740
石家庄	3896510	3516937	1534274	1534042	207968	134458
太 原	1833896	1539319	1000469	906058	179643	202092
呼和浩特	24214	17551	13259	11237	13259	11237
沈 阳	3234856	3150005	1617486	1484295	544052	75829
大 连	1739277	1794301	1539539	1559928	367419	1404271
长 春	1315622	1253042	1300887	1231896	1155397	1125943
哈尔滨	1978804	1843101	1879971	1763731	1364016	1320244
上 海	28333810	29991752	21415514	23867175	9027308	7570403
南 京	31207259	36343828	27354618	29652634	26732748	29292084
杭 州	17207087	16256702	15936429	15013415	15295716	14484323
宁 波	1462687	1575548	1393835	1342338	1107525	1104620
合 肥	13326876	12422990	10056547	9732684	4822363	4658650
福 州	4594154	4047891	2665567	2164945	1604856	1402614
厦 门	800186	739502	790392	726254	682966	635470
南 昌	2966046	2552693	2753252	2081708	2093701	1600000
济 南	12441052	11245197	9457788	8664839	8628139	7954787
青 岛	4659593	4487839	3178435	2880445	1246608	1021136
郑 州	1403223	1529257	650949	883092	482417	696204
武 汉	12203492	11020679	8372067	7802825	7186508	6762458
长 沙	3493965	3358061	2638437	2437817	1649519	1585508
广 州	30974121	28350791	28400829	25192420	5567323	5349980
深 圳	11706777	7111234	10143575	5783217	3587288	3669455
南 宁	849511	713222	505529	446910	422752	373525
海 口	1634790	1695362	1634790	1695362	5816	5250
重 庆	8484407	8858856	5567049	6264226	3791594	4106093
成 都	3918781	3300725	3315516	2685488	1647066	1129956
贵 阳	358785	279689	177295	140951	131504	97032
昆 明	3057121	2766760	2951639	2748207	1155684	1041215
拉 萨	19855	14964	19855	14964		
西 安	3461568	3147929	2792281	2545905	2774766	2530079
兰 州	692473	571362	692473	571362	103905	74756
西 宁	201154	199249	67338	66327	8833	6988
银 川	1070322	1253563	1070322	1253563	1020282	1218071
乌鲁木齐	2167394	1795196	2147277	1778436	1484368	1351816

2-28 续表

单位：万元

地区	非自有配送中心配送商品购进额		商品销售总额		零售额	
	2013年	2012年	2013年	2012年	2013年	2012年
合计	**40623974**	**31659419**	**280242780**	**266928747**	**194992300**	**188314340**
北京	1084100	1023416	25157851	24649542	18930539	18007535
天津	269228	293863	7838677	7456950	5531325	5147863
石家庄	29602	24883	3950372	3583433	2874545	2565698
太原	13522	14013	2463907	2126586	2423018	2037022
呼和浩特			23851	20971	23851	20971
沈阳	120418	44884	3378371	3275747	2403371	2187394
大连	1069101	60049	1841086	1838603	1841086	1838603
长春			1513981	1341725	1300184	1207653
哈尔滨	234074	183951	1846334	1794934	1597714	1560152
上海	2765506	2590877	35930349	33418916	21157898	20034058
南京	151801	300199	37289179	38924736	19259100	22268563
杭州	324974	263647	18144706	17306853	12368339	11875566
宁波	121880	111320	1635450	1714259	1446988	1521372
合肥	244140	229216	13195753	13600590	7500348	9362822
福州	828225	595269	5324204	4890684	5157259	4691573
厦门	67819	53740	1431079	1359216	1037201	966997
南昌	644912	480657	3996017	3619301	3060241	2744605
济南	773601	693711	12742047	11704321	12017273	11031630
青岛	295319	282312	6243777	5772840	4550761	4117401
郑州			1863529	1814887	1863518	1801341
武汉	781069	637737	14052213	12632571	12303640	10849640
长沙	327524	273214	3688636	3240174	3032611	2644826
广州	21915286	19388109	33594814	31222635	21521668	20400244
深圳	5713762	1784953	9574990	8523609	8874030	8105395
南宁			2595885	2718777	1483756	1286801
海口	370489	302082	1780657	1797414	1546475	1593421
重庆	1406895	1026747	10677341	10133605	7411215	7355894
成都	148347	310871	4035499	3677850	3194345	3209652
贵阳	1403	778	397164	327218	396861	326730
昆明	195968	204387	5066512	4675586	3336613	2904801
拉萨			18564	14185	18564	14185
西安			4036369	3719649	1819513	1659130
兰州	1167	2470	988620	815254	852568	675354
西宁	21853	19952	264114	247211	261005	243606
银川	39079	35492	1064819	919151	669475	629515
乌鲁木齐	662910	426620	2596063	2048764	1925402	1426327

2-29 36城市连锁零售企业直营门店经营情况

单位：万元

地区	商品购进总额		统一配送商品购进额		自有配送中心配送商品购进额	
	2013年	2012年	2013年	2012年	2013年	2012年
合　　计	**233659656**	**226287488**	**180839430**	**173080612**	**108992161**	**106534802**
北　　京	21124135	20830002	10892943	10187412	3890720	3232385
天　　津	7306977	7243808	5336968	5667704	3490742	3700740
石 家 庄	3872917	3491790	1510681	1508895	184375	109312
太　　原	1675917	1409370	993651	899841	179643	202092
呼和浩特	24214	17551	13259	11237	13259	11237
沈　　阳	3221415	3150005	1604045	1484295	544052	75829
大　　连	1697512	1751244	1497774	1516871	367368	1404221
长　　春	1315622	1253042	1300887	1231896	1155397	1125943
哈 尔 滨	1949209	1843101	1879165	1763731	1363210	1320244
上　　海	22373625	24698464	15521642	18627786	7700697	6452057
南　　京	29927446	34968326	26074825	28277134	25453584	27917267
杭　　州	16982694	16039820	15739517	14829287	15119442	14319818
宁　　波	1413187	1502819	1344335	1269610	1061049	1035524
合　　肥	12446021	11748777	9367181	9077431	4427647	4267769
福　　州	4287294	3852142	2358707	1969196	1604856	1402614
厦　　门	758848	713256	749053	700009	653143	613702
南　　昌	2665950	2225189	2648138	1987087	1998509	1508500
济　　南	12441052	11245197	9457788	8664839	8628139	7954787
青　　岛	4443933	4237754	3091650	2798962	1171875	940103
郑　　州	1401237	1525965	650949	883092	482417	696204
武　　汉	12189076	10991491	8358799	7775340	7177809	6739873
长　　沙	3416673	3295637	2561145	2375394	1607478	1551711
广　　州	30238803	27383863	27698386	24235609	4875415	4610629
深　　圳	11617416	7040001	10054215	5711983	3578869	3639432
南　　宁	820517	687842	490705	435581	408099	362319
海　　口	1634790	1695362	1634790	1695362	5816	5250
重　　庆	8208939	8687782	5374568	6153925	3668161	4026096
成　　都	3901298	3290833	3304349	2677761	1637840	1122393
贵　　阳	342441	266654	160952	127916	131504	97032
昆　　明	2670301	2501127	2564819	2482574	1155684	1041215
拉　　萨	19855	14964	19855	14964		
西　　安	3318445	3029969	2770302	2521227	2755273	2507442
兰　　州	692318	571362	692318	571362	103785	74756
西　　宁	200769	198777	66953	65855	8448	6516
银　　川	1026618	1213878	1026618	1213878	1015657	1213878
乌鲁木齐	2032192	1670324	2027498	1665566	1372199	1245912

2-29 续表

单位：万元

地 区	非自有配送中心配送商品购进额		商品销售总额		零售额	
	2013年	2012年	2013年	2012年	2013年	2012年
合 计	**39425598**	**30465398**	**267716827**	**255624488**	**184760970**	**178953767**
北 京	1039508	985039	24688496	24248971	18473280	17614069
天 津	269228	293218	7747049	7359637	5440506	5054679
石家庄	29602	24883	3926779	3558286	2850952	2540552
太 原	13522	14013	2307051	1989946	2266522	1900870
呼和浩特			23851	20971	23851	20971
沈 阳	120418	44884	3364071	3264447	2389071	2176094
大 连	1035859	26806	1767286	1763993	1767286	1763993
长 春			1513981	1341725	1300184	1207653
哈尔滨	234074	183951	1806083	1794934	1557462	1560152
上 海	2318790	2177204	29837393	28030318	15426333	15057861
南 京	151171	299516	35981526	37515972	18574565	21459811
杭 州	320823	259848	17913680	17063727	12152021	11646434
宁 波	119483	108233	1580033	1630992	1391571	1438105
合 肥	54513	42830	12490988	13054217	7328818	9230519
福 州	521365	399520	5017023	4699478	4850078	4500367
厦 门	56863	49716	1369445	1325315	976149	933716
南 昌	634990	477537	3728265	3317062	2827354	2474063
济 南	773601	693711	12742047	11704321	12017273	11031630
青 岛	295319	282312	6136876	5636231	4448187	3986608
郑 州			1861511	1811879	1861501	1798332
武 汉	777037	633289	14033160	12595118	12284587	10812188
长 沙	312987	269180	3597634	3164380	2941609	2569032
广 州	21904751	19170649	32687970	30271478	20624716	19459011
深 圳	5689312	1756391	9245124	8305092	8610929	7886878
南 宁			2556230	2683666	1447326	1254186
海 口	370489	302082	1780657	1797414	1546475	1593421
重 庆	1359422	1012476	10382571	9912161	7204179	7204638
成 都	146816	310868	4004876	3655139	3184017	3203125
贵 阳	1403	778	381839	313024	381537	312536
昆 明	195968	204387	4680631	4389726	3336613	2904801
拉 萨			18564	14185	18564	14185
西 安			3837598	3543088	1620742	1482569
兰 州	1132	2470	988530	815254	852477	675354
西 宁	21853	19952	263789	246808	260679	243203
银 川			1024794	879467	669475	589830
乌鲁木齐	655299	419655	2429426	1906066	1854081	1352331

2-30 36城市连锁零售企业加盟门店经营情况

单位：万元

地　区	商品购进总额		统一配送商品购进额		自有配送中心配送商品购进额	
	2013年	2012年	2013年	2012年	2013年	2012年
合　计	**11891432**	**10929399**	**10677733**	**9930196**	**108992161**	**106534802**
北　京	314281	286944	251768	226350	3890720	3232385
天　津	86026	111037		645	3490742	3700740
石家庄	23593	25147	23593	25147	184375	109312
太　原	157980	129949	6818	6217	179643	202092
呼和浩特					13259	11237
沈　阳	13441		13441		544052	75829
大　连	41765	43057	41765	43057	367368	1404221
长　春					1155397	1125943
哈尔滨	29596		806		1363210	1320244
上　海	5960185	5293288	5893872	5239389	7700697	6452057
南　京	1279814	1375502	1279793	1375500	25453584	27917267
杭　州	224393	216882	196912	184128	15119442	14319818
宁　波	49500	72729	49500	72729	1061049	1035524
合　肥	880855	674213	689367	655253	4427647	4267769
福　州	306860	195749	306860	195749	1604856	1402614
厦　门	41338	26246	41338	26246	653143	613702
南　昌	300096	327505	105114	94621	1998509	1508500
济　南					8628139	7954787
青　岛	215660	250085	86785	81482	1171875	940103
郑　州	1986	3293			482417	696204
武　汉	14416	29187	13268	27485	7177809	6739873
长　沙	77292	62424	77292	62424	1607478	1551711
广　州	735317	966928	702443	956811	4875415	4610629
深　圳	89360	71233	89360	71233	3578869	3639432
南　宁	28994	25380	14824	11329	408099	362319
海　口					5816	5250
重　庆	275468	171074	192482	110301	3668161	4026096
成　都	17483	9891	11167	7727	1637840	1122393
贵　阳	16343	13035	16343	13035	131504	97032
昆　明	386820	265633	386820	265633	1155684	1041215
拉　萨						
西　安	143124	117960	21979	24678	2755273	2507442
兰　州	155		155		103785	74756
西　宁	385	472	385	472	8448	6516
银　川	43704	39685	43704	39685	1015657	1213878
乌鲁木齐	135202	124871	119779	112870	1372199	1245912

2-30 续表

单位：万元

地区	非自有配送中心配送商品购进额		商品销售总额		零售额	
	2013年	2012年	2013年	2012年	2013年	2012年
合计	**1198376**	**1194021**	**12525955**	**11304266**	**10231329**	**9360575**
北京	44591	38377	469355	400571	457259	393466
天津		645	91628	97313	90818	93184
石家庄			23593	25147	23593	25147
太原			156856	136640	156496	136151
呼和浩特						
沈阳			14300	11300	14300	11300
大连	33242	33242	73800	74610	73800	74610
长春						
哈尔滨			40251		40251	
上海	446716	413673	6092956	5388599	5731565	4976197
南京	630	682	1307652	1408764	684535	808752
杭州	4152	3799	231027	243126	216318	229132
宁波	2397	3087	55417	83267	55417	83267
合肥	189628	186387	704765	546372	171530	132303
福州	306860	195749	307181	191206	307181	191206
厦门	10956	4024	61634	33901	61052	33282
南昌	9922	3120	267753	302239	232886	270542
济南						
青岛			106901	136609	102574	130792
郑州			2018	3008	2018	3008
武汉	4032	4448	19053	37453	19053	37453
长沙	14537	4034	91002	75794	91002	75794
广州	10535	217460	906844	951158	896952	941233
深圳	24450	28562	329865	218517	263101	218517
南宁			39655	35112	36430	32616
海口						
重庆	47472	14270	294770	221445	207036	151256
成都	1531	4	30623	22712	10328	6527
贵阳			15325	14194	15325	14194
昆明			385880	285861		
拉萨						
西安			198771	176561	198771	176561
兰州	35		91		91	
西宁			326	404	326	404
银川	39079	35492	40025	39685		39685
乌鲁木齐	7611	6966	166638	142698	71321	73996

第三部分

餐饮企业综合篇

3-1 连锁餐饮企业总体情况

项目	单位	总计		直营店		加盟店	
		2013年	2012年	2013年	2012年	2013年	2012年
连锁总店数	个	454					
门店总数	个	20554	18513	16133	14425	4421	4088
年末年末从业人员	人	803115	807722	639427	653349	163688	154373
年末餐饮营业面积	平方米	9370674	8804670	7127004	6715517	2243670	2089153
年末餐位数	位	3194720	2931235	2294005	2116671	900715	814564
连锁门店商品购进总额	万元	5712373	5647541	4796282	4888807	916090	758734
其中：统一配送商品购进额	万元	4007211	3946409	3694722	3754571	312489	191838
其中：自有配送中心	万元	1830388	2011166	128722	71605	1701666	1939561
非自有配送中心	万元	808069	824404	679375	736770	128694	87634
营业额	万元	13196210	13046470	11410113	11381056	1786098	1665415
其中：餐费收入及商品销售额	万元	13160358	13011814	11376932	11351761	1783426	1660053

3-2 连锁餐饮企业基本情况

项　目	连锁总店数(个)	门店数(个)		年末从业人员(人)		年末餐饮营业面积(平方米)		年末餐位数(位)	
	2013年	2013年	2012年	2013年	2012年	2013年	2012年	2013年	2012年
总 计	**454**	**20554**	**18513**	**803115**	**807722**	**9370674**	**8804670**	**3194720**	**2931235**
一、按登记注册类型分									
内资企业	301	7443	7019	285070	287441	4877933	4749983	1485473	1424244
国有企业	8	84	69	2765	2733	27646	26232	8487	8016
集体企业	2	12	13	680	760	12669	18669	3255	4055
股份合作企业	3	9	9	262	303	6450	6450	2104	2104
联营企业									
国有联营企业									
集体联营企业									
国有与集体联营企业									
其他联营企业									
有限责任公司	89	2656	2345	89731	81490	1771265	1626562	557249	499351
国有独资公司	1	54	30	2174	2645	23920	24732	9842	11129
其他有限责任公司	88	2602	2315	87557	78845	1747345	1601830	547407	488222
股份有限公司	12	855	835	48463	49364	870846	860359	192642	190567
私营企业	184	3815	3736	142744	152372	2184701	2207355	719506	717881
私营独资企业	19	119	111	5410	5314	81844	81901	33842	30645
私营合伙企业									
私营有限责任公司	158	3490	3407	128169	135551	1768520	1745152	632229	627420
私营股份有限公司	7	206	218	9165	11507	334337	380302	53435	59816
其他企业	3	12	12	425	419	4356	4356	2230	2270
港、澳、台商投资企业	58	2803	2406	79728	82483	764931	732466	316146	278186
港澳台商合资经营企业	10	597	596	28422	31438	223935	241806	71254	72676
港澳台商合作经营企业	2	6	9	615	852	17085	17260	1990	2480
港、澳、台商独资经营企业	45	2198	1799	50642	50113	521091	470580	242380	202508
港、澳、台商投资股份有限公司	1	2	2	49	80	2820	2820	522	522
其他港、澳、台商投资企业									
外商投资企业	95	10308	9088	438317	437798	3727810	3322221	1393101	1228805
中外合资经营企业	14	2011	1802	82197	106170	733103	705619	280881	252850
中外合作经营企业	1	37	37	860	850	15610	15600	5500	5450
外资企业	79	8228	7220	354849	330407	2973697	2595882	1103882	967867
外商投资股份有限公司	1	32	29	411	371	5400	5120	2838	2638
其他外商投资企业									
二、按行业分									
正餐服务	257	6704	6172	325887	323031	5400921	5252601	1765706	1635273
快餐服务	165	11886	10786	450598	459770	3699622	3331915	1321777	1213253
饮料及冷饮服务	17	1468	1065	18241	16594	195670	150576	63239	41839
其他餐饮业	15	496	490	8389	8327	74461	69578	43998	40870

3-2 续表 1

项目	连锁总店数(个)	门店数(个)		年末从业人员(人)		年末餐饮营业面积(平方米)		年末餐位数(位)	
	2013年	2013年	2012年	2013年	2012年	2013年	2012年	2013年	2012年
直营门店合计		**16133**	**14425**	**639427**	**653349**	**7127004**	**6715517**	**2294005**	**2116671**
一、按登记注册类型分									
内资企业		4512	4232	163114	170908	3278605	3243571	889406	875702
国有企业		84	69	2765	2733	27646	26232	8487	8016
集体企业		8	9	635	715	12345	18345	3115	3915
股份合作企业		9	9	262	303	6450	6450	2104	2104
联营企业									
国有联营企业									
集体联营企业									
国有与集体联营企业									
其他联营企业									
有限责任公司		1514	1367	52687	52521	1035283	1001922	293284	286858
国有独资公司		54	30	2174	2645	23920	24732	9842	11129
其他有限责任公司		1460	1337	50513	49876	1011363	977190	283442	275729
股份有限公司		538	511	23083	24640	554339	566520	124956	119374
私营企业		2347	2255	83257	89577	1638186	1619746	455230	453165
私营独资企业		102	100	4173	4946	72885	78092	27361	29173
私营合伙企业									
私营有限责任公司		2048	1949	70258	74172	1241434	1199229	376394	368324
私营股份有限公司		197	206	8826	10459	323867	342425	51475	55668
其他企业		12	12	425	419	4356	4356	2230	2270
港、澳、台商投资企业		2711	2336	76964	80201	749335	719086	305620	275517
港澳台商合资经营企业		579	587	28118	31160	220063	238206	70480	71956
港澳台商合作经营企业		6	9	615	852	17085	17260	1990	2480
港、澳、台商独资经营企业		2124	1738	48182	48109	509367	460800	232628	200559
港、澳、台商投资股份有限公司		2	2	49	80	2820	2820	522	522
其他港、澳、台商投资企业									
外商投资企业		8910	7857	399349	402240	3099064	2752860	1098979	965452
中外合资经营企业		1795	1586	76149	100122	603503	576019	246321	218290
中外合作经营企业		37	37	860	850	15610	15600	5500	5450
外资企业		7066	6221	322209	301122	2476831	2157921	845840	740274
外商投资股份有限公司		12	13	131	146	3120	3320	1318	1438
其他外商投资企业									
二、按行业分									
正餐服务		3425	3168	177977	182871	3340234	3329848	948678	893591
快餐服务		10991	9974	435842	446615	3523461	3172918	1240216	1142632
饮料及冷饮服务		1463	1060	18205	16552	194950	149856	63086	41686
其他餐饮业		254	223	7403	7311	68359	62895	42025	38762

3-2 续表 2

项目	连锁总店数(个)	门店数(个)		年末从业人员(人)		年末餐饮营业面积(平方米)		年末餐位数(位)	
	2013年	2013年	2012年	2013年	2012年	2013年	2012年	2013年	2012年
加盟门店合计		**4421**	**4088**	**163688**	**154373**	**2243670**	**2089153**	**900715**	**814564**
一、按登记注册类型分									
内资企业		2931	2787	121956	116533	1599328	1506412	596067	548542
国有企业									
集体企业		4	4	45	45	324	324	140	140
股份合作企业									
联营企业									
国有联营企业									
集体联营企业									
国有与集体联营企业									
其他联营企业									
有限责任公司		1142	978	37044	28969	735982	624640	263965	212493
国有独资公司									
其他有限责任公司		1142	978	37044	28969	735982	624640	263965	212493
股份有限公司		317	324	25380	24724	316507	293839	67686	71193
私营企业		1468	1481	59487	62795	546515	587609	264276	264716
私营独资企业		17	11	1237	368	8959	3809	6481	1472
私营合伙企业									
私营有限责任公司		1442	1458	57911	61379	527086	545923	255835	259096
私营股份有限公司		9	12	339	1048	10470	37877	1960	4148
其他企业									
港、澳、台商投资企业		92	70	2764	2282	15596	13380	10526	2669
港澳台商合资经营企业		18	9	304	278	3872	3600	774	720
港澳台商合作经营企业									
港、澳、台商独资经营企业		74	61	2460	2004	11724	9780	9752	1949
港、澳、台商投资股份有限公司									
其他港、澳、台商投资企业									
外商投资企业		1398	1231	38968	35558	628746	569361	294122	263353
中外合资经营企业		216	216	6048	6048	129600	129600	34560	34560
中外合作经营企业									
外资企业		1162	999	32640	29285	496866	437961	258042	227593
外商投资股份有限公司		20	16	280	225	2280	1800	1520	1200
其他外商投资企业									
二、按行业分									
正餐服务		3279	3004	147910	140160	2060687	1922753	817028	741682
快餐服务		895	812	14756	13155	176161	158997	81561	70621
饮料及冷饮服务		5	5	36	42	720	720	153	153
其他餐饮业		242	267	986	1016	6102	6683	1973	2108

3-3 连锁餐饮企业经营情况

单位：万元

项目	商品购进总额		统一配送商品购进额	
	2013年	2012年	2013年	2012年
总　计	**5712373**	**5647541**	**4007211**	**3946409**
一、按登记注册类型分				
内资企业	1793677	1823851	979764	1001788
国有企业	24010	22097	10502	10132
集体企业	7746	12249	7746	12249
股份合作企业	1276	1426	1185	1298
联营企业				
国有联营企业				
集体联营企业				
国有与集体联营企业				
其他联营企业				
有限责任公司	530066	485171	351374	309042
国有独资公司	14278	14442		
其他有限责任公司	515788	470729	351374	309042
股份有限公司	386268	474437	145198	193385
私营企业	843353	827258	463327	475002
私营独资企业	75971	56398	31748	13090
私营合伙企业				
私营有限责任公司	691198	688523	395121	402289
私营股份有限公司	76184	82337	36458	59623
其他企业	958	1213	433	681
港、澳、台商投资企业	594136	574433	524677	499687
港澳台商合资经营企业	142989	167736	122264	138174
港澳台商合作经营企业	9500	10201	9500	10201
港、澳、台商独资经营企业	438174	391986	392912	351312
港、澳、台商投资股份有限公司	3473	4510		
其他港、澳、台商投资企业				
外商投资企业	3324559	3249257	2502770	2444933
中外合资经营企业	525691	490192	524252	488797
中外合作经营企业	30000	29919		
外资企业	2764248	2722717	1975630	1950911
外商投资股份有限公司	4621	6430	2888	5225
其他外商投资企业				
二、按行业分				
正餐服务	2123268	2111433	1009223	1007537
快餐服务	3360725	3344860	2787806	2764512
饮料及冷饮服务	170321	136632	157240	126265
其他餐饮业	58059	54616	52943	48095

3-3 续表 1

项 目	自有配送中心配送商品购进额		非自有配送中心配送商品购进额	
	2013年	2012年	2013年	2012年
总 计	**1830388**	**2011166**	**808069**	**824404**
一、按登记注册类型分				
内资企业	457044	467973	234942	255692
国有企业			83	125
集体企业				
股份合作企业			754	764
联营企业				
国有联营企业				
集体联营企业				
国有与集体联营企业				
其他联营企业				
有限责任公司	152872	134180	46572	34838
国有独资公司				
其他有限责任公司	152872	134180	46572	34838
股份有限公司	62596	72183	55360	91125
私营企业	241576	261611	131740	128160
私营独资企业	23742	10353	792	168
私营合伙企业				
私营有限责任公司	185592	196508	130215	127379
私营股份有限公司	32242	54749	733	614
其他企业			433	681
港、澳、台商投资企业	112566	106036	202242	201268
港澳台商合资经营企业	29418	28195	89006	109910
港澳台商合作经营企业				
港、澳、台商独资经营企业	83148	77841	113236	91358
港、澳、台商投资股份有限公司				
其他港、澳、台商投资企业				
外商投资企业	1260778	1437157	370885	367444
中外合资经营企业	222561	268078	99567	116056
中外合作经营企业				
外资企业	1035329	1163854	271318	251389
外商投资股份有限公司	2888	5225		
其他外商投资企业				
二、按行业分				
正餐服务	534746	530842	221320	231335
快餐服务	1262967	1450553	508870	527058
饮料及冷饮服务	8722	8438	76417	65228
其他餐饮业	23953	21333	1462	783

单位：万元

营业额		餐费收入及商品销售额	
2013年	2012年	2013年	2012年
13196210	**13046470**	**13160358**	**13011814**
4051218	4108496	4023090	4078864
58836	52207	57669	50730
13122	19784	12450	19156
4628	5368	4628	5368
1456476	1249383	1448936	1241381
42715	36179	42715	36179
1413761	1213205	1406221	1205202
735954	946021	733727	943452
1777890	1831062	1762708	1815568
125010	84209	124054	83627
1510406	1549763	1499689	1540580
142474	197089	138964	191362
4312	4670	2975	3208
1665184	1553834	1663560	1548943
398113	464772	397967	464616
26798	29384	26787	29384
1236801	1055168	1235633	1051300
3473	4510	3173	3642
7479808	7384140	7473709	7384009
1612643	1703773	1612644	1703774
30000	29919	30000	29919
5829051	5642190	5823249	5642059
8114	8258	7817	8258
4464873	4554953	4447219	4534872
8015066	7949684	7996930	7935142
573606	405033	573548	404999
142667	136801	142661	136801

3-3 续表 2

项目	商品购进总额		统一配送商品购进额	
	2013年	2012年	2013年	2012年
直营门店合计	**4796282**	**4888807**	**3694722**	**3754571**
一、按登记注册类型分				
内资企业	1283618	1379325	772778	855464
国有企业	24010	22097	10502	10132
集体企业	7564	12063	7564	12063
股份合作企业	1276	1426	1185	1298
联营企业				
国有联营企业				
集体联营企业				
国有与集体联营企业				
其他联营企业				
有限责任公司	368553	365584	275187	271135
国有独资公司	14278	14442		
其他有限责任公司	354275	351142	275187	271135
股份有限公司	256685	342911	121477	171571
私营企业	624572	634031	356430	388584
私营独资企业	52179	52000	12319	13090
私营合伙企业				
私营有限责任公司	498423	504106	308151	317156
私营股份有限公司	73970	77925	35960	58338
其他企业	958	1213	433	681
港、澳、台商投资企业	579973	562929	511265	488871
港澳台商合资经营企业	141851	166869	121231	137404
港澳台商合作经营企业	9500	10201	9500	10201
港、澳、台商独资经营企业	425149	381349	380534	341266
港、澳、台商投资股份有限公司	3473	4510		
其他港、澳、台商投资企业				
外商投资企业	2932691	2946553	2410679	2410236
中外合资经营企业	523542	488044	522104	486649
中外合作经营企业	30000	29919		
外资企业	2376261	2423367	1885688	1918363
外商投资股份有限公司	2888	5225	2888	5225
其他外商投资企业				
二、按行业分				
正餐服务	1342044	1420040	820244	875674
快餐服务	3233274	3285480	2670833	2710257
饮料及冷饮服务	168302	134663	155248	124319
其他餐饮业	52663	48623	48398	44320

单位：万元

自有配送中心配送商品购进额		非自有配送中心配送商品购进额		营业额		餐费收入及商品销售额	
2013年	2012年	2013年	2012年	2013年	2012年	2013年	2012年
1701666	**1939561**	**679375**	**736770**	**11410113**	**11381056**	**11376932**	**11351761**
370031	411186	126211	181005	2850199	2955925	2824742	2930316
		83	125	58836	52207	57669	50730
				12685	19338	12012	18710
		754	764	4628	5368	4628	5368
115362	107284	9069	27128	990139	878751	982866	870749
				42715	36179	42715	36179
115362	107284	9069	27128	947424	842572	940151	834570
62596	72183	33786	71463	439438	646866	437211	644297
192073	231719	82087	80845	1340162	1348724	1327383	1337255
4313	10353	792	168	72334	80577	71378	79995
155518	166616	80562	80064	1132576	1084604	1122974	1076933
32242	54749	733	614	135252	183543	133031	180328
		433	681	4312	4670	2975	3208
111926	105597	189471	190890	1629401	1542579	1627777	1539025
28777	27756	88613	109578	395705	462931	395559	462776
				26798	29384	26787	29384
83148	77841	100858	81312	1203426	1045753	1202259	1043223
				3473	4510	3173	3642
1219709	1422778	363693	364875	6930513	6882552	6924414	6882420
220413	265930	99567	116056	1569443	1657621	1569444	1657621
				30000	29919	30000	29919
996408	1151624	264126	248819	5326566	5189266	5320763	5189134
2888	5225			4503	5747	4207	5747
448231	474556	127720	169926	2930267	3098035	2915284	3081448
1224917	1438712	473972	500933	7779032	7755851	7760897	7743175
8722	8438	76417	65228	571191	402956	571134	402923
19797	17855	1266	683	129624	124214	129616	124214

3-3 续表 3

项 目	商品购进总额		统一配送商品购进额	
	2013年	2012年	2013年	2012年
加盟门店合计	**916090**	**758734**	**312489**	**191838**
一、按登记注册类型分				
内资企业	510059	444526	206986	146325
国有企业				
集体企业	182	186	182	186
股份合作企业				
联营企业				
国有联营企业				
集体联营企业				
国有与集体联营企业				
其他联营企业				
有限责任公司	161514	119588	76187	37907
国有独资公司				
其他有限责任公司	161514	119588	76187	37907
股份有限公司	129583	131526	23720	21814
私营企业	218781	193227	106897	86418
私营独资企业	23791	4397	19429	
私营合伙企业				
私营有限责任公司	192776	184417	86970	85133
私营股份有限公司	2214	4412	498	1285
其他企业				
港、澳、台商投资企业	14163	11504	13412	10816
港澳台商合资经营企业	1138	867	1034	770
港澳台商合作经营企业				
港、澳、台商独资经营企业	13025	10638	12378	10046
港、澳、台商投资股份有限公司				
其他港、澳、台商投资企业				
外商投资企业	391868	302704	92091	34697
中外合资经营企业	2149	2149	2149	2149
中外合作经营企业				
外资企业	387987	299350	89942	32548
外商投资股份有限公司	1733	1205		
其他外商投资企业				
二、按行业分				
正餐服务	781224	691393	188979	131863
快餐服务	127451	59380	116973	54255
饮料及冷饮服务	2018	1969	1992	1945
其他餐饮业	5397	5992	4545	3774

单位：万元

自有配送中心配送商品购进额		非自有配送中心配送商品购进额		营业额		餐费收入及商品销售额	
2013年	2012年	2013年	2012年	2013年	2012年	2013年	2012年
128722	**71605**	**128694**	**87634**	**1786098**	**1665415**	**1783426**	**1660053**
87013	56788	108731	74687	1201019	1152571	1198349	1148547
				437	446	437	446
37510	26895	37503	7710	466337	370632	466070	370632
37510	26895	37503	7710	466337	370632	466070	370632
		21575	19662	296517	299155	296517	299155
49503	29892	49654	47315	437728	482337	435324	478312
19429				52676	3632	52676	3632
30074	29892	49654	47315	377831	465159	376716	463647
				7222	13546	5933	11034
640	439	12771	10377	35783	11255	35783	9919
640	439	394	331	2408	1841	2408	1841
		12378	10046	33375	9415	33375	8078
41069	14379	7192	2570	549295	501588	549295	501589
2149	2149			43200	46153	43200	46153
38921	12230	7192	2570	502485	452924	502485	452925
				3610	2511	3610	2511
86515	56286	93601	61409	1534606	1456918	1531935	1453422
38050	11841	34897	26125	236034	193833	236033	191967
				2415	2077	2415	2077
4157	3478	196	100	13043	12587	13044	12587

3-4 按登记注册类型与行业分连锁餐饮企业基本情况

正餐服务

项目	连锁总店数（个）	门店数（个）		年末从业人员（人）		年末餐饮营业面积（平方米）		年末餐位数（位）	
	2013年	2013年	2012年	2013年	2012年	2013年	2012年	2013年	2012年
总　　计	**257**	**6704**	**6172**	**325887**	**323031**	**5400921**	**5252601**	**1765706**	**1635273**
内资企业	223	4712	4349	241052	241317	4348501	4243023	1281461	1229903
国有企业	4	28	25	1641	1435	16161	15111	5334	4961
集体企业	1	3	4	600	680	12000	18000	3000	3800
股份合作企业	3	9	9	262	303	6450	6450	2104	2104
联营企业									
有限责任公司	61	1487	1212	71687	65945	1541809	1415643	495805	440970
股份有限公司	9	522	499	44935	45448	831085	809519	162831	162276
私营企业	142	2651	2588	121502	127087	1936640	1973944	610157	613522
其他企业	3	12	12	425	419	4356	4356	2230	2270
港、澳、台商投资企业	14	167	162	5759	6687	143706	162492	38386	42602
外商投资企业	20	1825	1661	79076	75027	908714	847086	445859	362768
直营门店合计		**3425**	**3168**	**177977**	**182871**	**3340234**	**3329848**	**948678**	**893591**
内资企业		2279	2111	122060	128060	2775810	2769577	695621	698616
国有企业		28	25	1641	1435	16161	15111	5334	4961
集体企业		3	4	600	680	12000	18000	3000	3800
股份合作企业		9	9	262	303	6450	6450	2104	2104
联营企业									
有限责任公司		550	463	35222	37433	808245	793872	232703	229300
股份有限公司		389	374	20239	21698	521178	527690	96945	99923
私营企业		1288	1224	63671	66092	1407420	1404098	353305	356258
其他企业		12	12	425	419	4356	4356	2230	2270
港、澳、台商投资企业		158	162	5733	6687	143434	162492	38332	42602
外商投资企业		988	895	50184	48124	420990	397779	214725	152373
加盟门店合计		**3279**	**3004**	**147910**	**140160**	**2060687**	**1922753**	**817028**	**741682**
内资企业		2433	2238	118992	113257	1572691	1473446	585840	531287
国有企业									
集体企业									
股份合作企业									
联营企业									
有限责任公司		937	749	36465	28512	733564	621771	263102	211670
股份有限公司		133	125	24696	23750	309907	281829	65886	62353
私营企业		1363	1364	57831	60995	529220	569846	256852	257264
其他企业									
港、澳、台商投资企业		9		26		272		54	
外商投资企业		837	766	28892	26903	487724	449307	231134	210395

3-4 续表 1

快餐服务

项目	连锁总店数(个)	门店数(个)		年末从业人员(人)		年末餐饮营业面积(平方米)		年末餐位数(位)	
	2013年	2013年	2012年	2013年	2012年	2013年	2012年	2013年	2012年
总计	**165**	**11886**	**10786**	**450598**	**459770**	**3699622**	**3331915**	**1321777**	**1213253**
内资企业	62	2179	2099	39801	41913	483532	460697	192576	181408
国有企业	3	50	38	1002	1159	9552	9188	2337	2239
集体企业									
股份合作企业									
联营企业									
有限责任公司	23	912	859	16280	13950	215812	196508	58145	54223
股份有限公司	3	333	336	3528	3916	39761	50840	29811	28291
私营企业	33	884	866	18991	22888	218407	204161	102283	96655
其他企业									
港、澳、台商投资企业	34	1865	1731	61685	65173	492995	477375	208185	184753
外商投资企业	69	7842	6956	349112	352684	2723095	2393843	921016	847092
直营门店合计		**10991**	**9974**	**435842**	**446615**	**3523461**	**3172918**	**1240216**	**1142632**
内资企业		1926	1820	37849	39685	463597	435014	184455	166394
国有企业		50	38	1002	1159	9552	9188	2337	2239
集体企业									
股份合作企业									
联营企业									
有限责任公司		909	856	16188	13896	215032	195728	57895	54073
股份有限公司		149	137	2844	2942	33161	38830	28011	19451
私营企业		818	789	17815	21688	205852	191268	96212	90631
其他企业									
港、澳、台商投资企业		1784	1663	58957	62901	477791	464115	197733	182104
外商投资企业		7281	6491	339036	344029	2582073	2273789	858028	794134
加盟门店合计		**895**	**812**	**14756**	**13155**	**176161**	**158997**	**81561**	**70621**
内资企业		253	279	1952	2228	19935	25683	8121	15014
国有企业									
集体企业									
股份合作企业									
联营企业									
有限责任公司		3	3	92	54	780	780	250	150
股份有限公司		184	199	684	974	6600	12010	1800	8840
私营企业		66	77	1176	1200	12555	12893	6071	6024
其他企业									
港、澳、台商投资企业		81	68	2728	2272	15204	13260	10452	2649
外商投资企业		561	465	10076	8655	141022	120054	62988	52958

3-4 续表 2

饮料及冷饮服务

项　　目	连锁总店数(个)	门店数(个)		年末从业人员(人)		年末餐饮营业面积(平方米)		年末餐位数(位)	
	2013年	2013年	2012年	2013年	2012年	2013年	2012年	2013年	2012年
总　　计	**17**	**1468**	**1065**	**18241**	**16594**	**195670**	**150576**	**63239**	**41839**
内资企业	5	220	222	751	786	10860	10675	2237	2175
国有企业	1	6	6	122	139	1933	1933	816	816
集体企业									
股份合作企业									
联营企业									
有限责任公司									
股份有限公司									
私营企业	4	214	216	629	647	8927	8742	1421	1359
其他企业									
港、澳、台商投资企业	8	645	407	8393	6562	93925	62778	35332	21140
外商投资企业	4	603	436	9097	9246	90885	77123	25670	18524
直营门店合计		**1463**	**1060**	**18205**	**16552**	**194950**	**149856**	**63086**	**41686**
内资企业		217	219	725	754	10260	10075	2104	2042
国有企业		6	6	122	139	1933	1933	816	816
集体企业									
股份合作企业									
联营企业									
有限责任公司									
股份有限公司									
私营企业		211	213	603	615	8327	8142	1288	1226
其他企业									
港、澳、台商投资企业		643	405	8383	6552	93805	62658	35312	21120
外商投资企业		603	436	9097	9246	90885	77123	25670	18524
加盟门店合计		**5**	**5**	**36**	**42**	**720**	**720**	**153**	**153**
内资企业		3	3	26	32	600	600	133	133
国有企业									
集体企业									
股份合作企业									
联营企业									
有限责任公司									
股份有限公司									
私营企业		3	3	26	32	600	600	133	133
其他企业									
港、澳、台商投资企业		2	2	10	10	120	120	20	20
外商投资企业									

3-4 续表 3

其他餐饮业

项目	连锁总店数(个)	门店数(个)		年末从业人员(人)		年末餐饮营业面积(平方米)		年末餐位数(位)	
	2013年	2013年	2012年	2013年	2012年	2013年	2012年	2013年	2012年
总计	**15**	**496**	**490**	**8389**	**8327**	**74461**	**69578**	**43998**	**40870**
内资企业	11	332	349	3466	3425	35040	35588	9199	10758
国有企业									
集体企业	1	9	9	80	80	669	669	255	255
股份合作企业									
联营企业									
有限责任公司	5	257	274	1764	1595	13644	14411	3299	4158
股份有限公司									
私营企业	5	66	66	1622	1750	20727	20508	5645	6345
其他企业									
港、澳、台商投资企业	2	126	106	3891	4061	34305	29821	34243	29691
外商投资企业	2	38	35	1032	841	5116	4169	556	421
直营门店合计		**254**	**223**	**7403**	**7311**	**68359**	**62895**	**42025**	**38762**
内资企业		90	82	2480	2409	28938	28905	7226	8650
国有企业									
集体企业		5	5	35	35	345	345	115	115
股份合作企业									
联营企业									
有限责任公司		55	48	1277	1192	12006	12322	2686	3485
股份有限公司									
私营企业		30	29	1168	1182	16587	16238	4425	5050
其他企业									
港、澳、台商投资企业		126	106	3891	4061	34305	29821	34243	29691
外商投资企业		38	35	1032	841	5116	4169	556	421
加盟门店合计		**242**	**267**	**986**	**1016**	**6102**	**6683**	**1973**	**2108**
内资企业		242	267	986	1016	6102	6683	1973	2108
国有企业									
集体企业		4	4	45	45	324	324	140	140
股份合作企业									
联营企业									
有限责任公司		202	226	487	403	1638	2089	613	673
股份有限公司									
私营企业		36	37	454	568	4140	4270	1220	1295
其他企业									
港、澳、台商投资企业									
外商投资企业									

3-5 按登记注册类型与

正餐服务

项　　目	商品购进总额		统一配送商品购进额	
	2013年	2012年	2013年	2012年
总 计	**2123268**	**2111433**	**1009223**	**1007537**
内资企业	1529855	1519499	765900	744685
国有企业	14706	13634	2778	3088
集体企业	7399	11898	7399	11898
股份合作企业	1276	1426	1185	1298
联营企业				
有限责任公司	430286	357132	276651	205059
股份有限公司	348754	437862	108325	157495
私营企业	726477	696335	369129	365167
其他企业	958	1213	433	681
港、澳、台商投资企业	64479	73424	33789	34274
外商投资企业	528934	518510	209533	228578
直营门店合计	**1342044**	**1420040**	**820244**	**875674**
内资企业	1045688	1099891	582509	619120
国有企业	14706	13634	2778	3088
集体企业	7399	11898	7399	11898
股份合作企业	1276	1426	1185	1298
联营企业				
有限责任公司	273006	242184	203887	169588
股份有限公司	234105	319713	99540	148859
私营企业	514239	509823	267287	283708
其他企业	958	1213	433	681
港、澳、台商投资企业	64368	73424	33679	34274
外商投资企业	231988	246725	204057	222280
加盟门店合计	**781224**	**691393**	**188979**	**131863**
内资企业	484168	419608	183392	125565
国有企业				
集体企业				
股份合作企业				
联营企业				
有限责任公司	157281	114948	72764	35470
股份有限公司	114649	118148	8786	8636
私营企业	212238	186512	101842	81458
其他企业				
港、澳、台商投资企业	110		110	
外商投资企业	296946	271785	5476	6299

行业分连锁餐饮企业经营情况

单位：万元

自有配送中心配送商品购进额		非自有配送中心配送商品购进额		营业额		餐费收入及商品销售额	
2013年	2012年	2013年	2012年	2013年	2012年	2013年	2012年
534746	**530842**	**221320**	**231335**	**4464873**	**4554953**	**4447219**	**4534872**
356545	333159	173153	183405	3262080	3416368	3245022	3397310
				32635	27995	32634	27995
				12287	18940	11615	18312
		754	764	4628	5368	4628	5368
84368	62248	46572	16901	1161380	990659	1157917	986450
62596	72183	18488	55235	661103	868898	659582	867983
209581	198729	106906	109824	1385736	1499838	1375669	1487996
		433	681	4312	4670	2975	3208
14829	16542	4339	4748	148474	184088	148016	183064
163372	181141	43828	43182	1054320	954497	1054182	954497
448231	**474556**	**127720**	**169926**	**2930267**	**3098035**	**2915284**	**3081448**
275617	281503	79553	121996	2102922	2310234	2088534	2294672
				32635	27995	32634	27995
				12287	18940	11615	18312
		754	764	4628	5368	4628	5368
50281	37789	9069	9191	702646	626874	699451	622664
62596	72183	11848	48752	379576	591271	378055	590356
162740	171532	57449	62609	966839	1035116	959177	1026770
		433	681	4312	4670	2975	3208
14719	16542	4339	4748	148247	184088	147790	183064
157895	176511	43828	43182	679098	603713	678960	603713
86515	**56286**	**93601**	**61409**	**1534606**	**1456918**	**1531935**	**1453422**
80928	51656	93601	61409	1159158	1106134	1156487	1102639
34087	24459	37503	7710	458734	363786	458466	363786
		6640	6484	281528	277628	281527	277627
46841	27197	49458	47215	418897	464721	416493	461226
110				226		226	
5476	4630			375222	350783	375222	350784

3-5 续表 1

快餐服务

项目	商品购进总额		统一配送商品购进额	
	2013年	2012年	2013年	2012年
总 计	**3360725**	**3344860**	**2787806**	**2764512**
内资企业	233311	275504	188469	234777
国有企业	9222	8338	7641	6920
集体企业				
股份合作企业				
联营企业				
有限责任公司	81005	111229	60479	93075
股份有限公司	37514	36575	36872	35890
私营企业	105569	119361	83477	98893
其他企业				
港、澳、台商投资企业	418738	414040	389924	386881
外商投资企业	2708676	2655316	2209412	2142854
直营门店合计	**3233274**	**3285480**	**2670833**	**2710257**
内资企业	214808	258523	171412	219736
国有企业	9222	8338	7641	6920
集体企业				
股份合作企业				
联营企业				
有限责任公司	80780	111002	60259	92855
股份有限公司	22580	23197	21938	22712
私营企业	102226	115986	81574	97250
其他企业				
港、澳、台商投资企业	404712	402559	376623	376065
外商投资企业	2613754	2624397	2122798	2114456
加盟门店合计	**127451**	**59380**	**116973**	**54255**
内资企业	18503	16980	17057	15040
国有企业				
集体企业				
股份合作企业				
联营企业				
有限责任公司	225	227	220	220
股份有限公司	14934	13378	14934	13178
私营企业	3343	3376	1903	1642
其他企业				
港、澳、台商投资企业	14027	11481	13301	10816
外商投资企业	94922	30919	86615	28399

单位：万元

自有配送中心配送商品购进额		非自有配送中心配送商品购进额		营业额		餐费收入及商品销售额	
2013年	2012年	2013年	2012年	2013年	2012年	2013年	2012年
1262967	**1450553**	**508870**	**527058**	**8015066**	**7949684**	**7996930**	**7935142**
81292	117898	60235	71374	720953	629145	709890	618571
				23676	21099	22509	19621
54800	61554		17937	263707	232579	259629	228787
		36872	35890	74851	77123	74144	75470
26492	56344	23363	17547	358719	298345	353608	294692
97312	89070	190134	191380	1158761	1112106	1157594	1108238
1084363	1243586	258501	264304	6135352	6208433	6129448	6208334
1224917	**1438712**	**473972**	**500933**	**7779032**	**7755851**	**7760897**	**7743175**
79364	116245	45300	58196	694490	597314	683427	587268
				23676	21099	22509	19621
54580	61334		17937	262958	231784	258880	227992
		21938	22712	59862	55595	59155	53942
24784	54911	23363	17547	347994	288836	342884	285714
96782	88631	177362	181003	1123264	1100908	1122097	1098378
1048770	1233837	251310	261735	5961279	6057628	5955373	6057529
38050	**11841**	**34897**	**26125**	**236034**	**193833**	**236033**	**191967**
1928	1653	14934	13178	26463	31831	26463	31303
220	220			750	795	750	795
		14934	13178	14989	21528	14989	21528
1708	1433			10725	9508	10725	8980
530	439	12771	10377	35497	11197	35497	9861
35593	9749	7192	2570	174074	150805	174073	150805

3-5 续表 2

饮料及冷饮服务

项　目	商品购进总额		统一配送商品购进额	
	2013年	2012年	2013年	2012年
总 计	**170321**	**136632**	**157240**	**126265**
内资企业	3828	3874	3828	3874
国有企业	83	125	83	125
集体企业				
股份合作企业				
联营企业				
有限责任公司				
股份有限公司				
私营企业	3746	3750	3746	3750
其他企业				
港、澳、台商投资企业	87206	63592	77250	55155
外商投资企业	79286	69166	76162	67235
直营门店合计	**168302**	**134663**	**155248**	**124319**
内资企业	1836	1928	1836	1928
国有企业	83	125	83	125
集体企业				
股份合作企业				
联营企业				
有限责任公司				
股份有限公司				
私营企业	1754	1804	1754	1804
其他企业				
港、澳、台商投资企业	87180	63569	77250	55155
外商投资企业	79286	69166	76162	67235
加盟门店合计	**2018**	**1969**	**1992**	**1945**
内资企业	1992	1945	1992	1945
国有企业				
集体企业				
股份合作企业				
联营企业				
有限责任公司				
股份有限公司				
私营企业	1992	1945	1992	1945
其他企业				
港、澳、台商投资企业	26	24		
外商投资企业				

单位：万元

自有配送中心配送商品购进额		非自有配送中心配送商品购进额		营业额		餐费收入及商品销售额	
2013年	2012年	2013年	2012年	2013年	2012年	2013年	2012年
8722	**8438**	**76417**	**65228**	**573606**	**405033**	**573548**	**404999**
691	737	92	131	8505	8162	8504	8162
		83	125	2526	3114	2526	3114
691	737	9	6	5979	5048	5980	5048
425	425	7769	5140	294207	191909	294207	191909
7606	7277	68556	59958	270894	204962	270838	204930
8722	**8438**	**76417**	**65228**	**571191**	**402956**	**571134**	**402923**
691	737	92	131	6151	6143	6150	6143
		83	125	2526	3114	2526	3114
691	737	9	6	3625	3029	3626	3029
425	425	7769	5140	294147	191851	294147	191851
7606	7277	68556	59958	270894	204962	270838	204930
				2415	**2077**	**2415**	**2077**
				2355	2019	2355	2019
				2355	2019	2355	2019
				60	58	60	58

3-5 续表 3

其他餐饮业

项　目	商品购进总额		统一配送商品购进额	
	2013年	2012年	2013年	2012年
总　计	**58059**	**54616**	**52943**	**48095**
内资企业	26683	24974	21566	18452
国有企业				
集体企业	347	351	347	351
股份合作企业				
联营企业				
有限责任公司	18775	16811	14244	10908
股份有限公司				
私营企业	7560	7812	6975	7193
其他企业				
港、澳、台商投资企业	23713	23377	23713	23377
外商投资企业	7664	6265	7664	6265
直营门店合计	**52663**	**48623**	**48398**	**44320**
内资企业	21286	18981	17021	14678
国有企业				
集体企业	165	165	165	165
股份合作企业				
联营企业				
有限责任公司	14767	12398	11041	8692
股份有限公司				
私营企业	6353	6419	5815	5821
其他企业				
港、澳、台商投资企业	23713	23377	23713	23377
外商投资企业	7664	6265	7664	6265
加盟门店合计	**5397**	**5992**	**4545**	**3774**
内资企业	5397	5992	4545	3774
国有企业				
集体企业	182	186	182	186
股份合作企业				
联营企业				
有限责任公司	4008	4413	3203	2216
股份有限公司				
私营企业	1207	1393	1160	1372
其他企业				
港、澳、台商投资企业				
外商投资企业				

单位：万元

自有配送中心配送商品购进额		非自有配送中心配送商品购进额		营业额		餐费收入及商品销售额	
2013年	2012年	2013年	2012年	2013年	2012年	2013年	2012年
23953	**21333**	**1462**	**783**	**142667**	**136801**	**142661**	**136801**
18516	16180	1462	783	59680	54821	59674	54820
				835	844	835	844
13704	10378			31389	26145	31389	26145
4812	5801	1462	783	27456	27831	27450	27831
				63744	65733	63744	65733
5438	5153			19243	16248	19243	16248
19797	**17855**	**1266**	**683**	**129624**	**124214**	**129616**	**124214**
14359	12701	1266	683	46637	42233	46630	42234
				397	398	397	398
10501	8162			24535	20093	24535	20093
3858	4539	1266	683	21704	21742	21698	21742
				63744	65733	63744	65733
5438	5153			19243	16248	19243	16248
4157	**3478**	**196**	**100**	**13043**	**12587**	**13044**	**12587**
4157	3478	196	100	13043	12587	13044	12587
				437	446	437	446
3203	2216			6854	6051	6854	6051
954	1262	196	100	5752	6089	5752	6089

3-6 连锁餐饮企业门店分布情况

单位：个

地区	合计		直营门店		加盟门店	
	2013年	2012年	2013年	2012年	2013年	2012年
全 国	**20554**	**18513**	**16133**	**14425**	**4421**	**4088**
北 京	2770	2658	2696	2592	74	66
天 津	499	451	439	396	60	55
河 北	505	406	351	284	154	122
山 西	326	278	144	130	182	148
内蒙古	228	215	108	98	120	117
辽 宁	546	390	489	338	57	52
吉 林	168	114	143	90	25	24
黑龙江	229	209	202	182	27	27
上 海	1612	1461	1537	1399	75	62
江 苏	1593	1418	1359	1191	234	227
浙 江	1477	1362	1179	1093	298	269
安 徽	738	625	616	528	122	97
福 建	699	630	395	334	304	296
江 西	229	214	133	128	96	86
山 东	763	667	580	488	183	179
河 南	459	430	273	260	186	170
湖 北	624	610	464	477	160	133
湖 南	429	361	311	260	118	101
广 东	3176	2823	3045	2699	131	124
广 西	194	169	109	98	85	71
海 南	74	67	58	52	16	15
重 庆	938	900	414	353	524	547
四 川	1170	1075	469	412	701	663
贵 州	88	80	54	51	34	29
云 南	283	250	153	132	130	118
西 藏	35	33	3	4	32	29
陕 西	323	278	227	199	96	79
甘 肃	100	95	42	39	58	56
青 海	27	17	12	7	15	10
宁 夏	47	41	16	18	31	23
新 疆	196	178	104	85	92	93
港澳台及国外	9	8	8	8	1	

3-7 连锁餐饮企业配送中心分布情况

单位：个

地 区	配送中心数		自有配送中心数	
	2013年	2012年	2013年	2012年
全 国	**296**	**330**	**218**	**228**
北 京	45	43	34	31
天 津	4	5	3	3
河 北	2	3	1	1
山 西	3	3	3	2
内蒙古	3	3	3	3
辽 宁	6	6	4	4
吉 林	1	2	1	1
黑龙江	2	3	2	2
上 海	18	18	9	10
江 苏	32	32	20	14
浙 江	20	21	18	19
安 徽	5	7	5	5
福 建	14	15	9	10
江 西	4	6	3	3
山 东	4	8	4	6
河 南	2	3	2	2
湖 北	23	30	22	25
湖 南	18	19	4	8
广 东	31	34	24	27
广 西	4	4	2	2
海 南				
重 庆	15	14	13	12
四 川	22	26	19	21
贵 州				
云 南	4	7	2	6
西 藏				
陕 西	5	7	4	4
甘 肃	3	3	2	2
青 海				
宁 夏	1	2	1	1
新 疆	5	6	4	4

3-8 连锁餐饮企业门店在36城市分布情况

单位：个

地 区	合计		直营门店		加盟门店	
	2013年	2012年	2013年	2012年	2013年	2012年
合 计	**13165**	**11932**	**11398**	**10385**	**1767**	**1548**
北 京	2770	2658	2696	2592	74	66
天 津	499	451	439	396	60	55
石家庄	89	74	58	47	31	27
太 原	107	95	77	69	30	26
呼和浩特	35	32	21	19	14	14
沈 阳	264	225	253	214	11	11
大 连	142	103	123	88	19	15
长 春	103	85	99	81	4	4
哈尔滨	152	143	144	137	8	6
上 海	1612	1461	1537	1399	75	62
南 京	324	289	304	267	20	22
杭 州	487	470	455	431	32	39
宁 波	245	235	227	210	18	25
合 肥	360	322	339	306	21	16
福 州	114	96	98	75	16	21
厦 门	342	329	179	163	163	166
南 昌	72	70	63	63	9	7
济 南	160	179	128	150	32	29
青 岛	235	280	223	266	12	14
郑 州	143	122	118	97	25	25
武 汉	373	350	332	316	41	34
长 沙	237	154	218	131	19	23
广 州	959	803	937	783	22	20
深 圳	1088	983	1072	963	16	20
南 宁	62	59	50	48	12	11
海 口	36	38	28	30	8	8
重 庆	938	900	414	353	524	547
成 都	587	399	329	288	258	111
贵 阳	60	43	53	38	7	5
昆 明	173	117	90	78	83	39
拉 萨	28	22	3	4	25	18
西 安	183	160	174	154	9	6
兰 州	52	47	38	35	14	12
西 宁	17	10	12	7	5	3
银 川	26	24	14	16	12	8
乌鲁木齐	91	104	53	71	38	33

3-9 连锁餐饮企业配送中心在36城市分布情况

单位：个

地区	配送中心数		自有配送中心数	
	2013年	2012年	2013年	2012年
合计	**210**	**224**	**160**	**169**
北京	45	43	34	31
天津	4	5	3	3
石家庄				
太原	1	1	1	1
呼和浩特				
沈阳	3	2	2	2
大连	2	2	1	1
长春	1	1	1	1
哈尔滨	2	2	2	2
上海	18	18	9	10
南京	14	13	8	7
杭州	15	16	14	15
宁波	3	3	3	3
合肥	2	3	2	2
福州	3	3	2	2
厦门	5	6	2	4
南昌	2	3	1	1
济南				
青岛	2	4	2	3
郑州				
武汉	15	18	14	16
长沙	3	5	2	2
广州	8	9	5	5
深圳	13	14	10	12
南宁	2	2	2	2
海口				
重庆	15	14	13	12
成都	19	20	16	17
贵阳				
昆明	2	5	1	5
拉萨				
西安	4	5	4	4
兰州	2	2	2	2
西宁				
银川	1	1	1	1
乌鲁木齐	4	4	3	3

第四部分

餐饮企业地区篇

4-1 各地区连锁餐饮企业基本情况

地区	连锁总店数（个）	门店数（个）		年末从业人员（人）		年末餐饮营业面积（平方米）		年末餐位数（位）	
	2013年	2013年	2012年	2013年	2012年	2013年	2012年	2013年	2012年
全国	**454**	**20554**	**18513**	**803115**	**807722**	**9370674**	**8804670**	**3194720**	**2931235**
北京	87	3596	3227	137637	141256	1815751	1737262	553378	465832
天津	11	491	458	24099	32948	195413	176721	58776	53679
河北	1	6	7	960	1063	13780	14980	4520	4674
山西	6	113	106	9045	10018	69360	67670	21298	20825
内蒙古	7	320	314	6254	6023	164580	160282	39430	22390
辽宁	11	643	454	10437	12586	269643	169297	79947	70421
吉林	1	23	19	950	671	13071	11678	4323	3588
黑龙江	7	75	72	2561	2634	40516	41015	15989	15150
上海	17	2037	1782	63231	58575	596769	546439	184799	179058
江苏	21	1428	1333	65318	63000	475927	455717	156986	146531
浙江	29	1588	1543	51766	71854	947203	912660	246786	240826
安徽	9	439	365	11511	10203	390434	408590	60446	59725
福建	16	1043	972	33523	32740	284342	254843	112470	93405
江西	8	87	77	8336	7772	76153	72787	23894	21226
山东	10	432	382	21756	6603	174323	133294	52878	62920
河南	21	207	209	6594	8362	114094	117916	30438	31250
湖北	29	544	496	33506	32910	460241	453876	153501	153206
湖南	10	377	348	25206	23321	243570	236052	100325	94680
广东	84	3216	2843	122252	120493	959984	915920	362785	341116
广西	2	80	72	6727	6937	30880	26407	10213	9173
海南	1	4	4	218	280	1480	1480	489	489
重庆	23	2408	2200	106141	107025	1470522	1436093	661190	646926
四川	15	741	650	21876	23212	244613	226151	114823	104668
贵州	2	20	20	1165	1431	26001	26001	3525	3525
云南	8	277	214	16879	10069	172063	80235	101464	45939
西藏	1	3	3	48	85	450	450	120	156
陕西	5	174	162	11111	11002	69084	66877	22604	24562
甘肃	3	33	33	929	1247	9466	9686	3746	3762
青海									
宁夏	1	1	3	86	108	761	1321	156	308
新疆	8	148	145	2993	3294	40200	42970	13421	11225

4-2 各地区连锁餐饮企业直营门店基本情况

地 区	门店数 (个)		年末从业人员 (人)		年末餐饮营业面积 (平方米)		年末餐位数 (位)	
	2013年	2012年	2013年	2012年	2013年	2012年	2013年	2012年
全 国	**16133**	**14425**	**639427**	**653349**	**7127004**	**6715517**	**2294005**	**2116671**
北 京	3351	3030	124620	128768	1495159	1460312	491740	413160
天 津	471	438	23884	32738	194078	175386	58496	53399
河 北	6	7	960	1063	13780	14980	4520	4674
山 西	94	86	7199	8233	42470	39280	12906	11983
内蒙古	70	72	2260	2189	53686	53113	25315	9335
辽 宁	643	454	10437	12586	269643	169297	79947	70421
吉 林	23	19	950	671	13071	11678	4323	3588
黑龙江	75	72	2561	2634	40516	41015	15989	15150
上 海	2022	1779	62937	58382	595862	546026	184470	178856
江 苏	1280	1198	61709	59585	435618	419727	146955	137455
浙 江	1103	1069	42844	63262	786533	751917	199296	194942
安 徽	427	351	10892	8768	379549	370306	58521	55131
福 建	388	345	19095	17796	158205	140188	47458	40260
江 西	87	77	8336	7772	76153	72787	23894	21226
山 东	432	382	21756	6603	174323	133294	52878	62920
河 南	202	204	6533	8309	112985	116807	29986	30798
湖 北	543	494	33401	32760	459241	452501	152443	151328
湖 南	290	266	17210	15766	147920	144152	68460	68844
广 东	3134	2757	118211	116213	916422	865550	353870	330335
广 西	80	72	6727	6937	30880	26407	10213	9173
海 南	4	4	218	280	1480	1480	489	489
重 庆	523	444	19662	20782	388497	373946	138047	131845
四 川	427	379	15807	18328	149908	143972	58447	55410
贵 州	20	20	1165	1431	26001	26001	3525	3525
云 南	130	120	5626	6504	52163	50991	34766	25551
西 藏	3	3	48	85	450	450	120	156
陕 西	174	162	11111	11002	69084	66877	22604	24562
甘 肃	33	33	929	1247	9466	9686	3746	3762
青 海								
宁 夏	1	3	86	108	761	1321	156	308
新 疆	97	85	2253	2547	33100	36070	10425	8085

4-3 各地区连锁餐饮企业加盟门店基本情况

地区	门店数(个)		年末从业人员(人)		年末餐饮营业面积(平方米)		年末餐位数(位)	
	2013年	2012年	2013年	2012年	2013年	2012年	2013年	2012年
全　国	**4421**	**4088**	**163688**	**154373**	**2243670**	**2089153**	**900715**	**814564**
北　京	245	197	13017	12488	320592	276950	61638	52672
天　津	20	20	215	210	1335	1335	280	280
河　北								
山　西	19	20	1846	1785	26890	28390	8392	8842
内蒙古	250	242	3994	3834	110894	107169	14115	13055
辽　宁								
吉　林								
黑龙江								
上　海	15	3	294	193	907	413	329	202
江　苏	148	135	3609	3415	40309	35990	10031	9076
浙　江	485	474	8922	8592	160670	160743	47490	45884
安　徽	12	14	619	1435	10885	38284	1925	4594
福　建	655	627	14428	14944	126137	114655	65012	53145
江　西								
山　东								
河　南	5	5	61	53	1109	1109	452	452
湖　北	1	2	105	150	1000	1375	1058	1878
湖　南	87	82	7996	7555	95650	91900	31865	25836
广　东	82	86	4041	4280	43562	50370	8915	10781
广　西								
海　南								
重　庆	1885	1756	86479	86243	1082025	1062147	523143	515081
四　川	314	271	6069	4884	94705	82179	56376	49258
贵　州								
云　南	147	94	11253	3565	119900	29244	66698	20388
西　藏								
陕　西								
甘　肃								
青　海								
宁　夏								
新　疆	51	60	740	747	7100	6900	2996	3140

4-4 各地区连锁

地　区	商品购进总额		统一配送商品购进额		自有配送中心配送商品购进额	
	2013年	2012年	2013年	2012年	2013年	2012年
全　国	**5712373**	**5647541**	**4007211**	**3946409**	**1830388**	**2011166**
北　京	889736	854224	727624	610674	332925	326322
天　津	348951	380097	40472	37539	3019	3480
河　北	9732	11831				
山　西	47934	46824	37737	36340	37133	35252
内蒙古	78196	70494	8851	9028	2963	2812
辽　宁	433210	302916	351060	237125	16570	16068
吉　林	4253	3904	4253	3904	4253	3904
黑龙江	16119	14533	15301	13488	7027	5037
上　海	418219	411975	365698	364099	172123	163276
江　苏	352131	413975	335229	395530	193588	218929
浙　江	352329	391387	295869	355235	212778	274750
安　徽	59996	46021	44495	30669	33760	18339
福　建	208308	197503	166242	155106	115433	95360
江　西	42171	42215	35682	36341	6346	5178
山　东	174166	142870	154467	138708	1398	1208
河　南	62235	63680	45427	46038		
湖　北	213626	267096	197736	247336	133141	199621
湖　南	112257	96901	11097	6483	7651	3338
广　东	687141	754539	622618	699476	217587	260898
广　西	20470	26345	20470	26345	20470	26345
海　南	181	2228	181	2228		
重　庆	791669	732322	169472	149260	113109	94581
四　川	198627	152623	171809	132233	89872	86726
贵　州	9561	12988	9561	12988		
云　南	82653	87097	81989	86412	27063	65648
西　藏	259	269	259	269		
陕　西	64142	86311	61738	80808	59554	78722
甘　肃	14324	15970	13256	14610	12347	13510
青　海						
宁　夏	570	538	570	538	570	538
新　疆	19208	17867	18048	17603	9707	11326

餐饮企业经营情况

单位：万元

非自有配送中心配送商品购进额		营业额		餐费收入及商品销售额	
2013年	2012年	2013年	2012年	2013年	2012年
808069	**824404**	**13196210**	**13046470**	**13160358**	**13011814**
168291	186045	2574492	2596593	2562768	2585809
		415051	443844	415015	443807
		12307	17907	12307	17907
		91141	104519	91140	104455
3928	4429	162561	150932	162539	150932
		566958	608414	566928	608413
		9685	8890	9685	8890
7860	7836	37750	35796	37750	35795
159836	168862	1393420	1279115	1393364	1279082
141613	176107	895843	917737	891204	917738
51285	49850	897574	987347	896719	986557
1507	2794	127024	119010	123514	113282
29440	27942	566480	494256	566371	494256
27875	29533	80604	86390	80604	86391
		308641	282959	308641	282957
240	417	115709	118208	115318	117867
36804	13311	499336	488747	497027	485085
		245398	207211	240340	202306
54600	68040	2078582	2019983	2076299	2018116
		66821	66846	66821	66846
181	2228	5803	6110	5803	6110
53219	51736	1172876	1255345	1171037	1254765
13326	8868	447931	396652	446243	395150
		17271	23560	17271	23560
49724	20131	194655	111086	194655	108303
		455	446	455	446
		127188	126651	127188	126651
		31536	35551	31536	35551
		570	538	570	538
8341	6277	52549	55828	51245	54250

4-5 各地区连锁餐饮

地区	商品购进总额		统一配送商品购进额		自有配送中心配送商品购进额	
	2013年	2012年	2013年	2012年	2013年	2012年
全国	**4796282**	**4888807**	**3694722**	**3754571**	**1701666**	**1939561**
北京	833788	789488	715881	599551	329500	323352
天津	348941	380087	40462	37529	3019	3480
河北	9732	11831				
山西	42791	41705	37737	36340	37133	35252
内蒙古	70239	63099	3292	3719	707	876
辽宁	433210	302916	351060	237125	16570	16068
吉林	4253	3904	4253	3904	4253	3904
黑龙江	16119	14533	15301	13488	7027	5037
上海	417451	411381	365083	363594	171507	162771
江苏	314829	406582	304500	389481	168766	215781
浙江	324316	366493	267857	330341	201035	266482
安徽	57870	40519	44085	28294	33661	17039
福建	117030	127034	107676	117789	81608	81424
江西	42171	42215	35682	36341	6346	5178
山东	174166	142870	154467	138708	1398	1208
河南	58872	60615	45427	46038		
湖北	213269	266610	197380	246850	132784	199135
湖南	94385	84608	7002	3738	4437	1290
广东	678891	745748	615933	692036	217587	260898
广西	20470	26345	20470	26345	20470	26345
海南	181	2228	181	2228		
重庆	239645	227567	99103	90180	69442	61280
四川	137393	123601	120906	111717	86873	84451
贵州	9561	12988	9561	12988		
云南	39919	74339	39255	73854	27063	65648
西藏	259	269	259	269		
陕西	64142	86311	61738	80808	59554	78722
甘肃	14324	15970	13256	14610	12347	13510
青海						
宁夏	570	538	570	538	570	538
新疆	17495	16416	16348	16170	8007	9893

企业直营门店经营情况

单位：万元

非自有配送中心配送商品购进额		营业额		餐费收入及商品销售额	
2013年	2012年	2013年	2012年	2013年	2012年
679375	**736770**	**11410113**	**11381056**	**11376932**	**11351761**
159973	179562	2406457	2433862	2394863	2423077
		411451	440289	411415	440253
		12307	17907	12307	17907
		80631	93928	80631	93864
659	1291	79492	70890	79470	70890
		566958	608414	566928	608413
		9685	8890	9685	8890
7860	7836	37750	35796	37750	35795
159836	168862	1383608	1270431	1383553	1270398
135706	173206	863320	889716	858681	889716
36350	36672	811009	901318	810154	900528
1500	2794	120086	104186	117865	100970
4699	4562	296296	289085	296297	289085
27875	29533	80604	86390	80604	86391
		308641	282959	308641	282957
240	417	114707	117295	114317	116954
36804	13311	498544	487943	496235	484281
		200931	176357	196749	172435
54600	68040	2057263	1997109	2054981	1995242
		66821	66846	66821	66846
181	2228	5803	6110	5803	6110
28509	27901	383169	394555	381330	393975
9251	6708	289086	271530	287665	270027
		17271	23560	17271	23560
6990	7572	102928	92098	102928	90652
		455	446	455	446
		127188	126651	127188	126651
		31536	35551	31536	35551
		570	538	570	538
8341	6277	45546	50407	44243	49358

4-6 各地区连锁餐饮

地　区	商品购进总额		统一配送商品购进额		自有配送中心配送商品购进额	
	2013年	2012年	2013年	2012年	2013年	2012年
全　国	**916090**	**758734**	**312489**	**191838**	**128722**	**71605**
北　京	55948	64736	11743	11123	3425	2970
天　津	10	10	10	10		
河　北						
山　西	5143	5119				
内蒙古	7957	7395	5559	5309	2256	1936
辽　宁						
吉　林						
黑龙江						
上　海	768	594	615	505	615	505
江　苏	37302	7393	30729	6049	24822	3148
浙　江	28012	24894	28012	24894	11743	8268
安　徽	2126	5503	410	2376	100	1300
福　建	91278	70470	58565	37316	33825	13936
江　西						
山　东						
河　南	3363	3065				
湖　北	356	486	356	485	356	485
湖　南	17872	12293	4096	2745	3214	2048
广　东	8249	8791	6686	7440		
广　西						
海　南						
重　庆	552023	504755	70370	59080	43667	33301
四　川	61234	29021	50904	20515	2999	2275
贵　州						
云　南	42733	12758	42733	12558		
西　藏						
陕　西						
甘　肃						
青　海						
宁　夏						
新　疆	1713	1452	1700	1433	1700	1433

企业加盟门店经营情况

单位：万元

非自有配送中心配送商品购进额		营业额		餐费收入及商品销售额	
2013年	2012年	2013年	2012年	2013年	2012年
128694	**87634**	**1786098**	**1665415**	**1783426**	**1660053**
8318	6484	168035	162731	167905	162732
		3600	3555	3600	3555
		10510	10590	10509	10591
3269	3137	83069	80043	83069	80043
		9812	8684	9812	8684
5908	2901	32524	28021	32523	28021
14934	13178	86565	86029	86565	86029
7		6938	14824	5650	12311
24740	23380	270183	205171	270075	205171
		1002	913	1002	913
		792	804	792	804
		44467	30854	43592	29871
		21319	22874	21319	22874
24710	23835	789708	860790	789708	860790
4075	2161	158845	125122	158578	125122
42733	12558	91728	18988	91728	17651
		7003	5421	7003	4892

4-7 按登记注册类型分各地区连锁餐饮企业基本情况

内资企业

地 区	连锁总店数(个)	门店数(个)		年末从业人员(人)		年末餐饮营业面积(平方米)		年末餐位数(位)	
	2013年	2013年	2012年	2013年	2012年	2013年	2012年	2013年	2012年
全 国	**301**	**7443**	**7019**	**285070**	**287441**	**4877933**	**4749983**	**1485473**	**1424244**
北 京	301	7443	7019	285070	287441	4877933	4749983	1485473	1424244
天 津									
河 北	58	1159	1133	53081	55944	1017980	1022443	229577	227543
山 西	7	49	53	922	933	13841	14685	3365	3533
内蒙古	1	6	7	960	1063	13780	14980	4520	4674
	5	36	37	3013	3203	42410	43520	12828	13235
辽 宁	7	320	314	6254	6023	164580	160282	39430	22390
吉 林									
黑龙江	2	9	7	956	1027	36729	45824	2536	5564
	1	23	19	950	671	13071	11678	4323	3588
上 海	3	39	39	1469	1543	17568	18175	7818	7366
江 苏									
浙 江	5	89	85	2851	2852	29310	28021	9617	9473
安 徽	11	120	90	2264	2028	47386	42912	14978	12260
福 建	22	708	701	18040	19824	550225	528014	120594	119930
江 西	8	404	340	10765	9574	376413	397769	55461	55830
山 东	9	717	688	17318	18309	146662	137293	75539	64243
	6	19	19	2035	1952	38485	37985	13380	13403
河 南	6	65	60	1038	850	55528	13828	9948	7359
湖 北									
湖 南	18	85	85	2170	2085	72931	76310	13838	14618
广 东	23	117	123	10897	12533	312485	312418	109490	114071
广 西	9	251	225	17473	16387	196950	189520	86465	79724
海 南	52	1137	1097	32829	36882	393714	400296	116452	131152
重 庆									
四 川									
贵 州	19	1613	1482	76839	78277	1008041	1016354	404209	412710
云 南	8	127	115	5312	4475	93723	87197	43591	40230
西 藏	2	20	20	1165	1431	26001	26001	3525	3525
	6	140	93	10735	3388	146459	57083	83627	37759
陕 西	1	3	3	48	85	450	450	120	156
甘 肃									
青 海	3	59	56	3128	3043	30176	30080	9394	10932
宁 夏	1	4	5	290	528	2436	2936	901	1073
新 疆									

4-7 续表 1

国有企业

地区	连锁总店数(个)	门店数(个)		年末从业人员(人)		年末餐饮营业面积(平方米)		年末餐位数(位)	
	2013年	2013年	2012年	2013年	2012年	2013年	2012年	2013年	2012年
全　国	**8**	**84**	**69**	**2765**	**2733**	**27646**	**26232**	**8487**	**8016**
北　京	8	84	69	2765	2733	27646	26232	8487	8016
天　津									
河　北	1	23	22	469	443	6141	6233	1554	1566
山　西	1	2	3	161	162	4800	4800	600	600
内蒙古									
辽　宁									
吉　林									
黑龙江									
上　海									
江　苏									
浙　江	1	21	17	1120	1048	10661	9611	4304	3931
安　徽									
福　建	1	6	6	122	139	1933	1933	816	816
江　西									
山　东	1	3	3	62	73	955	955	418	418
河　南									
湖　北									
湖　南									
广　东									
广　西									
海　南	3	29	18	831	868	3156	2700	795	685
重　庆									
四　川									
贵　州									
云　南									
西　藏									
陕　西									
甘　肃									
青　海									
宁　夏									
新　疆									

4-7 续表 2

集体企业

地区	连锁总店数(个)	门店数(个)		年末从业人员(人)		年末餐饮营业面积(平方米)		年末餐位数(位)	
	2013年	2013年	2012年	2013年	2012年	2013年	2012年	2013年	2012年
全国	**2**	**12**	**13**	**680**	**760**	**12669**	**18669**	**3255**	**4055**
北京	2	12	13	680	760	12669	18669	3255	4055
天津									
河北									
山西									
内蒙古									
辽宁									
吉林									
黑龙江									
上海									
江苏									
浙江									
安徽									
福建									
江西									
山东									
河南									
湖北									
湖南									
广东									
广西									
海南	2	12	13	680	760	12669	18669	3255	4055
重庆									
四川									
贵州									
云南									
西藏									
陕西									
甘肃									
青海									
宁夏									
新疆									

4-7 续表 3

股份合作企业

地　区	连锁总店数(个)	门店数(个)		年末从业人员(人)		年末餐饮营业面积(平方米)		年末餐位数(位)	
	2013年	2013年	2012年	2013年	2012年	2013年	2012年	2013年	2012年
全　国	**3**	**9**	**9**	**262**	**303**	**6450**	**6450**	**2104**	**2104**
北　京	3	9	9	262	303	6450	6450	2104	2104
天　津									
河　北	2	7	7	179	213	5410	5410	1754	1754
山　西									
内蒙古									
辽　宁									
吉　林									
黑龙江									
上　海									
江　苏									
浙　江									
安　徽									
福　建									
江　西									
山　东									
河　南									
湖　北									
湖　南									
广　东									
广　西									
海　南	1	2	2	83	90	1040	1040	350	350
重　庆									
四　川									
贵　州									
云　南									
西　藏									
陕　西									
甘　肃									
青　海									
宁　夏									
新　疆									

4-7 续表 4

有限责任公司

地区	连锁总店数（个）	门店数（个）		年末从业人员（人）		年末餐饮营业面积（平方米）		年末餐位数（位）	
	2013年	2013年	2012年	2013年	2012年	2013年	2012年	2013年	2012年
全　国	**89**	**2656**	**2345**	**89731**	**81490**	**1771265**	**1626562**	**557249**	**499351**
北　京	89	2656	2345	89731	81490	1771265	1626562	557249	499351
天　津									
河　北	19	396	348	17729	18345	251759	233688	73999	68342
山　西	3	11	11	168	201	2414	2414	1063	1063
内蒙古									
辽　宁	3	267	259	4744	4611	128770	125072	17554	16824
吉　林									
黑龙江	2	9	7	956	1027	36729	45824	2536	5564
上　海									
江　苏									
浙　江	2	34	36	876	978	9330	9988	1738	1882
安　徽	1	9	9	312	224	2230	2250	800	420
福　建	4	27	28	1936	3000	105777	107591	20059	18909
江　西	1	222	192	2758	1300	50000	30000	13000	9600
山　东	2	132	131	621	703	1272	1372	607	598
	3	8	7	628	462	11600	11100	5570	5600
河　南	4	47	52	656	769	11828	11828	4924	6505
湖　北									
湖　南	7	24	23	575	449	39980	39679	3450	3223
广　东	10	56	59	7719	9035	249934	247884	91325	92663
广　西	3	82	71	6621	6068	125520	118970	29613	28506
海　南	10	452	425	11369	10433	138877	139636	36561	35305
重　庆									
四　川									
贵　州	3	629	499	15746	15404	390094	385478	149845	148336
云　南	3	87	78	3666	2766	46605	42079	31942	28981
西　藏	2	20	20	1165	1431	26001	26001	3525	3525
	2	85	33	9047	1540	116216	22094	60499	14952
陕　西	1	3	3	48	85	450	450	120	156
甘　肃									
青　海	2	50	49	2016	2131	19648	20228	7034	7324
宁　夏	1	4	5	290	528	2436	2936	901	1073
新　疆									

4-7 续表 5

股份有限公司

地　区	连锁总店数(个)	门店数(个)		年末从业人员(人)		年末餐饮营业面积(平方米)		年末餐位数(位)	
	2013年	2013年	2012年	2013年	2012年	2013年	2012年	2013年	2012年
全　国	**12**	**855**	**835**	**48463**	**49364**	**870846**	**860359**	**192642**	**190567**
北　京	12	855	835	48463	49364	870846	860359	192642	190567
天　津									
河　北	3	176	181	15347	16730	422859	441502	59558	63048
山　西									
内蒙古									
辽　宁	1	38	38	1023	932	30010	29210	3506	3506
吉　林									
黑龙江									
上　海									
江　苏									
浙　江									
安　徽									
福　建	2	316	319	3488	3188	72883	51223	22691	22691
江　西									
山　东									
	1	2	2	471	471	6885	6885	1990	1983
河　南									
湖　北									
湖　南									
广　东									
广　西									
海　南	1	14	12	2363	2005	43200	35200	8463	7600
重　庆									
四　川									
贵　州	2	243	217	23923	23802	271471	261722	75314	72139
云　南									
西　藏									
	1	20	30	802	1051	10052	15181	17600	17600
陕　西									
甘　肃									
青　海									
宁　夏									
新　疆									

4-7 续表 6

私营企业

地　区	连锁总店数（个）	门店数（个）		年末从业人员（人）		年末餐饮营业面积（平方米）		年末餐位数（位）	
	2013年	2013年	2012年	2013年	2012年	2013年	2012年	2013年	2012年
全　国	**184**	**3815**	**3736**	**142744**	**152372**	**2184701**	**2207355**	**719506**	**717881**
北　京	184	3815	3736	142744	152372	2184701	2207355	719506	717881
天　津									
河　北	33	557	575	19357	20213	331811	335610	92712	92833
山　西	3	36	39	593	570	6627	7471	1702	1870
内蒙古	1	6	7	960	1063	13780	14980	4520	4674
	5	36	37	3013	3203	42410	43520	12828	13235
辽　宁	2	7	9	263	260	3400	3600	17590	1240
吉　林									
黑龙江									
	1	23	19	950	671	13071	11678	4323	3588
上　海	3	39	39	1469	1543	17568	18175	7818	7366
江　苏									
浙　江	2	34	32	855	826	9319	8422	3575	3660
安　徽	9	109	79	1914	1766	43656	39162	13878	11540
福　建	15	359	348	12494	13497	369632	367267	77028	77514
江　西	7	182	148	8007	8274	326413	367769	42461	46230
山　东	6	582	554	16635	17533	144435	134966	74514	63227
	2	9	10	936	1019	20000	20000	5820	5820
河　南	2	18	8	382	81	43700	2000	5024	854
湖　北									
湖　南	11	61	62	1595	1636	32951	36631	10388	11395
广　东	13	61	64	3178	3498	62551	64534	18165	21408
广　西	6	169	154	10852	10319	71430	70550	56852	51218
海　南	35	628	627	17503	22726	194772	203051	67028	83157
重　庆									
四　川									
贵　州	14	741	766	37170	39071	346476	369154	179050	192235
云　南	4	38	35	1483	1548	46662	44662	10499	10099
西　藏									
	3	35	30	886	797	20191	19808	5528	5207
陕　西									
甘　肃									
青　海	1	9	7	1112	912	10528	9852	2360	3608
宁　夏									
新　疆									

4-7 续表 7

其他企业

地区	连锁总店数(个)	门店数(个)		年末从业人员(人)		年末餐饮营业面积(平方米)		年末餐位数(位)	
	2013年	2013年	2012年	2013年	2012年	2013年	2012年	2013年	2012年
全国	**3**	**12**	**12**	**425**	**419**	**4356**	**4356**	**2230**	**2270**
北京	3	12	12	425	419	4356	4356	2230	2270
天津									
河北									
山西									
内蒙古									
辽宁	1	8	8	224	220	2400	2400	780	820
吉林									
黑龙江									
上海									
江苏									
浙江									
安徽	1	2	2	38	38	1500	1500	300	300
福建									
江西									
山东									
河南									
湖北									
湖南									
广东									
广西									
海南									
重庆									
四川									
贵州									
云南	1	2	2	163	161	456	456	1150	1150
西藏									
陕西									
甘肃									
青海									
宁夏									
新疆									

4-7 续表 8

港、澳、台商投资企业

地区	连锁总店数（个）	门店数（个）		年末从业人员（人）		年末餐饮营业面积（平方米）		年末餐位数（位）	
	2013年	2013年	2012年	2013年	2012年	2013年	2012年	2013年	2012年
全　国	**58**	**2803**	**2406**	**79728**	**82483**	**764931**	**732466**	**316146**	**278186**
北　京	58	2803	2406	79728	82483	764931	732466	316146	278186
天　津									
河　北	8	892	721	17941	17377	249855	231347	85644	72591
山　西	2	10	10	148	147	2799	2935	1190	1161
内蒙古									
辽　宁									
吉　林									
黑龙江	4	76	66	1257	1087	18368	16291	7907	7133
上　海	2	25	22	930	860	14700	13540	6232	5735
江　苏									
浙　江	4	618	599	27958	31332	183520	193578	95115	92707
安　徽	2	159	157	4032	3779	32940	33690	10366	10366
福　建	1	45	44	701	686	11057	10038	4936	4995
江　西	1	35	25	746	629	14021	10821	4985	3895
山　东	3	112	95	5251	4016	41979	37923	20191	16562
	1	4	4	397	452	11748	11748	2066	1900
河　南	1	19	14	148	148	949	949	560	560
湖　北									
湖　南									
广　东	3	78	16	1703	1443	14940	10551	7951	3473
广　西									
海　南	19	510	430	13623	15853	138667	127502	47669	43899
重　庆	1	4	4	218	280	1480	1480	489	489
四　川									
贵　州	1	24	31	737	857	5281	5887	2616	3035
云　南	2	83	62	606	556	1990	1860	4018	3136
西　藏									
	1	81	74	2679	2195	12659	12039	10645	1993
陕　西									
甘　肃									
青　海	1	22	25	531	627	6708	8797	3090	4030
宁　夏	1	6	7	122	159	1270	1490	476	526
新　疆									

4-7 续表 9

外商投资企业

地 区	连锁总店数(个)	门店数(个)		年末从业人员(人)		年末餐饮营业面积(平方米)		年末餐位数(位)	
	2013年	2013年	2012年	2013年	2012年	2013年	2012年	2013年	2012年
全 国	**95**	**10308**	**9088**	**438317**	**437798**	**3727810**	**3322221**	**1393101**	**1228805**
北 京	95	10308	9088	438317	437798	3727810	3322221	1393101	1228805
天 津									
河 北	21	1545	1373	66615	67935	547916	483472	238157	165698
山 西	2	432	395	23029	31868	178773	159101	54221	48985
内蒙古									
	1	77	69	6032	6815	26950	24150	8470	7590
辽 宁									
吉 林									
黑龙江	5	558	381	8224	10472	214546	107182	69504	57724
上 海	2	11	11	162	231	8248	9300	1939	2049
江 苏									
浙 江	8	1330	1098	32422	24391	383939	324840	80067	76878
安 徽	8	1149	1086	59022	57193	395601	379115	131642	123905
福 建	6	835	798	33025	51344	385921	374608	121256	115901
江 西									
山 东	4	214	189	10954	10415	95701	79627	16740	12600
	1	64	54	5904	5368	25920	23054	8448	5923
河 南	3	348	308	20570	5605	117846	118517	42370	55001
湖 北									
湖 南	3	122	124	4424	6277	41163	41606	16600	16632
广 东	3	349	357	20906	18934	132816	130907	36060	35662
广 西	1	126	123	7733	6934	46620	46532	13860	14956
海 南	13	1569	1316	75800	67758	427603	388122	198664	166065
	2	80	72	6727	6937	30880	26407	10213	9173
重 庆									
四 川									
贵 州	3	771	687	28565	27891	457200	413852	254365	231181
云 南	5	531	473	15958	18181	148900	137094	67214	61302
西 藏									
	1	56	47	3465	4486	12945	11113	7192	6187
陕 西									
甘 肃									
青 海	1	93	81	7452	7332	32200	28000	10120	9600
宁 夏	1	23	21	517	560	5760	5260	2369	2163
新 疆									

4-8 按登记注册类型分各地区连锁餐饮企业直营门店基本情况

内资企业

地区	门店数（个）		年末从业人员（人）		年末餐饮营业面积（平方米）		年末餐位数（位）	
	2013年	2012年	2013年	2012年	2013年	2012年	2013年	2012年
全国	**4512**	**4232**	**163114**	**170908**	**3278605**	**3243571**	**889406**	**875702**
北京	1053	1043	42275	45271	747223	788272	186286	189835
天津	29	33	707	723	12506	13350	3085	3253
河北	6	7	960	1063	13780	14980	4520	4674
山西	17	17	1167	1418	15520	15130	4436	4393
内蒙古	70	72	2260	2189	53686	53113	25315	9335
辽宁	9	7	956	1027	36729	45824	2536	5564
吉林	23	19	950	671	13071	11678	4323	3588
黑龙江	39	39	1469	1543	17568	18175	7818	7366
上海	88	84	2795	2796	29200	27911	9567	9423
江苏	109	78	2034	1821	45881	41277	14238	11545
浙江	519	506	17166	18855	539155	512621	117264	116166
安徽	392	326	10146	8139	365528	359485	53536	51236
福建	62	61	2890	3365	20525	22638	10527	11098
江西	19	19	2035	1952	38485	37985	13380	13403
山东	65	60	1038	850	55528	13828	9948	7359
河南	80	80	2109	2032	71822	75201	13386	14166
湖北	116	121	10792	12383	311485	311043	108432	112193
湖南	164	143	9477	8832	101300	97620	54600	53888
广东	1061	1017	28868	32681	351976	351750	107991	120825
广西								
海南								
重庆	334	263	12834	12571	278598	268781	75835	71826
四川	37	36	2165	2107	40018	40618	15265	15251
贵州	20	20	1165	1431	26001	26001	3525	3525
云南	61	54	1862	1748	36459	35795	26227	18866
西藏	3	3	48	85	450	450	120	156
陕西	59	56	3128	3043	30176	30080	9394	10932
甘肃	4	5	290	528	2436	2936	901	1073
青海								
宁夏	1	3	86	108	761	1321	156	308
新疆	72	60	1442	1676	22738	25708	6795	4455

4-8 续表 1

国有企业

地区	门店数（个）		年末从业人员（人）		年末餐饮营业面积（平方米）		年末餐位数（位）	
	2013年	2012年	2013年	2012年	2013年	2012年	2013年	2012年
全　国	**84**	**69**	**2765**	**2733**	**27646**	**26232**	**8487**	**8016**
北　京	23	22	469	443	6141	6233	1554	1566
天　津	2	3	161	162	4800	4800	600	600
河　北								
山　西								
内蒙古								
辽　宁								
吉　林								
黑龙江								
上　海	21	17	1120	1048	10661	9611	4304	3931
江　苏								
浙　江	6	6	122	139	1933	1933	816	816
安　徽								
福　建	3	3	62	73	955	955	418	418
江　西								
山　东								
河　南								
湖　北								
湖　南								
广　东	29	18	831	868	3156	2700	795	685
广　西								
海　南								
重　庆								
四　川								
贵　州								
云　南								
西　藏								
陕　西								
甘　肃								
青　海								
宁　夏								
新　疆								

4-8 续表 2

集体企业

地 区	门店数(个)		年末从业人员(人)		年末餐饮营业面积(平方米)		年末餐位数(位)	
	2013年	2012年	2013年	2012年	2013年	2012年	2013年	2012年
全 国	**8**	**9**	**635**	**715**	**12345**	**18345**	**3115**	**3915**
北 京								
天 津								
河 北								
山 西								
内蒙古								
辽 宁								
吉 林								
黑龙江								
上 海								
江 苏								
浙 江								
安 徽								
福 建								
江 西								
山 东								
河 南								
湖 北								
湖 南								
广 东	8	9	635	715	12345	18345	3115	3915
广 西								
海 南								
重 庆								
四 川								
贵 州								
云 南								
西 藏								
陕 西								
甘 肃								
青 海								
宁 夏								
新 疆								

4-8 续表 3

股份合作企业

地区	门店数（个）		年末从业人员（人）		年末餐饮营业面积（平方米）		年末餐位数（位）	
	2013年	2012年	2013年	2012年	2013年	2012年	2013年	2012年
全　国	**9**	**9**	**262**	**303**	**6450**	**6450**	**2104**	**2104**
北　京	7	7	179	213	5410	5410	1754	1754
天　津								
河　北								
山　西								
内蒙古								
辽　宁								
吉　林								
黑龙江								
上　海								
江　苏								
浙　江								
安　徽								
福　建								
江　西								
山　东								
河　南								
湖　北								
湖　南								
广　东	2	2	83	90	1040	1040	350	350
广　西								
海　南								
重　庆								
四　川								
贵　州								
云　南								
西　藏								
陕　西								
甘　肃								
青　海								
宁　夏								
新　疆								

4-8 续表 4

有限责任公司

地区	门店数（个）		年末从业人员（人）		年末餐饮营业面积（平方米）		年末餐位数（位）	
	2013年	2012年	2013年	2012年	2013年	2012年	2013年	2012年
全　国	**1514**	**1367**	**52687**	**52521**	**1035283**	**1001922**	**293284**	**286858**
北　京	374	333	15876	15657	202092	192359	67105	63368
天　津	11	11	168	201	2414	2414	1063	1063
河　北								
山　西								
内蒙古	17	19	750	797	17876	18103	3439	3829
辽　宁	9	7	956	1027	36729	45824	2536	5564
吉　林								
黑龙江								
上　海	33	35	820	922	9220	9878	1688	1832
江　苏	7	7	225	175	1530	1550	600	320
浙　江	26	26	1780	2748	101777	99591	19209	17309
安　徽	222	192	2758	1300	50000	30000	13000	9600
福　建	9	8	502	500	1220	1323	484	475
江　西	8	7	628	462	11600	11100	5570	5600
山　东	47	52	656	769	11828	11828	4924	6505
河　南	24	23	575	449	39980	39679	3450	3223
湖　北	55	57	7614	8885	248934	246509	90267	90785
湖　南	28	21	2085	1868	49470	44970	10538	10030
广　东	452	425	11369	10433	138877	139636	36561	35305
广　西								
海　南								
重　庆	84	39	1051	985	36178	33715	10386	9686
四　川	23	22	1096	978	17012	17612	7201	7187
贵　州	20	20	1165	1431	26001	26001	3525	3525
云　南	6	6	174	190	6216	6216	3099	3099
西　藏	3	3	48	85	450	450	120	156
陕　西	50	49	2016	2131	19648	20228	7034	7324
甘　肃	4	5	290	528	2436	2936	901	1073
青　海								
宁　夏								
新　疆	2		85		3795		584	

4-8 续表 5

股份有限公司

地　区	门店数（个）		年末从业人员（人）		年末餐饮营业面积（平方米）		年末餐位数（位）	
	2013年	2012年	2013年	2012年	2013年	2012年	2013年	2012年
全　国	**538**	**511**	**23083**	**24640**	**554339**	**566520**	**124956**	**119374**
北　京	105	118	6898	9260	208577	255298	25363	32386
天　津								
河　北								
山　西								
内蒙古	38	38	1023	932	30010	29210	3506	3506
辽　宁								
吉　林								
黑龙江								
上　海								
江　苏								
浙　江	132	132	2804	2504	66283	44623	20891	20891
安　徽								
福　建								
江　西	2	2	471	471	6885	6885	1990	1983
山　东								
河　南								
湖　北								
湖　南								
广　东	12	10	2146	1755	40100	32100	7663	6800
广　西								
海　南								
重　庆	183	157	7893	7772	178946	169197	44423	41248
四　川								
贵　州								
云　南	20	18	802	761	10052	9771	17600	10560
西　藏								
陕　西								
甘　肃								
青　海								
宁　夏								
新　疆	46	36	1046	1185	13486	19436	3520	2000

4-8 续表 6

私营企业

地区	门店数（个）		年末从业人员（人）		年末餐饮营业面积（平方米）		年末餐位数（位）	
	2013年	2012年	2013年	2012年	2013年	2012年	2013年	2012年
全国	**2347**	**2255**	**83257**	**89577**	**1638186**	**1619746**	**455230**	**453165**
北京	544	563	18853	19698	325003	328972	90510	90761
天津	16	19	378	360	5292	6136	1422	1590
河北	6	7	960	1063	13780	14980	4520	4674
山西	17	17	1167	1418	15520	15130	4436	4393
内蒙古	7	7	263	240	3400	3400	17590	1180
辽宁								
吉林	23	19	950	671	13071	11678	4323	3588
黑龙江	39	39	1469	1543	17568	18175	7818	7366
上海	34	32	855	826	9319	8422	3575	3660
江苏	100	69	1771	1608	42851	38227	13338	10925
浙江	355	342	12460	13464	369162	366474	76348	77150
安徽	170	134	7388	6839	315528	329485	40536	41636
福建	50	50	2326	2792	18350	20360	9625	10205
江西	9	10	936	1019	20000	20000	5820	5820
山东	18	8	382	81	43700	2000	5024	854
河南	56	57	1534	1583	31842	35522	9936	10943
湖北	61	64	3178	3498	62551	64534	18165	21408
湖南	136	122	7392	6964	51830	52650	44062	43858
广东	558	553	13804	18820	156458	157929	59507	73770
广西								
海南								
重庆	67	67	3890	3814	63474	65869	21026	20892
四川	12	12	906	968	22550	22550	6914	6914
贵州								
云南	35	30	886	797	20191	19808	5528	5207
西藏								
陕西	9	7	1112	912	10528	9852	2360	3608
甘肃								
青海								
宁夏	1	3	86	108	761	1321	156	308
新疆	24	24	311	491	5457	6272	2691	2455

4-8 续表 7

其他企业

地 区	门店数(个)		年末从业人员(人)		年末餐饮营业面积(平方米)		年末餐位数(位)	
	2013年	2012年	2013年	2012年	2013年	2012年	2013年	2012年
全 国	**12**	**12**	**425**	**419**	**4356**	**4356**	**2230**	**2270**
北 京								
天 津								
河 北								
山 西								
内 蒙 古	8	8	224	220	2400	2400	780	820
辽 宁								
吉 林								
黑 龙 江								
上 海								
江 苏	2	2	38	38	1500	1500	300	300
浙 江								
安 徽								
福 建								
江 西								
山 东								
河 南								
湖 北								
湖 南								
广 东								
广 西								
海 南								
重 庆								
四 川	2	2	163	161	456	456	1150	1150
贵 州								
云 南								
西 藏								
陕 西								
甘 肃								
青 海								
宁 夏								
新 疆								

4-8 续表 8

港、澳、台商投资企业

地区	门店数(个)		年末从业人员(人)		年末餐饮营业面积(平方米)		年末餐位数(位)	
	2013年	2012年	2013年	2012年	2013年	2012年	2013年	2012年
全国	**2711**	**2336**	**76964**	**80201**	**749335**	**719086**	**305620**	**275517**
北京	892	721	17941	17377	249855	231347	85644	72591
天津	10	10	148	147	2799	2935	1190	1161
河北								
山西								
内蒙古								
辽宁	76	66	1257	1087	18368	16291	7907	7133
吉林								
黑龙江	25	22	930	860	14700	13540	6232	5735
上海	609	599	27932	31332	183248	193578	95061	92707
江苏	150	148	3754	3501	29340	30090	9646	9646
浙江	45	44	701	686	11057	10038	4936	4995
安徽	35	25	746	629	14021	10821	4985	3895
福建	112	95	5251	4016	41979	37923	20191	16562
江西	4	4	397	452	11748	11748	2066	1900
山东	19	14	148	148	949	949	560	560
河南								
湖北	78	16	1703	1443	14940	10551	7951	3473
湖南								
广东	504	424	13543	15774	136843	125678	47215	43445
广西								
海南	4	4	218	280	1480	1480	489	489
重庆	24	31	737	857	5281	5887	2616	3035
四川	83	62	606	556	1990	1860	4018	3136
贵州								
云南	13	19	299	270	2759	4083	1347	498
西藏								
陕西	22	25	531	627	6708	8797	3090	4030
甘肃	6	7	122	159	1270	1490	476	526
青海								
宁夏								
新疆								

4-8 续表 9

外商投资企业

地区	门店数(个)		年末从业人员(人)		年末餐饮营业面积(平方米)		年末餐位数(位)	
	2013年	2012年	2013年	2012年	2013年	2012年	2013年	2012年
全国	**8910**	**7857**	**399349**	**402240**	**3099064**	**2752860**	**1098979**	**965452**
北京	1406	1266	64404	66120	498081	440693	219810	150734
天津	432	395	23029	31868	178773	159101	54221	48985
河北								
山西	77	69	6032	6815	26950	24150	8470	7590
内蒙古								
辽宁	558	381	8224	10472	214546	107182	69504	57724
吉林								
黑龙江	11	11	162	231	8248	9300	1939	2049
上海	1325	1096	32210	24254	383414	324537	79842	76726
江苏	1021	972	55921	54263	360397	348360	123071	116264
浙江	539	519	24977	43721	236321	229258	77096	73781
安徽								
福建	214	189	10954	10415	95701	79627	16740	12600
江西	64	54	5904	5368	25920	23054	8448	5923
山东	348	308	20570	5605	117846	118517	42370	55001
河南	122	124	4424	6277	41163	41606	16600	16632
湖北	349	357	20906	18934	132816	130907	36060	35662
湖南	126	123	7733	6934	46620	46532	13860	14956
广东	1569	1316	75800	67758	427603	388122	198664	166065
广西	80	72	6727	6937	30880	26407	10213	9173
海南								
重庆	165	150	6091	7354	104618	99278	59596	56984
四川	307	281	13036	15665	107900	101494	39164	37023
贵州								
云南	56	47	3465	4486	12945	11113	7192	6187
西藏								
陕西	93	81	7452	7332	32200	28000	10120	9600
甘肃	23	21	517	560	5760	5260	2369	2163
青海								
宁夏								
新疆	25	25	811	871	10362	10362	3630	3630

4-9 按登记注册类型分各地区连锁餐饮企业加盟门店基本情况

内资企业

地区	门店数(个)		年末从业人员(人)		年末餐饮营业面积(平方米)		年末餐位数(位)	
	2013年	2012年	2013年	2012年	2013年	2012年	2013年	2012年
全国	**2931**	**2787**	**121956**	**116533**	**1599328**	**1506412**	**596067**	**548542**
北京	106	90	10806	10673	270757	234171	43291	37708
天津	20	20	215	210	1335	1335	280	280
河北								
山西	19	20	1846	1785	26890	28390	8392	8842
内蒙古	250	242	3994	3834	110894	107169	14115	13055
辽宁								
吉林								
黑龙江								
上海	1	1	56	56	110	110	50	50
江苏	11	12	230	207	1505	1635	740	715
浙江	189	195	874	969	11070	15393	3330	3764
安徽	12	14	619	1435	10885	38284	1925	4594
福建	655	627	14428	14944	126137	114655	65012	53145
江西								
山东								
河南	5	5	61	53	1109	1109	452	452
湖北	1	2	105	150	1000	1375	1058	1878
湖南	87	82	7996	7555	95650	91900	31865	25836
广东	76	80	3961	4201	41738	48546	8461	10327
广西								
海南								
重庆	1279	1219	64005	65706	729443	747573	328374	340884
四川	90	79	3147	2368	53705	46579	28326	24979
贵州								
云南	79	39	8873	1640	110000	21288	57400	18893
西藏								
陕西								
甘肃								
青海								
宁夏								
新疆	51	60	740	747	7100	6900	2996	3140

4-9 续表 1

集体企业

地 区	门店数(个)		年末从业人员(人)		年末餐饮营业面积(平方米)		年末餐位数(位)	
	2013年	2012年	2013年	2012年	2013年	2012年	2013年	2012年
全 国	**4**	**4**	**45**	**45**	**324**	**324**	**140**	**140**
北 京								
天 津								
河 北								
山 西								
内蒙古								
辽 宁								
吉 林								
黑龙江								
上 海								
江 苏								
浙 江								
安 徽								
福 建								
江 西								
山 东								
河 南								
湖 北								
湖 南								
广 东	4	4	45	45	324	324	140	140
广 西								
海 南								
重 庆								
四 川								
贵 州								
云 南								
西 藏								
陕 西								
甘 肃								
青 海								
宁 夏								
新 疆								

4-9 续表 2

有限责任公司

地区	门店数(个)		年末从业人员(人)		年末餐饮营业面积(平方米)		年末餐位数(位)	
	2013年	2012年	2013年	2012年	2013年	2012年	2013年	2012年
全国	**1142**	**978**	**37044**	**28969**	**735982**	**624640**	**263965**	**212493**
北京	22	15	1853	2688	49667	41329	6894	4974
天津								
河北								
山西								
内蒙古	250	240	3994	3814	110894	106969	14115	12995
辽宁								
吉林								
黑龙江								
上海	1	1	56	56	110	110	50	50
江苏	2	2	87	49	700	700	200	100
浙江	1	2	156	252	4000	8000	850	1600
安徽								
福建	123	123	119	203	52	49	123	123
江西								
山东								
河南								
湖北	1	2	105	150	1000	1375	1058	1878
湖南	54	50	4536	4200	76050	74000	19075	18476
广东								
广西								
海南								
重庆	545	460	14695	14419	353916	351763	139459	138650
四川	64	56	2570	1788	29593	24467	24741	21794
贵州								
云南	79	27	8873	1350	110000	15878	57400	11853
西藏								
陕西								
甘肃								
青海								
宁夏								
新疆								

4-9 续表 3

股份有限公司

地 区	门店数（个）		年末从业人员（人）		年末餐饮营业面积（平方米）		年末餐位数（位）	
	2013年	2012年	2013年	2012年	2013年	2012年	2013年	2012年
全 国	**317**	**324**	**25380**	**24724**	**316507**	**293839**	**67686**	**71193**
北 京	71	63	8449	7470	214282	186204	34195	30662
天 津								
河 北								
山 西								
内 蒙 古								
辽 宁								
吉 林								
黑 龙 江								
上 海								
江 苏								
浙 江	184	187	684	684	6600	6600	1800	1800
安 徽								
福 建								
江 西								
山 东								
河 南								
湖 北								
湖 南								
广 东	2	2	217	250	3100	3100	800	800
广 西								
海 南								
重 庆	60	60	16030	16030	92525	92525	30891	30891
四 川								
贵 州								
云 南		12		290		5410		7040
西 藏								
陕 西								
甘 肃								
青 海								
宁 夏								
新 疆								

4-9 续表 4

私营企业

地区	门店数(个)		年末从业人员(人)		年末餐饮营业面积(平方米)		年末餐位数(位)	
	2013年	2012年	2013年	2012年	2013年	2012年	2013年	2012年
全　国	**1468**	**1481**	**59487**	**62795**	**546515**	**587609**	**264276**	**264716**
北　京	13	12	504	515	6808	6638	2202	2072
天　津	20	20	215	210	1335	1335	280	280
河　北								
山　西	19	20	1846	1785	26890	28390	8392	8842
内蒙古		2		20		200		60
辽　宁								
吉　林								
黑龙江								
上　海								
江　苏	9	10	143	158	805	935	540	615
浙　江	4	6	34	33	470	793	680	364
安　徽	12	14	619	1435	10885	38284	1925	4594
福　建	532	504	14309	14741	126085	114606	64889	53022
江　西								
山　东								
河　南	5	5	61	53	1109	1109	452	452
湖　北								
湖　南	33	32	3460	3355	19600	17900	12790	7360
广　东	70	74	3699	3906	38314	45122	7521	9387
广　西								
海　南								
重　庆	674	699	33280	35257	283002	303285	158024	171343
四　川	26	23	577	580	24112	22112	3585	3185
贵　州								
云　南								
西　藏								
陕　西								
甘　肃								
青　海								
宁　夏								
新　疆	51	60	740	747	7100	6900	2996	3140

4-9 续表 5

港、澳、台商投资企业

地区	门店数（个）		年末从业人员（人）		年末餐饮营业面积（平方米）		年末餐位数（位）	
	2013年	2012年	2013年	2012年	2013年	2012年	2013年	2012年
全　国	**92**	**70**	**2764**	**2282**	**15596**	**13380**	**10526**	**2669**
北　京								
天　津								
河　北								
山　西								
内蒙古								
辽　宁								
吉　林								
黑龙江								
上　海	9		26		272		54	
江　苏	9	9	278	278	3600	3600	720	720
浙　江								
安　徽								
福　建								
江　西								
山　东								
河　南								
湖　北								
湖　南								
广　东	6	6	80	79	1824	1824	454	454
广　西								
海　南								
重　庆								
四　川								
贵　州								
云　南	68	55	2380	1925	9900	7956	9298	1495
西　藏								
陕　西								
甘　肃								
青　海								
宁　夏								
新　疆								

4-9 续表 6

外商投资企业

地区	门店数（个）		年末从业人员（人）		年末餐饮营业面积（平方米）		年末餐位数（位）	
	2013年	2012年	2013年	2012年	2013年	2012年	2013年	2012年
全国	**1398**	**1231**	**38968**	**35558**	**628746**	**569361**	**294122**	**263353**
北京	139	107	2211	1815	49835	42779	18347	14964
天津								
河北								
山西								
内蒙古								
辽宁								
吉林								
黑龙江								
上海	5	2	212	137	525	303	225	152
江苏	128	114	3101	2930	35204	30755	8571	7641
浙江	296	279	8048	7623	149600	145350	44160	42120
安徽								
福建								
江西								
山东								
河南								
湖北								
湖南								
广东								
广西								
海南								
重庆	606	537	22474	20537	352582	314574	194769	174197
四川	224	192	2922	2516	41000	35600	28050	24279
贵州								
云南								
西藏								
陕西								
甘肃								
青海								
宁夏								
新疆								

4-10 按登记注册类型分各地区连锁企业经营情况

内资企业　　　　单位：万元

地　区	商品购进总额		统一配送商品购进额	
	2013年	2012年	2013年	2012年
全　国	**1793677**	**1823851**	**979764**	**1001788**
北　京	345571	428987	219955	232541
天　津	5373	6003	3837	4307
河　北	9732	11831		
山　西	11031	11572	834	1088
内蒙古	78196	70494	8851	9028
辽　宁	31571	27552	27563	19795
吉　林	4253	3904	4253	3904
黑龙江	7577	5530	7577	5530
上　海	26072	21596	7459	6825
江　苏	21088	22388	21011	22245
浙　江	180654	189580	124194	153427
安　徽	52635	39099	37135	23747
福　建	111294	92708	69310	50429
江　西	10746	10178	7807	6808
山　东	21108	5381	1408	1219
河　南	17015	16105	7289	7210
湖　北	64830	78640	48940	58880
湖　南	51588	37676	11097	6483
广　东	172945	237502	132304	199490
广　西				
海　南				
重　庆	448271	419329	138940	120807
四　川	31612	23662	14300	11260
贵　州	9561	12988	9561	12988
云　南	40837	12770	40173	12085
西　藏	259	269	259	269
陕　西	25055	25417	22651	19913
甘　肃	1499	2015	909	1100
青　海				
宁　夏	570	538	570	538
新　疆	12736	10139	11576	9874

4-10 续表 1

内资企业

地 区	自有配送中心配送商品购进额		非自有配送中心配送商品购进额	
	2013年	2012年	2013年	2012年
全 国	**457044**	**467973**	**234942**	**255692**
北 京	76579	78470	58958	94841
天 津	1444	1823		
河 北				
山 西	230			
内蒙古	2963	2812	3928	4429
辽 宁				
吉 林	4253	3904		
黑龙江	7027	5037	550	493
上 海	7459	6825		
江 苏	15610	13816	5373	7934
浙 江	61012	90506	31376	32287
安 徽	33760	18339	1507	2794
福 建	38565	21388	28059	26529
江 西	6346	5178		
山 东	1398	1208		
河 南			240	417
湖 北	17554	21327	3595	3149
湖 南	7651	3338		
广 东	55512	86822	1173	19100
广 西				
海 南				
重 庆	86083	71463	49713	46400
四 川	6823	7319	7477	3941
贵 州				
云 南	317	4350	34654	7102
西 藏				
陕 西	22651	19913		
甘 肃				
青 海				
宁 夏	570	538		
新 疆	3236	3597	8341	6277

单位：万元

营业额		餐费收入及商品销售额	
2013年	2012年	2013年	2012年
4051218	**4108496**	**4023090**	**4078864**
961548	1085593	953689	1077977
15882	15202	15847	15165
12307	17907	12307	17907
21659	23765	21659	23701
162561	150932	162539	150932
35220	38707	35190	38707
9685	8890	9685	8890
17192	15044	17192	15044
59366	53511	59366	53511
37890	39965	37044	39965
340015	385998	339160	385208
105775	99975	102265	94247
316440	258280	316332	258281
20837	18944	20836	18944
33442	16438	33441	16437
23937	20344	23546	20002
166049	192690	163740	189028
131065	81370	126007	76465
534630	523851	532359	521983
757973	854006	756133	853426
93995	71295	92306	69832
17271	23560	17271	23560
103074	45348	103074	44348
455	446	455	446
41495	34837	41495	34836
3656	4562	3656	4562
570	538	570	538
27231	26497	25928	24919

4-10 续表 2

国有企业

地区	商品购进总额		统一配送商品购进额		自有配送中心配送商品购进额	
	2013年	2012年	2013年	2012年	2013年	2012年
全国	**24010**	**22097**	**10502**	**10132**		
北京	3115	2751	1534	1332		
天津	839	1461	839	1461		
河北						
山西						
内蒙古						
辽宁						
吉林						
黑龙江						
上海	11928	10546				
江苏						
浙江	83	125	83	125		
安徽						
福建	433	429	433	429		
江西						
山东						
河南						
湖北						
湖南						
广东	7612	6786	7612	6786		
广西						
海南						
重庆						
四川						
贵州						
云南						
西藏						
陕西						
甘肃						
青海						
宁夏						
新疆						

单位：万元

非自有配送中心配送商品购进额		营业额		餐费收入及商品销售额	
2013年	2012年	2013年	2012年	2013年	2012年
83	**125**	**58836**	**52207**	**57669**	**50730**
		8820	8215	7653	6737
		2692	2536	2692	2537
		25326	21870	25326	21870
83	125	2526	3114	2526	3114
		1119	1074	1119	1074
		18353	15399	18353	15399

4-10 续表 3

集体企业

地 区	商品购进总额		统一配送商品购进额		自有配送中心配送商品购进额	
	2013年	2012年	2013年	2012年	2013年	2012年
全 国	**7746**	**12249**	**7746**	**12249**		
北 京						
天 津						
河 北						
山 西						
内蒙古						
辽 宁						
吉 林						
黑龙江						
上 海						
江 苏						
浙 江						
安 徽						
福 建						
江 西						
山 东						
河 南						
湖 北						
湖 南						
广 东	7746	12249	7746	12249		
广 西						
海 南						
重 庆						
四 川						
贵 州						
云 南						
西 藏						
陕 西						
甘 肃						
青 海						
宁 夏						
新 疆						

单位：万元

非自有配送中心配送商品购进额		营业额		餐费收入及商品销售额	
2013年	2012年	2013年	2012年	2013年	2012年
		13122	**19784**	**12450**	**19156**
		13122	19784	12450	19156

4-10 续表 4

股份合作企业

地　区	商品购进总额		统一配送商品购进额		自有配送中心配送商品购进额	
	2013年	2012年	2013年	2012年	2013年	2012年
全　国	**1276**	**1426**	**1185**	**1298**		
北　京	845	892	754	764		
天　津						
河　北						
山　西						
内 蒙 古						
辽　宁						
吉　林						
黑 龙 江						
上　海						
江　苏						
浙　江						
安　徽						
福　建						
江　西						
山　东						
河　南						
湖　北						
湖　南						
广　东	432	534	432	534		
广　西						
海　南						
重　庆						
四　川						
贵　州						
云　南						
西　藏						
陕　西						
甘　肃						
青　海						
宁　夏						
新　疆						

单位：万元

非自有配送中心配送商品购进额		营业额		餐费收入及商品销售额	
2013年	2012年	2013年	2012年	2013年	2012年
754	**764**	**4628**	**5368**	**4628**	**5368**
754	764	3697	4312	3697	4312
		930	1056	930	1056

4-10 续表 5

有限责任公司

地区	商品购进总额		统一配送商品购进额		自有配送中心配送商品购进额	
	2013年	2012年	2013年	2012年	2013年	2012年
全国	**530066**	**485171**	**351374**	**309042**	**152872**	**134180**
北京	123181	105679	93974	68756	18031	13963
天津	1288	940	852	415		
河北						
山西						
内蒙古	10229	10030	7070	6991	2923	2812
辽宁	31571	27552	27563	19795		
吉林						
黑龙江						
上海	7459	6825	7459	6825	7459	6825
江苏	1220	1220	1220	1220	1220	1220
浙江	17043	19425	7092	9367	543	862
安徽	7281	4815				
福建	4875	6174	343	272		
江西	6092	5127	4420	3016	4420	3016
山东	5561	5370	1398	1208	1398	1208
河南	4917	4272	4642	3989		
湖北	34984	46546	31455	36880	7639	8056
湖南	26771	16463	7051	2818	7051	2818
广东	62415	93638	49071	80843	45603	51239
广西						
海南						
重庆	98946	79551	39568	27827	39568	27827
四川	24691	17301	7983	5492	1977	2340
贵州	9561	12988	9561	12988		
云南	34443	6979	34443	6979		
西藏	259	269	259	269		
陕西	15040	11993	15040	11993	15040	11993
甘肃	1499	2015	909	1100		
青海						
宁夏						
新疆	742					

单位：万元

非自有配送中心配送商品购进额		营业额		餐费收入及商品销售额	
2013年	2012年	2013年	2012年	2013年	2012年
46572	**34838**	**1456476**	**1249383**	**1448936**	**1241381**
2075	2319	402099	307971	397991	304225
		3191	3038	3155	3002
3657	4108	92042	89213	92042	89213
		35220	38707	35190	38707
		16619	15514	16619	15514
		3691	3469	3691	3469
		38638	41668	38638	41668
		21844	14282	21844	14282
343	272	7566	7032	7566	7032
		12947	9924	12947	9924
		17568	16107	17568	16106
		11237	7966	10846	7625
48	71	120434	146584	119162	143593
		65253	39685	65253	39685
	17937	203174	187023	202773	186716
		233216	219909	232513	219329
6006	3152	57552	40385	57201	40385
		17271	23560	17271	23560
34443	6979	66782	11632	66782	11632
		455	446	455	446
		24802	20708	24802	20708
		3656	4562	3656	4562
		1220		969	

4-10 续表 6

股份有限公司

地区	商品购进总额		统一配送商品购进额		自有配送中心配送商品购进额	
	2013年	2012年	2013年	2012年	2013年	2012年
全国	**386268**	**474437**	**145198**	**193385**	**62596**	**72183**
北京	73259	170245	26190	76261	15530	26137
天津						
河北						
山西						
内蒙古	65711	57555				
辽宁						
吉林						
黑龙江						
上海						
江苏						
浙江	42358	44534	42358	44534	13827	14921
安徽						
福建						
江西	1926	2163	1926	2163	1926	2163
山东						
河南						
湖北						
湖南						
广东	27241	30077	27241	30077		
广西						
海南						
重庆	166790	162901	39142	34073	31314	28962
四川						
贵州						
云南	642	686				
西藏						
陕西						
甘肃						
青海						
宁夏						
新疆	8341	6277	8341	6277		

单位：万元

非自有配送中心配送商品购进额		营业额		餐费收入及商品销售额	
2013年	2012年	2013年	2012年	2013年	2012年
55360	**91125**	**735954**	**946021**	**733727**	**943452**
10660	50124	164082	386056	163699	385140
		65711	56669	65711	56669
28531	29613	68100	71029	68100	71030
		2821	3729	2821	3729
		57375	60943	57375	60943
7828	5111	343118	332603	341981	332603
		20106	19836	20106	18836
8341	6277	14641	15157	13934	14504

4-10 续表 7

私营企业

地区	商品购进总额		统一配送商品购进额		自有配送中心配送商品购进额	
	2013年	2012年	2013年	2012年	2013年	2012年
全国	**843353**	**827258**	**463327**	**475002**	**241576**	**261611**
北京	145170	149421	97503	85428	43017	38370
天津	3246	3602	2146	2432	1444	1823
河北	9732	11831				
山西	11031	11572	834	1088	230	
内蒙古	1985	2587	1510	1715	40	
辽宁						
吉林	4253	3904	4253	3904	4253	3904
黑龙江	7577	5530	7577	5530	7027	5037
上海	6685	4225				
江苏	19706	20808	19629	20665	14390	12596
浙江	121170	125497	74661	99402	46643	74723
安徽	45355	34284	37135	23747	33760	18339
福建	105987	86105	68534	49729	38565	21388
江西	2727	2889	1461	1629		
山东	15547	11	11	11		
河南	12098	11833	2646	3221		
湖北	29846	32094	17485	22000	9915	13271
湖南	24816	21213	4046	3664	600	520
广东	67499	94219	40202	69001	9909	35583
广西						
海南						
重庆	182535	176877	60230	58907	15202	14674
四川	6397	5829	6317	5769	4846	4980
贵州						
云南	5752	5106	5730	5106	317	4350
西藏						
陕西	10015	13424	7611	7920	7611	7920
甘肃						
青海						
宁夏	570	538	570	538	570	538
新疆	3653	3861	3236	3597	3236	3597

单位：万元

	非自有配送中心配送商品购进额		营业额		餐费收入及商品销售额	
	2013年	2012年	2013年	2012年	2013年	2012年
	131740	**128160**	**1777890**	**1831062**	**1762708**	**1815568**
	45470	41634	382849	379040	380649	377563
			10000	9627	10000	9628
			12307	17907	12307	17907
			21659	23765	21659	23701
			3932	4060	3910	4060
			9685	8890	9685	8890
	550	493	17192	15044	17192	15044
			17421	16127	17421	16127
	5210	7574	33883	35937	33036	35937
	2761	2550	230752	270188	229897	269397
	1507	2794	83931	85694	80420	79965
	27715	26258	307755	250175	307646	250175
			5068	5292	5068	5292
			15873	331	15873	331
	240	417	12699	12378	12699	12378
	3547	3078	45615	46106	44579	45435
			65811	41685	60753	36780
	1173	1163	241676	239646	240478	238713
	41884	41289	181639	301494	181638	301494
	1471	789	33323	27790	33323	27790
	211	122	16186	13880	16186	13880
			16693	14129	16693	14129
			570	538	570	538
			11370	11340	11024	10415

4-10 续表 8

其他企业

地　区	商品购进总额		统一配送商品购进额		自有配送中心配送商品购进额	
	2013年	2012年	2013年	2012年	2013年	2012年
全　国	**958**	**1213**	**433**	**681**		
北　京						
天　津						
河　北						
山　西						
内蒙古	271	321	271	321		
辽　宁						
吉　林						
黑龙江						
上　海						
江　苏	163	360	163	360		
浙　江						
安　徽						
福　建						
江　西						
山　东						
河　南						
湖　北						
湖　南						
广　东						
广　西						
海　南						
重　庆						
四　川	525	533				
贵　州						
云　南						
西　藏						
陕　西						
甘　肃						
青　海						
宁　夏						
新　疆						

单位：万元

非自有配送中心配送商品购进额		营业额		餐费收入及商品销售额	
2013年	2012年	2013年	2012年	2013年	2012年
433	**681**	**4312**	**4670**	**2975**	**3208**
271	321	876	990	876	990
163	360	316	560	316	560
		3120	3120	1782	1657

4-10 续表 9

港、澳、台商投资企业

地 区	商品购进总额		统一配送商品购进额		自有配送中心配送商品购进额	
	2013年	2012年	2013年	2012年	2013年	2012年
全 国	**594136**	**574433**	**524677**	**499687**	**112566**	**106036**
北 京	197641	175785	175226	139602	57675	51771
天 津	1620	1727	1620	1727	1575	1657
河 北						
山 西						
内蒙古						
辽 宁	18948	16090	18948	16090	16570	16068
吉 林						
黑龙江	7311	7342	7311	7342		
上 海	125478	146490	106529	127917	4096	5770
江 苏	32395	27506	30347	25778	20257	17094
浙 江	5157	4806	5157	4806	5065	4406
安 徽	7361	6922	7361	6922		
福 建	17523	28539	17440	28421		
江 西	3550	2504				
山 东	7017	5375	7017	5375		
河 南						
湖 北	13316	10988	13316	10988	3800	4000
湖 南						
广 东	125340	108702	112910	101496	3528	5270
广 西						
海 南	181	2228	181	2228		
重 庆	3507	5336	3507	5336		
四 川	10060	8535	555	547		
贵 州						
云 南	15070	13029	15070	13029		
西 藏						
陕 西	2184	2086	2184	2086		
甘 肃	479	445				
青 海						
宁 夏						
新 疆						

单位：万元

非自有配送中心配送商品购进额		营业额		餐费收入及商品销售额	
2013年	2012年	2013年	2012年	2013年	2012年
202242	**201268**	**1665184**	**1553834**	**1663560**	**1548943**
77090	55882	483121	442160	481507	439050
		4413	4377	4413	4377
		47247	41378	47248	41378
7311	7342	18121	17919	18121	17919
78823	98966	397675	443732	397675	443732
10090	8683	61750	54374	61750	54374
93	400	16446	14761	16446	14761
		21249	19035	21249	19035
		87443	78034	87443	78034
		5285	9144	5286	9144
		7017	5375	7016	5375
9516	6988	39165	29671	39165	29671
8	1867	373091	332202	373080	332202
181	2228	5803	6110	5803	6110
3507	5336	11390	19260	11390	19260
555	547	37368	17133	37368	17133
15070	13029	39429	10505	39429	8723
		8120	7623	8120	7623
		1051	1042	1051	1042

4-10 续表 10

外商投资企业

地 区	商品购进总额		统一配送商品购进额		自有配送中心配送商品购进额	
	2013年	2012年	2013年	2012年	2013年	2012年
全 国	**3324559**	**3249257**	**2502770**	**2444933**	**1260778**	**1437157**
北 京	346525	249452	332443	238531	198671	196081
天 津	341959	372367	35015	31505		
河 北						
山 西	36903	35252	36903	35252	36903	35252
内蒙古						
辽 宁	382692	259274	304549	201240		
吉 林						
黑龙江	1231	1660	413	615		
上 海	266669	243889	251710	229357	160567	150681
江 苏	298648	364082	283871	347508	157721	188018
浙 江	166518	197002	166518	197002	146701	179839
安 徽						
福 建	79491	76256	79491	76256	76868	73973
江 西	27875	29533	27875	29533		
山 东	146042	132115	146042	132115		
河 南	45220	47575	38138	38829		
湖 北	135480	177468	135480	177468	111787	174294
湖 南	60670	59225				
广 东	388856	408335	377404	398490	158547	168806
广 西	20470	26345	20470	26345	20470	26345
海 南						
重 庆	339892	307658	27026	23118	27026	23118
四 川	156954	120425	156954	120425	83049	79406
贵 州						
云 南	26746	61298	26746	61298	26746	61298
西 藏						
陕 西	36903	58809	36903	58809	36903	58809
甘 肃	12347	13510	12347	13510	12347	13510
青 海						
宁 夏						
新 疆	6472	7729	6472	7729	6472	7729

单位：万元

非自有配送中心配送商品购进额		营业额		餐费收入及商品销售额	
2013年	2012年	2013年	2012年	2013年	2012年
370885	**367444**	**7479808**	**7384140**	**7473709**	**7384009**
32243	35322	1129823	1068840	1127572	1068781
		394756	424265	394756	424265
		69481	80754	69481	80754
		484491	528329	484491	528329
		2436	2833	2437	2832
81013	69896	936379	781872	936324	781839
126150	159489	796203	823398	792411	823397
19817	17162	541114	586587	541114	586588
1381	1413	162597	157941	162597	157941
27875	29533	54482	58302	54482	58302
		268183	261146	268183	261146
		91772	97864	91772	97864
23693	3175	294122	266386	294122	266386
		114334	125841	114334	125841
53420	47074	1170861	1163931	1170861	1163931
		66821	66846	66821	66846
		403513	382079	403513	382079
5293	4380	316568	308225	316568	308185
		52152	55233	52152	55233
		77573	84192	77573	84192
		26828	29948	26828	29948
		25318	29331	25318	29331

4-11 按登记注册类型分各地区

内资企业

地　区	商品购进总额		统一配送商品购进额		自有配送中心配送商品购进额	
	2013年	2012年	2013年	2012年	2013年	2012年
全　国	**1283618**	**1379325**	**772778**	**855464**	**370031**	**411186**
北　京	295913	369467	212770	225429	76034	77842
天　津	5363	5993	3827	4297	1444	1823
河　北	9732	11831				
山　西	5888	6453	834	1088	230	
内蒙古	70239	63099	3292	3719	707	876
辽　宁	31571	27552	27563	19795		
吉　林	4253	3904	4253	3904	4253	3904
黑龙江	7577	5530	7577	5530	7027	5037
上　海	25567	21091	6954	6320	6954	6320
江　苏	19867	20945	19837	20823	14436	12394
浙　江	164385	172954	107925	136801	61012	90506
安　徽	50510	33596	36725	21371	33661	17039
福　建	20016	22239	10745	13113	4740	7452
江　西	10746	10178	7807	6808	6346	5178
山　东	21108	5381	1408	1219	1398	1208
河　南	13652	13040	7289	7210		
湖　北	64473	78154	48584	58394	17198	20842
湖　南	33716	25383	7002	3738	4437	1290
广　东	165343	229302	125618	192050	55512	86822
广　西						
海　南						
重　庆	191045	182541	71898	64208	45744	40644
四　川	14208	10721	7226	6825	3824	5045
贵　州	9561	12988	9561	12988		
云　南	10481	10058	9817	9573	317	4350
西　藏	259	269	259	269		
陕　西	25055	25417	22651	19913	22651	19913
甘　肃	1499	2015	909	1100		
青　海						
宁　夏	570	538	570	538	570	538
新　疆	11023	8687	9876	8441	1536	2164

连锁餐饮企业直营门店经营情况

单位：万元

非自有配送中心配送商品购进额		营业额		餐费收入及商品销售额	
2013年	2012年	2013年	2012年	2013年	2012年
126211	**181005**	**2850199**	**2955925**	**2824742**	**2930316**
52318	88357	822353	949028	814625	941412
		12282	11647	12247	11610
		12307	17907	12307	17907
		11150	13174	11150	13110
659	1291	79492	70890	79470	70890
		35220	38707	35190	38707
		9685	8890	9685	8890
550	493	17192	15044	17192	15044
		58307	52453	58307	52453
5373	7934	35308	36970	34461	36971
16441	19109	322515	365991	321660	365200
1500	2794	98837	85151	96615	81936
3318	3149	46257	53110	46257	53109
		20837	18944	20836	18944
		33442	16438	33441	16437
240	417	22935	19431	22544	19090
3595	3149	165257	191886	162948	188224
		86597	50517	82415	46595
1173	19100	514911	502513	512640	500645
25003	22566	289290	291165	287451	290586
3403	1780	29230	26813	27809	25350
		17271	23560	17271	23560
4298	4590	43122	34239	43122	33239
		455	446	455	446
		41495	34837	41495	34836
		3656	4562	3656	4562
		570	538	570	538
8341	6277	20228	21076	18925	20027

4-11 续表 1

国有企业

地区	商品购进总额		统一配送商品购进额		自有配送中心配送商品购进额	
	2013年	2012年	2013年	2012年	2013年	2012年
全国	**24010**	**22097**	**10502**	**10132**		
北京	3115	2751	1534	1332		
天津	839	1461	839	1461		
河北						
山西						
内蒙古						
辽宁						
吉林						
黑龙江						
上海	11928	10546				
江苏						
浙江	83	125	83	125		
安徽						
福建	433	429	433	429		
江西						
山东						
河南						
湖北						
湖南						
广东	7612	6786	7612	6786		
广西						
海南						
重庆						
四川						
贵州						
云南						
西藏						
陕西						
甘肃						
青海						
宁夏						
新疆						

单位：万元

非自有配送中心配送商品购进额		营业额		餐费收入及商品销售额	
2013年	2012年	2013年	2012年	2013年	2012年
83	**125**	**58836**	**52207**	**57669**	**50730**
		8820	8215	7653	6737
		2692	2536	2692	2537
		25326	21870	25326	21870
83	125	2526	3114	2526	3114
		1119	1074	1119	1074
		18353	15399	18353	15399

4-11 续表 2

集体企业

地区	商品购进总额		统一配送商品购进额		自有配送中心配送商品购进额	
	2013年	2012年	2013年	2012年	2013年	2012年
全　国	**7564**	**12063**	**7564**	**12063**		
北　京						
天　津						
河　北						
山　西						
内蒙古						
辽　宁						
吉　林						
黑龙江						
上　海						
江　苏						
浙　江						
安　徽						
福　建						
江　西						
山　东						
河　南						
湖　北						
湖　南						
广　东	7564	12063	7564	12063		
广　西						
海　南						
重　庆						
四　川						
贵　州						
云　南						
西　藏						
陕　西						
甘　肃						
青　海						
宁　夏						
新　疆						

单位：万元

非自有配送中心配送商品购进额		营业额		餐费收入及商品销售额	
2013年	2012年	2013年	2012年	2013年	2012年
		12685	**19338**	**12012**	**18710**
		12685	19338	12012	18710

4-11 续表 3

股份合作企业

地区	商品购进总额		统一配送商品购进额		自有配送中心配送商品购进额	
	2013年	2012年	2013年	2012年	2013年	2012年
全国	**1276**	**1426**	**1185**	**1298**		
北京	845	892	754	764		
天津						
河北						
山西						
内蒙古						
辽宁						
吉林						
黑龙江						
上海						
江苏						
浙江						
安徽						
福建						
江西						
山东						
河南						
湖北						
湖南						
广东	432	534	432	534		
广西						
海南						
重庆						
四川						
贵州						
云南						
西藏						
陕西						
甘肃						
青海						
宁夏						
新疆						

单位：万元

非自有配送中心配送商品购进额		营业额		餐费收入及商品销售额	
2013年	2012年	2013年	2012年	2013年	2012年
754	**764**	**4628**	**5368**	**4628**	**5368**
754	764	3697	4312	3697	4312
		930	1056	930	1056

4-11 续表 4

有限责任公司

地　区	商品购进总额		统一配送商品购进额		自有配送中心配送商品购进额	
	2013年	2012年	2013年	2012年	2013年	2012年
全　国	**368553**	**365584**	**275187**	**271135**	**115362**	**107284**
北　京	122862	96193	93974	68756	18031	13963
天　津	1288	940	852	415		
河　北						
山　西						
内蒙古	2271	2808	1511	1855	667	876
辽　宁	31571	27552	27563	19795		
吉　林						
黑龙江						
上　海	6954	6320	6954	6320	6954	6320
江　苏	1000	1000	1000	1000	1000	1000
浙　江	15903	16186	5953	6129	543	862
安　徽	7281	4815				
福　建	4070	3977	343	272		
江　西	6092	5127	4420	3016	4420	3016
山　东	5561	5370	1398	1208	1398	1208
河　南	4917	4272	4642	3989		
湖　北	34627	46060	31099	36394	7282	7571
湖　南	11651	6863	4027	898	4027	898
广　东	62415	93638	49071	80843	45603	51239
广　西						
海　南						
重　庆	9918	6783	9918	6783	9918	6783
四　川	8982	5950	2605	2646	478	1555
贵　州	9561	12988	9561	12988		
云　南	4087	4467	4087	4467		
西　藏	259	269	259	269		
陕　西	15040	11993	15040	11993	15040	11993
甘　肃	1499	2015	909	1100		
青　海						
宁　夏						
新　疆	742					

单位：万元

非自有配送中心配送商品购进额		营业额		餐费收入及商品销售额	
2013年	2012年	2013年	2012年	2013年	2012年
9069	**27128**	**990139**	**878751**	**982866**	**870749**
2075	2319	374346	284695	370238	280950
		3191	3038	3155	3002
389	970	8974	9489	8974	9489
		35220	38707	35190	38707
		15560	14456	15560	14456
		2963	2698	2963	2698
		36566	36588	36566	36588
		21844	14282	21844	14282
343	272	6472	5102	6472	5102
		12947	9924	12947	9924
		17568	16107	17568	16106
		11237	7966	10846	7625
48	71	119642	145779	118370	142789
		27453	15685	27453	15685
	17937	203174	187023	202773	186716
		22048	18542	21345	17962
2127	1092	16702	11949	16619	11949
		17271	23560	17271	23560
4087	4467	6830	7445	6830	7445
		455	446	455	446
		24802	20708	24802	20708
		3656	4562	3656	4562
		1220		969	

4-11 续表 5

股份有限公司

地 区	商品购进总额		统一配送商品购进额		自有配送中心配送商品购进额	
	2013年	2012年	2013年	2012年	2013年	2012年
全 国	**256685**	**342911**	**121477**	**171571**	**62596**	**72183**
北 京	24967	121840	19550	69778	15530	26137
天 津						
河 北						
山 西						
内 蒙 古	65711	57555				
辽 宁						
吉 林						
黑 龙 江						
上 海						
江 苏						
浙 江	27424	31355	27424	31355	13827	14921
安 徽						
福 建						
江 西	1926	2163	1926	2163	1926	2163
山 东						
河 南						
湖 北						
湖 南						
广 东	25096	27924	25096	27924		
广 西						
海 南						
重 庆	102579	95310	39142	34073	31314	28962
四 川						
贵 州						
云 南	642	486				
西 藏						
陕 西						
甘 肃						
青 海						
宁 夏						
新 疆	8341	6277	8341	6277		

单位：万元

非自有配送中心配送商品购进额		营业额		餐费收入及商品销售额	
2013年	2012年	2013年	2012年	2013年	2012年
33786	**71463**	**439438**	**646866**	**437211**	**644297**
4019	43641	55218	276387	54835	275472
		65711	56669	65711	56669
13597	16434	53110	56424	53111	56424
		2821	3729	2821	3729
		53192	56910	53192	56910
7828	5111	174637	168677	173500	168677
		20106	12914	20106	11914
8341	6277	14641	15157	13934	14504

4-11 续表 6

私营企业

地区	商品购进总额		统一配送商品购进额		自有配送中心配送商品购进额	
	2013年	2012年	2013年	2012年	2013年	2012年
全国	**624572**	**634031**	**356430**	**388584**	**192073**	**231719**
北京	144123	147791	96958	84799	42472	37741
天津	3236	3592	2136	2422	1444	1823
河北	9732	11831				
山西	5888	6453	834	1088	230	
内蒙古	1985	2415	1510	1543	40	
辽宁						
吉林	4253	3904	4253	3904	4253	3904
黑龙江	7577	5530	7577	5530	7027	5037
上海	6685	4225				
江苏	18705	19585	18674	19463	13436	11394
浙江	120975	125288	74466	99193	46643	74723
安徽	43229	28781	36725	21371	33661	17039
福建	15513	17832	9969	12412	4740	7452
江西	2727	2889	1461	1629		
山东	15547	11	11	11		
河南	8735	8768	2646	3221		
湖北	29846	32094	17485	22000	9915	13271
湖南	22064	18520	2974	2840	410	392
广东	62224	88357	35844	63900	9909	35583
广西						
海南						
重庆	78548	80449	22838	23352	4512	4899
四川	4701	4239	4621	4179	3346	3490
贵州						
云南	5752	5106	5730	5106	317	4350
西藏						
陕西	10015	13424	7611	7920	7611	7920
甘肃						
青海						
宁夏	570	538	570	538	570	538
新疆	1940	2410	1536	2164	1536	2164

单位：万元

非自有配送中心配送商品购进额		营业额		餐费收入及商品销售额	
2013年	2012年	2013年	2012年	2013年	2012年
82087	**80845**	**1340162**	**1348724**	**1327383**	**1337255**
45470	41634	380272	375419	378203	373941
		6400	6072	6400	6073
		12307	17907	12307	17907
		11150	13174	11150	13110
		3932	3741	3910	3741
		9685	8890	9685	8890
550	493	17192	15044	17192	15044
		17421	16127	17421	16127
5210	7574	32029	33713	31182	33712
2761	2550	230313	269865	229458	269075
1500	2794	76993	70870	74772	67654
2975	2877	38666	46934	38666	46934
		5068	5292	5068	5292
		15873	331	15873	331
240	417	11698	11465	11698	11465
3547	3078	45615	46106	44579	45435
		59144	34831	54962	30909
1173	1163	226576	222788	225378	221855
17174	17455	92604	103945	92604	103945
1275	689	9408	11744	9408	11744
211	122	16186	13880	16186	13880
		16693	14129	16693	14129
		570	538	570	538
		4368	5919	4022	5523

4-11 续表 7

其他企业

地 区	商品购进总额		统一配送商品购进额		自有配送中心配送商品购进额	
	2013年	2012年	2013年	2012年	2013年	2012年
全 国	**958**	**1213**	**433**	**681**		
北 京						
天 津						
河 北						
山 西						
内蒙古	271	321	271	321		
辽 宁						
吉 林						
黑龙江						
上 海						
江 苏	163	360	163	360		
浙 江						
安 徽						
福 建						
江 西						
山 东						
河 南						
湖 北						
湖 南						
广 东						
广 西						
海 南						
重 庆						
四 川	525	533				
贵 州						
云 南						
西 藏						
陕 西						
甘 肃						
青 海						
宁 夏						
新 疆						

单位：万元

非自有配送中心配送商品购进额		营业额		餐费收入及商品销售额	
2013年	2012年	2013年	2012年	2013年	2012年
433	**681**	**4312**	**4670**	**2975**	**3208**
271	321	876	990	876	990
163	360	316	560	316	560
		3120	3120	1782	1657

4-11 续表 8

港、澳、台商投资企业

地 区	商品购进总额		统一配送商品购进额		自有配送中心配送商品购进额	
	2013年	2012年	2013年	2012年	2013年	2012年
全 国	**579973**	**562929**	**511265**	**488871**	**111926**	**105597**
北 京	197641	175785	175226	139602	57675	51771
天 津	1620	1727	1620	1727	1575	1657
河 北						
山 西						
内 蒙 古						
辽 宁	18948	16090	18948	16090	16570	16068
吉 林						
黑 龙 江	7311	7342	7311	7342		
上 海	125368	146490	106418	127917	3986	5770
江 苏	31368	26639	29424	25008	19727	16656
浙 江	5157	4806	5157	4806	5065	4406
安 徽	7361	6922	7361	6922		
福 建	17523	28539	17440	28421		
江 西	3550	2504				
山 东	7017	5375	7017	5375		
河 南						
湖 北	13316	10988	13316	10988	3800	4000
湖 南						
广 东	124692	108111	112910	101496	3528	5270
广 西						
海 南	181	2228	181	2228		
重 庆	3507	5336	3507	5336		
四 川	10060	8535	555	547		
贵 州						
云 南	2692	2983	2692	2983		
西 藏						
陕 西	2184	2086	2184	2086		
甘 肃	479	445				
青 海						
宁 夏						
新 疆						

单位：万元

非自有配送中心配送商品购进额		营业额		餐费收入及商品销售额	
2013年	2012年	2013年	2012年	2013年	2012年
189471	**190890**	**1629401**	**1542579**	**1627777**	**1539025**
77090	55882	483121	442160	481507	439050
		4413	4377	4413	4377
		47247	41378	47248	41378
7311	7342	18121	17919	18121	17919
78823	98966	397448	443732	397448	443732
9697	8352	59569	52534	59569	52533
93	400	16446	14761	16446	14761
		21249	19035	21249	19035
		87443	78034	87443	78034
		5285	9144	5286	9144
		7017	5375	7016	5375
9516	6988	39165	29671	39165	29671
8	1867	371491	330666	371481	330666
181	2228	5803	6110	5803	6110
3507	5336	11390	19260	11390	19260
555	547	37368	17133	37368	17133
2692	2983	7653	2626	7653	2181
		8120	7623	8120	7623
		1051	1042	1051	1042

4-11 续表 9

外商投资企业

地区	商品购进总额		统一配送商品购进额		自有配送中心配送商品购进额	
	2013年	2012年	2013年	2012年	2013年	2012年
全国	**2932691**	**2946553**	**2410679**	**2410236**	**1219709**	**1422778**
北京	340234	244236	327885	234521	195791	193739
天津	341959	372367	35015	31505		
河北						
山西	36903	35252	36903	35252	36903	35252
内蒙古						
辽宁	382692	259274	304549	201240		
吉林						
黑龙江	1231	1660	413	615		
上海	266516	243800	251710	229357	160567	150681
江苏	263594	358999	255239	343651	134603	186731
浙江	154774	188733	154774	188733	134958	171571
安徽						
福建	79491	76256	79491	76256	76868	73973
江西	27875	29533	27875	29533		
山东	146042	132115	146042	132115		
河南	45220	47575	38138	38829		
湖北	135480	177468	135480	177468	111787	174294
湖南	60670	59225				
广东	388856	408335	377404	398490	158547	168806
广西	20470	26345	20470	26345	20470	26345
海南						
重庆	45094	39690	23698	20636	23698	20636
四川	113124	104345	113124	104345	83049	79406
贵州						
云南	26746	61298	26746	61298	26746	61298
西藏						
陕西	36903	58809	36903	58809	36903	58809
甘肃	12347	13510	12347	13510	12347	13510
青海						
宁夏						
新疆	6472	7729	6472	7729	6472	7729

单位：万元

非自有配送中心配送商品购进额		营业额		餐费收入及商品销售额	
2013年	2012年	2013年	2012年	2013年	2012年
363693	**364875**	**6930513**	**6882552**	**6924414**	**6882420**
30565	35322	1100983	1042674	1098732	1042615
		394756	424265	394756	424265
		69481	80754	69481	80754
		484491	528329	484491	528329
		2436	2833	2437	2832
81013	69896	927853	774246	927798	774213
120636	156920	768443	800212	764652	800211
19817	17162	472049	520566	472050	520566
1381	1413	162597	157941	162597	157941
27875	29533	54482	58302	54482	58302
		268183	261146	268183	261146
		91772	97864	91772	97864
23693	3175	294122	266386	294122	266386
		114334	125841	114334	125841
53420	47074	1170861	1163931	1170861	1163931
		66821	66846	66821	66846
		82489	84130	82489	84130
5293	4380	222488	227585	222488	227545
		52152	55233	52152	55233
		77573	84192	77573	84192
		26828	29948	26828	29948
		25318	29331	25318	29331

4-12 按登记注册类型分各地区

内资企业

地　区	商品购进总额		统一配送商品购进额		自有配送中心配送商品购进额	
	2013年	2012年	2013年	2012年	2013年	2012年
全　国	**510059**	**444526**	**206986**	**146325**	**87013**	**56788**
北　京	49658	59520	7185	7112	545	628
天　津	10	10	10	10		
河　北						
山　西	5143	5119				
内蒙古	7957	7395	5559	5309	2256	1936
辽　宁						
吉　林						
黑龙江						
上　海	505	505	505	505	505	505
江　苏	1221	1443	1174	1422	1174	1422
浙　江	16269	16626	16269	16626		
安　徽	2126	5503	410	2376	100	1300
福　建	91278	70470	58565	37316	33825	13936
江　西						
山　东						
河　南	3363	3065				
湖　北	356	486	356	485	356	485
湖　南	17872	12293	4096	2745	3214	2048
广　东	7602	8200	6686	7440		
广　西						
海　南						
重　庆	257226	236788	67042	56599	40339	30819
四　川	17404	12941	7074	4435	2999	2275
贵　州						
云　南	30356	2712	30356	2512		
西　藏						
陕　西						
甘　肃						
青　海						
宁　夏						
新　疆	1713	1452	1700	1433	1700	1433

连锁餐饮企业加盟门店经营情况

单位：万元

非自有配送中心配送商品购进额		营业额		餐费收入及商品销售额	
2013年	2012年	2013年	2012年	2013年	2012年
108731	**74687**	**1201019**	**1152571**	**1198349**	**1148547**
6640	6484	139195	136565	139065	136566
		3600	3555	3600	3555
		10510	10590	10509	10591
3269	3137	83069	80043	83069	80043
		1059	1059	1059	1059
		2582	2995	2582	2995
14934	13178	17500	20008	17500	20008
7		6938	14824	5650	12311
24740	23380	270183	205171	270075	205171
		1002	913	1002	913
		792	804	792	804
		44467	30854	43592	29871
		19720	21338	19719	21338
24710	23835	468683	562840	468683	562840
4075	2161	64765	44482	64498	44482
30356	2512	59952	11109	59952	11109
		7003	5421	7003	4892

4-12 续表 1

集体企业

地　区	商品购进总额		统一配送商品购进额		自有配送中心配送商品购进额	
	2013年	2012年	2013年	2012年	2013年	2012年
全　国	**182**	**186**	**182**	**186**		
北　京						
天　津						
河　北						
山　西						
内蒙古						
辽　宁						
吉　林						
黑龙江						
上　海						
江　苏						
浙　江						
安　徽						
福　建						
江　西						
山　东						
河　南						
湖　北						
湖　南						
广　东	182	186	182	186		
广　西						
海　南						
重　庆						
四　川						
贵　州						
云　南						
西　藏						
陕　西						
甘　肃						
青　海						
宁　夏						
新　疆						

单位：万元

非自有配送中心配送商品购进额		营业额		餐费收入及商品销售额	
2013年	2012年	2013年	2012年	2013年	2012年
		437	**446**	**437**	**446**
		437	446	437	446

4-12 续表 2

有限责任公司

地区	商品购进总额		统一配送商品购进额		自有配送中心配送商品购进额	
	2013年	2012年	2013年	2012年	2013年	2012年
全国	**161514**	**119588**	**76187**	**37907**	**37510**	**26895**
北京	319	9486				
天津						
河北						
山西						
内蒙古	7957	7223	5559	5136	2256	1936
辽宁						
吉林						
黑龙江						
上海	505	505	505	505	505	505
江苏	220	220	220	220	220	220
浙江	1140	3239	1140	3239		
安徽						
福建	805	2197				
江西						
山东						
河南						
湖北	356	486	356	485	356	485
湖南	15120	9600	3024	1920	3024	1920
广东						
广西						
海南						
重庆	89028	72769	29650	21044	29650	21044
四川	15708	11351	5378	2846	1499	785
贵州						
云南	30356	2512	30356	2512		
西藏						
陕西						
甘肃						
青海						
宁夏						
新疆						

单位：万元

非自有配送中心配送商品购进额		营业额		餐费收入及商品销售额	
2013年	2012年	2013年	2012年	2013年	2012年
37503	**7710**	**466337**	**370632**	**466070**	**370632**
		27754	23276	27754	23276
3269	3137	83069	79724	83069	79724
		1059	1059	1059	1059
		728	771	728	771
		2072	5080	2072	5080
		1094	1930	1094	1930
		792	804	792	804
		37800	24000	37800	24000
		211168	201366	211168	201366
3879	2061	40850	28436	40582	28436
30356	2512	59952	4187	59952	4187

4-12 续表 3

股份有限公司

地区	商品购进总额		统一配送商品购进额		自有配送中心配送商品购进额	
	2013年	2012年	2013年	2012年	2013年	2012年
全国	**129583**	**131526**	**23720**	**21814**		
北京	48292	48405	6640	6484		
天津						
河北						
山西						
内蒙古						
辽宁						
吉林						
黑龙江						
上海						
江苏						
浙江	14934	13178	14934	13178		
安徽						
福建						
江西						
山东						
河南						
湖北						
湖南						
广东	2146	2153	2146	2153		
广西						
海南						
重庆	64211	67591				
四川						
贵州						
云南		200				
西藏						
陕西						
甘肃						
青海						
宁夏						
新疆						

单位：万元

非自有配送中心配送商品购进额		营业额		餐费收入及商品销售额	
2013年	2012年	2013年	2012年	2013年	2012年
21575	**19662**	**296517**	**299155**	**296517**	**299155**
6640	6484	108864	109669	108864	109669
14934	13178	14989	14606	14989	14606
		4183	4034	4182	4033
		168481	163925	168481	163925
			6922		6922

4-12 续表 4

私营企业

地区	商品购进总额		统一配送商品购进额		自有配送中心配送商品购进额	
	2013年	2012年	2013年	2012年	2013年	2012年
全国	**218781**	**193227**	**106897**	**86418**	**49503**	**29892**
北京	1047	1629	545	628	545	628
天津	10	10	10	10		
河北						
山西	5143	5119				
内蒙古		172		172		
辽宁						
吉林						
黑龙江						
上海						
江苏	1001	1223	954	1202	954	1202
浙江	195	209	195	209		
安徽	2126	5503	410	2376	100	1300
福建	90474	68273	58565	37316	33825	13936
江西						
山东						
河南	3363	3065				
湖北						
湖南	2752	2693	1072	825	190	128
广东	5275	5861	4358	5101		
广西						
海南						
重庆	103987	96428	37392	35555	10689	9775
四川	1696	1590	1696	1590	1500	1490
贵州						
云南						
西藏						
陕西						
甘肃						
青海						
宁夏						
新疆	1713	1452	1700	1433	1700	1433

单位：万元

非自有配送中心配送商品购进额		营业额		餐费收入及商品销售额	
2013年	2012年	2013年	2012年	2013年	2012年
49654	**47315**	**437728**	**482337**	**435324**	**478312**
		2577	3621	2447	3621
		3600	3555	3600	3555
		10510	10590	10509	10591
			319		319
		1854	2224	1854	2224
		439	322	439	322
7		6938	14824	5650	12311
24740	23380	269089	203240	268980	203240
		1002	913	1002	913
		6667	6854	5792	5871
		15100	16858	15100	16858
24710	23835	89034	197549	89034	197549
196	100	23915	16047	23916	16047
		7003	5421	7003	4892

4-12 续表 5

港、澳、台商投资企业

地 区	商品购进总额		统一配送商品购进额		自有配送中心配送商品购进额	
	2013年	2012年	2013年	2012年	2013年	2012年
全 国	**14163**	**11504**	**13412**	**10816**	**640**	**439**
北 京						
天 津						
河 北						
山 西						
内蒙古						
辽 宁						
吉 林						
黑龙江						
上 海	110		110		110	
江 苏	1027	867	923	770	530	439
浙 江						
安 徽						
福 建						
江 西						
山 东						
河 南						
湖 北						
湖 南						
广 东	647	591				
广 西						
海 南						
重 庆						
四 川						
贵 州						
云 南	12378	10046	12378	10046		
西 藏						
陕 西						
甘 肃						
青 海						
宁 夏						
新 疆						

单位：万元

非自有配送中心配送商品购进额		营业额		餐费收入及商品销售额	
2013年	2012年	2013年	2012年	2013年	2012年
12771	**10377**	**35783**	**11255**	**35783**	**9919**
		226		226	
394	331	2182	1841	2182	1841
		1599	1536	1599	1536
12378	10046	31776	7879	31776	6542

4-12 续表 6

外商投资企业

地区	商品购进总额		统一配送商品购进额		自有配送中心配送商品购进额	
	2013年	2012年	2013年	2012年	2013年	2012年
全国	**391868**	**302704**	**92091**	**34697**	**41069**	**14379**
北京	6291	5216	4558	4011	2880	2342
天津						
河北						
山西						
内蒙古						
辽宁						
吉林						
黑龙江						
上海	153	89				
江苏	35054	5083	28632	3857	23118	1287
浙江	11743	8268	11743	8268	11743	8268
安徽						
福建						
江西						
山东						
河南						
湖北						
湖南						
广东						
广西						
海南						
重庆	294798	267968	3328	2481	3328	2481
四川	43830	16080	43830	16080		
贵州						
云南						
西藏						
陕西						
甘肃						
青海						
宁夏						
新疆						

单位：万元

非自有配送中心配送商品购进额		营业额		餐费收入及商品销售额	
2013年	2012年	2013年	2012年	2013年	2012年
7192	**2570**	**549295**	**501588**	**549295**	**501589**
1678		28840	26166	28840	26166
		8526	7625	8526	7625
5514	2570	27760	23186	27760	23186
		69065	66021	69065	66021
		321025	297950	321025	297950
		94080	80640	94080	80640

4-13　按行业分各地区连锁餐饮企业基本情况

正餐服务

地　区	连锁总店数（个）	门店数（个）		年末从业人员（人）		年末餐饮营业面积（平方米）		年末餐位数（位）	
	2013年	2013年	2012年	2013年	2012年	2013年	2012年	2013年	2012年
全　国	**257**	**6704**	**6172**	**325887**	**323031**	**5400921**	**5252601**	**1765706**	**1635273**
北　京	50	1152	1040	80180	80495	1176104	1161129	320302	259536
天　津	2	4	5	251	257	6600	6900	1100	1200
河　北	1	6	7	960	1063	13780	14980	4520	4674
山　西	4	31	32	2900	3098	39910	41020	11328	11735
内蒙古	7	320	314	6254	6023	164580	160282	39430	22390
辽　宁	3	21	19	1065	1136	40056	49151	4036	7137
吉　林	1	23	19	950	671	13071	11678	4323	3588
黑龙江	6	55	55	1811	1954	32516	34175	12389	12047
上　海	6	250	250	8010	8985	67478	95842	30869	39760
江　苏	6	83	53	1345	1179	37411	33136	10677	7639
浙　江	20	608	618	20431	22407	669061	653034	140060	140428
安　徽	6	163	137	7692	8074	324518	366683	41378	45596
福　建	8	592	564	16815	17746	146435	137069	75436	64147
江　西	7	23	23	2432	2404	50233	49733	15446	15303
山　东	3	18	8	459	150	44120	2420	5400	1230
河　南	17	79	79	2094	2021	69131	72510	13138	13918
湖　北	25	123	129	11409	12998	319475	321208	112041	116844
湖　南	6	180	167	15251	14452	186520	179970	73913	67606
广　东	42	344	330	17189	17241	252768	256321	69112	82920
广　西									
海　南									
重　庆	19	2247	2022	102471	102941	1447604	1414064	652538	638493
四　川	6	113	101	5007	4054	85523	78997	42570	39209
贵　州	2	20	20	1165	1431	26001	26001	3525	3525
云　南	3	88	36	9168	1661	120216	26094	61059	15512
西　藏									
陕　西	3	143	127	9995	9682	58096	53220	18114	18642
甘　肃	1	4	5	290	528	2436	2936	901	1073
青　海									
宁　夏									
新　疆	3	14	12	293	380	7278	4048	2101	1121

4-13 续表 1

快餐服务

地区	连锁总店数（个）	门店数（个）		年末从业人员（人）		年末餐饮营业面积（平方米）		年末餐位数（位）	
	2013年	2013年	2012年	2013年	2012年	2013年	2012年	2013年	2012年
全　国	**165**	**11886**	**10786**	**450598**	**459770**	**3699622**	**3331915**	**1321777**	**1213253**
北　京	33	2106	1970	53935	57920	582535	541248	213506	195571
天　津	8	461	427	23502	32337	185958	166966	57173	51976
河　北									
山　西	2	82	74	6145	6920	29450	26650	9970	9090
内蒙古									
辽　宁	7	599	422	9112	11302	224820	117456	74319	62466
吉　林									
黑龙江	1	20	17	750	680	8000	6840	3600	3103
上　海	8	1191	1091	43897	40004	437789	379710	100758	95997
江　苏	11	1270	1183	61797	57568	408474	382003	140610	131168
浙　江	7	962	907	30730	48825	272934	254418	104708	98380
安　徽	3	276	228	3819	2129	65916	41907	19068	14129
福　建	7	324	282	16159	14371	137455	117325	36829	29060
江　西	1	64	54	5904	5368	25920	23054	8448	5923
山　东	6	395	360	21149	6305	129254	129925	46918	61130
河　南	3	122	124	4424	6277	41163	41606	16600	16632
湖　北	3	349	357	20906	18934	132816	130907	36060	35662
湖　南	4	197	181	9955	8869	57050	56082	26412	27074
广　东	35	2410	2114	100475	99391	655786	616508	281337	247229
广　西	2	80	72	6727	6937	30880	26407	10213	9173
海　南	1	4	4	218	280	1480	1480	489	489
重　庆	2	62	64	3200	3842	19737	18879	7779	7530
四　川	5	525	475	15494	17957	148207	137303	67644	61867
贵　州									
云　南	5	189	178	7711	8408	51847	54141	40405	30427
西　藏	1	3	3	48	85	450	450	120	156
陕　西	2	31	35	1116	1320	10988	13657	4490	5920
甘　肃	2	29	28	639	719	7030	6750	2845	2689
青　海									
宁　夏	1	1	3	86	108	761	1321	156	308
新　疆	5	134	133	2700	2914	32922	38922	11320	10104

4-13 续表 2

饮料及冷饮服务

地区	连锁总店数（个）	门店数（个）		年末从业人员（人）		年末餐饮营业面积（平方米）		年末餐位数（位）	
	2013年	2013年	2012年	2013年	2012年	2013年	2012年	2013年	2012年
全 国	**17**	**1468**	**1065**	**18241**	**16594**	**195670**	**150576**	**63239**	**41839**
北 京	3	310	184	3066	2354	54169	31987	19284	10439
天 津									
河 北									
山 西									
内蒙古									
辽 宁	1	23	13	260	148	4767	2690	1592	818
吉 林									
黑龙江									
上 海	1	462	327	6930	5055	55440	39240	18480	13080
江 苏	2	58	80	1659	3720	23445	34200	2759	4084
浙 江	1	6	6	122	139	1933	1933	816	816
安 徽									
福 建									
江 西									
山 东	1	19	14	148	148	949	949	560	560
河 南									
湖 北	1	72	10	1191	978	7950	1761	5400	700
湖 南									
广 东	4	432	366	4292	3535	45027	36236	10706	8662
广 西									
海 南									
重 庆	1	4	4	50	50	1280	1000	303	223
四 川	2	82	61	523	467	710	580	3339	2457
贵 州									
云 南									
西 藏									
陕 西									
甘 肃									
青 海									
宁 夏									
新 疆									

4-13 续表 3

其他餐饮业

地 区	连锁总店数(个)	门店数(个)		年末从业人员(人)		年末餐饮营业面积(平方米)		年末餐位数(位)	
	2013年	2013年	2012年	2013年	2012年	2013年	2012年	2013年	2012年
全 国	**15**	**496**	**490**	**8389**	**8327**	**74461**	**69578**	**43998**	**40870**
北 京	1	28	33	456	487	2943	2898	286	286
天 津	1	26	26	346	354	2855	2855	503	503
河 北									
山 西									
内蒙古									
辽 宁									
吉 林									
黑龙江									
上 海	2	134	114	4394	4531	36062	31647	34692	30221
江 苏	2	17	17	517	533	6597	6378	2940	3640
浙 江	1	12	12	483	483	3275	3275	1202	1202
安 徽									
福 建	1	127	126	549	623	452	449	205	198
江 西									
山 东									
河 南	1	6	6	76	64	3800	3800	700	700
湖 北									
湖 南									
广 东	3	30	33	296	326	6403	6855	1630	2305
广 西									
海 南									
重 庆	1	95	110	420	192	1901	2150	570	680
四 川	2	21	13	852	734	10173	9271	1270	1135
贵 州									
云 南									
西 藏									
陕 西									
甘 肃									
青 海									
宁 夏									
新 疆									

4-14 按行业分各地区连锁餐饮企业直营门店基本情况

正餐服务

地区	门店数(个)		年末从业人员(人)		年末餐饮营业面积(平方米)		年末餐位数(位)	
	2013年	2012年	2013年	2012年	2013年	2012年	2013年	2012年
全国	**3425**	**3168**	**177977**	**182871**	**3340234**	**3329848**	**948678**	**893591**
北京	1032	938	69009	69509	899885	921905	275256	220240
天津	4	5	251	257	6600	6900	1100	1200
河北	6	7	960	1063	13780	14980	4520	4674
山西	17	17	1167	1418	15520	15130	4436	4393
内蒙古	70	72	2260	2189	53686	53113	25315	9335
辽宁	21	19	1065	1136	40056	49151	4036	7137
吉林	23	19	950	671	13071	11678	4323	3588
黑龙江	55	55	1811	1954	32516	34175	12389	12047
上海	241	250	7984	8985	67206	95842	30815	39760
江苏	83	53	1345	1179	37411	33136	10677	7639
浙江	391	400	14227	16107	535461	515434	104650	104268
安徽	152	123	7087	6639	313718	328399	39498	41002
福建	60	60	2506	3005	20350	22463	10547	11125
江西	23	23	2432	2404	50233	49733	15446	15303
山东	18	8	459	150	44120	2420	5400	1230
河南	74	74	2033	1968	68022	71401	12686	13466
湖北	122	127	11304	12848	318475	319833	110983	114966
湖南	98	91	7530	7212	93270	90770	42898	42790
广东	272	254	13273	13085	211354	208099	60791	72733
广西								
海南								
重庆	443	371	16330	16874	367655	354447	129968	124045
四川	30	29	1956	1886	33818	34418	14644	14630
贵州	20	20	1165	1431	26001	26001	3525	3525
云南	9	9	295	311	10216	10216	3659	3659
西藏								
陕西	143	127	9995	9682	58096	53220	18114	18642
甘肃	4	5	290	528	2436	2936	901	1073
青海								
宁夏								
新疆	14	12	293	380	7278	4048	2101	1121

4-14 续表 1

快餐服务

地区	门店数（个）		年末从业人员（人）		年末餐饮营业面积（平方米）		年末餐位数（位）	
	2013年	2012年	2013年	2012年	2013年	2012年	2013年	2012年
全　国	**10991**	**9974**	**435842**	**446615**	**3523461**	**3172918**	**1240216**	**1142632**
北　京	1981	1875	52089	56418	538162	503522	196914	182195
天　津	461	427	23502	32337	185958	166966	57173	51976
河　北								
山　西	77	69	6032	6815	26950	24150	8470	7590
内蒙古								
辽　宁	599	422	9112	11302	224820	117456	74319	62466
吉　林								
黑龙江	20	17	750	680	8000	6840	3600	3103
上　海	1186	1089	43685	39867	437264	379407	100533	95845
江　苏	1131	1058	58331	54311	368970	346948	131119	122707
浙　江	694	651	28012	46533	245864	231275	92628	88656
安　徽	275	228	3805	2129	65831	41907	19023	14129
福　建	324	282	16159	14371	137455	117325	36829	29060
江　西	64	54	5904	5368	25920	23054	8448	5923
山　东	395	360	21149	6305	129254	129925	46918	61130
河　南	122	124	4424	6277	41163	41606	16600	16632
湖　北	349	357	20906	18934	132816	130907	36060	35662
湖　南	192	175	9680	8554	54650	53382	25562	26054
广　东	2406	2110	100405	99322	654082	614804	280903	246795
广　西	80	72	6727	6937	30880	26407	10213	9173
海　南	4	4	218	280	1480	1480	489	489
重　庆	62	64	3200	3842	19737	18879	7779	7530
四　川	301	283	12572	15441	107207	101703	39594	37588
贵　州								
云　南	121	111	5331	6193	41947	40775	31107	21892
西　藏	3	3	48	85	450	450	120	156
陕　西	31	35	1116	1320	10988	13657	4490	5920
甘　肃	29	28	639	719	7030	6750	2845	2689
青　海								
宁　夏	1	3	86	108	761	1321	156	308
新　疆	83	73	1960	2167	25822	32022	8324	6964

4-14 续表 2

饮料及冷饮服务

地　区	门店数(个)		年末从业人员(人)		年末餐饮营业面积(平方米)		年末餐位数(位)	
	2013年	2012年	2013年	2012年	2013年	2012年	2013年	2012年
全　国	**1463**	**1060**	**18205**	**16552**	**194950**	**149856**	**63086**	**41686**
北　京	310	184	3066	2354	54169	31987	19284	10439
天　津								
河　北								
山　西								
内蒙古								
辽　宁	23	13	260	148	4767	2690	1592	818
吉　林								
黑龙江								
上　海	462	327	6930	5055	55440	39240	18480	13080
江　苏	58	80	1659	3720	23445	34200	2759	4084
浙　江	6	6	122	139	1933	1933	816	816
安　徽								
福　建								
江　西								
山　东	19	14	148	148	949	949	560	560
河　南								
湖　北	72	10	1191	978	7950	1761	5400	700
湖　南								
广　东	430	364	4282	3525	44907	36116	10686	8642
广　西								
海　南								
重　庆	1	1	24	18	680	400	170	90
四　川	82	61	523	467	710	580	3339	2457
贵　州								
云　南								
西　藏								
陕　西								
甘　肃								
青　海								
宁　夏								
新　疆								

4-14 续表 3

其他餐饮业

地 区	门店数(个)		年末从业人员(人)		年末餐饮营业面积(平方米)		年末餐位数(位)	
	2013年	2012年	2013年	2012年	2013年	2012年	2013年	2012年
全 国	**254**	**223**	**7403**	**7311**	**68359**	**62895**	**42025**	**38762**
北 京	28	33	456	487	2943	2898	286	286
天 津	6	6	131	144	1520	1520	223	223
河 北								
山 西								
内 蒙 古								
辽 宁								
吉 林								
黑 龙 江								
上 海	133	113	4338	4475	35952	31537	34642	30171
江 苏	8	7	374	375	5792	5443	2400	3025
浙 江	12	12	483	483	3275	3275	1202	1202
安 徽								
福 建	4	3	430	420	400	400	82	75
江 西								
山 东								
河 南	6	6	76	64	3800	3800	700	700
湖 北								
湖 南								
广 东	26	29	251	281	6079	6531	1490	2165
广 西								
海 南								
重 庆	17	8	108	48	425	220	130	180
四 川	14	6	756	534	8173	7271	870	735
贵 州								
云 南								
西 藏								
陕 西								
甘 肃								
青 海								
宁 夏								
新 疆								

4-15 按行业分各地区连锁餐饮企业加盟门店基本情况

正餐服务

地区	门店数(个)		年末从业人员(人)		年末餐饮营业面积(平方米)		年末餐位数(位)	
	2013年	2012年	2013年	2012年	2013年	2012年	2013年	2012年
全国	**3279**	**3004**	**147910**	**140160**	**2060687**	**1922753**	**817028**	**741682**
北京	120	102	11171	10986	276219	239224	45046	39296
天津								
河北								
山西	14	15	1733	1680	24390	25890	6892	7342
内蒙古	250	242	3994	3834	110894	107169	14115	13055
辽宁								
吉林								
黑龙江								
上海	9		26		272		54	
江苏								
浙江	217	218	6204	6300	133600	137600	35410	36160
安徽	11	14	605	1435	10800	38284	1880	4594
福建	532	504	14309	14741	126085	114606	64889	53022
江西								
山东								
河南	5	5	61	53	1109	1109	452	452
湖北	1	2	105	150	1000	1375	1058	1878
湖南	82	76	7721	7240	93250	89200	31015	24816
广东	72	76	3916	4156	41414	48222	8321	10187
广西								
海南								
重庆	1804	1651	86141	86067	1079949	1059617	522570	514448
四川	83	72	3051	2168	51705	44579	27926	24579
贵州								
云南	79	27	8873	1350	110000	15878	57400	11853
西藏								
陕西								
甘肃								
青海								
宁夏								
新疆								

4-15 续表 1

快餐服务

地区	门店数（个）		年末从业人员（人）		年末餐饮营业面积（平方米）		年末餐位数（位）	
	2013年	2012年	2013年	2012年	2013年	2012年	2013年	2012年
全国	**895**	**812**	**14756**	**13155**	**176161**	**158997**	**81561**	**70621**
北京	125	95	1846	1502	44373	37726	16592	13376
天津								
河北								
山西	5	5	113	105	2500	2500	1500	1500
内蒙古								
辽宁								
吉林								
黑龙江								
上海	5	2	212	137	525	303	225	152
江苏	139	125	3466	3257	39504	35055	9491	8461
浙江	268	256	2718	2292	27070	23143	12080	9724
安徽	1		14		85		45	
福建								
江西								
山东								
河南								
湖北								
湖南	5	6	275	315	2400	2700	850	1020
广东	4	4	70	69	1704	1704	434	434
广西								
海南								
重庆								
四川	224	192	2922	2516	41000	35600	28050	24279
贵州								
云南	68	67	2380	2215	9900	13366	9298	8535
西藏								
陕西								
甘肃								
青海								
宁夏								
新疆	51	60	740	747	7100	6900	2996	3140

4-15 续表 2

饮料及冷饮服务

地区	门店数（个）		年末从业人员（人）		年末餐饮营业面积（平方米）		年末餐位数（位）	
	2013年	2012年	2013年	2012年	2013年	2012年	2013年	2012年
全　国	**5**	**5**	**36**	**42**	**720**	**720**	**153**	**153**
北　京								
天　津								
河　北								
山　西								
内蒙古								
辽　宁								
吉　林								
黑龙江								
上　海								
江　苏								
浙　江								
安　徽								
福　建								
江　西								
山　东								
河　南								
湖　北								
湖　南								
广　东	2	2	10	10	120	120	20	20
广　西								
海　南								
重　庆	3	3	26	32	600	600	133	133
四　川								
贵　州								
云　南								
西　藏								
陕　西								
甘　肃								
青　海								
宁　夏								
新　疆								

4-15 续表 3

其他餐饮业

地区	门店数（个）		年末从业人员（人）		年末餐饮营业面积（平方米）		年末餐位数（位）	
	2013年	2012年	2013年	2012年	2013年	2012年	2013年	2012年
全　国	**242**	**267**	**986**	**1016**	**6102**	**6683**	**1973**	**2108**
北　京								
天　津	20	20	215	210	1335	1335	280	280
河　北								
山　西								
内蒙古								
辽　宁								
吉　林								
黑龙江								
上　海	1	1	56	56	110	110	50	50
江　苏	9	10	143	158	805	935	540	615
浙　江								
安　徽								
福　建	123	123	119	203	52	49	123	123
江　西								
山　东								
河　南								
湖　北								
湖　南								
广　东	4	4	45	45	324	324	140	140
广　西								
海　南								
重　庆	78	102	312	144	1476	1930	440	500
四　川	7	7	96	200	2000	2000	400	400
贵　州								
云　南								
西　藏								
陕　西								
甘　肃								
青　海								
宁　夏								
新　疆								

4-16 按行业分各地区

正餐服务

地区	商品购进总额		统一配送商品购进额		自有配送中心配送商品购进额	
	2013年	2012年	2013年	2012年	2013年	2012年
全国	**2123268**	**2111433**	**1009223**	**1007537**	**534746**	**530842**
北京	413077	508229	266678	282373	144178	132389
天津	1427	2133	839	1461		
河北	9732	11831				
山西	10603	11189	834	1088	230	
内蒙古	78196	70494	8851	9028	2963	2812
辽宁	32275	28117	27563	19795		
吉林	4253	3904	4253	3904	4253	3904
黑龙江	11308	9690	10490	8645	7027	5037
上海	52932	48898	34319	34127	21862	24190
江苏	15604	16055	15604	16053	10212	7634
浙江	143041	164681	86581	128528	74593	114054
安徽	45186	34171	36966	23634	33592	18226
福建	106503	86610	68967	50115	38565	21388
江西	14296	12682	7807	6808	6346	5178
山东	16934	1208	1398	1208	1398	1208
河南	16475	15575	6749	6680		
湖北	70377	84488	54487	64727	21354	25327
湖南	36017	26124	10417	5833	7651	3338
广东	143192	139954	108210	110239	3710	4118
广西						
海南						
重庆	764527	707515	142330	124453	92486	78052
四川	30130	22741	12818	10339	6812	7187
贵州	9561	12988	9561	12988		
云南	35076	7613	35076	7613		
西藏						
陕西	58950	80660	56546	75157	56546	75157
甘肃	1499	2015	909	1100		
青海						
宁夏						
新疆	2098	1869	969	1644	969	1644

连锁餐饮企业经营情况

单位：万元

非自有配送中心配送商品购进额		营业额		餐费收入及商品销售额	
2013年	2012年	2013年	2012年	2013年	2012年
221320	**231335**	**4464873**	**4554953**	**4447219**	**4534872**
39058	89768	1261123	1367844	1259204	1364442
		3825	3775	3824	3775
		12307	17907	12307	17907
		20459	22719	20459	22655
3928	4429	162561	150932	162539	150932
		36682	40251	36652	40251
		9685	8890	9685	8890
3050	2993	24646	22894	24646	22893
12457	9938	145753	141457	145753	141457
5364	7924	25276	26289	24436	26289
2867	2964	316432	367687	316341	367513
1507	2794	80506	82592	76996	76865
28059	26529	309503	251978	309394	251978
		26122	28088	26122	28089
		17929	2248	17929	2246
240	417	22849	19305	22458	18963
5342	4996	176116	204450	173807	200788
		87576	61187	84061	57462
29289	22052	306512	310564	305600	309811
49713	46400	1120088	1196421	1118248	1195841
6006	3152	91119	68829	89430	67366
		17271	23560	17271	23560
34443	6979	68498	13072	68498	13072
		114318	113233	114318	113233
		3656	4562	3656	4562
		4063	4222	3585	4034

4-16 续表 1

快餐服务

地区	商品购进总额		统一配送商品购进额		自有配送中心配送商品购进额	
	2013年	2012年	2013年	2012年	2013年	2012年
全　国	**3360725**	**3344860**	**2787806**	**2764512**	**1262967**	**1450553**
北　京	433684	310154	421095	294393	183309	188780
天　津	346311	376857	38931	35469	3019	3480
河　北						
山　西	37331	35634	36903	35252	36903	35252
内蒙古						
辽　宁	398558	274777	321119	217308	16570	16068
吉　林						
黑龙江	4811	4843	4811	4843		
上　海	268095	275564	234187	242458	145234	134711
江　苏	324954	385870	308126	367547	171876	199365
浙　江	208288	225555	208288	225555	137268	159670
安　徽	14810	11850	7529	7035	169	113
福　建	97274	104990	97274	104990	76868	73973
江　西	27875	29533	27875	29533		
山　东	150215	136287	146052	132126		
河　南	45220	47575	38138	38829		
湖　北	135480	177468	135480	177468	111787	174294
湖　南	76240	70777	680	650		
广　东	513251	594319	484161	569420	209364	253013
广　西	20470	26345	20470	26345	20470	26345
海　南	181	2228	181	2228		
重　庆	18861	18478	18861	18478	15355	13142
四　川	155284	119860	155284	119860	83049	79406
贵　州						
云　南	47577	79485	46912	78799	27063	65648
西　藏	259	269	259	269		
陕　西	5193	5651	5193	5651	3009	3565
甘　肃	12826	13955	12347	13510	12347	13510
青　海						
宁　夏	570	538	570	538	570	538
新　疆	17109	15998	17079	15959	8738	9682

单位：万元

非自有配送中心配送商品购进额		营业额		餐费收入及商品销售额	
2013年	2012年	2013年	2012年	2013年	2012年
508870	**527058**	**8015066**	**7949684**	**7996930**	**7935142**
129233	96278	1184117	1137254	1174312	1129872
		405230	434519	405193	434483
		70681	81800	70681	81800
		522963	563848	522963	563848
4811	4843	13104	12902	13104	12902
78823	98966	937747	891852	937747	891852
136250	168183	837950	853366	834158	853366
48335	46762	568238	605858	567475	605241
		46518	36417	46518	36418
1381	1413	250387	236245	250387	236245
27875	29533	54482	58302	54482	58302
		283695	275336	283695	275336
		91772	97864	91772	97864
23693	3175	294122	266386	294122	266386
		157822	146024	156279	144844
25311	45988	1653574	1626327	1652203	1625213
		66821	66846	66821	66846
181	2228	5803	6110	5803	6110
3507	5336	40759	50623	40759	50623
5848	4927	312862	306794	312862	306754
15281	13151	126158	98015	126158	95232
		455	446	455	446
		12870	13418	12870	13418
		27880	30989	27880	30989
		570	538	570	538
8341	6277	48486	51606	47661	50216

4-16 续表 2

饮料及冷饮服务

地区	商品购进总额		统一配送商品购进额		自有配送中心配送商品购进额	
	2013年	2012年	2013年	2012年	2013年	2012年
全　国	**170321**	**136632**	**157240**	**126265**	**8722**	**8438**
北　京	37538	30687	34413	28756		
天　津						
河　北						
山　西						
内蒙古						
辽　宁	2378	22	2378	22		
吉　林						
黑龙江						
上　海	68556	59958	68556	59958		
江　苏	7606	7277	7606	7277	7606	7277
浙　江	83	125	83	125		
安　徽						
福　建						
江　西						
山　东	7017	5375	7017	5375		
河　南						
湖　北	7769	5140	7769	5140		
湖　南						
广　东	26839	17101	26388	16652	1105	1150
广　西						
海　南						
重　庆	3012	2944	3012	2944		
四　川	9525	8005	20	17	11	12
贵　州						
云　南						
西　藏						
陕　西						
甘　肃						
青　海						
宁　夏						
新　疆						

单位：万元

非自有配送中心配送商品购进额		营业额		餐费收入及商品销售额	
2013年	2012年	2013年	2012年	2013年	2012年
76417	**65228**	**573606**	**405033**	**573548**	**404999**
		115296	78388	115296	78388
		7313	4315	7314	4315
68556	59958	236736	172052	236681	172019
		24193	28714	24193	28713
83	125	2526	3114	2526	3114
		7017	5375	7016	5375
7769	5140	29098	17911	29098	17911
		111495	76478	111495	76478
		3924	3022	3924	3022
9	6	36008	15665	36008	15665

4-16 续表 3

其他餐饮业

地区	商品购进总额		统一配送商品购进额		自有配送中心配送商品购进额	
	2013年	2012年	2013年	2012年	2013年	2012年
全国	**58059**	**54616**	**52943**	**48095**	**23953**	**21333**
北京	5438	5153	5438	5153	5438	5153
天津	1213	1107	701	609		
河北						
山西						
内蒙古						
辽宁						
吉林						
黑龙江						
上海	28636	27556	28636	27556	5027	4375
江苏	3968	4773	3895	4653	3895	4653
浙江	917	1027	917	1027	917	1027
安徽						
福建	4531	5903				
江西						
山东						
河南	540	530	540	530		
湖北						
湖南						
广东	3859	3164	3859	3164	3408	2617
广西						
海南						
重庆	5269	3386	5269	3386	5269	3386
四川	3688	2017	3688	2017		121
贵州						
云南						
西藏						
陕西						
甘肃						
青海						
宁夏						
新疆						

单位：万元

非自有配送中心配送商品购进额		营业额		餐费收入及商品销售额	
2013年	2012年	2013年	2012年	2013年	2012年
1462	**783**	**142667**	**136801**	**142661**	**136801**
		13957	13107	13957	13107
		5997	5550	5997	5550
		73183	73755	73183	73755
		8425	9369	8418	9368
		10378	10688	10378	10688
		6590	6033	6590	6033
		1088	1039	1088	1039
		7000	6614	7000	6614
		8106	5280	8106	5280
1462	783	7943	5365	7943	5365

4-17 按行业分各地区连锁

正餐服务

地区	商品购进总额		统一配送商品购进额		自有配送中心配送商品购进额	
	2013年	2012年	2013年	2012年	2013年	2012年
全国	**1342044**	**1420040**	**820244**	**875674**	**448231**	**474556**
北京	363425	447047	259493	273592	143633	131761
天津	1427	2133	839	1461		
河北	9732	11831				
山西	5888	6453	834	1088	230	
内蒙古	70239	63099	3292	3719	707	876
辽宁	32275	28117	27563	19795		
吉林	4253	3904	4253	3904	4253	3904
黑龙江	11308	9690	10490	8645	7027	5037
上海	52822	48898	34209	34127	21752	24190
江苏	15604	16055	15604	16053	10212	7634
浙江	139753	159294	83293	123141	72444	111905
安徽	43068	28669	36564	21259	33500	16926
福建	16029	18337	10402	12799	4740	7452
江西	14296	12682	7807	6808	6346	5178
山东	16934	1208	1398	1208	1398	1208
河南	13112	12510	6749	6680		
湖北	70020	84002	54131	64242	20998	24842
湖南	19144	15163	6322	3088	4437	1290
广东	135772	131940	101706	102985	3710	4118
广西						
海南						
重庆	217194	206416	76651	69029	51517	46463
四川	12922	9959	5940	6063	3813	4972
贵州	9561	12988	9561	12988		
云南	4721	5101	4721	5101		
西藏						
陕西	58950	80660	56546	75157	56546	75157
甘肃	1499	2015	909	1100		
青海						
宁夏						
新疆	2098	1869	969	1644	969	1644

餐饮企业直营门店经营情况

单位：万元

非自有配送中心配送商品购进额		营业额		餐费收入及商品销售额	
2013年	2012年	2013年	2012年	2013年	2012年
127720	**169926**	**2930267**	**3098035**	**2915284**	**3081448**
32417	83284	1110952	1224622	1109164	1221219
		3825	3775	3824	3775
		12307	17907	12307	17907
		11150	13174	11150	13110
659	1291	79492	70890	79470	70890
		36682	40251	36652	40251
		9685	8890	9685	8890
3050	2993	24646	22894	24646	22893
12457	9938	145527	141457	145527	141457
5364	7924	25276	26289	24436	26289
2867	2964	271160	316454	271069	316281
1500	2794	73612	67769	71391	64553
3318	3149	40413	48737	40414	48737
		26122	28088	26122	28089
		17929	2248	17929	2246
240	417	21847	18392	21456	18051
5342	4996	175324	203645	173015	199984
		45148	33053	42509	30311
29289	22052	287229	289672	286318	288919
25003	22566	337436	340712	335597	340132
2127	1092	26652	24656	25231	23194
		17271	23560	17271	23560
4087	4467	8546	8885	8546	8885
		114318	113233	114318	113233
		3656	4562	3656	4562
		4063	4222	3585	4034

4-17 续表 1

快餐服务

地区	商品购进总额		统一配送商品购进额		自有配送中心配送商品购进额	
	2013年	2012年	2013年	2012年	2013年	2012年
全国	**3233274**	**3285480**	**2670833**	**2710257**	**1224917**	**1438712**
北京	427388	306601	416538	292051	180429	186438
天津	346311	376857	38931	35469	3019	3480
河北						
山西	36903	35252	36903	35252	36903	35252
内蒙古						
辽宁	398558	274777	321119	217308	16570	16068
吉林						
黑龙江	4811	4843	4811	4843		
上海	267942	275475	234187	242458	145234	134711
江苏	288653	379700	278350	362700	148008	197419
浙江	183564	206048	183564	206048	127673	153550
安徽	14802	11850	7521	7035	161	113
福建	97274	104990	97274	104990	76868	73973
江西	27875	29533	27875	29533		
山东	150215	136287	146052	132126		
河南	45220	47575	38138	38829		
湖北	135480	177468	135480	177468	111787	174294
湖南	75241	69445	680	650		
广东	512630	593752	484161	569420	209364	253013
广西	20470	26345	20470	26345	20470	26345
海南	181	2228	181	2228		
重庆	18861	18478	18861	18478	15355	13142
四川	111454	103780	111454	103780	83049	79406
贵州						
云南	35199	69239	34535	68753	27063	65648
西藏	259	269	259	269		
陕西	5193	5651	5193	5651	3009	3565
甘肃	12826	13955	12347	13510	12347	13510
青海						
宁夏	570	538	570	538	570	538
新疆	15397	14547	15379	14526	7038	8249

单位：万元

非自有配送中心配送商品购进额		营业额		餐费收入及商品销售额	
2013年	2012年	2013年	2012年	2013年	2012年
473972	**500933**	**7779032**	**7755851**	**7760897**	**7743175**
127556	96278	1166253	1117744	1156448	1110362
		405230	434519	405193	434483
		69481	80754	69481	80754
		522963	563848	522963	563848
4811	4843	13104	12902	13104	12902
78823	98966	929221	884226	929221	884226
130342	165282	807280	827569	803488	827569
33401	33583	526945	571062	526182	570445
		46475	36417	46475	36418
1381	1413	250387	236245	250387	236245
27875	29533	54482	58302	54482	58302
		283695	275336	283695	275336
		91772	97864	91772	97864
23693	3175	294122	266386	294122	266386
		155783	143305	154240	142125
25311	45988	1652035	1624850	1650664	1623735
		66821	66846	66821	66846
181	2228	5803	6110	5803	6110
3507	5336	40759	50623	40759	50623
5848	4927	218782	226154	218782	226114
2903	3105	94382	83213	94382	81767
		455	446	455	446
		12870	13418	12870	13418
		27880	30989	27880	30989
		570	538	570	538
8341	6277	41483	46185	40658	45324

4-17 续表 2

饮料及冷饮服务

地区	商品购进总额		统一配送商品购进额		自有配送中心配送商品购进额	
	2013年	2012年	2013年	2012年	2013年	2012年
全国	**168302**	**134663**	**155248**	**124319**	**8722**	**8438**
北京	37538	30687	34413	28756		
天津						
河北						
山西						
内蒙古						
辽宁	2378	22	2378	22		
吉林						
黑龙江						
上海	68556	59958	68556	59958		
江苏	7606	7277	7606	7277	7606	7277
浙江	83	125	83	125		
安徽						
福建						
江西						
山东	7017	5375	7017	5375		
河南						
湖北	7769	5140	7769	5140		
湖南						
广东	26813	17077	26388	16652	1105	1150
广西						
海南						
重庆	1020	998	1020	998		
四川	9525	8005	20	17	11	12
贵州						
云南						
西藏						
陕西						
甘肃						
青海						
宁夏						
新疆						

单位：万元

非自有配送中心配送商品购进额		营业额		餐费收入及商品销售额	
2013年	2012年	2013年	2012年	2013年	2012年
76417	**65228**	**571191**	**402956**	**571134**	**402923**
		115296	78388	115296	78388
		7313	4315	7314	4315
68556	59958	236736	172052	236681	172019
		24193	28714	24193	28713
83	125	2526	3114	2526	3114
		7017	5375	7016	5375
7769	5140	29098	17911	29098	17911
		111436	76420	111435	76420
		1570	1003	1570	1003
9	6	36008	15665	36008	15665

4-17 续表 3

其他餐饮业

地　区	商品购进总额		统一配送商品购进额		自有配送中心配送商品购进额	
	2013年	2012年	2013年	2012年	2013年	2012年
全　国	**52663**	**48623**	**48398**	**44320**	**19797**	**17855**
北　京	5438	5153	5438	5153	5438	5153
天　津	1203	1097	691	599		
河　北						
山　西						
内蒙古						
辽　宁						
吉　林						
黑龙江						
上　海	28131	27051	28131	27051	4522	3870
江　苏	2967	3550	2941	3451	2941	3451
浙　江	917	1027	917	1027	917	1027
安　徽						
福　建	3726	3706				
江　西						
山　东						
河　南	540	530	540	530		
湖　北						
湖　南						
广　东	3678	2979	3678	2979	3408	2617
广　西						
海　南						
重　庆	2571	1675	2571	1675	2571	1675
四　川	3492	1857	3492	1857		61
贵　州						
云　南						
西　藏						
陕　西						
甘　肃						
青　海						
宁　夏						
新　疆						

单位：万元

非自有配送中心配送商品购进额		营业额		餐费收入及商品销售额	
2013年	2012年	2013年	2012年	2013年	2012年
1266	**683**	**129624**	**124214**	**129616**	**124214**
		13957	13107	13957	13107
		2397	1995	2397	1995
		72125	72696	72125	72696
		6571	7145	6564	7145
		10378	10688	10378	10688
		5496	4103	5496	4103
		1088	1039	1088	1039
		6563	6167	6563	6167
		3404	2218	3404	2218
1266	683	7645	5055	7645	5055

4-18 按行业分各地区连锁

正餐服务

地　区	商品购进总额		统一配送商品购进额		自有配送中心配送商品购进额	
	2013年	2012年	2013年	2012年	2013年	2012年
全　国	**781224**	**691393**	**188979**	**131863**	**86515**	**56286**
北　京	49653	61182	7185	8781	545	628
天　津						
河　北						
山　西	4715	4736				
内蒙古	7957	7395	5559	5309	2256	1936
辽　宁						
吉　林						
黑龙江						
上　海	110		110		110	
江　苏						
浙　江	3288	5387	3288	5387	2149	2149
安　徽	2118	5503	402	2376	92	1300
福　建	90474	68273	58565	37316	33825	13936
江　西						
山　东						
河　南	3363	3065				
湖　北	356	486	356	485	356	485
湖　南	16873	10961	4096	2745	3214	2048
广　东	7420	8014	6504	7254		
广　西						
海　南						
重　庆	547333	501099	65679	55424	40969	31589
四　川	17208	12781	6878	4275	2999	2215
贵　州						
云　南	30356	2512	30356	2512		
西　藏						
陕　西						
甘　肃						
青　海						
宁　夏						
新　疆						

餐饮企业加盟门店经营情况

单位：万元

非自有配送中心配送商品购进额		营业额		餐费收入及商品销售额	
2013年	2012年	2013年	2012年	2013年	2012年
93601	**61409**	**1534606**	**1456918**	**1531935**	**1453422**
6640	6484	150171	143222	150041	143222
		9310	9545	9310	9545
3269	3137	83069	80043	83069	80043
		226		226	
		45272	51233	45272	51233
7		6895	14824	5606	12311
24740	23380	269089	203240	268980	203240
		1002	913	1002	913
		792	804	792	804
		42428	28134	41552	27151
		19282	20892	19282	20892
24710	23835	782651	855709	782651	855709
3879	2061	64467	44172	64200	44172
30356	2512	59952	4187	59952	4187

4-18 续表 1

快餐服务

地　区	商品购进总额		统一配送商品购进额		自有配送中心配送商品购进额	
	2013年	2012年	2013年	2012年	2013年	2012年
全　国	**127451**	**59380**	**116973**	**54255**	**38050**	**11841**
北　京	6296	3554	4558	2342	2880	2342
天　津						
河　北						
山　西	428	382				
内蒙古						
辽　宁						
吉　林						
黑龙江						
上　海	153	89				
江　苏	36301	6170	29775	4847	23868	1946
浙　江	24724	19507	24724	19507	9595	6120
安　徽	8		8		8	
福　建						
江　西						
山　东						
河　南						
湖　北						
湖　南	999	1332				
广　东	621	568				
广　西						
海　南						
重　庆						
四　川	43830	16080	43830	16080		
贵　州						
云　南	12378	10246	12378	10046		
西　藏						
陕　西						
甘　肃						
青　海						
宁　夏						
新　疆	1713	1452	1700	1433	1700	1433

单位：万元

非自有配送中心配送商品购进额		营业额		餐费收入及商品销售额	
2013年	2012年	2013年	2012年	2013年	2012年
34897	**26125**	**236034**	**193833**	**236033**	**191967**
1678		17864	19509	17864	19509
		1200	1046	1200	1046
		8526	7625	8526	7625
5908	2901	30670	25797	30670	25798
14934	13178	41293	34796	41293	34796
		44		44	
		2039	2719	2039	2719
		1540	1478	1540	1478
		94080	80640	94080	80640
12378	10046	31776	14801	31776	13464
		7003	5421	7003	4892

4-18 续表 2

饮料及冷饮服务

地区	商品购进总额		统一配送商品购进额		自有配送中心配送商品购进额	
	2013年	2012年	2013年	2012年	2013年	2012年
全国	**2018**	**1969**	**1992**	**1945**		
北京						
天津						
河北						
山西						
内蒙古						
辽宁						
吉林						
黑龙江						
上海						
江苏						
浙江						
安徽						
福建						
江西						
山东						
河南						
湖北						
湖南						
广东	26	24				
广西						
海南						
重庆	1992	1945	1992	1945		
四川						
贵州						
云南						
西藏						
陕西						
甘肃						
青海						
宁夏						
新疆						

单位：万元

非自有配送中心配送商品购进额		营业额		餐费收入及商品销售额	
2013年	2012年	2013年	2012年	2013年	2012年
		2415	**2077**	**2415**	**2077**
		60	58	60	58
		2355	2019	2355	2019

4-18 续表 3

其他餐饮业

地区	商品购进总额		统一配送商品购进额		自有配送中心配送商品购进额	
	2013年	2012年	2013年	2012年	2013年	2012年
全国	**5397**	**5992**	**4545**	**3774**	**4157**	**3478**
北京						
天津	10	10	10	10		
河北						
山西						
内蒙古						
辽宁						
吉林						
黑龙江						
上海	505	505	505	505	505	505
江苏	1001	1223	954	1202	954	1202
浙江						
安徽						
福建	805	2197				
江西						
山东						
河南						
湖北						
湖南						
广东	182	186	182	186		
广西						
海南						
重庆	2698	1711	2698	1711	2698	1711
四川	196	160	196	160		60
贵州						
云南						
西藏						
陕西						
甘肃						
青海						
宁夏						
新疆						

单位：万元

非自有配送中心配送商品购进额		营业额		餐费收入及商品销售额	
2013年	2012年	2013年	2012年	2013年	2012年
196	**100**	**13043**	**12587**	**13044**	**12587**
		3600	3555	3600	3555
		1059	1059	1059	1059
		1854	2224	1854	2224
		1094	1930	1094	1930
		437	446	437	446
		4701	3062	4701	3062
196	100	298	310	298	310

4-19 36城市连锁餐饮企业基本情况

地 区	连锁总店数(个)	门店数(个)		年末从业人员(人)		年末餐饮营业面积(平方米)		年末餐位数(位)	
	2013年	2013年	2012年	2013年	2012年	2013年	2012年	2013年	2012年
合 计	**373**	**18007**	**16079**	**725125**	**730095**	**8503338**	**7966216**	**2862779**	**2639158**
北 京	87	3596	3227	137637	141256	1815751	1737262	553378	465832
天 津	11	491	458	24099	32948	195413	176721	58776	53679
石家庄									
太 原	3	97	90	8602	9568	60440	58140	17898	17423
呼和浩特	1	8	8	224	220	2400	2400	780	820
沈 阳	8	529	372	7815	9903	224810	137676	64379	55763
大 连	3	114	82	2622	2683	44833	31621	15568	14658
长 春	1	23	19	950	671	13071	11678	4323	3588
哈尔滨	7	75	72	2561	2634	40516	41015	15989	15150
上 海	17	2037	1782	63231	58575	596769	546439	184799	179058
南 京	10	490	465	29041	25366	188426	183165	60908	57680
杭 州	20	1138	1109	44529	63748	774087	741565	197099	193560
宁 波	4	59	62	2496	3781	112653	116745	25065	24598
合 肥	5	422	349	10200	8606	353974	373190	51146	50325
福 州	6	627	583	21808	21889	187347	171328	79264	69502
厦 门	9	408	387	10737	10311	90845	80515	27206	22403
南 昌	6	80	69	7429	6787	61268	57902	18484	15823
济 南	1	46	45	1437	2316	17907	17774	6050	5993
青 岛	9	386	337	20319	4287	156416	115520	46828	56927
郑 州	4	126	127	4713	6485	72363	72806	18242	18128
武 汉	23	520	468	32191	31253	430392	424032	143688	140879
长 沙	6	268	242	16534	14986	188140	182502	56173	56062
广 州	26	1536	1268	69854	60995	491084	458604	189058	159570
深 圳	45	1180	1087	42195	49573	384646	364572	135576	145692
南 宁	2	80	72	6727	6937	30880	26407	10213	9173
海 口	1	4	4	218	280	1480	1480	489	489
重 庆	23	2408	2200	106141	107025	1470522	1436093	661190	646926
成 都	11	646	567	18032	20366	188408	178472	78261	72591
贵 阳	2	20	20	1165	1431	26001	26001	3525	3525
昆 明	8	277	214	16879	10069	172063	80235	101464	45939
拉 萨	1	3	3	48	85	450	450	120	156
西 安	5	174	162	11111	11002	69084	66877	22604	24562
兰 州	3	33	33	929	1247	9466	9686	3746	3762
西 宁									
银 川	1	1	3	86	108	761	1321	156	308
乌鲁木齐	4	105	93	2565	2704	30672	36022	10334	8614

4-20 36城市连锁餐饮企业直营门店基本情况

地 区	门店数(个)		年末从业人员(人)		年末餐饮营业面积(平方米)		年末餐位数(位)	
	2013年	2012年	2013年	2012年	2013年	2012年	2013年	2012年
合 计	**14317**	**12696**	**576973**	**589125**	**6479127**	**6071977**	**2033842**	**1879729**
北 京	3351	3030	124620	128768	1495159	1460312	491740	413160
天 津	471	438	23884	32738	194078	175386	58496	53399
石家庄								
太 原	83	75	6869	7888	36050	32250	11006	10081
呼和浩特	8	8	224	220	2400	2400	780	820
沈 阳	529	372	7815	9903	224810	137676	64379	55763
大 连	114	82	2622	2683	44833	31621	15568	14658
长 春	23	19	950	671	13071	11678	4323	3588
哈尔滨	75	72	2561	2634	40516	41015	15989	15150
上 海	2022	1779	62937	58382	595862	546026	184470	178856
南 京	488	463	28954	25317	187726	182465	60708	57580
杭 州	842	830	36481	56125	624487	596215	152939	151440
宁 波	54	54	2306	3496	108183	107952	23535	22634
合 肥	410	335	9581	7171	343089	334906	49221	45731
福 州	187	163	10020	8744	74842	64702	23606	20344
厦 门	200	180	8998	8512	82663	72486	23031	18416
南 昌	80	69	7429	6787	61268	57902	18484	15823
济 南	46	45	1437	2316	17907	17774	6050	5993
青 岛	386	337	20319	4287	156416	115520	46828	56927
郑 州	126	127	4713	6485	72363	72806	18242	18128
武 汉	519	467	32086	31133	429392	423032	142630	139123
长 沙	213	191	11933	10718	110890	107302	36838	37326
广 州	1465	1197	66072	57257	451765	414399	181288	150842
深 圳	1173	1076	42006	49100	382107	360111	134865	144073
南 宁	80	72	6727	6937	30880	26407	10213	9173
海 口	4	4	218	280	1480	1480	489	489
重 庆	523	444	19662	20782	388497	373946	138047	131845
成 都	403	355	14629	17260	125296	117860	47026	43889
贵 阳	20	20	1165	1431	26001	26001	3525	3525
昆 明	130	120	5626	6504	52163	50991	34766	25551
拉 萨	3	3	48	85	450	450	120	156
西 安	174	162	11111	11002	69084	66877	22604	24562
兰 州	33	33	929	1247	9466	9686	3746	3762
西 宁								
银 川	1	3	86	108	761	1321	156	308
乌鲁木齐	81	71	1955	2154	25172	31022	8134	6614

4-21 36城市连锁餐饮

地　区	门店数（个）		年末从业人员（人）	
	2013年	2012年	2013年	2012年
合　计	**3690**	**3383**	**148152**	**140970**
北　京	245	197	13017	12488
天　津	20	20	215	210
石家庄				
太　原	14	15	1733	1680
呼和浩特				
沈　阳				
大　连				
长　春				
哈尔滨				
上　海	15	3	294	193
南　京	2	2	87	49
杭　州	296	279	8048	7623
宁　波	5	8	190	285
合　肥	12	14	619	1435
福　州	440	420	11788	13145
厦　门	208	207	1739	1799
南　昌				
济　南				
青　岛				
郑　州				
武　汉	1	1	105	120
长　沙	55	51	4601	4268
广　州	71	71	3782	3738
深　圳	7	11	189	473
南　宁				
海　口				
重　庆	1885	1756	86479	86243
成　都	243	212	3403	3106
贵　阳				
昆　明	147	94	11253	3565
拉　萨				
西　安				
兰　州				
西　宁				
银　川				
乌鲁木齐	24	22	610	550

企业加盟门店基本情况

年末餐饮营业面积（平方米）		年末餐位数（位）	
2013年	2012年	2013年	2012年
2024211	**1894239**	**828937**	**759429**
320592	276950	61638	52672
1335	1335	280	280
24390	25890	6892	7342
907	413	329	202
700	700	200	100
149600	145350	44160	42120
4470	8793	1530	1964
10885	38284	1925	4594
112505	106626	55658	49158
8182	8029	4175	3987
1000	1000	1058	1756
77250	75200	19335	18736
39319	44205	7770	8728
2539	4461	711	1619
1082025	1062147	523143	515081
63112	60612	31235	28702
119900	29244	66698	20388
5500	5000	2200	2000

4-22 36城市连锁

地区	商品购进总额		统一配送商品购进额		自有配送中心配送商品购进额	
	2013年	2012年	2013年	2012年	2013年	2012年
合计	**5208494**	**5150242**	**3642538**	**3574996**	**1689490**	**1908599**
北京	889736	854224	727624	610674	332925	326322
天津	348951	380097	40472	37539	3019	3480
石家庄						
太原	46672	45353	36903	35252	36903	35252
呼和浩特	271	321	271	321		
沈阳	370258	259563	335546	221322	11516	10839
大连	62952	43353	15514	15803	5055	5229
长春	4253	3904	4253	3904	4253	3904
哈尔滨	16119	14533	15301	13488	7027	5037
上海	418219	411975	365698	364099	172123	163276
南京	134794	204055	134790	204032	105300	161154
杭州	281373	321108	234864	295013	212778	274750
宁波	21676	23404	11726	13347		
合肥	52143	37576	39499	24919	28764	12589
福州	133567	124309	98055	90433	54794	49987
厦门	52536	67643	45982	59121	38434	39822
南昌	38784	38424	32295	32549	4420	3016
济南	10935	14487	10935	14487		
青岛	163231	128383	143532	124222	1398	1208
郑州	48676	50424	41594	41678		
武汉	196270	250659	193907	241899	133141	199621
长沙	105548	90534	7051	2818	7051	2818
广州	374770	398485	371135	393790	151205	179442
深圳	258919	268833	198652	219033	49638	57562
南宁	20470	26345	20470	26345	20470	26345
海口	181	2228	181	2228		
重庆	791669	732322	169472	149260	113109	94581
成都	176933	138568	162364	125836	87895	84265
贵阳	9561	12988	9561	12988		
拉萨	82653	87097	81989	86412	27063	65648
昆明	259	269	259	269		
西安	64142	86311	61738	80808	59554	78722
兰州	14324	15970	13256	14610	12347	13510
西宁						
银川	570	538	570	538	570	538
乌鲁木齐	17079	15959	17079	15959	8738	9682

餐饮企业经营情况

单位：万元

非自有配送中心配送商品购进额		营业额		餐费收入及商品销售额	
2013年	2012年	2013年	2012年	2013年	2012年
632778	**610840**	**12067671**	**11969683**	**12039203**	**11941845**
168291	186045	2574492	2596593	2562768	2585809
		415051	443844	415015	443807
		88038	101017	88038	101017
271	321	876	990	876	990
		468875	503936	468845	503936
		98083	104478	98083	104478
		9685	8890	9685	8890
7860	7836	37750	35796	37750	35795
159836	168862	1393420	1279115	1393364	1279082
29462	42384	389611	404379	384979	404379
19992	17687	758321	851867	758230	851693
		49364	51573	48601	50956
1507	2794	112051	101903	108541	96176
24011	23235	361449	332950	361340	332951
5428	4708	151598	148970	151598	148970
27875	29533	75131	79800	75131	79800
		28867	27871	28867	27871
		279774	255087	279774	255086
		98861	102067	98861	102067
36804	13311	481439	471791	480087	468711
		230174	192755	230174	192755
27899	22472	1135698	1084794	1134950	1083748
6220	6347	770112	750523	768578	749702
		66821	66846	66821	66846
181	2228	5803	6110	5803	6110
53219	51736	1172876	1255345	1171037	1254765
5857	4933	395347	362395	394010	360893
		17271	23560	17271	23560
49724	20131	194655	111086	194655	108303
		455	446	455	446
		127188	126651	127188	126651
		31536	35551	31536	35551
		570	538	570	538
8341	6277	46429	50166	45722	49513

4-23 36城市连锁餐饮

地区	商品购进总额		统一配送商品购进额		自有配送中心配送商品购进额	
	2013年	2012年	2013年	2012年	2013年	2012年
合计	**4394309**	**4434373**	**3407127**	**3411303**	**1608742**	**1842830**
北京	833788	789488	715881	599551	329500	323352
天津	348941	380087	40462	37529	3019	3480
石家庄						
太原	41957	40617	36903	35252	36903	35252
呼和浩特	271	321	271	321		
沈阳	370258	259563	335546	221322	11516	10839
大连	62952	43353	15514	15803	5055	5229
长春	4253	3904	4253	3904	4253	3904
哈尔滨	16119	14533	15301	13488	7027	5037
上海	417451	411381	365083	363594	171507	162771
南京	134574	203835	134570	203812	105080	160934
杭州	269630	312840	223121	286745	201035	266482
宁波	20342	19956	10391	9899		
合肥	50018	32074	39089	22543	28664	11289
福州	66133	59538	62529	56051	40398	36051
厦门	48121	61945	42372	56187	38434	39822
南昌	38784	38424	32295	32549	4420	3016
济南	10935	14487	10935	14487		
青岛	163231	128383	143532	124222	1398	1208
郑州	48676	50424	41594	41678		
武汉	195914	250174	193550	241413	132784	199135
长沙	89847	80418	4027	898	4027	898
广州	368487	392253	364918	387558	151205	179442
深圳	257574	266841	198184	217825	49638	57562
南宁	20470	26345	20470	26345	20470	26345
海口	181	2228	181	2228		
重庆	239645	227567	99103	90180	69442	61280
成都	131603	118453	117034	108326	86395	82835
贵阳	9561	12988	9561	12988		
拉萨	39919	74339	39255	73854	27063	65648
昆明	259	269	259	269		
西安	64142	86311	61738	80808	59554	78722
兰州	14324	15970	13256	14610	12347	13510
西宁						
银川	570	538	570	538	570	538
乌鲁木齐	15379	14526	15379	14526	7038	8249

企业直营门店经营情况

单位：万元

非自有配送中心配送商品购进额		营业额		餐费收入及商品销售额	
2013年	2012年	2013年	2012年	2013年	2012年
532269	**544582**	**10513281**	**10459652**	**10486340**	**10435664**
159973	179562	2406457	2433862	2394863	2423077
		411451	440289	411415	440253
		78728	91472	78728	91472
271	321	876	990	876	990
		468875	503936	468845	503936
		98083	104478	98083	104478
		9685	8890	9685	8890
7860	7836	37750	35796	37750	35795
159836	168862	1383608	1270431	1383553	1270398
29462	42384	388883	403608	384251	403609
19992	17687	689256	785846	689165	785672
		46853	46171	46089	45554
1500	2794	105113	87079	102891	83864
2881	2788	156020	143695	156021	143695
1818	1774	136478	133054	136478	133054
27875	29533	75131	79800	75131	79800
		28867	27871	28867	27871
		279774	255087	279774	255086
		98861	102067	98861	102067
36804	13311	480647	470987	479295	467907
		191164	167405	191164	167405
27899	22472	1119071	1068527	1118323	1067482
6220	6347	766960	745393	765426	744572
		66821	66846	66821	66846
181	2228	5803	6110	5803	6110
28509	27901	383169	394555	381330	393975
5857	4933	277650	260807	276312	259305
		17271	23560	17271	23560
6990	7572	102928	92098	102928	90652
		455	446	455	446
		127188	126651	127188	126651
		31536	35551	31536	35551
		570	538	570	538
8341	6277	41299	45756	40592	45103

4-24 36城市连锁餐饮

地 区	商品购进总额		统一配送商品购进额		自有配送中心配送商品购进额	
	2013年	2012年	2013年	2012年	2013年	2012年
合 计	**814186**	**715869**	**235410**	**163691**	**80746**	**65768**
北 京	55948	64736	11743	11123	3425	2970
天 津	10	10	10	10		
石家庄						
太 原	4715	4736				
呼和浩特						
沈 阳						
大 连						
长 春						
哈尔滨						
上 海	768	594	615	505	615	505
南 京	220	220	220	220	220	220
杭 州	11743	8268	11743	8268	11743	8268
宁 波	1335	3448	1335	3448		
合 肥	2126	5503	410	2376	100	1300
福 州	67434	64771	35526	34382	14396	13936
厦 门	4415	5698	3610	2934		
南 昌						
济 南						
青 岛						
郑 州						
武 汉	356	485	356	485	356	485
长 沙	15702	10116	3024	1920	3024	1920
广 州	6283	6231	6217	6231		
深 圳	1345	1992	468	1208		
南 宁						
海 口						
重 庆	552023	504755	70370	59080	43667	33301
成 都	45330	20115	45330	17510	1500	1430
贵 阳						
拉 萨	42733	12758	42733	12558		
昆 明						
西 安						
兰 州						
西 宁						
银 川						
乌鲁木齐	1700	1433	1700	1433	1700	1433

企业加盟门店经营情况

单位：万元

非自有配送中心配送商品购进额		营业额		餐费收入及商品销售额	
2013年	2012年	2013年	2012年	2013年	2012年
100508	**66257**	**1554392**	**1510029**	**1552865**	**1506180**
8318	6484	168035	162731	167905	162732
		3600	3555	3600	3555
		9310	9545	9310	9545
		9812	8684	9812	8684
		728	771	728	771
		69065	66021	69065	66021
		2511	5402	2511	5402
7		6938	14824	5650	12311
21130	20446	205428	189255	205319	189255
3610	2934	15120	15915	15120	15915
		792	804	792	804
		39010	25350	39010	25350
		16627	16266	16627	16266
		3152	5130	3152	5130
24710	23835	789708	860790	789708	860790
		117697	101588	117697	101588
42733	12558	91728	18988	91728	17651
		5131	4410	5131	4410

第五部分

连锁企业情况

5-1 销售额10亿元以上连锁零售企业

企业名称	业态	连锁商号	所在地
中国石油化工股份有限公司广东石油分公司	其他	中国石化	广东省广州市
苏宁电器股份有限公司	专业店	苏宁电器	江苏省南京市
中国石油化工股份有限公司江苏石油分公司	加油站	中国石化	江苏省南京市
中国石油化工股份有限公司浙江石油分公司	加油站	中国石化	浙江省杭州市
中国石油化工股份有限公司山东石油分公司	加油站	中国石化	山东省济南市
上海大润发有限公司	大型超市	大拇指	上海市
中国石油天然气股份有限公司广东销售分公司	加油站	中国石油	广东省广州市
中国石油化工股份有限公司北京石油分公司	加油站	中国石化	北京市
中国石油化工股份有限公司上海石油分公司	加油站	中国石化	上海市
苏果超市有限公司	大型超市	苏果超市	江苏省南京市
联华超市股份有限公司	超市	联华、华联	上海市
重庆百货大楼股份有限公司	百货店	重庆百货、商社电器、新世纪	重庆市
中国石油天然气股份有限公司江苏销售分公司	加油站	中国石油	江苏省南京市
合肥百货大楼集团股份有限公司	百货店	合肥百大	安徽省合肥市
中国石油天然气股份有限公司浙江销售分公司	加油站	中国石油	浙江省杭州市
中石化天津石油分公司	专卖店	中国石化	天津市
武汉武商集团股份有限公司	百货店	武商	湖北省武汉市
中百控股集团股份有限公司	超市	中百	湖北省武汉市
中国石油天然气股份有限公司重庆销售分公司	加油站	中国石油	重庆市
中国石油化工股份有限公司安徽石油分公司	加油站	中国石化	安徽省合肥市
山东银座商城股份有限公司	百货店	银座商城	山东省济南市
物美控股集团有限公司	超市	物美品牌	北京市
中国石油天然气股份有限公司北京销售分公司	加油站	中国石油	北京市
永辉超市股份有限公司福建福州鼓楼分公司	大型超市	永辉、轩辉	福建省福州市
广东物资集团汽车贸易公司	专业店	广物汽贸	广东省广州市
中国石油天然气股份有限公司安徽销售分公司	专业店	中国石油	安徽省合肥市
北国商城股份有限公司	百货店	北国商城	河北省石家庄市
北京王府井百货(集团)股份有限公司	百货店	王府井百货	北京市
利群集团股份有限公司	其他	利群	山东省青岛市
中国石油化工股份有限公司广东广州石油分公司	加油站	中国石化	广东省广州市
文峰大世界连锁发展股份有限公司南通文峰大世界	百货店	文峰大世界 文峰千家惠 文峰	江苏省南通市
锦江麦德龙现购自运有限公司	仓储会员店	METRO麦德龙	上海市
中国石油天然气股份有限公司天津销售分公司	加油站	中国石油	天津市
上海老凤祥银楼有限公司	专卖店	老凤祥	上海市
上海世纪联华超市发展有限公司	大型超市	世纪联华	上海市
上海老庙黄金连锁经营有限公司	专业店	老庙黄金	上海市
中国石油天然气股份有限公司上海销售分公司	加油站	中国石油	上海市
中国石油化工股份有限公司云南昆明石油分公司	加油站	中国石化	云南省昆明市
昆山润华商业有限公司	大型超市	大润发	江苏省苏州市
安徽辉隆农资集团股份有限公司	专业店	辉隆农资	安徽省合肥市
山东潍坊百货集团股份有限公司	百货店	中百	山东省潍坊市
华润万家有限公司	大型超市	华润万家	广东省深圳市
中国石油化工股份有限公司辽宁石油分公司	专业店	中国石化	辽宁省沈阳市
江苏乐天玛特商业有限公司	大型超市	乐天玛特	江苏省南通市
北京菜市口百货股份有限公司	专业店	菜百首饰	北京市
中国石油化工股份有限公司深圳石油分公司	加油站	中国石化	广东省深圳市
武汉中商集团股份有限公司	大型超市	中商	湖北省武汉市

5-1 续表 1

企业名称	业态	连锁商号	所在地
中国石油天然气股份有限公司陕西西安销售分公司	专业店	中国石油	陕西省西安市
中国石油化工股份有限公司海南石油分公司	加油站	中国石化	海南省海口市
中石化壳牌(江苏)石油销售有限公司	加油站	中石化壳牌	江苏省苏州市
步步高商业连锁股份有限公司	大型超市	步步高	湖南省湘潭市
山东家家悦集团有限公司	超市	家家悦	山东省威海市
江苏苏农农资连锁集团股份有限公司	专业店	苏农连锁	江苏省南京市
农工商超市(集团)有限公司	超市	农工商超市	上海市
天虹商场股份有限公司	百货店	天虹	广东省深圳市
中国石油化工股份有限公司湖北武汉分公司	加油站	中国石化	湖北省武汉市
上海亚一金店有限公司	专业店	亚一	上海市
江苏凤凰出版传媒股份有限公司	专业店	新华书店	江苏省南京市
中国石油化工股份有限公司广西南宁石油分公司	加油站	中国石化	广西壮族自治区南宁市
安徽商之都股份有限公司	百货店	商之都	安徽省合肥市
中国石油天然气股份有限公司大连销售分公司	加油站	中国石油	辽宁省大连市
陕西省烟草公司西安市公司	专业店	西安烟草	陕西省西安市
郑州丹尼斯百货有限公司	大型超市	郑州丹尼斯	河南省郑州市
浙江省新华书店集团有限公司	专业店	浙江新华书店	浙江省杭州市
中国石油天然气股份有限公司	加油站	中国石油	吉林省长春市
中国石油化工股份有限公司山东青岛石油分公司	其他	中国石化	山东省青岛市
中国石油天然气股份有限公司云南昆明销售分公司	加油站	中国石油	云南省昆明市
重庆永辉超市有限公司	大型超市	永辉超市	重庆市
中国石油化工股份有限公司江西赣州石油分公司	加油站	中国石油	江西省赣州市
中国石油化工股份有限公司石家庄分公司	加油站	中国石化	河北省石家庄市
中国石油化工股份有限公司福建石油分公司	加油站	中国石化	福建省福州市
中国石油天然气股份有限公司湖北武汉销售分公司	加油站	中国石油	湖北省武汉市
中国石油化工有限公司广东东莞石油分公司	加油站	中国石化	广东省东莞市
北京苏宁云商销售有限公司	专业店	苏宁电器	北京市
江苏五星电器有限公司	专业店	五星电器	江苏省南京市
中国石油化工股份有限公司湖南长沙石油分公司	加油站	中国石化	湖南省长沙市
中国石油化工股份有限公司河北唐山石油分公司	加油站	中国石化	河北省唐山市
济南人民大润发商业有限公司	大型超市	大润发	山东省济南市
广州市广百股份有限公司	百货店	广百	广东省广州市
路易威登(中国)商业销售有限公司	专卖店	路易威登	上海市
中国石油天然气股份有限公司甘肃兰州分公司	专业店	石油连锁	甘肃省兰州市
中国石油天然气股份有限公司黑龙江哈尔滨销售分公司	专业店	中国石油	黑龙江省哈尔滨市
成都红旗连锁股份有限公司	超市	红旗连锁	四川省成都市
武汉屈臣氏个人用品商店有限公司	百货店	屈臣氏	湖北省武汉市
北京市大中家用电器连锁销售有限公司	专业店	大中电器	北京市
壳牌华北石油集团有限公司	加油站	壳牌	天津市
中油碧辟石油有限公司广州分公司	加油站	中油碧辟	广东省广州市
济南华联商厦集团股份有限公司	大型超市	华联	山东省济南市
中国石油天然气股份有限公司陕西榆林销售分公司	加油站	中国石油	陕西省榆林市
上海苏宁电器有限公司	专业店	苏宁电器	上海市
沃尔玛深国投百货有限公司	大型超市	沃尔玛	广东省深圳市
广州市国美电器有限公司	专业店	国美电器	广东省广州市
武汉工贸有限公司	专业店	工贸家电	湖北省武汉市
上海联家超市有限公司	大型超市	家乐福	上海市
北京京客隆商业集团股份有限公司	超市	京客隆	北京市

5-1 续表 2

企业名称	业态	连锁商号	所在地
中国石油化工股份有限公司广东惠州石油分公司	加油站	中国石化	广东省惠州市
中国石油化工股份有限公司江西南昌石油分公司	加油站	中国石化	江西省南昌市
中国石油天然气股份有限公司渭南销售分公司	加油站	中国石油	陕西省渭南市
国美电器有限公司	专业店	国美电器	北京市
北京家乐福商业有限公司	大型超市	家乐福	北京市
中域电讯连锁集团股份有限公司	专业店	中域电讯	广东省东莞市
山东新星集团有限公司	超市	山东新星集团	山东省淄博市
中石化森美(福建)石油有限公司莆田分公司	加油站	中国石化	福建省莆田市
广州易初莲花连锁超市有限公司	大型超市	易初莲花	广东省广州市
中国石油天然气股份有限公司新疆乌鲁木齐销售公司	加油站	中国石油	新疆维吾尔自治区乌鲁木齐市
中石化森美(福建)石油有限公司泉州分公司	加油站	中国石化	福建省泉州市
中国石油化工股份有限公司广东江门石油分公司	专业店	中国石化	广东省江门市
中国石油化工股份有限公司山西太原石油分公司	加油站	中国石化	山西省太原市
中国石油化工股份有限公司河南南阳石油分公司	加油站	中国石化	河南省南阳市
深圳茂业商厦有限公司	百货店	茂业百货	广东省深圳市
中国石油化工股份有限公司江西宜春石油分公司	加油站	中国石化	江西省宜春市
中国石油化工股份有限公司广西柳州石油分公司	加油站	中国石化	广西壮族自治区柳州市
中国石油化工股份有限公司河南洛阳石油分公司	加油站	中国石化	河南省洛阳市
山西美特好连锁超市有限公司	大型超市	美特好	山西省太原市
江西省烟草公司赣州市公司	专业店	江西烟草	江西省赣州市
一丁集团股份有限公司	专卖店	一丁	福建省福州市
中国石油化工股份有限公司山东东营石油分公司	加油站	中国石化	山东省东营市
中国石油化工股份有限公司湖南株洲石油公司	加油站	中国石化	湖南省株洲市
中国石油天然气股份有限公司辽宁营口销售分公司	加油站	中国石油	辽宁省营口市
中国石油化工股份有限公司广西桂林石油分公司	加油站	中国石化	广西壮族自治区桂林市
中国石油化工股份有限公司广东中山石油分公司	加油站	中国石化	广东省中山市
湖北高路油站经营有限责任公司	加油站	中国石化	湖北省武汉市
中国石油天然气股份有限公司新疆阿克苏销售分公司	加油站	中国石油	新疆维吾尔自治区阿克苏地区
中国石油天然气股份有限公司湖南长沙销售分公司	加油站	中国石油	湖南省长沙市
四川苏宁云商销售有限公司	专业店	苏宁电器	四川省成都市
江西新华发行集团有限公司	专业店	新华	江西省南昌市
江西省烟草公司南昌市公司	专业店	江西烟草	江西省南昌市
中国石油化工股份公司江西吉安分公司	加油站	中国石化	江西省吉安市
江西省烟草公司上饶分公司	专业店	江西烟草	江西省上饶市
山东全福元商业集团有限责任公司总店	超市	全福元	山东省潍坊市
青岛维客集团股份有限公司	百货店	维客	山东省青岛市
中国石油化工股份有限公司山西临汾石油分公司	加油站	中国石化	山西省临汾市
中国石油化工股份有限公司湖南岳阳石油分公司	加油站	中国石化	湖南省岳阳市
中国石油化工股份有限公司	专业店	中国石化	陕西省西安市
中国石油化工股份有限公司河北邯郸石油分公司	加油站	中国石化	河北省邯郸市
中国石油化工股份有限公司山东济宁石油分公司	加油站	中国石化	山东省济宁市
中国石油天然气股份有限公司山东青岛分公司	加油站	中国石油	山东省青岛市
中国石油化工股份有限公司河北保定石油分公司	加油站	中国石化	河北省保定市
中国石油化工股份有限公司山西晋中石油分公司	加油站	中国石化	山西省晋中市
长沙通程实业(集团)有限公司	专业店	通程电器、通程万惠、通程商业广场	湖南省长沙市
中国石油天然气股份有限公司宁夏银川销售分公司	加油站	中国石油	宁夏回族自治区银川市
三江购物俱乐部股份有限公司	超市	三江购物	浙江省宁波市
山东鲁花集团商贸有限公司	专业店	鲁花	山东省烟台市

5-1　续表 3

企业名称	业态	连锁商号	所在地
北京翠微大厦股份有限公司	百货店	翠微百货	北京市
江西洪客隆百货投资有限公司	百货店	洪客隆	江西省南昌市
中石化森美(福建)石油有限公司漳州分公司	加油站	成品油	福建省漳州市
中石化森美(福建)石油有限公司厦门分公司	加油站	中国石化森美	福建省厦门市
华润万家生活超市(广州)有限公司	大型超市	润之家、简约组合	广东省广州市
中国石油天然气股份有限公司新疆喀什销售分公司	加油站	中国石油	新疆维吾尔自治区喀什地区
中国石油化工股份有限公司河北沧州石油分公司	加油站	中国石化	河北省沧州市
中国石油化工股份有限公司河北邢台石油分公司	加油站	中国石化	河北省邢台市
成都伊藤洋华堂有限公司	百货店	成都伊藤洋华堂	四川省成都市
中国石油化工股份有限公司襄樊石油分公司	加油站	中国石化	湖北省襄阳市
中国石油天然气股份有限公司新疆哈密销售分公司	加油站	中国石油	新疆维吾尔自治区哈密地区
中国石油化工股份有限公司广西百色石油分公司	加油站	中国石化	广西壮族自治区百色市
中国石油天然气股份有限新疆库尔勒销售分公司	加油站	中国石油	新疆维吾尔自治区巴音郭楞蒙古自治州
新疆友好(集团)股份有限公司	超市	友好	新疆维吾尔自治区乌鲁木齐市
中国石油天然气股份有限公司辽宁锦州销售分公司	加油站	中国石油	辽宁省锦州市
中国石油化工股份有限公司湖南怀化石油分公司	加油站	中国石化	湖南省怀化市
中国石油天然气股份有限公司广东广州销售分公司	加油站	中国石油	广东省广州市
广东骏和通信设备连锁销售有限公司	专业店	骏和通信	广东省广州市
中国石油化工股份有限公司山东滨州石油分公司	加油站	中国石化	山东省滨州市
重庆渝宁苏宁电器有限公司	专业店	苏宁电器	重庆市
中石化森美(福建)石油有限公司龙岩分公司	加油站	中国石化(森美)	福建省龙岩市
天津华润万家生活超市有限公司	大型超市	华润万家	天津市
广州友谊集团股份有限公司	百货店	广州友谊	广东省广州市
成都国美电器有限公司	专业店	国美电器	四川省成都市
西安开元商城有限公司	百货店	西安开元商城	陕西省西安市
中国石油化工股份有限公司河北承德石油分公司	加油站	中国石化	河北省承德市
中国石油天然气股份有限公司陕西延安销售分公司	专业店	中国石油	陕西省延安市
新华文轩出版传媒股份有限公司	专卖店	新华文轩	四川省成都市
广东苏宁电器有限公司	专业店	苏宁电器	广东省广州市
中国石油化工股份有限公司广东茂名石油分公司	加油站	中国石化	广东省茂名市
江西省烟草公司九江分公司	专业店	江西九江烟草	江西省九江市
江西省烟草公司宜春市公司	专业店	江西宜春烟草	江西省宜春市
中国石油化工股份有限公司河北廊坊石油分公司	加油站	中国石化	河北省廊坊市
中油股份陕西咸阳销售分公司	加油站	中国石油	陕西省咸阳市
广州屈臣氏个人用品商店有限公司	百货店	屈臣氏	广东省广州市
中国石油化工股份有限公司九江石油分公司	加油站	中国石化	江西省九江市
中国石油化工股份有限公司山西吕梁石油分公司	加油站	中国石化	山西省吕梁市
江西中石化股份有限公司抚州分公司	加油站	中国石化	江西省抚州市
中国石油天然气股份有限公司酒泉销售公司	加油站	中国石油	甘肃省酒泉市
中国石油天然气股份有限公司新疆克拉玛依销售分公司	加油站	中国石油	新疆维吾尔自治区克拉玛依市
广东永旺天河城商业有限公司	百货店	吉之岛	广东省广州市
中国石油天然气股份有限公司新疆昌吉销售分公司	加油站	中国石油	新疆维吾尔自治区昌吉回族自治州
青岛利客来集团股份有限公司	大型超市	利客来	山东省青岛市
中石化森美(福建)石油有限公司福州分公司	加油站	中国石化(森美)	福建省福州市
雄风集团有限公司	百货店	雄风百货	浙江省绍兴市
天盟农资连锁有限责任公司	专卖店	金沙江	云南省昆明市
陕西省烟草公司安康市公司	专卖店	安康烟草	陕西省安康市
浙江惠多利农资连锁有限公司	专业店	惠多利	浙江省杭州市

5-1　续表 4

企业名称	业态	连锁商号	所在地
中国石油天然气股份有限公司陕西宝鸡销售分公司	加油站	中国石油	陕西省宝鸡市
中国石油化工股份有限公司河南信阳石油分公司	加油站	中国石化	河南省信阳市
中国石油化工股份有限公司上饶分公司	加油站	中国石化	江西省上饶市
中国石油化工股份有限公司河南三门峡石油分公司	加油站	中国石化	河南省三门峡市
中国石油天然气股份有限公司海南销售分公司	加油站	中国石油	海南省海口市
中国石油天然气股份有限公司广西南宁销售分公司	加油站	中国石油	广西壮族自治区南宁市
江苏省苏盐连锁有限公司	专业店	苏盐连锁	江苏省南京市
中国石化销售有限公司西北宝鸡分公司	加油站	中国石化	陕西省宝鸡市
广西南城百货股份有限公司	大型超市	南城百货	广西壮族自治区南宁市
山东九州商业集团有限公司	大型超市	九州集团	山东省临沂市
北京沃尔玛百货有限公司	仓储会员店	沃尔玛	北京市
中国石油化工股份有限公司河南平顶山石油分公司	加油站	中国石化	河南省平顶山市
华润万家生活超市(浙江)有限公司	大型超市	华润万家	浙江省杭州市
中国石油化工股份有限公司河北衡水石油分公司	加油站	中国石化	河北省衡水市
中国石油化工股份有限公司广西玉林石油分公司	加油站	中国石化	广西壮族自治区玉林市
中国石油化工股份有限公司山东枣庄石油分公司	加油站	中国石化	山东省枣庄市
重庆新华书店集团公司	专业店	新华书店	重庆市
中国石油化工股份有限公司湖南常德石油分公司	专业店	中国石化	湖南省常德市
中国石油化工股份有限公司广东阳江分公司	加油站	中国石化	广东省阳江市
中国石油天然气股份有限公司辽宁抚顺销售分公司	加油站	中国石油	辽宁省抚顺市
十堰天海贸易有限公司	加油站	天海石油	湖北省十堰市
中国石油天然气股份有限公司辽宁葫芦岛分公司	加油站	中国石油	辽宁省葫芦岛市
云南鸿翔一心堂药业(集团)股份有限公司	专业店	一心堂	云南省昆明市
江西省烟草公司抚州分公司	专业店	江西抚州烟草	江西省抚州市
中国石油化工股份有限公司河南新乡石油分公司	专业店	中国石化	河南省新乡市
广东天河城百货有限公司	百货店	天河城百货	广东省广州市
河南大张实业有限公司	大型超市	大张	河南省洛阳市
沈阳国美电器有限公司	专业店	国美电器	辽宁省沈阳市
中国石油化工股份有限公司湖南永州石油分公司	加油站	中国石化	湖南省永州市
北京永辉超市有限公司	超市	永辉超市	北京市
中国石油化工有限公司湖北十堰石油分公司	加油站	中国石化	湖北省十堰市
中国石油化工股份有限公司山西长治石油分公司	加油站	中国石化	山西省长治市
湖北省新华书店(集团)有限公司	专业店	新华书店	湖北省武汉市
深圳市苏宁电器有限公司	专业店	苏宁	广东省深圳市
天津国美电器有限公司	专业店	国美电器	天津市
中石化森美(福建)石油有限公司南平分公司	加油站	中国石化(森美)	福建省南平市
山西省烟草公司晋中市公司	专业店	中国烟草	山西省晋中市
中石化安徽安庆石油分公司	加油站	中国石化	安徽省安庆市
华联集团吉买盛购物中心有限公司	大型超市	吉买盛	上海市
陕西省烟草公司榆林市公司	专卖店	陕西省榆林烟草	陕西省榆林市
中国石油天然气股份有限公司陕西汉中销售分公司	加油站	中国石油	陕西省汉中市
永乐(中国)电器销售有限公司	专业店	永乐电器	上海市
上海国美电器有限公司	专业店	国美电器	上海市
深圳市顺电连锁股份有限公司	专业店	顺电	广东省深圳市
中国石油天然气股份有限公司新疆伊犁销售分公司	加油站	中国石油	新疆维吾尔自治区伊犁哈萨克自治州
江苏新合作常客隆连锁超市有限公司	超市	新合作常客隆	江苏省苏州市
中国石油化工股份有限公司湖北荆门石油分公司	加油站	中国石化	湖北省荆门市
深圳市人人乐商业有限公司	大型超市	人人乐	广东省深圳市

5-1 续表 5

企业名称	业态	连锁商号	所在地
中国石油天然气股份有限公司甘肃天水销售分公司	加油站	中国石油	甘肃省天水市
中国石油天然气股份有限公司辽宁丹东销售分公司	加油站	中国石油	辽宁省丹东市
浙江银泰百货有限公司	百货店	银泰	浙江省杭州市
上海联华快客便利有限公司	便利店	快客	上海市
山西省烟草公司长治市公司	专业店	山西长治烟草	山西省长治市
广西辉煌交通石化有限公司	加油站	中国石化	广西壮族自治区南宁市
中国石油化工股份有限公司驻马店分公司	加油站	中国石化	河南省驻马店市
广州壳牌石油化工有限公司	加油站	壳牌	广东省广州市
中国石油化工股份有限公司珠海石油分公司	专业店	中国石化	广东省珠海市
北京超市发连锁股份有限公司	超市	北京超市发	北京市
中国石油化工股份有限公司广西钦州石油分公司	加油站	中国石化	广西壮族自治区钦州市
广州百佳超级市场有限公司	大型超市	百佳	广东省广州市
奥康鞋业销售有限公司	专卖店	奥康、康龙、红火鸟、美丽佳人	浙江省温州市
中国石油化工股份有限公司重庆石油分公司	加油站	中国石化	重庆市
中国石油化工股份有限公司广西河池石油分公司	加油站	中国石化	广西壮族自治区河池市
安徽徽商农家福有限公司	其他	农家福	安徽省合肥市
中国石油化工股份有限公司湖南邵阳石油分公司	加油站	中国石化	湖南省邵阳市
湖南省新华书店有限责任公司	专业店	新华书店	湖南省长沙市
中国石油化工股份有限公司广东梅州石油分公司	加油站	中国石化	广东省梅州市
中国石油天然气股份有限公司河北保定销售分公司	加油站	中国石油	河北省保定市
深圳市国美电器有限公司	专业店	国美电器	广东省深圳市
浙江供销超市有限公司	大型超市	浙江供销超市、供销便利、家连便利	浙江省绍兴市
中石油新疆吐鲁番销售分公司	加油站	中国石油	新疆维吾尔自治区吐鲁番地区
中国石油天然气股份有限公司辽宁辽阳销售分公司	加油站	中国石油	辽宁省辽阳市
苏州欧尚超市有限公司	大型超市	欧尚	江苏省苏州市
陕西省烟草公司宝鸡市分公司	其他	陕西宝鸡烟草	陕西省宝鸡市
烟台市家家悦超市有限公司	超市	家家悦	山东省烟台市
中国石油化工股份有限公司广西贵港石油分公司	加油站	中国石化	广西壮族自治区贵港市
中国石油化工股份有限公司湖南石油高速分公司	加油站	中国石化	湖南省长沙市
中国石油天然气股份有限公司四川德阳销售分公司	加油站	中国石油	四川省德阳市
中国石油天然气股份有限公司辽宁阜新销售分公司	加油站	中国石油	辽宁省阜新市
中国石油化工股份有限公司新疆石油分公司	加油站	易捷	新疆维吾尔自治区乌鲁木齐市
中石化森美(福建)石油有限公司三明分公司	加油站	中国石化(森美)	福建省三明市
中国石油天然气股份有限公司辽宁朝阳销售分公司	加油站	中国石油	辽宁省朝阳市
中国石油天然气股份有限公司河北石家庄销售分公司	加油站	中国石油	河北省石家庄市
中国石油化工股份有限公司湖南娄底石油分公司	加油站	中国石化	湖南省娄底市
中国石油化工股份有限公司河南商丘分公司	专业店	中国石化	河南省商丘市
中国石油天然气股份有限公司辽宁盘锦销售分公司	加油站	中国石油	辽宁省盘锦市
中国石油天然气股份有限公司福建福州销售分公司	加油站	中国石油	福建省福州市
中国石油天然气股份有限公司四川宜宾销售分公司	加油站	中国石油	四川省宜宾市
中国石油天然气股份有限公司山西太原销售分公司	专业店	中国石油	山西省太原市
中山市壹加壹连锁商业有限公司	大型超市	壹加壹	广东省中山市
中国石油化工股份有限公司福建福州分公司	加油站	中国石化	福建省福州市
浙江人本超市有限公司	大型超市	人本超市	浙江省温州市
中国石油化工股份有限公司陕西榆林石油分公司	专业店	中国石化	陕西省榆林市
新疆兵团农业生产资料供应公司	专业店	兵团农资	新疆维吾尔自治区乌鲁木齐市
中国石化销售有限公司西北新疆阿克苏分公司	加油站	中国石化	新疆维吾尔自治区阿克苏地区

5-1 续表 6

企业名称	业态	连锁商号	所在地
青岛永旺东泰商业有限公司	大型超市	佳世客	山东省青岛市
深圳市亨吉利世界名表中心有限公司	专卖店	亨吉利名表	广东省深圳市
云南沃尔玛百货有限公司	大型超市	沃尔玛	云南省昆明市
沈阳家乐福商业有限公司	大型超市	家乐福	辽宁省沈阳市
话机世界数码连锁集团股份有限公司	专业店	话机世界、众泰数码、T-WORLD、沃达科技	浙江省杭州市
陕西省烟草公司延安市公司	专业店	陕西延安烟草	陕西省延安市
江苏华润万家超市有限公司	超市	江苏华润万家	江苏省苏州市
中国石油辽宁本溪销售分公司	加油站	中国石油	辽宁省本溪市
中国石油天然气股份有限公司甘肃张掖销售分公司	加油站	中国石油	甘肃省张掖市
北京美廉美连锁商业有限公司	大型超市	北京美廉美	北京市
中国石油天然气股份有限公司江西南昌销售分公司	加油站	中国石油	江西省南昌市
山东银宝食品有限公司	专卖店	银宝	山东省泰安市
北京华冠商业经营股份有限公司	超市	北京华冠	北京市
重庆市国美电器有限公司	专卖店	国美电器	重庆市
枣庄贵诚集团购物中心有限公司	百货店	山东贵诚集团购物中心	山东省枣庄市
成都家乐福超市有限公司	大型超市	家乐福	四川省成都市
中海石油炼化惠州销售有限责任公司	专业店	中海油	广东省惠州市
荆门市东方百货大厦	百货店	荆门东方百货	湖北省荆门市
中国石油天然气股份有限公司广西桂林销售分公司	加油站	中国石油	广西壮族自治区桂林市
中国石油天然气股份有限公司山西晋中销售分公司	加油站	中国石油	山西省晋中市
中国石油天然气股份有限公司泉州销售分公司	加油站	中国石油	福建省泉州市
天津天宁苏宁电器有限公司	专业店	苏宁电器	天津市
东莞市大地通讯连锁服务有限公司	专业店	大地通讯	广东省东莞市
中国石油天然气股份有限公司福建厦门销售分	加油站	中国石油	福建省厦门市
中国石油化工股份有限公司广西梧州石油分公司	加油站	中国石化	广西壮族自治区梧州市
乐天超市有限公司	大型超市	乐天玛特、乐之选	北京市
华糖洋华堂商业有限公司	百货店	华堂商场	北京市
上海易初莲花连锁超市有限公司	大型超市	卜蜂莲花	上海市
泉州新华都购物广场有限公司	大型超市	新华都	福建省泉州市
银川新华百货连锁超市有限公司	大型超市	新华百货	宁夏回族自治区银川市
浙江华联商厦有限公司	百货店	家家福	浙江省宁波市
湖北省十堰市寿康永乐有限公司	超市	寿康永乐	湖北省十堰市
南昌百货大楼股份有限公司	百货店	百货大楼	江西省南昌市
中石化湖南益阳石油分公司	加油站	中国石化	湖南省益阳市
北京国泰平安百货有限公司	百货店	北京国泰平安百货	北京市
廊坊市明珠商业企业集团有限公司	百货店	廊坊明珠	河北省廊坊市
武汉国美电器有限公司	专业店	国美电器	湖北省武汉市
中国石油化工股份有限公司河南许昌石油分公司	加油站	中国石化	河南省许昌市
昆明家乐福超市有限公司	大型超市	家乐福	云南省昆明市
上海福满家便利有限公司	便利店	全家	上海市
武汉苏宁电器有限公司	专业店	苏宁电器	湖北省武汉市
中国石油天然气股份有限公司广西玉林销售分公司	加油站	中国石油	广西壮族自治区玉林市
中国石油天然气股份有限公司河南洛阳销售分公司	加油站	中国石油	河南省洛阳市
中国石油天然气股份有限公司广西钦州销售分公司	加油站	中国石油	广西壮族自治区钦州市
新一佳超市有限公司	大型超市	新一佳	广东省深圳市
中国石油化工股份有限公司江西新余石油分公司	加油站	中国石化	江西省新余市
中石化森美(福建)石油有限公司宁德分公司	加油站	中国石化(森美)	福建省宁德市

5-1 续表 7

企业名称	业态	连锁商号	所在地
北京稻香村食品有限责任公司	专卖店	三禾品牌	北京市
阜阳华联集团股份有限公司	超市	阜阳华联	安徽省阜阳市
中国石油化工股份有限公司湖南湘西分公司	加油站	中国石化	湖南省湘西土家族苗族自治州
辽宁成大方圆医药连锁有限公司	专业店	成大方圆	辽宁省沈阳市
中国石油天然气股份有限公司陕西安康销售分公司	加油站	中国石油	陕西省安康市
中国石油天然气股份有限公司新疆阿勒泰销售分公司	加油站	中国石油	新疆维吾尔自治区阿勒泰地区
广州市振戎燃气连锁经营有限公司	其他	振戎燃气	广东省广州市
中国石油化工股份有限公司河南开封石油分公司	加油站	中国石化	河南省开封市
黑龙江黑天鹅家电有限公司	专业店	黑天鹅	黑龙江省哈尔滨市
秦皇岛中油华奥销售有限公司	加油站	中国石油	河北省秦皇岛市
中国石油化工股份有限公司广西崇左石油分公司	加油站	中国石化	广西壮族自治区崇左市
中国石油化工股份有限公司福建泉州石油分公司	加油站	中国石化	福建省泉州市
中国石油化工股份有限公司广西来宾石油分公司	加油站	中国石化	广西壮族自治区来宾市
中国石油化工股份有限公司江西景德镇石油分公司	加油站	中国石化	江西省景德镇市
中国石油天然气股份有限公司陕西商洛销售分公司	加油站	中国石油	陕西省商洛市
昆明云顺和商业发展有限公司	百货店	昆明百盛	云南省昆明市
浙江曼卡龙珠宝股份有限公司	专业店	MCLON曼卡龙珠宝	浙江省杭州市
中国石油化工股份有限公司广西北海石油分公司	加油站	中国石化	广西壮族自治区北海市
中国石油化工股份有限公司江西萍乡石油分公司	加油站	中国石化	江西省萍乡市
西安民生集团股份有限公司	百货店	西安民生	陕西省西安市
中国石油化工股份有限公司广西贺州石油分公司	加油站	中国石化	广西壮族自治区贺州市
泸州汇通百货股份有限公司	百货店	汇通百货	四川省泸州市
中国石油天然气股份有限公司陕西铜川销售分公司	加油站	中国石油	陕西省铜川市
中国石油化工股份有限公司安徽马鞍山石油分公司	加油站	中国石化	安徽省马鞍山市
烟台振华量贩超市有限公司	超市	振华量贩	山东省烟台市
中国石油化工股份有限公司河北秦皇岛石油分公司	加油站	中国石化	河北省秦皇岛市
中国石油天然气股份有限公司河北邢台销售分公司	加油站	中国石油	河北省邢台市
无锡悦家商业有限公司	大型超市	家乐福	江苏省无锡市
北京欧尚超市有限公司	大型超市	欧尚超市	北京市
中国石油天然气股份有限公司广东江门销售分公司	专业店	中国石油	广东省江门市
湖北富迪实业有限公司	超市	富迪实业	湖北省仙桃市
中国石油化工股份有限公司周口分公司	加油站	中国石化	河南省周口市
深圳市百佳华百货有限公司	百货店	百佳华百货	广东省深圳市
中国石油天然气股份有限公司河南周口销售分公司	加油站	中国石油	河南省周口市
美克美家家具连锁有限公司	专卖店	美克美家	新疆维吾尔自治区乌鲁木齐市
浙江华润慈客隆超市有限公司	超市	华润万家	浙江省宁波市
中国石油天然气股份有限公司山东济宁销售分公司	加油站	中国石油	山东省济宁市
中国石油天然气股份有限公司河北廊坊销售分公司	加油站	中国石油	河北省廊坊市
北京迪信通电子通信技术有限公司	专业店	北京迪信通	北京市
中国石油化工股份有限公司新疆巴州石油分公司	加油站	中国石化	新疆维吾尔自治区巴音郭楞蒙古自治州
北京首商集团股份有限公司西单商场	百货店	西单商场	北京市
湖南家润多超市有限公司	其他	海航家润多	湖南省长沙市
安徽永辉超市有限公司	大型超市	永辉超市	安徽省合肥市
河南省国美电器有限公司	专业店	国美电器	河南省郑州市
大庆市庆客隆连锁商贸有限公司	超市	庆客隆	黑龙江省大庆市
中国天然气股分有限公司宁夏固原销售分公司	专业店	中国石油	宁夏回族自治区固原市
江西高速实业开发有限公司	加油站	中国石化	江西省南昌市

5-1 续表 8

企业名称	业态	连锁商号	所在地
青岛国美电器有限公司	专业店	青岛国美	山东省青岛市
浙江十足商贸有限公司	便利店	十足便利店	浙江省温州市
中国石油天然气股份有限公司河北邯郸销售分公司	加油站	中国石油	河北省邯郸市
中国石油天然气股份有限公司福建省漳州销售分公司	加油站	中国石油	福建省漳州市
上海可的便利店有限公司	便利店	可的	上海市
上海好德便利有限公司	便利店	好德alldays	上海市
北京宜家家居有限公司	家居建材商店	宜家家居	北京市
哈尔滨中央红集团股份有限公司	便利店	小月亮	黑龙江省哈尔滨市
中国石油化工股份有限公司广东粤东石油公司	专业店	中国石化	广东省汕头市
江苏苏盛商贸有限公司	专业店	苏盛	江苏省南京市
广东龙粤通信设备集团有限公司	专业店	龙粤通信	广东省广州市
广州友谊班尼路服饰有限公司	专卖店	友谊班尼路	广东省广州市
中国石油化工股份有限公司广东云浮石油分公司	加油站	中国石化	广东省云浮市
四川省汇星实业(集团)有限公司	超市	汇星超市	四川省绵阳市
银川新华百货东桥电器有限公司	专业店	新华百货东桥电器	宁夏回族自治区银川市
山西华宇商业发展股份有限公司	百货店	华宇	山西省太原市
深圳岁宝百货有限公司	百货店	岁宝百货	广东省深圳市
东莞市嘉荣超市有限公司	大型超市	嘉荣	广东省东莞市
深圳市海王星辰医药有限公司	专业店	海王星辰	广东省深圳市
武汉市南浦食品有限责任公司	专业店	南浦	湖北省武汉市
十堰市新合作超市有限公司	超市	十堰市新合作超市	湖北省十堰市
重庆重客隆超市连锁有限责任公司	超市	重客隆	重庆市
北京屈臣氏个人用品连锁商店有限公司	超市	屈臣氏	北京市
中国石油天然气股份有限公司新疆和田销售分公司	加油站	中国石油	新疆维吾尔自治区和田地区
浙江上百贸易有限公司	百货店	上百贸易	浙江省绍兴市
沃尔玛(江苏)商业零售有限公司	大型超市	沃尔玛	江苏省南京市
中石化江西鹰潭石油分公司	加油站	中国石化	江西省鹰潭市
大参林医药集团股份有限公司	专业店	大参林	广东省广州市
合肥悦家商业有限公司	大型超市	家乐福	安徽省合肥市
中国石油天然气股份有限公司广西梧州销售分公司	加油站	中国石油	广西壮族自治区梧州市
深圳市恒波商业连锁股份有限公司	专业店	holpe恒波	广东省深圳市
上海易买得超市有限公司	大型超市	易买得	上海市
北京同仁堂连锁药店有限责任公司	专业店	同仁堂	北京市
深圳市百果园实业发展有限公司	其他	百果园	广东省深圳市
上海欧尚超市有限公司	大型超市	欧尚	上海市
大连国美电器有限公司	专业店	国美电器	辽宁省大连市
中国石油天然气股份有限公司山西销售侯马分公司	加油站	中国石油	山西省临汾市
天津劝宝超市有限责任公司	超市	劝宝	天津市
山西国美电器有限公司	专业店	国美电器	山西省太原市
中国石油天然气股份有限公司湖南销售常德分公司	加油站	中国石油	湖南省常德市
联盛商业连锁股份有限公司	大型超市	联盛	江西省九江市
宁波欧尚超市有限公司	大型超市	欧尚	浙江省宁波市
中国石油河北唐山销售分公司	加油站	中国石油	河北省唐山市
中国石油天然气股份有限公司河北沧州销售分公司	加油站	中国石油	河北省沧州市
山西苏宁云商销售有限公司	专业店	苏宁电器	山西省太原市
北京市上品商业发展有限责任公司	折扣店	上品折扣	北京市
湖南新一佳商业投资有限公司	大型超市	新一佳超市	湖南省长沙市

5-1　续表 9

企业名称	业态	连锁商号	所在地
上海屈臣氏日用品有限公司	百货店	屈臣氏	上海市
博兴县兴农农资连锁有限公司	专业店	兴农农资	山东省滨州市
南昌洪城大厦股份有限公司	百货店	洪城大厦	江西省南昌市
特易购商业(江苏)有限公司	大型超市	特易购	江苏省南京市
中国石油天然气股份有限公司广东惠州销售分公司	加油站	中国石油	广东省惠州市
西亚和美商业股份有限公司	大型超市	西亚和美	河南省信阳市
成都市人人乐商业有限公司	大型超市	人人乐	四川省成都市
中国石油化工股份有限公司新疆哈密石油分公司	加油站	中国石化	新疆维吾尔自治区哈密地区
广州家广超市有限公司	大型超市	家乐福	广东省广州市
安徽五星电器有限公司	专业店	五星电器	安徽省合肥市
哈尔滨家乐福超市有限公司	大型超市	家乐福	黑龙江省哈尔滨市
永旺华南商业有限公司	大型超市	永旺	广东省深圳市
三联商社股份有限公司	专业店	三联商社	山东省济南市
上海新欧尚超市有限公司	大型超市	欧尚	上海市
中国石油天然气股份有限公司山东枣庄销售分公司	加油站	中国石油	山东省枣庄市
沃尔玛(湖北)商业零售有限公司	大型超市	沃尔玛	湖北省武汉市
中国石油天然气股份有限公司湖南益阳销售分公司	加油站	中国石油	湖南省益阳市
中国石油化工股份有限公司湖北高速公路油站管理分公司	加油站	中国石化	湖北省武汉市
上海太平洋百货有限公司	百货店	太平洋百货	上海市
武汉汉福超市有限公司	大型超市	家乐福	湖北省武汉市
上海古今内衣有限公司	专卖店	古今、古今花、古今龙、美慕莎	上海市
青岛鲁宁苏宁电器有限公司	专业店	苏宁电器	山东省青岛市
上海伍缘现代杂货有限公司	超市	伍缘	上海市
广州市好又多百货商业广场有限公司	大型超市	好又多	广东省广州市
中国石油天然气股份有限公司广东肇庆分公司	加油站	中国石油	广东省肇庆市
中国石油天然气股份有限公司广西百色销售分公司	加油站	中国石油	广西壮族自治区百色市
中国石油天然气股份有限公司湖南怀化销售分	加油站	中国石油	湖南省怀化市
浙江诸暨第一百货有限公司	超市	诸暨一百	浙江省绍兴市
武汉武商集团十堰市人民商场有限公司	百货店	人民商场	湖北省十堰市
呼伦贝尔友谊有限责任公司	百货店	友谊超市	内蒙古自治区呼伦贝尔市
湖北世纪愿景商贸有限公司	专卖店	周黑鸭	湖北省武汉市
中国石油天然气股份有限公司山西长治销售分公司	加油站	中国石油	山西省长治市
中国石油化工股份有限公司河南鹤壁石油分公司	加油站	中国石化	河南省鹤壁市
广东赛壹便利店有限公司	便利店	7-ELEVEN	广东省广州市
中国石油化工股份有限公司陕西汉中石油分公司	加油站	中国石化	陕西省汉中市
新疆烟草公司伊犁州分公司	专卖店	新疆伊犁烟草	新疆维吾尔自治区伊犁哈萨克自治州
中国石油天然气股份有限公司河南许昌销售分公司	加油站	中国石油	河南省许昌市
深圳岁宝连锁商业发展有限公司	百货店	岁宝连锁	广东省深圳市
福州国美电器有限公司	专卖店	国美电器	福建省福州市
上海迪亚零售有限公司	折扣店	迪亚	上海市
中国石油天然气股份有限公司广西柳州销售分公司	加油站	中国石油	广西壮族自治区柳州市
上海新华传媒连锁有限公司	专卖店	新华书店上海书城	上海市
上海捷强烟草糖酒(集团)连锁有限公司	专卖店	捷强	上海市
安徽省徽商红府连锁超市有限责任公司	超市	红府超市	安徽省合肥市
湖南邵阳中油销售有限公司	加油站	中国石油	湖南省邵阳市
中国石油化工股份有限公司新疆喀什石油分公司	加油站	中国石化	新疆维吾尔自治区喀什地区
长春苏宁电器有限公司	专业店	苏宁电器	吉林省长春市

5-1 续表 10

企业名称	业态	连锁商号	所在地
中国石油天然气股份有限公司湖南岳阳销售分公司	加油站	中国石油	湖南省岳阳市
中国石油天然气股份有限公司甘肃临夏销售分公司	加油站	中国石油	甘肃省临夏回族自治州
重庆和平药房连锁有限责任公司	专业店	和平药房	重庆市
中国石汕湖北十堰销售分公司	加油站	中国石油	湖北省十堰市
江西鹏润国美电器有限公司	专业店	国美电器	江西省南昌市
新疆国美电器有限公司	专业店	国美电器	新疆维吾尔自治区乌鲁木齐市
昆明国美电器有限公司	专业店	国美电器	云南省昆明市
安徽金华联投资股份有限公司	超市	金华联	安徽省安庆市
东莞市时尚电器有限公司	专业店	时尚电器	广东省东莞市
中油碧辟石油有限公司惠州分公司	加油站	中油碧辟	广东省惠州市
宁波市北仑加贝购物俱乐部(普通合伙)	超市	加贝	浙江省宁波市
中国石油化工股份有限公司陕西渭南石油公司	加油站	中国石化	陕西省渭南市
中国石油天然气股份有限公司河北张家口销售分公司	加油站	中国石油	河北省张家口市
上海永乐通讯设备有限公司	专业店	永乐	上海市
许昌市胖东来商贸集团有限公司	大型超市	胖东来	河南省许昌市
南昌市天虹商场有限公司	百货店	天虹	江西省南昌市
江苏雅家乐集团有限公司	超市	雅家乐	江苏省盐城市
杭州五丰联合肉类有限公司	专业店	联合康康	浙江省杭州市
中国石油天然气股份有限公司河北秦皇岛销售分公司	加油站	中国石油	河北省秦皇岛市
中国石油天然气股份有限公司广西河池销售分公司	加油站	中国石油	广西壮族自治区河池市
北京崇德商贸有限公司	专业店	北京崇德商贸有限公司	北京市
哈尔滨申格体育连锁有限公司	专业店	申格	黑龙江省哈尔滨市
中国石油化工股份有限公司湖南张家界石油分公司	加油站	中国石化	湖南省张家界市
新疆中石化基钰化工销售有限公司	加油站	中国石化	新疆维吾尔自治区乌鲁木齐市
山东奥德隆集团有限公司	百货店	淄博奥德隆超市连锁有限公司	山东省淄博市
重庆家乐福商业有限公司	大型超市	家乐福	重庆市
浙江华通医药股份有限公司	专业店	浙江华通医药连锁有限公司	浙江省绍兴市
成都舞东风连锁超市有限责任公司	便利店	舞东风	四川省成都市
山东京博新能源控股发展有限公司	加油站	京博新能源	山东省滨州市
浙江雅莹时装销售有限公司	专卖店	EP雅莹	浙江省嘉兴市
深圳家乐福商业有限公司	大型超市	家乐福	广东省深圳市
天津市人人乐商业有限公司	大型超市	人人乐	天津市
中油碧辟石油有限公司江门分公司	加油站	中油碧辟	广东省江门市
福建苏宁云商商贸有限公司	专卖店	苏宁电器	福建省福州市
沈阳苏宁电器有限公司	专业店	苏宁电器	辽宁省沈阳市
大连沃尔玛百货有限公司	大型超市	沃尔玛	辽宁省大连市
中国石油天然气股份有限公司河南南阳销售分公司	加油站	中国石油	河南省南阳市
上海来伊份食品连锁经营有限公司	专业店	来伊份	上海市
大连沈大苏宁电器有限公司	专业店	苏宁电器	辽宁省大连市
云南东骏药业有限公司	专业店	东骏药业	云南省昆明市
中国石油天然气股份有限公司甘肃金昌销售分公司	加油站	中国石油	甘肃省金昌市
上海家得利超市有限公司	超市	家得利	上海市
浙江东兴商厦股份有限公司	超市	东兴商厦	浙江省嘉兴市
苏州悦家超市有限公司	大型超市	家乐福	江苏省苏州市
广州摩登百货股份有限公司	百货店	摩登百货	广东省广州市
上海三枪(集团)有限公司	专卖店	三枪、鹅牌、迪士尼	上海市
洛阳丹尼斯量贩有限公司	大型超市	丹尼斯	河南省洛阳市

5-1　续表 11

企业名称	业态	连锁商号	所在地
中国石油天然气股份有限公司黑龙江鹤岗销售分公司	加油站	中国石油	黑龙江省鹤岗市
中国天然气股份有限公司江西鹰潭销售分公司	加油站	中国石油	江西省鹰潭市
中国石油天然气股份有限公司新疆塔城销售公司	加油站	中国石油	新疆维吾尔自治区塔城地区
天津津工超市有限责任公司	超市	津工	天津市
安徽省安德利百货股份有限公司	百货店	安德利	安徽省合肥市
中国石油天然气股份有限公司湖南株洲销售分公司	加油站	中国石油	湖南省株洲市
浙江汇德隆实业集团有限公司	大型超市	汇德隆	浙江省杭州市
哈药集团医药有限公司	专业店	人民同泰	黑龙江省哈尔滨市
沃尔玛(北京)商业零售有限公司	大型超市	沃尔玛	北京市
安徽省金润商贸有限公司	超市	安徽金润	安徽省合肥市
浙江三江购物有限公司	超市	浙江三江购物	浙江省杭州市
辽宁华润万家生活超市有限公司	大型超市	华润万家	辽宁省沈阳市
贵阳苏宁云商销售有限公司	专业店	苏宁电器	贵州省贵阳市
华润潍坊远东医药有限公司	专业店	远东平民大药房	山东省潍坊市
北京鑫方盛五金交电有限公司	专业店	鑫方盛五金交电	北京市
上海良友金伴便利连锁有限公司	便利店	上海良友金伴	上海市
宁波新江厦连锁超市有限公司	超市	新江厦	浙江省宁波市
中国石油天然气股份有限公司广东茂名销售分公司	加油站	中国石油	广东省茂名市
江西省烟草公司鹰潭市公司	专业店	江西鹰潭烟草	江西省鹰潭市
湖南苏宁云商有限公司	专业店	苏宁电器	湖南省长沙市
山西省太原唐久超市有限公司	便利店	唐久便利	山西省太原市
深圳市易天移动数码连锁有限公司	专业店	易天	广东省深圳市
广州市新大新有限公司	百货店	新大新	广东省广州市
南通文峰电器销售有限公司	专业店	文峰	江苏省南通市
云南苏宁电器有限公司	专业店	苏宁电器	云南省昆明市
大同市华林有限责任公司	百货店	华林	山西省大同市
苏州宏图三胞科技发展有限公司	专业店	宏图三胞	江苏省苏州市
四川省互惠商业责任有限公司	超市	互惠商业	四川省成都市
北京壳牌石油有限公司	专业店	壳牌石油	北京市
柒一拾壹(北京)有限公司	便利店	7-ELEVEN	北京市
中国石油天然气股份有限公司新疆博尔塔拉蒙古自治州销	加油站	中国石油	新疆维吾尔自治区博尔塔拉蒙古自治州
安徽国生电器有限责任公司	专业店	国生电器	安徽省合肥市
中国石油天燃气股份有限公司福建龙岩销售分公司	加油站	中国石油	福建省龙岩市
中国石油天然气股份有限公司广东中山销售分公司	加油站	中国石油	广东省中山市
湖北良品铺子食品有限公司	专业店	良品铺子	湖北省武汉市
中国石油天然气股份有限公司河北衡水销售分公司	加油站	中国石油	河北省衡水市
青岛屈臣氏个人用品商店有限公司	超市	屈臣氏	山东省青岛市
中油碧辟石油有限公司深圳分公司	加油站	中油碧辟	广东省深圳市
昆明百货大楼(集团)珠宝经营有限公司	专业店	昆明百货大楼	云南省昆明市
江苏大众医药连锁有限公司	专业店	大众医药	江苏省无锡市
衢州东方商厦有限公司	超市	衢老大	浙江省衢州市
中国石油天然气股份有限公司湖南永州销售分公司	加油站	中国石油	湖南省永州市
中国石油化工股份有限公司陕西咸阳石油分公司	加油站	中国石化	陕西省咸阳市
福建天福茗茶销售有限公司	专卖店	天福	福建省厦门市
常州市五星电器有限公司	专业店	五星电器	江苏省常州市
西安秋林商贸有限责任公司	百货店	西安秋林商贸	陕西省西安市

5-2 100门店以上连锁零售企业

企业名称	业态	连锁商号	所在地
雅芳(中国)有限公司	专卖店	AVON雅芳	广东省广州市
奥康鞋业销售有限公司	专卖店	奥康鞋业	浙江省温州市
安徽辉隆农资集团股份有限公司	专业店	辉隆农资	安徽省合肥市
重庆桐君阁大药房连锁有限责任公司	专业店	桐君阁大药房	重庆市
中国石油化工股份有限公司山东石油分公司	加油站	中国石化	山东省济南市
联华超市股份有限公司	超市	联华、华联	上海市
浙江供销超市有限公司	大型超市	浙江供销超市、供销便利、家连便	浙江省绍兴市
中国石油化工股份有限公司广东石油分公司	其他	中国石化	广东省广州市
中国石油化工股份有限公司江苏石油分公司	加油站	中国石化	江苏省南京市
苏果超市有限公司	大型超市	苏果超市	江苏省南京市
中国石油化工股份有限公司浙江石油分公司	加油站	中国石化	浙江省杭州市
江苏苏农农资连锁集团股份有限公司	专业店	苏农连锁	江苏省南京市
安徽徽商农家福有限公司	其他	农家福	安徽省合肥市
浙江驰骋控股有限公司	其他	左邻右舍、生活驿站	浙江省衢州市
上海联华快客便利有限公司	便利店	快客	上海市
浙江惠多利农资连锁有限公司	专业店	惠多利	浙江省杭州市
云南鸿翔一心堂药业(集团)股份有限公司	专业店	一心堂	云南省昆明市
云阳县腾龙商贸有限公司	超市	腾龙超市	重庆市
中国石油化工股份有限公司安徽石油分公司	加油站	中国石化	安徽省合肥市
上海古今内衣有限公司	专卖店	古今、古今花、古今龙、美慕莎	上海市
苏宁电器股份有限公司	专业店	苏宁电器	江苏省南京市
中域电讯连锁集团股份有限公司	专业店	中域电讯	广东省东莞市
宜宾绿源食品有限公司	超市	宜宾绿源食品有限公司	四川省宜宾市
成都红旗连锁股份有限公司	超市	红旗连锁	四川省成都市
新疆兵团农业生产资料供应公司	专业店	兵团农资	新疆维吾尔自治区乌鲁木齐市
浙江十足商贸有限公司	便利店	十足便利店	浙江省温州市
大连金玛超市连锁有限公司	大型超市	金玛超市	辽宁省大连市
江苏新合作常客隆连锁超市有限公司	超市	新合作常客隆	江苏省苏州市
中百控股集团股份有限公司	超市	中百	湖北省武汉市
江西煌上煌集团食品有限公司	专卖店	煌上煌	江西省南昌市
上海来伊份食品连锁经营有限公司	专业店	来伊份	上海市
山东德州扒鸡集团有限公司	专业店	德州牌 华一牌 凤宝牌	山东省德州市
文峰大世界连锁发展股份有限公司南通文峰大世界	百货店	文峰大世界 文峰千家惠 文峰	江苏省南通市
金华市华洲连锁超市有限公司	专业店	华洲	浙江省金华市
上海可的便利店有限公司	便利店	可的	上海市
上海好德便利有限公司	便利店	好德alldays	上海市
中国石油天然气股份有限公司江苏销售分公司	加油站	中国石油	江苏省南京市
宁夏中农金合农业生产资料有限责任公司	专业店	中农金合	宁夏回族自治区银川市
湖北良品铺子食品有限公司	专业店	良品铺子	湖北省武汉市
绵阳太极大药房连锁有限责任公司	专业店	绵阳太极大药房	四川省绵阳市
深圳虎威制衣有限公司广州分公司	专卖店	佐丹奴	广东省广州市
湖南汇丰年农资连锁超市股份有限公司	专业店	汇丰年农资	湖南省株洲市
广东国药医药连锁企业有限公司	专业店	国药医药	广东省广州市
重庆和平药房连锁有限责任公司	专业店	和平药房	重庆市

5-2 续表 1

企业名称	业态	连锁商号	所在地
上海福满家便利有限公司	便利店	全家	上海市
山西省太原唐久超市有限公司	便利店	唐久便利	山西省太原市
天津劝宝超市有限责任公司	超市	劝宝	天津市
湖州老大房超市有限公司	超市	湖州老大房超市	浙江省湖州市
辽宁成大方圆医药连锁有限公司	专业店	成大方圆	辽宁省沈阳市
山东家家悦集团有限公司	超市	家家悦	山东省威海市
江苏苏盛商贸有限公司	专业店	苏盛	江苏省南京市
湘乡市振兴连锁超市有限责任公司	超市	振兴连锁超市	湖南省湘潭市
广州市宝生园有限公司	其他	宝生园	广东省广州市
绍兴大通超市有限公司	超市	大通超市	浙江省绍兴市
福建华祥苑茶业有限公司	专卖店	华祥苑	福建省厦门市
中国石油化工股份有限公司上海石油分公司	加油站	中国石化	上海市
利群集团股份有限公司	其他	利群	山东省青岛市
广州友谊班尼路服饰有限公司	专卖店	友谊班尼路	广东省广州市
阜阳华联集团股份有限公司	超市	阜阳华联	安徽省阜阳市
山东潍坊百货集团股份有限公司	百货店	中百	山东省潍坊市
山西金虎便利连锁股份有限公司	便利店	山西金虎便利连锁	山西省太原市
四川省互惠商业责任有限公司	超市	互惠商业	四川省成都市
深圳市南北医药有限公司	专业店	南北医药	广东省深圳市
成都舞东风连锁超市有限责任公司	便利店	舞东风	四川省成都市
中国石油化工股份有限公司北京石油分公司	加油站	中国石化	北京市
云南健之佳连锁健康药房有限公司	专业店	健之佳	云南省昆明市
瑞安市五洲超市连锁有限公司	超市	五洲超市	浙江省温州市
浙江诸暨第一百货有限公司	超市	诸暨一百	浙江省绍兴市
广东赛壹便利店有限公司	便利店	7-ELEVEN	广东省广州市
博马努瓦服饰商贸(上海)有限公司	专卖店	Cache-cache	上海市
上海良友金伴便利连锁有限公司	便利店	上海良友金伴	上海市
上海复美益星大药房连锁有限公司	专业店	上海复美益星	上海市
农工商超市(集团)有限公司	超市	农工商超市	上海市
江苏省苏盐连锁有限公司	专业店	苏盐连锁	江苏省南京市
中国石油天然气股份有限公司重庆销售分公司	加油站	中国石油	重庆市
中国石油天然气股份有限公司安徽销售分公司	专业店	中国石油	安徽省合肥市
杭州华辰连锁超市有限公司	超市	杭州华辰连锁超市有限公司	浙江省杭州市
中国石油天然气股份有限公司广东销售分公司	加油站	中国石油	广东省广州市
山东新星集团有限公司	超市	山东新星集团有限公司	山东省淄博市
中国石油天然气股份有限公司浙江销售分公司	加油站	中国石油	浙江省杭州市
上海捷强烟草糖酒(集团)连锁有限公司	专卖店	捷强	上海市
重庆市万州区福意百货有限公司	超市	福意百货	重庆市
辽宁亿家商业集团有限公司	超市	亿家	辽宁省鞍山市
上海伍缘现代杂货有限公司	超市	伍缘	上海市
舟山市民生商厦有限责任公司	超市	台客隆	浙江省舟山市
四川省汇星实业(集团)有限公司	超市	汇星超市	四川省绵阳市
青岛利客来集团股份有限公司	大型超市	利客来	山东省青岛市
祁东县兴农农资连锁有限公司	专业店	兴农农资	湖南省衡阳市
重庆津科农业有限责任公司	专业店	津科农业	重庆市

5-2 续表 2

企业名称	业态	连锁商号	所在地
江苏阿仕顿服饰有限公司	专卖店	阿仕顿男装	江苏省苏州市
浙江雄城商贸股份有限公司	超市	雄城	浙江省绍兴市
湖南绝味食品股份有限公司	专卖店	绝味食品	湖南省长沙市
漯河双汇商业连锁有限公司	专卖店	双汇	河南省漯河市
杭州萧山农业生产资料有限公司	专业店	萧农	浙江省杭州市
上海好药师大药房连锁有限公司	专业店	好药师大药房	上海市
北京科曼维斯凯服饰有限公司	专卖店	viscap	北京市
北京福兰德连锁超市	超市	福兰德	北京市
上海梅林正广和便利连锁有限公司	便利店	光明 正广和	上海市
天津津工超市有限责任公司	超市	津工	天津市
重庆市万州区江南医药有限公司	专业店	江南医药	重庆市
开县孙氏商贸有限责任公司	其他	渝开心连心超市	重庆市
中石化天津石油分公司	专卖店	中国石化	天津市
上海迪亚零售有限公司	折扣店	迪亚	上海市
重庆绝味食品销售有限公司	专卖店	绝味	重庆市
北京吴裕泰茶业股份有限公司	专卖店	吴裕泰茶业	北京市
浙江省新华书店集团有限公司	专业店	浙江新华书店	浙江省杭州市
四川省神龙医药连锁有限公司	专业店	天府神龙	四川省德阳市
郏县万客来商贸有限公司	超市	万客来超市	河南省平顶山市
湖北富迪实业有限公司	超市	富迪实业	湖北省仙桃市
深圳市百果园实业发展有限公司	其他	百果园	广东省深圳市
广西一心医药集团有限责任公司	专业店	广西一心医药	广西壮族自治区南宁市
江苏通联农资连锁有限公司	专业店	通联农资	江苏省南通市
话机世界数码连锁集团股份有限公司	专业店	话机世界、众泰数码、T-WORLD、沃达科技	浙江省杭州市
深圳市海王星辰医药有限公司	专业店	海王星辰	广东省深圳市
哈药集团医药有限公司	专业店	人民同泰	黑龙江省哈尔滨市
重庆市新大兴爱家商业连锁有限公司	超市	爱家超市	重庆市
益丰大药房连锁股份有限公司	专业店	益丰大药房	湖南省常德市
山东银宝食品有限公司	专卖店	银宝	山东省泰安市
新华文轩出版传媒股份有限公司	专卖店	新华文轩	四川省成都市
中国石油天然气股份有限公司大连销售分公司	加油站	中国石油	辽宁省大连市
四川富江超市连锁有限责任公司	超市	富江超市	四川省德阳市
物美控股集团有限公司	超市	物美	北京市
江苏海王星辰健康药房连锁有限公司	专业店	海王星辰	江苏省苏州市
中国石油化工股份有限公司海南石油分公司	加油站	中国石化	海南省海口市
上海雷允上药品连锁经营有限公司	专业店	雷允上	上海市
中国石油化工股份有限公司广东广州石油分公司	加油站	中国石化	广东省广州市
龙浩天地股份有限公司	专卖店	圣伽步，爵根仕	广东省深圳市
湖南千金金沙大药房零售连锁有限公司	专业店	千金大药房	湖南省长沙市
深圳汇骏服装有限公司	专卖店	G2000	广东省深圳市
河北国大连锁商业有限公司	便利店	36524	河北省石家庄市
宁波开开便利超市连锁有限公司	便利店	开开便利	浙江省宁波市
北京隆华顺平副食品批发中心	便利店	隆华顺平	北京市
玉溪家佳购物超市有限公司	超市	玉溪家佳购物超市有限公司	云南省玉溪市
浙江来伊份食品有限公司	专业店	来伊份	浙江省杭州市

5-2　续表 3

企业名称	业态	连锁商号	所在地
中国石油化工股份有限公司福建石油分公司	加油站	中国石化	福建省福州市
重庆百货大楼股份有限公司	百货店	重庆百货、商社电器、新世纪	重庆市
重庆新华书店集团公司	专业店	新华书店	重庆市
广州屈臣氏个人用品商店有限公司	百货店	屈臣氏	广东省广州市
中国石油化工股份有限公司山西临汾石油分公司	加油站	中国石化	山西省临汾市
江山市新红塔商贸有限公司	超市	江山市新红塔商贸有限公司	浙江省衢州市
浙江东兴商厦股份有限公司	超市	东兴商厦	浙江省嘉兴市
广西鸿翔一心堂药业有限责任公司	专业店	一心堂	广西壮族自治区南宁市
北京京客隆商业集团股份有限公司	超市	京客隆超市	北京市
北京味多美食品有限责任公司	专卖店	味多美	北京市
杭州余杭禹倡商厦有限公司	超市	杭州余杭禹倡商厦有限公司	浙江省杭州市
中国石油化工股份有限公司山东青岛石油分公司	其他	中国石化	山东省青岛市
中国石油化工股份有限公司石家庄分公司	加油站	中国石化	河北省石家庄市
中国石油化工股份有限公司河南洛阳石油分公司	加油站	中国石化	河南省洛阳市
永辉超市股份有限公司福建福州鼓楼分公司	大型超市	永辉、轩辉	福建省福州市
中国石油化工股份有限公司河北保定石油分公司	加油站	中国石化	河北省保定市
浙江刘氏工贸有限公司	其他	0570	浙江省衢州市
江西黄庆仁栈华氏大药房有限公司	专业店	黄庆仁	江西省南昌市
哈尔滨中央红集团股份有限公司	便利店	小月亮	黑龙江省哈尔滨市
大足唯一食品有限公司	其他	唯一	重庆市
厦门向阳坊食品有限公司	专业店	厦门向阳坊食品有限公司	福建省厦门市
新疆兵团农五师农业生产资料公司	专业店	五师农资	新疆维吾尔自治区博尔塔拉蒙古自治州
中国石油天然气股份有限公司	加油站	中国石油	吉林省长春市
深圳市中联大药房有限公司	专业店	深圳市中联大药房	广东省深圳市
青岛泽雨汇源连锁超市有限公司	超市	泽雨	山东省青岛市
中国石油化工股份有限公司江西赣州石油分公司	加油站	中国石油	江西省赣州市
天津华润超级市场有限公司	便利店	华润万家	天津市
华润万家有限公司	大型超市	华润万家	广东省深圳市
深圳市八马茶业连锁有限公司	专卖店	八马茶业	广东省深圳市
中国石油化工股份有限公司河北唐山石油分公司	加油站	中国石化	河北省唐山市
深圳市卡尔丹顿服饰股份有限公司	厂家直销中心	卡尔丹顿、GENTLE	广东省深圳市
柳州百草堂医药连锁有限责任公司	专业店	百草堂	广西壮族自治区柳州市
广州喜市多便利连锁有限公司	便利店	C-STORE	广东省广州市
龙泉市兴泰隆连锁超市有限公司	超市	兴泰隆	浙江省丽水市
浙江雅莹时装销售有限公司	专卖店	EP雅莹	浙江省嘉兴市
台州人本十足便利店有限公司	便利店	台州人本十足便利店有限公司	浙江省台州市
大连联华快客中山便利商业有限公司	便利店	联华快客	辽宁省大连市
宁波市北仑加贝购物俱乐部(普通合伙)	超市	加贝	浙江省宁波市
浙江江南大厦股份有限公司	超市	江南大厦	浙江省嘉兴市
上海华氏大药房有限公司	专业店	上海华氏大药房有限公司	上海市
北京金凤成祥食品有限责任公司	专业店	金凤成祥	北京市
江苏超越超市连锁发展有限公司	超市	江苏超越	江苏省南通市
旺苍县粮贸超市连锁有限责任公司	超市	粮贸超市	四川省广元市
云南东骏药业有限公司	专业店	东骏药业	云南省昆明市
南京市江宁区土产棉麻有限公司	百货店	岗山超市	江苏省南京市

5-2 续表 4

企业名称	业态	连锁商号	所在地
虎彩文化用品有限公司	专卖店	虎彩	广东省东莞市
大连海王星辰医药有限公司	专业店	海王星辰	辽宁省大连市
广西联华超市股份有限公司	超市	联华超市	广西壮族自治区柳州市
合肥采蝶轩企业管理服务有限公司	专卖店	采蝶轩	安徽省合肥市
西安怡康医药连锁有限责任公司	专业店	西安怡康医药	陕西省西安市
湖北世纪愿景商贸有限公司	专卖店	周黑鸭	湖北省武汉市
中山市中智大药房连锁有限公司	专业店	中智	广东省中山市
厦门鑫福客商贸有限公司	便利店	见福	福建省厦门市
云南之佳便利店有限公司	便利店	之佳便利	云南省昆明市
荣昌县老百姓副食超市	超市	老百姓	重庆市
哈尔滨乾坤医药连锁有限公司	专业店	乾坤	黑龙江省哈尔滨市
北京港佳好邻居连锁便利店有限责任公司	便利店	好邻居连锁	北京市
重庆丰谷农资荣昌连锁超市有限公司	其他	丰谷农资	重庆市
山东统一银座商业有限公司	超市	统一银座	山东省济南市
中国石油化工股份有限公司襄樊石油分公司	加油站	中国石化	湖北省襄阳市
中国石油化工股份有限公司山西长治石油分公司	加油站	中国石化	山西省长治市
嘉兴市万寿堂医药连锁有限公司	专业店	万寿堂	浙江省嘉兴市
合肥百货大楼集团股份有限公司	百货店	合肥百大	安徽省合肥市
杭州蜂之语健康食品有限公司	专卖店	蜂之语	浙江省杭州市
中国石油化工股份有限公司河北邯郸石油分公司	加油站	中国石化	河北省邯郸市
老百姓大药房连锁有限公司	专业店	老百姓大药房	湖南省长沙市
青岛同方药业连锁有限公司	专业店	同方药业	山东省青岛市
河南思达连锁商业有限公司	大型超市	河南正道思达连锁商业有限公司	河南省郑州市
天盟农资连锁有限责任公司	专卖店	金沙江	云南省昆明市
金华市太和堂医药连锁有限公司	专业店	太和堂	浙江省金华市
中国石油化工股份有限公司广东江门石油分公司	专业店	中国石化	广东省江门市
北京张一元茶叶有限责任公司	专卖店	张一元牌	北京市
中石化壳牌(江苏)石油销售有限公司	加油站	中国石化壳牌	江苏省苏州市
深圳市一致医药连锁有限公司	专业店	国大药房、一致药店	广东省深圳市
重庆市万和药房连锁有限公司	专业店	万和	重庆市
无锡市天信农资有限公司	专业店	阳羡天信	江苏省无锡市
玉山县家润佳超市连锁有限公司	便利店	家润佳	江西省上饶市
深圳市恒波商业连锁股份有限公司	专业店	holpe恒波	广东省深圳市
广州市海王星辰医药连锁有限公司	专业店	海王医药	广东省广州市
舞钢市万客来量贩	超市	万客来	河南省平顶山市
大参林医药集团股份有限公司	专业店	大参林	广东省广州市
广东万宁连锁商业有限公司	百货店	万宁	广东省广州市
四川天寿药业有限公司	专业店	天寿药房	四川省泸州市
中国石油化工股份有限公司云南昆明石油分公司	加油站	中国石化	云南省昆明市
中国石油天然气股份有限公司天津销售分公司	加油站	中国石油	天津市
吉林大药房药业股份有限公司	专业店	吉林大药房	吉林省长春市
中国石油天然气股份有限公司上海销售分公司	加油站	中国石油	上海市
溧阳市扬子广场有限公司	超市	扬子广场	江苏省常州市
中国石油化工股份有限公司广西南宁石油分公司	加油站	中国石化	广西壮族自治区南宁市
浙江上百贸易有限公司	百货店	上百贸易	浙江省绍兴市

5-2　续表 5

企业名称	业态	连锁商号	所在地
北京金象大药房医药连锁有限责任公司	专业店	金象大药房	北京市
中国石油化工股份有限公司河北衡水石油分公司	加油站	中国石化	河北省衡水市
宁海县小小食品超市有限公司	超市	宁海县小小食品超市有限公司	浙江省宁波市
郑州丹尼斯百货有限公司	大型超市	郑州丹尼斯	河南省郑州市
河南省博农食品股份有限公司	专业店	博农冷鲜肉	河南省焦作市
中国石油化工股份有限公司湖南长沙石油分公司	加油站	中国石化	湖南省长沙市
重庆医药合川医药有限责任公司	专业店	合川医药	重庆市
烟台市家家悦超市有限公司	超市	家家悦	山东省烟台市
深圳市亨吉利世界名表中心有限公司	专卖店	亨吉利名表	广东省深圳市
重庆市合川区国泰生化药品有限责任公司	专业店	国泰	重庆市
中国石油天然气股份有限公司北京销售分公司	加油站	中国石油	北京市
嘉兴禾丰农业生产资料有限公司	专业店	禾丰农资	浙江省嘉兴市
重庆市合川区金利医药贸易有限公司	其他	金利	重庆市
浙江万客隆商贸有限公司	超市	永客隆、万客缘	浙江省丽水市
步步高商业连锁股份有限公司	大型超市	步步高	湖南省湘潭市
中国石油化工股份有限公司广东惠州石油分公司	加油站	中国石化	广东省惠州市
中国石油化工股份有限公司山东济宁石油分公司	加油站	中国石化	山东省济宁市
深圳市硕宝实业有限公司	专卖店	深圳市硕宝实业有限公司	广东省深圳市
东莞市大地通讯连锁服务有限公司	专业店	大地通讯	广东省东莞市
江苏真维斯服饰有限公司	专卖店	真维斯	江苏省南京市
一丁集团股份有限公司	专卖店	一丁	福建省福州市
中国石油化工股份公司江西吉安分公司	加油站	中国石化	江西省吉安市
北京稻香村食品有限责任公司	专卖店	三禾品牌 稻香村	北京市
好药师大药房连锁有限公司	专业店	好药师大药房	湖北省武汉市
湖北中联大药房连锁有限公司	专业店	中联大药房	湖北省武汉市
华润万家生活超市(广州)有限公司	大型超市	润之家、简约组合	广东省广州市
柒一拾壹(北京)有限公司	便利店	7-ELEVEN	北京市
中国石油化工股份有限公司河北沧州石油分公司	加油站	中国石化	河北省沧州市
中山市及时便利连锁有限公司	便利店	及时便利	广东省中山市
重庆市江津区新联佳商贸有限责任公司	超市	新联佳	重庆市
中国石油天然气股份有限公司黑龙江哈尔滨销售分公	专业店	中国石油	黑龙江省哈尔滨市
中国石油化工股份有限公司湖南株洲石油公司	加油站	中国石化	湖南省株洲市
四川省老邻居商贸连锁有限责任公司	超市	老邻居连锁	四川省成都市
北京屈臣氏个人用品连锁商店有限公司	超市	屈臣氏	北京市
沈阳东北大药房连锁店	专业店	东北大药房	辽宁省沈阳市
株洲奥湘鞋业营销有限公司	专卖店	奥康皮鞋	湖南省株洲市
云南白药大药房有限公司	专业店	云南白药	云南省昆明市
深圳市庄信实业有限公司	其他	百里臣	广东省深圳市
重庆鑫斛药房连锁有限公司	专业店	鑫斛药庄	重庆市
中国石油化工股份有限公司河北承德石油分公司	加油站	中国石化	河北省承德市
石家庄新兴药房连锁有限公司	专业店	新兴	河北省石家庄市
广东济和堂药业连锁有限公司	其他	济和堂	广东省广州市
广东赛壹便利店有限公司深圳分公司	便利店	7-ELEVEN	广东省深圳市
江苏占姆士纺织有限公司	专业店	占姆士	江苏省南通市
中国石油化工有限公司广东东莞石油分公司	加油站	中国石化	广东省东莞市

5-2 续表 6

企业名称	业态	连锁商号	所在地
上海喜士多便利连锁有限公司	便利店	上海喜士多便利连锁	上海市
苏州来伊份食品有限公司	专卖店	来伊份	江苏省苏州市
中石化森美(福建)石油有限公司泉州分公司	加油站	中国石化	福建省泉州市
中国石油化工股份有限公司河南商丘分公司	专业店	中国石化	河南省商丘市
湖南诺舟大药房连锁有限公司	专业店	诺舟大药房	湖南省长沙市
成都市青羊区红旗连锁有限公司	超市	红旗连锁	四川省成都市
北京迪信通电子通信技术有限公司	专业店	北京迪信通	北京市
上海真维斯服饰有限公司	专卖店	真维斯	上海市
中国石油天然气股份有限公司河北石家庄销售分公司	加油站	中国石油	河北省石家庄市
中国石油化工股份有限公司湖南邵阳石油分公司	加油站	中国石化	湖南省邵阳市
十堰市新合作超市有限公司	超市	十堰市新合作超市	湖北省十堰市
中国石油化工股份有限公司湖南常德石油分公司	专业店	中国石化	湖南省常德市
宁夏润沁万家菜业有限公司	专业店	润沁万家	宁夏回族自治区吴忠市
中国石油天然气股份有限公司河北保定销售分公司	加油站	中国石油	河北省保定市
中国石油化工股份有限公司河南南阳石油分公司	加油站	中国石化	河南省南阳市
广西康全药业连锁有限公司	专业店	康全药业	广西壮族自治区南宁市
上海家得利超市有限公司	超市	家得利	上海市
中国石油化工股份有限公司山西晋中石油分公司	加油站	中国石化	山西省晋中市
上海屈臣氏日用品有限公司	百货店	屈臣氏	上海市
中国石油化工股份有限公司河南新乡石油分公司	专业店	中国石化	河南省新乡市
中国石油化工股份有限公司广西桂林石油分公司	加油站	中国石化	广西壮族自治区桂林市
乌鲁木齐市好幸福超市有限公司	便利店	每日每夜	新疆维吾尔自治区乌鲁木齐市
宁波海王星辰健康药房有限公司	专业店	海王星辰	浙江省宁波市
四川德仁堂连锁有限公司	专业店	四川德仁堂	四川省成都市
甘肃众友医药连锁有限公司	专卖店	众友药业	甘肃省兰州市
中国石油化工股份有限公司河北邢台石油分公司	加油站	中国石化	河北省邢台市
深圳市万泽医药连锁有限公司	专业店	万泽医药	广东省深圳市
国药控股国大药房山西益源连锁有限公司	专业店	益源	山西省太原市
常山县青草地超市	便利店	常山县青草地超市	浙江省衢州市
青岛屈臣氏个人用品商店有限公司	超市	屈臣氏	山东省青岛市
中国石油化工股份有限公司江西宜春石油分公司	加油站	中国石化	江西省宜春市
重庆市万州区中兴医药有限责任公司	专业店	中兴医药	重庆市
中国石油天然气股份有限公司渭南销售分公司	加油站	中国石油	陕西省渭南市
成都市成华区红旗连锁有限公司	超市	红旗连锁	四川省成都市
贵州福安康连锁有限公司	专业店	福安康连锁	贵州省贵阳市
广东物资集团汽车贸易公司	专业店	广物汽贸	广东省广州市
重庆市涪陵医药总公司	专业店	桐君阁大药房	重庆市
辽宁天士力大药房连锁有限公司	专业店	天士力	辽宁省沈阳市
北京嘉事堂连锁药店有限责任公司	专业店	嘉事堂连锁药店	北京市
中国石油化工股份有限公司深圳石油分公司	加油站	中国石化	广东省深圳市
四川鸿翔一心堂医药连锁有限公司	专业店	四川鸿翔一心堂医药连锁有限公司	四川省攀枝花市
张家港市新百信超市连锁经营有限公司	超市	新百信	江苏省苏州市
中国石油化工股份有限公司河南信阳石油分公司	加油站	中国石化	河南省信阳市
天津医药集团敬一堂连锁股份有限公司	专业店	医药集团敬一堂	天津市
国药控股国大药房河南连锁有限公司	专业店	国大药房	河南省平顶山市

5-2 续表 7

企业名称	业态	连锁商号	所在地
贵州吉大夫药房连锁有限公司	专业店	吉大夫	贵州省黔东南苗族侗族自治州
北京超市发连锁股份有限公司	超市	北京超市发	北京市
中国石油河北唐山销售分公司	加油站	中国石油	河北省唐山市
江苏五星电器有限公司	专业店	五星电器	江苏省南京市
四川阳光盛源商业有限公司	超市	阳光盛源	四川省德阳市
江苏大众医药连锁有限公司	专业店	大众医药	江苏省无锡市
博兴县兴农农资连锁有限公司	专业店	兴农农资	山东省滨州市
东莞市嘉祥通讯有限公司	专业店	中域电讯	广东省东莞市
上海天喔一佳超市有限公司	超市	天喔	上海市
中国石油化工股份有限公司周口分公司	加油站	中国石化	河南省周口市
肇庆天天邦建医药连锁有限公司	专业店	天天邦建	广东省肇庆市
重庆重客隆超市连锁有限责任公司	超市	重客隆	重庆市
重庆聚富再生资源有限公司	专业店	聚富再生资源	重庆市
新疆百草堂医药连锁经销有限公司	专业店	百草堂	新疆维吾尔自治区乌鲁木齐市
北京红科国际贸易有限公司	专卖店	北京红科	北京市
中国石油天然气股份有限公司辽宁营口销售分公司	加油站	中国石油	辽宁省营口市
上海大润发有限公司	大型超市	大拇指	上海市
中国石油化工股份有限公司湖北武汉分公司	加油站	中国石化	湖北省武汉市
中国石油化工股份有限公司湖北荆门石油分公司	加油站	中国石化	湖北省荆门市
桂林市华荣自选商店有限责任公司	便利店	华荣	广西壮族自治区桂林市
江西中石化股份有限公司抚州分公司	加油站	中国石化	江西省抚州市
柳州桂中大药房连锁有限责任公司	专业店	桂中大药房	广西壮族自治区柳州市
上海新华传媒连锁有限公司	专卖店	新华书店上海书城	上海市
山东银座商城股份有限公司	百货店	银座商城	山东省济南市
北京联华快客便利超市有限公司	便利店	快客便利	北京市
宜昌市北山商业连锁有限责任公司	超市	北山	湖北省宜昌市
中国石油天然气股份有限公司陕西西安销售分公司	专业店	中国石油	陕西省西安市
北京同仁堂连锁药店有限责任公司	专业店	同仁堂	北京市
中国石油化工股份有限公司河北廊坊石油分公司	加油站	中国石化	河北省廊坊市
博士眼镜连锁股份有限公司	专卖店	博士眼镜	广东省深圳市
成都红艳超市有限公司	超市	成都红艳超市有限公司	四川省成都市
中石化森美(福建)石油有限公司漳州分公司	加油站	中国石化(森美)	福建省漳州市
中石化森美(福建)石油有限公司龙岩分公司	加油站	中国石化(森美)	福建省龙岩市
江西新华发行集团有限公司	专业店	新华	江西省南昌市
中国石油天然气股份有限公司河北邢台销售分公司	加油站	中国石油	河北省邢台市
山西荣华大药房连锁有限公司	专业店	荣华	山西省太原市
杭州五丰联合肉类有限公司	专业店	联合康康	浙江省杭州市
中国石油化工股份有限公司上饶分公司	加油站	中国石化	江西省上饶市
茂名市大参林连锁药店有限公司	专卖店	茂名市大参林连锁药店有限公司	广东省茂名市
中国石油化工股份有限公司广东茂名石油分公司	加油站	中国石化	广东省茂名市
湖北真维斯服饰有限公司	专卖店	真維斯	湖北省武汉市
广东爱心大药房连锁有限公司	专业店	爱心	广东省韶关市
云南玉溪百信商贸集团有限公司	超市	云南玉溪百信商贸集团有限公司	云南省玉溪市
北京一手店食品有限公司	专业店	一手店	北京市
中国石油化工股份有限公司山西吕梁石油分公司	加油站	中国石化	山西省吕梁市

5-2　续表 8

企业名称	业态	连锁商号	所在地
盘锦天益堂大药房医药连锁有限公司	专业店	盘锦天益堂大药房医药连锁有限公司	辽宁省盘锦市
汝州市同心医药连锁有限公司	专业店	汝州同心	河南省平顶山市
四川真维斯服饰有限公司	专卖店	真维斯	四川省成都市
中油股份陕西咸阳销售分公司	加油站	中国石油	陕西省咸阳市
河北德仁堂大药房连锁有限公司	专业店	德仁堂	河北省张家口市
江苏先声连锁店有限公司	专业店	先声再康	江苏省南京市
湖南养天和大药房企业集团有限公司	专业店	养天和大药房	湖南省长沙市
美心食品(广州)有限公司	专卖店	香港美心	广东省广州市
邯郸市阳光超市有限公司	超市	阳光超市	河北省邯郸市
三江购物俱乐部股份有限公司	超市	三江购物	浙江省宁波市
四川海王星辰健康药房有限公司	专业店	四川海王星辰健康药房有限公司	四川省成都市
四川圣杰药业有限公司	专业店	四川圣杰	四川省泸州市
浙江元祖食品有限公司	专卖店	GANSO	浙江省杭州市
中国石油化工股份有限公司湖南永州石油分公司	加油站	中国石化	湖南省永州市
中油碧辟石油有限公司广州分公司	加油站	中油碧辟	广东省广州市
兰州惠仁堂药业连锁有限公司	专卖店	惠仁堂药业	甘肃省兰州市
河南张仲景大药房股份有限公司	专业店	张仲景	河南省郑州市
太极集团四川德阳荣升药业有限公司	专业店	太极大药房	四川省德阳市
中卫市兴拓农业生产资料有限责任公司	其他	兴拓农资	宁夏回族自治区中卫市
中国石油化工股份有限公司河南平顶山石油分公司	加油站	中国石化	河南省平顶山市
贵州芝林大药房零售连锁有限公司	专业店	贵州芝林大药房零售连锁有限公司	贵州省贵阳市
河南家天下商贸有限公司	超市	家天下	河南省鹤壁市
泸州宝光药房连锁有限公司	专业店	宝光连锁	四川省泸州市
银川新华百货连锁超市有限公司	大型超市	新华百货	宁夏回族自治区银川市
杭州惠耳听力技术设备有限公司	专业店	惠耳听力	浙江省杭州市
雄风集团有限公司	百货店	雄风百货	浙江省绍兴市
金华市九德堂医药连锁有限公司	专业店	九德堂	浙江省金华市
湖南芝林大药房零售连锁有限公司	专业店	特格尔芝林大药房	湖南省长沙市
成都利民药业连锁有限公司	专业店	成都利民药业连锁	四川省成都市
贵州省百汇超市有限责任公司	超市	百汇超市	贵州省毕节市
苏州可的便利店有限公司	便利店	可的	江苏省苏州市
江苏大德生药房连锁有限公司	专业店	大德生	江苏省扬州市
海宁大厦	专业店	海宁大厦	浙江省嘉兴市
青岛国风大药房连锁有限公司	专业店	国风	山东省青岛市
中国石油化工股份有限公司山西太原石油分公司	加油站	中国石化	山西省太原市
辽宁福缘堂大药房连锁有限公司	专卖店	福缘堂大药房	辽宁省鞍山市
浙江迈盛悦合体育用品有限公司	专卖店	浙江迈盛悦合体育用品有限公司	浙江省杭州市
青岛胶南医药有限公司	其他	青岛海岸大药房连锁有限公司	山东省青岛市
济宁市广联医药连锁有限公司	专业店	广联	山东省济宁市
武汉武商集团股份有限公司	百货店	武商	湖北省武汉市
武汉东明药房连锁有限公司	专业店	东明药房	湖北省武汉市
中国石油化工股份有限公司广东梅州石油分公司	加油站	中国石化	广东省梅州市
成都市锦江区红旗连锁有限公司	便利店	红旗连锁	四川省成都市
中国石油天然气股份有限公司新疆阿克苏销售分公司	加油站	中国石油	新疆维吾尔自治区阿克苏地区

5-3 营业额亿元以上连锁餐饮企业

企业名称	所属行业	连锁商号	所在地
百胜餐饮(广东)有限公司	快餐服务	百胜餐饮	广东省广州市
杭州肯德基有限公司	快餐服务	肯德基	浙江省杭州市
百胜餐饮(沈阳)有限公司	快餐服务	肯德基　必胜客	辽宁省沈阳市
上海必胜客有限公司	快餐服务	必胜客	上海市
北京必胜客比萨饼有限公司	正餐服务	必胜客	北京市
北京肯德基有限公司	快餐服务	肯德基	北京市
重庆秦妈餐饮管理有限公司	正餐服务	秦妈餐饮	重庆市
天津肯德基有限公司	快餐服务	肯德基	天津市
南京肯德基有限公司	快餐服务	肯德基	江苏省南京市
广东三元麦当劳食品有限公司	快餐服务	麦当劳	广东省广州市
北京麦当劳食品有限公司	快餐服务	麦当劳	北京市
上海肯德基有限公司	快餐服务	肯德基	上海市
重庆陶然居饮食文化(集团)股份有限公司	正餐服务	陶然居	重庆市
上海统一星巴克咖啡有限公司	饮料及冷饮服务	星巴克	上海市
百胜餐饮(武汉)有限公司	快餐服务	肯德基 必胜客	湖北省武汉市
青岛肯德基有限公司	快餐服务	肯德基	山东省青岛市
重庆德庄酒店管理有限公司	正餐服务	德庄火锅	重庆市
百胜餐饮(深圳)有限公司	快餐服务	肯德基	广东省深圳市
福州曼伯罗食品有限公司	正餐服务	曼德夫	福建省福州市
苏州肯德基有限公司	快餐服务	肯德基	江苏省苏州市
呷哺呷哺餐饮管理有限公司	快餐服务	呷哺呷哺	北京市
海鸿达(北京)餐饮管理有限公司	正餐服务	海底捞火锅	北京市
上海麦当劳食品有限公司	快餐服务	麦当劳	上海市
麦当劳餐厅(深圳)有限公司	快餐服务	麦当劳	广东省深圳市
北京吉野家快餐有限公司	快餐服务	吉野家 DQ	北京市
百胜餐饮成都有限公司	快餐服务	肯德基	四川省成都市
中国全聚德(集团)股份有限公司	正餐服务	全聚德　丰泽园　四川饭店　仿膳饭庄	北京市
大娘水饺餐饮集团股份有限公司	快餐服务	大娘水饺	江苏省常州市
长沙肯德基有限公司	快餐服务	肯德基	湖南省长沙市
无锡肯德基有限公司	快餐服务	肯德基	江苏省无锡市
北京星巴克咖啡有限公司	饮料及冷饮服务	星巴克咖啡	北京市
眉州东坡餐饮管理(北京)有限公司	正餐服务	眉州东坡	北京市
浙江凯旋门澳门豆捞控股集团有限公司	正餐服务	澳门豆捞	浙江省杭州市
四川德克士食品开发有限公司	快餐服务	德克士	四川省成都市
广州真功夫快餐连锁管理有限公司	快餐服务	真功夫	广东省广州市
重庆兴红得聪餐饮管理有限公司	正餐服务	乡村基	重庆市
天津麦当劳食品有限公司	快餐服务	麦当劳	天津市
内蒙古草原牧歌餐饮连锁股份有限公司	正餐服务	草原牧歌	内蒙古自治区包头市
百胜餐饮(福州)有限公司	快餐服务	百胜餐饮	福建省福州市
厦门肯德基有限公司	快餐服务	肯德基	福建省厦门市
百胜餐饮(西安)有限公司	正餐服务	百胜餐饮	陕西省西安市
广东星巴克咖啡有限公司	饮料及冷饮服务	星巴克咖啡	广东省广州市
重庆和之吉饮食文化有限公司	正餐服务	和之吉	重庆市
郑州肯德基有限公司	快餐服务	肯德基	河南省郑州市
太原肯德基有限公司	快餐服务	肯德基	山西省太原市
浙江两岸食品连锁有限公司	正餐服务	两岸咖啡　铁板烧	浙江省杭州市

5-3 续表 1

企业名称	所属行业	连锁商号	所在地
深圳真功夫餐饮管理有限公司	快餐服务	真功夫	广东省深圳市
内蒙古小尾羊餐饮连锁股份有限公司	正餐服务	小尾羊	内蒙古自治区包头市
上海领先餐饮管理有限公司	快餐服务	味千拉面	上海市
重庆佳永小天鹅餐饮有限公司	正餐服务	佳永小天鹅	重庆市
重庆骑龙饮食文化有限责任公司	正餐服务	骑龙	重庆市
津味(上海)餐饮管理有限公司	其他餐饮业	85° C	上海市
深圳面点王饮食连锁有限公司	快餐服务	面点王	广东省深圳市
昆明大滇园有限公司	正餐服务	大滇园	云南省昆明市
武汉麦当劳餐饮食品有限公司	快餐服务	麦当劳	湖北省武汉市
广州酒家集团股份有限公司	正餐服务	广州酒家	广东省广州市
上海永和大王餐饮有限公司	快餐服务	永和大王	上海市
大连肯德基有限公司	快餐服务	肯德基　必胜客	辽宁省大连市
湖南餐谋天下餐饮管理有限公司	正餐服务	餐谋天下	湖南省长沙市
浙江麦当劳餐厅食品有限公司	快餐服务	麦当劳	浙江省杭州市
上海一茶一坐餐饮有限公司	正餐服务	一茶一坐	上海市
南昌肯德基有限公司	快餐服务	肯德基	江西省南昌市
武汉艳阳天商贸发展有限公司	正餐服务	艳阳天	湖北省武汉市
福建鑫富肥牛世界餐饮(连锁)管理服务有限公司	正餐服务	鑫富肥牛世界	福建省南平市
昆明肯德基有限公司	快餐服务	肯德基	云南省昆明市
四川麦当劳餐厅食品有限公司	快餐服务	麦当劳	四川省成都市
南宁肯德基有限公司	快餐服务	肯德基	广西壮族自治区南宁市
南京麦当劳餐饮食品有限公司	快餐服务	麦当劳	江苏省南京市
北京便宜坊烤鸭集团有限公司	正餐服务	便宜坊 御膳 功德林 老正兴	北京市
四川请你来餐饮管理有限公司	正餐服务	芭夯兔	四川省自贡市
福州麦当劳食品有限公司	快餐服务	麦当劳	福建省福州市
北京俏江南餐饮管理有限公司	正餐服务	俏江南餐饮	北京市
东莞肯德基有限公司	快餐服务	肯德基	广东省东莞市
首都机场餐饮发展有限公司	正餐服务	首都机场餐饮发展有限公司	北京市
浙江老娘舅餐饮有限公司	快餐服务	老娘舅	浙江省湖州市
厦门麦当劳食品发展有限公司	快餐服务	麦当劳	福建省厦门市
北京真功夫快餐连锁管理有限公司	快餐服务	真功夫	北京市
安徽蜀王饮食服务有限责任公司	正餐服务	蜀王	安徽省合肥市
浙江五芳斋实业股份有限公司五芳斋粽子总店	快餐服务	五芳斋粽子	浙江省嘉兴市
昆明德克士食品开发有限公司	快餐服务	德克士	云南省昆明市
四川乡村基餐饮有限公司	快餐服务	乡村基　大米先生	四川省成都市
北京永和大王餐饮有限公司	快餐服务	永和大王	北京市
广州萨莉亚餐饮有限公司	正餐服务	萨莉亚	广东省广州市
湖南麦当劳(餐厅食品)有限公司	快餐服务	麦当劳	湖南省长沙市
杭州德克士食品有限公司	快餐服务	德克士	浙江省杭州市
常州丽华快餐集团有限公司	快餐服务	丽华快餐	江苏省常州市
成都星巴克咖啡有限公司	饮料及冷饮服务	星巴克	四川省成都市
广州市绿茵阁饮食连锁有限公司	正餐服务	绿茵阁	广东省广州市
顺峰饮食酒店管理股份有限公司	正餐服务	顺峰餐饮	北京市
上海萨莉亚餐饮有限公司	正餐服务	萨莉亚	上海市
北京和合谷餐饮管理有限公司	快餐服务	和合谷　嘉和乐乐面	北京市
北京嘉和一品企业管理股份有限公司	正餐服务	嘉和一品	北京市
北京大董烤鸭店有限责任公司	正餐服务	大董(大懂)	北京市

5-3 续表 2

企业名称	所属行业	连锁商号	所在地
北京好伦哥餐饮有限公司	快餐服务	好伦哥餐饮	北京市
北京金鼎轩酒楼有限责任公司	正餐服务	金鼎轩酒楼	北京市
深圳永和大王餐饮有限公司	快餐服务	永和大王	广东省深圳市
成都市皇城老妈酒店管理有限公司	正餐服务	皇城老妈	四川省成都市
美心星巴克咖啡餐饮(深圳)有限公司	饮料及冷饮服务	星巴克咖啡	广东省深圳市
沈阳麦当劳(餐厅食品)有限公司	快餐服务	麦当劳	辽宁省沈阳市
重庆肯德基有限公司	快餐服务	肯德基	重庆市
湖北星巴克咖啡有限公司	饮料及冷饮服务	星巴克	湖北省武汉市
无锡麦当劳餐厅食品有限公司	快餐服务	麦当劳	江苏省无锡市
山东麦当劳(餐厅)有限公司	快餐服务	麦当劳	山东省济南市
杭州饮食服务集团有限公司	正餐服务	知味观	浙江省杭州市
大连麦当劳餐厅食品有限公司	快餐服务	麦当劳	辽宁省大连市
沈阳顺峰饮食有限公司	正餐服务	沈阳顺峰饮食有限公司	辽宁省沈阳市
真功夫餐饮管理有限公司	快餐服务	真功夫	广东省东莞市
北京宏状元餐饮管理有限公司	正餐服务	北京宏状元	北京市
兰州肯德基有限公司	快餐服务	肯德基	甘肃省兰州市
上海沃歌斯餐饮有限公司	快餐服务	Wagas	上海市
上海大富贵酒楼有限公司	正餐服务	大富贵	上海市
新疆肯德基有限公司	快餐服务	肯德基	新疆维吾尔自治区乌鲁木齐市
南京味千餐饮管理有限公司	快餐服务	味千拉面	江苏省南京市
浙江向阳渔港集团股份有限公司	正餐服务	向阳渔港　玺悦宴会酒店　豪食汇　文鼎一号　文鼎阁	浙江省宁波市
武汉市亢龙太子酒轩有限责任公司	正餐服务	亢龙太子	湖北省武汉市
浙江外婆家餐饮有限公司	正餐服务	外婆家	浙江省杭州市
安徽金满楼餐饮股份有限公司	正餐服务	金满楼	安徽省合肥市
杭州花中城大酒店有限公司	正餐服务	花中城	浙江省杭州市
北京郭林家常菜食品有限责任公司	正餐服务	郭林家常菜	北京市
辽宁合兴快餐有限公司	快餐服务	吉野家	辽宁省沈阳市
东莞麦华食品有限公司	快餐服务	麦当劳	广东省东莞市
安徽老乡鸡餐饮有限公司	快餐服务	老乡鸡	安徽省合肥市
安徽麦当劳(餐厅食品)有限公司	快餐服务	麦当劳	安徽省合肥市
北市市西单麻辣诱惑餐饮有限公司	正餐服务	麻辣诱惑	北京市
河南麦当劳(餐厅食品)有限公司	快餐服务	麦当劳	河南省郑州市
昆明饮食服务有限公司	快餐服务	建新园　福华园	云南省昆明市
西安小六汤包餐饮有限责任公司	正餐服务	西安小六汤包餐饮	陕西省西安市
北京东来顺集团有限责任公司	正餐服务	百年东来顺	北京市
中山麦当奴食品有限公司	快餐服务	麦当劳	广东省中山市
佳客来(福建)餐饮连锁管理有限公司	正餐服务	佳客来	福建省福州市
南海渔村有限公司	正餐服务	南海渔村	广东省广州市
青岛麦当劳(餐厅食品)有限公司	快餐服务	麦当劳	山东省青岛市
康师傅私房牛肉面	快餐服务	德克士	北京市
迪欧餐饮管理有限公司	饮料及冷饮服务	迪欧餐饮	江苏省苏州市
深圳威耀饮食有限公司	快餐服务	大家乐	广东省深圳市
北京味千餐饮管理有限公司	快餐服务	味千拉面	北京市
深圳市禾绿餐饮管理有限公司	快餐服务	禾绿寿司	广东省深圳市
北京米斯特比萨餐饮管理有限公司	正餐服务	米斯特比萨	北京市
西安百姓厨房大馄饨餐饮有限责任公司	正餐服务	西安百姓厨房大馄饨餐饮	陕西省西安市
北京湘鄂情股份有限公司	正餐服务	北京湘鄂情	北京市

5-3　续表 3

企业名称	所属行业	连锁商号	所在地
杭州味千餐饮管理有限公司	正餐服务	味千拉面	浙江省杭州市
江门麦当劳(餐厅食品)有限公司	快餐服务	麦当劳	广东省江门市
贵州雅园饮食娱乐有限责任公司	正餐服务	雅园	贵州省贵阳市
广西禾唛餐饮有限公司	快餐服务	麦当劳	广西壮族自治区南宁市
汉堡王(北京)餐饮管理有限公司	快餐服务	汉堡王	北京市
青岛良友饮食股份有限公司	正餐服务	良友	山东省青岛市
东莞麦长食品有限公司	快餐服务	麦当劳	广东省东莞市
深圳市嘉旺餐饮连锁有限公司	快餐服务	嘉旺	广东省深圳市
上海新亚大家乐餐饮有限公司	正餐服务	新亚大包	上海市
元气寿司餐饮服务管理(深圳)有限公司	正餐服务	元气寿司	广东省深圳市
深圳领鲜稻香饮食有限公司	正餐服务	稻香	广东省深圳市
新疆百富餐饮管理有限公司	快餐服务	百富餐饮	新疆维吾尔自治区乌鲁木齐市
厦门沃头中餐有限公司	正餐服务	厦门沃头蚝干粥	福建省厦门市
武汉市小蓝鲸健康美食酒店管理有限公司	正餐服务	小蓝鲸	湖北省武汉市
惠州麦当劳(餐厅食品)有限公司	快餐服务	麦当劳	广东省惠州市
北京星物语餐饮管理有限公司	其他餐饮业	面包新语　吐司新语	北京市
哈尔滨东方众合餐饮有限责任公司	正餐服务	东方饺子王	黑龙江省哈尔滨市
深圳新语餐饮管理有限公司	快餐服务	新语	广东省深圳市
大连合兴快餐有限公司	快餐服务	吉野家　DQ	辽宁省大连市
深圳大快活快餐有限公司	快餐服务	大快活	广东省深圳市
深圳市粤菜王府餐饮管理有限公司	正餐服务	粤菜王府	广东省深圳市
上海禾绿饮食有限公司	正餐服务	禾绿寿司	上海市
云南滇美餐饮有限公司	快餐服务	麦当劳	云南省昆明市
长沙金牛角王中西餐厅有限公司	正餐服务	金牛角王	湖南省长沙市
黑龙江麦当劳餐厅食品有限公司	快餐服务	麦当劳	黑龙江省哈尔滨市
山东味千餐饮管理有限公司	快餐服务	味千拉面	山东省青岛市
广州泛亚饮食有限公司	快餐服务	大家乐	广东省广州市
武汉永和大王餐饮有限公司	快餐服务	永和大王	湖北省武汉市
唐山凤凰园美食城	正餐服务	凤凰园	河北省唐山市
广州黄埔华苑大酒店	正餐服务	黄埔华苑	广东省广州市
内蒙古乡土居餐饮连锁有限公司	正餐服务	乡土居	内蒙古自治区包头市
北京禾绿回转寿司饮食有限公司	快餐服务	禾绿寿司	北京市
北京棒约翰餐饮发展有限公司	正餐服务	棒约翰餐饮	北京市
山西芙蓉餐饮有限公司	正餐服务	山西芙蓉餐饮有限公司	山西省太原市
北京新世纪青年饮食有限公司	正餐服务	北京新世纪青年饮食有限公司	北京市
宁波市海曙汉通中央花园酒店有限	正餐服务	汉通	浙江省宁波市
重庆德克士食品开发有限公司	快餐服务	德克士	重庆市
北京比格餐饮管理有限责任公司	快餐服务	比格匹萨	北京市
宁波市来必堡餐饮管理有限公司	快餐服务	来必堡	浙江省宁波市
北京马氏东方饺子王餐饮有限责任公司	正餐服务	东方饺子王	北京市
湖北湘鄂情餐饮投资有限公司	正餐服务	湘鄂情	湖北省武汉市
北京万龙洲饮食有限责任公司	正餐服务	万龙洲海鲜	北京市
马兰拉面快餐连锁有限责任公司	快餐服务	马兰拉面	北京市
杭州新丰小吃有限公司	其他餐饮业	新丰小吃	浙江省杭州市
上海丰裕餐饮管理有限公司	其他餐饮业	丰裕小吃	上海市

5-4　50门店以上连锁餐饮企业

企业名称	所属行业	连锁商号	所在地
百胜餐饮(广东)有限公司	快餐服务	百胜餐饮	广东省广州市
重庆德庄酒店管理有限公司	正餐服务	德庄火锅	重庆市
重庆秦妈餐饮管理有限公司	正餐服务	秦妈餐饮	重庆市
上海统一星巴克咖啡有限公司	饮料及冷饮服务	星巴克	上海市
百胜餐饮(沈阳)有限公司	快餐服务	肯德基　必胜客	辽宁省沈阳市
上海必胜客有限公司	快餐服务	必胜客	上海市
杭州肯德基有限公司	快餐服务	肯德基	浙江省杭州市
广东三元麦当劳食品有限公司	快餐服务	麦当劳	广东省广州市
北京必胜客比萨饼有限公司	正餐服务	必胜客	北京市
大娘水饺餐饮集团股份有限公司	快餐服务	大娘水饺	江苏省常州市
重庆骑龙饮食文化有限责任公司	正餐服务	骑龙	重庆市
天津肯德基有限公司	快餐服务	肯德基	天津市
呷哺呷哺餐饮管理有限公司	快餐服务	呷哺呷哺	北京市
南京肯德基有限公司	快餐服务	肯德基	江苏省南京市
北京肯德基有限公司	快餐服务	肯德基	北京市
上海肯德基有限公司	快餐服务	肯德基	上海市
福州曼伯罗食品有限公司	正餐服务	曼德夫	福建省福州市
北京吉野家快餐有限公司	快餐服务	吉野家　DQ	北京市
北京麦当劳食品有限公司	快餐服务	麦当劳	北京市
青岛肯德基有限公司	快餐服务	肯德基	山东省青岛市
浙江五芳斋实业股份有限公司五芳斋粽子总店	快餐服务	五芳斋粽子	浙江省嘉兴市
浙江两岸食品连锁有限公司	正餐服务	两岸咖啡　铁板烧	浙江省杭州市
百胜餐饮(深圳)有限公司	快餐服务	肯德基	广东省深圳市
百胜餐饮(武汉)有限公司	快餐服务	肯德基　必胜客	湖北省武汉市
四川德克士食品开发有限公司	快餐服务	德克士	四川省成都市
安徽老乡鸡餐饮有限公司	快餐服务	老乡鸡	安徽省合肥市
北京星巴克咖啡有限公司	饮料及冷饮服务	星巴克咖啡	北京市
内蒙古草原牧歌餐饮连锁股份有限公司	正餐服务	草原牧歌	内蒙古自治区包头市
重庆佳永小天鹅餐饮有限公司	正餐服务	佳永小天鹅	重庆市
苏州肯德基有限公司	快餐服务	肯德基	江苏省苏州市
东莞市杏林春凉茶有限公司	饮料及冷饮服务	杏林春	广东省东莞市
佳客来(福建)餐饮连锁管理有限公司	正餐服务	佳客来	福建省福州市
上海麦当劳食品有限公司	快餐服务	麦当劳	上海市
广东星巴克咖啡有限公司	饮料及冷饮服务	星巴克咖啡	广东省广州市
麦当劳餐厅(深圳)有限公司	快餐服务	麦当劳	广东省深圳市
重庆君之薇餐饮文化有限公司	正餐服务	君之薇	重庆市
重庆兴红得聪餐饮管理有限公司	正餐服务	乡村基	重庆市
浙江凯旋门澳门豆捞控股集团有限公司	正餐服务	澳门豆捞	浙江省杭州市
广州真功夫快餐连锁管理有限公司	快餐服务	真功夫	广东省广州市
深圳真功夫餐饮管理有限公司	快餐服务	真功夫	广东省深圳市
上海领先餐饮管理有限公司	快餐服务	味千拉面	上海市
安徽蜀王饮食服务有限责任公司	正餐服务	蜀王	安徽省合肥市
厦门市黄则和食品有限公司	其他餐饮业	黄则和	福建省厦门市
长沙肯德基有限公司	快餐服务	肯德基	湖南省长沙市
无锡肯德基有限公司	快餐服务	肯德基	江苏省无锡市
百胜餐饮成都有限公司	快餐服务	肯德基	四川省成都市
津味(上海)餐饮管理有限公司	其他餐饮业	85°C	上海市
深圳面点王饮食连锁有限公司	快餐服务	面点王	广东省深圳市
上海永和大王餐饮有限公司	快餐服务	永和大王	上海市
天津麦当劳食品有限公司	快餐服务	麦当劳	天津市
北京好伦哥餐饮有限公司	快餐服务	好伦哥餐饮	北京市
杭州德克士食品有限公司	快餐服务	德克士	浙江省杭州市
北京龙盛众望早餐有限公司	快餐服务	龙盛众望	北京市

5-4 续表

企业名称	所属行业	连锁商号	所在地
重庆和之吉饮食文化有限公司	正餐服务	和之吉	重庆市
百胜餐饮(福州)有限公司	快餐服务	百胜餐饮	福建省福州市
中国全聚德(集团)股份有限公司	正餐服务	全聚德　丰泽园　四川饭店　仿膳饭庄	北京市
重庆市明海食品有限公司	其他餐饮业	明海食品	重庆市
厦门肯德基有限公司	快餐服务	肯德基	福建省厦门市
重庆陶然居饮食文化(集团)股份有限公司	正餐服务	陶然居	重庆市
百胜餐饮(西安)有限公司	正餐服务	百胜餐饮	陕西省西安市
郑州肯德基有限公司	快餐服务	肯德基	河南省郑州市
北京真功夫快餐连锁管理有限公司	快餐服务	真功夫	北京市
浙江老娘舅餐饮有限公司	快餐服务	老娘舅	浙江省湖州市
广州市绿茵阁饮食连锁有限公司	正餐服务	绿茵阁	广东省广州市
厦门沃头中餐有限公司	正餐服务	厦门沃头蚝干粥	福建省厦门市
深圳市嘉旺餐饮连锁有限公司	快餐服务	嘉旺	广东省深圳市
四川乡村基餐饮有限公司	快餐服务	乡村基　大米先生	四川省成都市
华润太平洋餐饮管理(北京)有限公司	饮料及冷饮服务	太平洋咖啡	北京市
湖南韶山毛家饭店发展有限公司	正餐服务	毛家饭店	湖南省湘潭市
南京味千餐饮管理有限公司	快餐服务	味千拉面	江苏省南京市
昆明德克士食品开发有限公司	快餐服务	德克士	云南省昆明市
昆明大滇园有限公司	正餐服务	大滇园	云南省昆明市
北京和合谷餐饮管理有限公司	快餐服务	和合谷　嘉和乐乐面	北京市
武汉麦当劳餐饮食品有限公司	快餐服务	麦当劳	湖北省武汉市
成都星巴克咖啡有限公司	饮料及冷饮服务	星巴克	四川省成都市
四川请你来餐饮管理有限公司	正餐服务	芭夯兔	四川省自贡市
常州丽华快餐集团有限公司	快餐服务	丽华快餐	江苏省常州市
太原肯德基有限公司	快餐服务	肯德基	山西省太原市
四川麦当劳餐厅食品有限公司	快餐服务	麦当劳	四川省成都市
浙江麦当劳餐厅食品有限公司	快餐服务	麦当劳	浙江省杭州市
北京永和大王餐饮有限公司	快餐服务	永和大王	北京市
北京嘉和一品企业管理股份有限公司	正餐服务	嘉和一品	北京市
湖北星巴克咖啡有限公司	饮料及冷饮服务	星巴克	湖北省武汉市
江苏菜根香餐饮连锁有限公司	正餐服务	菜根香	江苏省常州市
湖南餐谋天下餐饮管理有限公司	正餐服务	餐谋天下	湖南省长沙市
深圳永和大王餐饮有限公司	快餐服务	永和大王	广东省深圳市
美心星巴克咖啡餐饮(深圳)有限公司	饮料及冷饮服务	星巴克咖啡	广东省深圳市
广州萨莉亚餐饮有限公司	正餐服务	萨莉亚	广东省广州市
上海一茶一坐餐饮有限公司	正餐服务	一茶一坐	上海市
上海萨莉亚餐饮有限公司	正餐服务	萨莉亚	上海市
上海新亚大家乐餐饮有限公司	正餐服务	新亚大包	上海市
南昌肯德基有限公司	快餐服务	肯德基	江西省南昌市
真功夫餐饮管理有限公司	快餐服务	真功夫	广东省东莞市
东莞肯德基有限公司	快餐服务	肯德基	广东省东莞市
重庆苏大姐餐饮文化有限公司	正餐服务	苏大姐餐饮	重庆市
大连肯德基有限公司	快餐服务	肯德基　必胜客	辽宁省大连市
福州麦当劳食品有限公司	快餐服务	麦当劳	福建省福州市
昆明肯德基有限公司	快餐服务	肯德基	云南省昆明市
首都机场餐饮发展有限公司	正餐服务	首都机场餐饮发展有限公司	北京市
南京麦当劳餐饮食品有限公司	快餐服务	麦当劳	江苏省南京市
南宁肯德基有限公司	快餐服务	肯德基	广西壮族自治区南宁市
眉州东坡餐饮管理(北京)有限公司	正餐服务	眉州东坡	北京市
内蒙古乡土居餐饮连锁有限公司	正餐服务	乡土居	内蒙古自治区包头市
厦门麦当劳食品发展有限公司	快餐服务	麦当劳	福建省厦门市
湖南麦当劳(餐厅食品)有限公司	快餐服务	麦当劳	湖南省长沙市

附录

统计指标解释

附录　统计指标解释

连锁经营：指经营同类商品或服务，使用统一商号的若干店铺，在同一总店（总部）的管理下，采取统一采购或特许经营等方式,实现规模效益的组织形式,包括直营连锁、特许连锁和自愿连锁三种形式。

连锁总店（总部）：负责连锁企业资源（商号、商誉、经营模式、服务标准、管理模式等等）的开发、配置、控制或使用等功能的企业核心管理机构。

连锁门店：在连锁企业经营管理的基础上，按照总店（总部）的指示和服务规范要求，承担日常销售业务的店铺，包括直营店和加盟店。

直营店是指由连锁企业总部投资开设，按连锁经营管理模式，由总部统一管理的店铺。

加盟店是指在特许连锁中，被特许人获得特许人授权后，使用其商标、商号、经营模式、专利和专有技术等经营资源建立的店铺，也包括自愿连锁的成员店。

连锁品牌（商标或商号名称）：指连锁经营使用的统一的商号或商标名称。

批发零售连锁业态

—便利店：满足顾客便利性需求为主要目的的零售业态。位于商业中心区、交通要道以及车站、医院、学校、娱乐场所、办公楼、加油站等公共活动区；商圈范围小，顾客步行5分钟内到达，目标顾客主要为单身者、年轻人，顾客多为有目的的购买；营业面积一般在100平方米左右，利用率高；以即时食品、日用小百货为主，有即时消费性、小容量、应急性等特点，商品品种在3000种左右，售价一般高于市场平均水平；商品销售方式以开架自选为主，结算在收银处统一进行；营业时间一般在16小时以上，提供即时性食品的辅助设施，开设多项服务项目；信息管理系统程度较高。

—折扣店：店铺装修简单，提供有限服务，商品价格低廉的一种小型超市业态。拥有不到2000个品种，经营一定数量的自有品牌商品。位于居民区、交通要道等租金相对便宜的地区；辐射半径2公里左右，目标顾客主要为商圈内的居民；自有品牌占有较大的比例，商品平均价格低于市场平均水平；以开架自选方式进行商品销售，并统一结算；用工精简，为顾客提供有限的服务；信息管理系统程度一般。

—超市：开架售货，集中收款，满足社区消费者日常生活需要的零售业态。根据商品结构的不同，可以分为食品超市和综合超市。位于市、区商业中心、居住区；辐射半径2公里左右，目标顾客以居民为主；营业面积在6000平方米以下；经营包装食品、生鲜食品和日用品。食品超市与综合超市商品结构有所不同；采用自选销售，出入口分设，在收银台统一结算；营业时间一般在12小时以上；信息管理系统程度较高。

—大型超市：实际营业面积6000平方米以上，品种齐全，满足顾客一次性购齐的零售业态。根据商品结构，可以分为以经营食品为主的大型超市和以经营日用品为主的大型超市。位于市、区商业中心、城郊结合部、交通要道及大型居住区；辐射半径2公里以上，目标顾客以居民、流动顾客为主；实际营业面积在6000平方米以上；以大众化衣、食、日用品为主，品种齐全，注重自有品牌开发；采用自选销售方式，出入口分设，在收银台统一结算；一般设不低于营业面积40%的停车场；信息管理系统程度较高。

一仓储会员店：以会员制为基础，实行储销一体、批零兼营，以提供有限服务和低价格商品为主要特征的零售业态。位于城乡结合部的交通要道；辐射半径 5 公里以上，目标顾客以中小零售店、餐饮店、集团购买和流动顾客为主；营业面积一般在 6000 平方米以上；以大众化衣、食、日用品为主，自有品牌占相当部分，商品在 4000 种左右，实行低价、批量销售；采用自选销售，出入口分设，在收银台统一结算；设相当于营业面积的停车场；信息管理系统程度较高并对顾客实行会员制管理。

一百货店：在一个建筑物内，经营若干大类商品，实行统一管理，分区销售，满足顾客对时尚商品多样化选择需求的零售业态。位于市、区级商业中心、历史形成的商业集聚地；目标顾客以追求时尚和品味的流动顾客为主；营业面积一般在6000平方米以上；综合性商品结构，门类齐全，以服饰、鞋类、箱包、化妆品、家庭用品、家用电器为主；采取柜台销售和开架面售相结合方式进行商品销售；注重服务，设餐饮、娱乐等服务项目和设施；信息管理系统程度较高。

一专业店：以专门经营某一大类商品为主的零售业态。例如办公用品专业店（office supply）、玩具专业店（toy stores）、家电专业店（home appliance）、药品专业店（drug store）、服饰店（apparel shop）。位于市、区级商业中心以及百货店、购物中心内；目标顾客以有目的选购某类商品的流动顾客为主；营业面积根据商品特点而定；以销售某类商品为主，体现专业性、深度性、品种丰富，选择余地大；采取柜台销售或开架面售方式进行商品销售；从业人员具有丰富的专业知识；信息管理系统程度较高。

一加油站：指经营石油、石化商品的零售门店。

一专卖店：以专门经营或被授权经营某一主要品牌商品为主的零售业态。一般位于市、区级商业中心、专业街以及百货店、购物中心内；目标顾客以中高档消费者和追求时尚的年轻人为主；以销售某一品牌系列商品为主，具有销售量少、质优、高毛利等特点；采取柜台销售或开架面售方式进行商品销售，商店陈列、照明、包装、广告讲究；注重品牌声誉，从业人员具备丰富的专业知识，提供专业性服务；信息管理系统程度一般。

一家居建材商店：以专门销售建材、装饰、家居用品为主的零售业态。位于城乡结合部、交通要道或消费者自有房产比较高的地区；目标顾客以拥有自有房产的顾客为主；营业面积一般在 6000 平方米以上；经营商品以改善、建设家庭居住环境有关的装饰、装修等用品、日用杂品、技术及服务为主；采取开架自选方式销售商品；提供一站式购足和一条龙服务，停车位一般在 300 个以上；信息管理系统程度较高。

一厂家直销中心：由生产商直接设立或委托独立经营者设立,专门经营本企业品牌商品,并且多个企业品牌的营业场所集中在一个区域的零售业态。一般远离市区；目标顾客多为重视品牌的有目的的购买；单个建筑面积在 100-200 平方米左右；品牌商品生产商直接设立，商品均为本企业的品牌；采用自选式售货方式进行商品销售；各个租赁店使用各自的信息管理系统。

一其他：其他未列明的零售业态

门店总数：指该连锁企业所拥有的全部连锁门店数量，包括总店（如果总公司有门店的话）和全部直营分店、加盟分店数。

连锁门店年末从业人员数：指在连锁总店（总部）或门店工作并取得劳动报酬的年末实有人员数。包括在岗职工、再就业的离退休人员、在该企业工作的兼职人员、借用的外单位人员和第二职业者。不包括离开本单位但仍保留劳动关系的职工。从业人数包括总店和全部门店以及自有配送中心的年末从业人员数。

连锁门店商品购进额：指连锁门店由连锁总店（总部）统一配送与自主采购，用于门店销售的商品金额之和（含增值税）。

统一配送商品购进额：是指由连锁总店（总部）统一购进后，配送到门店的商品金额（按购进价计算）。

配送中心：是指从事配送业务且具有完善信息网络的场所或组织。配送是指在经济合理区域范围内，根据客户要求，对物品进行拣选、加工、包装、分割、组配等作业，并按时送达指定地点的物流活动。配送中心应基本符合下列要求：（1）主要为特定客户或末端客户提供服务；（2）配送功能健全；（3）辐射范围小；（4）提供高频率、小批量、多批次配送服务。

自有配送中心配送商品购进额：指连锁总店（总部）通过自有配送中心配送到门店的商品金额。

非自有配送中心配送商品购进额：指连锁总店（总部）通过第三方物流配送中心配送到门店的商品金额。

连锁门店年末零售营业面积：指批发和零售业连锁门店用于零售连锁经营的营业面积，不包括其办公用房、仓库和加工场地。该指标按年末实有建筑面积统计。

连锁门店商品销售额：批发和零售业连锁门店对本门店以外单位和个人出售的商品金额（含增值税）。

连锁门店零售额：指批发和零售业连锁门店售给城乡居民用于生活消费和社会集团用于公共消费的商品金额。

零售商品包括：（1）售给城乡居民的各种生活消费品，售给入境旅游的外国人、华侨、港澳台同胞的各类商品；（2）售给行政事业单位、社会团体、军队和武警等机构的商品，以及以零售方式售给各类企业的商品。具体包括：用于非生产和社会交往的办公用品，如通讯设备、计算器具和设备、电讯网络设备、文印设备、音像视听器材和设备、纸张、本册、文具及装订文印材料、家具、日用电器、针纺织品、清洁卫生用品、文体用品、奖品、纪念品、礼品等；供内部人员乘坐的交通工具和燃料；用于办公设施修缮的各类配件、材料、工具等；用于取暖和防暑降温的设备、燃料、材料及食品等；专用于教学的用品和设备；非营利医疗机构的中、西药品、中药材和医疗设备器材；非专用的劳动保护用品；不对外营业的内部食堂用的餐具、炊具、设备、清洁卫生工具和食品、燃料等；军队、武警用于其人员生活的衣着品和个人用品；其它各类非生产性设备和用品。

零售商品不包括：（1）售给城乡居民已确知是用于生产、经营的商品；（2）售给各类农业生产者的生产资料类商品，如农机、农药化肥、农膜、种子饲料等商品；（3）售给企业单位生产用具及生产上专用的劳动保护用品。

连锁门店年末餐饮营业面积：住宿和餐饮业连锁门店对外提供就餐服务的门店建筑面积和从事食品加工、烹饪、调制的厨房面积，不包括办公用房和仓库等面积。该指标按年末实有建筑面积统计。

连锁门店客房数：指住宿和餐饮业连锁门店提供住宿服务的房间数，该指标按报告期内正常情况下的实有数统计。

连锁门店床位数：指住宿和餐饮业连锁门店供应旅客使用的床位数，不包括临时加床和门店内部工作人员使用的床位。该指标按报告期内正常情况下的实有数统计。

连锁门店餐位数：指住宿和餐饮业连锁门店为顾客提供就餐服务时，正常可同时容纳就餐人员的餐位数量，不包括临时加的餐位数量。该指标按报告期内正常情况下的实有数统计。

连锁门店营业额：指住宿和餐饮业连锁门店在经营活动中因提供服务或销售商品所取得的全部收入。包括：客房收入、餐费收入、商品销售额（含增值税）和其它收入。

连锁门店餐费收入：指住宿和餐饮业连锁门店因提供就餐服务（包括经烹饪、调制加工后出售的各种食品，如主食、炒菜、凉拌菜等的收入）所取得的收入合计。

连锁门店商品销售额：指住宿和餐饮业连锁门店因出售商品（含增值税）所取得的收入合计。

登记注册类型

—国有企业：指企业全部资产归国家所有，并按《中华人民共和国企业法人登记管理条例》规定登记注册的非公司制的经济组织。不包括有限责任公司中的国有独资公司。

—集体企业：指企业资产归集体所有，并按《中华人民共和国企业法人登记管理条例》规定登记注册的经济组织。

—股份合作企业：指以合作制为基础，由企业职工共同出资入股，吸收一定比例的社会资产投资组建，实行自主经营，自负盈亏，共同劳动，民主管理，按劳分配与按股分红相结合的一种集体经济组织。

—联营企业：指两个及两个以上相同或不同所有制性质的企业法人或事业单位法人，按自愿、平等、互利的原则，共同投资组成的经济组织。联营企业包括国有联营企业、集体联营企业、国有与集体联营企业和其他联营企业。

国有联营企业：指所有联营单位均为国有。

集体联营企业：指所有联营单位均为集体。

国有与集体联营企业：指联营单位既有国有也有集体。

其他联营企业：指上述三种联营企业之外的其他联营形式的企业。

—有限责任公司：指根据《中华人民共和国公司登记管理条例》规定登记注册，由两个以上，五十个以下的股东共同出资，每个股东以其所认缴的出资额对公司承担有限责任，公司以其全部资产对其债务承担责任的经济组织。有限责任公司分为国有独资公司以及其他有限责任公司。

国有独资公司：指国家授权的投资机构或者国家授权的部门单独投资设立的有限责任公司。

其他有限责任公司：指国有独资公司以外的其他有限责任公司。

—股份有限公司：指根据《中华人民共和国公司登记管理条例》规定登记注册，其全部注册资本由等额股份构成并通过发行股票筹集资本，股东以其认购的股份对公司承担有限责任，公司以其全部资产对其债务承担责任的经济组织。

—私营企业：指由自然人投资设立或由自然人控股，以雇佣劳动为基础的营利性经济组织。包括按照《公司法》、《合伙企业法》、《私营企业暂行条例》以及《个人独资企业法》规定登记注册的私营独资企业、私营合伙企业、私营有限责任公司、私营股份有限公司和个人独资企业。

私营独资企业：指按《私营企业暂行条例》的规定，由一名自然人投资经营，以雇佣劳动为基础，投资者对企业债务承担无限责任的企业。

私营合伙企业：指按《合伙企业法》或《私营企业暂行条例》的规定，由两个以上自然人按照协议共同投资、共同经营、共负盈亏，以雇佣劳动为基础，对债务承担无限责任的企业。

私营有限责任公司：指按《公司法》、《私营企业暂行条例》的规定，由两个以上自然人投资或由单个自然人控股的有限责任公司。

私营股份有限公司：指按《公司法》的规定，由五个以上自然人投资，或由单个自然人控股的股份有限公司。

个人独资企业：指按《个人独资企业法》、《个人独资企业登记管理办法》的规定，由一个自然人投资，财产为投资人个人所有，投资人以其个人财产对企业债务承担无限责任的经营实体。个人独资企业填表时归入私营独资企业。

—其他内资企业：指上述之外的其他内资经济组织。

—与港澳台商合资经营企业：指港澳台地区投资者与内地的企业依照《中华人民共和国中外合资经

营企业法》及有关法律的规定，按合同规定的比例投资设立，分享利润和分担风险的企业。

—与港澳台商合作经营企业：指港澳台地区投资者与内地企业依照《中华人民共和国中外合作经营企业法》及有关法律的规定，依照合作合同的约定进行投资或提供条件设立，分配利润、分担风险和亏损的企业。

—港澳台商独资经营企业：指依照《中华人民共和国外资企业法》及有关法律的规定，在内地由港澳台地区投资者全额投资设立的企业。

—港澳台商投资股份有限公司：指根据国家有关规定，经商务部(原外经贸部)批准设立，并且其中港、澳、台商的股本占公司注册资本的比例达25%以上的股份有限公司。凡其中港、澳、台商的股本占公司注册资本的比例小于25%的，属于内资中的股份有限公司。

—其他港、澳、台商投资企业：指在中国境内参照《外国企业或个人在中国境内设立合伙企业管理办法》和《外商投资合伙企业登记管理规定》，依法设立的港、澳、台商投资合伙企业。

—中外合资经营企业：指外国企业或外国人与中国内地企业依照《中华人民共和国中外合资经营企业法》及有关法律的规定，按合同规定的比例投资设立，分享利润和分担风险的企业。

—中外合作经营企业：指外国企业或外国人与中国内地企业依照《中华人民共和国中外合作经营企业法》及有关法律的规定，依照合作合同的约定进行投资或提供条件设立，分配利润、分担风险和亏损的企业。

—外资企业：指依照《中华人民共和国外资企业法》及有关法律的规定，在中国内地设立的由外国投资者全额投资设立的企业。

—外商投资股份有限公司：指根据国家有关规定，经商务部(原外经贸部)批准设立，并且其中外资的股本占公司注册资本的比例达25%以上的股份有限公司。凡其中外资股本占公司注册资本的比例小于25%的，属于内资中的股份有限公司。

—其他外商投资企业：指在中国境内依照《外国企业或个人在中国境内设立合伙企业管理办法》和《外商投资合伙企业登记管理规定》，依法设立的外商投资合伙企业。